SHANGHAI STOCK EXCHANGE
STATISTICS ANNUAL

STATISTICS ANNUAL SHANGHAI STOCK EXCHANGE

上海证券交易所

统计年鉴

2003 卷

总　　编：朱从玖
副 总 编：吴雅伦　刘啸东　方星海　周勤业
执行主编：赵小平
编　　辑：皮六一　吴　卓
数据统计：刘　峻　周　舶　费永建
资　　料：刘　忠　陆　谳　张志明　张全祥　杜惟毅
杨政茹　李　萌　陈　祁　罗　列　谭　晖
沈　颖　操　舰　洪　泳　赵志刚　张　骞
邹常林　洪　伟　沈永芳　陈志勇
翻　　译：武朝晖

Editor-in-chief: Zhu Congjiu
Deputy Editor: Wu Yalun, Liu Xiaodong, Fang Xinghai
Zhou Qinye
Managing Editor: Zhao Xiaoping
Editor: Pi Liuyi, Wu Zhuo
Data: Liu Jun, Zhou Bo, Fei Yongjian
Information: Liu Zhong, Lu Yan, Zhang Zhiming,
Zhang Quanxiang, Du Weiyi, Yang Zhengru,
Li Meng, Chen Qi, Luo Lie, Tan Hui, Shen Ying,
Cao Jian, Hong Yong, Zhao Zhigang, Zhang Qian,
Zou Changlin, Hong Wei, Shen Yongfang, Chen Zhiyong
Translator: Wu Zhaohui

上海證券交易所 编　上海人民出版社

1. 成交数量和成交金额两类指标均按交易的买方或卖方单向计算。
2. 交易数量和交易金额两类指标均按交易的买方和卖方双向计算。
3. 统计范围：在本所上市交易的各类证券，包括股票（A 股、B 股）、基金、权证、企业债、金融债、国债（现货、回购）等。
4. 统计内容：包括本所上市的各类证券的交易状况和参与者的交易状况，上市公司的股本结构及财务状况，会员情况及其交易状况等。
5. 统计日期：2002 年 1 月 1 日至 2002 年 12 月 31 日。
6. 数据类型：证券数目及会员数目、股本、市值、市盈率、股价、指数等为月底或年底的时点数，不具有可加性；交易金额、交易数量等为全年或某月的时期数字，具有可加性，由相应时期内各交易日的实际数字累加而成。
7. 误差：本年鉴数字采用截尾方式计算，个别数字采用四舍五入方式计算。由于舍入误差，分类数字之和未必等于总额数字。
8. 席位数：包括本所会员申请的席位及其他非会员申请的特别席位，如国债专用席位，B 股境外券商特别席位。
9. 成交笔数：由交易系统完成配对交易的记录数。
10. 数量单位：
(1)股：A 股、B 股均使用 1 元人民币面额为 1 股。对历年曾出现的大于 1 元面额的股票，在本年鉴中的数量指标中均已被换算到当前面额。
(2)手：国债现货、国债回购和企业债回购均以 1000 元人民币面额为 1 手。
(3)份：基金券以 1 元人民币面额为 1 份。
11. 价格单位：除 B 股价格指标采用美元标价外，其他各类证券价格指标均以人民币元标价。
12. 金额单位：除非特别指出，金额单位均以亿元人民币为单位。
13. 发行数量：指在交易所上市证券的已发行总量。
14. 市价总值：指在交易所上市的证券在某一时点按市价与发行数量计算的总金额：

$$\sum(\text{市价}\times\text{发行数量})$$

15. 流通数量：指在交易所上市证券的发行数量中可流通交易的数量。
16. 流通市值：指在交易所上市的证券在某一时点按市价与流通数量计算的总金额：

$$\sum(\text{市价}\times\text{流通数量})$$

17. 上年每股税后利润：指按上一年度年末股本计算，分配到每一股的净利润。
18. 到期年收益率：按人民银行发布的《银货政[2001]51 号》文件所提供的公式计算。
19. 适用汇率：1 美元 = 8.278 元人民币。
20. $\text{净资产倍率} = \dfrac{\text{每股价格}}{\text{每股净资产}}$
21. $\text{市盈率} = \dfrac{\text{股票价格}}{\text{上年每股税后利润}}$

$$\text{平均市盈率} = \frac{\text{总市值}}{\text{总收益}} = \frac{\sum(\text{收盘价}\times\text{发行数量})}{\sum(\text{每股税后利润}\times\text{发行数量})}$$

22. $\text{年换手率} = \sum\text{日换手率}$
23. 回购价格为该品种年收益率。

特别说明 1：股东情况统计是按投资者申请开设股票账户时填写的《上海证券中央登记结算公司记名证券名册登记表》上的身份证编号设置进行的。身份证号码是基本统计单位。目前的统计存在不可避免的误差，且以统计指标“其他”来表现的误差占据了相当的比例。主要原因：(1)因历史原因尚有部分股票账户缺乏身份证号码；(2)部分投资者未使用身份证而使用诸如军官证等特殊证件；(3)由于登记公司以前异地开户采用对异地登记会员先放空号由其代理开户再统一在一个时点汇总资料的方法，故每月统计时均有相当数量的空号出现。

特别说明 2：(1)股票除息时，上证指数不予修正，自然回落。(2)有些指标的绝对数是放大了计量单位的。(3)本年鉴中走势图均为日线图，其标明最高、最低与市场表现中最高最低不同，是因为其最高、最低为收盘价，而市场表现中最高最低为盘中价。(4)未注明成交数量、发行数量的，单位为亿股。

交易天数 No. of Trading Days	2000 年 239	2001 年 240	2002 年 237
上市证券 Listed Securities			
上市公司总数 No. of Listed Companies	572	646	715
新上市公司数 No. of New Listed Companies	88	75	70
上市证券总数 No. of Listed Securities	657	744	826
股票 Stock	614	690	759
基金 Funds	18	23	25
国债 T-Bond	15	19	25
其他 Others	10	12	17
发行数量(亿) Issued Volume(100 Million)			
股票 Stock (A+B)	2032.42	3164.44	3727.84
基金 Fund	285.70	336.73	398.00
流通数量(亿股) Negotiable Shares(100 Million)			
股票 Stock (A+B)	648.99	837.53	992.53
市价总值(亿元) Market Capitalization(100 Million RMB Yuan)			
股票 Stock	26930.86	27590.56	25363.72
流通市值(亿元) Market Capitalization of Negotiable Shares(100 Million RMB Yuan)			
股票 Stock	8481.33	8382.11	7467.30
成交金额(亿元) Trading Value(100 Million RMB Yuan)	49901.47	44144.03	48527.72
股票 Stock	31373.86	22709.38	16959.09
基金 Fund	1334.18	1348.92	556.77
国债 T-Bond	16804.27	19726.04	30800.02
其他 Others	389.17	359.69	211.83
集资总额(亿元) Fund Raised(100 Million RMB Yuan)			
A 股 A Share	916.31	957.49	614.51
B 股 B Share	0.438(US $)	0.000(US $)	0.000(US $)
交易情况(亿元) Trading (100 Million RMB Yuan)			
全年成交金额 Trading Value	49901.47	44144.03	48527.72
日均成交金额 Daily Average Trading Value	208.79	183.93	204.76
全年成交数量 Trading Volume	3481.15	3021.03	2387.57
日均成交数量 Daily Average Trading Volume	14.57	12.59	10.07
市场比率 Ratio			
平均市盈率 P/E Ratio	58.22	37.71	34.43
股价指数 Index			
上证综合指数 SSE Index	2073.48	1645.97	1357.65
上证 180 指数 SSE 180 Index	3935.33	3069.17	2549.60
会员公司 Member Companies	305	255	199
投资者(万户) Investor(10 Thousand)	2957.84	3429.60	3566.60

注:上市证券总数中的“其他”栏包括企业债、企业债回购、可转债、配股缴款、红利等品种。

目 录

Contents

指标说明 Definition of Indicator

全年概貌 Market Overview

股价指数
SSE Indices

上证指数数据 Data of SSE Indices 3
分类指数数据及图表 Data and Chart of Sector Indices 4

证券成交
Securities Trading

交易概况 Trading Data 17
市盈率和换手率 P/E Ratio & Turnover Rate 18
分类证券成交数据 Data of Securities Transactions 19
年度排行前十名 Top 10 Securities 26
年末股价和市价总值分布 Year-end Distribution of Stock Price and Market Capitalization 34
年末市盈率和换手率分布 Year-end Distribution of P/E Ratio and Turnover 35

证券行情
Market Data

国债回购、企业债回购 T-Bond Repurchase, C-Bond Repurchase 39
A股 A Share 40
B股 B Share 62
证券投资基金、国债现货和企业债、金融债 64
Fund, T-Bond Spot, Financial Bond and Corporate Bond

证券投资基金
Securities Investment Fund

基金一览表 Securities Investment Fund 71
基金单位净值 Net Asset Value 72

债 券
Bond

债券一览表 List of Bonds 77
可转债 Convertible Bond 78

目　录
Contents

上市公司
Listed Companies

2002年末上市公司地区、行业分布 Area and Sector Distributions at the End of 2002　83
2002年度发行 Issuance in 2002　84
2002年度上市公司送股 Bonus Shares in 2002　88
2002年度上市公司配股 Rights Issues in 2002　90
股票筹资 Capital Raised　91
2002年末上市公司股本结构一览 Capital Structure of Listed Companies at the End of 2002　92
2002年度上市公司股份变动 Change of Capital in 2002　114
2002年度上市公司派发现金红利 Dividends in 2002　118
上市公司通讯录 Contact Information of Listed Companies　126
ST、PT公司概况 ST、PT Overview　150

会员公司
Member Companies

会员公司概貌 Member Companies Overview　153
会员公司交易 Trading of Member Companies　154
证券营业部交易 Trading of Securities Business Outlet　160
B股证券商 B Share Brokers　238
五十大会员公司交易 Top 50 Most Active Member Companies　240

投资者
Shareholder

投资者历年开户 Historical Data of Shareholder's Accounts　245
投资者构成 Investor Structure　246
A股投资者开户地区分布 Geographical Distribution of A Shareholder's Accounts　247

附　录
Appendix

市场竞价申报规定 Auction Rules for Bid/Offer　251
上市与摘牌 Listing and Delisting　252
上市公司信息公告 Information Announcement of Listed Companies　见附送光盘

上证综合指数历年数据
Data of SSE Index, 1990－2002
(December 19, 1990＝100)

年份 Year	开盘 Open	最高 High	日期 Date	最低 Low	日期 Date	收盘 Close
1990	96.05	127.61	12/31	95.79	12/19	127.61
1991	127.61	292.75	12/31	104.96	05/17	292.75
1992	293.74	1429.01	05/26	292.76	01/02	780.39
1993	773.89	1558.98	02/16	750.46	12/20	833.80
1994	837.70	1052.94	09/13	325.89	07/29	647.87
1995	637.72	926.41	05/22	524.43	02/07	555.29
1996	550.26	1258.69	12/11	512.83	01/19	917.02
1997	914.06	1510.18	05/12	870.80	02/20	1194.10
1998	1200.95	1422.95	06/04	1043.02	08/18	1146.70
1999	1144.89	1756.18	06/30	1047.83	05/17	1366.58
2000	1368.69	2125.72	11/23	1361.21	01/04	2073.48
2001	2077.08	2245.44	06/14	1514.86	10/22	1645.97
2002	1643.49	1748.89	06/25	1339.20	01/29	1357.65

2002 年股价指数变动
Data of SSE Index, 2002

	上年收盘 Close Last year	本年开盘 Open This Year	本年最高 High	本年最低 Low	本年收盘 Close This Year	增减 Change	增减% Change%
上证 180 指数 SSE 180 Index	3069.17	3068.12	3323.22 07/01	2528.42 12/31	2549.60	－519.57	－16.93
上证综合指数 SSE Index	1645.97	1643.49	1748.89 06/25	1339.20 01/29	1357.65	－288.32	－17.52
上证 A 股指数 SEE A Share Index	1712.54	1710.02	1825.77 06/25	1397.01 01/29	1419.12	－293.42	－17.13
上证 B 股指数 SEE B Share Index	171.53	170.99	171.72 01/04	109.98 11/27	113.51	－58.02	－33.82
上证工业类指数 SSE Industrial Index	1260.16	1258.96	1344.87 06/25	1034.30 11/27	1043.55	－216.61	－17.19
上证商业类指数 SSE Commercial Index	1577.86	1571.69	1670.72 06/25	1200.62 01/23	1244.50	－333.36	－21.13
上证地产类指数 SSE Real Estate Index	2164.58	2166.25	2345.49 07/12	1659.72 01/29	1706.43	－458.15	－21.17
上证公用事业类指数 SSE Utilities Index	2600.99	2594.62	2868.54 06/25	2193.90 01/29	2330.56	－270.43	－10.40
上证综合类指数 SSE Conglomerates Index	1582.60	1578.55	1649.08 07/01	1207.10 12/31	1219.68	－362.92	－22.93
上证基金指数 SSE Fund Index	1183.13	1168.82	1237.98 06/24	934.54 11/27	942.33	－240.80	－20.35

上证 180 指数　SSE 180 Index

__指数走势

■ 成交金额

单位：

亿元人民币

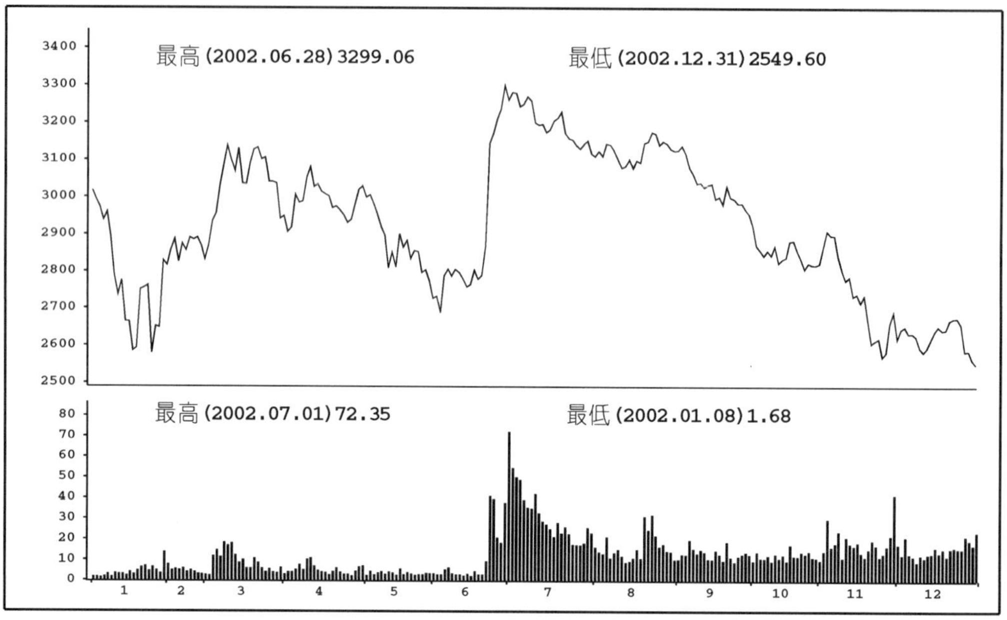

每日收盘指数　Daily Index

日期 Date	1月 Jan	2月 Feb	3月 Mar	4月 Apr	5月 May	6月 Jun	7月 Jul	8月 Aug	9月 Sep	10月 Oct	11月 Nov	12月 Dec
1	---	2815.78	2831.70	2948.51	---	---	3260.33	3109.11	---	---	2821.36	---
2	---	---	---	2905.62	---	---	3280.49	3123.12	3125.50	---	---	2617.40
3	---	---	---	2917.26	---	2727.32	3279.20	---	3137.57	---	---	2643.48
4	3016.94	2858.30	2869.12	3005.94	---	2732.79	3242.34	---	3117.74	---	2863.35	2650.50
5	---	2886.77	2934.80	2984.33	---	2687.77	3249.60	3109.82	3078.60	---	2908.59	2632.42
6	---	2824.99	2955.86	---	---	2788.68	---	3143.48	3060.66	---	2897.38	2632.78
7	2992.38	2873.76	3031.54	---	---	2805.69	---	3140.74	---	---	2897.24	---
8	2972.45	2855.54	3085.91	2987.76	2998.37	---	3269.07	3124.99	---	2923.63	2840.25	---
9	2937.66	---	---	3051.33	3004.76	---	3258.16	3102.38	3036.41	2869.64	---	2624.32
10	2959.65	---	---	3079.03	2980.12	2787.11	3200.07	---	3038.26	2856.73	---	2594.02
11	2891.81	---	3138.19	3026.27	---	2805.38	3193.38	---	3025.50	2842.34	2804.26	2582.81
12	---	---	3099.93	3033.54	---	2796.68	3195.88	3078.28	3032.58	---	2775.90	2594.04
13	---	---	3068.57	---	2951.40	2778.92	---	3082.63	3035.56	---	2784.99	2615.17
14	2789.16	---	3130.90	---	2919.61	2757.88	---	3101.05	---	2856.47	2732.93	---
15	2736.09	---	3036.01	3013.97	2897.52	---	3173.74	3076.53	---	2843.23	2738.68	---
16	2776.11	---	---	3007.33	2808.82	---	3181.33	3098.13	2995.36	2868.38	---	2636.76
17	2664.07	---	---	3001.94	2851.01	2764.35	3204.15	---	3000.23	2823.17	---	2651.07
18	2663.84	---	3033.60	2970.60	---	2803.10	3211.78	---	2979.86	2833.17	2715.18	2641.49
19	---	---	3089.27	2974.78	---	2778.86	3228.86	3092.74	3028.40	---	2734.08	2642.90
20	---	---	3127.07	---	2810.94	2788.86	---	3145.62	2998.90	---	2668.49	2668.49
21	2584.98	---	3132.88	---	2901.27	2868.51	---	3149.60	---	2837.71	2605.68	---
22	2593.61	---	3100.80	2964.06	2864.36	---	3171.48	3174.04	---	2881.73	2612.96	---
23	2751.51	---	---	2951.29	2882.95	---	3157.77	3170.17	2994.68	2883.26	---	2673.48
24	2755.36	---	---	2930.32	2833.92	3145.02	3153.81	---	2982.63	2856.37	---	2674.17
25	2762.36	2890.44	3106.12	2938.71	---	3171.43	3138.92	---	2982.86	2833.39	2618.94	2656.37
26	---	2885.11	3040.49	2979.60	---	3209.49	3129.62	3139.51	2966.56	---	2569.64	2585.16
27	---	2890.58	3040.34	---	2855.68	3235.77	---	3149.65	2953.91	---	2581.46	2586.07
28	2578.98	2869.65	3036.25	---	2853.25	3299.06	---	3143.91	---	2806.42	2658.88	---
29	2651.08	---	2941.43	3019.11	2796.56	---	3142.36	3129.58	---	2822.49	2689.83	---
30	2647.59	---	---	3028.49	2803.92	---	3151.64	3124.83	---	2818.14	---	2561.45
31	2828.96	---	---	---	2773.90	---	3117.08	---	---	2817.64	---	2549.60
最高 high	3016.94	2890.58	3138.19	3079.03	3004.76	H3299.06	3280.49	3174.04	3137.57	2923.63	2908.59	2674.17
最低 low	2578.98	2815.78	2831.70	2905.62	2773.90	2687.77	3117.08	3076.53	2953.91	2806.42	2569.64	L2549.60

SSE INDICES

股 价 指 数

上证指数数据

Data of SSE Indices

分类指数数据及图表

Data and Chart of Sector Indices

上证综合指数　SSE Index

__指数走势

■ 成交金额

单位：

亿元人民币

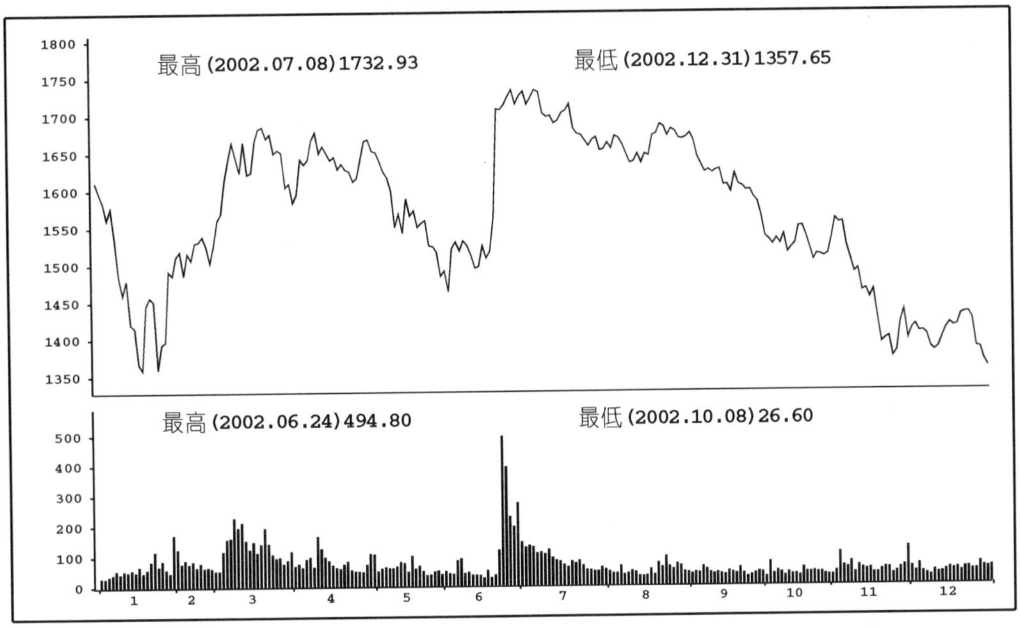

每日收盘指数　Daily Index

日期 Date	1月 Jan	2月 Feb	3月 Mar	4月 Apr	5月 May	6月 Jun	7月 Jul	8月 Aug	9月 Sep	10月 Oct	11月 Nov	12月 Dec
1	– – –	1485.77	1502.54	1608.51	– – –	– – –	1713.71	1653.01	– – –	– – –	1510.76	– – –
2	– – –	– – –	– – –	1582.88	– – –	– – –	1724.95	1661.87	1668.77	– – –	– – –	1395.68
3	– – –	– – –	– – –	1594.51	– – –	1483.35	1730.92	– – –	1674.07	– – –	– – –	1408.84
4	1611.39	1511.33	1526.80	1641.70	– – –	1490.51	1713.14	– – –	1663.97	– – –	1531.84	1414.45
5	– – –	1518.28	1560.08	1634.64	– – –	1462.00	1722.19	1653.96	1641.81	– – –	1558.24	1404.88
6	– – –	1485.80	1569.21	– – –	– – –	1521.26	– – –	1670.62	1631.38	– – –	1552.56	1405.53
7	1596.76	1515.39	1613.00	– – –	– – –	1529.51	– – –	1668.07	– – –	– – –	1554.24	– – –
8	1583.46	1506.62	1640.26	1640.65	1652.37	– – –	1732.93	1659.80	– – –	1562.99	1522.19	– – –
9	1561.35	– – –	– – –	1667.52	1650.58	– – –	1729.99	1647.05	1621.58	1535.37	– – –	1400.87
10	1576.44	– – –	– – –	1677.66	1638.20	1517.23	1701.82	– – –	1625.11	1530.41	– – –	1383.84
11	1535.59	– – –	1664.09	1649.53	– – –	1530.96	1696.94	– – –	1620.36	1524.05	1504.40	1379.20
12	– – –	– – –	1643.69	1658.98	– – –	1524.84	1698.30	1634.57	1624.56	– – –	1485.91	1383.91
13	– – –	– – –	1623.43	– – –	1623.94	1511.71	– – –	1636.63	1625.76	– – –	1490.46	1396.90
14	1485.11	– – –	1665.15	– – –	1616.23	1494.25	– – –	1646.72	– – –	1531.68	1460.80	– – –
15	1459.65	– – –	1620.98	1649.50	1598.35	– – –	1687.95	1634.37	– – –	1524.73	1463.69	– – –
16	1479.62	– – –	– – –	1640.29	1549.50	– – –	1691.62	1646.79	1604.08	1537.39	– – –	1408.52
17	1419.52	– – –	– – –	1644.40	1567.50	1496.24	1701.72	– – –	1604.88	1513.10	– – –	1416.10
18	1415.44	– – –	1623.88	1628.14	– – –	1524.07	1704.91	– – –	1594.58	1519.54	1451.29	1411.72
19	– – –	– – –	1665.36	1635.17	– – –	1507.67	1713.86	1644.30	1619.35	– – –	1462.17	1413.60
20	– – –	– – –	1682.51	– – –	1541.53	1516.15	– – –	1671.35	1604.91	– – –	1425.84	1427.94
21	1366.97	– – –	1685.02	– – –	1588.11	1562.72	– – –	1673.55	– – –	1524.93	1390.63	– – –
22	1358.69	– – –	1669.69	1627.48	1564.49	– – –	1681.01	1686.11	– – –	1548.10	1395.50	– – –
23	1444.97	– – –	– – –	1624.55	1571.61	– – –	1673.86	1683.21	1602.59	1548.97	– – –	1430.20
24	1456.40	– – –	– – –	1611.05	1549.47	1707.31	1672.40	– – –	1596.73	1536.52	– – –	1430.83
25	1451.48	1530.28	1675.29	1615.92	– – –	1706.59	1665.11	– – –	1597.84	1520.31	1398.44	1421.52
26	– – –	1531.43	1649.48	1640.59	– – –	1712.91	1657.50	1670.69	1587.65	– – –	1371.17	1384.15
27	– – –	1538.32	1654.23	– – –	1555.05	1723.55	– – –	1679.69	1581.62	– – –	1378.75	1382.97
28	1359.55	1524.70	1650.67	– – –	1558.52	1732.76	– – –	1676.77	– – –	1502.72	1417.53	– – –
29	1392.78	– – –	1603.91	1665.81	1524.81	– – –	1665.67	1667.32	– – –	1510.88	1434.18	– – –
30	1396.61	– – –	– – –	1667.75	1523.52	– – –	1669.00	1666.62	– – –	1509.71	– – –	1366.36
31	1491.67	– – –	– – –	– – –	1515.73	– – –	1651.59	– – –	– – –	1507.50	– – –	1357.65
最高 high	1611.39	1538.32	1685.02	1677.66	1652.37	1732.76	H1732.93	1686.11	1674.07	1562.99	1558.24	1430.83
最低 low	1358.69	1485.77	1502.54	1582.88	1515.73	1462.00	1651.59	1634.37	1581.62	1502.72	1371.17	L1357.65

上证 A 股指数 SSE A Share Index

__指数走势

■ 成交金额

单位：

亿元人民币

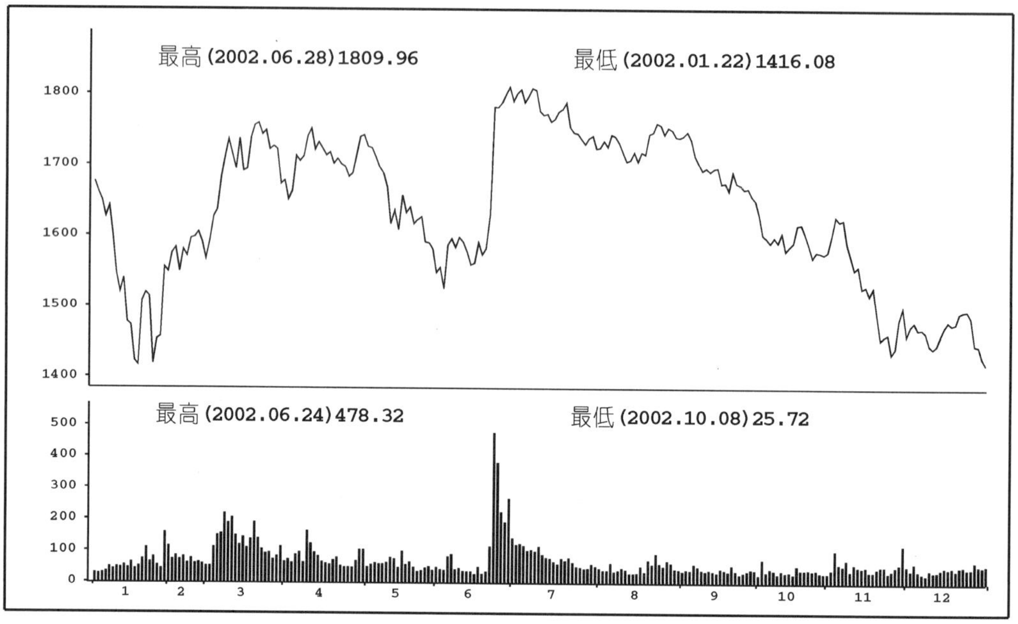

每日收盘指数 Daily Index

日期 Date	1月 Jan	2月 Feb	3月 Mar	4月 Apr	5月 May	6月 Jun	7月 Jul	8月 Aug	9月 Sep	10月 Oct	11月 Nov	12月 Dec
1	---	1548.61	1566.84	1677.40	---	---	1790.19	1725.02	---	---	1578.49	---
2	---	---	---	1650.63	---	---	1801.20	1734.38	1741.72	---	---	1459.33
3	---	---	---	1662.86	---	1548.09	1806.63	---	1747.31	---	---	1472.89
4	1676.30	1575.19	1592.36	1712.55	---	1555.27	1788.04	---	1736.82	---	1600.35	1478.67
5	---	1582.75	1626.75	1705.26	---	1525.22	1797.08	1726.12	1713.64	---	1627.73	1468.62
6	---	1548.97	1636.38	---	---	1587.32	---	1743.64	1702.60	---	1621.68	1469.21
7	1660.75	1579.91	1682.17	---	---	1596.11	---	1740.92	---	---	1623.67	---
8	1648.48	1571.12	1710.68	1711.71	1725.90	---	1808.51	1732.26	---	1631.38	1590.48	---
9	1626.16	---	---	1739.96	1724.01	---	1805.89	1718.81	1692.31	1602.29	---	1464.20
10	1641.45	---	---	1750.78	1711.10	1583.27	1776.20	---	1696.02	1597.24	---	1446.54
11	1599.04	---	1735.63	1721.19	---	1597.77	1770.81	---	1691.00	1590.57	1571.90	1441.68
12	---	---	1714.85	1731.49	---	1591.45	1772.25	1705.69	1695.34	---	1553.18	1446.45
13	---	---	1693.71	---	1696.22	1577.62	---	1707.86	1696.66	---	1557.79	1459.78
14	1546.43	---	1737.06	---	1688.06	1559.34	---	1718.44	---	1598.48	1526.75	---
15	1519.58	---	1691.07	1722.84	1668.44	---	1761.59	1705.42	---	1591.25	1529.64	---
16	1539.82	---	---	1713.45	1616.59	---	1765.48	1718.38	1674.04	1604.49	---	1471.80
17	1476.95	---	---	1717.54	1635.63	1561.56	1775.60	---	1674.95	1579.27	---	1479.66
18	1472.35	---	1693.90	1701.58	---	1590.78	1779.15	---	1664.11	1585.96	1516.56	1475.11
19	---	---	1737.42	1708.65	---	1573.47	1788.42	1715.80	1689.95	---	1527.56	1477.08
20	---	---	1755.66	---	1608.27	1582.35	---	1744.38	1674.87	---	1489.96	1492.02
21	1422.36	---	1758.57	---	1657.37	1631.02	---	1746.74	---	1591.59	1453.42	---
22	1416.08	---	1742.48	1700.84	1632.52	---	1754.09	1759.88	---	1616.01	1458.55	---
23	1506.64	---	---	1697.43	1640.09	---	1746.54	1756.87	1672.50	1617.01	---	1494.50
24	1518.84	---	---	1683.08	1616.89	1781.80	1745.03	---	1666.29	1603.97	---	1495.21
25	1513.61	1595.98	1748.45	1688.06	---	1781.54	1737.21	---	1667.43	1587.95	1461.80	1485.49
26	---	1597.64	1721.37	1713.26	---	1788.33	1729.81	1743.69	1656.75	---	1433.60	1446.65
27	---	1604.87	1726.09	---	1622.97	1799.71	---	1753.13	1650.48	---	1441.78	1445.38
28	1418.28	1590.18	1721.83	---	1626.65	1809.96	---	1750.06	---	1570.06	1482.12	---
29	1453.07	---	1672.64	1739.64	1591.42	---	1738.38	1740.15	---	1578.46	1499.36	---
30	1456.88	---	---	1742.02	1590.00	---	1741.80	1739.34	---	1577.29	---	1428.15
31	1555.08	---	---	---	1581.82	---	1723.56	---	---	1574.93	---	1419.12
最高 high	1676.30	1604.87	1758.57	1750.78	1725.90	H1809.96	1808.51	1759.88	1747.31	1631.38	1627.73	1495.21
最低 low	L1416.08	1548.61	1566.84	1650.63	1581.82	1525.22	1723.56	1705.42	1650.48	1570.06	1433.60	1419.12

上证 B 股指数 SSE B Share Index

__指数走势

█ 成交金额

单位：

亿元人民币

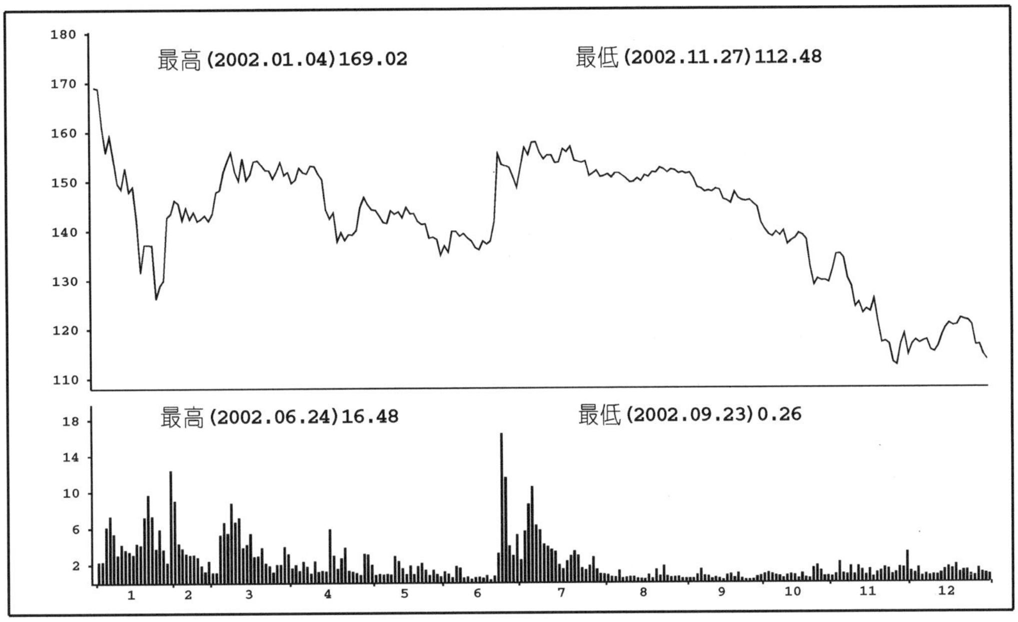

每日收盘指数 Daily Index

日期 Date	1月 Jan	2月 Feb	3月 Mar	4月 Apr	5月 May	6月 Jun	7月 Jul	8月 Aug	9月 Sep	10月 Oct	11月 Nov	12月 Dec
1	– – –	143.50	142.01	151.81	– – –	– – –	148.59	150.92	– – –	– – –	129.28	– – –
2	– – –	– – –	– – –	149.59	– – –	– – –	152.71	151.27	151.31	– – –	– – –	114.53
3	– – –	– – –	– – –	150.24	– – –	134.94	156.72	– – –	151.51	– – –	– – –	116.58
4	169.02	146.17	143.43	152.67	– – –	136.85	155.21	– – –	150.38	– – –	131.87	117.42
5	– – –	145.57	147.83	151.74	– – –	135.53	157.79	150.55	148.57	– – –	135.04	116.82
6	– – –	142.14	148.23	– – –	– – –	139.83	– – –	151.48	148.33	– – –	135.07	117.24
7	168.82	144.62	151.86	– – –	– – –	139.78	– – –	151.47	– – –	– – –	134.12	– – –
8	161.01	142.30	154.06	151.50	144.20	– – –	157.84	150.91	– – –	141.42	130.05	– – –
9	155.89	– – –	– – –	153.09	144.13	– – –	155.61	150.32	147.67	140.03	– – –	117.51
10	159.12	– – –	– – –	152.98	142.94	138.79	154.35	– – –	147.91	139.02	– – –	115.43
11	154.51	– – –	155.92	151.44	– – –	139.33	155.17	– – –	147.70	138.61	128.53	115.08
12	– – –	– – –	151.95	150.40	– – –	138.46	155.19	149.60	148.29	– – –	124.24	116.18
13	– – –	– – –	150.08	– – –	141.65	137.82	– – –	149.73	148.10	– – –	125.25	118.40
14	149.58	– – –	154.68	– – –	141.44	136.47	– – –	150.42	– – –	139.53	122.92	– – –
15	148.44	– – –	150.20	144.20	143.99	– – –	153.63	149.84	– – –	138.79	123.78	– – –
16	152.74	– – –	– – –	142.38	143.29	– – –	153.75	151.03	146.14	139.81	– – –	119.95
17	147.85	– – –	– – –	143.62	143.78	136.03	156.44	– – –	145.88	137.04	– – –	120.86
18	148.88	– – –	151.29	137.79	– – –	137.81	155.82	– – –	145.33	137.75	123.26	120.36
19	– – –	– – –	154.09	139.61	– – –	137.16	156.91	150.70	147.64	– – –	125.90	120.50
20	– – –	– – –	154.23	– – –	142.53	137.81	– – –	151.64	146.35	– – –	121.14	121.89
21	142.02	– – –	153.25	– – –	144.65	141.74	– – –	151.58	– – –	138.20	116.99	– – –
22	131.53	– – –	152.23	138.00	143.37	– – –	154.12	152.55	– – –	139.29	117.23	– – –
23	137.23	– – –	– – –	139.21	143.43	– – –	153.87	152.24	145.92	138.88	– – –	121.61
24	137.21	– – –	– – –	139.14	141.81	155.44	153.68	– – –	145.80	138.00	– – –	121.40
25	137.14	143.79	152.22	140.02	– – –	153.24	153.94	– – –	145.98	132.49	116.64	120.55
26	– – –	141.98	150.47	144.61	– – –	152.99	150.88	151.57	145.23	– – –	113.00	116.46
27	– – –	142.44	151.89	– – –	141.23	152.70	– – –	152.20	144.58	– – –	112.48	116.55
28	126.23	143.15	153.85	– – –	141.31	150.79	– – –	152.05	– – –	128.72	116.58	– – –
29	128.78	– – –	151.19	146.68	138.43	– – –	151.44	151.39	– – –	130.04	118.75	– – –
30	129.93	– – –	– – –	145.28	138.64	– – –	152.01	151.64	– – –	129.66	– – –	114.54
31	142.71	– – –	– – –	– – –	138.17	– – –	150.72	– – –	– – –	129.70	– – –	113.51
最高 high	H169.02	146.17	155.92	153.09	144.65	155.44	157.84	152.55	151.51	141.42	135.07	121.89
最低 low	126.23	141.98	142.01	137.79	138.17	134.94	148.59	149.60	144.58	128.72	L112.48	113.51

上证工业类指数 SSE Industrial Index

__指数走势

■ 成交金额

单位：

亿元人民币

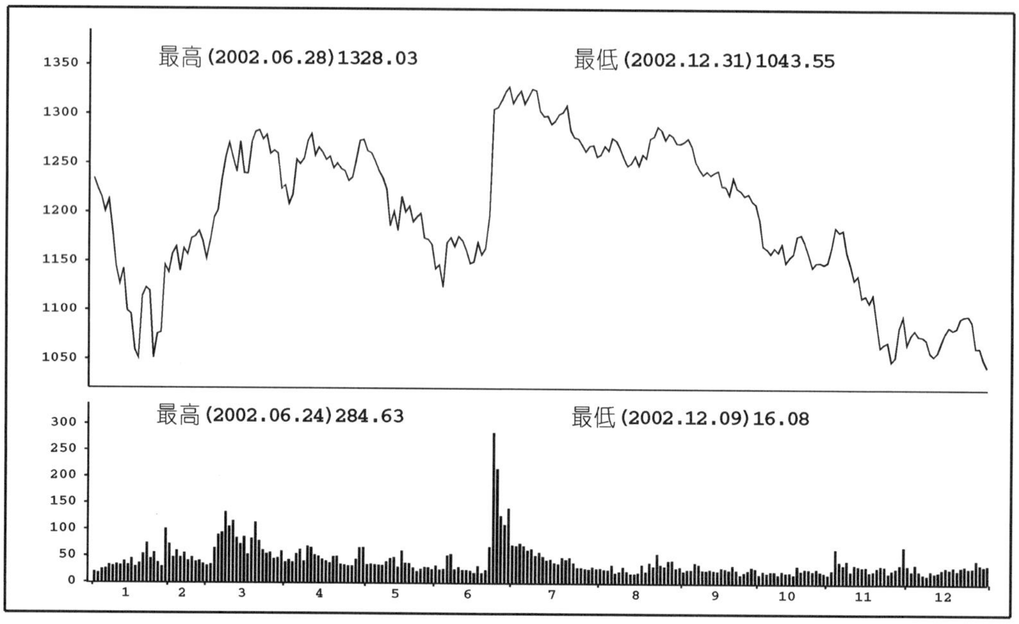

每日收盘指数 Daily Index

日期 Date	1月 Jan	2月 Feb	3月 Mar	4月 Apr	5月 May	6月 Jun	7月 Jul	8月 Aug	9月 Sep	10月 Oct	11月 Nov	12月 Dec
1	– – –	1138.25	1152.28	1227.19	– – –	– – –	1311.26	1259.96	– – –	– – –	1150.48	– – –
2	– – –	– – –	– – –	1208.41	– – –	– – –	1318.61	1268.39	1272.87	– – –	– – –	1066.25
3	– – –	– – –	– – –	1217.60	– – –	1142.71	1323.97	– – –	1276.22	– – –	– – –	1076.07
4	1234.31	1157.89	1171.29	1253.96	– – –	1146.87	1310.66	– – –	1268.51	– – –	1165.13	1080.81
5	– – –	1164.67	1194.70	1249.20	– – –	1123.97	1317.96	1263.67	1252.49	– – –	1185.74	1075.11
6	– – –	1139.86	1201.70	– – –	– – –	1169.56	– – –	1276.61	1244.76	– – –	1181.31	1074.63
7	1223.89	1162.92	1233.05	– – –	– – –	1174.68	– – –	1273.71	– – –	– – –	1183.27	– – –
8	1214.93	1156.69	1255.82	1254.55	1262.90	– – –	1325.89	1266.43	– – –	1194.65	1160.38	– – –
9	1200.46	– – –	– – –	1272.95	1260.97	– – –	1324.59	1256.68	1239.00	1166.81	– – –	1071.17
10	1212.45	– – –	– – –	1279.98	1252.17	1165.37	1303.60	– – –	1242.55	1164.10	– – –	1058.13
11	1180.93	– – –	1270.74	1257.99	– – –	1175.89	1298.28	– – –	1238.67	1158.99	1147.47	1054.65
12	– – –	– – –	1255.32	1266.16	– – –	1171.65	1298.84	1248.00	1241.47	– – –	1132.32	1058.59
13	– – –	– – –	1240.79	– – –	1241.54	1161.66	– – –	1250.97	1243.29	– – –	1136.71	1069.00
14	1144.77	– – –	1272.08	– – –	1234.90	1148.21	– – –	1258.23	– – –	1164.87	1114.28	– – –
15	1126.51	– – –	1239.65	1261.10	1223.45	– – –	1290.36	1248.31	– – –	1160.44	1116.35	– – –
16	1142.60	– – –	– – –	1253.65	1186.39	– – –	1293.70	1259.92	1227.87	1168.87	– – –	1078.23
17	1099.05	– – –	– – –	1256.89	1201.21	1150.15	1300.44	– – –	1227.06	1149.81	– – –	1084.30
18	1095.61	– – –	1239.30	1244.88	– – –	1169.66	1302.52	– – –	1218.58	1155.27	1108.69	1081.71
19	– – –	– – –	1270.83	1250.18	– – –	1157.29	1309.35	1256.11	1235.86	– – –	1116.89	1083.42
20	– – –	– – –	1281.82	– – –	1181.78	1163.59	– – –	1276.24	1225.33	– – –	1090.31	1093.23
21	1059.57	– – –	1283.49	– – –	1216.25	1197.32	– – –	1278.19	– – –	1159.20	1063.38	– – –
22	1050.99	– – –	1274.05	1244.19	1200.33	– – –	1284.18	1288.19	– – –	1177.10	1066.90	– – –
23	1113.88	– – –	– – –	1242.07	1206.25	– – –	1277.07	1284.52	1222.80	1178.51	– – –	1095.53
24	1122.91	– – –	– – –	1232.05	1190.50	1305.42	1276.03	– – –	1217.73	1170.19	– – –	1096.03
25	1119.52	1173.40	1278.85	1235.30	– – –	1307.12	1269.85	– – –	1219.75	1158.26	1068.97	1089.88
26	– – –	1175.22	1259.60	1253.20	– – –	1313.88	1262.74	1274.53	1212.67	– – –	1048.87	1063.14
27	– – –	1180.73	1262.84	– – –	1195.52	1322.61	– – –	1281.00	1209.32	– – –	1053.42	1063.41
28	1051.02	1169.94	1259.87	– – –	1199.15	1328.03	– – –	1278.19	– – –	1145.08	1083.22	– – –
29	1075.52	– – –	1223.94	1273.42	1174.11	– – –	1268.52	1271.23	– – –	1149.92	1094.81	– – –
30	1077.00	– – –	– – –	1274.32	1172.89	– – –	1269.29	1271.10	– – –	1150.18	– – –	1051.93
31	1145.99	– – –	– – –	– – –	1167.83	– – –	1257.69	– – –	– – –	1148.43	– – –	1043.55
最高 high	1234.31	1180.73	1283.49	1279.98	1262.90	H1328.03	1325.89	1288.19	1276.22	1194.65	1185.74	1096.03
最低 low	1050.99	1138.25	1152.28	1208.41	1167.83	1123.97	1257.69	1248.00	1209.32	1145.08	1048.87	L1043.55

上证商业类指数 SSE Commercial Index

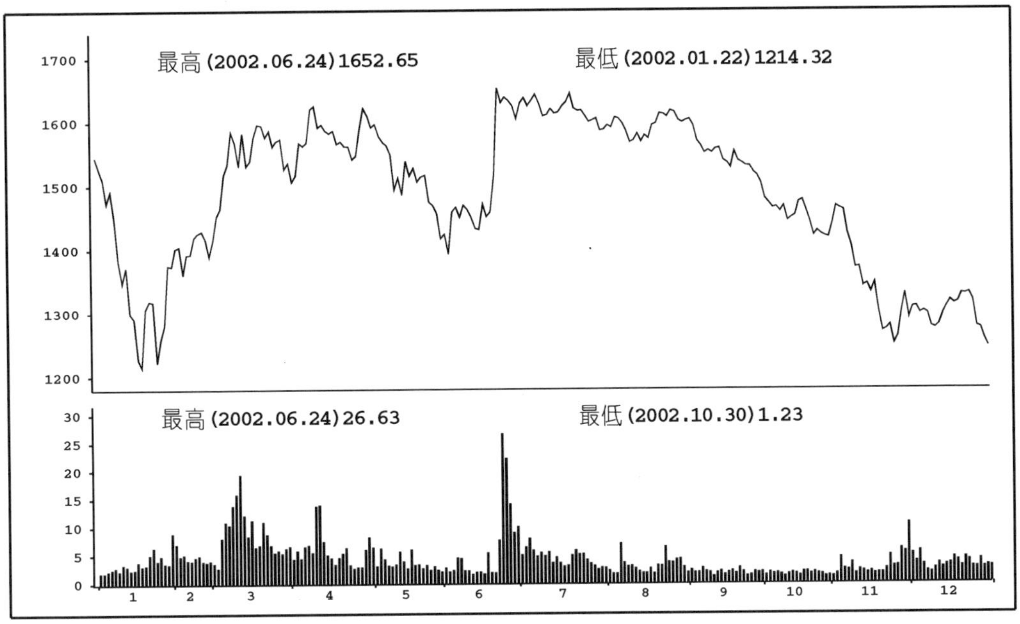

__指数走势

■ 成交金额

单位:

亿元人民币

每日收盘指数 Daily Index

日期 Date	1月 Jan	2月 Feb	3月 Mar	4月 Apr	5月 May	6月 Jun	7月 Jul	8月 Aug	9月 Sep	10月 Oct	11月 Nov	12月 Dec
1	---	1373.81	1388.88	1535.87	---	---	1603.99	1586.86	---	---	1417.82	---
2	---	---	---	1505.87	---	---	1628.70	1593.90	1601.45	---	---	1289.89
3	---	---	---	1515.88	---	1416.60	1637.06	---	1603.52	---	---	1307.02
4	1545.45	1401.98	1413.67	1567.31	---	1423.59	1624.27	---	1593.55	---	1438.67	1308.06
5	---	1404.45	1452.24	1562.43	---	1392.34	1632.50	1590.32	1569.72	---	1466.71	1297.26
6	---	1360.76	1464.27	---	---	1458.47	---	1606.15	1561.96	---	1463.12	1300.36
7	1527.25	1392.19	1517.19	---	---	1465.66	---	1604.37	---	---	1460.43	---
8	1509.72	1392.86	1533.77	1568.00	1591.36	---	1642.29	1596.83	---	1502.87	1423.74	---
9	1472.90	---	---	1620.01	1596.40	---	1627.63	1584.53	1550.25	1478.46	---	1296.77
10	1491.19	---	---	1625.15	1577.36	1449.76	1608.50	---	1554.25	1471.36	---	1276.02
11	1448.09	---	1584.94	1591.41	---	1468.58	1610.53	---	1550.60	1463.85	1403.62	1273.70
12	---	---	1567.84	1595.99	---	1462.22	1619.49	1567.36	1556.94	---	1369.92	1278.84
13	---	---	1530.94	---	1568.47	1449.26	---	1570.39	1558.12	---	1371.12	1295.31
14	1382.50	---	1582.68	---	1563.57	1432.54	---	1580.60	---	1465.46	1340.45	---
15	1347.09	---	1531.06	1586.21	1549.57	---	1612.78	1568.24	---	1458.05	1344.38	---
16	1372.12	---	---	1582.20	1492.70	---	1614.53	1578.03	1539.23	1466.85	---	1307.07
17	1298.39	---	---	1586.17	1511.97	1430.74	1624.01	---	1535.38	1443.87	---	1317.88
18	1290.47	---	1539.24	1565.92	---	1470.48	1630.32	---	1527.03	1448.24	1330.94	1312.28
19	---	---	1576.72	1569.38	---	1450.76	1644.27	1573.06	1552.88	---	1345.88	1315.11
20	---	---	1596.28	---	1485.29	1458.23	---	1594.08	1538.25	---	1301.55	1328.44
21	1227.88	---	1595.17	---	1538.70	1515.02	---	1596.72	---	1452.32	1269.52	---
22	1214.32	---	1576.25	1562.17	1514.76	---	1620.34	1612.48	---	1473.13	1272.27	---
23	1305.68	---	---	1561.88	1527.33	---	1616.72	1611.77	1534.80	1476.54	---	1327.58
24	1318.88	---	---	1541.33	1505.47	1652.65	1617.51	---	1530.51	1460.19	---	1329.80
25	1317.67	1419.46	1586.35	1547.04	---	1629.70	1608.81	---	1530.23	1442.88	1278.64	1317.18
26	---	1425.70	1561.59	1587.92	---	1638.10	1599.28	1607.09	1519.75	---	1249.55	1276.30
27	---	1429.04	1570.42	---	1513.74	1632.52	---	1617.00	1514.55	---	1260.28	1273.97
28	1222.12	1416.51	1573.60	---	1516.12	1624.35	---	1614.57	---	1420.54	1298.99	---
29	1258.38	---	1526.47	1621.60	1474.43	---	1601.82	1601.67	---	1427.83	1329.98	---
30	1279.93	---	---	1610.40	1468.63	---	1604.84	1598.22	---	1422.70	---	1257.00
31	1375.06	---	---	---	1456.98	---	1586.06	---	---	1419.70	---	1244.50
最高 high	1545.45	1429.04	1596.28	1625.15	1596.40	H1652.65	1644.27	1617.00	1603.52	1502.87	1466.71	1329.80
最低 low	L1214.32	1360.76	1388.88	1505.87	1456.98	1392.34	1586.06	1567.36	1514.55	1419.70	1249.55	1244.50

上证地产类指数 SSE Real Estate Index

__指数走势
■ 成交金额
单位：
亿元人民币

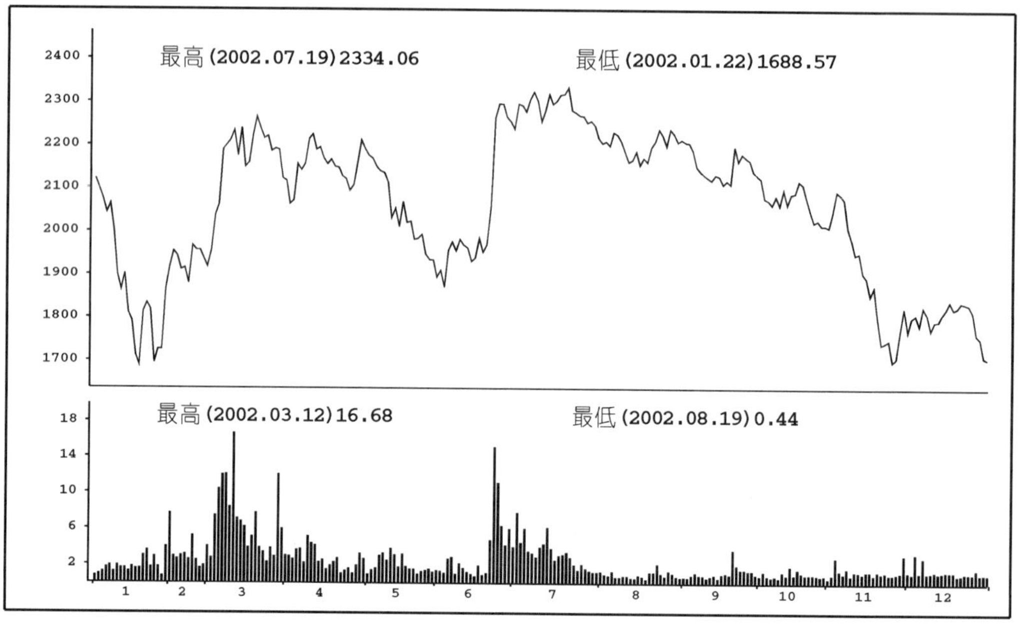

每日收盘指数 Daily Index

日期 Date	1月 Jan	2月 Feb	3月 Mar	4月 Apr	5月 May	6月 Jun	7月 Jul	8月 Aug	9月 Sep	10月 Oct	11月 Nov	12月 Dec
1	---	1917.77	1917.60	2117.33	---	---	2238.15	2205.68	---	---	2011.21	---
2	---	---	---	2062.87	---	---	2295.98	2209.69	2208.09	---	---	1768.11
3	---	---	---	2071.36	---	1894.72	2292.42	---	2206.27	---	---	1801.39
4	2121.67	1953.48	1954.11	2156.66	---	1910.30	2277.69	---	2188.15	---	2046.36	1807.91
5	---	1943.02	2036.97	2141.37	---	1871.01	2305.67	2199.80	2151.81	---	2094.28	1783.04
6	---	1910.92	2063.41	---	---	1957.02	---	2230.81	2140.69	---	2087.00	1826.21
7	2097.94	1915.53	2189.57	---	---	1975.88	---	2225.01	---	---	2074.59	---
8	2073.66	1879.00	2200.47	2156.31	2175.85	---	2323.66	2210.22	---	2123.14	2009.79	---
9	2042.96	---	---	2213.62	2169.51	---	2302.70	2186.26	2131.92	2078.37	---	1810.61
10	2062.94	---	---	2224.19	2150.32	1955.18	2255.04	---	2125.62	2073.58	---	1772.49
11	2000.09	---	2211.24	2188.99	---	1981.93	2280.58	---	2119.40	2063.00	1983.31	1793.01
12	---	---	2233.22	2194.90	---	1968.59	2318.25	2162.33	2132.08	---	1948.22	1793.81
13	---	---	2174.91	---	2139.08	1962.62	---	2167.41	2128.78	---	1952.29	1809.75
14	1901.30	---	2239.78	---	2135.78	1930.97	---	2186.88	---	2083.07	1905.37	---
15	1863.68	---	2149.47	2168.84	2113.80	---	2295.44	2155.25	---	2061.54	1893.22	---
16	1902.35	---	---	2155.83	2031.24	---	2302.89	2171.37	2109.96	2098.06	---	1822.26
17	1810.02	---	---	2166.58	2053.23	1939.30	2317.47	---	2118.50	2063.51	---	1839.97
18	1790.63	---	2159.44	2150.26	---	1984.99	2318.61	---	2110.56	2088.49	1852.37	1821.95
19	---	---	2220.48	2148.57	---	1952.67	2334.06	2162.22	2198.68	---	1873.22	1826.23
20	---	---	2264.47	---	2010.80	1969.50	---	2196.68	2163.81	---	1799.85	1838.07
21	1713.01	---	2238.04	---	2069.42	2061.67	---	2209.96	---	2090.60	1739.93	---
22	1688.57	---	2215.20	2127.35	2020.75	---	2281.38	2237.45	---	2117.87	1743.58	---
23	1813.05	---	---	2121.10	2023.53	---	2275.97	2223.31	2180.44	2110.36	---	1835.98
24	1833.80	---	---	2093.74	1981.93	2265.08	2269.24	---	2172.43	2078.91	---	1832.77
25	1815.49	1966.63	2220.37	2106.57	---	2296.24	2267.95	---	2166.24	2049.13	1749.05	1815.92
26	---	1956.69	2185.84	2155.67	---	2295.73	2252.57	2199.19	2140.73	---	1699.61	1762.40
27	---	1956.69	2191.86	---	1984.47	2265.94	---	2237.60	2130.94	---	1708.17	1753.12
28	1694.42	1937.33	2189.29	---	1993.37	2254.99	---	2227.21	---	2022.53	1768.95	---
29	1725.98	---	2122.56	2210.94	1946.89	---	2256.97	2207.95	---	2027.36	1825.64	---
30	1726.00	---	---	2191.51	1935.16	---	2246.95	2213.84	---	2015.46	---	1710.39
31	1865.95	---	---	---	1934.48	---	2217.66	---	---	2015.77	---	1706.43
最高 high	2121.67	1966.63	2264.47	2224.19	2175.85	2296.24	H2334.06	2237.60	2208.09	2123.14	2094.28	1839.97
最低 low	L1688.57	1879.00	1917.60	2062.87	1934.48	1871.01	2217.66	2155.25	2109.96	2015.46	1699.61	1706.43

上证公用事业类指数 SSE Utilities Index

__指数走势

■ 成交金额

单位：

亿元人民币

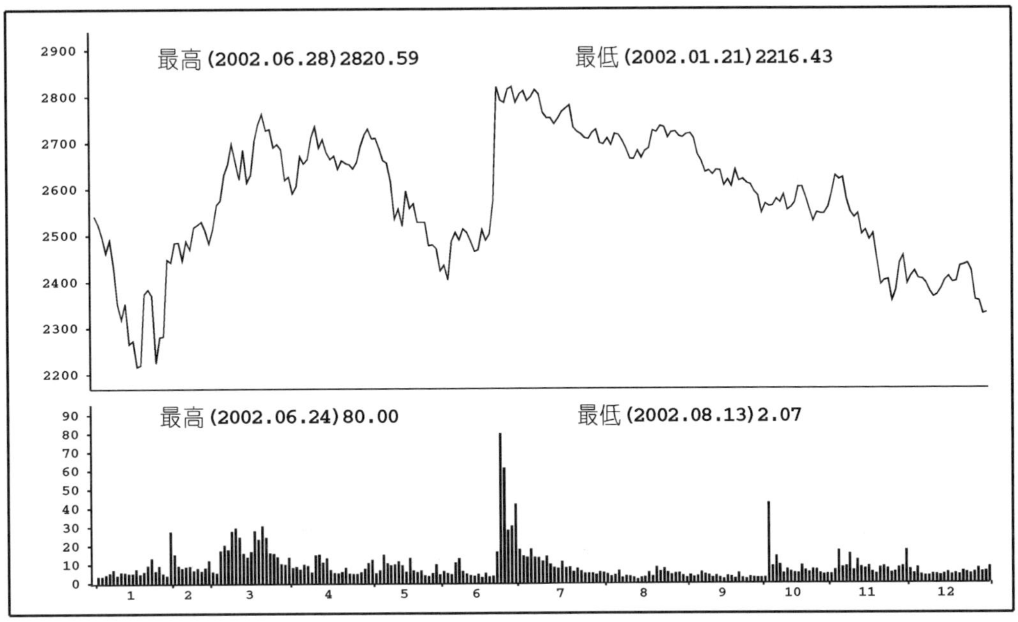

每日收盘指数 Daily Index

日期 Date	1月 Jan	2月 Feb	3月 Mar	4月 Apr	5月 May	6月 Jun	7月 Jul	8月 Aug	9月 Sep	10月 Oct	11月 Nov	12月 Dec
1	---	2442.21	2482.38	2625.80	---	---	2785.74	2695.85	---	---	2557.77	---
2	---	---	---	2589.94	---	---	2803.53	2708.94	2717.92	---	---	2394.43
3	---	---	---	2604.39	---	2423.11	2811.56	---	2719.42	---	---	2410.79
4	2541.94	2484.38	2513.91	2671.02	---	2435.12	2789.68	---	2708.35	---	2588.22	2421.03
5	---	2485.00	2565.94	2654.77	---	2403.12	2798.13	2694.06	2673.05	---	2627.08	2405.41
6	---	2445.98	2575.12	---	---	2487.42	---	2718.50	2659.50	---	2618.81	2404.35
7	2523.60	2487.75	2631.02	---	---	2505.41	---	2716.22	---	---	2623.05	---
8	2497.32	2469.55	2653.64	2664.06	2708.81	---	2813.40	2703.39	---	2546.41	2574.73	---
9	2462.28	---	---	2711.56	2709.56	---	2803.93	2685.83	2634.67	2566.40	---	2395.43
10	2489.84	---	---	2734.83	2686.91	2489.12	2764.08	---	2638.46	2561.07	---	2377.19
11	2432.38	---	2697.79	2688.75	---	2513.02	2752.95	---	2629.46	2562.69	2548.06	2365.45
12	---	---	2659.04	2707.29	---	2505.22	2752.96	2664.64	2639.63	---	2536.49	2370.83
13	---	---	2620.31	---	2661.78	2486.28	---	2663.75	2638.67	---	2545.40	2382.74
14	2352.80	---	2685.56	---	2655.79	2464.70	---	2682.20	---	2576.97	2500.27	---
15	2318.71	---	2613.37	2678.64	2613.88	---	2739.66	2666.20	---	2568.73	2509.51	---
16	2354.22	---	---	2664.09	2533.99	---	2751.43	2681.47	2605.75	2586.19	---	2401.54
17	2265.14	---	---	2671.92	2556.07	2467.91	2766.50	---	2618.36	2552.70	---	2409.25
18	2272.64	---	2629.88	2642.94	---	2511.18	2773.27	---	2603.84	2558.26	2489.01	2396.93
19	---	---	2703.24	2661.40	---	2488.10	2780.26	2687.43	2639.94	---	2501.81	2399.27
20	---	---	2739.70	---	2519.06	2501.74	---	2725.66	2615.90	---	2447.01	2432.13
21	2216.43	---	2762.06	---	2595.63	2574.37	---	2722.29	---	2568.89	2392.10	---
22	2219.48	---	2727.13	2655.64	2557.14	---	2731.69	2735.26	---	2603.02	2401.49	---
23	2374.44	---	---	2653.20	2567.21	---	2722.97	2732.84	2619.63	2603.24	---	2434.31
24	2383.67	---	---	2643.40	2527.72	2820.16	2717.70	---	2611.31	2581.41	---	2437.89
25	2369.73	2516.93	2729.72	2657.48	---	2791.33	2709.19	---	2608.28	2554.63	2403.72	2420.77
26	---	2522.70	2689.71	2691.89	---	2785.89	2707.80	2710.00	2592.52	---	2356.87	2358.61
27	---	2529.66	2697.08	---	2527.70	2815.11	---	2722.24	2584.16	---	2380.43	2356.08
28	2224.13	2510.05	2686.02	---	2527.81	2820.59	---	2723.04	---	2529.02	2438.35	---
29	2280.57	---	2618.62	2715.78	2477.74	---	2720.78	2713.35	---	2547.55	2454.56	---
30	2282.47	---	---	2729.36	2479.16	---	2727.66	2710.73	---	2545.28	---	2328.14
31	2448.15	---	---	---	2470.37	---	2698.48	---	---	2545.21	---	2330.56
最高 high	2541.94	2529.66	2762.06	2734.83	2709.56	H2820.59	2813.40	2735.26	2719.42	2603.24	2627.08	2437.89
最低 low	L2216.43	2442.21	2482.38	2589.94	2470.37	2403.12	2698.48	2663.75	2584.16	2529.02	2356.87	2328.14

上证综合类指数　SSE Conglomerates Index

__指数走势

■ 成交金额

单位：

亿元人民币

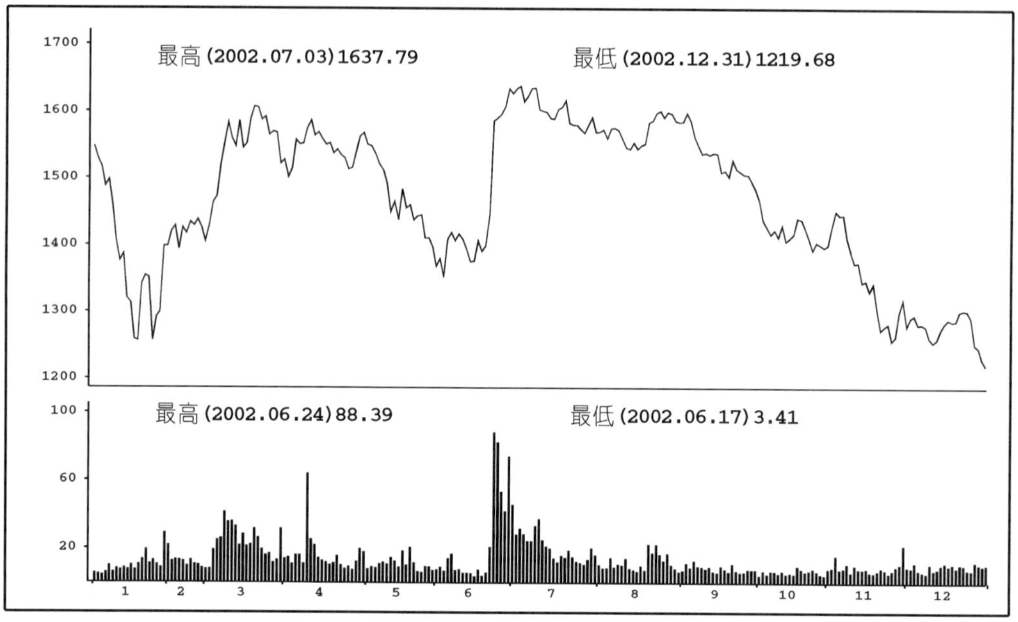

每日收盘指数　Daily Index

日期 Date	1月 Jan	2月 Feb	3月 Mar	4月 Apr	5月 May	6月 Jun	7月 Jul	8月 Aug	9月 Sep	10月 Oct	11月 Nov	12月 Dec
1	---	1397.97	1404.77	1527.63	---	---	1626.45	1569.68	---	---	1400.26	---
2	---	---	---	1500.80	---	---	1634.04	1572.99	1584.91	---	---	1278.32
3	---	---	---	1513.85	---	1368.03	1637.79	---	1597.83	---	---	1291.41
4	1548.07	1419.99	1428.22	1557.55	---	1379.36	1614.46	---	1586.48	---	1427.39	1295.44
5	---	1428.13	1463.55	1550.62	---	1351.60	1622.59	1559.83	1562.75	---	1450.37	1281.28
6	---	1393.17	1472.16	---	---	1408.68	---	1574.94	1549.46	---	1444.43	1281.64
7	1529.61	1425.24	1519.70	---	---	1418.54	---	1575.73	---	---	1445.10	---
8	1515.85	1416.85	1553.01	1552.08	1550.36	---	1634.62	1572.01	---	1466.50	1410.08	---
9	1487.55	---	---	1575.44	1548.17	---	1634.91	1559.32	1537.00	1436.74	---	1278.36
10	1497.02	---	---	1586.36	1536.97	1406.47	1602.57	---	1538.69	1426.47	---	1260.48
11	1457.71	---	1583.26	1563.47	---	1416.24	1600.71	---	1535.56	1416.01	1390.33	1254.35
12	---	---	1559.04	1568.84	---	1408.41	1598.98	1546.54	1538.37	---	1373.06	1258.98
13	---	---	1547.26	---	1521.21	1393.50	---	1544.05	1537.55	---	1373.74	1272.99
14	1406.11	---	1586.22	---	1512.58	1375.28	---	1553.71	---	1422.37	1344.49	---
15	1376.39	---	1544.97	1558.52	1491.40	---	1590.18	1544.07	---	1412.09	1347.07	---
16	1386.50	---	---	1550.22	1448.88	---	1588.99	1549.73	1509.50	1429.51	---	1282.68
17	1320.24	---	---	1552.57	1464.45	1375.73	1603.11	---	1511.51	1405.82	---	1289.21
18	1313.83	---	1551.87	1537.16	---	1405.96	1606.44	---	1502.33	1410.69	1330.96	1286.24
19	---	---	1588.60	1543.03	---	1390.36	1616.60	1552.19	1527.81	---	1342.36	1286.76
20	---	---	1606.94	---	1437.12	1398.72	---	1584.04	1514.25	---	1306.07	1301.30
21	1258.37	---	1605.67	---	1483.64	1445.41	---	1586.81	---	1416.49	1272.76	---
22	1256.52	---	1587.04	1534.39	1454.74	---	1582.77	1598.20	---	1440.14	1278.26	---
23	1341.53	---	---	1529.68	1459.52	---	1580.29	1601.16	1509.93	1438.70	---	1303.07
24	1354.26	---	---	1513.15	1436.85	1586.05	1579.91	---	1506.09	1425.48	---	1302.33
25	1351.23	1433.83	1592.11	1515.97	---	1590.46	1573.54	---	1505.50	1409.86	1282.03	1291.84
26	---	1428.37	1564.48	1539.70	---	1595.94	1567.91	1591.19	1494.02	---	1256.63	1251.23
27	---	1437.72	1569.84	---	1443.01	1607.04	---	1599.22	1482.34	---	1262.70	1246.55
28	1256.09	1425.55	1568.30	---	1444.51	1633.80	---	1597.03	---	1392.32	1299.74	---
29	1290.89	---	1521.80	1562.49	1410.04	---	1579.77	1586.14	---	1404.15	1318.12	---
30	1299.06	---	---	1567.82	1410.50	---	1591.33	1584.38	---	1400.50	---	1228.72
31	1398.09	---	---	---	1397.60	---	1569.37	---	---	1396.69	---	1219.68
最高 high	1548.07	1437.72	1606.94	1586.36	1550.36	1633.80	H1637.79	1601.16	1597.83	1466.50	1450.37	1303.07
最低 low	1256.09	1393.17	1404.77	1500.80	1397.60	1351.60	1567.91	1544.05	1482.34	1392.32	1256.63	L1219.68

上证基金指数 SSE Fund Index

__指数走势

■ 成交金额

单位:

亿元人民币

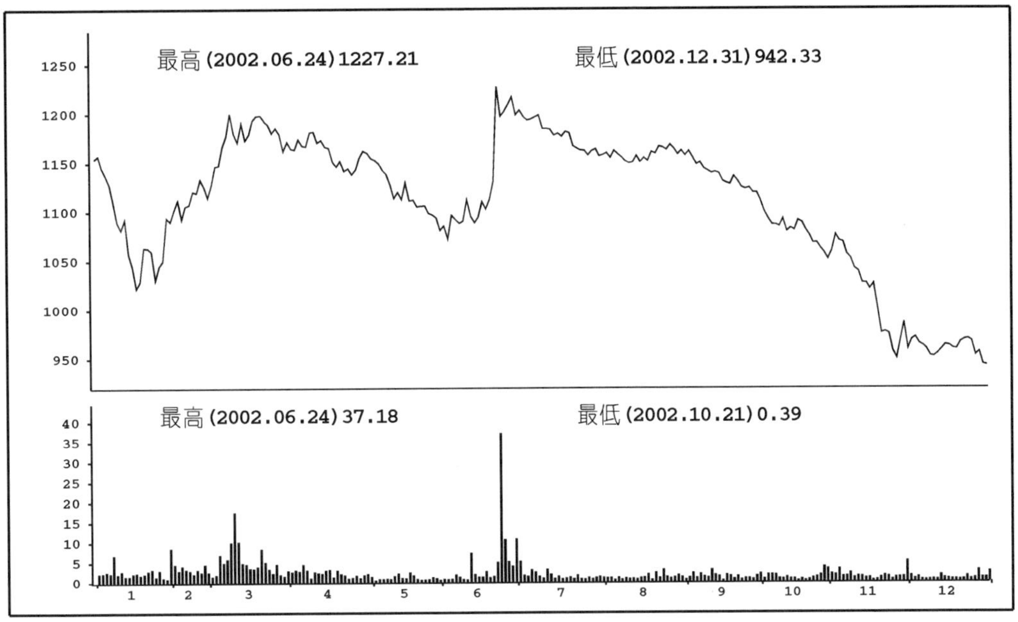

每日收盘指数 Daily Index

日期 Date	1月 Jan	2月 Feb	3月 Mar	4月 Apr	5月 May	6月 Jun	7月 Jul	8月 Aug	9月 Sep	10月 Oct	11月 Nov	12月 Dec
1	---	1089.75	1114.19	1171.08	---	---	1198.31	1157.64	---	---	1051.02	---
2	---	---	---	1164.36	---	---	1203.01	1159.58	1156.88	---	---	958.95
3	---	---	---	1163.43	---	1080.70	1196.69	---	1161.59	---	---	968.46
4	1154.04	1101.97	1127.12	1173.88	---	1085.24	1192.96	---	1155.00	---	1059.39	971.02
5	---	1111.59	1146.55	1167.46	---	1071.84	1194.09	1154.52	1147.75	---	1075.73	964.76
6	---	1092.08	1147.51	---	---	1095.88	---	1161.92	1149.54	---	1069.62	962.44
7	1157.24	1105.71	1166.53	---	---	1091.66	---	1158.35	---	---	1068.42	---
8	1144.07	1107.11	1177.00	1166.72	1154.42	---	1196.04	1155.11	---	1110.71	1055.99	---
9	1136.12	---	---	1180.92	1152.58	---	1198.15	1151.12	1143.42	1099.57	---	958.89
10	1126.99	---	---	1181.74	1149.01	1087.77	1184.43	---	1141.08	1092.35	---	951.87
11	1108.65	---	1200.33	1170.45	---	1090.20	1184.43	---	1138.73	1086.24	1051.83	951.42
12	---	---	1179.84	1173.11	---	1111.74	1183.78	1149.01	1139.79	---	1041.57	954.37
13	---	---	1170.74	---	1142.10	1094.84	---	1149.82	1138.49	---	1038.86	958.59
14	1089.20	---	1190.27	---	1137.98	1088.32	---	1156.63	---	1086.09	1026.88	---
15	1081.39	---	1172.96	1166.39	1127.57	---	1177.68	1149.98	---	1084.52	1026.82	---
16	1092.04	---	---	1165.23	1113.26	---	1179.47	1154.46	1130.58	1091.99	---	963.10
17	1057.37	---	---	1151.12	1119.42	1094.51	1176.45	---	1128.62	1079.23	---	962.50
18	1043.95	---	1178.71	1145.67	---	1109.86	1181.35	---	1127.26	1082.69	1020.50	959.64
19	---	---	1193.46	1151.60	---	1102.30	1179.95	1151.28	1135.33	---	1025.92	959.04
20	---	---	1197.90	---	1112.19	1112.13	---	1160.62	1130.52	---	1001.21	966.11
21	1021.93	---	1198.15	---	1129.09	1130.49	---	1158.90	---	1080.58	975.35	---
22	1028.99	---	1192.55	1141.19	1110.83	---	1166.56	1166.14	---	1090.60	976.65	---
23	1063.57	---	---	1143.95	1111.70	---	1164.22	1165.17	1124.19	1088.56	---	968.46
24	1063.18	---	---	1137.78	1104.73	1227.21	1162.44	---	1122.54	1081.33	---	969.30
25	1059.67	1120.55	1188.76	1142.65	---	1196.85	1162.18	---	1123.83	1075.61	974.69	966.95
26	---	1119.25	1180.19	1155.07	---	1201.72	1157.21	1162.57	1118.84	---	956.69	952.48
27	---	1132.70	1185.41	---	1105.44	1208.85	---	1167.93	1118.78	---	949.53	956.09
28	1030.55	1125.51	1179.25	---	1105.77	1216.51	---	1163.87	---	1067.70	967.83	---
29	1044.37	---	1161.82	1161.98	1098.05	---	1161.69	1157.92	---	1067.85	986.46	---
30	1049.91	---	---	1160.04	1096.52	---	1163.80	1161.92	---	1061.98	---	943.21
31	1093.69	---	---	---	1093.44	---	1156.40	---	---	1057.58	---	942.33
最高 high	1157.24	1132.70	1200.33	1181.74	1154.42	H1227.21	1203.01	1167.93	1161.59	1110.71	1075.73	971.02
最低 low	1021.93	1089.75	1114.19	1137.78	1093.44	1071.84	1156.40	1149.01	1118.78	1057.58	949.53	L942.33

上证国债指数　SSE T-bond Index

__指数走势

■ 成交金额

单位：

亿元人民币

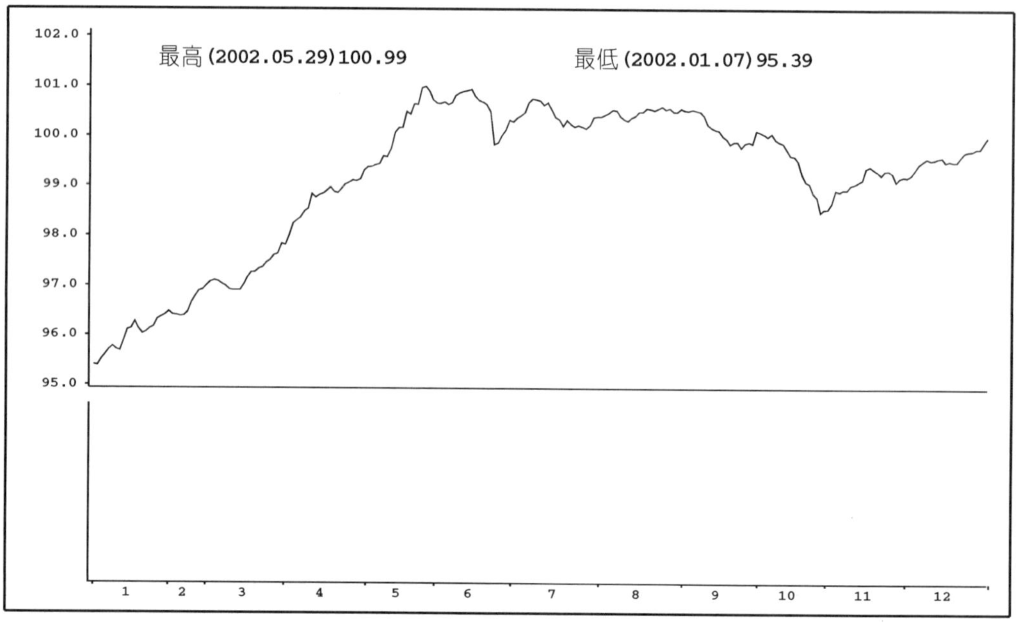

每日收盘指数　Daily Index

日期 Date	1月 Jan	2月 Feb	3月 Mar	4月 Apr	5月 May	6月 Jun	7月 Jul	8月 Aug	9月 Sep	10月 Oct	11月 Nov	12月 Dec
1	---	96.47	97.00	97.82	---	---	100.29	100.40	---	---	98.55	---
2	---	---	---	98.01	---	---	100.37	100.44	100.53	---	---	99.19
3	---	---	---	98.25	---	100.66	100.42	---	100.52	---	---	99.24
4	95.40	96.41	97.08	98.31	---	100.66	100.48	---	100.54	---	98.67	99.34
5	---	96.40	97.10	98.37	---	100.69	100.68	100.48	100.52	---	98.92	99.46
6	---	96.38	97.09	---	---	100.63	---	100.53	100.50	---	98.90	99.52
7	95.39	96.39	97.04	---	---	100.67	---	100.53	---	---	98.94	---
8	95.51	96.46	97.00	98.48	99.38	---	100.75	100.41	---	100.09	98.94	---
9	95.61	---	---	98.54	99.38	---	100.74	100.34	100.42	100.06	---	99.57
10	95.71	---	---	98.83	99.43	100.82	100.71	---	100.24	100.00	---	99.54
11	95.77	---	96.92	98.76	---	100.87	100.62	---	100.18	100.06	99.03	99.55
12	---	---	96.91	98.81	---	100.90	100.68	100.31	100.15	---	99.05	99.58
13	---	---	96.91	---	99.45	100.92	---	100.38	100.13	---	99.09	99.59
14	95.71	---	96.91	---	99.60	100.94	---	100.41	---	99.95	99.14	---
15	95.69	---	97.02	98.84	99.58	---	100.54	100.50	---	99.90	99.37	---
16	95.90	---	---	98.90	99.74	---	100.38	100.50	100.02	99.87	---	99.50
17	96.11	---	---	98.96	100.07	100.80	100.34	---	99.96	99.74	---	99.52
18	96.13	---	97.17	98.88	---	100.72	100.20	---	99.85	99.62	99.41	99.51
19	---	---	97.27	98.85	---	100.69	100.33	100.57	99.90	---	99.35	99.51
20	---	---	97.27	---	100.17	100.63	---	100.55	99.90	---	99.30	99.61
21	96.27	---	97.34	---	100.17	100.50	---	100.53	---	99.61	99.23	---
22	96.12	---	97.37	98.94	100.49	---	100.25	100.56	---	99.52	99.32	---
23	96.03	---	---	99.03	100.44	---	100.19	100.60	99.78	99.25	---	99.70
24	96.06	---	---	99.06	100.65	99.84	100.22	---	99.87	99.10	---	99.72
25	96.13	96.66	97.46	99.11	---	99.87	100.19	---	99.90	99.06	99.33	99.73
26	---	96.79	97.51	99.10	---	100.02	100.16	100.54	99.87	---	99.27	99.77
27	---	96.90	97.61	---	100.64	100.12	---	100.57	100.12	---	99.09	99.77
28	96.17	96.92	97.64	---	100.97	100.33	---	100.50	---	98.86	99.17	---
29	96.32	---	97.84	99.13	100.99	---	100.23	100.50	---	98.78	99.20	---
30	96.37	---	---	99.31	100.90	---	100.39	100.56	---	98.48	---	99.89
31	96.41	---	---	---	100.72	---	100.40	---	---	98.55	---	100.00
最高 high	96.41	96.92	97.84	99.31	H100.99	100.94	100.75	100.60	100.54	100.09	99.41	100.00
最低 low	L95.39	96.38	96.91	97.82	99.38	99.84	100.16	100.31	99.78	98.48	98.55	99.19

注：本页为上证国债指数追溯摸拟数据。

SECURITIES TRADING

证 券 成 交

交易概况
Trading Data
市盈率和换手率
P/E Ratio & Turnover Rate
分类证券成交数据
Data of Securities Transactions
年度排行前十名
Top 10 Securities
年末股价和市价总值分布
Year-end Distribution of Stock Price and Market Capitalization
年末市盈率和换手率分布
Year-end Distribution of P/E Ratio and Turnover

交易概况
Trading Data

市场交易 Market Data	2002 年 2002	2001 年 2001	增减% Change %
交易天数 Trading Days	237	240	-1.25
上市证券数 No. of Securities Traded	826	744	11.02
股票 Stock	759	690	10.00
A股 A Share	705	636	10.85
B股 B Share	54	54	0.00
债券 Bond	42	31	35.48
国债现货 Spot		11	54.55
国债回购 T-Bond Repurchase	8	8	0.00
企业债回购 C-Bond Repurchase	3	0	0.00
企业债 Corporate Bond	11	11	0.00
可转债 Convertible Bond	3	1	200.00
基金 Fund	25	23	8.70
证券投资基金 Securities Investment Fund	25	23	8.70
其他投资基金 Other Fund	0	0	0.00
成交金额(亿元) Trading Value (100 Million RMB Yuan)	48527.72	44144.03	9.93
股票 Stock	16959.09	22709.38	-25.32
A股 A Share	16441.71	19876.84	-17.28
B股 B Share	517.38	2832.54	-81.73
债券 Bond	30877.04	19794.04	55.99
国债现货 T-Bond Spot	6380.83	4383.06	45.58
国债回购 T-Bond Repurchase	24419.19	15342.98	59.16
企业债回购 C-Bond Repurchase	3.16	0.00	0.00
企业债 Corporate Bond	51.04	56.40	-9.50
可转债 Convertible Bond	22.82	11.60	96.72
基金 Fund	556.77	1348.92	-58.72
证券投资基金 Securities Investment Fund	556.77	1343.01	-58.54
其他投资基金 Other Fund	0.00	5.91	-100.00
其他 Other	134.82	291.69	-53.78
成交数量(亿) Trading Volume (100 Million)			
股票 Stock	1781.10	1819.95	-2.13
A股 A Share	1693.53	1429.69	18.45
B股 B Share	87.56	390.26	-77.56
债券 Bond	30.57	19.53	56.53
国债现货 T-Bond Spot	6.08	4.12	47.57
国债回购 T-Bond Repurchase	24.42	15.34	59.19
企业债 Corporate Bond	0.05	0.05	0.00
可转债 Convertible Bond	0.02	0.01	100.00
基金 Fund	573.69	1148.35	-50.04
证券投资基金 Securities Investment Fund	573.69	1145.96	-49.94
其他投资基金 Other Fund	0.00	2.39	-100.00
其他 Other	2.21	33.20	-93.34

市盈率和换手率 P/E Ratio & Turnover Rate

	2002年 2002	2001年 2001	增减% Change %
市盈率 P/E Ratio	34.43	37.71	-8.70
A股 A Share	34.50	37.59	-8.22
B股 B Share	30.61	43.39	-29.45
换手率 Turnover Rate	197.40	244.27	-19.19
A股 A Share	208.74	216.67	-3.66
B股 B Share	95.99	452.26	-78.78

分类证券成交数据
Data of Securities Transactions

股票成交 Share Trading

上市品种 No. of Stocks Traded	759	新上市品种 No. of New Listings	70
发行数量(亿股) Issued Shares	3727.84	市价总值(亿元) Total Market Capitalization	25363.72
流通数量(亿股) Negotiable Shares	992.53	流通市值(亿元) Market Capitalization of Negotiable Shares	7467.30
成交数量(亿股) Trading Volume	1781.10	日均成交金额(亿元) Daily Average Trading Value	71.56
成交笔数(百万) No. of Transactions	175.57	日最高成交金额(亿元) Record Highday Turnover	494.80
成交金额(亿元) Trading Value	16959.09	日最低成交金额(亿元) Record Lowday Turnover	26.60

十大涨 Top 10 Most Advanced		十大跌 Top 10 Most Declined		十大成交数量(万股) Top 10 Most Active by Vol. (10000 Shares)		十大成交金额(万元) Top 10 Most Active by Val. (10000 Yuan)	
名称(name)	涨幅(up)%	名称(name)	跌幅(down)%	名称(name)	成交股数(vol.)	名称(name)	成交金额(val.)
ST厦新	95.65	红河光明	-72.92	中国石化	442206.52	中国石化	1538261.59
哈药集团	60.71	天方药业	-62.27	宝钢股份	280917.48	哈药集团	1334649.14
山川股份	52.15	长江通信	-60.71	申华控股	218620.89	宝钢股份	1195894.77
昌九生化	41.90	宁夏恒力	-60.70	上海汽车	144119.19	安彩高科	1095570.88
界龙实业	39.25	天威保变	-60.39	金杯汽车	123511.06	申华控股	1072094.94
东风汽车	37.15	宁波韵升	-59.83	马钢股份	116214.64	上海汽车	1015556.14
宁沪高速	35.76	西藏天路	-59.69	东方航空	112124.78	浦发银行	1000433.87
常林股份	28.60	安彩高科	-58.03	深高速	103259.64	民生银行	966675.62
民丰特纸	27.85	天鸿宝业	-57.22	大江B股	100234.09	张江高科	942624.83
秦岭水泥	24.28	ST纵横	-57.04	ST龙科	95245.30	申能股份	906241.60

2002年股票每月成交数量、成交金额图 Chart of Monthly Share Trading Volume and Value

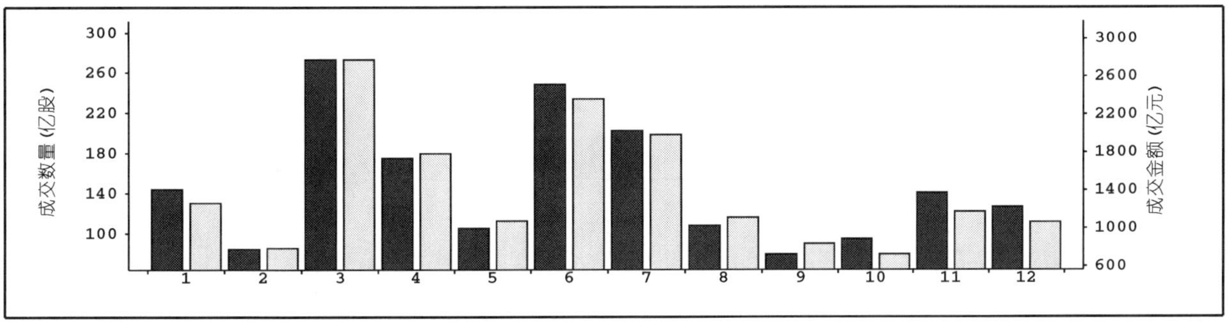

每日成交(单位:亿元) Daily Trading Value

日期 Date	1月 Jan	2月 Feb	3月 Mar	4月 Apr	5月 May	6月 Jun	7月 Jul	8月 Aug	9月 Sep	10月 Oct	11月 Nov	12月 Dec
1	– – –	124.98	53.51	68.39	– – –	– – –	144.10	46.98	– – –	– – –	31.49	– – –
2	– – –	– – –	– – –	75.93	– – –	– – –	126.93	40.67	37.20	– – –	– – –	56.63
3	– – –	– – –	– – –	64.22	– – –	50.63	132.63	– – –	42.61	– – –	– – –	42.19
4	32.11	77.97	53.70	91.08	– – –	43.03	128.57	– – –	41.01	– – –	43.42	65.04
5	– – –	89.42	117.35	98.49	– – –	41.14	108.23	40.86	61.44	– – –	105.28	39.77
6	– – –	76.83	157.13	– – –	– – –	84.54	– – –	64.27	52.70	– – –	61.51	33.09
7	30.33	85.16	161.04	– – –	– – –	91.91	– – –	36.10	– – –	– – –	55.51	– – –
8	37.53	65.86	228.07	65.82	51.79	– – –	110.99	40.62	– – –	26.60	75.41	– – –
9	42.44	– – –	– – –	166.60	59.60	– – –	104.45	48.57	41.53	75.74	– – –	27.87
10	55.30	– – –	– – –	125.65	64.07	42.70	119.50	– – –	37.55	35.88	– – –	43.42
11	45.16	– – –	195.31	97.60	– – –	47.09	92.82	– – –	44.28	46.45	38.56	36.43
12	– – –	– – –	212.64	85.64	– – –	37.36	83.91	43.43	37.22	– – –	62.13	37.92
13	– – –	– – –	152.92	– – –	61.57	37.02	– – –	31.57	33.62	– – –	53.24	46.21
14	54.22	– – –	123.92	– – –	61.09	36.28	– – –	30.83	– – –	40.97	49.54	– – –
15	51.12	– – –	149.15	72.05	66.81	– – –	80.26	32.72	– – –	29.74	52.76	– – –
16	57.90	– – –	– – –	63.72	82.14	– – –	69.46	53.67	46.18	40.13	– – –	52.47
17	49.94	– – –	– – –	59.79	77.54	27.74	62.53	– – –	42.14	34.07	– – –	47.66
18	68.56	– – –	113.28	74.67	– – –	52.09	81.10	– – –	36.83	35.42	37.01	52.87
19	– – –	– – –	140.85	83.58	– – –	29.04	74.54	35.15	56.83	– – –	37.10	42.09
20	– – –	– – –	194.63	– – –	49.57	37.20	– – –	74.30	38.92	– – –	48.12	53.49
21	47.82	– – –	142.30	– – –	101.68	118.48	– – –	60.19	– – –	29.47	54.83	– – –
22	58.72	– – –	107.74	55.34	59.37	– – –	82.74	94.49	– – –	55.64	54.03	– – –
23	85.03	– – –	– – –	51.34	68.43	– –	66.94	62.00	27.68	41.66	– – –	54.74
24	117.32	– – –	– – –	50.85	51.57	494.80	52.97	– – –	33.28	42.08	– – –	46.05
25	68.84	79.34	94.27	49.51	– – –	392.77	51.82	– – –	38.54	44.38	34.16	46.80
26	– – –	63.62	98.16	72.83	– – –	228.50	48.61	53.67	44.17	– – –	41.74	70.55
27	– – –	65.72	76.03	– – –	37.09	195.28	– – –	70.74	41.88	– – –	53.33	56.91
28	86.73	62.41	88.65	– – –	40.05	273.19	– – –	64.40	– – –	40.87	62.09	– – –
29	58.78	– – –	117.72	108.74	49.44	– – –	48.24	44.72	– – –	42.14	122.68	– – –
30	47.21	– – –	– – –	106.83	52.90	– – –	61.17	42.61	– – –	33.83	– – –	53.28
31	171.19	– – –	– – –	– – –	40.65	– – –	53.25	– – –	– – –	31.54	– – –	58.34
最高 high	171.19	124.98	228.07	166.60	101.68	H494.80	144.10	94.49	61.44	75.74	122.68	70.55
最低 low	30.33	62.41	53.51	49.51	37.09	27.74	48.24	30.83	27.68	L26.60	31.49	27.87

A 股成交 A Share Trading

上市品种 No. of Stocks Traded	705	新上市品种 No. of New Listings	70
发行数量(亿股) Issued Shares	3635.49	市价总值(亿元) Total Market Capitalization	24921.42
流通数量(亿股) Negotiable Shares	900.18	流通市值(亿元) Market Capitalization of Negotiable Shares	7025.00
成交数量(亿股) Trading Volume	1693.53	日均成交金额(亿元) Daily Average Trading Value	69.37
成交笔数(百万) No. of Transactions	171.49	日最高成交金额(亿元) Record Highday Turnover	478.32
成交金额(亿元) Trading Value	16441.71	日最低成交金额(亿元) Record Lowday Turnover	25.72

十大涨 Top 10 Most Advanced		十大跌 Top 10 Most Declined		十大成交数量(万股) Top 10 Most Active by Vol. (10000 Shares)		十大成交金额(万元) Top 10 Most Active by Val. (10000 Yuan)	
名称(name)	涨幅(up)%	名称(name)	跌幅(down)%	名称(name)	成交股数(vol.)	名称(name)	成交金额(val.)
ST 厦 新	95.65	红河光明	-72.92	中国石化	442206.52	中国石化	1538261.59
哈药集团	60.71	天方药业	-62.27	宝钢股份	280917.48	哈药集团	1334649.14
山川股份	52.15	长江通信	-60.71	申华控股	218620.89	宝钢股份	1195894.77
昌九生化	41.90	宁夏恒力	-60.70	上海汽车	144119.19	安彩高科	1095570.88
界龙实业	39.25	天威保变	-60.39	金杯汽车	123511.06	申华控股	1072094.94
东风汽车	37.15	宁波韵升	-59.83	马钢股份	116214.64	上海汽车	1015556.14
宁沪高速	35.76	西藏天路	-59.69	东方航空	112124.78	浦发银行	1000433.87
常林股份	28.60	安彩高科	-58.03	深 高 速	103259.64	民生银行	966675.62
民丰特纸	27.85	天鸿宝业	-57.22	ST 龙 科	95245.30	张江高科	942624.83
秦岭水泥	24.28	ST 纵 横	-57.04	四川长虹	94650.63	申能股份	906241.60

2002 年 A 股每月成交数量、成交金额图 Chart of Monthly A Share Trading Volume and Value

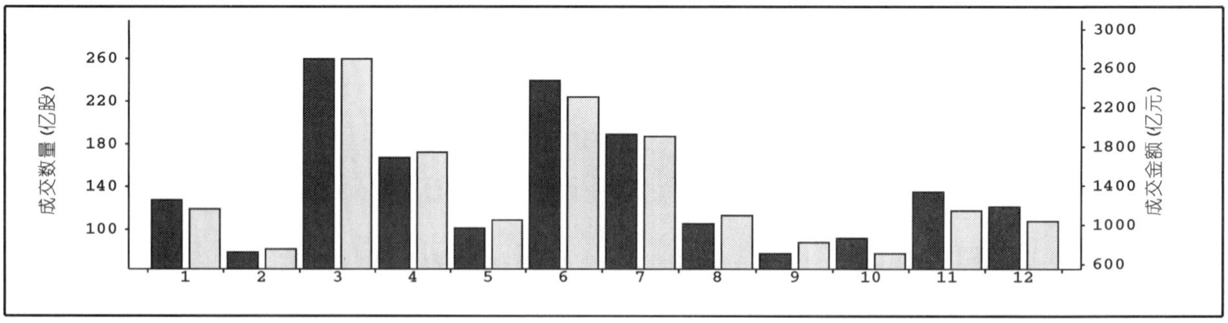

每日成交(单位:亿元) Daily Trading Value

日期 Date	1月 Jan	2月 Feb	3月 Mar	4月 Apr	5月 May	6月 Jun	7月 Jul	8月 Aug	9月 Sep	10月 Oct	11月 Nov	12月 Dec
1	---	115.92	52.38	66.76	---	---	141.60	46.17	---	---	30.89	---
2	---	---	---	73.94	---	---	121.29	40.09	36.80	---	---	55.46
3	---	---	---	62.91	---	49.41	123.99	---	42.19	---	---	41.20
4	29.82	73.62	52.55	88.73	---	42.04	118.01	---	40.20	---	42.56	63.50
5	---	85.64	112.07	96.69	---	40.57	101.94	40.30	60.01	---	103.07	39.14
6	---	73.59	150.46	---	---	82.75	---	62.99	52.00	---	60.60	32.24
7	27.99	82.10	155.56	---	---	90.29	---	35.64	---	---	54.68	---
8	31.38	62.74	219.27	64.78	50.94	---	105.22	40.09	---	25.72	73.70	---
9	35.07	---	---	164.22	58.63	---	100.27	47.98	40.85	74.70	---	27.21
10	49.90	---	---	124.45	63.19	42.15	115.57	---	37.17	34.97	---	42.64
11	42.09	---	188.59	96.26	---	46.46	89.20	---	43.75	45.71	37.76	35.70
12	---	---	205.46	84.39	---	37.00	80.50	42.82	36.82	---	60.38	36.94
13	---	---	149.06	---	60.60	36.44	---	31.17	33.33	---	51.90	44.87
14	49.98	---	119.68	---	60.21	35.70	---	30.46	---	40.31	48.77	---
15	47.47	---	143.72	66.14	63.90	---	78.31	32.36	---	29.30	51.35	---
16	54.47	---	---	60.74	79.74	---	67.98	52.85	45.39	39.38	---	50.83
17	46.82	---	---	58.27	75.97	27.24	60.18	---	41.25	33.21	---	46.20
18	64.23	---	110.37	71.97	---	51.30	78.18	---	36.34	34.64	36.43	50.98
19	---	---	137.90	79.73	---	28.72	71.09	34.73	55.82	---	36.08	41.05
20	---	---	190.77	---	48.63	36.49	---	72.91	38.52	---	46.90	52.22
21	43.68	---	140.13	---	99.81	115.28	---	59.47	---	29.07	53.26	---
22	51.50	---	105.86	54.00	58.45	---	79.78	92.69	---	54.69	52.59	---
23	75.32	---	---	50.11	66.63	---	65.37	61.34	27.42	41.18	---	53.46
24	109.96	---	---	49.79	49.41	478.32	51.62	---	33.00	41.67	---	45.24
25	65.10	76.52	93.10	48.66	---	381.19	49.99	---	38.23	42.83	33.34	46.12
26	---	61.72	96.16	69.65	---	224.48	45.82	53.15	43.56	---	40.70	69.08
27	---	64.48	74.04	---	35.70	192.32	---	70.18	41.15	---	51.71	55.89
28	80.82	60.01	84.70	---	39.25	267.95	---	63.79	---	39.05	60.56	---
29	55.11	---	114.54	105.64	48.03	---	46.82	44.30	---	40.89	119.41	---
30	44.98	---	---	104.84	51.99	---	60.23	42.19	---	33.21	---	52.36
31	158.75	---	---	---	39.99	---	52.36	---	---	30.88	---	57.52
最高 high	158.75	115.92	219.27	164.22	99.81	H478.32	141.60	92.69	60.01	74.70	119.41	69.08
最低 low	27.99	60.01	52.38	48.66	35.70	27.24	45.82	30.46	27.42	L25.72	30.89	27.21

B 股成交 B Share Trading

上市品种 No. of Stocks Traded	54	新上市品种 No. of New Listings	0
发行数量(亿股) Issued Shares	92.35	市价总值(亿元) Total Market Capitalization	442.30
流通数量(亿股) Negotiable Shares	92.35	流通市值(亿元) Market Capitalization of Negotiable Shares	442.30
成交数量(亿股) Trading Volume	87.56	日均成交金额(亿元) Daily Average Trading Value	2.18
成交笔数(百万) No. of Transactions	4.07	日最高成交金额(亿元) Record Highday Turnover	16.48
成交金额(亿元) Trading Value	517.38	日最低成交金额(亿元) Record Lowday Turnover	0.26

十大涨 Top 10 Most Advanced		十大跌 Top 10 Most Declined		十大成交数量(万股) Top 10 Most Active by Vol. (10000 Shares)		十大成交金额(万元) Top 10 Most Active by Val. (10000 Yuan)	
名称(name)	涨幅(up)%	名称(name)	跌幅(down)%	名称(name)	成交股数(vol.)	名称(name)	成交金额(val.)
		联华 B 股	－51.84	大江 B 股	100234.09	大江 B 股	480977.21
		大江 B 股	－47.66	东电 B 股	53025.98	东电 B 股	314159.23
		永生 B 股	－46.12	ST 轻骑 B	38044.83	陆家 B 股	231354.81
		凤凰 B 股	－45.53	陆家 B 股	35230.88	凯马 B 股	178248.56
		东信 B 股	－45.50	凯马 B 股	33967.89	氯碱 B 股	173002.60
		锦港 B 股	－43.74	氯碱 B 股	33287.31	海立 B 股	171361.85
		三毛 B 股	－43.33	龙电 B 股	26656.16	ST 轻骑 B	147754.68
		华源 B 股	－41.97	轮胎 B 股	25148.68	金桥 B 股	141455.19
		海立 B 股	－41.60	二纺 B 股	24661.89	龙电 B 股	136121.50
		凯马 B 股	－41.55	海立 B 股	22825.02	轮胎 B 股	132265.28

2002 年 B 股每月成交数量、成交金额图 Chart of Monthly B Share Trading Volume and Value

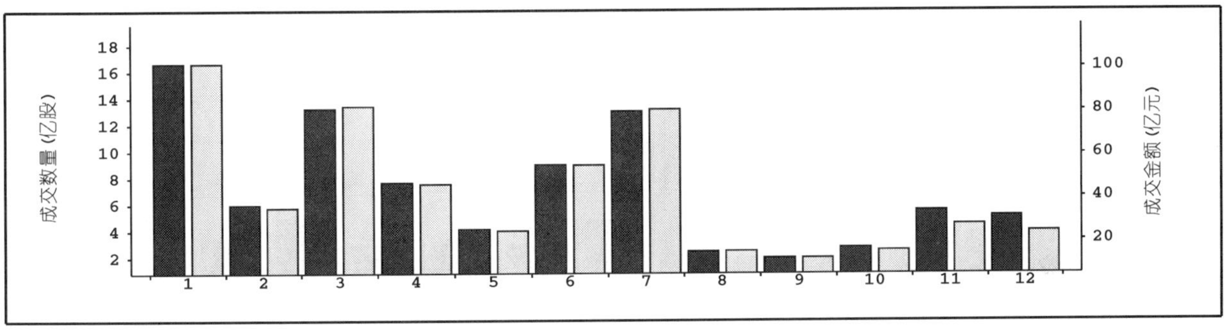

每日成交(单位:亿元) Daily Trading Value

日期 Date	1月 Jan	2月 Feb	3月 Mar	4月 Apr	5月 May	6月 Jun	7月 Jul	8月 Aug	9月 Sep	10月 Oct	11月 Nov	12月 Dec
1	---	9.07	1.13	1.63	---	---	2.50	0.81	---	---	0.60	---
2	---	---	---	1.99	---	---	5.64	0.59	0.40	---	---	1.17
3	---	---	---	1.31	---	1.22	8.63	---	0.42	---	---	0.98
4	2.29	4.35	1.15	2.35	---	0.98	10.56	---	0.81	---	0.87	1.54
5	---	3.78	5.28	1.80	---	0.58	6.29	0.56	1.43	---	2.21	0.63
6	---	3.23	6.67	---	---	1.79	---	1.28	0.70	---	0.91	0.84
7	2.34	3.06	5.48	---	---	1.62	---	0.47	---	---	0.83	---
8	6.14	3.12	8.80	1.04	0.86	---	5.77	0.54	---	0.88	1.71	---
9	7.36	---	---	2.39	0.97	---	4.18	0.59	0.67	1.04	---	0.67
10	5.40	---	---	1.20	0.88	0.54	3.93	---	0.38	0.90	---	0.78
11	3.07	---	6.71	1.34	---	0.62	3.63	---	0.53	0.74	0.80	0.73
12	---	---	7.18	1.25	---	0.37	3.41	0.61	0.40	---	1.74	0.98
13	---	---	3.86	---	0.96	0.58	---	0.40	0.29	---	1.34	1.35
14	4.23	---	4.23	---	0.88	0.59	---	0.37	---	0.66	0.77	---
15	3.66	---	5.43	5.91	2.91	---	1.95	0.35	---	0.45	1.40	---
16	3.43	---	---	2.98	2.39	---	1.48	0.82	0.79	0.75	---	1.64
17	3.11	---	---	1.53	1.57	0.50	2.35	---	0.88	0.86	---	1.45
18	4.33	---	2.90	2.70	---	0.79	2.92	---	0.50	0.78	0.58	1.89
19	---	---	2.95	3.86	---	0.32	3.44	0.42	1.01	---	1.03	1.04
20	---	---	3.86	---	0.94	0.71	---	1.39	0.40	---	1.22	1.27
21	4.14	---	2.17	---	1.88	3.20	---	0.72	---	0.41	1.58	---
22	7.23	---	1.88	1.34	0.91	---	2.96	1.80	---	0.95	1.44	---
23	9.72	---	---	1.23	1.80	---	1.57	0.67	0.26	0.48	---	1.28
24	7.36	---	---	1.06	2.17	16.48	1.35	---	0.28	0.42	---	0.81
25	3.75	2.82	1.17	0.85	---	11.58	1.83	---	0.31	1.55	0.82	0.68
26	---	1.90	2.00	3.18	---	4.02	2.79	0.52	0.61	---	1.05	1.47
27	---	1.24	2.00	---	1.38	2.96	---	0.57	0.72	---	1.62	1.02
28	5.91	2.40	3.96	---	0.80	5.25	---	0.61	---	1.82	1.53	---
29	3.67	---	3.18	3.10	1.41	---	1.42	0.42	---	1.25	3.27	---
30	2.23	---	---	1.99	0.91	---	0.94	0.42	---	0.63	---	0.91
31	12.44	---	---	---	0.66	---	0.89	---	---	0.66	---	0.81
最高 high	12.44	9.07	8.80	5.91	2.91	H16.48	10.56	1.80	1.43	1.82	3.27	1.89
最低 low	2.23	1.24	1.13	0.85	0.66	0.32	0.89	0.35	L0.26	0.41	0.58	0.63

基金券成交 Funds Trading

上市品种 No. of Stocks Traded	25	新上市品种 No. of New Listings	2
发行数量(亿份) Issued Shares	398.00	市价总值(亿元) Total Market Capitalization	313.07
流通数量(亿份) Negotiable Shares	393.49	流通市值(亿元) Market Capitalization of Negotiable Shares	309.49
成交数量(亿份) Trading Volume	573.69	日均成交金额(亿元) Daily Average Trading Value	2.35
成交笔数(百万) No. of Transactions	3.08	日最高成交金额(亿元) Record Highday Turnover	37.18
成交金额(亿元) Trading Value	556.77	日最低成交金额(亿元) Record Lowday Turnover	0.39

十大涨 Top 10 Most Advanced		十大跌 Top 10 Most Declined		十大成交数量(万份) Top 10 Most Active by Vol. (10000 Shares)		十大成交金额(万元) Top 10 Most Active by Val. (10000 Yuan)	
名称(name)	涨幅(up)%	名称(name)	跌幅(down)%	名称(name)	成交份数(vol.)	名称(name)	成交金额(val.)
		基金汉鼎	-36.28	基金兴和	435319.73	基金兴和	423662.87
		基金景业	-32.04	基金安顺	392515.31	基金安顺	419208.88
		基金安信	-31.75	基金景阳	376120.37	基金安信	369145.32
		基金普润	-30.28	基金金鑫	349715.80	基金景阳	355391.86
		基金汉博	-29.52	基金安信	312309.20	基金金鑫	336239.22
		基金金鼎	-29.13	基金汉兴	286973.63	基金裕元	264627.14
		基金同德	-28.57	基金通乾	277200.90	基金通乾	263123.50
		基金金鑫	-27.36	基金裕元	270734.14	基金汉兴	242392.08
		基金安瑞	-27.35	基金兴华	236220.01	基金兴华	241068.26
		基金安顺	-27.19	基金景业	227412.70	基金景业	212637.87

2002 年基金每月成交数量、成交金额图 Chart of Monthly Funds Trading Volume and Value

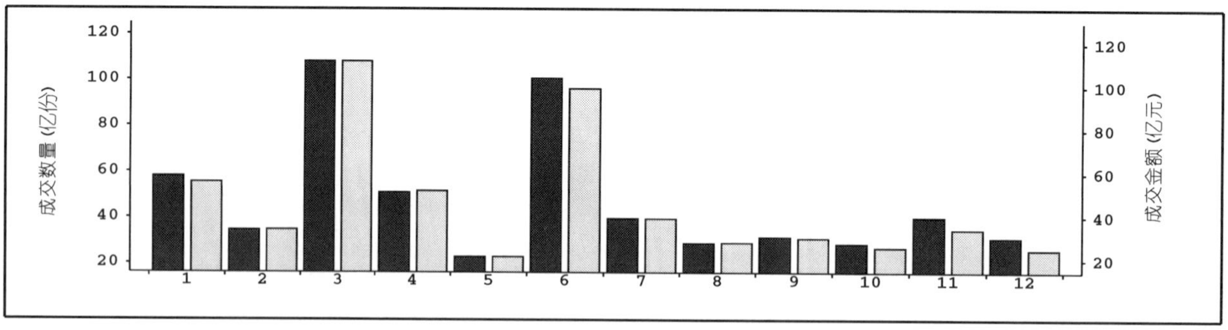

每日成交(单位:亿元) Daily Trading Value

日期 Date	1月 Jan	2月 Feb	3月 Mar	4月 Apr	5月 May	6月 Jun	7月 Jul	8月 Aug	9月 Sep	10月 Oct	11月 Nov	12月 Dec
1	---	4.65	1.60	2.75	---	---	5.35	1.13	---	---	2.19	---
2	---	---	---	3.21	---	---	1.82	1.22	1.18	---	---	1.60
3	---	---	---	2.89	---	0.95	1.58	---	2.41	---	---	0.90
4	2.31	3.05	2.03	4.61	---	0.89	3.20	---	1.07	---	1.93	1.30
5	---	4.23	7.03	3.25	---	0.93	2.69	0.63	2.20	---	3.37	0.63
6	---	3.43	5.01	---	---	2.01	---	1.24	1.54	---	1.47	0.50
7	2.40	3.07	5.91	---	---	1.47	---	0.71	---	---	1.52	---
8	2.72	2.23	10.09	1.17	0.57	---	1.59	1.00	---	0.83	2.42	---
9	2.40	---	---	2.71	0.92	---	1.13	0.84	1.15	2.02	---	0.61
10	6.90	---	---	2.52	0.97	0.89	3.33	---	3.25	1.97	---	0.69
11	2.20	---	17.57	2.32	---	0.73	2.09	---	1.89	1.92	1.08	0.65
12	---	---	10.27	3.17	---	7.40	0.94	0.91	1.57	---	1.50	1.77
13	---	---	4.95	---	1.06	2.06	---	0.77	0.45	---	1.41	1.04
14	2.88	---	4.74	---	0.97	1.41	---	1.12	---	0.98	1.01	---
15	1.65	---	3.67	3.33	1.70	---	1.60	1.24	---	0.86	1.09	---
16	1.67	---	---	1.44	2.33	---	0.86	2.08	1.93	1.27	---	0.87
17	2.34	---	---	3.16	1.21	1.44	1.08	---	1.68	0.86	---	0.71
18	2.48	---	3.56	2.23	---	2.80	1.38	---	0.88	0.90	0.44	0.72
19	---	---	4.09	1.92	---	1.27	0.87	0.64	1.60	---	0.64	0.61
20	---	---	8.49	---	1.14	1.56	---	2.54	0.70	---	1.15	0.71
21	1.93	---	5.20	---	2.59	5.13	---	1.12	---	0.39	1.68	---
22	2.24	---	3.52	1.08	1.84	---	1.83	3.25	---	0.80	1.44	---
23	3.01	---	---	1.31	0.91	---	0.86	1.44	1.01	0.47	---	1.54
24	3.40	---	---	1.85	0.68	37.18	0.80	---	1.02	0.67	---	0.79
25	1.49	3.32	2.38	1.18	---	10.77	1.30	---	0.77	1.09	0.73	1.06
26	---	2.69	4.72	1.96	---	5.26	0.82	1.03	1.65	---	1.17	3.11
27	---	4.66	2.13	---	0.80	4.11	---	1.30	2.22	---	1.26	1.12
28	3.15	2.64	1.67	---	0.84	10.94	---	1.88	---	1.32	1.33	---
29	1.28	---	3.08	2.26	1.34	---	1.30	1.33	---	1.95	5.34	---
30	1.02	---	---	1.55	1.11	---	1.51	0.70	---	3.99	---	1.14
31	8.63	---	---	---	0.59	---	1.29	---	---	3.48	---	2.72
最高 high	8.63	4.66	17.57	4.61	2.59	H37.18	5.35	3.25	3.25	3.99	5.34	3.11
最低 low	1.02	2.23	1.60	1.08	0.57	0.73	0.80	0.63	0.45	L0.39	0.44	0.50

国债现货成交 T-Bond Spots Trading

上市品种 No. of Stocks Traded	17	新上市品种 No. of New Listings	6
发行数量(亿手) Issued Shares	3209.54	市价总值(亿元) Total Market Capitalization	3390.31
流通数量(亿手) Negotiable Shares	3209.54	流通市值(亿元) Market Capitalization of Negotiable Shares	3390.31
成交数量(亿手) Trading Volume	6.08	日均成交金额(亿元) Daily Average Trading Value	26.92
成交笔数(百万) No. of Transactions	1.00	日最高成交金额(亿元) Record Highday Turnover	87.30
成交金额(亿元) Trading Value	6380.83	日最低成交金额(亿元) Record Lowday Turnover	7.88

十大涨 Top 10 Most Advanced		十大跌 Top 10 Most Declined		十大成交数量(万手) Top 10 Most Active by Vol. (10000 Lots)		十大成交金额(万元) Top 10 Most Active by Val. (10000 Yuan)	
名称(name)	涨幅(up)%	名称(name)	跌幅(down)%	名称(name)	成交手数(vol.)	名称(name)	成交金额(val.)
21 国债(7)	5.88	96 国债(6)	-5.01	21 国债(7)	13487.08	21 国债(7)	15128423.10
20 国债(4)	2.12	96 国债(8)	-4.36	21 国债(12)	7178.34	21 国债(12)	7408939.48
20 国债(10)	1.51	97 国债(4)	-3.33	99 国债(8)	6514.28	99 国债(8)	6756837.16
99 国债(8)	1.30			21 国债(10)	4459.81	21 国债(10)	4554766.72
21 国债(3)	0.85			21 国债(3)	4084.61	21 国债(3)	4227609.64
21 国债(12)	0.77			20 国债(4)	2113.53	20 国债(4)	2188950.12
99 国债(5)	0.66			20 国债(10)	1668.48	20 国债(10)	1696305.82
21 国债(10)	0.45			99 国债(5)	1195.40	99 国债(5)	1243625.81
				96 国债(8)	554.71	96 国债(8)	602735.75
				96 国债(6)	416.84	96 国债(6)	577888.44

2002 年国债现货每月成交数量、成交金额图 Chart of Monthly T-Bond Spots Trading Volume and Value

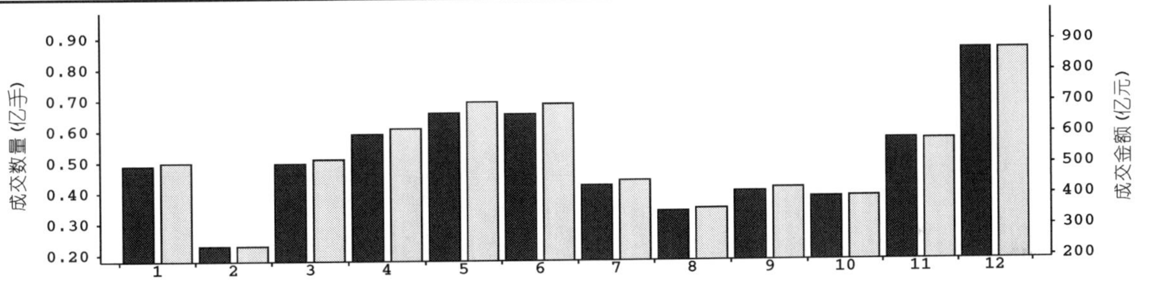

每日成交(单位:亿元) Daily Trading Value

日期 Date	1月 Jan	2月 Feb	3月 Mar	4月 Apr	5月 May	6月 Jun	7月 Jul	8月 Aug	9月 Sep	10月 Oct	11月 Nov	12月 Dec
1	---	19.60	17.26	16.21	---	---	14.03	13.46	---	---	38.47	---
2	---	---	---	18.67	---	---	19.68	16.62	40.54	---	---	18.03
3	---	---	---	32.72	---	39.30	20.15	---	35.99	---	---	41.73
4	29.90	21.17	12.09	37.89	---	32.86	21.36	---	26.62	---	15.20	43.59
5	---	17.55	24.45	13.55	---	33.52	23.31	14.73	18.09	---	30.07	33.82
6	---	19.90	27.87	---	---	23.51	---	16.88	23.08	---	25.66	29.16
7	22.13	25.56	25.10	---	---	17.97	---	16.88	---	---	25.44	---
8	12.99	19.80	30.33	24.36	30.84	---	25.04	30.57	---	18.60	16.69	---
9	21.08	---	---	32.98	25.20	---	18.23	10.53	19.50	30.78	---	29.61
10	34.02	---	---	29.51	25.31	36.01	9.81	---	24.05	22.31	---	30.65
11	17.68	---	28.39	46.39	---	36.69	21.93	---	15.90	16.14	22.88	18.60
12	---	---	11.44	27.42	---	26.34	21.35	8.01	14.18	---	22.19	23.93
13	---	---	24.39	---	33.05	29.99	---	12.80	10.54	---	23.29	18.65
14	18.76	---	16.76	---	26.39	23.73	---	13.01	---	17.67	30.63	---
15	12.81	---	27.30	20.42	31.57	---	17.33	31.02	---	21.78	43.48	---
16	25.53	---	---	21.35	36.19	---	16.65	14.47	14.90	17.88	---	87.30
17	39.07	---	---	28.04	58.21	31.71	14.90	---	10.08	22.67	---	48.01
18	36.37	---	31.93	19.92	---	38.86	26.41	---	13.66	22.07	41.00	53.05
19	---	---	33.07	20.37	---	21.76	17.57	12.07	21.59	---	35.86	48.96
20	---	---	22.72	---	37.29	33.29	---	21.12	7.88	---	27.42	50.23
21	33.67	---	51.71	---	33.03	47.26	---	9.84	---	14.10	23.98	---
22	27.76	---	24.34	19.25	42.00	---	21.30	17.41	---	20.32	29.68	---
23	16.34	---	---	26.21	61.07	---	20.52	11.97	25.34	32.36	---	53.99
24	18.05	---	---	33.48	51.69	85.95	9.60	---	26.35	18.98	---	53.58
25	28.52	51.78	17.58	24.66	---	37.42	12.63	---	26.82	24.90	14.65	55.59
26	---	23.11	21.63	28.86	---	32.39	20.97	14.50	31.49	---	24.20	39.12
27	---	17.79	24.25	---	34.15	44.90	---	14.50	17.53	---	34.39	29.01
28	20.99	24.50	30.76	---	48.07	25.54	---	20.47	---	19.92	26.66	---
29	39.96	---	18.48	54.38	45.45	---	17.10	21.24	---	23.56	29.20	---
30	14.15	---	---	44.14	41.76	---	16.22	15.29	---	28.79	---	36.52
31	41.00	---	---	---	44.66	---	43.55	---	---	23.57	---	29.90
最高 high	41.00	51.78	51.71	54.38	61.07	85.95	43.55	31.02	40.54	32.36	43.48	H87.30
最低 low	12.81	17.55	11.44	13.55	25.20	17.97	9.60	8.01	L7.88	14.10	14.65	18.03

国债回购成交 T-Bond Repurchase Trading

上市品种 No. of Stocks Traded	8	新上市品种 No. of New Listings	2
发行数量(亿手) Issued Shares	--	市价总值(亿元) Total Market Capitalization	--
流通数量(亿手) Negotiable Shares	--	流通市值(亿元) Market Capitalization of Negotiable Shares	--
成交数量(亿手) Trading Volume	24.42	日均成交金额(亿元) Daily Average Trading Value	103.03
成交笔数(百万) No. of Transactions	0.80	日最高成交金额(亿元) Record Highday Turnover	362.57
成交金额(亿元) Trading Value	24419.19	日最低成交金额(亿元) Record Lowday Turnover	23.40

十大涨 Top 10 Most Advanced		十大跌 Top 10 Most Declined		十大成交数量(万手) Top 10 Most Active by Vol. (10000 Lots)		十大成交金额(万元) Top 10 Most Active by Val. (10000 Yuan)	
名称(name)	涨幅(up)%	名称(name)	跌幅(down)%	名称(name)	成交手数(vol.)	名称(name)	成交金额(val.)
R001	89.00	R014	-21.40	R007	90883.42	R007	90883420.00
R004	85.00	R182	-21.20	R003	73117.08	R003	73117080.00
R007	15.15	R003	-8.12	R028	23886.49	R028	23886490.00
R028	5.68	R091	-3.33	R001	21741.77	R001	21741770.00
				R014	17633.88	R014	17633880.00
				R182	8454.55	R182	8454550.00
				R091	7718.31	R091	7718310.00
				R004	756.39	R004	756390.00

2002 年国债回购每月成交数量、成交金额图 Chart of Monthly T-Bond Repurchase Trading Volume and Value

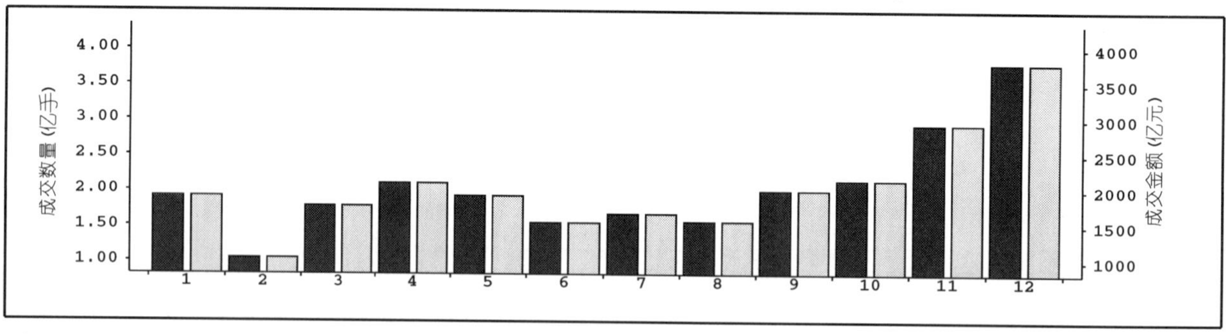

每日成交(单位:亿元) Daily Trading Value

日期 Date	1月 Jan	2月 Feb	3月 Mar	4月 Apr	5月 May	6月 Jun	7月 Jul	8月 Aug	9月 Sep	10月 Oct	11月 Nov	12月 Dec
1	---	94.63	40.31	122.15	---	---	96.46	94.63	---	---	103.53	---
2	---	---	---	53.92	---	---	52.30	39.61	120.08	---	---	149.69
3	---	---	---	184.59	---	84.72	71.26	---	56.20	---	---	180.12
4	157.88	197.12	137.60	114.84	---	55.33	101.04	---	59.11	---	157.22	113.01
5	---	33.18	29.53	29.99	---	79.67	33.86	98.04	101.33	---	191.69	168.19
6	---	23.40	35.99	---	---	90.50	---	59.94	45.79	---	109.66	117.52
7	114.40	113.00	130.47	---	---	43.76	---	64.81	---	---	169.39	---
8	28.61	30.44	31.28	101.08	181.92	---	97.49	97.50	---	278.43	105.93	---
9	28.12	---	---	55.95	78.28	---	54.87	36.33	137.59	64.95	---	177.37
10	118.37	---	---	30.34	36.28	100.01	48.28	---	64.99	64.00	---	174.33
11	64.21	---	150.29	98.02	---	57.24	97.30	---	61.24	67.57	154.31	107.22
12	---	---	51.24	128.14	---	63.77	29.94	109.97	125.30	---	181.19	155.32
13	---	---	140.00	---	274.73	97.25	---	61.04	47.53	---	86.13	127.11
14	126.28	---	136.41	---	49.04	40.58	---	51.70	---	78.01	156.22	---
15	77.89	---	28.78	103.86	163.07	---	107.22	92.43	---	172.51	106.60	---
16	124.67	---	---	35.27	105.84	---	55.41	39.37	140.17	59.10	---	217.32
17	98.87	---	---	36.24	130.15	121.56	49.60	---	143.53	78.68	---	362.57
18	77.80	---	103.74	133.15	---	51.39	94.94	---	172.23	70.95	151.38	148.58
19	---	---	43.87	183.16	---	69.08	39.45	110.75	136.19	---	178.45	160.40
20	---	---	34.31	---	122.51	108.74	---	63.75	64.39	---	108.79	121.14
21	209.93	---	97.06	---	39.76	45.89	---	67.05	---	101.84	147.68	---
22	42.00	---	30.59	161.33	114.17	---	121.61	87.03	---	181.85	108.62	---
23	33.82	---	---	93.84	168.96	---	60.75	34.80	142.81	111.08	---	221.69
24	141.01	---	---	36.98	78.64	163.56	45.24	---	79.63	142.88	---	211.78
25	65.01	240.83	156.11	135.01	---	53.37	101.94	---	112.58	107.76	159.10	156.68
26	---	44.55	71.30	95.27	---	64.07	45.30	97.54	150.57	---	172.06	195.32
27	---	61.47	134.94	---	132.23	117.78	---	48.88	38.81	---	106.74	135.80
28	224.61	203.17	152.05	---	68.00	38.41	---	64.67	---	158.58	169.20	---
29	36.48	---	41.54	143.01	60.18	---	118.89	103.77	---	155.70	111.23	---
30	40.99	---	---	24.64	84.19	---	65.12	41.40	---	97.65	---	250.98
31	103.23	---	---	---	34.18	---	84.99	---	---	158.25	---	140.93
最高 high	224.61	240.83	156.11	184.59	274.73	163.56	121.61	110.75	172.23	278.43	191.69	H362.57
最低 low	28.12	L23.40	28.78	24.64	34.18	38.41	29.94	34.80	38.81	59.10	86.13	107.22

债券成交 Financial and Enterprice Bond

上市品种 No. of Stocks Traded	14	新上市品种 No. of New Listings	3
发行数量(亿手) Issued Shares	251.50	市价总值(亿元) Total Market Capitalization	260.49
流通数量(亿手) Negotiable Shares	251.50	流通市值(亿元) Market Capitalization of Negotiable Shares	260.49
成交数量(亿手) Trading Volume	0.07	日均成交金额(亿元) Daily Average Trading Value	0.31
成交笔数(百万) No. of Transactions	0.18	日最高成交金额(亿元) Record Highday Turnover	3.17
成交金额(亿元) Trading Value	73.86	日最低成交金额(亿元) Record Lowday Turnover	0.03

十大涨 Top 10 Most Advanced		十大跌 Top 10 Most Declined		十大成交数量(万手) Top 10 Most Active by Vol. (10000 Lots)		十大成交金额(万元) Top 10 Most Active by Val. (10000 Yuan)	
名称(name)	涨幅(up)%	名称(name)	跌幅(down)%	名称(name)	成交手数(vol.)	名称(name)	成交金额(val.)
机场转债	5.87	99 宝钢债	-0.23	机场转债	98.48	机场转债	99742.56
98 中铁(2)	4.49			01 中移动	43.92	01 中移动	45289.88
98 中铁(1)	3.77			99 三峡债	42.20	99 三峡债	43319.75
97 中铁(5)	3.52			98 石油债	40.17	98 石油债	42849.68
98 中铁(3)	3.50			98 中信(7)	37.53	98 中信(7)	41778.60
98 石油债	2.58			98 三峡(8)	32.38	97 中铁(5)	38930.29
99 三峡债	2.19			98 中铁(1)	28.38	98 三峡(8)	37121.31
01 中移动	1.48			97 中铁(5)	27.83	98 中铁(1)	36746.10
98 中信(7)	1.00			98 中铁(3)	18.81	98 中铁(3)	20408.02
98 三峡(8)	0.12			99 宝钢债	18.58	99 宝钢债	19386.33

2002 年债券每月成交数量、成交金额图 Chart of Monthly Financial and Enterprice Bond Trading Volume and Value

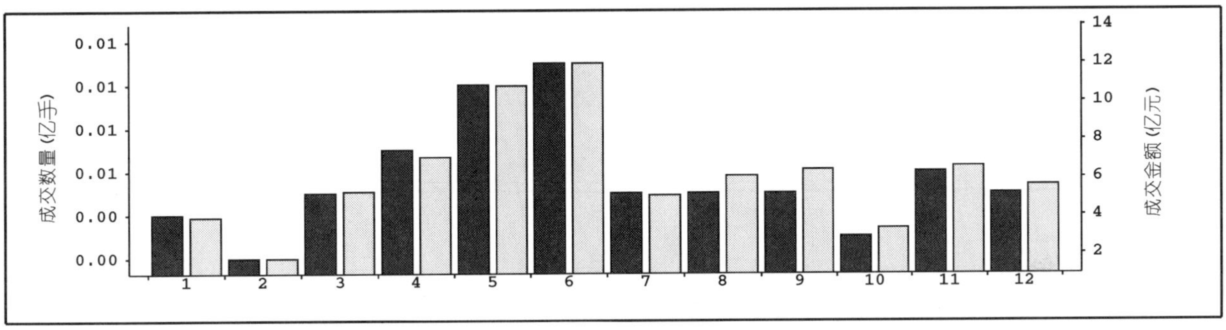

每日成交(单位:亿元) Daily Trading Value

日期 Date	1月 Jan	2月 Feb	3月 Mar	4月 Apr	5月 May	6月 Jun	7月 Jul	8月 Aug	9月 Sep	10月 Oct	11月 Nov	12月 Dec
1	---	0.16	0.10	0.05	---	---	0.39	0.16	---	---	0.98	---
2	---	---	---	0.04	---	---	0.16	0.08	0.09	---	---	0.05
3	---	---	---	0.12	---	0.64	0.40	---	0.10	---	---	0.11
4	0.05	0.24	0.13	0.16	---	0.38	0.18	---	0.19	---	0.12	0.06
5	---	0.17	0.22	0.04	---	0.51	0.41	0.11	0.24	---	0.16	0.08
6	---	0.18	0.41	---	---	0.34	---	0.11	0.17	---	0.21	0.09
7	0.08	0.09	0.21	---	---	0.27	---	0.11	---	---	0.33	---
8	0.17	0.14	0.22	0.05	0.14	---	0.42	0.11	---	0.14	0.53	---
9	0.08	---	---	0.28	0.15	---	0.25	0.09	0.18	0.11	---	0.17
10	0.07	---	---	0.09	0.44	0.91	0.44	---	0.11	0.13	---	0.20
11	0.05	---	0.23	0.29	---	0.76	0.30	---	0.19	0.10	0.34	0.22
12	---	---	0.19	0.14	---	0.26	0.25	0.10	0.10	---	0.41	0.13
13	---	---	0.15	---	0.63	0.21	---	0.15	0.07	---	0.48	0.19
14	0.09	---	0.15	---	0.27	0.57	---	0.14	---	0.23	0.29	---
15	0.17	---	0.14	0.18	0.16	---	0.11	0.07	---	0.18	0.13	---
16	0.09	---	---	0.22	2.08	---	0.19	0.11	1.82	0.15	---	0.18
17	0.08	---	---	0.13	0.51	0.63	0.19	---	0.23	0.12	---	1.25
18	0.27	---	0.34	0.06	---	0.39	0.19	---	0.67	0.15	0.21	0.35
19	---	---	0.23	2.78	---	0.21	0.26	0.22	0.21	---	0.29	0.78
20	---	---	0.46	---	0.69	0.16	---	1.80	0.12	---	0.15	0.11
21	0.32	---	0.81	---	0.71	0.47	---	0.29	---	0.26	0.15	---
22	0.36	---	0.46	0.53	1.10	---	0.08	0.10	---	0.42	0.19	---
23	0.17	---	---	0.20	0.39	---	0.10	0.08	0.16	0.14	---	0.12
24	0.24	---	---	0.17	0.31	3.17	0.13	---	1.11	0.08	---	0.19
25	0.43	0.19	0.12	0.59	---	1.05	0.06	---	0.28	0.07	0.17	0.18
26	---	0.23	0.10	0.30	---	0.24	0.25	0.16	0.30	---	0.63	0.16
27	---	0.24	0.14	---	0.23	0.40	---	0.08	0.08	---	0.49	0.64
28	0.43	0.11	0.09	---	0.43	0.44	---	0.91	---	0.13	0.18	---
29	0.23	---	0.32	0.39	1.17	---	0.06	0.95	---	0.27	0.16	---
30	0.30	---	---	0.29	0.56	---	0.11	0.18	---	0.10	---	0.23
31	0.21	---	---	---	0.84	---	0.14	---	---	0.54	---	0.12
最高 high	0.43	0.24	0.81	2.78	2.08	H3.17	0.44	1.80	1.82	0.54	0.98	1.25
最低 low	0.05	0.09	0.09	L0.04	0.14	0.16	0.06	0.07	0.07	0.07	0.12	0.05

A股十种发行股本最大股票 Top 10 Stocks By Total Number of A Shares

代码 Code	股票名称 Name of Stock	发行股数(股) Issued Volume	百分比 %
600028	中国石化 China Petroleum & Chemical Corporation	69921951000	19.23
600050	中国联通 China United Telecommunications Co.,Ltd.	19696596395	5.42
600019	宝钢股份 Baoshan Iron & Steel Co.,Ltd.	12512000000	3.44
600036	招商银行 China Merchants Bank Co.,Ltd.	5706818030	1.57
600688	上海石化 Shanghai Petrochemical Co.,Ltd.	4870000000	1.34
600808	马钢股份 Maanshan Iron & Steel Co.,Ltd.	4722370000	1.30
600011	华能国际 Huaneng Power International, INC.	4500000000	1.24
600377	宁沪高速 Jiangsu Expressway Co.,Ltd.	3815747500	1.05
600000	浦发银行 Shanghai Pudong Development Bank Co.,Ltd.	3615000000	0.99
600350	山东基建 Shandong Infrastructure Co.,Ltd.	3363800000	0.93
	总　计　Total	132724282925	36.51
	市场总计　Market Total	363549257416	100.00

A股十种流通股数最大股票 Top 10 Stocks By Number of Negotiable Shares

代码 Code	股票名称 Name of Stock	流通股数(股) Negotiable Volume	百分比 %
600028	中国石化 China Petroleum & Chemical Corporation	2800000000	3.11
600050	中国联通 China United Telecommunications Co.,Ltd.	2750000000	3.06
600019	宝钢股份 Baoshan Iron & Steel Co., Ltd.	1877000000	2.09
600653	申华控股 Shanghai Shenhua Holdings Co.,Ltd.	1455316931	1.62
600036	招商银行 China Merchants Bank Co.,Ltd.	1070200000	1.19
600839	四川长虹 Sichuan Changhong Electric Co.,Ltd.	951402345	1.06
600868	梅雁股份 Guang Dong Mei Yan Enterprise (Grorp) Co., Ltd.	853862775	0.95
600104	上海汽车 Shanghai Automotive Co.,Ltd.	755999790	0.84
600688	上海石化 Shanghai Petrochemical Co.,Ltd.	720000000	0.80
600808	马钢股份 Maamshan Iron & Steel Co.,Ltd.	600000000	0.67
	总　计　Total	13833781841	15.37
	市场总计　Market Total	90017580131	100.00

A股十种市价总值最大股票 Top 10 A Shares By Market Capitalization

代码 Code	股票名称 Name of Stock	市价总值(元) Market Capitalization	百分比 %
600028	中国石化 China Petroleum & Chemical Corporation	210465072510.00	8.45
600050	中国联通 China United Telecommunications Co.,Ltd.	52983844302.55	2.13
600011	华能国际 Huaneng Power International, INC.	51750000000.00	2.08
600019	宝钢股份 Baoshan Iron & Steel Co.,Ltd.	51549440000.00	2.07
600377	宁沪高速 Jiangsu Expressway Co.,Ltd.	46933694250.00	1.88
600036	招商银行 China Merchants Bank Co.,Ltd.	46453498764.20	1.86
600000	浦发银行 Shanghai Pudong Development Bank Co.,Ltd.	35643900000.00	1.43
600016	民生银行 CHINA MINSHENG BANKING CORP.,Ltd.	23771968949.18	0.95
600663	陆家嘴 Shanghai Lujiazui Finance & Trade Zone Development Co.,Ltd.	17899547120.00	0.72
600642	申能股份 Shenergy Co.,Ltd.	17661914524.65	0.71
	总计 Total	555112880420.58	22.28
	市场总计 Market Total	2492142333016.19	100.00

A股十种流通市值最大股票 Top 10 A Shares By Negotiable Market Capitalization

代码 Code	股票名称 Name of Stock	流通市值(元) Negotiable Market Capitalization	百分比 %
600036	招商银行 China Merchants Bank Co.,Ltd.	8711428000.00	1.24
600028	中国石化 China Petroleum & Chemical Corporation	8428000000.00	1.20
600664	哈药集团 Harbin Pharmaceutical Group Co.,Ltd.	8327386730.40	1.19
600019	宝钢股份 Baoshan Iron & Steel Co.,Ltd.	7733240000.00	1.10
600050	中国联通 China United Telecommunications Co., Ltd.	7397500000.00	1.05
600839	四川长虹 Sichuan Changhong Electric Co.,Ltd.	6402937781.85	0.91
600000	浦发银行 Shanghai Pudong Development Bank Co., Ltd.	5916000000.00	0.84
600737	新疆屯河 Xinjiang Tunhe Investment Co.,Ltd.	5476141743.30	0.78
600104	上海汽车 Shanghai Automotive Co.,Ltd.	5178598561.50	0.74
600653	申华控股 Shanghai Shenhua Holdings Co.,Ltd.	4860758549.54	0.69
	总计 Total	68431991366.59	9.74
	市场总计 Market Total	702499958546.94	100.00

年度排行前十名 Top 10 Securities

A 股十种成交金额最大股票 10 Most Active A Shares By Trading Value

代码 Code	股票名称 Name of Stock	成交金额(万元) Trading Value(10000 Yuan)	百分比 %
600036	招商银行 China Merchants Bank Co.,Ltd.	3148257.85	1.92
600026	中海发展 China Shipping Development Co.,Ltd.	1768959.82	1.08
600350	山东基建 Shandong Infrastructure Co.,Ltd.	1597609.36	0.97
600028	中国石化 China Petroleum & Chemical Corporation	1538261.59	0.94
600050	中国联通 China United Telecommunications Co., Ltd.	1492692.81	0.91
600664	哈药集团 Harbin Pharmaceutical Group Co.,Ltd.	1334649.14	0.81
600019	宝钢股份 Baoshan Iron & Steel Co.,Ltd.	1195894.77	0.73
600207	安彩高科 Henan Ancai Hi-Tech Co.,Ltd.	1095570.88	0.67
600653	申华控股 Shanghai Shenhua Holdings Co.,Ltd.	1072094.93	0.65
600362	江西铜业 Jiangxi Copper Co.,Ltd.	1066457.28	0.65
	总计 Total	15310448.43	9.31
	市场总计 Market Total	164417083.20	100.00

A 股十种成交股数最大股票 10 Most Active A Shares By Trading Volume

代码 Code	股票名称 Name of Stock	成交股数(万股) Trading Volume (10000 Shares)	百分比 %
600050	中国联通 China United Telecommunications Co.,Ltd.	502189.92	2.97
600028	中国石化 China Petroleum & Chemical Corporation	442206.52	2.61
600350	山东基建 Shandong Infrastructure Co.,Ltd.	321672.75	1.90
600036	招商银行 China Merchants Bank Co.,Ltd.	303430.13	1.79
600026	中海发展 China Shipping Development Co.,Ltd.	295556.67	1.75
600019	宝钢股份 Baoshan Iron & Steel Co.,Ltd.	280917.48	1.66
600653	申华控股 Shanghai Shenhua Holdings Co.,Ltd.	218620.89	1.29
600362	江西铜业 Jiangxi Copper Co.,Ltd.	210281.73	1.24
600104	上海汽车 Shanghai Automotive Co.,Ltd.	144119.19	0.85
600598	北大荒 Heilongjiang Agriculture Co.,Ltd.	128681.52	0.76
	总计 Total	2847676.79	16.82
	市场总计 Market Total	16935326.37	100.00

A股十种涨幅最大股票 10 Most Advanced A Shares

代码 Code	股票名称 Name of Stock	上年收盘(元) Last Year Close	本年收盘(元) Close	涨幅% % Change
600057	ST厦新 Amoisonic Electronics Co.,Ltd.	6.90	13.50	95.65
600664	哈药集团 Harbin Pharmaceutical Group Co.,Ltd.	12.47	20.04	60.71
600714	山川股份 Qinghai Shanchuan Ferroalloy Co.,Ltd.	13.00	19.78	52.15
600228	昌九生化 JiangXi ChangJiu Chemical Industry Co.,Ltd.	12.29	17.44	41.90
600836	界龙实业 Shanghai Jielong Industre Co.,Ltd.	12.05	16.78	39.25
600006	东风汽车 Dongfeng Automobile Co.,Ltd.	11.01	15.10	37.15
600377	宁沪高速 Jiangsu Expressway Co.,Ltd.	9.06	12.30	35.76
600710	常林股份 Changlin Co.,Ltd.	9.51	12.23	28.60
600235	民丰特纸 Minfeng Special Paper Co.,Ltd.	17.13	21.90	27.85
600217	秦岭水泥 Shanxi QinLing Cement Co.,Ltd.	11.78	14.64	24.28

A股十种跌幅最大股票 10 Most Declined A Shares

代码 Code	股票名称 Name of Stock	上年收盘(元) Last Year Close	本年收盘(元) Close	跌幅% % Change
600239	红河光明 Yunnan Honghe Guangming Co.,Ltd.	22.75	6.16	-72.92
600253	天方药业 Henan Topfond Pharmaceutical Co.,Ltd.	15.16	5.72	-62.27
600345	长江通信 Wuhan Yangtze Communication Industry Group Co.,Ltd.	31.51	12.38	-60.71
600165	宁夏恒力 Ning Xia Heng Li Steel Wire Rope Co.,Ltd.	17.89	7.03	-60.70
600550	天威保变 Baoding Tianwei Baobian Electric Co.,Ltd.	15.98	6.33	-60.39
600366	宁波韵升 Ningbo Yunsheng (Group) Co.,Ltd.	24.27	9.75	-59.83
600326	西藏天路 Tibet Tianlu Communications Co.,Ltd.	18.53	7.47	-59.69
600207	安彩高科 Henan Ancai Hi-Tech Co.,Ltd.	20.80	8.73	-58.03
600376	天鸿宝业 Beijing Tianhong Baoye Real Estate Co.,Ltd.	23.54	10.07	-57.22
600862	ST纵横 Tonmac International Co.,Ltd.	10.08	4.33	-57.04

A股十种流通股换手率最大股票 Top 10 A Shares By Turnover Rate for Negotiable Shares

代 码 Code	股票名称 Name of Stock	成交股数(股) Trading Volume	流通股数(股) Negotiable Volume	换手率 % Turnover Rate
600379	宝光股份 Shanxi Baoguang Vacuum Electronic Apparatus Co.,Ltd.	563039644	50000000	1126.08
600362	江西铜业 Jiangxi Copper Co.,Ltd.	2102817261	230000000	914.27
600633	白猫股份 Shanghai Whitecat Shareholding Co.,Ltd.	113233339	13200000	857.83
600026	中海发展 China Shipping Development Co.,Ltd.	2955566705	350000000	844.45
600548	深高速 Shenzhen Expressway Co.,Ltd.	1032596440	165000000	788.34
600496	长江股份 Anhui Changjiang Agriculture Equipment Co.,Ltd.	275299811	40000000	688.25
600523	贵航股份 Guizhou Guihang Automotive Components Co.,Ltd.	480948718	70000000	687.07
600072	江南重工 Jiangnan Heavy Industry Co.,Ltd.	873759116	149760000	660.33
600743	ST幸福 Hubei Xingfu Industry Co.,Ltd.	512007153	78200000	654.74
600373	鑫新股份 Jiangxi Xinxin Industrial Co.,Ltd.	292033277	45000000	648.96

B股十种换手率最大股票 Top 10 B Shares By Turnover Rate

代 码 Code	股票名称 Name of Stock	成交股数(股) Trading Volume	流通股数(股) Negotiable Volume	换手率 % Turnover Rate
900919	大江B股 Shanhai Dajiang (Group) Stock Co.,Ltd.	1002340862	346732848	289.08
900915	ST永久B Shanghai Forever Co.,Ltd.	130409811	69000000	189.00
900946	ST轻骑B Jinan Qingqi Motorcycle Co.,Ltd.	380448320	230000000	165.41
900950	ST新城B Jiangsu Xincheng Real Estate Co.,Ltd.	213717655	133914000	159.59
900953	凯马B股 Sino Kama Co.,Ltd.	339678874	240000000	141.53
900928	ST自仪B Shanghai Automation Instrumentation Co.,Ltd.	141349227	107145500	131.92
900906	ST中纺B China Textile Machinery Stock Ltd.	154311037	120120000	128.46
900910	海立B股 Shanghai Highly(Group) Co.,Ltd.	228250213	179400000	127.23
900913	联华B股 Shanghai Lian Hua Fibre Corporation	81020285	64558440	125.50
900945	海航B股 Hainan Airlines Co.,Ltd.	95736857	76680000	124.85

B 股十种发行股数最大股票 Top 10 B Shares By Issued Volume of B Shares

代码 Code	股票名称 Name of Stock	发行股数(股) Issued Volume	百分比 %
900949	东电 B 股 Zhejiang Southeast Electric Power Co., Ltd.	690000000	7.47
900932	陆家 B 股 Shanghai Lujiazui Finance & Trade Zone Development Co., Ltd.	509600000	5.52
900937	龙电 B 股 HeiLongjiang Electric Power Co., Ltd.	432000000	4.68
900908	氯碱 B 股 Shanghai Chlor-Alkali Chemical Co., Ltd.	406560000	4.40
900919	大江 B 股 Shanhai Dajiang (Group) Stock Co., Ltd.	346732848	3.75
900909	轮胎 B 股 Shanghai Tyre And Rubber Co., Ltd.	243100000	2.63
900953	凯马 B 股 Sino Kama Co., Ltd.	240000000	2.60
900902	二纺 B 股 Shanghai Erfangji Co., Ltd.	232925000	2.52
900901	上电 B 股 Svaelectron Co., Ltd.	231913411	2.51
900946	ST 轻骑 B Jinan Qingqi Motorcycle Co., Ltd.	230000000	2.49
	总　计　Total	3562831259	38.58
	市场总计　Market Total	9235193814	100.00

B 股十种市价总值最大股票 Top 10 B Shares By Market Capitalization

代码 Code	股票名称 Name of Stock	市价总值(元) Market Capitalization	百分比 %
900949	东电 B 股 Zhejiang Southeast Electric Power Co., Ltd.	3295720140.00	7.45
900932	陆家 B 股 Shanghai Lujiazui Finance & Trade Zone Development Co., Ltd.	2839029502.40	6.42
900937	龙电 B 股 HeiLongjiang Electric Power Co., Ltd.	1734406560.00	3.92
900908	氯碱 B 股 Shanghai Chlor-Alkali Chemical Co., Ltd.	1595248744.32	3.61
900936	鄂绒 B 股 Inner Mongolia Eerduosi Cashmere Products Co., Ltd.	1246418460.00	2.82
900911	金桥 B 股 Shanghi Jinqiao Export Processing Zone Development Co., Ltd.	1223363592.59	2.77
900903	大众 B 股 Dazhong Transportion (Group) Co., Ltd.	1188575107.20	2.69
900919	大江 B 股 Shanhai Dajiang (Group) Stock Co., Ltd.	1188285369.52	2.69
900901	上电 B 股 Svaelectron Co., Ltd.	1149947750.54	2.60
900912	外高 B 股 Shanghai Wai Gaoqiao Free Trade Zone Development Co., Ltd.	1089101030.16	2.46
	总　计　Total	16550096256.73	37.42
	市场总计　Market Total	44229905446.00	100.00

B股十种成交金额最大股票 Top 10 B Shares By Trading Value

代 码 Code	股票名称 Name of Stock	成交金额(元) Turnover In Value (Yuan)	百分比 %
900919	大江B股 Shanhai Dajiang (Group) Stock Co.,Ltd.	4809772088.00	9.30
900949	东电B股 Zhejiang Southeast Electric Power Co.,Ltd.	3141592314.00	6.07
900932	陆家B股 Shanghai Lujiazui Finance & Trade Zone Development Co.,Ltd.	2313548066.00	4.47
900953	凯马B股 Sino Kama Co.,Ltd.	1782485643.00	3.45
900908	氯碱B股 Shanghai Chlor-Alkali Chemical Co.,Ltd.	1730025973.00	3.34
900910	海立B股 Shanghai Highly(Group) Co.,Ltd.	1713618475.00	3.31
900946	ST轻骑B Jinan Qingqi Motorcycle Co.,Ltd.	1477546822.00	2.86
900911	金桥B股 Shanghi Jinqiao Export Processing Zone Development Co.,Ltd.	1414551928.00	2.73
900937	龙电B股 HeiLongjiang Electric Power Co.,Ltd.	1361214947.00	2.63
900909	轮胎B股 Shanghai Tyre And Rubber Co.,Ltd.	1322652754.00	2.56
	总 计 Total	21067009010.00	40.72
	市场总计 Market Total	51738448081.00	100.00

B股十种成交股数最大股票 Top 10 B Shares By Trading Volume

代 码 Code	股票名称 Name of Stock	成交股数(股) Turnover In Volume	百分比 %
900919	大江B股 Shanhai Dajiang (Group) Stock Co.,Ltd.	1002340862	11.45
900949	东电B股 Zhejiang Southeast Electric Power Co.,Ltd.	530259801	6.06
900946	ST轻骑B Jinan Qingqi Motorcycle Co.,Ltd.	380448320	4.35
900932	陆家B股 Shanghai Lujiazui Finance & Trade Zone Development Co.,Ltd.	352308796	4.02
900953	凯马B股 Sino Kama Co.,Ltd.	339678874	3.88
900908	氯碱B股 Shanghai Chlor-Alkali Chemical Co.,Ltd.	332873083	3.80
900937	龙电B股 HeiLongjiang Electric Power Co.,Ltd.	266561615	3.04
900909	轮胎B股 Shanghai Tyre And Rubber Co.,Ltd.	251486757	2.87
900902	二纺B股 Shanghai Erfangji Co.,Ltd.	246618935	2.82
900910	海立B股 Shanghai Highly(Group) Co.,Ltd.	228250213	2.61
	总 计 Total	3930827256	44.89
	市场总计 Market Total	8756349093	100.00

B 股十种涨幅最大股票* 10 Most Advanced B Shares

代码 Code	股票名称 Name of Stock	上年收盘(美元) Last Year Close(US $)	本年收盘(美元) Close(US $)	涨幅 % % Change

B 股十种跌幅最大股票 10 Most Declined B Shares

代码 Code	股票名称 Name of Stock	上年收盘(美元) Last Year Close(US $)	本年收盘(美元) Close(US $)	跌幅 % % Change
900913	联华 B 股 Shanghai Lian Hua Fibre Corporation	1.17	0.56	-51.84
900919	大江 B 股 Shanhai Dajiang (Group) Stock Co., Ltd.	0.79	0.41	-47.66
900904	永生 B 股 Shanghai Wingsung Co., Ltd.	1.20	0.65	-46.12
900916	凤凰 B 股 Phoenix Co., Ltd.	1.02	0.55	-45.53
900941	东信 B 股 Eastern Communications Co., Ltd.	1.31	0.72	-45.50
900952	锦港 B 股 Jinzhou Port Co., Ltd.	0.88	0.49	-43.74
900922	三毛 B 股 Shanghai Sanmao Textiles Co., Ltd.	1.15	0.65	-43.33
900940	华源 B 股 Shanghai Worldbest Co., Ltd.	0.85	0.50	-41.97
900910	海立 B 股 Shanghai Highly(Group) Co., Ltd.	1.06	0.62	-41.60
900953	凯马 B 股 Sino Kama Co., Ltd.	0.81	0.47	-41.55

注: * 本年度无上涨 B 股。

年末股价分布 Distribution of Stock Price at Year-end

单位:元	0-5	5-10	10-15	15-20	20-25	25-30	≥30
家数:个	67	422	199	52	11	2	2
比例:%	8.87	55.89	26.36	6.89	1.46	0.26	0.26

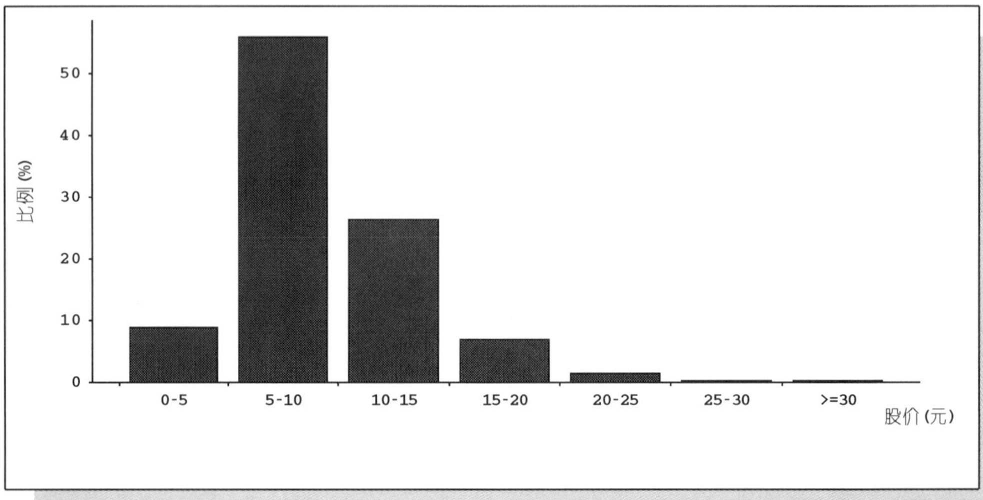

年末市价总值分布 Distribution of Market Capitalization at Year-end

单位:亿元	0-10	10-20	20-30	30-40	40-50	50-60	≥60
家数:个	72	322	169	68	36	30	58
比例:%	9.54	42.65	22.38	9.01	4.77	3.97	7.68

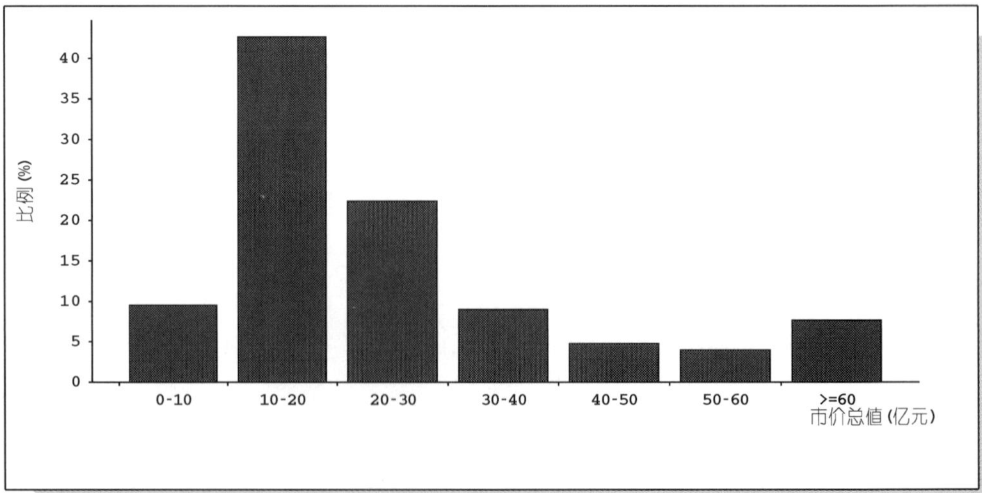

年末市盈率分布 Distribution of P/E Ratio at Year-end

单位:倍	0-20	20-40	40-60	60-80	80-100	100-120	120-140	140-160	160-180	180-200	200-220	≥220
家数:个	38	230	160	82	42	28	14	11	6	5	7	69
比例:%	5.49	33.24	23.12	11.85	6.07	4.05	2.02	1.59	0.87	0.72	1.01	9.97

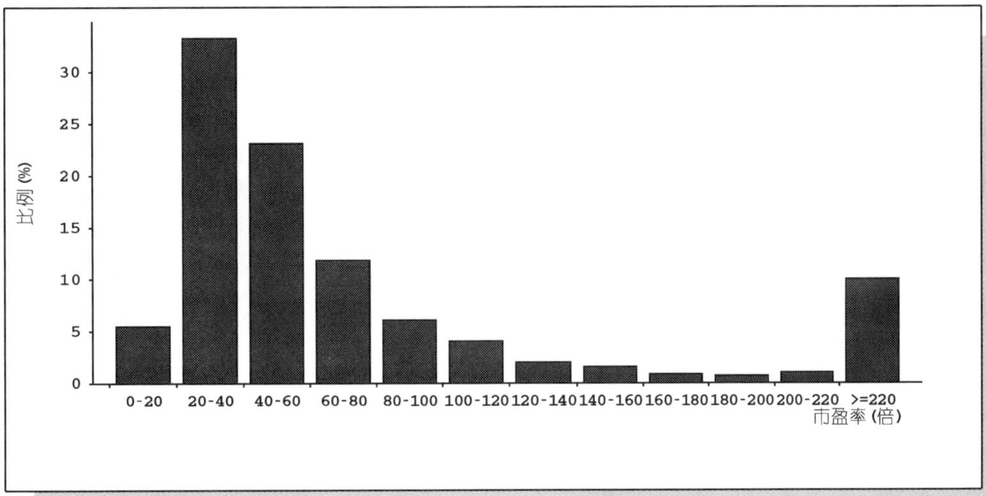

年末换手率分布 Distribution of Turnover at Year-end

单位:%	0-100	100-200	200-300	300-400	400-500	500-600	600-700	700-800	≥800
家数:个	114	356	154	72	33	13	8	1	4
比例:%	15.10	47.15	20.40	9.54	4.37	1.72	1.06	0.13	0.53

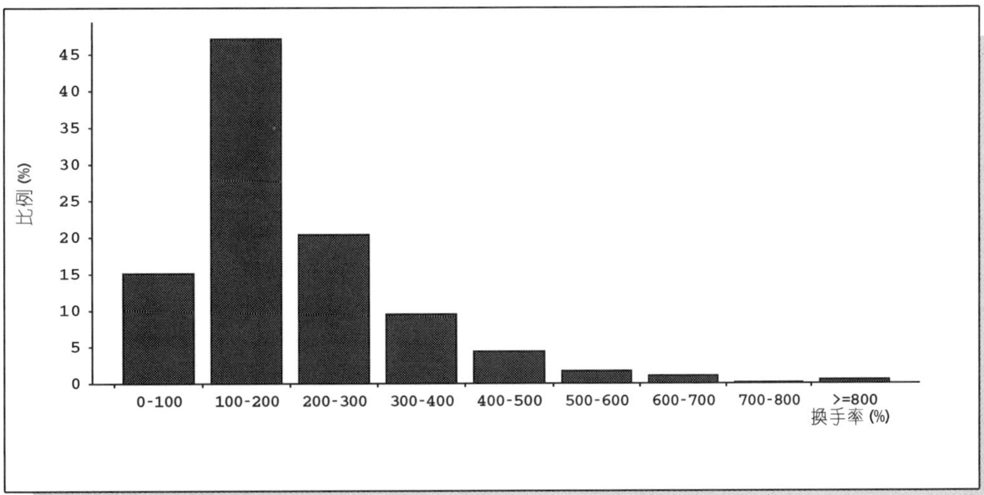

MARKET DATA

证 券 行 情

国债回购、企业债回购

T-Bond Repurchase, C-Bond Repurchase

A股

A Share

B股

B Share

证券投资基金、国债现货和企业债、金融债

Fund,T-Bond Spot, Financial Bond and Corporate Bond

国债回购、企业债回购 T-Bond Repurchase、C-Bond Repurchase

债券代码 Code	债券简称 Name	本年开盘 Open	本年最高 High	本年最低 Low	年成交数量（单位:万手）Trading Volume (10000 Lots)	年成交金额（单位:万元）Trading Value (10000 Yuan)	上年收盘 Last Year Close	本年收盘 Close	涨跌 % Change %
201000	R003	2.00	30.00	0.50	73117.08	73117080.00	2.10	1.93	-8.12
201001	R007	3.00	20.00	0.21	90883.42	90883420.00	1.65	1.90	15.15
201002	R014	3.00	10.00	0.30	17633.88	17633880.00	2.50	1.97	-21.40
201003	R028	3.90	7.00	1.20	23886.49	23886490.00	2.56	2.70	5.68
201004	R091	3.30	5.00	2.20	7718.31	7718310.00	3.00	2.90	-3.33
201005	R182	3.55	4.00	2.25	8454.55	8454550.00	3.49	2.75	-21.20
201008	R001	3.00	10.02	0.30	21741.77	21741770.00	1.00	1.89	89.00
201010	R004	5.95	7.00	1.00	756.39	756390.00	1.00	1.85	85.00
202001	RC001	1.00	1.00	1.00	0.01	10.00	1.00	1.00	0.00
202003	RC003	3.90	3.90	2.60	31.58	31580.00	1.00	2.85	185.00
202007	RC007	0.00	0.00	0.00	0.00	0.00	1.00	1.00	0.00

A股
A Share

股票代码 Code	名称 Name	发行股本 Issued Volume	流通股本 Negotiable Volume	上年收盘 Last Year Close	本年收盘 Close	涨跌% Change%	本年开盘 Open	本年最高 High	本年最低 Low
600000	浦发银行	3615000000	600000000	15.690	9.860	-37.16	15.600	18.600	8.860
600001	邯郸钢铁	1486553100	490000000	6.090	4.990	-18.06	6.080	6.560	4.990
600002	齐鲁石化	1950000000	350000000	4.340	3.770	-13.13	4.340	5.300	3.430
600003	东北高速	1213200000	300000000	5.320	4.510	-15.23	5.330	6.100	4.260
600005	武钢股份	2090480000	320000000	5.630	5.040	-10.48	5.650	6.420	4.970
600006	东风汽车	1000000000	300000000	11.010	15.100	37.15	11.000	15.200	9.730
600007	中国国贸	800000000	160000000	9.360	6.670	-28.74	9.350	10.690	6.590
600008	首创股份	1100000000	300000000	13.490	10.520	-22.02	13.480	15.320	10.210
600009	上海机场	1412611300	512611300	8.380	8.980	7.16	8.290	10.600	7.700
600010	钢联股份	1250000000	350000000	5.680	4.500	-20.77	5.690	6.100	4.410
600011	华能国际	4500000000	250000000	12.570	11.500	-8.51	12.570	14.750	10.750
600016	民生银行	2586721322	523250000	14.510	9.190	-36.66	14.200	14.450	9.170
600018	上港集箱	902200000	210000000	18.950	16.800	-11.35	18.800	20.220	14.390
600019	宝钢股份	12512000000	1877000000	3.910	4.120	5.37	3.910	4.850	3.750
600026	中海发展	2030000000	350000000	2.360	4.710	--	4.530	7.770	4.110
600028	中国石化	69921951000	2800000000	3.450	3.010	-12.75	3.450	4.000	2.960
600033	福建高速	685000000	200000000	8.770	8.580	-2.17	8.700	10.350	7.860
600036	招商银行	5706818030	1070200000	7.300	8.140	--	10.510	11.920	8.080
600037	歌华有线	351000000	104000000	30.410	17.700	-41.80	30.420	30.560	16.660
600038	哈飞股份	240000000	96000000	21.390	23.110	8.04	20.880	28.300	13.480
600050	中国联通	19696596395	2750000000	2.300	2.690	--	3.050	3.150	2.680
600051	宁波联合	302400000	85397860	9.490	7.270	-23.39	9.490	10.180	6.180
600052	浙江广厦	483633492	255528000	9.720	5.540	-43.00	9.400	9.690	5.540
600053	江西纸业	161070000	76050000	11.140	7.560	-32.14	11.150	11.200	6.410
600054	黄山旅游	198900000	52000000	11.590	9.160	-20.97	11.610	13.050	8.860
600055	万东医疗	111000000	39000000	18.310	10.230	-44.13	18.250	18.300	10.000
600056	中技贸易	130350000	39000000	14.970	12.140	-18.90	14.850	16.620	10.910
600057	ST 厦 新	358200000	144000000	6.900	13.500	95.65	6.900	18.540	6.870
600058	龙腾科技	424088710	120000000	19.790	14.310	-27.69	19.600	19.600	12.520
600059	古越龙山	232800000	106470000	11.900	11.990	0.76	11.900	15.460	9.800
600060	海信电器	493767810	203840000	9.080	6.460	-28.85	9.100	10.180	6.300
600061	中纺投资	373115600	121680000	8.990	4.800	-46.61	8.980	10.500	4.740
600062	双鹤药业	441075700	185866200	16.390	12.870	-21.48	16.200	16.600	11.960
600063	皖维高新	252900000	99000000	9.150	7.260	-20.66	9.020	10.390	7.140
600064	南京高科	344145888	155487600	11.090	8.020	-27.68	11.090	11.840	7.980
600065	大庆联谊	192000000	60000000	10.100	6.640	-34.26	10.100	10.130	5.540
600066	宇通客车	136723661	93723141	13.800	12.370	-10.36	13.880	16.070	12.240
600067	福州大通	168018653	108678829	13.420	9.070	-32.41	13.450	16.750	8.510
600068	葛 洲 坝	705800000	345800000	7.140	5.460	-23.53	7.240	7.900	5.450
600069	银鸽投资	371600000	145600000	5.660	4.880	-13.78	5.630	7.120	3.100
600070	浙江富润	85593002	40560002	16.270	11.150	-31.47	16.060	16.660	11.030
600071	凤凰光学	237472456	107450200	7.330	5.980	-18.42	7.330	9.700	4.950
600072	江南重工	329496960	149760000	9.270	7.450	-19.63	9.270	12.600	5.780
600073	上海梅林	324000000	120000000	13.040	10.530	-19.25	12.900	15.900	10.260
600074	南京中达	341280000	174960000	12.670	6.200	-51.07	12.700	15.100	5.900
600075	新疆天业	226800000	97200000	9.690	6.860	-29.21	9.680	12.200	6.380
600076	青鸟华光	253216000	124800000	12.370	8.800	-28.86	12.380	15.140	8.320
600077	国能集团	126819142	46540742	12.880	8.340	-35.25	12.850	13.400	8.300
600078	澄星股份	180061968	66276720	12.950	10.150	-21.62	12.940	14.300	8.970
600079	人福科技	145236000	83486000	11.370	7.960	-29.99	11.400	12.880	7.700
600080	金花股份	230835200	99840000	10.630	7.350	-30.86	10.650	11.220	7.260
600081	东风科技	241200000	60300000	29.240	16.830	-42.44	29.240	29.280	14.520
600082	ST 海 泰	148980783	79188200	11.250	9.840	-12.53	11.000	11.680	6.750
600083	ST 红 光	230000000	135730600	5.360	5.250	-2.05	5.630	7.580	4.620
600084	新天国际	235180400	89232000	10.710	8.690	-18.86	10.750	12.800	8.170
600085	同 仁 堂	331799933	99616608	19.550	17.120	-12.43	19.560	20.860	16.900
600086	多佳股份	352281672	128220120	9.790	8.250	-15.73	9.750	12.960	7.980
600087	南京水运	239323072	72800000	11.860	10.000	-15.68	11.800	12.880	9.850
600088	中视传媒	236730000	78000000	15.500	9.160	-40.90	15.500	17.590	9.100
600089	特变电工	259490176	130416000	10.460	7.790	-25.53	10.460	11.380	7.510
600090	啤 酒 花	367916646	174120960	13.920	15.680	12.64	13.900	17.000	13.890
600091	明天科技	336526000	206200000	11.220	7.420	-33.87	11.210	12.270	7.270
600092	精密股份	261196200	133099200	8.910	5.940	-33.33	8.910	9.670	5.920
600093	禾嘉股份	191250000	76500000	9.120	9.460	3.73	9.100	12.930	8.100
600094	华源股份	284754000	110400000	8.720	6.200	-28.90	8.720	9.390	5.980

年末市盈率 P/E Ratio	换手率 Turnover Rate	年成交数量(万股) Trading Volume (10000 Shares)	年成交金额(万元) Trading Value (10000 Yuan)	股权登记日 Record Day
33.95	149.77	69091.83	1000433.87	02-08-21
11.06	78.81	38618.74	223372.60	02-06-12
347.79	131.88	46158.30	208362.00	
28.59	76.56	22968.23	122311.42	02-07-05
14.98	120.97	38711.52	219100.22	02-05-31
28.10	168.44	50531.57	638174.37	02-05-21
29.89	170.49	27279.11	242224.06	02-06-18
24.01	119.61	33640.77	456633.83	02-04-29
22.38	88.55	45373.63	426960.25	02-07-25
21.92	165.68	57986.63	312488.79	02-06-19
18.98	321.40	62406.16	801676.94	02-06-19
36.99	156.57	77888.63	966675.62	02-06-18
21.48	139.93	29385.94	533114.34	
20.13	149.66	280917.48	1195894.77	02-06-18
44.59	844.45	295556.67	1768959.82	
18.62	169.49	442206.52	1538261.59	02-07-19 02-09-20
26.68	334.70	66939.99	628003.37	02-06-26
32.46	459.43	303430.13	3148257.85	
43.65	157.42	13239.39	338538.64	02-07-05 02-10-14
102.09	338.29	29340.14	559192.56	02-05-15
31.72	182.61	502189.92	1492692.81	
40.49	134.85	11516.09	100223.52	02-06-19
37.75	136.50	34880.07	269062.81	02-07-22
- -	220.63	16778.86	148488.74	
60.57	140.17	7289.06	83712.30	02-06-27
35.38	196.51	7663.74	113786.07	02-06-19
32.27	91.65	3574.27	52414.49	02-06-10
- -	371.30	53467.00	646677.83	
39.20	67.98	8157.51	120618.44	02-06-24
39.08	97.33	10362.43	140013.49	02-07-04
- -	156.55	31911.66	268467.47	
66.18	290.84	30954.22	235412.54	02-07-16
36.22	74.73	12677.71	174048.00	02-05-10
23.80	98.37	9738.41	89725.93	02-05-08
39.00	87.64	13626.67	142644.23	
- -	265.57	15934.10	131991.84	
17.18	156.27	14646.16	212849.69	02-04-11
47.26	91.67	6485.08	93069.19	02-06-10 02-10-30
26.06	58.25	20143.03	137323.95	02-05-31
- -	524.59	76380.00	446457.12	
48.64	165.78	5624.28	82002.88	02-05-21 02-06-21
38.93	539.37	57955.32	460863.88	
89.22	660.33	87375.91	878745.14	02-07-24
99.10	364.21	43705.08	588377.49	
28.08	284.80	27473.34	316456.55	02-07-08 02-11-15
33.20	179.51	17448.40	168721.30	02-07-11
42.27	242.90	30176.98	373754.45	02-07-19
492.04	151.25	7039.39	80527.43	
30.76	115.00	7621.64	92088.52	02-07-04
35.36	335.21	23921.03	255718.69	02-05-28 02-06-07
36.41	95.42	9527.01	93738.52	02-01-31 02-07-26
80.47	58.04	3105.43	67027.69	02-06-24 02-11-13
- -	160.30	12694.20	128216.28	
148.39	276.67	37552.00	249345.94	
27.78	141.47	12623.47	137244.06	02-06-12
28.47	105.02	10461.96	198339.15	02-07-11
111.83	192.33	24661.10	254751.45	02-06-19
20.71	106.70	7767.39	90493.45	02-05-22
80.85	208.63	16273.05	230380.01	02-07-22
24.58	53.88	7027.24	69070.02	02-06-21
75.95	105.25	18325.71	281278.76	02-08-05
39.75	373.06	65781.11	604548.01	02-11-15
39.22	207.45	27610.89	232433.68	02-06-11
112.23	155.30	11880.50	128431.87	
37.60	115.02	12698.47	102748.22	02-07-11

A 股
A Share

股票代码 Code	名称 Name	发行股本 Issued Volume	流通股本 Negotiable Volume	上年收盘 Last Year Close	本年收盘 Close	涨跌% Change%	本年开盘 Open	本年最高 High	本年最低 Low
600095	哈 高 科	261560000	151066007	9.270	6.150	-33.66	9.260	10.030	5.800
600096	云 天 化	368181800	100000000	10.300	8.770	-14.85	10.400	11.450	7.900
600097	华立科技	115449889	35000000	13.490	10.550	-21.79	13.380	15.050	8.790
600098	广州控股	1252800000	234000000	15.310	10.890	-28.87	15.030	16.200	10.200
600099	林海股份	219120000	91200000	10.690	7.200	-32.65	10.840	11.310	7.000
600100	清华同方	574612295	273030533	20.170	15.160	-24.84	20.300	24.800	15.010
600101	明星电力	169805367	95004000	13.590	10.450	-23.11	13.580	13.980	10.060
600102	莱钢股份	922273092	202800000	8.200	6.140	-25.12	8.250	9.360	6.130
600103	青山纸业	706300000	446420000	4.950	3.790	-23.43	4.910	5.840	3.710
600104	上海汽车	2519999300	755999790	7.340	6.850	-6.68	7.340	7.920	5.910
600105	永鼎光缆	272110462	97500000	12.620	8.470	-32.88	12.520	13.400	8.420
600106	重庆路桥	310000000	90000000	10.890	7.650	-29.75	10.750	11.560	7.620
600107	美 尔 雅	360000000	133200000	7.190	4.960	-31.02	7.190	7.820	4.910
600108	亚盛集团	625045200	276822000	6.170	4.630	-24.96	6.130	6.750	4.020
600109	ST 成 百	70982700	27500000	12.250	13.350	8.98	12.780	14.200	8.960
600110	中科英华	334123794	137676350	11.180	5.640	-49.55	11.140	15.890	5.590
600111	稀土高科	403674000	145600000	12.250	8.950	-26.94	12.280	13.120	8.860
600112	长征电器	172000000	52000000	10.990	7.050	-35.85	10.800	13.000	6.720
600113	浙江东日	118000000	40000000	13.450	9.670	-28.10	13.500	14.200	9.660
600115	东方航空	3300000000	300000000	4.560	4.520	-0.88	4.500	6.870	3.710
600116	三峡水利	174768000	57992000	13.310	9.340	-29.83	13.150	13.600	8.980
600117	西宁特钢	582220000	160000000	6.170	4.610	-25.28	6.200	6.890	3.980
600118	中国卫星	189504000	72000000	18.720	13.250	-29.22	18.900	20.880	13.210
600119	长江投资	257400000	82368000	14.990	10.190	-32.02	14.900	17.490	9.480
600120	浙江东方	315920909	131175677	21.120	14.470	-31.49	21.130	21.150	13.900
600121	郑州煤电	810000000	216000000	10.510	7.380	-29.78	10.510	11.920	7.230
600122	宏图高科	319200000	144000000	10.160	7.030	-30.81	10.160	11.180	6.950
600123	兰花科创	371250000	144000000	8.370	6.820	-18.52	8.380	10.050	6.800
600125	铁龙股份	190776000	90776000	11.410	8.910	-21.91	11.350	13.160	8.400
600126	杭钢股份	645337500	165750000	8.330	6.580	-21.01	8.360	9.160	6.550
600127	金健米业	432500065	191434455	9.440	5.730	-39.30	9.290	9.580	5.630
600128	弘业股份	199447500	74123100	9.990	7.120	-28.73	9.960	10.710	6.600
600129	太极集团	252600000	75000000	27.840	31.460	13.00	27.500	37.990	23.910
600130	波导股份	160000000	40000000	20.900	20.270	-3.01	20.900	23.000	17.350
600131	岷江水电	296544209	99950009	9.360	8.480	-9.40	9.350	13.170	7.300
600132	重庆啤酒	170872000	52000000	20.190	21.290	5.45	20.000	27.400	14.980
600133	东湖高新	275592200	83200000	11.640	7.810	-32.90	11.700	12.200	7.600
600135	乐凯胶片	342000000	126000000	12.600	9.840	-21.90	12.650	13.760	9.630
600136	道博股份	104444000	40924000	16.250	9.490	-41.60	16.280	16.280	9.450
600137	ST 长 控	60711288	17400000	16.290	9.220	-43.40	16.200	17.200	8.600
600138	青旅控股	267000000	117000000	12.020	9.510	-20.88	12.000	14.210	9.300
600139	鼎天科技	76010200	29400000	23.800	11.330	-52.39	23.740	23.740	10.780
600141	兴发集团	160000000	40000000	12.850	8.700	-32.30	12.800	12.930	8.580
600145	四维瓷业	346500000	124740000	10.580	5.140	-51.42	10.580	12.870	5.130
600146	大元股份	200000000	60000000	16.970	8.840	-47.91	16.950	16.950	8.610
600148	离 合 器	141516450	42000000	10.610	8.430	-20.55	10.670	11.630	6.650
600149	邢台轧辊	305640000	124200000	8.950	7.230	-19.22	9.000	14.480	7.130
600150	沪东重机	241493120	77000000	9.000	7.940	-11.78	9.000	10.810	5.880
600151	航天机电	467840000	141440000	10.210	7.970	-21.94	10.100	10.750	7.160
600152	维科精华	293494200	110975000	7.970	6.070	-23.84	7.970	9.080	5.390
600153	厦门建发	296000000	80000000	12.710	10.020	-21.16	12.820	14.080	9.780
600155	宝硕股份	412500000	120000000	6.880	5.420	-21.22	6.880	8.090	5.100
600156	益 鑫 泰	438900000	136000000	8.520	5.930	-30.40	8.610	9.620	5.650
600157	鲁润股份	170446162	63558432	10.280	7.350	-28.50	10.260	11.700	7.290
600158	中体产业	253648200	76050000	14.470	9.300	-35.73	14.500	15.550	9.260
600159	宁城老窖	305001616	88007680	9.220	8.360	-9.33	9.220	10.100	7.130
600160	巨化股份	371200000	114400000	10.510	7.530	-28.35	10.400	10.500	7.300
600161	天坛生物	192000000	48000000	18.200	11.800	-35.16	18.260	18.960	11.720
600162	山东临工	175890000	107520000	8.750	7.470	-14.63	8.750	11.590	5.250
600163	福建南纸	305946640	91000000	9.130	6.780	-25.74	9.180	9.740	6.780
600165	宁夏恒力	251200000	93600000	17.890	7.030	-60.70	17.860	17.980	6.850
600166	福田汽车	280466000	80000000	9.270	9.340	0.76	9.280	11.950	6.950
600167	沈阳新开	190000000	70000000	8.570	7.220	-15.75	8.400	10.000	6.380
600168	武汉控股	441150000	127500000	10.750	7.250	-32.56	10.700	11.290	7.250
600169	太原重工	372172425	144000000	6.730	5.150	-23.48	6.700	7.740	4.510

A股
A Share

年末市盈率 P/E Ratio	换手率 Turnover Rate	年成交数量(万股) Trading Volume (10000 Shares)	年成交金额(万元) Trading Value (10000 Yuan)	股权登记日 Record Day
--	105.73	15971.65	131898.98	
20.89	98.27	9827.23	101777.30	
99.63	199.52	6983.15	90642.83	
14.47	149.74	35039.33	462216.38	02-04-26
237.23	245.92	22428.17	212221.43	
29.96	147.92	37721.51	754928.53	02-06-14
22.66	97.27	9241.24	115943.83	02-07-18
11.92	178.10	29174.79	234692.96	02-05-22 02-07-05
24.23	92.35	41227.68	202303.91	02-06-14
21.93	190.63	144119.19	1015556.14	02-06-17
28.32	100.91	8525.13	96299.54	02-04-25 02-06-20
33.84	104.47	9402.68	95133.82	02-06-11
49.40	121.19	16141.78	109016.22	
32.36	91.51	25331.79	145981.70	02-07-18
726.73	176.34	4849.31	61172.73	
37.07	195.66	20347.62	203702.25	02-05-08
44.84	100.77	14672.16	170347.37	02-05-30
132.17	306.84	15955.48	165099.77	
469.42	139.46	5578.38	69041.66	
165.51	373.75	112124.78	649246.31	02-07-10
80.15	178.31	10340.67	121245.06	02-07-11
29.81	120.89	19342.49	110615.76	
243.48	92.37	6650.29	117281.57	
115.22	144.61	9051.61	123669.20	02-05-08 02-11-08
44.54	160.86	20506.92	319046.49	02-04-25
78.54	60.93	13159.95	134593.49	
38.59	125.30	18043.91	168293.66	02-08-14
63.93	103.85	14955.15	131083.47	02-06-06
27.53	119.88	10881.77	125282.46	
12.40	83.46	13833.48	114207.09	02-07-18
145.47	272.63	52190.32	420089.33	
138.63	180.48	13377.92	121159.31	02-07-19
78.35	166.87	12515.41	371488.15	02-06-28
47.60	206.85	8274.02	175922.56	02-06-14
91.97	156.76	15668.55	170503.05	
106.10	149.90	7794.80	169177.54	02-06-14
43.77	114.82	9552.64	99282.99	02-07-04
24.06	163.89	20649.85	246586.20	02-05-22
39.87	135.70	5553.54	73944.64	02-07-17
--	355.96	6193.66	84156.51	
24.65	110.82	12965.45	161351.12	02-06-06
--	194.18	5709.03	96041.55	
41.50	183.23	7329.25	82814.90	02-05-30
22.75	265.82	29701.90	249628.47	02-04-12
--	290.28	17416.70	223032.69	
143.69	179.10	7522.06	75722.36	02-06-05
65.79	251.32	20732.28	211149.32	02-07-10
158.01	374.51	28837.38	262738.03	
37.48	151.43	21418.62	199919.08	02-07-23
37.39	103.44	11479.10	87355.60	02-04-18
20.46	150.31	12025.09	150957.84	02-07-05
31.02	138.33	16599.35	116854.82	02-03-25
38.99	122.28	16630.53	135746.34	02-07-24
67.17	82.61	5250.52	52333.86	
165.89	175.39	13338.42	177715.09	02-09-10
--	252.49	22221.27	196082.50	
26.57	86.27	9869.20	92026.62	02-05-21
65.97	130.62	6269.92	101257.79	02-05-10 02-09-04
67.71	275.50	29621.60	270704.59	
25.08	138.07	12564.35	108388.53	
34.90	527.85	49406.90	566484.43	
25.47	191.85	15347.99	152895.93	02-05-10
624.57	230.81	16156.32	138529.47	
24.09	86.62	11043.40	112655.36	02-05-21
93.38	138.06	19881.02	134983.77	

A股
A Share

股票代码 Code	名称 Name	发行股本 Issued Volume	流通股本 Negotiable Volume	上年收盘 Last Year Close	本年收盘 Close	涨跌% Change%	本年开盘 Open	本年最高 High	本年最低 Low
600170	上海建工	719298000	234000000	10.850	8.070	-25.62	10.860	13.020	8.030
600171	上海贝岭	564764200	202800000	18.310	12.410	-32.22	18.390	19.550	11.900
600172	黄河旋风	268000000	104000000	11.930	7.960	-33.28	11.920	11.980	7.250
600173	牡丹江	230000000	101515500	8.810	5.870	-33.37	8.880	9.640	5.860
600175	美都控股	106680000	40680000	13.770	9.460	-31.30	13.770	14.000	9.400
600176	中国化建	222600000	74200000	9.520	7.150	-24.89	9.470	9.850	6.630
600177	雅戈尔	568095052	225086558	11.140	9.310	-16.43	11.170	11.870	9.300
600178	东安动力	462080000	138580000	8.890	7.380	-16.99	8.680	9.970	6.580
600179	黑化股份	330000000	100000000	7.520	5.590	-25.66	7.590	8.230	4.520
600180	九发股份	250990080	79872000	17.450	9.800	-43.84	17.440	18.240	9.590
600181	云大科技	348136224	168000000	12.470	7.780	-37.61	12.120	12.200	7.500
600182	桦林轮胎	340000000	170000000	6.230	4.600	-26.16	6.230	6.770	3.710
600183	生益科技	638015625	193689844	9.140	6.430	-29.65	9.120	11.830	5.920
600185	海星科技	217800000	74800000	14.410	8.470	-41.22	14.620	14.620	8.460
600186	莲花味精	884000000	364000000	12.230	6.600	-46.03	12.200	13.050	5.910
600187	黑龙股份	327225000	97500000	12.220	11.180	-8.51	12.200	13.810	7.950
600188	兖州煤业	1850000000	180000000	10.510	8.240	-21.60	10.500	11.100	8.000
600189	吉林森工	310500000	110500000	9.680	7.650	-20.97	9.700	10.830	7.480
600190	锦州港	780000000	228000000	8.550	5.250	-38.60	8.500	9.170	5.140
600191	华资实业	303082500	104650000	9.460	7.040	-25.58	9.500	11.750	7.000
600192	长城电工	320500000	110500000	8.300	6.020	-27.47	8.300	8.860	5.700
600193	创兴科技	167800000	46000000	10.910	8.410	-22.91	10.950	11.250	7.460
600195	中牧股份	390000000	120000000	9.380	7.830	-16.52	9.380	11.160	7.660
600196	复星实业	381888000	146250000	14.910	9.140	-38.70	15.020	16.980	9.120
600197	伊力特	220500000	75000000	12.490	9.650	-22.74	12.220	13.360	9.580
600198	大唐电信	438986400	165373750	19.320	12.100	-37.37	19.500	19.550	12.000
600199	金牛实业	346400000	130000000	8.200	5.670	-30.85	8.200	8.700	5.510
600200	江苏吴中	277200000	125100000	16.020	16.800	4.87	16.000	18.450	15.050
600201	金宇集团	109213250	50313250	18.900	15.880	-15.98	18.800	20.500	14.000
600202	哈空调	245731200	100777600	10.380	5.680	-45.28	10.290	11.300	5.550
600203	福日股份	256400000	70000000	9.630	7.250	-24.71	9.630	10.690	7.200
600205	山东铝业	560000000	160000000	9.650	7.820	-18.96	9.670	10.380	7.700
600206	有研硅股	145000000	65000000	16.530	11.520	-30.31	16.530	18.480	11.200
600207	安彩高科	440000000	180000000	20.800	8.730	-58.03	20.800	21.000	8.430
600208	中宝股份	250840293	103200000	12.700	6.700	-47.24	12.800	13.150	6.280
600209	罗顿发展	235741865	75000000	12.400	7.080	-42.90	12.380	12.600	7.020
600210	紫江企业	546400071	171350913	11.280	11.240	-0.35	11.160	14.380	9.830
600211	西藏药业	122600000	45000000	17.690	10.690	-39.57	17.700	17.700	10.610
600212	江泉实业	319900866	191796347	13.240	5.980	-54.83	13.270	14.460	5.880
600213	亚星客车	190000000	60000000	10.390	7.900	-23.97	10.350	11.350	7.800
600215	长春经开	306000000	165360000	14.090	8.900	-36.83	14.090	14.090	8.090
600216	浙江医药	450060000	132147200	7.980	7.980	--	7.980	9.770	6.110
600217	秦岭水泥	413000000	140000000	11.780	14.640	24.28	11.800	15.820	11.050
600218	全柴动力	283400000	101400000	9.840	6.130	-37.70	9.490	9.490	5.600
600219	南山实业	257000000	135000000	13.760	9.070	-34.08	13.670	14.570	9.000
600220	江苏阳光	312381652	119000000	10.560	8.400	-20.45	10.560	11.660	8.200
600221	海南航空	653572801	371957765	6.450	5.230	-18.91	6.450	8.900	5.110
600222	竹林众生	136145240	35000000	18.180	14.120	-22.33	18.700	18.700	12.500
600223	万杰高科	536250000	211315000	10.210	6.540	-35.95	10.220	10.650	6.510
600225	天香集团	201000000	86498250	9.450	7.760	-17.88	9.450	16.590	6.530
600226	升华拜克	270366165	97440000	22.290	11.720	-47.42	22.470	25.900	10.140
600227	赤天化	170000000	70000000	10.260	8.500	-17.15	10.260	11.050	8.000
600228	昌九生化	288000000	96000000	12.290	17.440	41.90	12.270	21.200	11.210
600229	青岛碱业	295126210	90000000	9.120	6.660	-26.97	9.120	10.070	6.400
600230	沧州大化	259331620	80000000	9.780	7.190	-26.48	9.860	11.150	5.510
600231	凌钢股份	403000000	130000000	8.950	6.290	-29.72	8.860	9.370	5.960
600232	金鹰股份	218851880	58500000	13.050	9.330	-28.51	13.000	13.580	8.210
600233	大连创世	165000000	52500000	16.260	7.650	-52.95	16.130	17.530	7.600
600234	天龙集团	93860000	30000000	15.860	10.350	-34.74	15.860	16.010	9.880
600235	民丰特纸	177000000	52000000	17.130	21.900	27.85	17.080	24.490	14.300
600236	桂冠电力	675363033	110000000	12.450	10.340	-16.95	12.330	14.500	10.000
600237	铜峰电子	100000000	40000000	20.970	18.470	-11.92	21.150	22.300	16.050
600238	海南椰岛	166000000	74000000	14.000	8.710	-37.79	13.980	13.980	8.210
600239	红河光明	177338160	94530240	22.750	6.160	-72.92	22.750	22.970	5.810
600240	仕奇实业	175000000	75000000	11.950	8.220	-31.21	11.950	11.950	7.810

A 股
A Share

年末市盈率 P/E Ratio	换手率 Turnover Rate	年成交数量(万股) Trading Volume (10000 Shares)	年成交金额(万元) Trading Value (10000 Yuan)	股权登记日 Record Day
31.60	252.35	50929.84	575284.05	02-07-30
47.41	169.15	31504.59	489160.59	02-04-22
72.22	79.47	8264.48	83120.99	
35.66	196.70	18663.59	155471.52	02-07-02
--	216.32	8199.19	101136.68	
1081.69	145.82	10820.03	94136.89	
15.23	94.71	21317.01	230630.86	02-05-14
37.48	136.49	18915.22	165051.25	02-05-21
84.79	121.37	12136.54	85136.11	
32.53	400.84	32015.72	477869.17	
36.47	125.89	21149.84	213576.64	02-07-19
--	239.40	36513.03	210662.12	
65.21	198.96	31543.92	281655.60	02-07-11
166.73	79.08	5493.01	67932.13	02-07-18
41.12	119.81	36563.68	373431.88	02-07-10
56.18	402.36	39230.55	442460.69	02-05-30
23.64	163.70	29466.79	297236.28	02-06-21
21.53	94.06	10393.62	100268.63	02-05-28
103.14	224.67	41077.66	302008.60	
29.99	166.97	17473.74	169617.17	
125.86	105.02	11604.90	91799.60	
86.30	229.00	10533.82	101827.78	
34.26	79.56	9546.86	94504.96	02-05-29
26.04	116.18	14900.62	196154.90	02-06-17
27.72	99.89	7492.14	90673.67	02-08-21
147.15	281.42	46538.73	752809.35	
55.86	212.23	27589.59	207698.33	02-07-05
55.98	100.07	12477.26	203753.56	02-04-29
121.86	127.92	6436.29	113817.19	02-07-24
22.00	329.21	24654.86	223071.69	02-07-08
58.79	207.05	14493.28	136075.72	02-08-16
19.48	75.75	12120.09	111058.03	02-05-17
447.38	138.28	8988.08	140466.57	
26.14	464.33	83579.61	1095570.88	02-06-20
41.53	127.20	9944.60	100603.88	02-07-23
29.90	253.51	19013.53	193693.90	02-06-20
31.04	143.17	24532.44	312763.20	02-05-14
71.62	119.28	5367.39	79409.76	02-07-15
22.73	228.12	27552.88	275709.80	02-04-22 02-07-19
28.18	112.94	6776.50	67839.02	02-08-05
19.65	137.41	16903.87	189019.10	02-07-18
219.17	172.49	20658.31	169666.51	02-07-16
101.30	98.58	13801.71	193647.11	02-05-24
55.65	98.41	9979.14	82071.96	02-06-19
16.07	102.74	10721.83	123116.29	02-07-18
20.79	84.58	10064.99	105349.97	02-05-24
38.08	285.19	69352.78	499236.27	02-06-10
66.09	56.90	1991.36	32727.50	02-05-23
25.10	118.68	19700.50	176771.60	
189.50	263.59	19808.78	212137.40	
44.37	426.80	38916.03	596095.90	02-08-16
38.52	113.13	7918.86	78941.43	02-04-29
195.28	214.19	20562.60	335348.69	02-06-07
28.93	106.70	9602.57	83761.05	02-07-05
104.64	201.96	16157.04	144653.22	02-06-17
15.48	155.89	16788.94	133639.45	02-07-15 02-10-14
37.12	153.41	8974.59	101302.77	02-05-10
41.49	115.11	4483.44	61744.46	02-07-23
--	256.65	7699.36	97723.35	
86.29	234.83	12211.20	238858.11	02-04-29
27.81	132.21	12641.83	163150.01	02-07-04
45.88	257.02	10280.61	195816.33	02-05-09
32.72	128.11	7516.13	83591.24	02-08-01
54.39	229.62	13516.65	167558.10	02-07-02
262.29	141.45	10608.37	104478.44	

A股
A Share

股票代码 Code	名称 Name	发行股本 Issued Volume	流通股本 Negotiable Volume	上年收盘 Last Year Close	本年收盘 Close	涨跌% Change%	本年开盘 Open	本年最高 High	本年最低 Low
600241	辽宁时代	106000000	30000000	16.370	12.280	-24.98	16.870	17.120	12.260
600242	华龙集团	174029825	60000000	11.860	7.660	-35.41	11.900	12.060	6.730
600243	青海华鼎	156600000	55000000	14.410	8.630	-40.11	14.450	14.550	8.610
600246	先锋股份	92000000	30000000	19.980	21.800	9.11	19.980	22.760	15.890
600247	物华股份	110000000	35000000	17.910	12.580	-29.76	17.710	17.770	12.110
600248	秦丰农业	128820000	48000000	14.970	10.870	-27.39	15.000	15.980	10.300
600250	南纺股份	132662800	55000000	14.550	12.240	-15.88	14.410	16.550	11.630
600252	梧州中恒	139389360	49500000	15.760	10.730	-31.92	15.500	16.180	10.100
600253	天方药业	420000000	120000000	15.160	5.720	-62.27	15.100	18.690	5.700
600255	鑫科材料	95000000	30000000	21.590	14.620	-32.28	21.490	22.300	14.010
600256	广汇股份	721717704	204000000	14.380	11.750	-18.29	14.200	20.100	11.270
600257	洞庭水殖	73000000	40000000	19.330	14.330	-25.87	19.340	20.170	13.820
600258	首旅股份	231400000	70000000	14.650	13.080	-10.72	14.650	17.460	12.800
600259	兴业聚酯	213400000	70000000	10.530	6.800	-35.42	10.550	11.000	6.650
600260	凯乐科技	175880000	55000000	22.560	12.680	-43.79	22.560	22.650	12.350
600261	浙江阳光	123160000	40000000	22.100	12.860	-41.81	21.900	21.900	12.530
600262	北方股份	170000000	55000000	12.990	8.750	-32.64	13.180	14.230	8.410
600263	路桥建设	408133010	115000000	13.400	8.400	-37.31	13.500	13.980	8.400
600265	景谷林业	105000000	40000000	14.530	10.060	-30.76	14.500	15.500	10.000
600266	北京城建	600000000	150000000	11.490	9.490	-17.41	11.500	13.850	9.400
600267	海正药业	249600000	64000000	15.300	9.010	-41.11	15.310	15.390	8.900
600268	国电南自	118000000	40000000	17.340	11.550	-33.39	16.600	18.660	11.530
600269	赣粤高速	353000000	120000000	12.880	9.670	-24.92	12.890	14.300	9.650
600270	外运发展	365851200	92400000	23.430	16.340	-30.26	23.250	25.400	15.210
600272	开开实业	163000000	45000000	12.900	9.380	-27.29	12.900	13.820	8.900
600275	武昌鱼	317955170	91000000	17.300	11.450	-33.82	17.100	17.430	11.080
600276	恒瑞医药	255072000	76800000	16.950	10.040	-40.77	16.950	18.480	9.980
600277	亿利科技	158000000	58000000	14.270	10.300	-27.82	14.320	14.970	10.300
600278	东方创业	320000000	80000000	13.220	9.540	-27.84	13.310	13.750	9.500
600279	重庆港九	228390960	86000000	12.210	10.470	-14.25	12.010	12.780	8.670
600280	南京中商	121260884	35000000	14.730	10.650	-27.70	14.740	15.150	10.450
600281	太化股份	358906000	105000000	9.310	6.110	-34.37	9.290	9.790	6.110
600282	南钢股份	504000000	144000000	7.140	5.690	-20.31	7.140	8.290	5.680
600283	钱江水利	285330000	85000000	11.020	8.080	-26.68	11.000	12.180	8.010
600285	羚锐股份	100360000	40000000	16.790	11.530	-31.33	16.790	17.400	11.500
600286	国光瓷业	114000000	75120000	17.500	8.350	-52.29	17.160	19.600	8.180
600287	江苏舜天	218398037	57200000	18.720	10.680	-42.95	18.720	21.990	10.450
600288	大恒科技	210000000	75000000	21.420	9.630	-55.04	21.420	23.200	9.530
600289	亿阳信通	105890000	40000000	31.210	22.300	-28.55	31.300	32.100	19.320
600290	苏福马	124500000	45000000	23.610	15.150	-35.83	23.380	24.450	14.100
600291	西水股份	160000000	60000000	13.100	9.130	-30.31	13.110	13.350	9.100
600292	九龙电力	167250000	60000000	16.970	12.360	-27.17	17.000	20.800	12.160
600293	三峡新材	274300000	71500000	15.010	8.400	-44.04	14.970	16.960	8.160
600295	鄂尔多斯	306000000	80000000	15.170	12.550	-17.27	15.180	15.680	11.600
600296	兰州铝业	295004480	110000000	9.600	8.430	-12.19	9.560	10.280	7.420
600297	美罗药业	115000000	40000000	17.590	12.280	-30.19	17.300	17.900	11.300
600298	安琪酵母	135700000	35000000	19.510	12.570	-35.57	19.510	19.510	12.400
600299	星新材料	240000000	80000000	14.320	9.810	-31.49	14.260	16.650	9.800
600300	维维股份	330000000	100000000	12.120	10.490	-13.45	12.140	13.960	9.600
600301	南化股份	185148140	72890345	10.160	6.800	-33.07	10.160	10.380	6.440
600302	标准股份	319009804	90000000	10.320	10.600	2.71	10.200	11.440	6.550
600303	曙光股份	162000000	72000000	10.820	7.010	-35.21	10.850	11.400	6.780
600305	恒顺醋业	127150000	40000000	16.280	12.020	-26.17	16.320	16.580	11.980
600306	商业城	178138918	58500000	17.500	16.680	-4.69	17.300	18.600	14.350
600307	酒钢宏兴	728000000	200000000	5.480	5.000	-8.76	5.500	6.970	4.510
600308	华泰股份	230967970	108000000	14.720	12.410	-15.69	14.740	16.700	12.250
600309	烟台万华	384000000	128000000	24.280	11.250	-53.67	24.200	26.180	9.650
600310	桂东电力	156750000	45000000	17.430	13.220	-24.15	17.130	17.760	12.890
600311	荣华实业	200000000	80000000	13.290	9.200	-30.78	13.290	14.940	9.200
600312	平高电气	183500000	60000000	15.290	15.390	0.65	15.220	17.330	11.550
600313	中农资源	252200000	80000000	10.400	6.360	-38.85	10.400	11.300	6.190
600315	上海家化	270000000	80000000	15.540	10.890	-29.92	15.510	15.530	10.880
600316	洪都航空	210000000	90000000	11.390	9.110	-20.02	11.390	13.880	8.780
600317	营口港	250000000	100000000	5.900	8.980	--	9.710	13.480	8.980
600318	巢东股份	200000000	80000000	11.050	7.140	-35.38	11.090	11.800	7.000

A 股
A Share

年末市盈率 P/E Ratio	换手率 Turnover Rate	年成交数量(万股) Trading Volume (10000 Shares)	年成交金额(万元) Trading Value (10000 Yuan)	股权登记日 Record Day
40.91	111.52	3345.67	52032.74	02-07-18
65.59	173.84	10430.61	106537.34	02-07-05
63.72	298.59	16422.55	201440.73	02-07-15
126.11	163.41	4902.21	98478.62	02-06-28
61.01	101.10	3538.38	55991.14	02-04-29
51.44	188.94	9069.23	121716.72	02-06-27
39.25	142.43	7833.37	108881.88	02-06-10
51.63	175.16	8192.85	111430.52	02-07-22
44.46	380.72	26606.63	354082.00	02-05-17 02-10-28
46.28	119.83	3594.76	66622.50	02-07-24
27.97	132.94	23096.48	354063.66	02-09-11
55.18	120.76	4830.43	81580.60	02-07-19
39.14	246.92	17284.67	269112.74	02-06-03
--	302.41	19401.17	175945.65	
24.64	204.87	11267.88	200390.34	02-07-19
24.69	139.46	5578.34	99150.30	02-06-19
78.52	134.16	7378.98	85159.82	02-06-27
79.12	184.34	21199.47	250956.08	02-06-13
46.68	114.30	4571.83	60568.27	
39.83	128.50	19274.67	232863.63	02-08-21
46.33	216.54	13858.63	177574.42	02-06-05
47.88	106.38	4254.91	69192.77	02-05-22
19.08	124.19	14504.81	184102.27	02-05-24 02-12-11
26.14	123.41	10649.59	202286.76	02-06-19
46.27	112.76	5074.33	60151.41	02-08-14
75.36	315.13	26563.79	352993.54	02-05-13
31.65	70.42	4998.98	71223.47	02-05-20
49.98	97.98	5682.99	73769.47	02-07-05
32.05	99.49	7959.55	93522.39	02-06-05
54.87	129.61	11146.37	126917.27	02-06-13
37.56	126.41	4424.19	58694.02	02-06-28
53.60	114.71	12044.00	102789.17	02-06-13
13.91	193.58	27875.58	203388.62	02-05-27
43.84	98.75	8394.03	87811.31	02-06-26
46.09	115.06	4602.10	71589.60	02-07-01
34.18	235.99	11195.46	131185.59	02-03-25
19.26	119.38	5848.05	97526.32	02-06-07
43.48	103.94	5797.16	104485.84	02-07-18
32.15	113.90	4556.05	120430.45	02-07-05
150.40	183.14	7414.00	128567.13	02-05-23
57.11	119.31	7158.52	86377.20	02-06-03
27.34	146.42	8785.03	149861.87	02-06-24
71.67	143.74	9000.62	116708.89	02-07-02
28.07	90.57	7245.17	102991.71	02-06-11
27.86	142.10	15631.17	145570.14	02-06-05
33.45	134.96	5398.41	82080.68	02-05-20
34.52	80.88	2830.87	48253.06	02-06-12
48.34	272.32	21785.77	308181.17	02-07-12
29.82	80.25	8024.70	99797.98	02-05-17
54.89	114.48	8344.41	74467.08	02-06-14
48.05	258.32	23248.77	232078.42	02-08-09
32.70	285.90	20584.95	194196.01	02-06-07
62.07	109.31	4372.49	64451.09	02-06-27
97.89	148.15	8666.93	147245.59	02-06-07
13.62	139.10	27819.48	166277.87	02-06-12
25.16	102.52	9928.31	143794.90	02-07-05
43.24	152.63	15616.35	266171.87	02-04-12
34.89	113.51	5107.79	81567.90	02-05-20
28.41	164.23	13138.03	164363.90	02-06-28
64.03	188.02	11280.91	169455.45	02-06-27
262.70	219.80	17584.07	158655.15	02-06-19
40.29	106.54	8522.82	118677.67	02-07-08
30.16	159.87	14388.22	169867.87	02-07-02
48.87	633.23	63323.17	726575.02	
45.68	107.81	8624.85	87666.57	02-06-17

A 股
A Share

股票代码 Code	名称 Name	发行股本 Issued Volume	流通股本 Negotiable Volume	上年收盘 Last Year Close	本年收盘 Close	涨跌% Change%	本年开盘 Open	本年最高 High	本年最低 Low
600319	亚星化学	315594000	80000000	14.250	9.350	-34.39	14.260	16.650	9.130
600320	振华港机	346500000	88000000	14.090	10.310	-26.83	14.130	14.300	10.310
600321	国栋建设	175200000	70000000	15.900	10.760	-32.33	16.000	16.700	10.750
600322	天房发展	423707417	121000000	12.000	7.600	-36.67	11.900	12.500	7.590
600323	南海发展	208514168	65000000	13.770	10.350	-24.84	13.730	15.190	10.150
600326	西藏天路	180000000	72000000	18.530	7.470	-59.69	18.500	25.800	7.210
600327	大厦股份	108689961	40000000	9.400	13.570	--	20.010	20.180	12.560
600328	兰太实业	172652899	60000000	13.020	13.350	2.53	13.000	15.400	9.800
600329	中新药业	269654360	40000000	16.980	12.500	-26.38	17.000	17.480	12.280
600330	天通股份	229470000	60000000	16.270	12.960	-20.34	16.280	18.500	10.300
600331	宏达股份	130000000	50000000	14.510	10.110	-30.32	14.450	15.620	9.850
600332	广州药业	591000000	78000000	11.650	8.610	-26.09	11.510	13.270	8.600
600333	长春燃气	406531200	102000000	15.690	7.090	-54.81	15.410	21.560	7.060
600335	中发展	116628600	35000000	16.090	10.040	-37.60	16.100	16.110	9.750
600336	澳柯玛	341036000	90000000	10.990	7.860	-28.48	11.090	12.000	7.750
600337	美克股份	110496000	48000000	22.600	14.150	-37.39	22.600	22.760	13.570
600338	珠峰摩托	158333333	50000000	12.270	8.310	-32.27	12.270	14.480	7.890
600339	天利高新	357000000	126000000	17.460	13.200	-24.40	17.440	20.240	10.020
600345	长江通信	198000000	54000000	31.510	12.380	-60.71	31.000	33.350	12.290
600346	冰山橡塑	105000000	38500000	15.830	10.170	-35.75	15.830	16.800	10.150
600350	山东基建	3363800000	505000000	2.600	4.240	--	4.610	5.920	4.180
600351	亚宝药业	115000000	40000000	4.800	13.590	--	15.480	15.880	12.520
600353	旭光股份	82600494	30000000	7.800	12.680	--	16.520	17.420	12.650
600355	精伦电子	123022300	31000000	16.180	17.950	--	29.800	30.200	17.910
600356	恒丰纸业	140000000	40000000	16.400	12.310	-24.94	16.400	17.190	12.300
600357	承德钒钛	380333520	100000000	5.400	7.110	--	9.520	9.770	7.020
600358	国旅联合	210000000	75000000	16.900	12.920	-23.55	16.900	20.180	11.800
600359	新农开发	321000000	117000000	10.440	6.140	-41.19	10.080	10.170	6.000
600360	华微电子	118000000	50000000	17.610	11.680	-33.67	17.500	18.240	11.310
600361	华联综超	125572900	50000000	15.570	14.780	-5.07	15.550	19.990	13.280
600362	江西铜业	1507556200	230000000	2.270	4.190	--	4.500	6.540	4.150
600363	联创光电	247204500	90000000	16.600	7.400	-55.42	16.700	21.260	7.400
600365	通葡萄酒	140000000	60000000	11.560	8.000	-30.80	11.520	12.220	7.900
600366	宁波韵升	285975000	78750000	24.270	9.750	-59.83	24.250	24.250	9.550
600367	红星发展	130000000	39000000	31.800	18.200	-42.77	31.850	34.700	18.150
600368	五洲交通	442000000	80000000	10.380	8.160	-21.39	10.380	11.650	7.800
600369	长运股份	172300000	70000000	12.900	8.180	-36.59	12.870	13.760	8.130
600371	华冠科技	100000000	40000000	3.470	16.570	--	13.500	18.960	13.500
600372	昌河股份	410000000	110000000	10.110	10.180	0.69	10.110	12.350	7.300
600373	鑫新股份	125000000	45000000	2.680	8.980	--	11.000	14.320	8.920
600376	天鸿宝业	173200000	64000000	23.540	10.070	-57.22	23.510	28.800	9.500
600377	宁沪高速	3815747500	150000000	9.060	12.300	35.76	9.020	12.670	7.600
600378	天科股份	195573391	76050000	15.990	7.880	-50.72	15.810	17.280	7.800
600379	宝光股份	158000000	50000000	2.760	8.430	--	10.010	16.750	8.410
600380	太太药业	406620000	105000000	24.490	17.100	-30.18	24.310	25.980	14.000
600381	白唇鹿	110000000	35000000	17.270	12.120	-29.82	17.440	17.450	11.460
600382	广东明珠	170873300	60000000	11.890	8.280	-30.36	11.910	12.100	8.250
600383	金地集团	270000000	90000000	22.430	18.000	-19.75	22.430	25.290	16.500
600385	山东金泰	141323648	67835000	13.300	8.620	-35.19	13.290	14.380	8.500
600386	北京巴士	252000000	80000000	14.400	12.340	-14.31	14.400	15.500	11.750
600388	龙净环保	167000000	65000000	15.750	10.840	-31.17	15.800	19.100	10.800
600389	江山股份	180000000	48000000	18.760	11.320	-39.66	18.670	18.690	10.100
600390	金瑞科技	106700000	40000000	22.590	14.440	-36.08	22.550	22.750	14.400
600391	成发科技	140000000	50000000	16.450	10.500	-36.17	16.450	18.070	10.410
600393	东华实业	200000000	55263800	13.210	8.010	-39.36	13.200	14.100	8.000
600395	盘江股份	371300000	120000000	10.600	7.070	-33.30	10.600	11.110	7.000
600396	金山股份	130000000	45000000	16.970	14.980	-11.73	17.180	19.200	14.280
600397	安源股份	220000000	80000000	5.990	8.020	--	12.000	12.860	8.010
600398	凯诺科技	213708834	99450000	13.550	11.150	-17.71	13.600	19.700	11.000
600399	抚顺特钢	520000000	120000000	6.700	5.110	-23.73	6.710	7.470	5.050
600400	红豆股份	179523000	50000000	13.510	9.970	-26.20	13.650	14.100	9.910
600415	小商品城	104030009	29152099	1.600	13.800	--	26.010	27.000	13.580
600416	湘电股份	195000000	75000000	5.600	9.830	--	13.000	14.090	9.820
600418	江淮汽车	230000000	88000000	13.280	11.770	-11.37	13.300	14.580	11.200
600419	新疆天宏	80160000	30000000	19.520	13.410	-31.30	19.570	19.790	12.710

A 股
A Share

年末市盈率 P/E Ratio	换手率 Turnover Rate	年成交数量(万股) Trading Volume (10000 Shares)	年成交金额(万元) Trading Value (10000 Yuan)	股权登记日 Record Day
48.30	213.40	17071.92	229738.45	02-06-18
24.57	148.81	13095.44	164654.67	02-07-03
30.45	120.50	8434.80	121890.88	02-06-11
48.57	339.57	41088.41	446497.21	02-07-11
29.49	101.59	6603.04	89659.98	02-06-14
56.86	472.00	29934.38	396183.00	02-03-27
45.60	261.06	10442.24	171800.28	
58.10	180.63	10837.49	144352.60	02-05-29
71.70	102.54	4101.34	63405.72	02-07-22
42.96	368.74	22124.25	316344.77	02-05-23
59.10	396.01	19800.66	267981.96	02-06-13
47.78	120.02	9361.56	109696.74	02-06-20
34.60	261.53	20965.64	285578.84	02-05-22
523.46	160.49	5617.30	75691.29	
59.37	108.51	9765.95	102518.64	02-06-18
35.75	124.84	5417.27	99631.27	02-06-21
42.62	518.36	25918.07	311531.34	02-07-18
91.21	136.40	12787.52	208506.27	02-07-01 02-09-13
12.37	259.38	13104.75	276656.18	02-06-12
66.94	254.05	9780.97	142684.67	02-07-12
36.44	636.98	321672.75	1597609.36	
86.99	248.45	9937.92	142595.00	
48.54	241.41	7242.36	113135.87	
26.44	254.22	7880.78	205675.01	
37.72	138.25	5530.02	83997.67	02-06-06
35.63	308.41	30841.15	265607.66	
211.35	223.91	12402.79	205895.57	02-09-13
446.87	208.89	24439.57	203425.64	
53.15	127.21	6360.34	99874.85	02-07-09
40.51	215.22	10761.11	181547.95	
37.03	914.27	210281.73	1066457.28	02-06-28
90.82	431.18	35772.55	465466.58	02-05-17
67.62	102.73	6164.02	65580.45	
43.36	140.63	9249.47	153970.05	02-05-17
29.67	129.00	4480.62	119421.57	02-04-15
27.48	95.39	7631.27	78045.68	02-06-20
86.64	432.07	30244.60	353901.91	02-06-28
106.05	463.95	18558.14	304029.85	
48.01	278.02	30582.59	310278.69	02-06-18
105.07	648.96	29203.33	349808.18	02-06-25
36.85	179.52	8746.64	168611.53	02-05-17
79.36	376.68	56501.27	602736.09	02-06-14
65.65	241.86	16259.19	200126.51	02-05-15
106.67	1126.08	56303.96	676800.20	
35.11	138.88	12670.11	239509.93	02-05-31
68.48	130.23	4558.02	68954.65	02-07-04
43.10	96.98	5818.83	62209.73	02-05-28
40.41	182.68	16440.83	350898.54	02-06-24
103.32	316.94	21499.29	251069.14	
43.95	108.46	8677.10	120414.34	02-07-31
48.75	236.52	15373.51	243246.29	02-06-24
54.54	118.46	5242.36	75631.86	02-05-27
49.55	223.71	8948.38	172487.15	02-07-11
41.85	358.92	17946.11	279757.38	02-05-10
34.06	207.98	11493.93	132695.36	
38.27	118.73	14247.33	139737.62	02-07-29
94.17	110.91	4991.04	87403.93	
35.33	402.37	32189.51	370134.43	
34.69	326.99	28948.87	438162.33	02-04-15
26.45	138.37	16604.10	107555.58	02-05-21
31.68	90.89	4544.23	56573.52	02-07-17
43.55	141.85	4135.22	88407.27	
48.79	321.72	24129.04	312144.06	
30.43	209.23	18412.06	238440.83	02-06-13
79.22	159.33	4779.85	78620.49	02-06-18

A股
A Share

股票代码 Code	名称 Name	发行股本 Issued Volume	流通股本 Negotiable Volume	上年收盘 Last Year Close	本年收盘 Close	涨跌% Change%	本年开盘 Open	本年最高 High	本年最低 Low
600422	昆明制药	98180000	40000000	25.080	15.000	-40.19	25.000	25.180	14.850
600426	华鲁恒升	167000000	60000000	6.280	9.520	--	10.000	14.840	9.500
600428	中远航运	360000000	130000000	7.390	8.930	--	12.550	14.070	8.900
600448	华纺股份	245000000	93500000	9.120	5.900	-35.31	9.120	9.190	5.880
600456	宝钛股份	200080000	60000000	5.400	11.720	--	16.880	20.800	11.470
600458	时代新材	85148000	35000000	6.600	13.560	--	14.620	16.000	13.500
600466	迪康药业	127400000	50000000	15.800	10.890	-31.08	15.920	16.710	10.850
600468	特精股份	110000000	30000000	17.620	14.700	-16.57	17.620	18.250	11.660
600486	扬农化工	100000000	30000000	6.750	13.700	--	19.180	19.430	13.500
600488	天药股份	193711548	58500000	23.830	13.980	-41.33	23.780	24.960	13.680
600496	长江股份	110000000	40000000	3.610	9.840	--	11.000	15.250	9.800
600498	烽火通信	410000000	88000000	23.740	13.780	-41.95	23.840	25.800	13.600
600499	科达机电	55300000	20000000	14.200	21.790	--	22.580	24.900	21.010
600500	中化国际	558975000	180000000	13.850	8.600	-37.91	13.860	15.800	8.210
600501	航天晨光	187314375	72000000	23.950	15.480	-35.37	23.900	29.300	14.280
600503	宏智科技	110000000	40000000	8.680	16.130	--	23.650	23.800	15.200
600505	西昌电力	165000000	55000000	4.360	10.590	--	12.090	15.840	10.300
600506	香梨股份	160500000	50000000	13.410	9.120	-31.99	13.400	15.300	9.080
600508	上海能源	401510000	110000000	13.480	10.330	-23.37	13.490	14.500	10.220
600509	天富热电	169085000	60000000	7.000	10.080	--	15.100	16.150	10.080
600510	黑牡丹	146123600	38000000	14.490	18.180	--	18.000	22.300	17.880
600511	国药股份	133000000	53000000	5.000	10.950	--	10.890	12.600	10.800
600512	腾达建设	159735164	60000000	5.000	9.400	--	10.950	11.250	9.370
600515	第一投资	154160000	50000000	4.600	9.410	--	12.320	14.290	9.360
600516	海龙科技	200000000	80000000	6.060	8.450	--	12.120	12.400	8.450
600518	康美药业	70800000	18000000	30.750	29.790	-3.12	30.750	32.640	24.010
600519	贵州茅台	275000000	78650000	38.550	25.460	-33.96	38.720	39.780	25.420
600520	三佳模具	62800000	25000000	6.800	16.730	--	27.460	29.650	16.630
600522	中天科技	208310000	70000000	5.400	10.190	--	12.050	13.520	10.100
600523	贵航股份	220000000	70000000	9.930	7.280	-26.69	9.890	11.600	7.210
600525	长园新材	99540000	25000000	7.600	16.560	--	23.400	23.500	16.530
600526	菲达环保	100000000	40000000	7.200	13.710	--	19.800	19.980	13.490
600528	中铁二局	410000000	110000000	13.190	9.110	-30.93	13.280	14.860	9.030
600529	山东药玻	82407448	32000000	12.180	17.060	--	23.000	24.000	17.000
600530	交大昂立	200000000	50000000	19.700	13.600	-30.96	19.700	19.780	12.950
600531	豫光金铅	126816200	45000000	7.340	10.930	--	15.530	15.800	10.700
600532	华阳科技	90000000	40000000	6.260	11.700	--	13.290	15.600	11.680
600533	栖霞建设	140000000	40000000	8.300	12.710	--	23.000	23.300	12.700
600535	天士力	190000000	50000000	14.700	17.920	--	23.000	25.000	17.800
600536	中软股份	84172824	30000000	11.100	21.540	--	30.530	32.750	21.190
600539	狮头股份	230000000	88000000	11.080	7.620	-31.23	11.080	11.150	7.550
600548	深高速	1433200000	165000000	7.050	8.120	15.18	7.000	9.870	6.470
600549	厦门钨业	120000000	30000000	11.600	15.190	--	20.880	21.500	15.170
600550	天威保变	330000000	90000000	15.980	6.330	-60.39	15.820	16.420	6.330
600551	科大创新	75000000	25000000	4.000	17.590	--	21.220	22.110	16.100
600552	方兴科技	90000000	40000000	5.600	11.550	--	14.500	14.800	11.550
600553	太行股份	190000000	50000000	5.730	8.860	--	12.800	12.990	8.830
600555	茉织华	324500000	81000000	16.830	10.500	-37.61	16.830	18.200	10.400
600556	北生药业	90000000	45320000	18.550	13.830	-25.44	18.540	18.600	13.610
600557	康缘药业	91800000	40000000	7.000	13.810	--	17.850	18.000	13.650
600558	大西洋	120000000	45000000	14.490	9.990	-31.06	14.500	15.200	9.940
600559	裕丰股份	140000000	40000000	4.360	9.680	--	12.200	13.220	9.660
600560	京自天正	76460000	30000000	9.000	15.740	--	21.000	22.900	15.720
600561	江西长运	92862000	30000000	4.780	14.190	--	17.280	17.880	13.620
600563	法拉电子	150000000	50000000	8.040	13.300	--	13.180	14.100	12.800
600565	迪马股份	80000000	20000000	15.800	18.030	--	29.000	29.370	18.000
600566	洪城股份	106308000	44000000	16.180	11.250	-30.47	16.180	16.180	11.190
600567	山鹰纸业	160500000	60000000	10.550	8.040	-23.79	10.600	12.840	8.000
600568	潜江制药	72860000	35000000	20.350	13.640	-32.97	20.350	24.710	13.480
600569	安阳钢铁	1345490259	275000000	5.720	4.860	-15.03	5.700	6.660	4.850
600571	信雅达	58460000	18000000	13.870	23.410	--	25.000	28.630	22.900
600577	精达股份	60000000	20000000	9.900	16.870	--	23.180	24.720	16.800
600578	京能热电	573360000	100000000	5.000	8.070	--	10.880	13.440	8.050
600579	黄海股份	216000000	72000000	5.000	8.180	--	12.010	14.250	8.000
600580	卧龙科技	109104261	35000000	8.280	12.750	--	17.330	20.000	12.700

A 股
A Share

年末市盈率 P/E Ratio	换手率 Turnover Rate	年成交数量(万股) Trading Volume (10000 Shares)	年成交金额(万元) Trading Value (10000 Yuan)	股权登记日 Record Day
38.43	128.68	5147.06	104726.61	02-05-30
47.35	438.79	26327.64	324804.63	
37.52	332.78	43261.59	527260.40	
50.89	256.04	23939.51	192902.44	02-07-30
62.10	566.26	33975.57	590833.55	
69.59	110.80	3877.94	58431.24	
47.65	142.77	7138.24	103837.39	02-06-12
271.72	241.58	7247.50	112243.83	02-06-28
57.87	307.98	9239.38	162665.30	
36.24	131.01	6817.48	130001.97	02-04-10
85.52	688.25	27529.98	344332.98	
33.74	250.16	22013.68	447066.71	02-07-12
48.25	199.59	3991.76	93592.45	
53.11	117.80	14749.66	192731.08	02-07-04 02-09-13
103.92	138.24	6885.17	144884.33	02-08-02
58.36	228.68	9147.26	185922.52	
72.79	584.89	32169.09	406549.23	
49.26	504.34	25216.91	329593.93	02-06-05
25.07	277.90	30569.25	401316.30	02-05-20
38.85	406.96	24417.53	358194.00	02-08-14
30.52	244.46	9289.49	186081.87	
73.35	249.47	13221.70	155737.28	
60.76	90.47	5428.28	56063.77	
61.18	414.06	20702.89	266147.63	02-09-04
33.83	180.97	14477.22	156162.89	
72.34	184.04	3312.66	95613.27	02-07-02
21.68	192.26	14016.95	493639.35	02-07-24
49.40	449.96	11249.05	286545.99	02-11-11
56.27	402.92	28204.62	347452.29	
83.84	687.07	48094.87	465994.59	02-06-07
58.96	199.11	4977.78	98937.13	
64.02	164.37	6574.62	115985.51	
22.75	115.62	12718.74	167312.47	02-05-15
36.24	317.21	10150.73	216210.60	02-07-12
49.78	108.55	5427.27	92966.16	02-06-20
46.01	197.18	8873.26	124658.07	
67.35	369.00	14760.18	202606.67	
42.85	320.35	12814.12	254915.85	
33.10	121.83	6091.42	136568.17	
60.22	393.23	11797.02	341261.33	
47.08	175.74	15464.68	152624.44	02-06-20
44.05	788.34	103259.64	827375.72	02-06-18
29.72	161.56	4846.85	89962.18	
47.57	229.53	16915.51	194426.41	02-05-16
129.52	340.68	8517.06	165457.01	
74.96	317.16	12686.46	173392.03	
41.93	213.25	10662.28	125130.22	
21.90	159.07	12884.38	192975.45	02-07-22
81.99	163.62	7415.07	120549.07	02-06-26
69.21	162.40	6495.82	104795.56	
46.77	105.76	4759.21	63294.98	02-06-25
62.09	347.19	13887.79	167386.94	
56.95	309.70	9290.92	181887.92	
59.95	240.31	7209.40	117158.70	
49.59	147.01	7350.65	98902.25	
30.53	166.44	3328.86	83937.45	
67.56	201.96	8886.13	125187.08	02-05-22
56.02	631.81	37908.71	416016.74	02-05-22
71.67	309.34	10826.99	221590.60	
13.89	192.65	52978.53	308920.10	02-07-01
48.77	249.99	4499.90	117706.33	
51.01	298.55	5971.07	130119.04	
39.20	489.12	48911.77	560339.68	02-08-12
59.88	402.80	24481.95	304847.79	02-12-02
45.36	319.93	11197.60	194851.08	

A 股
A Share

股票代码 Code	名称 Name	发行股本 Issued Volume	流通股本 Negotiable Volume	上年收盘 Last Year Close	本年收盘 Close	涨跌% Change%	本年开盘 Open	本年最高 High	本年最低 Low
600581	八一钢铁	409427850	130000000	7.380	6.660	--	8.000	11.500	6.640
600582	天地科技	75000000	25000000	12.480	16.540	--	31.000	31.600	16.400
600583	海油工程	250000000	80000000	9.600	13.810	--	16.100	18.020	13.490
600585	海螺水泥	822480000	200000000	4.100	6.400	--	6.200	8.390	6.190
600586	金晶科技	96850000	35000000	9.580	17.180	--	19.000	19.100	16.360
600587	新华医疗	61300000	21000000	9.200	16.690	--	22.230	22.800	16.680
600588	用友软件	100000000	25000000	50.640	43.030	-15.03	50.640	62.000	42.200
600589	广东榕泰	160000000	40000000	20.200	13.950	-30.94	20.200	20.830	13.860
600590	泰豪科技	133056828	40000000	4.760	12.960	--	18.880	22.450	12.890
600591	上海航空	721000000	200000000	5.330	6.440	--	7.130	7.870	6.430
600592	龙溪股份	150000000	50000000	6.000	9.560	--	13.550	13.650	9.520
600593	大连圣亚	92000000	32000000	7.710	12.880	--	20.050	21.240	12.800
600595	中孚实业	135282720	50000000	8.300	11.310	--	15.510	16.880	11.300
600596	新安股份	134110363	44000000	14.700	9.690	-34.08	14.780	15.650	9.680
600597	光明乳业	651182850	150000000	6.500	11.220	--	12.500	13.980	11.180
600598	北 大 荒	1469960000	300000000	5.380	5.760	--	7.710	8.370	5.750
600599	浏阳花炮	126000000	39600000	35.080	15.480	-55.87	35.110	37.400	15.000
600600	青岛啤酒	653150000	200000000	7.650	7.730	1.05	7.660	9.240	6.440
600601	方正科技	373248000	373248000	12.850	8.090	-37.04	12.980	13.350	7.900
600602	广电电子	695314322	349972019	10.240	7.920	-22.66	10.260	11.600	6.690
600603	ST 兴 业	194641920	194641920	11.020	5.990	-45.64	11.050	13.100	5.610
600604	二 纺 机	333524190	71181880	9.560	6.980	-26.99	9.650	10.720	5.030
600605	轻工机械	210192000	24000000	14.590	11.170	-23.44	14.560	16.480	9.580
600606	金丰投资	254942546	113581599	12.800	7.340	-42.66	12.800	15.730	7.320
600607	上实联合	306512351	132932010	10.560	8.700	-17.61	10.650	12.290	8.660
600608	上海科技	151262212	93207704	11.560	10.350	-10.47	11.600	13.350	8.600
600609	金杯汽车	1092667132	364000000	5.810	5.110	-12.05	5.810	6.980	4.890
600610	ST中纺机	236971535	25740000	11.640	9.570	-17.78	11.700	13.390	7.560
600611	大众交通	395901580	142323400	10.010	9.250	-7.59	10.010	12.550	8.010
600612	第一铅笔	131728035	29087916	11.910	10.220	-14.19	11.850	14.620	8.030
600613	永生数据	102278357	9125250	18.670	13.250	-29.03	18.580	20.930	13.080
600614	胶带股份	73388378	8349000	19.000	16.110	-15.21	18.950	23.480	13.370
600615	丰华股份	150416406	46500480	12.990	8.300	-36.10	13.460	13.750	8.100
600616	第一食品	190395613	68481054	13.810	10.120	-26.72	13.700	17.810	9.680
600617	联华合纤	102636360	9000000	19.180	13.230	-31.02	19.180	21.100	13.010
600618	氯碱化工	757923067	27832420	13.930	10.800	-22.47	13.900	16.050	10.530
600619	海立股份	201120000	20280000	15.140	11.300	-25.36	15.250	16.950	11.110
600620	天宸股份	266774325	80465487	15.110	11.560	-23.49	15.100	16.050	11.250
600621	上海金陵	524082351	209955357	7.240	7.880	8.84	7.240	9.050	6.000
600622	ST 嘉 宝	333688309	115199136	8.860	5.570	-37.13	8.900	9.070	4.310
600623	轮胎橡胶	646367722	22880000	12.180	11.030	-9.44	12.200	16.280	9.730
600624	复旦复华	263477126	161721918	10.820	8.240	-23.84	10.850	13.760	7.860
600626	申达股份	338210865	140481600	10.750	7.970	-25.86	10.800	11.280	7.960
600627	电器股份	517965500	51000000	10.720	10.500	-2.05	10.700	12.380	7.310
600628	新 世 界	318903367	139371397	9.100	6.840	-24.84	9.120	11.780	6.800
600629	ST 棱 光	151377598	57760548	6.160	6.270	1.79	6.470	7.020	4.210
600630	龙头股份	424861597	191100000	9.800	6.540	-33.27	9.800	10.100	6.530
600631	第一百货	582845305	188310746	8.590	7.100	-17.35	8.600	10.680	6.080
600632	华联商厦	422599861	124467083	9.330	7.450	-20.15	9.330	10.870	6.980
600633	白猫股份	152050800	13200000	11.600	13.550	16.81	11.600	24.330	9.360
600634	海鸟发展	87207283	39809737	15.800	11.680	-26.08	15.780	16.580	11.380
600635	大众科创	546181666	326255342	10.050	7.270	-27.66	10.080	10.580	6.910
600636	三 爱 富	186782029	82372088	18.480	10.870	-41.18	18.450	19.100	10.320
600637	广电信息	819812485	203805161	14.550	10.830	-25.57	14.500	15.620	10.700
600638	新 黄 浦	561163988	170152172	10.830	8.910	-17.73	10.940	13.300	8.600
600639	浦东金桥	542685000	128865000	11.250	10.040	-10.76	11.250	14.530	8.200
600640	联通国脉	364882700	55335571	18.100	11.080	-38.78	18.080	18.400	10.880
600641	中远发展	447865971	179066240	15.380	8.850	-42.46	15.380	15.380	8.660
600642	申能股份	1793087769	410992000	13.220	9.850	-25.49	13.150	13.700	9.000
600643	爱建股份	460687964	308352666	10.270	9.010	-12.27	10.320	12.700	6.220
600644	乐山电力	249336499	128761571	11.370	7.200	-36.68	11.360	11.450	7.060
600645	望 春 花	250027992	98155360	14.640	16.340	11.61	14.410	16.790	13.400
600646	ST 国 嘉	179709870	30380075	14.870	8.370	-43.71	14.870	15.060	8.250
600647	ST 同 达	53516750	21000000	13.400	15.920	18.81	13.400	17.790	9.430
600648	外 高 桥	544500000	54450000	16.090	13.280	-17.46	16.120	17.250	12.030

年末市盈率 P/E Ratio	换手率 Turnover Rate	年成交数量(万股) Trading Volume (10000 Shares)	年成交金额(万元) Trading Value (10000 Yuan)	股权登记日 Record Day
13.02	372.38	48409.52	408076.50	
39.76	284.53	7113.23	184684.84	02-07-17
41.39	368.24	29459.05	481127.94	02-10-17
37.36	478.46	95692.42	673187.78	
36.25	193.16	6760.61	120769.04	
54.88	163.66	3436.90	69970.17	
61.12	413.12	10328.09	530612.06	02-05-21
63.36	158.82	6352.79	113577.74	02-06-05
77.75	424.91	16996.30	322989.30	
33.44	303.39	60677.73	434276.20	
48.13	239.01	11950.39	151269.32	02-10-28
51.23	287.83	9210.52	169735.91	
36.52	250.23	12511.50	190236.83	
63.45	277.30	12201.40	170290.07	02-06-26
44.85	272.97	40945.75	528136.75	
23.24	428.94	128681.52	963029.71	
110.08	208.25	5516.94	147372.97	02-07-11
75.13	145.84	29167.71	240400.71	02-08-12
30.10	181.95	67912.02	732008.19	
43.15	203.05	68455.98	625025.19	02-06-18
--	319.81	62248.28	595014.97	
284.55	338.06	24063.86	215996.50	
249.16	315.90	7581.56	106992.47	
24.75	336.19	30247.86	353224.01	02-08-05
26.26	91.56	12171.37	133067.57	02-07-04
51.98	170.76	15916.28	182544.39	
--	339.32	123511.06	746616.60	
516.74	245.26	6312.95	68823.96	
26.33	149.15	21227.98	232237.91	02-06-25
1382.95	441.04	12829.06	160615.23	
--	326.15	2976.18	52405.08	
65.91	388.93	3247.18	62556.18	
--	231.57	10767.92	123338.09	
70.97	207.17	9879.74	142843.07	02-08-09 02-10-22
1960.00	236.56	2129.07	38141.55	
2448.98	345.57	9618.05	131612.11	
33.58	277.45	5626.72	83531.76	02-07-15
90.36	180.96	14561.24	202770.13	02-08-19
--	141.23	29651.55	235016.17	
--	307.59	35434.02	250939.46	
591.10	440.46	10077.71	140809.19	
685.52	142.65	23068.83	254533.28	
18.75	140.32	19712.91	197517.05	02-06-26
134.72	291.32	14857.46	162439.33	
27.84	257.65	30935.35	310123.94	02-08-20
--	268.19	15490.58	90859.96	
28.71	75.66	14459.10	127611.11	
59.84	187.05	35223.16	319460.08	02-07-18
34.88	158.49	19727.10	188131.07	02-06-26
116.02	857.83	11323.33	205001.39	02-07-10
36.46	99.17	3947.78	56884.62	02-08-05
28.30	144.62	38539.80	344597.71	02-05-30 02-10-25
42.32	110.89	7046.79	102087.89	02-01-15 02-05-09 02-11-08
44.00	156.08	30374.90	399002.30	02-07-01
90.74	165.27	28120.40	332264.52	02-08-15
79.14	259.63	32159.42	392471.96	02-05-23
106.27	167.57	9272.50	141249.46	02-07-18
17.57	354.87	59873.91	744252.92	02-05-23
20.42	197.21	75874.42	906241.59	02-07-19
31.77	170.41	52547.60	550101.30	02-07-08
64.06	229.65	29570.72	266514.77	02-08-28
1617.82	181.01	17767.35	272131.57	
--	282.44	8580.51	101953.02	
--	100.09	2101.95	31584.04	
1078.80	153.91	8380.15	127826.62	

A 股
A Share

股票代码 Code	名称 Name	发行股本 Issued Volume	流通股本 Negotiable Volume	上年收盘 Last Year Close	本年收盘 Close	涨跌% Change%	本年开盘 Open	本年最高 High	本年最低 Low
600649	原水股份	1884395014	560851462	7.580	6.680	-11.87	7.600	9.580	6.670
600650	新锦江	390560075	41817600	11.880	10.190	-14.23	11.950	14.080	7.550
600651	飞乐音响	424165123	424165123	14.390	9.510	-33.91	14.010	14.290	7.850
600652	爱使股份	299624832	299624832	10.110	8.920	-11.77	10.100	13.260	7.440
600653	申华控股	1455316931	1455316931	6.600	3.340	-49.39	6.600	8.130	2.910
600654	飞乐股份	484002022	366319114	8.400	5.670	-32.50	8.400	9.500	5.500
600655	豫园商城	465333455	149079457	9.600	8.100	-15.63	9.410	11.790	7.650
600656	华源制药	93218441	50959985	12.210	13.140	7.62	12.000	16.170	9.250
600657	青鸟天桥	179077832	102996054	14.000	10.270	-26.64	14.200	17.070	10.220
600658	兆维科技	167023116	95069976	14.690	8.850	-39.75	14.710	16.080	8.300
600659	神龙发展	173421772	44570064	16.560	10.530	-36.41	16.560	16.700	7.620
600660	福耀玻璃	452394567	144490039	14.460	9.000	-37.76	14.230	14.380	7.900
600661	交大南洋	144730688	25455375	17.600	13.520	-23.18	17.600	18.990	13.290
600662	强生控股	309034440	165369600	11.130	7.870	-29.29	11.140	12.250	7.800
600663	陆家嘴	1358084000	160524000	14.390	13.180	-8.41	14.400	17.380	10.400
600664	哈药集团	636925883	415538260	12.470	20.040	60.71	12.200	20.450	9.560
600665	沪昌特钢	720102101	147000000	7.680	6.610	-13.93	7.700	9.100	5.510
600666	西南药业	148792973	63193793	10.860	8.250	-24.03	10.830	12.500	7.280
600667	太极实业	368817381	189640000	5.890	4.710	-20.03	5.900	7.480	4.320
600668	尖峰集团	300459139	144838048	6.840	5.900	-13.74	6.930	9.050	5.050
600669	ST鞍合成	232170832	148648500	7.030	3.840	-45.38	7.000	7.300	3.390
600670	ST高斯达	140333405	86051784	7.250	4.640	-36.00	6.900	7.620	4.310
600671	天目药业	121778628	63415428	10.030	7.740	-22.83	10.030	10.860	6.280
600672	英豪科教	440976960	256000000	7.350	4.990	-32.11	7.020	7.800	4.730
600673	成量股份	110794400	45540000	12.000	10.740	-10.50	11.880	13.230	8.300
600674	川投控股	386208464	154740608	9.190	7.410	-19.37	9.150	12.450	5.990
600675	中华企业	697455097	318560122	10.100	6.600	-34.65	10.110	12.380	6.550
600676	交运股份	168961856	73400000	11.690	8.990	-23.10	11.670	12.580	8.640
600677	航天中汇	326172356	170745684	8.490	6.320	-25.56	8.460	10.190	5.800
600678	四川金顶	232660000	96000000	7.040	6.210	-11.79	7.020	9.500	4.780
600679	凤凰股份	432019662	34320017	25.860	18.140	-29.85	25.860	26.550	16.510
600680	上海邮通	180125337	27040000	17.400	12.280	-29.43	17.390	18.900	11.850
600681	诚成文化	208068030	108523800	8.620	6.510	-24.48	8.650	11.200	6.400
600682	南京新百	230208211	152880000	8.320	6.040	-27.40	8.300	8.800	6.020
600683	银泰股份	199253729	89890449	8.390	7.930	-5.48	8.350	11.360	6.350
600684	珠江实业	187039400	100035000	8.160	6.500	-20.34	8.070	10.190	6.500
600685	广船国际	337279600	126479500	5.800	4.680	-19.31	5.800	7.800	3.540
600686	厦门汽车	151517520	57600000	11.560	9.720	-15.92	11.510	12.200	9.010
600687	新宇软件	109999979	42221459	15.200	10.290	-32.30	15.200	15.800	8.990
600688	上海石化	4870000000	720000000	3.650	3.150	-13.70	3.610	4.460	2.800
600689	上海三毛	152204143	68544000	12.210	7.750	-36.53	12.210	12.360	7.180
600690	青岛海尔	797648282	449897074	15.920	9.290	-41.65	15.920	16.810	9.270
600691	东新电碳	77274499	33216000	11.270	8.640	-23.34	11.400	13.250	7.510
600692	亚通股份	139039113	58212028	13.800	12.650	-8.33	13.800	16.690	9.920
600693	东百集团	132008690	72300998	10.440	6.960	-33.33	10.380	10.480	6.250
600694	大商股份	267016905	156171328	9.150	7.210	-21.20	9.100	10.000	7.080
600695	大江股份	329572848	25740000	12.290	8.600	-30.02	12.360	14.590	6.120
600696	利嘉股份	261973600	89652200	8.420	7.820	-7.13	8.350	10.410	5.810
600697	欧亚集团	122737187	64912299	10.650	7.450	-30.05	10.560	11.040	7.420
600698	ST 轻骑	741817440	306710040	4.870	3.520	-27.72	4.870	5.330	3.080
600699	辽源得亨	179796328	91444830	7.970	5.800	-27.23	8.000	8.920	4.700
600700	数码测绘	290898048	155691288	7.800	5.950	-23.72	7.800	10.320	5.800
600701	工大高新	324090968	174690968	8.420	6.540	-22.33	8.400	9.900	6.050
600702	沱牌曲酒	337300000	148618600	9.400	5.880	-37.45	9.300	9.640	5.750
600703	天颐科技	119516464	58615464	10.320	7.190	-30.33	10.230	12.090	6.860
600704	中大股份	288269039	128382093	10.000	6.950	-30.50	10.000	10.080	6.800
600705	北亚集团	653137440	352315200	8.420	6.200	-26.37	8.200	9.360	5.800
600706	长安信息	87333441	37500021	16.710	14.360	-14.06	16.720	19.200	14.000
600707	彩虹股份	421148800	143644800	7.320	7.010	-4.23	7.110	9.300	4.890
600708	东海股份	237934848	86592000	10.610	9.730	-8.29	10.480	13.420	7.600
600709	ST 生态	446039220	199750400	8.070	5.190	-35.69	8.000	8.270	3.860
600710	常林股份	165000000	74400000	9.510	12.230	28.60	9.320	13.600	6.140
600711	雄震集团	60360000	15120000	17.910	14.800	-17.36	18.000	20.250	14.310
600712	南宁百货	90420000	39540000	14.250	12.900	-9.47	14.180	16.350	9.700
600713	南京医药	194260716	83097396	10.370	7.710	-25.65	10.400	13.180	6.900

A股
A Share

年末市盈率 P/E Ratio	换手率 Turnover Rate	年成交数量(万股) Trading Volume (10000 Shares)	年成交金额(万元) Trading Value (10000 Yuan)	股权登记日 Record Day
32.46	125.96	70645.10	578103.65	02-08-22
631.35	261.43	10276.56	118672.55	02-07-24
39.27	127.69	54159.90	544492.78	02-08-23
104.12	174.87	52394.25	586524.66	
35.87	187.66	218620.89	1072094.93	02-06-28
35.17	84.53	28847.19	227614.58	02-08-07
37.92	121.36	18093.04	187853.07	02-06-03
64.92	111.24	5668.75	76661.10	02-06-21
39.58	127.47	13128.53	191775.58	02-07-23
14.53	266.52	25337.97	323218.53	
73.25	429.00	19120.42	227827.22	
27.07	187.46	26357.75	265520.54	02-03-26
62.54	127.64	3249.16	54018.44	02-06-12
23.49	157.80	26095.23	279360.84	
209.47	251.40	40355.81	608519.57	
45.28	230.50	87351.25	1334649.14	02-07-11
347.90	260.32	38267.36	307928.78	02-05-29
63.11	167.86	10607.58	114420.45	
455.07	245.87	46626.51	290912.67	
40.38	174.56	25283.12	194338.68	02-07-05
--	302.21	44922.25	260417.49	
--	245.75	21146.84	131236.30	
279.83	127.78	8103.27	75579.82	02-07-23
86.51	107.43	27503.14	176023.97	02-06-17
456.63	240.60	10956.74	125876.96	
41.83	217.53	33660.04	316577.89	02-05-15
34.05	227.00	64646.12	653106.22	02-05-21
29.90	111.36	8173.80	92807.00	02-06-25
68.83	200.27	34194.87	283981.37	02-08-19
--	196.31	18846.13	143659.09	
599.47	123.11	3964.54	85201.20	02-05-20
60.95	242.30	6551.69	108246.63	02-06-25
81.33	233.34	25323.45	235852.11	02-08-28
22.34	85.36	13050.16	102604.79	02-06-14
391.80	124.14	11159.40	105516.63	
89.90	154.04	15409.52	133160.83	
257.85	265.30	33555.53	214030.03	
33.18	158.23	9113.98	101580.34	02-06-27
54.79	535.91	22627.11	293483.23	
226.29	102.69	73937.83	275729.15	
1183.21	309.46	21211.72	216183.25	
11.99	105.26	47356.57	649031.06	02-06-19
310.79	229.31	7616.60	84696.61	
110.60	186.13	10130.99	142284.65	02-07-11
--	191.59	13852.10	126035.60	
21.77	116.07	18127.04	162189.74	02-06-25
--	567.18	14599.28	168773.49	
80.34	213.49	19140.22	167452.26	
23.06	102.04	6623.61	65086.20	02-05-22
--	161.18	49435.67	226562.93	
54.75	196.81	17825.47	135699.00	02-05-31
324.25	437.60	68130.12	568077.92	
55.44	72.51	12666.08	107779.81	
64.28	145.61	21641.02	177617.86	
65.48	305.30	17895.30	174374.71	
27.41	93.26	11972.34	107485.66	02-07-11
53.71	221.13	75887.19	630710.19	02-06-21
62.99	73.56	2758.47	47722.42	
34.97	124.68	17909.02	140610.68	02-08-16
76.69	189.74	16429.75	180291.26	02-11-27
--	281.15	56160.51	333567.68	
195.87	252.89	18815.07	214694.53	02-06-05
53.81	314.86	4760.75	85435.88	02-08-09
70.60	105.29	4163.07	55556.95	02-07-12
40.59	214.68	17839.19	189465.32	02-07-10

A 股
A Share

股票代码 Code	名称 Name	发行股本 Issued Volume	流通股本 Negotiable Volume	上年收盘 Last Year Close	本年收盘 Close	涨跌% Change%	本年开盘 Open	本年最高 High	本年最低 Low
600714	山川股份	107812500	28750000	13.000	19.780	52.15	13.000	19.950	11.000
600715	ST 松 辽	224256000	101376000	8.010	4.170	-47.94	8.080	8.300	3.850
600716	耀华玻璃	348300001	105300001	7.330	5.630	-23.19	7.300	8.810	5.010
600717	天 津 港	659853799	215221406	11.090	8.890	-19.84	11.000	11.350	7.950
600718	东软股份	281451690	113258293	21.340	13.500	-36.74	21.390	22.010	13.160
600719	大连热电	202299800	76050000	11.040	7.240	-34.42	11.050	11.680	7.110
600720	祁 连 山	346954252	163160266	6.300	5.080	-19.37	6.300	7.020	4.870
600721	百 花 村	94800750	46500000	11.720	7.830	-33.19	11.580	14.880	7.650
600722	沧州化工	421420000	115000000	7.670	6.050	-21.12	7.680	9.760	5.380
600723	西单商场	409718038	185919370	7.860	5.620	-28.50	7.880	8.270	5.450
600724	宁波富达	364368861	157475767	11.640	6.960	-40.21	11.660	13.250	6.040
600725	云维股份	110000000	37500000	12.730	11.780	-7.46	12.650	14.490	9.240
600726	龙电股份	689264960	168000000	7.190	6.030	-16.13	7.180	8.300	5.650
600727	鲁北化工	379300000	152100000	13.150	7.900	-39.92	13.200	13.200	7.880
600728	新太科技	208180180	81120000	12.480	9.180	-26.44	12.420	13.480	8.750
600729	重庆百货	204000000	51000000	13.830	8.580	-37.96	12.780	16.210	8.400
600730	中国高科	174600000	54600000	12.700	9.450	-25.59	12.700	14.180	8.600
600731	湖南海利	233921176	74643075	8.270	6.270	-24.18	8.160	9.060	5.910
600732	上海港机	247990600	82940000	11.790	8.780	-25.53	11.640	13.690	7.830
600733	前锋股份	197586000	75600000	12.390	7.440	-39.95	12.380	14.120	7.400
600734	实达电脑	351558394	132732144	10.180	6.800	-33.20	10.500	11.450	6.580
600735	兰陵陈香	154812936	83461530	13.150	6.510	-50.49	13.100	17.090	6.500
600736	苏州高新	457470000	150930000	9.170	7.060	-23.01	9.150	10.700	6.500
600737	新疆屯河	575431590	290203590	21.730	18.870	-13.16	21.750	27.720	17.120
600738	兰州民百	234397120	131256000	7.740	5.090	-34.24	7.720	10.490	4.600
600739	辽宁成大	247572000	97812000	14.580	16.330	12.00	14.600	17.700	12.210
600740	山西焦化	202850000	84500000	11.540	7.530	-34.75	11.500	11.550	7.200
600741	巴士股份	726115600	336000000	8.090	5.370	-33.62	7.990	9.290	5.010
600742	一汽四环	211523400	103194000	11.780	12.070	2.46	11.780	14.110	9.980
600743	ST 幸 福	312800000	78200000	5.830	3.650	-37.39	6.010	7.200	2.850
600744	华银电力	711648000	288288000	7.240	5.560	-23.20	7.230	8.120	5.400
600745	ST 康 赛	121744896	46759440	14.360	12.600	-12.26	14.190	15.830	12.070
600746	江苏索普	306421452	88026750	11.170	7.920	-29.10	10.790	10.800	6.500
600747	大显股份	490778806	226432109	8.650	6.440	-25.55	8.750	11.670	6.110
600748	上实发展	587541643	156970021	10.720	8.390	-21.74	10.720	13.180	8.110
600749	西藏圣地	80000000	24000000	16.090	10.450	-35.05	16.010	16.100	10.100
600750	江中药业	146112000	62400000	14.580	12.010	-17.63	14.530	15.230	11.060
600751	天津海运	312648820	103689300	9.590	6.300	-34.31	9.580	9.580	5.970
600752	哈慈股份	338464128	160888554	8.440	5.650	-33.06	8.280	8.280	5.330
600753	ST 冰 熊	128000000	32000000	9.100	7.420	-18.46	9.280	11.430	6.750
600754	新亚股份	447240740	98360000	9.500	8.200	-13.68	9.500	11.500	6.830
600755	厦门国贸	198120000	127000000	11.400	8.500	-25.44	11.400	12.200	8.400
600756	浪潮软件	165220800	68702400	18.160	12.820	-29.41	18.110	18.200	11.760
600757	华源发展	472144227	140400000	8.960	7.910	-11.72	8.910	10.800	5.960
600758	金帝建设	159755200	61595200	9.110	5.910	-35.13	9.080	9.510	5.250
600759	ST琼华侨	208551974	69159974	5.350	5.100	-4.67	5.610	5.880	4.200
600760	山东黑豹	272999973	131585987	7.890	5.620	-28.77	7.980	9.570	5.080
600761	安徽合力	204636311	94220311	9.130	9.640	5.59	9.110	10.360	7.300
600762	金荔科技	105664000	43264000	12.410	14.100	13.62	12.260	17.070	9.480
600763	ST 中 燕	160320000	40320000	13.290	7.830	-41.08	13.290	13.980	5.510
600764	三星石化	183181658	58985630	12.010	10.140	-15.57	12.030	17.660	9.170
600765	力源液压	111032000	34500000	11.800	8.830	-25.17	11.970	12.340	6.700
600766	烟台发展	171165513	60213240	10.090	6.050	-40.04	10.050	10.200	5.700
600767	运盛实业	341010182	96744557	8.750	7.390	-15.54	8.730	11.580	7.020
600768	ST甬富邦	92880000	26784000	12.930	15.360	18.79	12.960	17.130	8.620
600769	祥龙电业	348816000	87360000	7.860	5.550	-29.39	7.580	8.690	5.050
600770	综艺股份	270000000	99000000	12.680	13.200	4.10	12.180	16.500	9.830
600771	东盛科技	186886960	49500000	13.500	8.800	-34.81	13.520	14.400	8.650
600772	石油龙昌	239616000	75816000	11.130	7.960	-28.48	11.120	11.990	6.260
600773	西藏金珠	180330058	69333264	12.940	10.480	-19.01	13.280	16.050	9.310
600774	汉商集团	99190560	36341760	14.610	12.110	-17.11	14.700	16.810	10.890
600775	南京熊猫	413015000	58000000	14.400	8.580	-40.42	14.410	14.660	8.500
600776	东方通信	478000000	118000000	17.160	9.380	-45.34	17.160	17.200	9.350
600777	新潮实业	204869500	97539327	10.590	7.510	-29.08	10.600	11.450	7.400
600778	友好集团	311491352	171312867	8.400	6.560	-21.90	8.180	9.990	5.520

A 股
A Share

年末市盈率 P/E Ratio	换手率 Turnover Rate	年成交数量(万股) Trading Volume (10000 Shares)	年成交金额(万元) Trading Value (10000 Yuan)	股权登记日 Record Day
94.82	168.23	4836.55	79207.04	
--	319.13	32352.11	205987.57	
60.39	155.99	13452.77	96567.93	02-06-24
21.74	141.60	30474.41	299327.79	02-06-13
28.12	113.65	12872.19	231150.72	02-06-18
26.67	101.56	7723.66	78968.43	02-07-12
33.85	184.74	30142.60	188524.59	02-05-10
157.80	205.55	9557.90	105086.79	
128.23	122.61	14099.93	112534.27	
40.77	114.39	21267.06	155629.95	02-07-02
35.68	230.33	36271.46	312321.51	
28.37	235.53	8832.38	112164.05	02-04-12
24.01	85.28	14327.23	102699.01	02-05-21
22.62	70.36	10701.54	117158.29	
68.08	191.19	15509.53	184733.20	02-06-13
30.05	192.73	9829.18	123911.37	02-07-30
36.43	193.36	10557.29	129416.07	
66.55	150.03	11198.48	90181.72	02-06-05
--	281.27	23328.11	264413.00	
309.48	182.41	13790.47	161680.18	
46.60	128.56	17064.16	162463.56	
83.52	355.23	29647.89	315502.43	
38.06	71.17	10742.07	100561.29	02-06-17
214.48	84.80	19589.10	410862.95	02-07-17
--	412.68	54166.62	353377.15	
35.49	135.79	13282.19	201354.33	02-06-17
22.75	113.08	9555.53	95269.78	02-06-24
22.96	147.36	41359.25	310564.56	02-06-14
17.91	196.96	20324.79	254830.84	02-06-17
--	654.74	51200.72	237991.67	
32.67	91.66	26405.99	193186.97	02-07-25
208.27	132.43	6192.18	87744.55	
101.03	127.78	11247.72	96526.56	
31.54	205.15	39794.05	336621.02	02-05-20
621.48	493.03	77390.75	870820.13	
--	184.42	4425.99	59338.91	
43.61	126.90	7918.28	108244.38	02-05-23
125.27	140.06	14522.33	119123.86	
55.14	92.42	14868.82	106328.57	
176.16	272.56	8721.77	80657.18	
91.40	244.84	24082.79	235813.77	02-07-31
65.04	161.23	20475.95	219446.35	
40.49	396.88	27266.67	407523.31	02-08-07
67.21	228.31	32054.85	285246.03	02-08-08
--	144.64	8909.06	71704.53	
--	13.30	920.09	4460.88	
--	187.20	24632.90	185842.81	
32.10	147.35	13883.53	131667.31	02-06-10
45.55	452.63	19582.45	269982.41	
--	449.40	18119.76	171649.03	
58.40	220.95	13032.88	185894.87	02-05-23
855.62	211.60	7300.09	75771.01	
--	231.20	13921.36	118784.57	
490.70	202.27	19568.96	194464.82	
5052.63	207.01	5544.50	76819.01	
--	135.05	11797.90	86855.35	
85.41	339.90	33650.06	466812.27	02-08-19
40.34	338.42	16751.66	200130.10	
192.32	177.15	13430.60	131182.54	
76.07	269.22	14106.69	182438.95	02-06-03 02-10-23
410.37	199.22	7069.81	98023.24	02-05-20
31.32	161.46	9364.65	115735.55	
28.41	169.67	20021.51	275257.35	02-07-01
21.39	144.56	9108.04	90194.48	02-07-08
61.76	126.47	21665.33	185011.54	02-07-04

A股
A Share

股票代码 Code	名称 Name	发行股本 Issued Volume	流通股本 Negotiable Volume	上年收盘 Last Year Close	本年收盘 Close	涨跌% Change%	本年开盘 Open	本年最高 High	本年最低 Low
600779	全兴股份	488545698	191312880	10.680	5.610	-47.47	10.680	10.680	5.430
600780	通宝能源	290980326	168852961	8.210	8.880	8.16	8.220	9.200	5.700
600781	民丰实业	177592864	50625000	12.730	7.670	-39.75	12.700	15.500	6.510
600782	新华股份	193220374	56160000	11.450	12.920	12.84	11.380	16.480	8.750
600783	四砂股份	202278900	64896000	9.850	6.070	-38.38	9.850	11.170	5.910
600784	ST 鲁银	248306873	189010822	10.680	5.960	-44.19	10.750	11.320	5.660
600785	新华百货	102892500	64642500	14.090	9.990	-29.10	13.990	13.990	9.800
600786	ST 东锅	211271200	54000000	7.620	8.370	9.84	7.620	9.240	4.910
600787	中储股份	310337705	126163800	8.630	6.370	-26.19	8.650	9.470	5.900
600788	达尔曼	286639440	104715000	10.850	7.140	-34.19	10.850	10.850	7.110
600789	鲁抗医药	364754210	158097940	8.160	5.860	-28.19	8.220	9.290	5.810
600790	轻纺城	371860686	252233280	6.650	5.370	-19.25	6.630	7.540	5.200
600791	天创置业	99000000	33000000	15.720	11.550	-26.53	15.310	17.600	11.080
600792	ST 马龙	51000000	15000000	23.170	22.590	-2.50	22.950	26.000	17.400
600793	宜宾纸业	105300000	33540000	13.450	8.700	-35.32	13.500	14.760	8.050
600794	保税科技	119239680	50119680	11.440	12.460	8.92	11.380	14.000	8.420
600795	国电电力	1402292736	351947981	15.550	7.200	-53.70	15.540	17.300	7.000
600796	钱江生化	117094850	42237000	14.540	12.690	-12.72	14.490	15.520	11.800
600797	浙大网新	478260879	232631818	16.310	10.480	-35.74	16.180	16.840	9.900
600798	宁波海运	511875000	141450000	8.220	6.280	-23.60	8.200	9.580	5.810
600799	ST 龙科	389844000	178500000	8.070	5.110	-36.68	7.580	11.520	5.100
600800	天津磁卡	551659203	261739128	7.890	5.770	-26.87	7.900	9.600	5.470
600801	华新水泥	164400000	48000000	9.380	7.670	-18.23	9.360	11.280	6.720
600802	福建水泥	282816991	134299391	6.780	4.780	-29.50	6.730	7.550	4.450
600803	威远生化	118221713	66096000	10.210	8.710	-14.69	10.220	11.650	7.400
600804	鹏博士	116611200	71956800	10.500	9.060	-13.71	10.450	11.400	6.740
600805	悦达投资	545445188	309490514	6.500	4.550	-30.00	6.500	6.900	4.510
600806	交大科技	180007400	60000000	11.180	7.800	-30.23	11.280	13.050	6.280
600807	ST 济百	107926995	64350000	11.690	7.800	-33.28	11.710	13.580	6.650
600808	马钢股份	4722370000	600000000	3.070	3.020	-1.63	3.060	4.150	2.850
600809	山西汾酒	432924133	76684133	8.080	6.110	-24.38	8.100	9.400	4.960
600810	神马实业	566280000	141570000	8.170	6.770	-17.14	8.190	10.380	6.720
600811	东方集团	631495425	441976586	7.770	5.590	-28.06	7.800	8.400	5.440
600812	华北制药	1169394189	469268624	5.330	4.810	-9.76	5.340	6.350	3.930
600814	杭州解百	237370419	101397592	7.310	5.550	-24.08	7.320	8.190	5.130
600815	厦工股份	449413799	119700149	13.730	7.700	-43.92	13.790	15.200	7.540
600816	鞍山信托	454109778	266674747	8.950	5.960	-33.41	9.000	9.180	5.170
600817	宏盛科技	82517982	11242000	19.000	16.840	-11.37	18.610	24.700	14.300
600818	ST 永久	196659430	14950000	11.790	12.110	2.71	11.780	20.970	9.750
600819	耀皮玻璃	362500000	31250000	12.680	13.400	5.68	12.700	15.080	9.300
600820	隧道股份	591128735	266473435	10.790	6.880	-36.24	10.780	12.120	6.800
600821	津劝业	292520958	145585019	7.280	5.300	-27.20	7.250	8.440	4.600
600822	物贸中心	186170298	13310000	15.280	12.900	-15.58	14.970	19.400	9.680
600823	世茂股份	236444777	113159027	10.500	9.040	-13.90	10.570	13.780	9.020
600824	益民百货	193649092	89865492	11.150	10.110	-9.33	11.000	12.860	8.210
600825	华联超市	154275248	38568998	13.430	12.290	-8.49	13.200	16.820	10.720
600826	兰生股份	280428192	95140000	9.720	7.420	-23.66	9.780	10.650	7.400
600827	友谊股份	204474297	82820472	14.620	12.640	-13.54	14.600	19.480	11.210
600828	成商集团	203148026	51084026	11.030	7.240	-34.36	11.030	12.220	7.180
600829	天鹅股份	257728265	64886330	13.030	11.330	-13.05	13.000	21.290	10.100
600830	大红鹰	175146814	102628813	14.450	11.320	-21.66	14.480	15.020	9.580
600831	广电网络	111286700	46345400	19.330	15.300	-20.85	18.800	20.110	14.000
600832	东方明珠	688028710	156886773	20.410	15.430	-24.40	20.300	21.360	15.360
600833	第一医药	159347391	47979256	8.810	8.130	-7.72	9.250	17.710	7.900
600834	申通地铁	394530500	80040000	13.590	9.780	-28.04	13.580	14.150	9.780
600835	上菱电器	466727026	186912000	12.720	10.870	-14.54	12.620	14.500	10.380
600836	界龙实业	111693750	41328125	12.050	16.780	39.25	12.000	18.580	8.380
600837	都市股份	78293905	19656001	14.280	15.990	11.97	14.510	31.570	13.220
600838	上海九百	400881981	196862757	8.330	5.940	-28.69	8.240	8.380	5.830
600839	四川长虹	2164211422	951402345	7.840	6.730	-14.16	7.850	10.170	6.510
600840	浙江创业	139751403	64420251	9.900	7.020	-29.09	9.900	11.180	6.800
600841	上柴股份	263309280	21600000	12.680	13.250	4.50	12.680	15.740	9.650
600842	ST 中西	215594628	84225521	9.730	4.290	-55.91	9.680	10.460	4.140
600843	上工股份	154966370	15600000	14.350	12.870	-10.31	14.210	18.490	10.800
600844	大盈股份	207667805	27684336	14.520	11.220	-22.73	14.530	17.880	11.110

A股
A Share

年末市盈率 P/E Ratio	换手率 Turnover Rate	年成交数量(万股) Trading Volume (10000 Shares)	年成交金额(万元) Trading Value (10000 Yuan)	股权登记日 Record Day
15.96	126.10	23205.08	193051.08	02-06-20
43.94	150.76	15753.56	129220.00	02-07-19
--	354.92	17967.78	191712.69	
94.42	174.27	9786.77	130860.88	02-06-07
935.29	229.84	14915.52	133548.97	
391.08	118.82	21208.34	192540.00	02-07-03
28.78	157.83	10202.68	121972.44	02-05-30
--	315.10	17015.28	131591.77	
58.78	97.38	12286.30	103320.41	02-06-14
37.75	80.61	8441.27	79733.15	
30.34	169.53	26802.89	211984.56	02-06-28
--	106.10	26762.27	177051.88	
131.71	192.25	6344.16	98354.50	
--	193.52	2902.82	64195.34	
72.19	191.91	6436.64	79816.80	
100.70	120.84	6056.66	73005.10	
18.29	65.93	17321.18	204794.00	02-04-05 02-09-09
52.96	163.43	6165.63	84901.70	02-05-13 02-07-15
59.36	148.09	26009.57	363627.70	02-06-13 02-09-25
36.59	94.02	13299.76	107580.92	02-05-24
88.92	533.59	95245.29	780245.40	
37.73	262.26	68643.44	531083.10	
111.35	272.87	13097.87	125192.21	02-06-13
642.47	154.31	20723.75	133798.69	
75.39	157.81	10430.82	104657.69	02-08-23
797.54	222.86	16036.46	157446.23	
121.92	98.84	30590.05	180707.93	
931.90	412.58	24754.98	255320.76	
--	534.63	34403.56	371006.43	
93.56	193.69	116214.63	410234.51	02-07-04
92.14	219.16	16806.03	135887.56	02-08-21
111.53	190.99	27038.92	232367.64	02-08-26
21.70	93.88	39032.56	286273.34	02-07-15
40.24	130.79	61374.75	340986.42	02-08-19
--	115.02	11662.41	82126.60	
117.76	297.36	31932.56	324124.89	02-06-03
--	351.23	93664.61	711719.34	
1288.45	583.96	6564.93	134754.59	
363.99	198.62	2969.29	46128.33	
40.23	218.43	6826.03	89804.70	02-07-17
42.20	204.42	50276.28	515804.14	02-07-25
297.25	187.10	27239.04	188229.31	
118.50	499.92	6653.88	105924.33	02-08-13
49.65	281.58	31862.84	363986.52	02-08-26
40.04	182.43	16393.95	180836.73	02-08-06
37.87	254.19	9803.76	139313.24	02-08-09
52.54	89.15	8482.09	81145.27	02-06-26
59.57	338.24	17445.61	275555.95	02-07-26
72.13	152.26	7091.16	71327.89	02-05-31
66.10	293.66	12770.03	183616.56	02-07-01 02-10-22
102.75	114.91	11793.53	152095.52	02-06-20
171.39	59.75	2768.92	47471.57	
46.30	69.14	10847.40	209493.88	02-08-15
53.46	490.85	23550.86	295361.56	
58.89	160.23	12825.05	162790.37	02-08-09
26.40	163.62	28270.03	364259.59	02-08-12
338.44	381.59	15770.45	230945.14	
47.23	377.23	6626.71	134611.66	02-06-26
--	258.49	50886.63	365554.02	
164.51	99.49	94650.63	803680.45	
--	152.51	9824.72	92394.01	
143.09	314.58	6794.92	93900.02	02-07-03
--	231.62	19508.10	140007.21	
70.88	485.50	7573.85	111754.58	
626.12	229.73	6359.88	98543.33	

A 股
A Share

股票代码 Code	名称 Name	发行股本 Issued Volume	流通股本 Negotiable Volume	上年收盘 Last Year Close	本年收盘 Close	涨跌% Change%	本年开盘 Open	本年最高 High	本年最低 Low
600845	宝信软件	174244070	13200000	16.000	14.500	-9.38	15.880	25.770	13.890
600846	同济科技	278089731	118719248	9.250	7.570	-18.16	9.250	11.180	7.000
600847	万里电池	88660000	39897000	14.830	8.760	-40.93	14.800	14.850	8.410
600848	ST 自 仪	292141390	33674300	9.950	7.490	-24.72	9.980	11.110	6.250
600849	上海医药	316207158	190708402	12.860	12.550	-2.41	12.880	14.740	11.100
600850	华东电脑	171031500	48600000	12.930	8.530	-34.03	12.930	13.100	6.990
600851	海欣股份	402199811	183678936	16.850	13.140	-22.02	16.850	20.430	12.290
600852	中川国际	164308602	56308602	10.120	6.790	-32.91	10.120	10.500	6.460
600853	ST 龙 建	532400000	164560000	7.020	4.870	-30.63	6.900	7.250	4.710
600854	春兰股份	519458538	198241871	12.830	7.400	-42.32	12.800	12.950	7.370
600855	航天长峰	160080000	52989000	13.900	8.800	-36.69	13.900	18.350	8.700
600856	长百集团	182737712	85914832	8.480	6.950	-18.04	8.480	10.100	5.400
600857	工大首创	192291840	91508797	13.550	7.800	-42.44	13.500	14.150	7.700
600858	ST 渤 海	121346720	67953600	7.810	6.090	-22.02	7.850	9.500	4.520
600859	王 府 井	392973026	198378626	7.650	5.850	-23.53	7.680	8.060	5.800
600860	北人股份	300000000	50000000	10.160	7.690	-24.31	10.200	10.650	7.280
600861	北京城乡	405738946	167310000	8.460	6.700	-20.80	8.550	9.680	6.550
600862	ST 纵 横	238444764	122367840	10.080	4.330	-57.04	10.040	10.080	4.120
600863	内蒙华电	990610000	197730000	7.360	7.550	2.58	7.400	9.250	5.510
600864	岁宝热电	136594549	45375000	10.920	7.370	-32.51	10.900	11.980	7.260
600865	百大集团	269706320	135339938	8.080	6.110	-24.38	8.090	9.090	5.800
600866	星湖科技	325689081	194380454	8.450	9.130	8.05	8.500	10.950	6.400
600867	通化东宝	324493036	157697280	8.340	8.330	-0.12	8.280	11.920	5.960
600868	梅雁股份	1113571056	853862775	4.810	3.710	-22.87	4.800	5.240	3.590
600869	青海三普	120000000	30000000	13.290	9.350	-29.65	13.130	13.990	9.100
600870	ST 厦 华	370818715	151513539	8.640	6.750	-21.88	8.100	9.200	5.500
600871	仪征化纤	2600000000	200000000	5.510	4.150	-24.68	5.550	6.190	3.780
600872	火炬高新	450055950	249236074	6.930	5.050	-27.13	6.880	7.820	4.810
600873	ST藏明珠	108236603	52136603	10.670	6.930	-35.05	10.590	11.320	6.210
600874	创业环保	990000000	112495000	7.910	6.980	-11.76	7.850	9.740	6.510
600875	东方电机	280000000	60000000	8.130	6.180	-23.99	8.130	9.450	4.400
600876	洛阳玻璃	450000000	50000000	8.670	5.990	-30.91	8.680	9.470	4.610
600877	中国嘉陵	473870840	219600000	6.160	4.970	-19.32	6.120	7.340	4.790
600878	北大科技	284430707	88636288	9.030	6.190	-31.45	9.030	9.960	5.700
600879	火箭股份	234333196	137141235	14.150	10.550	-25.44	13.990	15.240	9.710
600880	博瑞传播	130180050	41877450	16.920	14.060	-16.90	17.000	19.300	13.600
600881	亚泰集团	475106267	275515620	7.160	5.570	-22.21	7.160	7.960	5.430
600882	大成股份	185849063	96829622	7.920	5.780	-27.02	7.920	8.700	5.500
600883	富邦科技	198180000	63180000	14.200	6.530	-54.01	14.100	17.300	6.350
600884	杉杉股份	410858247	227984820	11.890	5.460	-54.08	11.600	12.770	5.450
600885	力诺工业	129807132	49868000	11.300	8.270	-26.81	11.300	12.330	7.810
600886	国投电力	281745826	107316985	8.040	7.600	-5.47	8.040	13.950	6.660
600887	伊利股份	195632494	128855355	19.900	17.650	-11.31	19.800	21.180	16.530
600888	新疆众和	103389000	29250000	16.240	13.290	-18.17	16.200	18.000	12.810
600889	南京化纤	161547393	66818544	9.320	8.410	-9.76	9.250	11.080	6.500
600890	长春长铃	484850997	205095495	16.380	19.010	16.06	16.530	19.530	16.530
600891	秋林集团	243564134	129419334	6.320	4.690	-25.79	6.300	7.700	3.900
600892	湖大科教	50500000	15309700	18.200	13.840	-23.96	18.050	19.840	13.700
600893	ST 吉 发	234910865	115316885	6.530	6.730	3.06	6.540	7.250	3.870
600894	广钢股份	686180000	161690265	6.610	5.500	-16.79	6.550	8.780	4.560
600895	张江高科	935130000	331900620	13.990	8.930	-36.17	14.010	18.950	7.320
600896	中海海盛	317282550	156078000	8.300	6.300	-24.10	8.300	10.010	6.000
600897	厦门机场	270000000	67500000	12.380	10.090	-18.50	12.380	14.300	8.800
600899	信联股份	177505386	54305386	14.140	9.150	-35.29	14.160	14.900	8.800

A股
A Share

年末市盈率 P/E Ratio	换手率 Turnover Rate	年成交数量(万股) Trading Volume (10000 Shares)	年成交金额(万元) Trading Value (10000 Yuan)	股权登记日 Record Day
98.67	377.87	4987.87	96037.44	
130.61	121.52	14426.33	141868.55	
569.94	124.22	4955.92	61843.58	
357.86	268.48	9040.85	84263.35	
27.32	82.70	15772.57	208517.35	02-07-25
99.09	355.61	17282.50	173773.52	
54.56	154.75	25255.55	403462.31	02-07-16
69.81	225.32	12687.32	111095.52	
--	193.39	31823.94	190139.60	
16.64	140.59	27871.02	287616.37	02-07-12
70.79	378.12	20036.23	280628.58	
257.60	133.93	11506.70	94423.49	
64.00	69.20	6332.50	72402.71	02-07-31
--	265.69	18054.31	129087.89	
94.16	91.44	18140.41	131835.53	02-08-05
47.85	170.71	8535.34	80619.32	02-07-24
28.57	72.82	12184.04	103457.80	02-07-02
--	584.68	71545.92	462472.06	
33.97	174.65	34532.42	284473.24	02-07-11
51.06	182.23	8268.82	83323.40	02-08-12
41.21	101.81	13779.05	107674.69	02-07-23
43.89	142.25	27651.45	259059.89	02-06-21
92.15	169.19	26680.45	258936.17	
25.03	74.56	61154.44	278266.58	02-05-17
634.33	174.62	5238.64	61821.27	
--	316.64	47975.94	378892.82	
97.19	226.29	45257.25	234619.87	02-07-22
35.06	104.39	26017.44	170385.33	
--	209.83	10939.68	100847.58	
34.69	148.54	16710.15	144307.31	02-06-05
--	316.00	18960.10	146587.32	
424.82	237.58	11878.96	93300.72	
241.50	122.05	26802.98	164228.93	
102.42	174.63	15478.29	127609.84	
22.40	74.14	10167.36	131697.60	02-06-19
61.84	150.96	6321.78	106923.30	02-05-24
23.65	79.17	21811.77	154689.58	02-04-29
145.96	102.51	9925.49	76430.70	02-07-24
132.64	292.54	14923.57	157573.33	02-05-24
27.70	129.07	25663.86	215562.36	02-04-29
254.70	245.55	12244.85	127689.68	
--	243.34	26114.02	266946.04	
28.85	122.84	12389.64	227352.73	02-07-26
44.05	127.19	3720.17	58933.45	02-06-25
44.98	167.68	11204.10	108567.23	02-08-06
239.72	64.13	13153.59	239740.83	02-07-12
--	204.75	26498.67	164119.30	
492.00	237.58	3637.34	62346.46	
--	371.16	42800.74	257908.49	
57.46	256.65	41497.90	301239.17	02-07-18
41.25	322.67	82362.20	942624.83	02-05-16
41.41	98.27	15338.23	126718.68	02-06-19
52.91	276.84	18686.82	229381.41	02-07-02
102.27	285.59	15508.99	201195.73	02-06-21

B 股
B Share

股票代码 Code	名称 Name	发行股本 Issued Volume	流通股本 Negotiable Volume	上年收盘 Last Year Close	本年收盘 Close	涨跌% Change%	本年开盘 Open	本年最高 High	本年最低 Low
900901	上电B股	231913411	231913411	0.891	0.599	-32.77	0.892	0.893	0.572
900902	二纺B股	232925000	232925000	0.752	0.466	-38.03	0.752	0.752	0.437
900903	大众B股	202800000	202800000	0.957	0.708	-26.02	0.958	0.968	0.682
900904	永生B股	45626250	45626250	1.199	0.646	-46.12	1.208	1.208	0.630
900905	中铅B股	120051360	120051360	0.808	0.547	-32.30	0.805	0.811	0.520
900906	ST中纺B	120120000	120120000	0.727	0.481	-33.84	0.727	0.730	0.435
900907	胶带B股	41745000	41745000	1.298	0.903	-30.43	1.295	1.320	0.838
900908	氯碱B股	406560000	406560000	0.756	0.474	-37.30	0.758	0.758	0.470
900909	轮胎B股	243100000	243100000	0.728	0.506	-30.49	0.731	0.740	0.460
900910	海立B股	179400000	179400000	1.060	0.619	-41.60	1.065	1.065	0.602
900911	金桥B股	224939000	224939000	0.890	0.657	-26.18	0.900	0.900	0.603
900912	外高B股	200557500	200557500	0.954	0.656	-31.24	0.958	0.958	0.610
900913	联华B股	64558440	64558440	1.171	0.564	-51.84	1.166	1.175	0.545
900914	新锦B股	161050032	161050032	0.799	0.576	-27.91	0.799	0.828	0.512
900915	ST永久B	69000000	69000000	0.600	0.519	-13.50	0.600	0.796	0.476
900916	凤凰B股	171600000	171600000	1.017	0.554	-45.53	1.024	1.024	0.529
900917	海欣B股	201328535	201328535	1.008	0.622	-38.29	1.009	1.030	0.603
900918	耀皮B股	125000000	125000000	1.011	0.635	-37.19	1.015	1.017	0.600
900919	大江B股	346732848	346732848	0.791	0.414	-47.66	0.790	0.790	0.408
900920	上柴B股	217000000	217000000	0.778	0.604	-22.37	0.760	0.777	0.526
900921	大盈B股	96896677	96896677	0.932	0.585	-37.23	0.935	0.935	0.572
900922	三毛B股	48787200	48787200	1.147	0.650	-43.33	1.032	1.170	0.631
900923	友谊B股	125677061	125677061	1.113	0.701	-37.02	1.114	1.150	0.654
900924	上工B股	97500000	97500000	0.949	0.617	-34.98	0.950	0.951	0.600
900925	上菱B股	125136000	125136000	1.136	0.755	-33.54	1.135	1.145	0.706
900926	宝信B	88000000	88000000	0.937	0.670	-28.50	0.937	1.035	0.623
900927	物贸B股	66550000	66550000	1.014	0.620	-38.86	1.004	1.010	0.608
900928	ST自仪B	107145500	107145500	0.711	0.462	-35.02	0.711	0.713	0.430
900929	国旅B股	66000000	66000000	1.199	0.788	-34.28	1.200	1.200	0.781
900930	邮通B股	124800000	124800000	1.087	0.650	-40.20	1.009	1.094	0.630
900932	陆家B股	509600000	509600000	0.926	0.673	-27.32	0.927	0.928	0.625
900933	华新B股	164000000	164000000	0.792	0.511	-35.48	0.795	0.795	0.507
900934	新亚B股	156000000	156000000	0.835	0.605	-27.54	0.835	0.835	0.571
900935	阳晨B股	80000000	80000000	0.972	0.696	-28.40	0.973	0.979	0.684
900936	鄂绒B股	210000000	210000000	1.130	0.717	-36.55	1.130	1.130	0.688
900937	龙电B股	432000000	432000000	0.716	0.485	-32.26	0.718	0.718	0.468
900938	天海B股	180000000	180000000	0.777	0.493	-36.55	0.772	0.781	0.480
900939	汇丽B股	88000000	88000000	1.005	0.615	-38.81	1.008	1.010	0.602
900940	华源B股	207000000	207000000	0.853	0.495	-41.97	0.857	0.857	0.483
900941	东信B股	150000000	150000000	1.312	0.715	-45.50	1.220	1.329	0.700
900942	黄山B股	104000000	104000000	0.867	0.597	-31.14	0.866	0.866	0.586
900943	开开B股	80000000	80000000	0.955	0.619	-35.18	0.955	0.956	0.592
900945	海航B股	76680000	76680000	0.797	0.610	-23.46	0.800	0.889	0.580
900946	ST轻骑B	230000000	230000000	0.585	0.355	-39.32	0.586	0.586	0.340
900947	振华B股	110000000	110000000	1.149	0.848	-26.20	1.150	1.150	0.810
900948	伊煤B股	166000000	166000000	0.895	0.572	-36.09	0.895	0.895	0.546
900949	东电B股	690000000	690000000	0.802	0.577	-28.05	0.802	0.804	0.556
900950	ST新城B	133914000	133914000	0.804	0.490	-39.05	0.810	0.815	0.461
900951	大化B股	100000000	100000000	0.844	0.505	-40.17	0.846	0.846	0.492
900952	锦港B股	166500000	166500000	0.878	0.494	-43.74	0.885	0.885	0.470
900953	凯马B股	240000000	240000000	0.811	0.474	-41.55	0.808	0.812	0.463
900955	茉织华B	110000000	110000000	1.700	1.034	-39.18	1.690	1.780	0.998
900956	东贝B股	115000000	115000000	0.850	0.501	-41.06	0.832	0.844	0.501
900957	凌云B股	184000000	184000000	0.858	0.558	-34.97	0.868	0.868	0.552

年末市盈率 P/E Ratio	换手率 Turnover Rate	年成交数量(万股) Trading Volume (10000 Shares)	年成交金额(万元) Trading Value (10000 Yuan)	股权登记日 Record Day
27.02	94.86	20790.55	122121.30	02-06-21
157.43	105.88	24661.89	125034.81	
16.68	83.05	16842.55	118943.78	02-06-28
--	90.62	4134.85	31349.81	
614.61	96.01	11526.40	64357.09	
214.73	128.46	15431.10	77213.26	
30.58	59.08	2466.15	22463.00	
894.34	81.88	33287.31	173002.60	
224.89	103.45	25148.68	132265.28	
15.22	127.23	22825.02	171361.85	02-07-18
42.83	99.43	21409.29	141455.19	02-05-29
440.27	61.24	12282.73	80519.38	
687.81	125.50	8102.03	58049.31	
295.39	109.32	16400.22	93442.53	02-07-29
129.11	189.00	13040.98	72340.60	
151.37	92.71	13797.92	89332.54	02-05-23
21.52	74.27	12920.22	93566.87	02-07-19
15.78	78.94	9867.26	71507.67	02-07-22
--	289.08	100234.09	480977.21	
53.98	90.11	19553.24	107463.33	02-07-09
270.83	79.98	7749.75	50312.24	
822.79	82.91	4045.04	28995.16	
27.36	111.25	12297.40	100424.78	02-07-31
28.14	102.44	9987.85	65279.37	
15.28	70.48	8172.17	66659.04	02-08-15
37.75	115.60	10172.57	72918.41	
47.15	83.42	5551.56	37986.09	02-08-16
182.61	131.92	14134.92	69959.44	
49.97	52.61	3472.21	28287.16	02-06-17
26.71	70.40	8786.39	68258.89	02-06-28
88.55	69.13	35230.88	231354.81	
61.42	43.74	7173.79	39344.71	02-06-18
55.81	105.05	16388.54	97427.35	02-08-05
200.00	79.60	6367.50	44729.95	
13.28	62.08	13037.12	104550.72	02-06-14
15.99	61.70	26656.16	136121.49	02-05-24
81.09	107.29	19313.00	100554.48	
40.49	64.11	5198.61	35946.09	02-07-24
24.85	79.49	16453.43	93320.57	02-07-16
17.93	51.81	7771.61	67964.48	02-07-05
32.68	71.07	7391.03	46493.73	02-07-02
25.28	62.78	5022.06	33576.86	02-08-19
36.77	124.85	9573.69	60825.29	02-06-13
--	165.41	38044.83	147754.68	
16.73	66.26	7288.76	60829.78	02-07-09
52.57	86.58	14372.95	91840.53	02-06-06
13.08	76.85	53025.98	314159.23	02-05-31
--	159.59	21371.77	114396.32	
112.72	107.76	10776.05	59259.78	
80.33	77.20	12853.57	74385.01	
--	141.53	33967.89	178248.56	
17.85	12.32	1355.33	16984.26	02-07-25
40.27	69.85	8033.30	45931.01	
34.51	63.34	11654.74	71277.29	02-06-14

证券投资基金、国债现货和企业债、金融债
Fund, T-Bond Spot, Financial Bond and Corporate Bond

证券投资基金 Fund

基金代码 Code	基金简称 Name	发行数量(份) Issued Volume	市价总值(万元) Market Capitalization	上年收盘 Last Year Close	本年收盘 Close	涨跌 % Change %
500001	基金金泰	2000000000	158000	1.00	0.79	-21.00
500002	基金泰和	2000000000	156000	0.95	0.78	-17.90
500003	基金安信	2000000000	172000	1.26	0.86	-31.75
500005	基金汉盛	2000000000	146000	0.94	0.73	-22.34
500006	基金裕阳	2000000000	158000	1.00	0.79	-21.00
500007	基金景阳	1000000000	77000	1.00	0.77	-23.00
500008	基金兴华	2000000000	174000	1.09	0.87	-20.18
500009	基金安顺	3000000000	249000	1.14	0.83	-27.19
500010	基金金元	500000000	36500	0.99	0.73	-26.26
500011	基金金鑫	3000000000	231000	1.06	0.77	-27.36
500013	基金安瑞	500000000	42500	1.17	0.85	-27.35
500015	基金汉兴	3000000000	207000	0.92	0.69	-25.00
500016	基金裕元	1500000000	127500	1.01	0.85	-15.84
500017	基金景业	500000000	35000	1.03	0.70	-32.04
500018	基金兴和	3000000000	237000	1.04	0.79	-24.04
500019	基金普润	500000000	38000	1.09	0.76	-30.28
500021	基金金鼎	500000000	36500	1.03	0.73	-29.13
500025	基金汉鼎	500000000	36000	1.13	0.72	-36.28
500028	基金兴业	500000000	37500	0.97	0.75	-22.68
500029	基金科讯	800000000	63200	1.04	0.79	-24.04
500035	基金汉博	500000000	37000	1.05	0.74	-29.52
500038	基金通乾	2000000000	150000	1.00	0.75	-25.00
500039	基金同德	500000000	40000	1.12	0.80	-28.57
500056	基金科瑞	3000000000	234000	--	0.78	--
500058	基金银丰	3000000000	252000	--	0.84	--

本年开盘 Open	本年最高 High	本年最低 Low	年成交数量(万份) Trading Volume (10000 Shares)	年成交金额(万元) Turnover Value (10000 Yuan)
0.99	1.02	0.77	125526.94	118613.94
0.93	1.00	0.76	209776.34	193253.69
1.24	1.38	0.84	312309.20	369145.32
0.94	0.99	0.71	210974.77	187417.30
0.98	1.03	0.77	147259.87	139023.64
1.00	1.28	0.77	376120.37	355391.86
1.08	1.09	0.86	236220.01	241068.26
1.13	1.18	0.81	392515.31	419208.88
0.98	1.01	0.72	93397.77	85106.49
1.03	1.06	0.76	349715.80	336239.22
1.16	1.25	0.85	141470.71	155188.39
0.90	0.92	0.68	286973.63	242392.08
1.00	1.06	0.83	270734.13	264627.14
1.03	1.12	0.70	227412.70	212637.87
1.03	1.06	0.78	435319.73	423662.87
1.08	1.11	0.75	173378.36	169714.42
1.02	1.05	0.73	95774.15	88812.71
1.13	1.16	0.72	203028.11	196903.92
0.97	1.03	0.74	137499.38	125415.08
1.03	1.05	0.76	171593.40	161672.49
1.03	1.03	0.73	90912.69	84964.95
1.00	1.03	0.74	277200.90	263123.50
1.12	1.14	0.79	184029.93	185699.28
1.00	1.02	0.76	384422.11	363807.28
0.94	0.95	0.83	203318.10	184620.48

证券投资基金、国债现货和企业债、金融债
Fund, T-Bond Spot, Financial Bond and Corporate Bond

国债现货　T-Bond Spot

证券代码 Code	证券简称 Name	发行数量(元) Issued Volume	到期日期 Expiration Date	票面利率 Coupon Rate	上年收盘 (面值 100 元) Last Year Close	本年收盘 Close	涨跌 % Change %
000696	96 国债(6)	25530000000	2006.06.14	11.83	136.87	130.01	-5.01
000896	96 国债(8)	20110000000	2003.11.01	8.56	110.67	105.84	-4.36
009704	97 国债(4)	13000000000	2007.09.05	9.78	134.99	130.50	-3.33
009905	99 国债(5)	16000000000	2007.08.20	3.28	101.83	102.50	0.66
009908	99 国债(8)	20000000000	2009.09.23	3.30	102.15	103.47	1.30
010004	20 国债(4)	14000000000	2010.05.23	2.60	99.55	101.66	2.12
010010	20 国债(10)	12000000000	2007.11.14	2.36	99.29	100.79	1.51
010103	21 国债(3)	12000000000	2008.04.24	3.27	101.73	102.60	0.85
010107	21 国债(7)	23960000000	2021.07.31	4.26	106.34	112.60	5.88
010110	21 国债(10)	20000000000	2011.09.25	2.95	100.14	100.59	0.45
010112	21 国债(12)	20000000000	2011.10.30	3.05	100.63	101.41	0.77
010115	21 国债(15)	20000000000	2008.12.18	3.00	--	101.70	--
010203	02 国债(3)	20000000000	2012.04.18	2.54	--	99.04	--
010210	02 国债(10)	20000000000	2009.08.16	2.39	--	99.50	--
010213	02 国债(13)	24000000000	2017.09.20	2.60	--	99.54	--
010214	02 国债(14)	22400000000	2007.10.24	2.65	--	100.11	--
010215	02 国债(15)	17954000000	2009.12.06	2.93	--	100.90	--

企业债、金融债　Financial Bond and Corporate Bond

证券代码 Code	证券简称 Name	发行数量(单位:元) Issued Volume	到期日期 Expiration Date	上年收盘(面值 100 元) Last Year Close	本年收盘 Close	涨跌 % Change %
100009	虹桥转债	1350000000	2005.02.24	97.60	103.33	5.87
100087	水运转债	320000000	2007.08.12	--	95.14	--
100220	阳光转债	830000000	2005.04.18	--	97.66	--
120001	99 宝钢债	2000000000	2005.08.10	103.49	103.25	-0.23
120101	01 中移动	5000000000	2011.06.17	100.89	102.38	1.48
120102	01 三峡债	3000000000	2016.11.08	--	108.66	--
129803	97 中铁(5)	1600000000	2003.06.10	136.20	141.00	3.52
129804	98 三峡(3)	1000000000	2002.01.17	116.48	116.58	0.09
129805	98 三峡(8)	1000000000	2007.01.17	115.66	115.80	0.12
129806	98 中铁(1)	1600000000	2003.12.23	126.11	130.87	3.77
129901	98 中铁(2)	1000000000	2004.10.12	107.95	112.80	4.49
129902	98 中铁(3)	2400000000	2009.10.12	103.89	107.53	3.50
129903	99 三峡债	3000000000	2010.07.25	100.45	102.65	2.19
129904	98 中信(7)	700000000	2006.06.15	108.44	109.52	1.00
129905	98 石油债	1350000000	2007.09.08	103.10	105.76	2.58

证券投资基金、国债现货和企业债、金融债
Fund, T-Bond Spot, Financial Bond and Corporate Bond

本年开盘 Open	本年最高 High	本年最低 Low	年成交数量(万手) Trading Volume (10000 Lots)	年成交金额(万元) Trading Value (10000 Yuan)
136.72	140.00	130.01	416.84	577888.44
110.52	116.23	104.31	554.71	602735.75
134.56	138.58	128.02	279.43	383156.34
101.75	106.19	99.89	1195.40	1243625.81
101.96	107.28	101.58	6514.28	6756837.16
99.32	106.00	99.19	2113.53	2188950.12
99.18	107.92	98.78	1668.48	1696305.82
101.51	105.99	101.26	4084.61	4227609.64
106.21	117.44	105.81	13487.08	15128423.09
100.07	105.00	99.54	4459.81	4554766.72
100.54	106.66	100.10	7178.34	7408939.48
100.35	110.42	100.11	5910.02	6047421.36
100.00	103.50	97.50	4207.64	4263910.58
100.10	100.54	96.00	1864.70	1858071.72
99.80	99.83	97.49	2556.62	2527047.48
99.70	100.16	98.98	2852.50	2845601.77
100.59	100.92	100.43	1487.83	1497024.35

本年开盘 Open	本年最高 High	本年最低 Low	年成交数量(万手) Trading Volume (10000 Lots)	年成交金额(万元) Trading Value (10000 Yuan)
97.75	109.80	97.20	98.48	99742.56
99.90	99.90	95.00	8.93	8724.56
101.40	106.23	96.81	120.57	119752.68
102.95	108.10	102.82	18.58	19386.33
100.97	107.28	93.67	43.91	45289.88
110.00	119.48	107.90	153.43	171594.20
136.06	151.00	129.68	27.83	38930.29
13.98	120.00	13.98	0.12	136.24
120.00	120.00	109.80	32.37	37121.31
126.60	131.97	28.10	28.38	36746.10
107.86	113.00	2.33	11.66	12807.01
103.90	116.50	103.11	18.81	20408.02
100.50	106.99	100.31	42.20	43319.75
108.44	115.00	103.00	37.53	41778.60
103.10	111.00	103.10	40.17	42849.68

SECURITIES INVESTMENT FUND

证 券 投 资 基 金

基金一览表
Securities Investment Fund

基金单位净值
Net Asset Value

基金一览表
Securities Investment Fund

基金代码 Code	基金简称 Name	发行时间 Issue Date	上市日 Listing Date	发行方式 Issue Meth	发行价格 Issue Price	基金管理人 Administrant	托管人 Trustee	总份额(亿) Total	流通量 Negotiable
500001	基金金泰	1998.03.23	1998.04.07	上网发行	1.010	国泰基金管理有限公司	中国工商银行	20.00	19.70
500002	基金泰和	1999.04.02	1999.04.20	上网发行	1.010	嘉实基金管理有限公司	中国建设银行	20.00	19.40
500003	基金安信	1998.06.16	1998.06.23	上网发行	1.010	华安基金管理有限公司	中国工商银行	20.00	19.70
500005	基金汉盛	1999.04.30	1999.05.18	上网发行	1.010	富国基金管理有限公司	中国农业银行	20.00	19.70
500006	基金裕阳	1998.07.17	1998.07.30	上网发行	1.010	博时基金管理有限公司	中国农业银行	20.00	19.40
500007	基金景阳	. .	1999.10.22		- -	大成基金管理有限公司	中国农业银行	10.00	9.90
500008	基金兴华	1998.04.22	1998.05.08	上网发行	1.010	华夏基金管理有限公司	中国建设银行	20.00	19.70
500009	基金安顺	1999.06.09	1999.06.22	上网发行	1.010	华安基金管理有限公司	交通银行	30.00	29.85
500010	基金金元	. .	2000.07.11		- -	南方基金管理有限公司	中国工商银行	5.00	4.98
500011	基金金鑫	1999.10.15	1999.11.26	上网发行	1.010	国泰基金管理有限公司	中国建设银行	30.00	29.85
500013	基金安瑞	. .	2001.08.30		- -	华安基金管理有限公司	中国工商银行	2.08	2.05
500015	基金汉兴	1999.12.24	2000.01.10	上网发行	1.010	富国基金管理有限公司	交通银行	30.00	29.85
500016	基金裕元	. .	1999.10.28		- -	博时基金管理有限公司	中国工商银行	15.00	14.70
500017	基金景业	. .	2001.12.19		- -	大成基金管理有限公司	中国农业银行	3.73	3.69
500018	基金兴和	1999.07.08	1999.07.30	上网发行	1.010	华夏基金管理有限公司	中国建设银行	30.00	29.85
500019	基金普润	. .	2001.09.04		- -	鹏华基金管理公司	中国工商银行	2.03	2.01
500021	基金金鼎	. .	2000.08.04		- -	国泰基金管理有限公司	中国建设银行	5.00	4.98
500025	基金汉鼎	. .	2000.08.17		- -	富国基金管理有限公司	中国工商银行	5.00	4.98
500028	基金兴业	. .	2001.07.27		- -	华夏基金管理有限公司	中国农业银行	2.01	2.01
500029	基金科讯	. .	2001.06.20		- -	易方达基金管理有限公司	交通银行	2.07	2.05
500035	基金汉博	. .	2000.10.17		- -	富国基金管理有限公司	中国建设银行	5.00	4.98
500038	基金通乾	2001.08.23	2001.09.21	上网发行	1.010	融通基金管理有限公司	中国建设银行	20.00	19.80
500039	基金同德	. .	2001.08.01		1.010	长盛基金管理有限公司	中国农业银行	2.00	2.00
500056	基金科瑞	2002.02.28	2002.03.20	上网发行	1.010	易方达基金管理有限公司	交通银行	30.00	29.70
500058	基金银丰	2002.08.08	2002.09.10	上网发行	1.010	银河基金管理有限公司	中国建设银行	30.00	29.70

基金单位净值
Net Asset Value

截止日	基金金泰 500001	基金泰和 500002	基金安信 500003	基金汉盛 500005	基金裕阳 500006	基金景阳 500007	基金兴华 500008	基金安顺 500009
2002.01.04	1.005	0.937	1.242	0.992	0.999	0.985	1.092	1.161
2002.01.11	0.978	0.906	1.223	0.962	0.964	0.965	1.069	1.141
2002.01.18	0.923	0.859	1.187	0.910	0.936	0.927	1.016	1.109
2002.01.25	0.951	0.885	1.223	0.930	0.962	0.949	1.041	1.142
2002.02.01	0.971	0.904	1.234	0.937	0.977	0.960	1.062	1.151
2002.02.08	0.980	0.914	1.244	0.943	0.983	0.976	1.066	1.159
2002.03.01	0.969	0.914	1.242	0.941	0.978	0.970	1.066	1.156
2002.03.08	1.014	0.951	1.269	0.962	1.012	1.006	1.092	1.181
2002.03.15	1.016	0.959	1.284	0.966	1.016	1.013	1.089	1.195
2002.03.22	1.023	0.969	1.296	0.971	1.019	1.018	1.100	1.209
2002.03.29	1.006	0.955	1.273	0.962	1.010	1.005	1.090	1.188
2002.04.05	0.996	0.959	1.046	0.962	1.006	1.007	1.089	1.080
2002.04.12	1.006	0.967	1.057	0.971	1.015	1.021	1.018	1.090
2002.04.19	0.999	0.952	1.045	0.962	1.004	1.010	1.008	1.077
2002.04.26	1.003	0.958	1.045	0.964	1.006	1.013	1.013	1.077
2002.05.10	1.003	0.957	1.043	0.963	1.009	1.013	1.013	1.077
2002.05.17	0.970	0.928	1.014	0.947	0.982	0.990	1.001	1.053
2002.05.24	0.963	0.927	1.013	0.949	0.983	0.988	1.005	1.052
2002.05.31	0.952	0.918	1.000	0.943	0.979	0.985	1.003	1.041
2002.06.07	0.962	0.925	1.006	0.948	0.986	0.992	1.011	1.048
2002.06.14	0.950	0.914	0.999	0.940	0.976	0.977	0.996	1.041
2002.06.21	0.971	0.940	1.017	0.954	0.992	0.998	1.019	1.055
2002.06.28	1.012	1.002	1.068	0.989	1.053	1.050	1.086	1.106
2002.07.05	1.013	0.999	1.060	0.984	1.046	1.042	1.081	1.100
2002.07.12	1.010	0.995	1.055	0.976	1.038	1.038	1.076	1.097
2002.07.19	1.011	0.994	1.048	0.975	1.038	1.050	1.076	1.095
2002.07.26	0.999	0.980	1.029	0.960	1.021	1.038	1.061	1.074
2002.08.02	0.993	0.979	1.029	0.961	1.020	1.034	1.059	1.078
2002.08.09	0.990	0.976	1.023	0.957	1.015	1.032	1.055	1.073
2002.08.16	0.990	0.974	1.019	0.954	1.012	1.033	1.051	1.069
2002.08.23	1.005	0.990	1.034	0.968	1.029	1.046	1.065	1.082
2002.08.30	0.999	0.988	1.027	0.963	1.022	1.039	1.061	1.072
2002.09.06	0.982	0.974	1.015	0.951	1.011	1.033	1.053	1.060
2002.09.13	0.974	0.970	1.009	0.944	1.004	1.026	1.050	1.055
2002.09.20	0.970	0.966	1.003	0.937	0.999	1.021	1.046	1.049
2002.09.27	0.962	0.962	0.993	0.930	0.991	1.008	1.077	1.039
2002.10.11	0.942	0.946	0.972	0.909	0.973	0.981	1.051	1.017
2002.10.18	0.930	0.942	0.964	0.898	0.967	0.971	1.053	1.007
2002.10.25	0.933	0.948	0.966	0.900	0.970	0.974	1.054	1.010
2002.11.01	0.920	0.938	0.957	0.889	0.962	0.964	1.047	1.000
2002.11.08	0.932	0.949	0.969	0.900	0.978	0.975	1.063	1.012
2002.11.15	0.907	0.929	0.948	0.876	0.945	0.952	1.048	0.991
2002.11.22	0.878	0.904	0.925	0.847	0.912	0.925	1.009	0.968
2002.11.29	0.890	0.913	0.938	0.856	0.929	0.940	1.019	0.982
2002.12.06	0.881	0.903	0.929	0.847	0.915	0.930	1.008	0.971
2002.12.13	0.871	0.893	0.919	0.839	0.903	0.924	0.997	0.962
2002.12.20	0.883	0.906	0.935	0.849	0.917	0.940	1.002	0.978
2002.12.27	0.865	0.889	0.924	0.835	0.893	0.922	0.991	0.968

基金单位净值
Net Asset Value

基金金元 500010	基金金鑫 500011	基金安瑞 500013	基金汉兴 500015	基金裕元 500016	基金景业 500017	基金兴和 500018	基金普润 500019	基金金鼎 500021
0.859	1.062	1.097	0.922	1.031	0.702	1.074		0.909
0.840	1.032	1.087	0.896	1.013	0.685	1.053	0.969	0.875
0.800	0.974	1.070	0.846	0.980	0.655	1.005	0.941	0.816
0.818	0.998	1.089	0.869	1.014	0.672	1.025	0.957	0.836
0.827	1.016	1.098	0.880	1.030	0.685	1.040	0.973	0.854
0.834	1.025	1.107	0.884	1.039	0.690	1.048	0.977	0.868
0.829	1.015	1.103	0.883	1.033	0.686	1.047	0.973	0.858
0.874	1.068	1.123	0.907	1.077	0.718	1.081	0.993	0.899
0.882	1.080	1.131	0.906	1.078	0.792	1.085	0.998	0.904
0.890	1.093	1.137	0.909	1.081	0.797	1.092	1.007	0.906
0.874	1.077	1.130	0.900	1.062	0.782	1.079	0.994	0.888
0.878	1.015	1.056	0.904	1.030	0.785	1.090	1.001	0.885
0.886	1.025	1.069	0.913	1.033	0.799	1.029	1.006	0.899
0.866	1.007	1.058	0.901	1.021	0.786	1.013	0.990	0.888
0.868	1.013	1.060	0.903	1.024	0.788	1.020	0.994	0.897
0.870	1.012	1.058	0.906	1.027	0.789	1.024	0.991	0.895
0.850	0.976	1.039	0.883	0.995	0.761	0.989	0.969	0.870
0.855	0.973	1.040	0.884	0.999	0.759	0.990	0.961	0.867
0.841	0.960	1.038	0.877	0.992	0.755	0.980	0.959	0.863
0.846	0.967	1.044	0.884	1.001	0.763	0.984	0.961	0.863
0.832	0.957	1.040	0.876	0.985	0.752	0.972	0.958	0.856
0.859	0.979	1.049	0.890	1.005	0.770	0.999	0.963	0.879
0.917	1.037	1.070	0.930	1.063	0.819	1.073	0.987	0.922
0.913	1.034	1.072	0.926	1.060	0.815	1.067	0.986	0.917
0.909	1.027	1.073	0.916	1.053	0.816	1.061	0.983	0.912
0.907	1.031	1.073	0.915	1.055	0.823	1.066	0.987	0.912
0.881	1.015	1.057	0.900	1.037	0.813	1.048	0.973	0.901
0.883	1.017	1.059	0.900	1.035	0.813	1.046	0.970	0.895
0.878	1.013	1.053	0.895	1.027	0.813	1.044	0.967	0.892
0.875	1.013	1.054	0.892	1.025	0.813	1.042	0.965	0.889
0.893	1.032	1.066	0.907	1.043	0.825	1.059	0.979	0.905
0.880	1.024	1.061	0.903	1.035	0.824	1.049	0.974	0.901
0.864	1.010	1.049	0.892	1.024	0.812	1.036	0.961	0.888
0.854	1.002	1.046	0.884	1.017	0.805	1.031	0.956	0.884
0.848	0.995	1.043	0.877	1.014	0.801	1.025	0.953	0.880
0.834	0.986	1.036	0.866	1.017	0.794	1.049	0.942	0.871
0.806	0.967	1.016	0.847	0.992	0.768	1.015	0.922	0.853
0.800	0.959	1.002	0.834	0.989	0.761	1.012	0.911	0.842
0.805	0.967	1.007	0.834	0.993	0.773	1.018	0.912	0.845
0.801	0.957	0.992	0.823	0.987	0.765	1.008	0.903	0.833
0.809	0.968	1.002	0.834	1.001	0.778	1.029	0.913	0.843
0.786	0.944	0.975	0.812	0.976	0.761	0.996	0.893	0.815
0.767	0.917	0.942	0.784	0.939	0.734	0.945	0.867	0.789
0.775	0.932	0.955	0.798	0.954	0.743	0.962	0.875	0.804
0.768	0.921	0.943	0.788	0.940	0.734	0.949	0.867	0.793
0.763	0.909	0.932	0.778	0.930	0.724	0.938	0.857	0.782
0.773	0.922	0.948	0.789	0.944	0.735	0.952	0.867	0.796
0.759	0.906	0.938	0.775	0.928	0.727	0.933	0.854	0.778

基金单位净值
Net Asset Value

截止日	基金汉鼎 500025	基金兴业 500028	基金科讯 500029	基金汉博 500035	基金通乾 500038	基金同德 500039	基金科瑞 500056	基金银丰 500058
2002.01.04	0.879	0.837	0.965	0.940	0.991	0.980		
2002.01.11	0.857	0.823	0.940	0.925	0.973	0.961		
2002.01.18	0.812	0.785	0.902	0.871	0.941	0.932		
2002.01.25	0.837	0.799	0.926	0.888	0.962	0.960		
2002.02.01	0.848	0.815	0.944	0.891	0.979	0.977		
2002.02.08	0.853	0.820	0.955	0.894	0.983	0.983		
2002.03.01	0.848	0.820	0.947	0.895	0.982	0.977		
2002.03.08	0.868	0.857	0.976	0.904	1.017	1.000		
2002.03.15	0.863	0.864	0.979	0.902	1.021	1.011		
2002.03.22	0.863	0.868	0.985	0.905	1.027	1.014	1.001	
2002.03.29	0.850	0.855	0.962	0.897	1.007	0.998	0.997	
2002.04.05	0.852	0.869	0.970	0.901	1.014	1.003	1.001	
2002.04.12	0.859	0.880	0.982	0.910	1.024	1.008	1.009	
2002.04.19	0.847	0.860	0.965	0.899	1.010	0.992	0.999	
2002.04.26	0.842	0.868	0.965	0.898	1.016	0.996	1.001	
2002.05.10	0.845	0.873	0.965	0.899	1.020	0.997	1.004	
2002.05.17	0.828	0.839	0.937	0.889	0.990	0.969	0.989	
2002.05.24	0.832	0.843	0.936	0.895	0.989	0.967	0.990	
2002.05.31	0.825	0.832	0.923	0.889	0.977	0.960	0.986	
2002.06.07	0.829	0.834	0.934	0.891	0.983	0.970	0.990	
2002.06.14	0.820	0.823	0.922	0.885	0.970	0.960	0.985	
2002.06.21	0.831	0.854	0.946	0.896	0.993	0.978	0.997	
2002.06.28	0.877	0.913	1.017	0.926	1.045	1.029	1.042	
2002.07.05	0.872	0.907	1.012	0.922	1.041	1.021	1.035	
2002.07.12	0.863	0.901	1.007	0.917	1.039	1.014	1.030	
2002.07.19	0.864	0.908	1.003	0.925	1.038	1.009	1.031	
2002.07.26	0.844	0.891	0.983	0.909	1.025	0.991	1.016	
2002.08.02	0.843	0.889	0.981	0.911	1.021	0.986	1.015	
2002.08.09	0.843	0.890	0.978	0.906	1.017	0.983	1.012	
2002.08.16	0.842	0.889	0.975	0.905	1.014	0.980	1.010	
2002.08.23	0.858	0.903	0.995	0.918	1.002	0.999	1.026	
2002.08.30	0.850	0.896	0.987	0.912	0.998	0.993	1.021	
2002.09.06	0.844	0.883	0.975	0.901	0.985	0.980	0.998	
2002.09.13	0.838	0.872	0.970	0.894	0.980	0.976	0.993	1.000
2002.09.20	0.832	0.868	0.968	0.892	0.975	0.975	0.989	1.000
2002.09.27	0.817	0.857	0.957	0.884	0.961	0.966	0.982	0.998
2002.10.11	0.795	0.834	0.935	0.870	0.936	0.944	0.961	0.992
2002.10.18	0.788	0.829	0.929	0.863	0.922	0.935	0.958	0.990
2002.10.25	0.793	0.832	0.933	0.863	0.927	0.941	0.961	0.991
2002.11.01	0.779	0.824	0.928	0.852	0.918	0.932	0.956	0.987
2002.11.08	0.791	0.837	0.934	0.858	0.928	0.949	0.962	0.992
2002.11.15	0.771	0.812	0.920	0.836	0.906	0.924	0.945	0.983
2002.11.22	0.746	0.783	0.898	0.814	0.879	0.900	0.924	0.968
2002.11.29	0.762	0.797	0.908	0.821	0.889	0.910	0.936	0.976
2002.12.06	0.750	0.789	0.898	0.815	0.879	0.901	0.928	0.970
2002.12.13	0.740	0.784	0.890	0.806	0.868	0.889	0.923	0.965
2002.12.20	0.753	0.794	0.902	0.815	0.883	0.903	0.933	0.974
2002.12.27	0.736	0.780	0.885	0.804	0.868	0.884	0.922	0.962

BOND

债　券

债券一览表

List of Bonds

可债转

Convertible Bond

债券一览表
List of Bonds

债券代码 Code	债券简称 Securities	发行数量(亿元) Issued Volume	年　限 Terms	到期日 Expiration	票面利率 Coupon Rate	付息方式 Way of Interest
000696	96 国债(6)	255.3000	10	2006.06.14	11.8300	按年付息
000896	96 国债(8)	201.1000	7	2003.11.01	8.5600	按年付息
009704	97 国债(4)	130.0000	10	2007.09.05	9.7800	按年付息
009905	99 国债(5)	160.0000	8	2007.08.20	3.2800	按年付息
009908	99 国债(8)	200.0000	10	2009.09.23	3.3000	按年付息
010004	20 国债(4)	140.0000	10	2010.05.23	2.6000	按年付息
010010	20 国债(10)	120.0000	7	2007.11.14	2.3600	按年付息
010103	21 国债(3)	120.0000	7	2008.04.24	3.2700	按年付息
010107	21 国债(7)	239.6000	20	2021.07.31	4.2600	按半年付息
010110	21 国债(10)	200.0000	10	2011.09.25	2.9500	按年付息
010112	21 国债(12)	200.0000	10	2011.10.30	3.0500	按年付息
010115	21 国债(15)	200.0000	7	2008.12.18	3.0000	按年付息
010203	02 国债(3)	200.0000	10	2012.04.18	2.5400	按年付息
010210	02 国债(10)	200.0000	7	2009.08.16	2.3900	按年付息
010213	02 国债(13)	240.0000	15	2017.09.20	2.6000	按半年付息
010214	02 国债(14)	224.0000	5	2007.10.24	2.6500	按年付息
010215	02 国债(15)	179.5400	7	2009.12.06	2.9300	按年付息
100001	南化转债	1.5000	5	2003.08.02	2.0000	到期一次付息
100009	虹桥转债	13.5000	5	2005.02.24	0.8000	到期一次付息
100087	水运转债	3.2000	5	2007.08.12	0.9000	按年付息
100220	阳光转债	8.3000	3	2005.04.18	1.0000	按年付息
120001	99 宝钢债	20.0000	5	2005.08.10	4.0000	按年付息
120101	01 中移动	50.0000	10	2011.06.17	4.0000	按年付息
120102	01 三峡债	30.0000	15	2016.11.08	5.2100	按年付息
120201	02 三峡债	39.6916	20	2022.09.20	4.7600	按年付息
120202	02 中移(5)	12.4590	5	2007.10.28	3.5000	按年付息
120203	02 中移(15)	33.1735	15	2017.10.28	4.5000	按年付息
129803	97 中铁(5)	16.0000	5	2003.06.10	8.6000	到期一次付息
129804	98 三峡(3)	10.0000	3	2002.01.17	5.6000	到期一次付息
129805	98 三峡(8)	10.0000	8	2007.01.17	6.2000	按年付息
129806	98 中铁(1)	16.0000	5	2003.12.23	6.9500	到期一次付息
129901	98 中铁(2)	10.0000	5	2004.10.12	3.8000	到期一次付息
129902	98 中铁(3)	24.0000	10	2009.10.12	4.5000	按年付息
129903	99 三峡债	30.0000	10	2010.07.25	4.0000	按年付息
129904	98 中信(7)	7.0000	7	2006.06.15	5.4800	按年付息
129905	98 石油债	13.5000	8	2007.09.08	4.5000	按年付息

可转债

Convertible Bond

机场可转债(转股起始日:2000－8－25 转股终止日:2005－2－24 转股价:10 元)

日期 Date	转股数量(股) Volume	转股户数 Number	累计转股数量(股) Total Volume	累计转股比例(%) Percentage
2002.01.07	200	1	62307200	46.150
2002.01.15	1000	1	62308200	46.150
2002.01.23	3100	1	62311300	46.160
2002.01.31	100	1	62311400	46.160
2002.02.04	0	0	62311400	46.160
2002.02.25	400	1	62311800	46.160
2002.02.28	200	1	62312000	46.160
2002.03.01	200	1	62312200	46.160
2002.03.05	200	2	62312400	46.160
2002.03.08	500	3	62312900	46.160
2002.03.11	200	1	62313100	46.160
2002.03.13	100	1	62313200	46.160
2002.03.15	3500	4	62316700	46.160
2002.03.19	200	1	62316900	46.160
2002.03.20	900	2	62317800	46.160
2002.03.21	500	2	62318300	46.160
2002.03.22	100	1	62318400	46.160
2002.03.28	10900	6	62329300	46.170
2002.03.29	500	2	62329800	46.170
2002.04.01	0	0	62329800	46.170
2002.04.03	300	2	62330100	46.170
2002.04.05	200	2	62330300	46.170
2002.04.08	200	2	62330500	46.170
2002.04.09	200	2	62330700	46.170
2002.04.10	2700	3	62333400	46.170
2002.04.11	700	4	62334100	46.170
2002.04.12	600	1	62334700	46.170
2002.04.17	900	4	62335600	46.170
2002.04.19	500	4	62336100	46.170
2002.04.22	0	0	62336100	46.170
2002.04.23	5000	1	62341100	46.180
2002.04.24	500	2	62341600	46.180
2002.04.26	100	1	62341700	46.180
2002.04.30	100	1	62341800	46.180
2002.05.08	42400	4	62384200	46.210
2002.05.10	0	0	62384200	46.210
2002.05.13	0	0	62384200	46.210
2002.05.15	0	0	62384200	46.210
2002.05.16	0	0	62384200	46.210
2002.05.17	500	2	62384700	46.210
2002.05.22	3400	3	62388100	46.210
2002.05.23	400	1	62388500	46.210
2002.05.24	300	2	62388800	46.210
2002.05.27	500	1	62389300	46.210
2002.05.28	1300	3	62390600	46.220
2002.05.29	1000	3	62391600	46.220
2002.05.30	1000	1	62392600	46.220
2002.05.31	0	0	62392600	46.220
2002.06.03	200	2	62392800	46.220
2002.06.04	0	0	62392800	46.220
2002.06.05	0	0	62392800	46.220
2002.06.06	200	2	62393000	46.220
2002.06.07	2000	1	62395000	46.220
2002.06.10	2000	1	62397000	46.220
2002.06.11	0	0	62397000	46.220
2002.06.13	0	0	62397000	46.220
2002.06.14	800	1	62397800	46.220
2002.06.20	100	1	62397900	46.220
2002.06.24	2500	3	62400400	46.220
2002.06.25	1100	5	62401500	46.220
2002.06.26	200	1	62401700	46.220
2002.06.27	100	1	62401800	46.220
2002.06.28	46500	21	62448300	46.260
2002.07.01	14000	9	62462300	46.270
2002.07.02	10400	16	62472700	46.280

可转债

Convertible Bond

机场可转债(转股起始日:2000－8－25　转股终止日:2005－2－24 转股价:10 元)

日期 Date	转股数量(股) Volume	转股户数 Number	累计转股数量(股) Total Volume	累计转股比例(%) Percentage
2002.07.03	12500	26	62485200	46.290
2002.07.04	3200	13	62488400	46.290
2002.07.05	1200	3	62489600	46.290
2002.07.08	101700	8	62591300	46.360
2002.07.09	4100	6	62595400	46.370
2002.07.10	1600	5	62597000	46.370
2002.07.12	700	3	62597700	46.370
2002.07.15	200	1	62597900	46.370
2002.07.16	100	1	62598000	46.370
2002.07.18	1500	4	62599500	46.370
2002.07.19	2600	7	62602100	46.370
2002.07.22	1400	3	62603500	46.370
2002.07.26	400	2	62603900	46.370
2002.07.29	200	2	62604100	46.370
2002.07.30	100	1	62604200	46.370
2002.08.01	200	2	62604400	46.370
2002.08.14	100	1	62604500	46.370
2002.08.20	0	0	62604500	46.370
2002.08.21	1100	2	62605600	46.370
2002.08.23	100	1	62605700	46.370
2002.08.26	2300	3	62608000	46.380
2002.08.27	1100	2	62609100	46.380
2002.08.28	100	1	62609200	46.380
2002.08.29	400	1	62609600	46.380
2002.08.30	200	1	62609800	46.380
2002.09.03	200	1	62610000	46.380
2002.09.04	300	1	62610300	46.380
2002.09.05	200	1	62610500	46.380
2002.09.06	100	1	62610600	46.380
2002.09.11	0	0	62610600	46.380
2002.09.16	100	1	62610700	46.380
2002.09.20	0	0	62610700	46.380
2002.09.23	0	0	62610700	46.380
2002.09.24	200	1	62610900	46.380
2002.09.27	400	1	62611300	46.380
2002.10.16	700	1	62612000	46.380
2002.10.28	900	2	62612900	46.380
2002.10.29	100	1	62613000	46.380
2002.10.30	500	1	62613500	46.380
2002.11.13	1600	2	62615100	46.380
2002.11.14	100	1	62615200	46.380
2002.11.18	200	1	62615400	46.380
2002.12.11	300	1	62615700	46.380
2002.12.13	200	1	62615900	46.380
2002.12.23	200	1	62616100	46.380
2002.12.24	200	1	62616300	46.380
2002.12.27	0	0	62616300	46.380

LISTED COMPANIES

上 市 公 司

2002年末上市公司地区、行业分布
Area and Sector Distributions at the End of 2002
2002年度发行
Issuance in 2002
2002年度上市公司送股
Bonus Shares in 2002
2002年度上市公司配股
Rights Issues in 2002
股票筹资
Capital Raised
2002年末上市公司股本结构一览
Capital Structure of Listed Companies at the End of 2002
2002年度上市公司股份变动
Change of Capital in 2002
2002年度上市公司派发现金红利
Dividends in 2002
上市公司通讯录
Contact Information of Listed Companies
ST、PT公司概况
ST, PT Overview

2002年末上市公司地区、行业分布
Area and Sector Distributions at the End of 2002

地区 Area	仅发A股 A Share	A、H股 A&H Share	A、B股 A&B Share	仅发B股 B Share	合计 Total	工业类 Industrial	商业类 Commercial	地产类 Real Estate	公用事业类 Utlities	综合 Conglomerates	合计 Total
上 海	97	3	35	5	140	75	16	8	15	26	140
浙 江	46		1	1	48	28	7		4	9	48
北 京	43	3			46	19	6	1	5	15	46
江 苏	42	3		1	46	32	5	2	2	5	46
山 东	38	2	1		41	30	2		1	8	41
四 川	31	1			32	23	2		4	3	32
湖 北	28		1	1	30	21	1		2	6	30
辽 宁	26		1	1	28	13	2		6	7	28
福 建	25				25	14	1		2	8	25
广 东	21	3			24	15		3	3	3	24
黑龙江	23		1		24	15	1		2	6	24
吉 林	18				18	9	4		2	3	18
安 徽	14	2	1		17	15				2	17
河 南	16	1			17	15	1			1	17
新 疆	17				17	11	1		1	4	17
内蒙古	13		1	1	15	13			2		15
天 津	12	2	1		15	8	2	1	2	2	15
河 北	14				14	13	1				14
江 西	13	1			14	12			2		14
陕 西	13				13	9	1			3	13
重 庆	13				13	7	1		5		13
湖 南	11				11	7			1	3	11
甘 肃	10				10	9	1				10
云 南	9	1			10	8				2	10
山 西	9				9	8				1	9
贵 州	8				8	7	1				8
海 南	7		1		8	2	1		2	3	8
广 西	7				7	3	1		3		7
青 海	6				6	6					6
西 藏	6				6	2	1		1	2	6
宁 夏	3				3	2	1				3
合计	639	22	44	10	715	451	60	15	67	122	715

2002 年度发行
Issuance in 2002

证券代码 Code	证券简称 Name	招股说明书刊登日 Prospectus Announced Date	所属行业 Sector	注册地 Area	发行数量(股) Issue Vol. (Share)	发行方式 Issue Method
600012	皖通高速	2002.12.18	公用事业	安徽	250000000	上网配售
600026	中海发展	2002.05.09	综合	上海	350000000	网上累计投标询价
600030	中信证券	2002.12.13	综合	广东	400000000	上网定价发行
600030	中信证券	2002.12.13	综合	广东	0	上网配售
600036	招商银行	2002.03.19	综合	广东	1500000000	网上累计投标询价
600050	中国联通	2002.09.17	公用事业	北京	5000000000	上网配售
600074	南京中达	2002.01.19	工业	江苏	45000000	网上累计投标询价
600091	明天科技	2002.05.28	工业	内蒙古	110000000	网上、网下询价发行
600317	营 口 港	2002.01.12	公用事业	辽宁	100000000	网上累计投标询价
600327	大厦股份	2002.06.06	商业	江苏	40000000	上网配售
600350	山东基建	2002.02.26	公用事业	山东	505000000	网上累计投标询价
600351	亚宝药业	2002.09.06	工业	山西	40000000	上网配售
600353	旭光股份	2002.10.31	工业	四川	30000000	上网配售
600355	精伦电子	2002.05.27	工业	湖北	31000000	上网配售
600357	承德钒钛	2002.08.19	工业	河北	100000000	上网配售
600371	华冠科技	2002.08.26	工业	黑龙江	40000000	上网配售
600373	鑫新股份	2002.01.31	工业	江西	45000000	网上累计投标询价
600397	安源股份	2002.06.13	工业	江西	80000000	上网配售
600416	湘电股份	2002.07.01	工业	湖南	75000000	上网配售
600426	华鲁恒升	2002.06.03	工业	山东	60000000	上网配售
600428	中远航运	2002.03.29	工业	广东	130000000	网上累计投标询价
600456	宝钛股份	2002.03.26	工业	陕西	60000000	网上累计投标询价
600458	时代新材	2002.11.29	工业	湖南	35000000	上网配售
600486	扬农化工	2002.04.10	工业	江苏	30000000	网上累计投标询价
600496	长江股份	2002.05.17	工业	安徽	40000000	网上累计投标询价
600499	科达机电	2002.09.13	工业	广东	20000000	上网配售
600503	宏智科技	2002.06.20	综合	福建	40000000	上网配售
600505	西昌电力	2002.05.11	公用事业	四川	55000000	网上累计投标询价
600509	天富热电	2002.01.24	公用事业	新疆	60000000	网上累计投标询价
600510	黑 牡 丹	2002.05.30	工业	江苏	38000000	上网配售
600511	国药股份	2002.11.07	商业	北京	53000000	上网配售
600512	腾达建设	2002.12.06	工业	浙江	60000000	上网配售
600515	第一投资	2002.07.15	商业	海南	50000000	上网配售
600516	海龙科技	2002.08.12	工业	甘肃	80000000	上网配售
600522	中天科技	2002.09.27	工业	江苏	70000000	上网配售
600525	长园新材	2002.11.13	工业	广东	25000000	上网配售
600526	菲达环保	2002.07.04	工业	浙江	40000000	上网配售
600529	山东药玻	2002.05.15	工业	山东	32000000	网上累计投标询价
600531	豫光金铅	2002.07.11	工业	河南	45000000	上网配售
600532	华阳科技	2002.10.11	工业	山东	40000000	上网配售
600533	栖霞建设	2002.03.12	地产	江苏	40000000	网上累计投标询价
600535	天 士 力	2002.08.05	工业	天津	50000000	上网配售
600536	中软股份	2002.04.22	工业	北京	30000000	网上累计投标询价
600538	北海国发	2002.12.24	工业	广西	45000000	上网配售
600549	厦门钨业	2002.10.21	工业	福建	30000000	上网配售
600551	科大创新	2002.08.16	工业	安徽	25000000	上网配售
600552	方兴科技	2002.10.18	工业	安徽	40000000	上网配售
600553	太行股份	2002.08.02	工业	河北	50000000	上网配售
600557	康缘药业	2002.09.02	工业	江苏	40000000	上网配售
600559	裕丰股份	2002.10.09	工业	河北	40000000	上网配售
600560	京自天正	2002.08.30	工业	北京	30000000	上网配售
600561	江西长运	2002.06.27	公用事业	江西	30000000	上网配售
600563	法拉电子	2002.11.20	工业	福建	50000000	上网配售
600565	迪马股份	2002.07.08	工业	重庆	20000000	上网配售
600571	信 雅 达	2002.10.14	综合	浙江	18000000	上网配售
600577	精达股份	2002.08.23	工业	安徽	20000000	上网配售
600578	京能热电	2002.04.16	公用事业	北京	100000000	网上累计投标询价
600579	黄海股份	2002.07.23	工业	山东	60000000	上网配售
600580	卧龙科技	2002.05.18	工业	浙江	35000000	网上累计投标询价
600581	八一钢铁	2002.07.29	工业	新疆	130000000	上网配售
600582	天地科技	2002.04.19	工业	北京	25000000	网上累计投标询价
600583	海油工程	2002.01.17	工业	天津	80000000	网上累计投标询价
600585	海螺水泥	2002.01.22	工业	安徽	200000000	网上累计投标询价
600586	金晶科技	2002.07.26	工业	山东	35000000	上网配售
600587	新华医疗	2002.09.09	工业	山东	21000000	上网配售

注:发行数量指同一股票不同发行方式的发行总量。

发行价 Issue Price	发行日期 Issue Date	中签率 Lot Rate%	筹资金额(元) (Yuan)	发行市盈率 Issue P/E Ratio	主承销商 Lead Underwriter
2.200	2002.12.23	0.3057	550000000	12.22	国泰君安
2.360	2002.05.13	0.2048	826000000	20.00	中国国际金融有限公司
4.500	2002.12.17	0.2820	1800000000	15.00	广发证券
4.500	2002.12.19	0.2820	0	15.00	广发证券
7.300	2002.03.27	1.2479	10950000000	21.00	中国国际金融
2.300	2002.09.20	2.7504	11500000000	20.23	中金公司
8.760	2002.01.23	--	394200000	--	北京证券
8.820	2002.05.30	--	970200000	--	平安证券
5.900	2002.01.16	0.1573	590000000	20.00	海通证券
9.400	2002.06.10	0.0701	376000000	19.96	海通证券
2.600	2002.02.28	0.3389	1313000000	19.85	华夏证券
4.800	2002.09.11	0.0569	192000000	20.00	南方证券
7.800	2002.11.05	0.0480	234000000	19.02	广东证券
16.180	2002.05.29	0.0527	501580000	19.99	国通证券
5.400	2002.08.22	0.1203	540000000	20.00	宏源证券
3.470	2002.08.29	0.0564	138800000	20.00	天同证券
2.680	2002.02.04	0.0562	120600000	20.00	广发证券
5.990	2002.06.17	0.1152	479200000	16.64	兴业证券
5.600	2002.07.03	0.0946	420000000	16.97	东北证券
6.280	2002.06.05	0.0936	376800000	20.00	天同证券
7.390	2002.04.03	0.1823	960700000	19.83	中信证券
5.400	2002.03.28	0.1816	324000000	20.00	国泰君安
6.600	2002.12.04	0.0573	231000000	20.00	湘财证券
6.750	2002.04.12	0.0563	202500000	20.00	华泰证券
3.610	2002.05.22	0.0731	144400000	19.97	华安证券
14.200	2002.09.18	0.0347	284000000	20.00	闽发证券
8.680	2002.06.24	0.0655	347200000	20.00	广发证券
4.360	2002.05.15	0.1357	239800000	20.00	广发证券
7.000	2002.01.28	0.2080	420000000	20.00	湘财证券
14.490	2002.06.03	0.0643	550620000	18.00	华泰证券
5.000	2002.11.12	0.0723	265000000	20.00	国信证券
5.000	2002.12.11	0.0892	300000000	20.00	东北证券
4.600	2002.07.24	0.0412	230000000	20.00	闽发证券
6.060	2002.08.15	0.1015	484800000	20.00	天一证券
5.400	2002.10.10	0.0908	378000000	20.00	华泰证券
7.600	2002.11.18	0.0433	190000000	20.00	招商证券
7.200	2002.07.08	0.0570	288000000	20.00	东北证券
12.180	2002.05.17	0.1149	389760000	15.82	平安证券
7.340	2002.07.15	0.0636	330300000	19.84	湘财证券
6.260	2002.10.16	0.0593	250400000	20.00	平安证券
8.300	2002.03.14	0.1703	332000000	19.99	华夏证券
14.700	2002.08.08	0.0694	735000000	20.00	招商证券
11.100	2002.04.24	0.1110	333000000	19.97	中信证券
6.690	2002.12.27	0.0696	301050000	18.08	平安证券
11.600	2002.10.24	0.0478	348000000	17.06	广发证券
4.000	2002.08.21	0.0406	100000000	20.00	广东证券
5.600	2002.10.23	0.0594	224000000	20.00	平安证券
5.730	2002.08.07	0.0689	286500000	19.98	国信证券
7.000	2002.09.05	0.0560	280000000	20.00	华泰证券
4.360	2002.10.14	0.0596	174400000	20.00	河北证券
9.000	2002.09.04	0.0453	270000000	19.78	北京证券
4.780	2002.07.01	0.0470	143400000	19.91	长城证券
8.040	2002.11.25	0.0762	402000000	20.00	国信证券
15.800	2002.07.10	0.0350	316000000	20.00	泰阳证券
13.870	2002.10.17	0.0334	249660000	20.00	西北证券
9.900	2002.08.28	0.0339	198000000	19.80	光大证券
5.000	2002.04.19	0.1125	500000000	20.00	大鹏证券
5.000	2002.07.25	0.0802	300000000	20.00	海通证券
8.280	2002.05.23	0.0922	289800000	20.00	东方证券
7.380	2002.08.01	0.1544	959400000	22.58	西南证券
12.480	2002.04.23	0.3043	312000000	20.00	长江证券
9.600	2002.01.21	0.2743	768000000	19.60	中信证券
4.100	2002.01.24	0.3808	820000000	19.90	南方证券
9.580	2002.07.31	0.0526	335300000	12.95	天同证券
9.200	2002.09.12	0.0359	193200000	20.00	华安证券

2002 年度发行
Issuance in 2002

证券代码 Code	证券简称 Name	招股说明书刊登日 Prospectus Announced Date	所属行业 Sector	注册地 Area	发行数量(股) Issue Vol. (Share)	发行方式 Issue Method
600590	泰豪科技	2002.06.17	工业	江西	40000000	上网配售
600591	上海航空	2002.09.16	公用事业	上海	200000000	上网配售
600592	龙溪股份	2002.07.18	工业	福建	50000000	上网配售
600593	大连圣亚	2002.06.24	综合	辽宁	32000000	上网配售
600595	中孚实业	2002.06.10	工业	河南	50000000	上网配售
600597	光明乳业	2002.08.09	工业	上海	150000000	上网配售
600598	北 大 荒	2002.03.09	综合	黑龙江	300000000	网上累计投标询价
600606	金丰投资	2002.04.03	工业	上海	57200000	网上累计投标询价
600641	中远发展	2002.01.26	地产	上海	80000000	网上、网下询价发行
600642	申能股份	2002.01.30	公用事业	上海	160000000	网上、网下询价发行
600716	耀华玻璃	2002.08.29	工业	河北	24300000	网上累计投标询价
600780	通宝能源	2002.11.19	工业	山西	75285714	网上累计投标询价
600827	友谊股份	2002.05.09	商业	上海	37000000	网上、网下询价发行
600860	北人股份	2002.12.30	工业	北京	22000000	网上、网下询价发行
600887	伊利股份	2002.08.17	工业	内蒙古	48961424	网上累计投标询价

发行价 Issue Price	发行日期 Issue Date	中签率 Lot Rate%	筹资金额(元) (Yuan)	发行市盈率 Issue P/E Ratio	主承销商 Lead Underwriter
4.760	2002.06.19	0.0676	190400000	19.99	长城证券
5.330	2002.09.19	0.2217	1066000000	20.00	国泰君安
6.000	2002.07.22	0.0684	300000000	20.00	光大证券
7.710	2002.06.26	0.0528	246720000	20.00	广发证券
8.300	2002.06.12	0.0790	415000000	16.90	银河证券
6.500	2002.08.14	0.1713	975000000	20.00	东方证券
5.380	2002.03.13	0.5646	1614000000	19.93	南方证券
11.550	2002.04.05	- -	660660000	- -	兴业证券
8.870	2002.01.30	- -	709600000	- -	国通证券
10.500	2002.02.01	- -	1680000000	- -	广发证券
7.300	2002.09.04	- -	177390000	- -	华夏证券
7.000	2002.11.20	- -	526999998	- -	东方证券
14.500	2002.05.10	- -	536500000	- -	南方证券
7.000	2002.12.31	- -	154000000	- -	招商证券
16.850	2002.08.21	- -	824999994	- -	兴业证券

2002年度上市公司送股
Bonus Shares in 2002

股票代码 Code	股票简称 Name	股权登记日 Registration Date	除净日 Ex-date	送股上市 Bonus Share Listing	收盘价 Close Price	除净价 Ex-price	送股比例 Bonus Share Ratio
600000	浦发银行	2002.08.21	2002.08.22	2002.08.23	18.40	12.13	0.50
600016	民生银行	2002.06.18	2002.06.19	2002.06.20	11.82	10.22	0.15
600037	歌华有线	2002.10.14	2002.10.15	2002.10.16	25.34	19.49	0.30
600038	哈飞股份	2002.05.15	2002.05.16	2002.05.17	26.30	16.38	0.60
600061	中纺投资	2002.07.16	2002.07.17	2002.07.18	9.68	7.43	0.30
600062	双鹤药业	2002.05.10	2002.05.13	2002.05.14	16.38	12.52	0.30
600067	福州大通	2002.10.30	2002.10.31	2002.11.01	15.27	9.51	0.60
600072	江南重工	2002.07.24	2002.07.25	2002.07.26	11.41	9.51	0.20
600074	南京中达	2002.11.15	2002.11.18	2002.11.19	13.09	7.23	0.80
600081	东风科技	2002.11.13	2002.11.14	2002.11.15	19.31	16.09	0.20
600110	中科英华	2002.05.08	2002.05.09	2002.05.10	14.57	8.07	0.80
600119	长江投资	2002.05.08	2002.05.09	2002.05.10	17.08	13.14	0.30
600119	长江投资	2002.11.08	2002.11.11	2002.11.12	13.14	10.95	0.20
600120	浙江东方	2002.04.25	2002.04.26	2002.04.29	20.01	14.22	0.40
600145	四维瓷业	2002.04.12	2002.04.15	2002.04.16	12.30	8.75	0.40
600149	邢台轧辊	2002.07.10	2002.07.11	2002.07.12	12.47	10.39	0.20
600170	上海建工	2002.07.30	2002.07.31	2002.08.01	12.51	10.34	0.20
600171	上海贝岭	2002.04.22	2002.04.23	2002.04.24	18.94	14.45	0.30
600183	生益科技	2002.07.11	2002.07.12	2002.07.15	11.23	8.58	0.30
600185	海星科技	2002.07.18	2002.07.19	2002.07.22	13.30	12.09	0.10
600186	莲花味精	2002.07.10	2002.07.11	2002.07.12	12.63	9.48	0.30
600196	复星实业	2002.06.17	2002.06.18	2002.06.19	14.26	10.85	0.30
600202	哈 空 调	2002.07.08	2002.07.09	2002.07.10	9.70	8.73	0.10
600208	中宝股份	2002.07.23	2002.07.24	2002.07.25	11.64	9.66	0.20
600212	江泉实业	2002.07.19	2002.07.22	2002.07.23	12.39	9.78	0.26
600231	凌钢股份	2002.10.14	2002.10.15	2002.10.16	8.21	6.32	0.30
600233	大连创世	2002.07.23	2002.07.24	2002.07.25	16.64	11.03	0.50
600239	红河光明	2002.07.02	2002.07.03	2002.07.04	17.78	9.82	0.80
600252	梧州中恒	2002.07.22	2002.07.23	2002.07.24	15.20	13.77	0.10
600253	天方药业	2002.10.28	2002.10.29	2002.10.30	15.04	7.52	1.00
600256	广汇股份	2002.09.11	2002.09.12	2002.09.13	15.77	13.10	0.20
600270	外运发展	2002.06.19	2002.06.20	2002.06.21	20.87	17.23	0.20
600275	武 昌 鱼	2002.05.13	2002.05.14	2002.05.15	16.44	12.60	0.30
600276	恒瑞医药	2002.05.20	2002.05.21	2002.05.22	15.91	13.22	0.20
600286	国光瓷业	2002.03.25	2002.03.26	2002.03.26	18.76	15.59	0.20
600287	江苏舜天	2002.06.07	2002.06.10	2002.06.11	18.71	14.20	0.30
600288	大恒科技	2002.07.18	2002.07.19	2002.07.22	21.66	14.37	0.50
600290	苏 福 马	2002.05.23	2002.05.24	2002.05.27	24.03	15.97	0.50
600293	三峡新材	2002.07.02	2002.07.03	2002.07.04	15.51	11.91	0.30
600308	华泰股份	2002.07.05	2002.07.08	2002.07.09	16.45	13.67	0.20
600309	烟台万华	2002.04.12	2002.04.15	2002.04.16	24.52	15.20	0.60
600326	西藏天路	2002.03.27	2002.03.28	2002.03.28	25.48	14.10	0.80
600333	长春燃气	2002.05.22	2002.05.23	2002.05.24	19.78	11.58	0.70
600337	美克股份	2002.06.21	2002.06.24	2002.06.25	19.23	15.94	0.20
600339	天利高新	2002.09.13	2002.09.16	2002.09.17	19.54	13.03	0.50
600345	长江通信	2002.06.12	2002.06.13	2002.06.14	22.90	18.96	0.20
600358	国旅联合	2002.09.13	2002.09.16	2002.09.17	19.75	13.17	0.50
600363	联创光电	2002.05.17	2002.05.20	2002.05.21	19.34	12.85	0.50
600366	宁波韵升	2002.05.17	2002.05.20	2002.05.21	20.51	13.57	0.50
600367	红星发展	2002.04.15	2002.04.16	2002.04.17	33.07	25.28	0.30
600376	天鸿宝业	2002.05.17	2002.05.20	2002.05.21	26.14	16.21	0.60
600378	天科股份	2002.05.15	2002.05.16	2002.05.17	14.88	11.39	0.30
600380	太太药业	2002.05.31	2002.06.03	2002.06.04	22.87	15.05	0.50
600389	江山股份	2002.05.27	2002.05.28	2002.05.29	16.86	14.01	0.20
600398	凯诺科技	2002.04.15	2002.04.16	2002.04.17	19.26	14.80	0.30
600488	天药股份	2002.04.10	2002.04.11	2002.04.12	23.68	18.06	0.30
600500	中化国际	2002.09.13	2002.09.16	2002.09.17	14.85	9.90	0.50
600501	航天晨光	2002.08.02	2002.08.05	2002.08.06	28.43	15.78	0.80
600519	贵州茅台	2002.07.24	2002.07.25	2002.07.26	36.40	32.55	0.10
600550	天威保变	2002.05.16	2002.05.17	2002.05.20	14.42	9.58	0.50
600579	黄海股份	2002.12.02	2002.12.03	2002.12.04	11.83	9.83	0.20
600599	浏阳花炮	2002.07.11	2002.07.12	2002.07.15	36.20	20.03	0.80
600602	广电电子	2002.06.18	2002.06.19	2002.06.20	9.11	8.27	0.10
600606	金丰投资	2002.08.05	2002.08.06	2002.08.07	12.29	10.70	0.15
600616	第一食品	2002.10.22	2002.10.23	2002.10.24	17.18	11.45	0.50

2002年度上市公司送股
Bonus Shares in 2002

股票代码 Code	股票简称 Name	股权登记日 Registration Date	除净日 Ex-date	送股上市 Bonus Share Listing	收盘价 Close Price	除净价 Ex-price	送股比例 Bonus Share Ratio
600628	新 世 界	2002.08.20	2002.08.21	2002.08.22	11.25	9.33	0.20
600636	三 爱 富	2002.05.09	2002.05.10	2002.05.13	16.76	14.11	0.18
600636	三 爱 富	2002.11.08	2002.11.11	2002.11.12	13.86	11.55	0.20
600637	广电信息	2002.07.01	2002.07.02	2002.07.03	14.98	13.53	0.10
600639	浦东金桥	2002.05.23	2002.05.24	2002.05.27	11.83	10.75	0.10
600650	新 锦 江	2002.07.24	2002.07.25	2002.07.26	13.48	12.25	0.10
600653	申华控股	2002.06.28	2002.07.01	2002.07.02	7.92	4.40	0.80
600654	飞乐股份	2002.08.07	2002.08.08	2002.08.09	8.55	7.77	0.10
600660	福耀玻璃	2002.03.26	2002.03.27	2002.03.27	11.80	10.51	0.11
600664	哈药集团	2002.07.11	2002.07.12	2002.07.15	15.62	12.93	0.20
600675	中华企业	2002.05.21	2002.05.22	2002.05.23	10.54	8.78	0.20
600679	凤凰股份	2002.05.20	2002.05.21	2002.05.22	22.45	17.27	0.30
600692	亚通股份	2002.07.11	2002.07.12	2002.07.15	15.74	14.26	0.10
600699	辽源得亨	2002.05.31	2002.06.03	2002.06.04	7.51	7.37	0.02
600737	新疆屯河	2002.07.17	2002.07.18	2002.07.19	26.06	17.36	0.50
600741	巴士股份	2002.06.14	2002.06.17	2002.06.18	8.52	6.01	0.40
600747	大显股份	2002.05.20	2002.05.21	2002.05.22	10.67	7.08	0.50
600773	西藏金珠	2002.06.03	2002.06.04	2002.06.05	15.06	13.69	0.10
600773	西藏金珠	2002.10.23	2002.10.24	2002.10.25	15.27	10.91	0.40
600774	汉商集团	2002.05.20	2002.05.21	2002.05.22	14.02	13.34	0.05
600779	全兴股份	2002.06.20	2002.06.21	2002.06.24	8.58	7.75	0.10
600784	鲁银投资	2002.07.03	2002.07.04	2002.07.05	10.57	9.61	0.10
600795	国电电力	2002.09.09	2002.09.10	2002.09.11	16.58	9.75	0.70
600797	浙大网新	2002.09.25	2002.09.26	2002.09.27	15.06	10.76	0.40
600811	东方集团	2002.07.15	2002.07.16	2002.07.17	8.09	7.33	0.10
600815	厦工股份	2002.06.03	2002.06.04	2002.06.05	13.69	9.09	0.50
600820	隧道股份	2002.07.25	2002.07.26	2002.07.29	9.81	8.87	0.10
600827	友谊股份	2002.07.26	2002.07.29	2002.07.30	18.51	15.77	0.17
600828	成商集团	2002.05.31	2002.06.03	2002.06.04	10.72	8.93	0.20
600829	天鹅股份	2002.07.01	2002.07.02	2002.07.03	19.31	14.84	0.30
600829	天鹅股份	2002.10.22	2002.10.23	2002.10.24	16.15	10.77	0.50
600835	上菱电器	2002.08.12	2002.08.13	2002.08.14	13.15	11.82	0.10
600837	都市股份	2002.06.26	2002.06.27	2002.06.28	21.28	17.71	0.20
600851	海欣股份	2002.07.16	2002.07.17	2002.07.18	18.06	14.97	0.20
600868	梅雁股份	2002.05.17	2002.05.20	2002.05.21	4.82	4.29	0.10
600883	富邦科技	2002.05.24	2002.05.27	2002.05.28	15.65	8.68	0.80
600884	杉杉股份	2002.04.29	2002.04.30	2002.05.08	11.95	7.83	0.50
600895	张江高科	2002.05.16	2002.05.17	2002.05.20	16.24	8.12	1.00
900901	上电 B 股	2002.06.21	2002.06.19	2002.06.25	0.72	0.65	0.10
900911	金桥 B 股	2002.05.29	2002.05.24	2002.05.31	0.81	0.73	0.10
900914	新锦 B 股	2002.07.29	2002.07.25	2002.07.31	0.82	0.74	0.10
900916	凤凰 B 股	2002.05.23	2002.05.21	2002.05.27	0.92	0.71	0.30
900917	海欣 B 股	2002.07.19	2002.07.17	2002.07.23	1.00	0.83	0.20
900923	友谊 B 股	2002.07.31	2002.07.29	2002.08.02	1.10	0.94	0.17
900925	上菱 B 股	2002.08.15	2002.08.13	2002.08.19	1.03	0.92	0.10
900939	汇丽 B 股	2002.07.24	2002.07.22	2002.07.26	0.92	0.84	0.10

2002年度上市公司配股
Rights Issues in 2002

股票代码 Code	股票简称 Name	股权登记日 Regstration Date	除净日 Ex-date	配股上市 Rights Issue Listing	收盘价 Close Price	配股价 Rights Issue Price	除净价 Ex-price	配股比例 Rights Issue Ratio
600070	浙江富润	2002.06.21	2002.06.24	2002.07.19	14.500	13.000	14.150	0.3000
600079	人福科技	2002.06.07	2002.06.10	2002.07.04	9.930	9.090	9.740	0.3000
600102	莱钢股份	2002.07.05	2002.07.08	2002.07.30	8.270	7.700	8.140	0.3000
600105	永鼎光缆	2002.04.25	2002.04.26	2002.05.28	11.690	10.500	11.420	0.3000
600212	江泉实业	2002.04.22	2002.04.23	2002.05.27	13.090	11.000	12.610	0.3000
600226	升华拜克	2002.08.16	2002.08.19	2002.09.10	22.850	17.700	21.960	0.2083
600269	赣粤高速	2002.12.11	2002.12.12	2003.01.10	10.290	10.200	10.270	0.3000
600635	大众科创	2002.10.25	2002.10.28	2002.11.25	7.920	6.180	7.550	0.2680
600636	三 爱 富	2002.01.15	2002.01.16	2002.02.28	18.450	8.000	16.040	0.3000
600796	钱江生化	2002.05.13	2002.05.14	2002.06.13	13.900	12.100	13.480	0.3000

股票类型 Type of Securities	筹资方式 Form of Capital Raising		筹资额(亿元) Capital Collection Val. 2001 年	2002 年
A股	首次发行	上网定价	534.29	516.96
A股	首次发行	全额预缴,比例配售,余额即退	0.00	0.00
A股	首次发行	全额预缴,比例配售,余额转存	0.00	0.00
A股	首次发行	A股首次发行小计	534.29	516.96
A股	再次发行	A股增发	137.75	66.35
A股	再次发行	配股A	285.45	31.20
A股	再次发行	配售A	0.00	0.00
A股	再次发行	A股再次发行小计	423.20	97.55
A股	A股其他		0.00	0.00
A股	A股筹资合计		957.49	614.51
B股(美元计)	首次发行	私募	0.00	0.00
B股(美元计)	首次发行	超额配售	0.00	0.00
B股(美元计)	再次发行	增发	0.00	0.00
B股(美元计)	再次发行	配股B	0.00	0.00
B股(美元计)	B股其他		0.00	0.00
B股(美元计)	B股筹资合计		0.00	0.00
股票筹资合计(美元汇率 1:8.278)			957.49	614.51

2002年末上市公司股本结构一览
Capital Structure of Listed Companies at the End of 2002

股票代码 Code	股票简称 Name	总股本 Total	A股流通股 A Negotiable	B股 B Shares	H股 H Shares	国家股 State Owned Shares	国有法人股 State Legal Person Shares	境内发起法人股 Domestic Promoter Legal Person Shares
600000	浦发银行	3615000000	600000000			388110000	1959840000	
600001	邯郸钢铁	1486553100	490000000			996553100		
600002	齐鲁石化	1950000000	350000000			1600000000		
600003	东北高速	1213200000	300000000			913200000		
600005	武钢股份	2090480000	320000000				1770480000	
600006	东风汽车	1000000000	300000000				700000000	
600007	中国国贸	800000000	160000000					640000000
600008	首创股份	1100000000	300000000				800000000	
600009	上海机场	1412611300	512611300			900000000		
600010	钢联股份	1250000000	350000000				887780000	12220000
600011	华能国际	6000000000	250000000		1500000000		4231000000	
600016	民生银行	2586721322	523250000					
600018	上港集箱	902200000	210000000			678400000		13800000
600019	宝钢股份	12512000000	1877000000			10635000000		
600026	中海发展	3326000000	350000000		1296000000		1680000000	
600028	中国石化	86702439000	2800000000		16780488000	67121951000		
600033	福建高速	685000000	200000000			483366290	1633710	
600036	招商银行	5706818030	1070200000			101189750	2131890994	62667196
600037	歌华有线	351000000	104000000				247000000	
600038	哈飞股份	240000000	96000000				143760000	240000
600050	中国联通	19696596395	2750000000				14696596395	
600051	宁波联合	302400000	85397860			108501070		108501070
600052	浙江广厦	483633492	255528000					86424450
600053	江西纸业	161070000	76050000				85020000	
600054	黄山旅游	302900000	52000000	104000000			146900000	
600055	万东医疗	111000000	39000000				72000000	
600056	中技贸易	130350000	39000000				91350000	
600057	ST 厦 新	358200000	144000000					214200000
600058	龙腾科技	424088710	120000000			304088710		
600059	古越龙山	232800000	106470000				126330000	
600060	海信电器	493767810	203840000				289927810	
600061	中纺投资	373115600	121680000				211140800	
600062	双鹤药业	441075700	185866200				239239000	15970500
600063	皖维高新	252900000	99000000				153900000	
600064	南京高科	344145888	155487600				150304680	38353608
600065	大庆联谊	192000000	60000000					123600000
600066	宇通客车	136723661	93723141			23500000		5200000
600067	福州大通	168018653	108678829			44153904		
600068	葛 洲 坝	705800000	345800000				360000000	
600069	银鸽投资	371600000	145600000			145888000		80112000
600070	浙江富润	85593002	40560002					30061800
600071	凤凰光学	237472456	107450200				130022256	
600072	江南重工	329496960	149760000				179736960	
600073	上海梅林	324000000	120000000			204000000		
600074	南京中达	341280000	174960000				82815120	
600075	新疆天业	226800000	97200000				129600000	
600076	青鸟华光	253216000	124800000				64416000	
600077	国能集团	126819142	46540742			6592000	67904000	2080000
600078	澄星股份	180061968	66276720					102082800
600079	人福科技	145236000	83486000					
600080	金花股份	230835200	99840000					118753027
600081	东风科技	241200000	60300000				180900000	
600082	ST 海 泰	148980783	79188200			33280783		
600083	ST 红 光	230000000	135730600			79618194		2400000
600084	新天国际	235180400	89232000				118300000	27648400
600085	同 仁 堂	331799933	99616608					232183325
600086	多佳股份	352281672	128220120					224061552
600087	南京水运	239323072	72800000					131403712
600088	中视传媒	236730000	78000000					158730000
600089	特变电工	259490176	130416000					98630656
600090	啤 酒 花	367916646	174120960				72613888	
600091	明天科技	336526000	206200000				130326000	
600092	精密股份	261196200	133099200				76653000	
600093	禾嘉股份	191250000	76500000					114750000
600094	华源股份	491754000	110400000	207000000			154932000	19422000

2002 年末上市公司股本结构一览
Capital Structure of Listed Companies at the End of 2002

境外发起法人股 Overseas Legal Person Shares	个人发起人股 Personal Legal Shares	社会法人股 Social Legal Person Shares	职工股 Staff Shares	法人配售 Legal Person Allotment	战略投资者配售 Strategic Investment Allotment
		667050000			
		19000000			
		2063471322			
		1911070090			429800000
				1732000000	518000000
		141681042			
40294800					
		8400000			
		14300520			
		15185920			
		14971200			
		83504880			
		64000000			
		3702400			
		11702448			
		61750000			
12242173					
		36511800			
		12251206			
		35119360			
		30443520			
		121181798			
		51444000			

2002 年末上市公司股本结构一览
Capital Structure of Listed Companies at the End of 2002

股票代码 Code	股票简称 Name	总股本 Total	A 股流通股 A Negotiable	B 股 B Shares	H 股 H Shares	国家股 State Owned Shares	国有法人股 State Legal Person Shares	境内发起法人股 Domestic Promoter Legal Person Shares
600095	哈 高 科	261560000	151066007					110493993
600096	云 天 化	368181800	100000000				268181800	
600097	华立科技	115449889	35000000					80449889
600098	广州控股	1252800000	234000000				1018800000	
600099	林海股份	219120000	91200000			7073280	120846720	
600100	清华同方	574612295	273030533			14891031	274734213	
600101	明星电力	169805367	95004000			49354407		25446960
600102	莱钢股份	922273092	202800000				719473092	
600103	青山纸业	706300000	446420000					255820000
600104	上海汽车	2519999300	755999790			1763999510		
600105	永鼎光缆	272110462	97500000					131260462
600106	重庆路桥	310000000	90000000			220000000		
600107	美 尔 雅	360000000	133200000				87728738	70875000
600108	亚盛集团	625045200	276822000			140722920		
600109	ST 成 百	70982700	27500000			33482700		
600110	中科英华	334123794	137676350				111478826	
600111	稀土高科	403674000	145600000				191705740	17368260
600112	长征电器	172000000	52000000			120000000		
600113	浙江东日	118000000	40000000					78000000
600115	东方航空	4866950000	300000000		1566950000			3000000000
600116	三峡水利	174768000	57992000			69718000		1760000
600117	西宁特钢	582220000	160000000				408320000	13900000
600118	中国卫星	189504000	72000000				107424000	10080000
600119	长江投资	257400000	82368000				175032000	
600120	浙江东方	315920909	131175677			136884989		
600121	郑州煤电	810000000	216000000				594000000	
600122	宏图高科	319200000	144000000				174686948	513052
600123	兰花科创	371250000	144000000				227250000	
600125	铁龙股份	190776000	90776000				98800000	
600126	杭钢股份	645337500	165750000				479587500	
600127	金健米业	432500065	191434455				241065610	
600128	弘业股份	199447500	74123100			103405265		
600129	太极集团	252600000	75000000				147789600	13255320
600130	波导股份	160000000	40000000					120000000
600131	岷江水电	296544209	99950009			144243000		22473000
600132	重庆啤酒	170872000	52000000			92365000		
600133	东湖高新	275592200	83200000					118152200
600135	乐凯胶片	342000000	126000000				216000000	
600136	道博股份	104444000	40924000					
600137	ST 长 控	60711288	17400000			34671288		
600138	青旅控股	267000000	117000000				150000000	
600139	鼎天科技	76010200	29400000			46610200		
600141	兴发集团	160000000	40000000			48780000		
600145	四维瓷业	346500000	124740000			195857285	931752	24970963
600146	大元股份	200000000	60000000				140000000	
600148	离 合 器	141516450	42000000			99516450		
600149	邢台轧辊	305640000	124200000			175680000		
600150	沪东重机	241493120	77000000			164493120		
600151	航天机电	467840000	141440000					326400000
600152	维科精华	293494200	110975000			14100000	87169200	
600153	厦门建发	296000000	80000000				216000000	
600155	宝硕股份	412500000	120000000			292500000		
600156	益 鑫 泰	438900000	136000000				291200000	11700000
600157	鲁润股份	170446162	63558432			11016000		95871730
600158	中体产业	253648200	76050000				177598200	
600159	宁城老窖	305001616	88007680			216993936		
600160	巨化股份	371200000	114400000				256800000	
600161	天坛生物	192000000	48000000				144000000	
600162	山东临工	175890000	107520000			65950000		
600163	福建南纸	305946640	91000000			214946640		
600165	宁夏恒力	251200000	93600000			132000000		
600166	福田汽车	280466000	80000000			182166000		18300000
600167	沈阳新开	190000000	70000000			120000000		
600168	武汉控股	441150000	127500000				313650000	
600169	太原重工	372172425	144000000			11700000	216472425	

2002 年末上市公司股本结构一览
Capital Structure of Listed Companies at the End of 2002

境外发起法人股 Overseas Legal Person Shares	个人发起人股 Personal Legal Shares	社会法人股 Social Legal Person Shares	职工股 Staff Shares	法人配售 Legal Person Allotment	战略投资者配售 Strategic Investment Allotment
		11956518			
		4060000			
		43350000			
		68196262			
		155157080	52343200		
		10000000			
		84968618			
49000000					
		45298000			
		47860243			
		1200000			
		21919135			
		16555080			
		29878200			
		26507000			
		74240000			
		63520000			
		8640000			
		71220000			
		5760000			
		81250000			
		2420000			
		17760000	7840000		

2002年末上市公司股本结构一览
Capital Structure of Listed Companies at the End of 2002

股票代码 Code	股票简称 Name	总股本 Total	A股流通股 A Negotiable	B股 B Shares	H股 H Shares	国家股 State Owned Shares	国有法人股 State Legal Person Shares	境内发起法人股 Domestic Promoter Legal Person Shares
600170	上海建工	719298000	234000000			485298000		
600171	上海贝岭	564764200	202800000			217178520		144785680
600172	黄河旋风	268000000	104000000					123000000
600173	牡丹江	230000000	101515500				122109500	2800000
600175	美都控股	106680000	40680000					36540000
600176	中国化建	222600000	74200000				98845000	49555000
600177	雅戈尔	568095052	225086558					286678330
600178	东安动力	462080000	138580000				323500000	
600179	黑化股份	330000000	100000000				230000000	
600180	九发股份	250990080	79872000				171118080	
600181	云大科技	348136224	168000000					180136224
600182	桦林轮胎	340000000	170000000				151070000	1000000
600183	生益科技	638015625	193689844				253571297	
600185	海星科技	217800000	74800000					143000000
600186	莲花味精	884000000	364000000			520000000		
600187	黑龙股份	327225000	97500000			229725000		
600188	兖州煤业	2870000000	180000000		1020000000		1670000000	
600189	吉林森工	310500000	110500000				200000000	
600190	锦州港	946500000	228000000	166500000		157500000		
600191	华资实业	303082500	104650000				114827285	83605215
600192	长城电工	320500000	110500000				210000000	
600193	创兴科技	167800000	46000000			38574060		83225940
600195	中牧股份	390000000	120000000				270000000	
600196	复星实业	381888000	146250000					235638000
600197	伊力特	220500000	75000000			2000000	132500000	11000000
600198	大唐电信	438986400	165373750				214447011	25505720
600199	金牛实业	346400000	130000000				216400000	
600200	江苏吴中	277200000	125100000					80340000
600201	金宇集团	109213250	50313250			20600000	2500000	17000000
600202	哈空调	245731200	100777600			144953600		
600203	福日股份	256400000	70000000			186400000		
600205	山东铝业	560000000	160000000				400000000	
600206	有研硅股	145000000	65000000				80000000	
600207	安彩高科	440000000	180000000				259160000	840000
600208	中宝股份	250840293	103200000			17207713	27600000	
600209	罗顿发展	235741865	75000000					160741865
600210	紫江企业	546400071	171350913					238446039
600211	西藏药业	122600000	45000000				77600000	
600212	江泉实业	319900866	191796347					76919092
600213	亚星客车	190000000	60000000			128572500	1427500	
600215	长春经开	306000000	165360000			140640000		
600216	浙江医药	450060000	132147200			11849923	144568444	99853499
600217	秦岭水泥	413000000	140000000			160000000		113000000
600218	全柴动力	283400000	101400000			182000000		
600219	南山实业	257000000	135000000					122000000
600220	江苏阳光	312381652	119000000					193381652
600221	海南航空	730252801	371957765	76680000		17289355		117547200
600222	竹林众生	136145240	35000000				99955240	
600223	万杰高科	536250000	211315000					324935000
600225	天香集团	201000000	86498250			17700000	42193095	54608655
600226	升华拜克	270366165	97440000					154171375
600227	赤天化	170000000	70000000			97081200		2918800
600228	昌九生化	288000000	96000000				192000000	
600229	青岛碱业	295126210	90000000			141745756		
600230	沧州大化	259331620	80000000			178031620		1300000
600231	凌钢股份	403000000	130000000			232050000		
600232	金鹰股份	218851880	58500000				864500	159487380
600233	大连创世	165000000	52500000					90000000
600234	天龙集团	93860000	30000000			33860000		
600235	民丰特纸	177000000	52000000				123900000	1100000
600236	桂冠电力	675363033	110000000			131265667	362537300	
600237	铜峰电子	100000000	40000000			7200000	52800000	
600238	海南椰岛	166000000	74000000			46390000		12600000
600239	红河光明	177338160	94530240			32114880		
600240	仕奇实业	175000000	75000000			100000000		

2002 年末上市公司股本结构一览
Capital Structure of Listed Companies at the End of 2002

境外发起法人股 Overseas Legal Person Shares	个人发起人股 Personal Legal Shares	社会法人股 Social Legal Person Shares	职工股 Staff Shares	法人配售 Legal Person Allotment	战略投资者配售 Strategic Investment Allotment
41000000					
		3575000			
		29460000			
		56330164			
		17930000			
165305053		25449431			
		394500000			
33659919					
		71760000			
		18800000			
		102832580			
136603119					
		51185427			
		61640934			
108043201		38735280			
		1190000			
18754790					
		28935081	34445373		
		6500000	34450000		
			22500000		
		17000000	13000000		
		38226733	33333333		
		33010000			
		50693040			

2002年末上市公司股本结构一览
Capital Structure of Listed Companies at the End of 2002

股票代码 Code	股票简称 Name	总股本 Total	A股流通股 A Negotiable	B股 B Shares	H股 H Shares	国家股 State Owned Shares	国有法人股 State Legal Person Shares	境内发起法人股 Domestic Promoter Legal Person Shares
600241	辽宁时代	106000000	30000000				70000000	
600242	华龙集团	174029825	60000000				30817344	10052481
600243	青海华鼎	156600000	55000000			50000000	680000	50920000
600246	先锋股份	92000000	30000000				33530000	28470000
600247	物华股份	110000000	35000000					48000000
600248	秦丰农业	128820000	48000000				72570000	8250000
600250	南纺股份	132662800	55000000			62362800		
600252	梧州中恒	139389360	49500000			54868000	16868500	
600253	天方药业	420000000	120000000				299698614	301386
600255	鑫科材料	95000000	30000000				57439548	7560452
600256	广汇股份	721717704	204000000				42763483	335688161
600257	洞庭水殖	73000000	40000000			15906000	7722000	9372000
600258	首旅股份	231400000	70000000				160000000	1400000
600259	兴业聚酯	213400000	70000000			83360000	34000000	1440000
600260	凯乐科技	175880000	55000000			15000000		75704000
600261	浙江阳光	123160000	40000000					83160000
600262	北方股份	170000000	55000000				71070000	1150000
600263	路桥建设	408133010	115000000				293133010	
600265	景谷林业	105000000	40000000			61320000		3680000
600266	北京城建	600000000	150000000			450000000		
600267	海正药业	249600000	64000000			138674560	44525440	
600268	国电南自	118000000	40000000				78000000	
600269	赣粤高速	353000000	120000000			231764033	1235967	
600270	外运发展	365851200	92400000				272791200	660000
600272	开开实业	243000000	45000000	80000000		80090200		
600275	武 昌 鱼	317955170	91000000				224595150	2360020
600276	恒瑞医药	255072000	76800000			158524800	18691200	1056000
600277	亿利科技	158000000	58000000				97371000	2629000
600278	东方创业	320000000	80000000			236890500		3109500
600279	重庆港九	228390960	86000000				142390960	
600280	南京中商	121260884	35000000			32624300		
600281	太化股份	358906000	105000000			248376000		5530000
600282	南钢股份	504000000	144000000			357600000	2400000	
600283	钱江水利	285330000	85000000			60330000	139670000	
600285	羚锐股份	100360000	40000000				40743000	6036000
600286	国光瓷业	114000000	75120000			3600000		
600287	江苏舜天	218398037	57200000			131883037		
600288	大恒科技	210000000	75000000				135000000	
600289	亿阳信通	105890000	40000000					65890000
600290	苏 福 马	124500000	45000000				74884800	4615200
600291	西水股份	160000000	60000000			53260000		46740000
600292	九龙电力	167250000	60000000				78291000	
600293	三峡新材	274300000	71500000			90009400		30876300
600295	鄂尔多斯	516000000	80000000	210000000			226000000	
600296	兰州铝业	295004480	110000000					185004480
600297	美罗药业	115000000	40000000				72900000	2100000
600298	安琪酵母	135700000	35000000				79700000	21000000
600299	星新材料	240000000	80000000					160000000
600300	维维股份	330000000	100000000					
600301	南化股份	185148140	72890345				111932795	325000
600302	标准股份	319009804	90000000			196062700	4200000	28747104
600303	曙光股份	162000000	72000000					69750000
600305	恒顺醋业	127150000	40000000				82792500	
600306	商 业 城	178138918	58500000			15957500	97067003	432997
600307	酒钢宏兴	728000000	200000000				527500000	500000
600308	华泰股份	230967970	108000000					92187970
600309	烟台万华	384000000	128000000				249600000	6400000
600310	桂东电力	156750000	45000000			110750000	1000000	
600311	荣华实业	200000000	80000000				48000000	72000000
600312	平高电气	183500000	60000000				48782500	74717500
600313	中农资源	252200000	80000000				171500000	350000
600315	上海家化	270000000	80000000				89965000	24035000
600316	洪都航空	210000000	90000000				117211500	2788500
600317	营 口 港	250000000	100000000				150000000	
600318	巢东股份	200000000	80000000				107735000	12265000

2002 年末上市公司股本结构一览
Capital Structure of Listed Companies at the End of 2002

境外发起法人股 Overseas Legal Person Shares	个人发起人股 Personal Legal Shares	社会法人股 Social Legal Person Shares	职工股 Staff Shares	法人配售 Legal Person Allotment	战略投资者配售 Strategic Investment Allotment
6000000					
		45200200	27959800		
		15000000	12000000		
		13358400	1941600		
		4969910	13182950		
139266060					
			24600000		
		6000000	24176000		
42780000					
2400000					
		22909800	15000000		
		16000000	5956584		
	330000				
12494520	1086480				
		35280000			
		25285049	4029951		
		28959000			
		45410300	36504000		
82800000		147200000			
			20250000		
		4357500			
		1236183	4945235		
			30780000		
350000					
76000000					

2002 年末上市公司股本结构一览
Capital Structure of Listed Companies at the End of 2002

股票代码 Code	股票简称 Name	总股本 Total	A 股流通股 A Negotiable	B 股 B Shares	H 股 H Shares	国家股 State Owned Shares	国有法人股 State Legal Person Shares	境内发起法人股 Domestic Promoter Legal Person Shares
600319	亚星化学	315594000	80000000				153607288	235594
600320	振华港机	456500000	88000000	110000000		160556000		
600321	国栋建设	175200000	70000000					92700000
600322	天房发展	423707417	121000000			178457417		
600323	南海发展	208514168	65000000				76094508	
600326	西藏天路	180000000	72000000				108000000	
600327	大厦股份	108689961	40000000				68689961	
600328	兰太实业	172652899	60000000				102252899	10400000
600329	中新药业	369654360	40000000		100000000	194654360		
600330	天通股份	229470000	60000000					67351152
600331	宏达股份	130000000	50000000					27440000
600332	广州药业	810900000	78000000		219900000	513000000		
600333	长春燃气	406531200	102000000				244800000	
600335	中 发 展	116628600	35000000				78545600	3083000
600336	澳 柯 玛	341036000	90000000			249336000		1700000
600337	美克股份	110496000	48000000				10624320	36247680
600338	珠峰摩托	158333333	50000000				42250000	66083333
600339	天利高新	357000000	126000000				209589240	21410760
600345	长江通信	198000000	54000000				126000000	18000000
600346	冰山橡塑	105000000	38500000				63830000	2670000
600350	山东基建	3363800000	505000000			2858800000		
600351	亚宝药业	115000000	40000000			69520000	5480000	
600353	旭光股份	82600494	30000000			17843326		
600355	精伦电子	123022300	31000000					
600356	恒丰纸业	140000000	40000000				80000000	
600357	承德钒钛	380333520	100000000			224773520		
600358	国旅联合	210000000	75000000				109319550	25680450
600359	新农开发	321000000	117000000				204000000	
600360	华微电子	118000000	50000000				66000000	2000000
600361	华联综超	125572900	50000000					75572900
600362	江西铜业	2664038200	230000000		1156482000		1275556200	2000000
600363	联创光电	247204500	90000000				155206500	1998000
600365	通葡萄酒	140000000	60000000					80000000
600366	宁波韵升	285975000	78750000					202770000
600367	红星发展	130000000	39000000				89180000	1820000
600368	五洲交通	442000000	80000000			24800000	315200000	
600369	长运股份	172300000	70000000			28888046	7750000	
600371	华冠科技	100000000	40000000					
600372	昌河股份	410000000	110000000				263859271	36140729
600373	鑫新股份	125000000	45000000				79626197	373803
600376	天鸿宝业	173200000	64000000				74128000	
600377	宁沪高速	5037747500	150000000		1222000000	2778663600	600471000	
600378	天科股份	195573391	76050000			108648241	2509650	8365500
600379	宝光股份	158000000	50000000				80000000	
600380	太太药业	406620000	105000000					226215000
600381	白 唇 鹿	110000000	35000000				73990000	1010000
600382	广东明珠	170873300	60000000			24053100	247000	21195200
600383	金地集团	270000000	90000000			76200000	11200000	8800000
600385	山东金泰	141323648	67835000					38138982
600386	北京巴士	252000000	80000000				171570000	430000
600388	龙净环保	167000000	65000000			22465798	4547677	22986525
600389	江山股份	180000000	48000000				119400000	12600000
600390	金瑞科技	106700000	40000000				66700000	
600391	成发科技	140000000	50000000				90000000	
600393	东华实业	200000000	55263800			140000000		
600395	盘江股份	371300000	120000000				251300000	
600396	金山股份	130000000	45000000			72830000	1170000	11000000
600397	安源股份	220000000	80000000				139646906	353094
600398	凯诺科技	213708834	99450000					114258834
600399	抚顺特钢	520000000	120000000				396724500	3275500
600400	红豆股份	179523000	50000000					129393477
600415	小商品城	104030009	29152099				49811300	15400000
600416	湘电股份	195000000	75000000				115435069	4564931
600418	江淮汽车	230000000	88000000				105250000	
600419	新疆天宏	80160000	30000000				47520000	2640000

2002 年末上市公司股本结构一览
Capital Structure of Listed Companies at the End of 2002

境外发起法人股 Overseas Legal Person Shares	个人发起人股 Personal Legal Shares	社会法人股 Social Legal Person Shares	职工股 Staff Shares	法人配售 Legal Person Allotment	战略投资者配售 Strategic Investment Allotment
81751118					
97944000					
			12500000		
		50468500	73781500		
		64350000	3069660		
		12050000	22950000		
			102118848		
		50560000	2000000		
			59731200		
15624000					
		27851440	6905728		
	92022300				
			20000000		
		48560000	7000000		
			4455000		
			22000000		
		63104454	2557500		
		60000000			
		35072000			
		286612900			
		28000000			
75405000					
		65378000			
61400000		22400000			
		35349666			
		52000000			
		4736200			
			129523		
		6844210	2822400		
36750000					

2002 年末上市公司股本结构一览
Capital Structure of Listed Companies at the End of 2002

股票代码 Code	股票简称 Name	总股本 Total	A 股流通股 A Negotiable	B 股 B Shares	H 股 H Shares	国家股 State Owned Shares	国有法人股 State Legal Person Shares	境内发起法人股 Domestic Promoter Legal Person Shares
600422	昆明制药	98180000	40000000				21500560	21500560
600426	华鲁恒升	167000000	60000000				106350000	650000
600428	中远航运	360000000	130000000				219920000	10080000
600448	华纺股份	245000000	93500000				150115400	1384600
600456	宝钛股份	200080000	60000000				140080000	
600458	时代新材	85148000	35000000				50148000	
600466	迪康药业	127400000	50000000					77400000
600468	特精股份	110000000	30000000				78293807	1706193
600486	扬农化工	100000000	30000000				70000000	
600488	天药股份	193711548	58500000				130011548	5200000
600496	长江股份	110000000	40000000			67888320		2111680
600498	烽火通信	410000000	88000000				308350000	13650000
600499	科达机电	55300000	20000000					28240000
600500	中化国际	558975000	180000000				371385000	7590000
600501	航天晨光	187314375	72000000				114815959	
600503	宏智科技	110000000	40000000					
600505	西昌电力	165000000	55000000			30305400	32172700	
600506	香梨股份	160500000	50000000				74905700	35594300
600508	上海能源	401510000	110000000				290210000	1300000
600509	天富热电	169085000	60000000				106725000	2360000
600510	黑 牡 丹	146123600	38000000			37845800		
600511	国药股份	133000000	53000000				80000000	
600512	腾达建设	159735164	60000000					
600515	第一投资	154160000	50000000					36918119
600516	海龙科技	200000000	80000000				119000000	1000000
600518	康美药业	70800000	18000000					47000000
600519	贵州茅台	275000000	78650000				194700000	1650000
600520	三佳模具	62800000	25000000				34100000	3700000
600522	中天科技	208310000	70000000				10860000	127450000
600523	贵航股份	220000000	70000000			21573100	127085900	1341000
600525	长园新材	99540000	25000000				25414927	46715261
600526	菲达环保	100000000	40000000				55000000	4000000
600528	中铁二局	410000000	110000000				300000000	
600529	山东药玻	82407448	32000000			30119648		
600530	交大昂立	200000000	50000000				60000000	73500000
600531	豫光金铅	126816200	45000000				81296200	520000
600532	华阳科技	90000000	40000000				48707300	1292700
600533	栖霞建设	140000000	40000000				70760000	29240000
600535	天 士 力	190000000	50000000				4536000	135464000
600536	中软股份	84172824	30000000				35212336	
600539	狮头股份	230000000	88000000			37070000	104610000	320000
600548	深 高 速	2180700000	165000000		747500000	654780000	613420000	
600549	厦门钨业	120000000	30000000			46332000	900000	28215000
600550	天威保变	330000000	90000000			207900000	975000	31125000
600551	科大创新	75000000	25000000				45895200	
600552	方兴科技	90000000	40000000				49850000	150000
600553	太行股份	190000000	50000000			96860000		
600555	茉 织 华	434500000	81000000	110000000			133917195	15254049
600556	北生药业	90000000	45320000			21268000		
600557	康缘药业	91800000	40000000				25382000	19601120
600558	大 西 洋	120000000	45000000				71183885	3816115
600559	裕丰股份	140000000	40000000			98798500	353400	848100
600560	京自天正	76460000	30000000				45615000	845000
600561	江西长运	92862000	30000000				50442000	
600563	法拉电子	150000000	50000000				30000000	70000000
600565	迪马股份	80000000	20000000				12000000	48000000
600566	洪城股份	106308000	44000000			32720000		618000
600567	山鹰纸业	160500000	60000000			93465000	6030000	1005000
600568	潜江制药	72860000	35000000				36912000	
600569	安阳钢铁	1345490259	275000000			870490259		
600571	信 雅 达	58460000	18000000					24276000
600577	精达股份	60000000	20000000				35000000	5000000
600578	京能热电	573360000	100000000				473360000	
600579	黄海股份	216000000	72000000				143197440	802560
600580	卧龙科技	109104261	35000000			5000000	3500000	48445391

2002 年末上市公司股本结构一览
Capital Structure of Listed Companies at the End of 2002

境外发起法人股 Overseas Legal Person Shares	个人发起人股 Personal Legal Shares	社会法人股 Social Legal Person Shares	职工股 Staff Shares	法人配售 Legal Person Allotment	战略投资者配售 Strategic Investment Allotment
		15178880			
	7060000				
	498416				
	46655000	23345000			
		44771900	2750000		
	24664700	34813100	10800000		
	98140014				
		34983406	20832000		
	5800000				
	2409812				
	1000000				
		6824038	13463762		
16500000					
	18960488				
14553000					
4104800					
		23140000	20000000		
94328756					
		23327000	85000		
	6816880				
			12420000		
		28970000			
			948000		
			200000000		
	16184000				
	17158870				

2002 年末上市公司股本结构一览
Capital Structure of Listed Companies at the End of 2002

股票代码 Code	股票简称 Name	总股本 Total	A 股流通股 A Negotiable	B 股 B Shares	H 股 H Shares	国家股 State Owned Shares	国有法人股 State Legal Person Shares	境内发起法人股 Domestic Promoter Legal Person Shares
600581	八一钢铁	409427850	130000000				266427850	13000000
600582	天地科技	75000000	25000000				49001400	998600
600583	海油工程	250000000	80000000				170000000	
600585	海螺水泥	1183480000	200000000		361000000	622480000		
600586	金晶科技	96850000	35000000				61480000	370000
600587	新华医疗	61300000	21000000			32500000		
600588	用友软件	100000000	25000000					75000000
600589	广东榕泰	160000000	40000000					120000000
600590	泰豪科技	133056828	40000000					93056828
600591	上海航空	721000000	200000000			65020800	350320400	
600592	龙溪股份	150000000	50000000			55392000	27251000	
600593	大连圣亚	92000000	32000000				27000000	18000000
600595	中孚实业	135282720	50000000				69703720	
600596	新安股份	134110363	44000000			39930000	13036400	20463963
600597	光明乳业	651182850	150000000			25059142	200473141	50118284
600598	北 大 荒	1469960000	300000000			1169960000		
600599	浏阳花炮	126000000	39600000			55678320		27000000
600600	青岛啤酒	1000000000	200000000		346850000	399820000		
600601	方正科技	373248000	373248000					
600602	广电电子	927227733	349972019	231913411		345342303		
600603	ST 兴 业	194641920	194641920					
600604	二 纺 机	566449190	71181880	232925000		262342310		
600605	轻工机械	210192000	24000000			186192000		
600606	金丰投资	254942546	113581599			141360947		
600607	上实联合	306512351	132932010			68472000	27688500	8551008
600608	上海科技	151262212	93207704				58054508	
600609	金杯汽车	1092667132	364000000			110616116	495623779	122427237
600610	ST中纺机	357091535	25740000	120120000		188923535		
600611	大众交通	598701580	142323400	202800000		113578180	140000000	
600612	第一铅笔	251779395	29087916	120051360		83328128		
600613	永生数据	147904607	9125250	45626250		38964331		54188776
600614	胶带股份	115133378	8349000	41745000		56690378		
600615	丰华股份	150416406	46500480				79186360	
600616	第一食品	190395613	68481054			84377483		
600617	联华合纤	167194800	9000000	64558440				66636360
600618	氯碱化工	1164483067	27832420	406560000		611510647		
600619	海立股份	380520000	20280000	179400000		120000000		60840000
600620	天宸股份	266774325	80465487					30353538
600621	上海金陵	524082351	209955357			138298161	105082466	
600622	ST 嘉 宝	333688309	115199136					60730802
600623	轮胎橡胶	889467722	22880000	243100000		617767722		
600624	复旦复华	263477126	161721918			15503523	86251685	
600626	申达股份	338210865	140481600			151450600		
600627	电器股份	517965500	51000000			433807200		
600628	新 世 界	318903367	139371397			139419202		
600629	ST 棱 光	151377598	57760548			25140864		
600630	龙头股份	424861597	191100000			190874197		
600631	第一百货	582845305	188310746			263348935		
600632	华联商厦	422599861	124467083			148108799		
600633	白猫股份	152050800	13200000					83016208
600634	海鸟发展	87207283	39809737					25120700
600635	大众科创	546181666	326255342				64873750	
600636	三 爱 富	186782029	82372088			48582635	33371256	
600637	广电信息	819812485	203805161			524206763		
600638	新 黄 浦	561163988	170152172			197621636		40994553
600639	浦东金桥	767624000	128865000	224939000		377520000		
600640	联通国脉	364882700	55335571					214852514
600641	中远发展	447865971	179066240				268799731	
600642	申能股份	1793087769	410992000			1113096700		
600643	爱建股份	460687964	308352666					108492078
600644	乐山电力	249336499	128761571			73153822		20180810
600645	望 春 花	250027992	98155360					
600646	ST 国 嘉	179709870	30380075					67537882
600647	ST 同 达	53516750	21000000					25040000
600648	外 高 桥	745057500	54450000	200557500		435600000		

2002 年末上市公司股本结构一览
Capital Structure of Listed Companies at the End of 2002

境外发起法人股 Overseas Legal Person Shares	个人发起人股 Personal Legal Shares	社会法人股 Social Legal Person Shares	职工股 Staff Shares	法人配售 Legal Person Allotment	战略投资者配售 Strategic Investment Allotment
			7800000		
105658800					
		17357000			
15000000					
		1040000	14539000		
			16680000		
225532283					
	3721680				
		53330000			
68868833					
		22308000			
		19311991			
		8349000			
		24729566			
		37537076			
		27000000			
		118580000			
		155955300			
		70746367			
		157758371			
		5720000			
		46278665			
		33158300			
		40112768			
		68476186			
		42887400			
		131185624			
		150023979			
		55834592			
22276846					
		152009374	3043200		
		22456050			
		91800561			
		152395627			
		36300000			
		94694615			
		268999069			
		43843220			
		27240296			
		151872632			
51411838		30380075			
		7476750			
		54450000			

2002年末上市公司股本结构一览
Capital Structure of Listed Companies at the End of 2002

股票代码 Code	股票简称 Name	总股本 Total	A股流通股 A Negotiable	B股 B Shares	H股 H Shares	国家股 State Owned Shares	国有法人股 State Legal Person Shares	境内发起法人股 Domestic Promoter Legal Person Shares
600649	原水股份	1884395014	560851462			987762727		
600650	新 锦 江	551610107	41817600	161050032				223289675
600651	飞乐音响	424165123	424165123					
600652	爱使股份	299624832	299624832					
600653	申华控股	1455316931	1455316931					
600654	飞乐股份	484002022	366319114			117682908		
600655	豫园商城	465333455	149079457			57566683		97569151
600656	华源制药	93218441	50959985			3954456		38304000
600657	青鸟天桥	179077832	102996054			18969046	4250827	
600658	兆维科技	167023116	95069976			5974800		56272740
600659	神龙发展	173421772	44570064					128851708
600660	福耀玻璃	452394567	144490039					
600661	交大南洋	144730688	25455375			10801065		63252569
600662	强生控股	309034440	165369600					143664840
600663	陆 家 嘴	1867684000	160524000	509600000		1121120000		58800000
600664	哈药集团	636925883	415538260			221387623		
600665	沪昌特钢	720102101	147000000			323427000		173441420
600666	西南药业	148792973	63193793				83949180	
600667	太极实业	368817381	189640000			71128776		93528605
600668	尖峰集团	300459139	144838048			95000000		
600669	ST鞍合成	232170832	148648500			83522332		
600670	ST高斯达	140333405	86051784				21053039	
600671	天目药业	121778628	63415428					47728911
600672	英豪科教	440976960	256000000			18497376		
600673	成量股份	110794400	45540000			47104400		
600674	川投控股	386208464	154740608				209532976	
600675	中华企业	697455097	318560122			347821429		
600676	交运股份	168961856	73400000			64361856		
600677	航天中汇	326172356	170745684			101220320		7687680
600678	四川金顶	232660000	96000000			131160000		
600679	凤凰股份	603619662	34320017	171600000		380539645		
600680	上海邮通	304925337	27040000	124800000		128749337		
600681	诚成文化	208068030	108523800			14678862		
600682	南京新百	230208211	152880000			56382626		
600683	银泰股份	199253729	89890449			42655600		14872000
600684	珠江实业	187039400	100035000			12903400		74101000
600685	广船国际	494677600	126479500		157398000	210800100		
600686	厦门汽车	151517520	57600000			44975520		
600687	新宇软件	109999979	42221459					42979174
600688	上海石化	7200000000	720000000		2330000000	4000000000		
600689	上海三毛	200991343	68544000	48787200		72572143		
600690	青岛海尔	797648282	449897074					
600691	东新电碳	77274499	33216000			22082299		
600692	亚通股份	139039113	58212028			27029415	37957670	
600693	东百集团	132008690	72300998			51971920		
600694	大商股份	267016905	156171328			99478000		
600695	大江股份	676305696	25740000	346732848				286672848
600696	利嘉股份	261973600	89652200					59236320
600697	欧亚集团	122737187	64912299			43072428		
600698	ST 轻 骑	971817440	306710040	230000000		397488000		
600699	辽源得亨	179796328	91444830			50312295		
600700	数码测绘	290898048	155691288			61290060		
600701	工大高新	324090968	174690968				113400000	
600702	沱牌曲酒	337300000	148618600				155081400	10000000
600703	天颐科技	119516464	58615464			54297000		
600704	中大股份	288269039	128382093			100734446		13950000
600705	北亚集团	653137440	352315200					116821536
600706	长安信息	87333441	37500021			14049750		
600707	彩虹股份	421148800	143644800				240160000	
600708	东海股份	237934848	86592000			105262848		46080000
600709	ST 生 态	446039220	199750400			84097100		162191720
600710	常林股份	165000000	74400000				90600000	
600711	雄震集团	60360000	15120000					12864000
600712	南宁百货	90420000	39540000			22260000		
600713	南京医药	194260716	83097396			52663320		900000

2002 年末上市公司股本结构一览
Capital Structure of Listed Companies at the End of 2002

境外发起法人股 Overseas Legal Person Shares	个人发起人股 Personal Legal Shares	社会法人股 Social Legal Person Shares	职工股 Staff Shares	法人配售 Legal Person Allotment	战略投资者配售 Strategic Investment Allotment
		335780825			
		125452800			
		161118164			
		52861905			
		9705600			
190756072		117148456			
		45221679			
		17640000			
		76233681			
		1650000			
		14520000			
		60621091			
		33228582			
		10634289			
		166479584			
		18150000			
		21934880			
		31073546			
		31200000			
		46518672			
		5500000			
		17160000			
		24336000			
		84865368			
		20945585			
		51835680			
		48942000			
		24799346			
		150000000			
		11088000			
		347751208			
		21976200			
		15840000			
		7735772			
		11367577			
		17160000			
113085080					
		14752460			
		37619400			
		38039203			
		73916700			
		36000000			
		23600000			
		6604000			
		45202500			
		177400704		6600000	
		35783670			
		37344000			
		32376000			
		28620000			
		57600000			

2002年末上市公司股本结构一览
Capital Structure of Listed Companies at the End of 2002

股票代码 Code	股票简称 Name	总股本 Total	A股流通股 A Negotiable	B股 B Shares	H股 H Shares	国家股 State Owned Shares	国有法人股 State Legal Person Shares	境内发起法人股 Domestic Promoter Legal Person Shares
600714	山川股份	107812500	28750000				79062500	
600715	ST 松 辽	224256000	101376000				119040000	
600716	耀华玻璃	348300001	105300001			241560000		1440000
600717	天 津 港	659853799	215221406			414552665		
600718	东软股份	281451690	113258293				11430619	86273959
600719	大连热电	202299800	76050000			81249800		
600720	祁 连 山	346954252	163160266			152034970		31759016
600721	百 花 村	94800750	46500000			41423750		
600722	沧州化工	421420000	115000000			306420000		
600723	西单商场	409718038	185919370				186079557	27404111
600724	宁波富达	364368861	157475767					193215014
600725	云维股份	110000000	37500000			72500000		
600726	龙电股份	1121264960	168000000	432000000				47677680
600727	鲁北化工	379300000	152100000				227200000	
600728	新太科技	208180180	81120000				61411586	
600729	重庆百货	204000000	51000000			71400000		
600730	中国高科	174600000	54600000					74700000
600731	湖南海利	233921176	74643075				117054016	8421270
600732	上海港机	247990600	82940000				165050600	
600733	前锋股份	197586000	75600000			36270000		
600734	实达电脑	351558394	132732144					149762500
600735	兰陵陈香	154812936	83461530			71351406		
600736	苏州高新	457470000	150930000				222300000	38880000
600737	新疆屯河	575431590	290203590					285228000
600738	兰州民百	234397120	131256000				79108000	11980800
600739	辽宁成大	247572000	97812000			51376320		14863680
600740	山西焦化	202850000	84500000				118350000	
600741	巴士股份	726115600	336000000				303648800	
600742	一汽四环	211523400	103194000				66776400	27945000
600743	ST 幸 福	312800000	78200000					233613922
600744	华银电力	711648000	288288000					396891272
600745	ST 康 赛	121744896	46759440					65049456
600746	江苏索普	306421452	88026750					218394702
600747	大显股份	490778806	226432109			248235273		
600748	浦东不锈	587541643	156970021			84899814		345671808
600749	西藏圣地	80000000	24000000			56000000		
600750	江中药业	146112000	62400000				83712000	
600751	天津海运	492648820	103689300	180000000			184088520	
600752	哈慈股份	338464128	160888554			177575574		
600753	ST 冰 熊	128000000	32000000			96000000		
600754	新亚股份	603240740	98360000	156000000		255280740		
600755	厦门国贸	198120000	127000000			71120000		
600756	浪潮软件	165220800	68702400			72000000		24518400
600757	华源发展	472144227	140400000				230960427	58181700
600758	金帝建设	159755200	61595200			33150000		65010000
600759	ST琼华侨	208551974	69159974					93984000
600760	山东黑豹	272999973	131585987					136499986
600761	安徽合力	204636311	94220311				110416000	
600762	金荔科技	105664000	43264000					23795200
600763	ST 中 燕	160320000	40320000			99600000		20400000
600764	三星石化	183181658	58985630			94512227		29683801
600765	力源液压	111032000	34500000			76532000		
600766	烟台发展	171165513	60213240			32358182		
600767	运盛实业	341010182	96744557					86850000
600768	ST甬富邦	92880000	26784000					61704000
600769	祥龙电业	348816000	87360000					255056000
600770	综艺股份	270000000	99000000					148950000
600771	东盛科技	186886960	49500000					
600772	石油龙昌	239616000	75816000				95596800	
600773	西藏金珠	180330058	69333264				110996794	
600774	汉商集团	99190560	36341760			33600000		
600775	南京熊猫	655015000	58000000		242000000	355015000		
600776	东方通信	628000000	118000000	150000000				360000000
600777	新潮实业	204869500	97539327					78996840
600778	友好集团	311491352	171312867			66378485	17250750	10147500

2002 年末上市公司股本结构一览
Capital Structure of Listed Companies at the End of 2002

境外发起法人股 Overseas Legal Person Shares	个人发起人股 Personal Legal Shares	社会法人股 Social Legal Person Shares	职工股 Staff Shares	法人配售 Legal Person Allotment	战略投资者配售 Strategic Investment Allotment
		3840000			
		30079728			
70488819					
		45000000			
		6877000			
		10315000			
		13678080			
		452253947	21333333		
		65648594			
		81600000			
		45300000			
		33802815			
		85716000			
		69063750			
		45360000			
		12052320			
		83520000			
		86466800			
		13608000			
		986078			
		26468728			
		9936000			
		16111424			
		24871000			
		93600000			
25552800		17049300			
6336000		32736000	6336000		
		4914000			
		38604800			
		78594091			
157415625					
		4392000			
		6400000			
		13500000	8550000		
		137386960			
		68203200			
		29248800			
		28333333			
		46401750			

2002 年末上市公司股本结构一览
Capital Structure of Listed Companies at the End of 2002

股票代码 Code	股票简称 Name	总股本 Total	A 股流通股 A Negotiable	B 股 B Shares	H 股 H Shares	国家股 State Owned Shares	国有法人股 State Legal Person Shares	境内发起法人股 Domestic Promoter Legal Person Shares
600779	全兴股份	488545698	191312880			236644818		
600780	通宝能源	290980326	168852961				49045558	
600781	民丰实业	177592864	50625000					55973362
600782	新华股份	193220374	56160000					104681550
600783	四砂股份	202278900	64896000			59052900		
600784	ST 鲁 银	248306873	189010822				18315619	
600785	新华百货	102892500	64642500			28500000	9750000	
600786	ST 东 锅	211271200	54000000			157271200		
600787	中储股份	310337705	126163800				184173905	
600788	达 尔 曼	286639440	104715000					103650000
600789	鲁抗医药	364754210	158097940			142997400		
600790	轻 纺 城	371860686	252233280					56507329
600791	天创置业	99000000	33000000			16033908		13950000
600792	ST 马 龙	51000000	15000000			36000000		
600793	宜宾纸业	105300000	33540000			71760000		
600794	保税科技	119239680	50119680				16420000	37340000
600795	国电电力	1402292736	351947981				1050344755	
600796	钱江生化	117094850	42237000			56424000		2574000
600797	浙大网新	478260879	232631818					
600798	宁波海运	511875000	141450000					370425000
600799	ST 龙 科	389844000	178500000					
600800	天津磁卡	551659203	261739128			220057575		
600801	华新水泥	328400000	48000000	164000000		91526880		
600802	福建水泥	282816991	134299391			145145000		
600803	威远生化	118221713	66096000			52125713		
600804	鹏 博 士	116611200	71956800					43214400
600805	悦达投资	545445188	309490514			32988148	200378486	
600806	交大科技	245007400	60000000		65000000	102397700		
600807	济南百货	107926995	64350000			36276195		
600808	马钢股份	6455300000	600000000		1732930000	4034560000		
600809	山西汾酒	432924133	76684133				328240000	
600810	神马实业	566280000	141570000			424710000		
600811	东方集团	631495425	441976586					189518839
600812	华北制药	1169394189	469268624			700125565		
600814	杭州解百	237370419	101397592			83085074		
600815	厦工股份	449413799	119700149			329713650		
600816	鞍山信托	454109778	266674747			111726046		
600817	宏盛科技	82517982	11242000					50083932
600818	ST 永 久	265659430	14950000	69000000		170209430		
600819	耀皮玻璃	487500000	31250000	125000000				244197250
600820	隧道股份	591128735	266473435			296183459		
600821	津 劝 业	292520958	145585019			97023592		49912347
600822	物贸中心	252720298	13310000	66550000		144381298		
600823	世茂股份	236444777	113159027			100658250		
600824	益民百货	193649092	89865492			103783600		
600825	华联超市	154275248	38568998			15427377		
600826	兰生股份	280428192	95140000			185288192		
600827	友谊股份	330151358	82820472	125677061		106040021		
600828	成商集团	203148026	51084026			132828880		
600829	天鹅股份	257728265	64886330			192841935		
600830	大 红 鹰	175146814	102628813					1179750
600831	广电网络	111286700	46345400					59197000
600832	东方明珠	688028710	156886773				504836718	
600833	第一医药	159347391	47979256					77887176
600834	申通地铁	394530500	80040000			251125500		41687500
600835	上菱电器	591863026	186912000	125136000		279815026		
600836	界龙实业	111693750	41328125					58695008
600837	都市股份	78293905	19656001			58637904		
600838	上海九百	400881981	196862757			165383820		
600839	四川长虹	2164211422	951402345			1160343392		
600840	浙江创业	139751403	64420251			7183614		
600841	上柴股份	480309280	21600000	217000000		241709280		
600842	ST 中 西	215594628	84225521			56939896		
600843	上工股份	252466370	15600000	97500000		126366370		
600844	大盈股份	304564482	27684336	96896677		161157847		

2002 年末上市公司股本结构一览
Capital Structure of Listed Companies at the End of 2002

境外发起法人股 Overseas Legal Person Shares	个人发起人股 Personal Legal Shares	社会法人股 Social Legal Person Shares	职工股 Staff Shares	法人配售 Legal Person Allotment	战略投资者配售 Strategic Investment Allotment
		60588000			
		73081807			
53849502		17145000			
32378824					
		78330000			
		40980432			
		78274440			
63658870					
		63120077			
		36016092			
		15360000			
		15859850			
		245629061			
		211344000			
		69862500			
		24873120			
		3372600			
		1440000			
		2588040			
		17609700			
		7300800			
		87810000			
		28000000			
		52887753			
		75708985			
		21192050			
		11500000			
81399125		5653625			
		28471841			
		28479000			
		22627500			
		100278873			
		15613804			
		19235120			
		71338251			
		5744300			
		26305219			
		33480959			
		21677500			
		11670617			
		38635404			
		52465685			
		68147538			
		74429211			
		13000000			
		18825622			

2002年末上市公司股本结构一览
Capital Structure of Listed Companies at the End of 2002

股票代码 Code	股票简称 Name	总股本 Total	A股流通股 A Negotiable	B股 B Shares	H股 H Shares	国家股 State Owned Shares	国有法人股 State Legal Person Shares	境内发起法人股 Domestic Promoter Legal Person Shares
600845	宝信软件	262244070	13200000	88000000		150044070		
600846	同济科技	278089731	118719248					125592283
600847	万里电池	88660000	39897000			48763000		
600848	ST 自 仪	399286890	33674300	107145500		243160590		15306500
600849	上海医药	316207158	190708402			125498756		
600850	华东电脑	171031500	48600000			4088880		94042620
600851	海欣股份	603528346	183678936	201328535			66409654	119014465
600852	中川国际	164308602	56308602			24000000		
600853	ST 龙 建	532400000	164560000			342430000		
600854	春兰股份	519458538	198241871					
600855	航天长峰	160080000	52989000			2099000		
600856	长百集团	182737712	85914832			56872480		
600857	工大首创	192291840	91508797				51240869	34560000
600858	ST 渤 海	121346720	67953600			17600000		35793120
600859	王 府 井	392973026	198378626			194594400		
600860	北人股份	400000000	50000000		100000000			250000000
600861	北京城乡	405738946	167310000					214200000
600862	ST 纵 横	238444764	122367840			48876924	67200000	
600863	内蒙华电	990610000	197730000			74500000		718380000
600864	岁宝热电	136594549	45375000				45351789	45867760
600865	百大集团	269706320	135339938			80730000		
600866	星湖科技	325689081	194380454			131308627		
600867	通化东宝	324493036	157697280					166795756
600868	梅雁股份	1113571056	853862775					210374461
600869	青海三普	120000000	30000000			36000000		54000000
600870	ST 厦 华	370818715	151513539					219305176
600871	仪征化纤	4000000000	200000000		1400000000			2400000000
600872	火炬高新	450055950	249236074					173570302
600873	ST藏明珠	108236603	52136603					56100000
600874	创业环保	1330000000	112495000		340000000	839020000		
600875	东方电机	450000000	60000000		170000000	220000000		
600876	洛阳玻璃	700000000	50000000		250000000	400000000		
600877	中国嘉陵	473870840	219600000			254270840		
600878	北大科技	284430707	88636288					85241357
600879	火箭股份	234333196	137141235			26101928		
600880	博瑞传播	130180050	41877450				18260406	36000000
600881	亚泰集团	475106267	275515620			199590647		
600882	大成股份	185849063	96829622			87739146		
600883	富邦科技	198180000	63180000				27000000	
600884	杉杉股份	410858247	227984820					
600885	力诺工业	129807132	49868000			4245332		24482640
600886	国投电力	281745826	107316985			162234423		
600887	伊利股份	195632494	128855355			33028743		9710220
600888	新疆众和	103389000	29250000			64506000		9633000
600889	南京化纤	161547393	66818544			88488849		
600890	长春长铃	484850997	205095495			251054232		
600891	秋林集团	243564134	129419334			59913695		9350000
600892	湖大科教	50500000	15309700					19927000
600893	ST 吉 发	234910865	115316885				87189290	17361080
600894	广钢股份	686180000	161690265				352969735	
600895	张江高科	935130000	331900620				603229380	
600896	中海海盛	317282550	156078000				149925000	
600897	厦门机场	270000000	67500000			202500000		
600898	PT郑百文	197582119	107099200			28877869		
600899	信联股份	177505386	54305386					123200000
900929	国旅B股	132556570		66000000		66556570		
900935	阳晨B股	185300000		80000000		105300000		
900939	汇丽B股	181500000		88000000		6969600	86530400	
900948	伊煤B股	366000000		166000000		200000000		
900949	东电B股	2010000000		690000000				1320000000
900950	ST新城B	331914000		133914000		195360000		2640000
900951	大化B股	275000000		100000000		175000000		
900953	凯马B股	640000000		240000000		378294668		21705332
900956	东贝B股	235000000		115000000		117600000		2400000
900957	凌云B股	349000000		184000000				165000000

2002年末上市公司股本结构一览
Capital Structure of Listed Companies at the End of 2002

境外发起法人股 Overseas Legal Person Shares	个人发起人股 Personal Legal Shares	社会法人股 Social Legal Person Shares	职工股 Staff Shares	法人配售 Legal Person Allotment	战略投资者配售 Strategic Investment Allotment
		11000000			
		18160800	15617400		
		24300000			
33096756					
		84000000			
		25410000			
94904924		226311743			
		104992000			
		39950400			
		14982174			
		24228946			
		53636382			
		49333820			
		27249574			
		38485000			
		110553062			
		71090033			
		34042194			
		1280295			
		108000000			
		182873427			
		51211160			
		12194418			
		24038176			
		6240000			
		28701270			
		44881105			
		15263300			
		15043610			
171520000					
		11279550			
		61605050			

2002 年度上市公司股份变动
Change of Capital in 2002

股票代码 Code	股票简称 Name	股份增加 Share Add 总股本 Total	A 股流通股 A Share	B 股 B Share	变动原因 Reason	变动日期 Change Date
600000	浦发银行	1205000000	200000000	0	送股	2002.08.23
600008	首创股份	0	35000000	0	战略投资人配售上市	2002.04.11
600009	上海机场	163000	163000	0	债转股	2002.10.10
600009	上海机场	22800	22800	0	债转股	2002.04.04
600009	上海机场	118500	118500	0	债转股	2002.07.03
600011	华能国际	0	3395000	0	基金配售上市	2002.03.06
600011	华能国际	0	100000000	0	战略投资人配售上市	2002.06.06
600016	民生银行	337398433	68250000	0	送股	2002.06.20
600026	中海发展	3326000000	350000000	0	A 股新上市	2002.05.23
600028	中国石化	0	570000000	0	战略投资人配售上市	2002.04.08
600036	招商银行	5706818030	600000000	0	A 股新上市	2002.04.09
600036	招商银行	0	53655400	0	一般法人配售上市	2002.07.10
600036	招商银行	0	133791005	0	一般法人配售上市	2002.08.12
600036	招商银行	0	282753595	0	一般法人配售上市	2002.12.10
600037	歌华有线	81000000	24000000	0	送股	2002.10.16
600038	哈飞股份	90000000	36000000	0	送股	2002.05.17
600050	中国联通	19696596395	2750000000	0	A 股新上市	2002.10.09
600061	中纺投资	86103600	28080000	0	送股	2002.07.18
600062	双鹤药业	101786700	42892200	0	送股	2002.05.14
600067	福州大通	63006995	40754561	0	送股	2002.11.01
600070	浙江富润	9860000	9360000	0	配股上市	2002.07.19
600072	江南重工	54916160	24960000	0	送股	2002.07.26
600074	南京中达	45000000	45000000	0	A 股增发上市	2002.02.08
600074	南京中达	151680000	77760000	0	送股	2002.11.19
600076	青鸟华光	28800000	28800000	0	配股上市	2002.01.21
600079	人福科技	19266000	19266000	0	配股上市	2002.07.04
600081	东风科技	40200000	10050000	0	送股	2002.11.15
600091	明天科技	110000000	110000000	0	A 股增发上市	2002.06.17
600100	清华同方	0	25421906	0	吸收合并	2002.08.05
600102	莱钢股份	51091092	46800000	0	配股上市	2002.07.30
600105	永鼎光缆	22500000	22500000	0	配股上市	2002.05.28
600110	中科英华	148499464	61189489	0	送股	2002.05.10
600119	长江投资	42900000	13728000	0	送股	2002.11.12
600119	长江投资	49500000	15840000	0	送股	2002.05.10
600120	浙江东方	90263117	37478765	0	送股	2002.04.29
600145	四维瓷业	99000000	35640000	0	送股	2002.04.16
600149	邢台轧辊	50940000	13500000	0	送股	2002.07.12
600149	邢台轧辊	0	43200000	0	职工股上市	2002.08.09
600170	上海建工	119883000	39000000	0	送股	2002.08.01
600171	上海贝岭	130330200	46800000	0	送股	2002.04.24
600173	牡 丹 江	0	21515500	0	职工股上市	2002.03.21
600175	宝华实业	0	14000000	0	职工股上市	2002.03.25
600182	桦林轮胎	0	50000000	0	职工股上市	2002.04.12
600183	生益科技	147234375	44697656	0	送股	2002.07.15
600185	海星科技	19800000	6800000	0	送股	2002.07.22
600186	莲花味精	204000000	84000000	0	送股	2002.07.12
600190	锦 州 港	0	138000000	0	职工股上市	2002.05.09
600196	复星实业	88128000	33750000	0	送股	2002.06.19
600200	江苏吴中	0	4500000	0	职工股上市	2002.03.11
600202	哈 空 调	22339200	9161600	0	送股	2002.07.10
600202	哈 空 调	0	31616000	0	职工股上市	2002.04.26
600208	中宝股份	41806716	17200000	0	送股	2002.07.25
600208	中宝股份	0	21000000	0	职工股上市	2002.07.10
600212	江泉实业	65707266	39394747	0	送股	2002.07.23
600212	江泉实业	0	80901600	0	职工股上市	2002.07.08
600212	江泉实业	35169600	16500000	0	配股上市	2002.05.27
600215	长春经开	0	75360000	0	职工股上市	2002.07.29
600216	浙江医药	0	19047200	0	职工股上市	2002.08.13
600219	南山实业	0	60000000	0	职工股上市	2002.09.10
600221	海南航空	0	64800000	0	职工股上市	2002.11.25
600221	海南航空	0	85757765	0	其他股本变动	2002.11.25
600223	万杰高科	0	68315000	0	职工股上市	2002.09.13
600225	天香集团	0	18998250	0	职工股上市	2002.10.18
600226	升华拜克	16872021	16800000	0	配股上市	2002.09.10
600231	凌钢股份	93000000	30000000	0	送股	2002.10.16

2002年度上市公司股份变动
Change of Capital in 2002

股票代码 Code	股票简称 Name	股份增加 Share Add 总股本 Total	A股流通股 A Share	B股 B Share	变动原因 Reason	变动日期 Change Date
600233	大连创世	55000000	17500000	0	送股	2002.07.25
600236	桂冠电力	0	48000000	0	战略投资人配售上市	2002.03.25
600238	海南椰岛	0	24000000	0	职工股上市	2002.09.20
600239	红河光明	78816960	33600000	0	送股	2002.07.04
600239	红河光明	0	18930240	0	职工股上市	2002.09.02
600252	梧州中恒	12671760	4500000	0	送股	2002.07.24
600253	天方药业	210000000	60000000	0	送股	2002.10.30
600256	广汇股份	120286284	34000000	0	送股	2002.09.13
600259	兴业聚酯	0	21366100	0	战略投资人配售上市	2002.05.27
600269	赣粤高速	0	5000000	0	战略投资人配售上市	2002.05.20
600270	外运发展	60975200	15400000	0	送股	2002.06.21
600275	武 昌 鱼	73374270	21000000	0	送股	2002.05.15
600276	恒瑞医药	42512000	12800000	0	送股	2002.05.22
600286	国光瓷业	19000000	7000000	0	送股	2002.03.26
600286	国光瓷业	0	33120000	0	职工股上市	2002.12.09
600287	江苏舜天	50399547	13200000	0	送股	2002.06.11
600288	大恒科技	70000000	25000000	0	送股	2002.07.22
600290	苏福马	41500000	15000000	0	送股	2002.05.27
600293	三峡新材	63300000	16500000	0	送股	2002.07.04
600308	华泰股份	38494662	18000000	0	送股	2002.07.09
600309	烟台万华	144000000	48000000	0	送股	2002.04.16
600317	营 口 港	250000000	100000000	0	A股新上市	2002.01.31
600326	西藏天路	80000000	32000000	0	送股	2002.03.28
600327	大厦股份	108689961	40000000	0	A股新上市	2002.06.25
600333	长春燃气	167395200	42000000	0	送股	2002.05.24
600337	美克股份	18416000	8000000	0	送股	2002.06.25
600339	天利高新	119000000	42000000	0	送股	2002.09.17
600345	长江通信	33000000	9000000	0	送股	2002.06.14
600350	山东基建	3363800000	505000000	0	A股新上市	2002.03.18
600351	亚宝药业	115000000	40000000	0	A股新上市	2002.09.26
600353	旭光股份	82600494	30000000	0	A股新上市	2002.11.20
600355	精伦电子	123022300	31000000	0	A股新上市	2002.06.13
600357	承德钒钛	380333520	100000000	0	A股新上市	2002.09.06
600358	国旅联合	70000000	25000000	0	送股	2002.09.17
600362	江西铜业	2664038200	230000000	0	A股新上市	2002.01.11
600363	联创光电	82401500	30000000	0	送股	2002.05.21
600366	宁波韵升	95325000	26250000	0	送股	2002.05.21
600367	红星发展	30000000	9000000	0	送股	2002.04.17
600371	华冠科技	100000000	40000000	0	A股新上市	2002.09.16
600373	鑫新股份	125000000	45000000	0	A股新上市	2002.03.04
600376	天鸿宝业	64950000	24000000	0	送股	2002.05.21
600378	天科股份	45132321	17550000	0	送股	2002.05.17
600379	宝光股份	158000000	50000000	0	A股新上市	2002.01.16
600380	太太药业	135540000	35000000	0	送股	2002.06.04
600389	江山股份	30000000	8000000	0	送股	2002.05.29
600397	安源股份	220000000	80000000	0	A股新上市	2002.07.02
600398	凯诺科技	49317423	22950000	0	送股	2002.04.17
600415	小商品城	104030009	29152099	0	A股新上市	2002.05.09
600416	湘电股份	195000000	75000000	0	A股新上市	2002.07.18
600426	华鲁恒升	167000000	60000000	0	A股新上市	2002.06.20
600428	中远航运	360000000	130000000	0	A股新上市	2002.04.18
600456	宝钛股份	200080000	60000000	0	A股新上市	2002.04.12
600458	时代新材	85148000	35000000	0	A股新上市	2002.12.19
600486	扬农化工	100000000	30000000	0	A股新上市	2002.04.25
600488	天药股份	44702665	13500000	0	送股	2002.04.12
600496	长江股份	110000000	40000000	0	A股新上市	2002.06.05
600499	科达机电	55300000	20000000	0	A股新上市	2002.10.10
600500	中化国际	186325000	60000000	0	送股	2002.09.17
600501	航天晨光	64314375	32000000	0	送股	2002.08.06
600503	宏智科技	110000000	40000000	0	A股新上市	2002.07.09
600505	西昌电力	165000000	55000000	0	A股新上市	2002.05.30
600509	天富热电	169085000	60000000	0	A股新上市	2002.02.28
600510	黑 牡 丹	146123600	38000000	0	A股新上市	2002.06.18
600511	国药股份	133000000	53000000	0	A股新上市	2002.11.27
600512	腾达建设	159735164	60000000	0	A股新上市	2002.12.26

2002年度上市公司股份变动
Change of Capital in 2002

股票代码 Code	股票简称 Name	股份增加 Share Add 总股本 Total	A股流通股 A Share	B股 B Share	变动原因 Reason	变动日期 Change Date
600515	第一投资	154160000	50000000	0	A股新上市	2002.08.06
600516	海龙科技	200000000	80000000	0	A股新上市	2002.08.30
600519	贵州茅台	25000000	7150000	0	送股	2002.07.26
600520	三佳模具	62800000	25000000	0	A股新上市	2002.01.08
600522	中天科技	208310000	70000000	0	A股新上市	2002.10.24
600525	长园新材	99540000	25000000	0	A股新上市	2002.12.02
600526	菲达环保	100000000	40000000	0	A股新上市	2002.07.22
600529	山东药玻	82407448	32000000	0	A股新上市	2002.06.03
600531	豫光金铅	126816200	45000000	0	A股新上市	2002.07.30
600532	华阳科技	90000000	40000000	0	A股新上市	2002.10.31
600533	栖霞建设	140000000	40000000	0	A股新上市	2002.03.28
600535	天 士 力	190000000	50000000	0	A股新上市	2002.08.23
600536	中软股份	84172824	30000000	0	A股新上市	2002.05.17
600548	深 高 速	0	60521000	0	基金配售上市	2002.03.25
600549	厦门钨业	120000000	30000000	0	A股新上市	2002.11.07
600550	天威保变	110000000	30000000	0	送股	2002.05.20
600551	科大创新	75000000	25000000	0	A股新上市	2002.09.05
600552	方兴科技	90000000	40000000	0	A股新上市	2002.11.08
600553	太行股份	190000000	50000000	0	A股新上市	2002.08.22
600557	康缘药业	91800000	40000000	0	A股新上市	2002.09.18
600559	裕丰股份	140000000	40000000	0	A股新上市	2002.10.29
600560	京自天正	76460000	30000000	0	A股新上市	2002.09.19
600561	江西长运	92862000	30000000	0	A股新上市	2002.07.16
600563	法拉电子	150000000	50000000	0	A股新上市	2002.12.10
600565	迪马股份	80000000	20000000	0	A股新上市	2002.07.23
600571	信 雅 达	58460000	18000000	0	A股新上市	2002.11.01
600577	精达股份	60000000	20000000	0	A股新上市	2002.09.11
600578	京能热电	573360000	100000000	0	A股新上市	2002.05.10
600579	黄海股份	180000000	60000000	0	A股新上市	2002.08.09
600579	黄海股份	36000000	12000000	0	送股	2002.12.04
600580	卧龙科技	109104261	35000000	0	A股新上市	2002.06.06
600581	八一钢铁	409427850	130000000	0	A股新上市	2002.08.16
600582	天地科技	75000000	25000000	0	A股新上市	2002.05.15
600583	海油工程	250000000	80000000	0	A股新上市	2002.02.05
600585	海螺水泥	1183480000	200000000	0	A股新上市	2002.02.07
600586	金晶科技	96850000	35000000	0	A股新上市	2002.08.15
600587	新华医疗	61300000	21000000	0	A股新上市	2002.09.27
600590	泰豪科技	133056828	40000000	0	A股新上市	2002.07.03
600591	上海航空	721000000	200000000	0	A股新上市	2002.10.11
600592	龙溪股份	150000000	50000000	0	A股新上市	2002.08.05
600593	大连圣亚	92000000	32000000	0	A股新上市	2002.07.11
600595	中孚实业	135282720	50000000	0	A股新上市	2002.06.26
600597	光明乳业	651182850	150000000	0	A股新上市	2002.08.28
600598	北 大 荒	1469960000	300000000	0	A股新上市	2002.03.29
600599	浏阳花炮	56000000	17600000	0	送股	2002.07.15
600602	广电电子	63210393	31815638	0	送股	2002.06.20
600606	金丰投资	57200000	57200000	0	A股增发上市	2002.04.23
600606	金丰投资	32959006	14683844	0	送股	2002.08.07
600616	第一食品	63465205	22827018	0	送股	2002.10.24
600628	新 世 界	53150561	23228566	0	送股	2002.08.22
600635	大众科创	70000000	68956176	0	配股上市	2002.11.25
600636	三 爱 富	31130338	13728681	0	送股	2002.11.12
600636	三 爱 富	16374866	13478400	0	配股上市	2002.02.28
600636	三 爱 富	23212825	10237007	0	送股	2002.05.13
600637	广电信息	74528408	18527742	0	送股	2002.07.03
600639	浦东金桥	49335000	11715000	0	送股	2002.05.27
600641	中远发展	80000000	78598034	0	A股增发上市	2002.03.01
600641	中远发展	0	1401966	0	一般法人配售上市	2002.06.03
600642	申能股份	160000000	141260100	0	A股增发上市	2002.03.05
600642	申能股份	0	18739900	0	一般法人配售上市	2002.06.05
600650	新 锦 江	35505461	3801600	0	送股	2002.07.26
600653	申华控股	646807525	646807525	0	送股	2002.07.02
600654	飞乐股份	44000184	33301738	0	送股	2002.08.09
600660	福耀玻璃	44831894	14318833	0	送股	2002.03.27
600664	哈药集团	106154314	69256377	0	送股	2002.07.15

2002 年度上市公司股份变动
Change of Capital in 2002

股票代码 Code	股票简称 Name	股份增加 Share Add 总股本 Total	A 股流通股 A Share	B 股 B Share	变动原因 Reason	变动日期 Change Date
600675	中华企业	116242516	53093354	0	送股	2002.05.23
600679	凤凰股份	99696845	7920004	0	送股	2002.05.22
600692	亚通股份	12639920	5292003	0	送股	2002.07.15
600699	辽源得亨	2866267	1457790	0	送股	2002.06.04
600705	北亚集团	0	9240130	0	基金配售上市	2002.12.23
600716	耀华玻璃	24300000	24300000	0	A 股增发上市	2002.09.19
600737	新疆屯河	191810530	96734530	0	送股	2002.07.19
600741	巴士股份	207461600	96000000	0	送股	2002.06.18
600744	华银电力	66528000	66528000	0	配股上市	2002.01.08
600747	大显股份	163592936	75477370	0	送股	2002.05.22
600773	西藏金珠	51522874	19809504	0	送股	2002.10.25
600773	西藏金珠	11709744	4502160	0	送股	2002.06.05
600774	汉商集团	4723360	1730560	0	送股	2002.05.22
600777	新潮实业	0	47168399	0	吸收合并	2002.08.21
600779	全兴股份	44413245	17392080	0	送股	2002.06.24
600780	通宝能源	75285714	75285714	0	A 股增发上市	2002.12.03
600784	鲁银投资	22573352	17182802	0	送股	2002.07.05
600795	国电电力	577414656	144919757	0	送股	2002.09.11
600796	钱江生化	10580850	9747000	0	配股上市	2002.06.13
600797	浙大网新	136645966	66466234	0	送股	2002.09.27
600811	东方集团	57408675	40179690	0	送股	2002.07.17
600815	厦工股份	149804600	39900050	0	送股	2002.06.05
600820	隧道股份	53738976	24224858	0	送股	2002.07.29
600827	友谊股份	37000000	37000000	0	A 股增发上市	2002.05.27
600827	友谊股份	30259685	12256413	0	送股	2002.07.30
600828	成商集团	33858004	8514004	0	送股	2002.06.04
600829	天鹅股份	85909422	21628777	0	送股	2002.10.24
600829	天鹅股份	39650502	9982512	0	送股	2002.07.03
600835	上菱电器	42429730	16992000	0	送股	2002.08.14
600837	都市股份	13048984	3276000	0	送股	2002.06.28
600846	同济科技	0	0	0	其他股本变动	2002.03.11
600851	海欣股份	67033302	30613156	0	送股	2002.07.18
600868	梅雁股份	101233733	77623889	0	送股	2002.05.21
600883	富邦科技	88080000	28080000	0	送股	2002.05.28
600884	杉杉股份	136952749	75994940	0	送股	2002.05.08
600887	伊利股份	48961424	48961424	0	A 股增发上市	2002.09.10
600895	张江高科	467565000	165950310	0	送股	2002.05.20
900901	上电 B 股	21083037	0	21083037	送股	2002.06.25
900911	金桥 B 股	20449000	0	20449000	送股	2002.05.31
900914	新锦 B 股	14640912	0	14640912	送股	2002.07.31
900916	凤凰 B 股	39600000	0	39600000	送股	2002.05.27
900917	海欣 B 股	33554756	0	33554756	送股	2002.07.23
900923	友谊 B 股	18598661	0	18598661	送股	2002.08.02
900925	上菱 B 股	11376000	0	11376000	送股	2002.08.19
900939	汇丽 B 股	16500000	0	8000000	送股	2002.07.26

2002 年度上市公司派发现金红利
Dividends in 2002

单位:元人民币
(Unit: Yuan RMB)

红利代码 Code	红利简称 Name	发放日期 Date	每股红利(含税) Dividend(Pre-Tax)	每股红利(除税) Dividend(After-Tax)	代发总股本 Negotiable Shares	代发红利总额 Cash
720000	浦发红利	2002.08.27	0.200	0.160	400000000	64000000.00
720001	邯钢红利	2002.06.21	0.150	0.120	490000000	58800000.00
720003	东北红利	2002.07.12	0.050	0.040	300000000	12000000.00
720005	武钢红利	2002.06.07	0.280	0.224	320000000	71680000.00
720006	东风红利	2002.05.30	0.200	0.160	300000000	48000000.00
720007	国贸红利	2002.06.28	0.104	0.087	160000000	13920000.00
720008	首创红利	2002.05.16	0.360	0.288	300000000	86400000.00
720009	机场红利	2002.08.01	0.150	0.120	512603500	61512420.00
720010	钢联红利	2002.06.26	0.100	0.080	350000000	28000000.00
720011	华能红利	2002.06.28	0.300	0.240	250000000	60000000.00
720016	民生红利	2002.06.26	0.070	0.026	455000000	11830000.00
720019	宝钢红利	2002.06.25	0.125	0.100	1877000000	187700000.00
720028	中石化利	2002.08.08	0.080	0.064	2800000000	179200000.00
720033	闽高速利	2002.07.10	0.120	0.096	200000000	19200000.00
720037	歌华红利	2002.07.12	0.250	0.200	80000000	16000000.00
720038	哈飞红利	2002.05.23	0.100	0.040	60000000	2400000.00
720051	联合红利	2002.06.26	0.100	0.080	85397858	6831828.64
720052	广厦红利	2002.07.26	0.114	0.091	255528000	23253048.00
720054	黄山红利	2002.07.04	0.030	0.024	52000000	1248000.00
720055	万东红利	2002.06.26	0.100	0.084	39000000	3276000.00
720056	中技红利	2002.06.21	0.100	0.080	39000000	3120000.00
720058	龙腾红利	2002.06.28	0.300	0.240	120000000	28800000.00
720059	古越红利	2002.07.12	0.200	0.160	106469998	17035199.68
720061	中纺红利	2002.07.24	0.020	0.016	93600000	1497600.00
720062	双鹤红利	2002.05.17	0.100	0.080	142974000	11437920.00
720063	皖维红利	2002.05.16	0.300	0.240	99000000	23760000.00
720066	宇通红利	2002.04.19	0.600	0.480	93723141	44987107.68
720067	大通红利	2002.06.18	0.150	0.120	67924268	8150912.16
720068	葛洲坝利	2002.06.10	0.030	0.024	345800029	8299200.70
720070	富润红利	2002.05.27	0.160	0.128	31200002	3993600.26
720074	中达红利	2002.07.15	0.100	0.080	97200000	7776000.00
720075	天业红利	2002.07.18	0.050	0.040	97200000	3888000.00
720076	青鸟红利	2002.07.26	0.053	0.042	124800000	5241600.00
720078	澄星红利	2002.07.11	0.050	0.040	66276720	2651068.80
720079	人福红利	2002.05.31	0.100	0.080	64220000	5137600.00
720080	金花红利	2002.02.07	0.021	0.016	99840478	1597447.65
720081	东风红利	2002.06.28	0.250	0.200	50250000	10050000.00
720084	新天红利	2002.06.19	0.060	0.048	89232000	4283136.00
720085	同仁堂利	2002.07.19	0.250	0.200	99616608	19923321.60
720086	多佳红利	2002.06.27	0.010	0.008	128220120	1025760.96
720087	水运红利	2002.05.29	0.300	0.240	72800000	17472000.00
720088	中视红利	2002.07.26	0.070	0.056	78000000	4368000.00
720089	特变红利	2002.06.28	0.100	0.080	130416000	10433280.00
720090	啤酒花利	2002.08.12	0.050	0.040	174120960	6964838.40
720091	明天红利	2002.11.22	0.060	0.048	206200000	9897600.00
720092	精密红利	2002.06.18	0.050	0.040	133099200	5323968.00
720094	华源红利	2002.07.18	0.050	0.040	110400000	4416000.00
720098	控股红利	2002.05.15	0.300	0.240	234000002	56160000.48
720100	清华红利	2002.06.21	0.200	0.160	247608627	39617380.32
720100	清华红利	2002.06.21	0.200	0.160	25421906	4067504.96
720101	明星红利	2002.07.26	0.200	0.160	95004050	15200648.00
720102	莱钢红利	2002.05.28	0.060	0.048	156000000	7488000.00
720103	青山红利	2002.06.21	0.060	0.048	446420000	21428160.00
720104	上汽红利	2002.06.21	0.150	0.120	755999790	90719974.80
720105	永鼎红利	2002.06.27	0.137	0.110	97500000	10725000.00
720106	路桥红利	2002.06.18	0.100	0.080	90000000	7200000.00
720108	亚盛红利	2002.07.26	0.050	0.040	276822000	11072880.00
720108	亚盛红利	2002.07.26	0.050	0.040	52343200	2093728.00
720110	热缩红利	2002.05.17	0.050	--	76486861	--
720111	稀土红利	2002.06.06	0.100	0.080	145600002	11648000.16
720115	东航红利	2002.07.18	0.020	0.016	300000000	4800000.00
720116	三峡红利	2002.07.22	0.030	0.024	57992000	1391808.00
720120	东方红利	2002.05.14	0.100	0.040	93696912	3747876.48
720122	宏图红利	2002.08.20	0.040	0.032	144000000	4608000.00
720123	兰花红利	2002.06.14	0.060	0.048	144000000	6912000.00

2002年度上市公司派发现金红利
Dividends in 2002

单位:元人民币
(Unit:Yuan RMB)

红利代码 Code	红利简称 Name	发放日期 Date	每股红利(含税) Dividend(Pre-Tax)	每股红利(除税) Dividend(After-Tax)	代发总股本 Negotiable Shares	代发红利总额 Cash
720126	杭钢红利	2002.07.25	0.150	0.120	165750000	19890000.00
720128	弘业红利	2002.07.26	0.050	0.040	74123100	2964924.00
720129	太极红利	2002.07.05	0.200	0.160	74999979	11999996.64
720130	波导红利	2002.06.21	0.200	0.160	40000000	6400000.00
720132	渝啤红利	2002.06.25	0.260	0.208	52000000	10816000.00
720133	东湖红利	2002.07.10	0.080	0.064	83200000	5324800.00
720135	乐凯红利	2002.05.30	0.400	0.333	126000000	41958000.00
720136	道博红利	2002.07.24	0.050	0.040	40924000	1636960.00
720138	青旅红利	2002.06.14	0.150	0.124	117000000	14508000.00
720141	兴发红利	2002.06.05	0.100	0.080	40000000	3200000.00
720145	四维红利	2002.04.22	0.050	--	89100000	--
720148	离合器利	2002.06.13	0.037	0.030	42000000	1260000.00
720151	航天红利	2002.07.31	0.130	0.104	141440000	14709760.00
720152	维科红利	2002.04.30	0.100	0.080	110975000	8878000.00
720153	建发红利	2002.07.12	0.050	0.040	80000000	3200000.00
720155	宝硕红利	2002.05.15	0.100	0.080	120000000	9600000.00
720156	益鑫泰利	2002.07.31	0.030	0.024	136000000	3264000.00
720158	中体红利	2002.09.17	0.010	0.008	76050000	608400.00
720160	巨化红利	2002.05.28	0.100	0.080	114400000	9152000.00
720161	天坛红利	2002.05.21	0.100	0.080	48000000	3840000.00
720166	福田红利	2002.05.17	0.100	0.080	80000000	6400000.00
720168	控股红利	2002.05.27	0.250	0.200	127500000	25500000.00
720170	建工红利	2002.08.05	0.100	0.080	195000000	15600000.00
720171	贝岭红利	2002.04.29	0.150	0.120	156000000	18720000.00
720173	牡丹江利	2002.07.09	0.100	0.080	101515500	8121240.00
720177	雅戈红利	2002.05.22	0.200	0.160	225086558	36013849.28
720178	东安红利	2002.05.28	0.200	0.160	138580000	22172800.00
720181	云大红利	2002.07.26	0.053	0.042	168000000	7056000.00
720183	生益红利	2002.07.18	0.075	--	148992188	--
720186	莲花红利	2002.07.17	0.300	0.240	280000000	67200000.00
720187	黑龙红利	2002.06.06	0.100	0.080	97500000	7800000.00
720188	兖煤红利	2002.06.28	0.100	0.080	180000000	14400000.00
720189	森工红利	2002.06.05	0.200	0.160	110500000	17680000.00
720195	中牧红利	2002.06.06	0.092	0.074	120000000	8880000.00
720196	复星红利	2002.06.21	0.150	0.120	112500000	13500000.00
720197	伊力特利	2002.08.27	0.100	0.080	75000000	6000000.00
720199	金牛红利	2002.07.12	0.025	0.020	130000000	2600000.00
720200	吴中红利	2002.05.13	0.060	0.048	125100000	6004800.00
720201	金宇红利	2002.07.30	0.130	0.104	50313250	5232578.00
720202	哈空调利	2002.07.17	0.100	0.060	91616000	5496960.00
720203	福日红利	2002.08.26	0.050	0.040	70000000	2800000.00
720205	鲁铝红利	2002.05.24	0.247	0.198	160000000	31680000.00
720207	安彩红利	2002.06.27	0.200	0.160	180000000	28800000.00
720208	中宝红利	2002.07.31	0.050	0.040	86000000	3440000.00
720209	罗顿红利	2002.06.27	0.080	0.064	75000000	4800000.00
720210	紫江红利	2002.05.21	0.300	0.240	171350913	41124219.12
720211	藏药红利	2002.07.22	0.050	0.040	45000000	1800000.00
720212	江泉红利	2002.07.26	0.086	0.069	152401600	10515710.40
720213	亚星红利	2002.08.12	0.120	0.096	60000000	5760000.00
720215	经开红利	2002.07.29	0.100	0.080	90000000	7200000.00
720215	经开红利	2002.07.29	0.100	0.080	75360000	6028800.00
720216	浙医红利	2002.07.23	0.030	0.024	113100000	2714400.00
720216	浙医红利	2002.07.23	0.030	0.024	19047200	457132.80
720217	秦岭红利	2002.05.31	0.063	0.051	140000000	7140000.00
720218	全柴红利	2002.06.26	0.050	0.040	101400000	4056000.00
720219	南山红利	2002.07.26	0.150	0.120	75000000	9000000.00
720219	南山红利	2002.07.26	0.150	0.120	60000000	7200000.00
720220	阳光红利	2002.05.31	0.050	0.040	119000000	4760000.00
720221	海航红利	2002.06.21	0.060	0.048	85757765	4116372.72
720221	海航红利	2002.06.21	0.060	0.048	221400000	10627200.00
720221	海航红利	2002.06.21	0.060	0.048	64800000	3110400.00
720222	众生红利	2002.05.31	0.150	0.120	35000000	4200000.00
720227	赤天化利	2002.05.15	0.100	0.080	70000000	5600000.00
720228	昌九红利	2002.06.18	0.030	0.024	96000000	2304000.00
720229	碱业红利	2002.07.12	0.180	0.144	90000000	12960000.00

2002年度上市公司派发现金红利 Dividends in 2002

单位:元人民币
(Unit:Yuan RMB)

红利代码 Code	红利简称 Name	发放日期 Date	每股红利(含税) Dividend(Pre-Tax)	每股红利(除税) Dividend(After-Tax)	代发总股本 Negotiable Shares	代发红利总额 Cash
720229	碱业红利	2002.07.12	0.180	0.144	34445373	4960133.71
720230	大化红利	2002.06.25	0.050	0.040	80000000	3200000.00
720231	凌钢红利	2002.07.22	0.150	0.120	100000000	12000000.00
720231	凌钢红利	2002.07.22	0.150	0.120	26500000	3180000.00
720232	金鹰红利	2002.05.20	0.100	0.080	58500000	4680000.00
720233	创世红利	2002.07.29	0.100	0.080	35000000	2800000.00
720233	创世红利	2002.07.29	0.100	0.080	15000000	1200000.00
720235	民丰红利	2002.05.14	0.200	0.160	52000000	8320000.00
720236	桂冠红利	2002.07.11	0.170	0.136	110000000	14960000.00
720236	桂冠红利	2002.07.11	0.170	0.136	33333333	4533333.29
720237	铜峰红利	2002.05.17	0.100	0.080	40000000	3200000.00
720238	椰岛红利	2002.08.12	0.060	0.048	50000000	2400000.00
720238	椰岛红利	2002.08.12	0.060	0.048	24000000	1152000.00
720239	红河红利	2002.07.09	0.100	0.080	42000000	3360000.00
720239	红河红利	2002.07.09	0.100	0.080	10516800	841344.00
720241	时代红利	2002.07.26	0.090	0.072	30000000	2160000.00
720242	华龙红利	2002.07.12	0.020	0.016	60000000	960000.00
720242	华龙红利	2002.07.12	0.020	0.016	27959800	447356.80
720243	华鼎红利	2002.07.26	0.050	0.040	55000000	2200000.00
720246	先锋红利	2002.07.08	0.080	0.064	30000000	1920000.00
720247	物华红利	2002.05.15	0.050	0.040	35000000	1400000.00
720247	物华红利	2002.05.15	0.050	0.040	12000000	480000.00
720248	秦丰红利	2002.07.05	0.100	0.080	48000000	3840000.00
720250	南纺红利	2002.06.21	0.150	0.120	55000000	6600000.00
720250	南纺红利	2002.06.21	0.150	0.120	1941600	232992.00
720252	中恒红利	2002.07.29	0.050	0.020	45000000	900000.00
720252	中恒红利	2002.07.29	0.050	0.020	11984500	239690.00
720253	天方红利	2002.05.24	0.120	0.096	60000000	5760000.00
720255	鑫科红利	2002.07.31	0.100	0.080	30000000	2400000.00
720256	广汇红利	2002.09.17	0.050	--	170000000	--
720257	洞庭红利	2002.07.26	0.050	0.040	40000000	1600000.00
720258	首旅红利	2002.06.10	0.200	0.160	70000000	11200000.00
720260	凯乐红利	2002.07.25	0.200	0.160	55000000	8800000.00
720260	凯乐红利	2002.07.25	0.200	0.160	24176000	3868160.00
720261	阳光红利	2002.06.26	0.125	0.100	40000000	4000000.00
720262	北方红利	2002.07.05	0.040	0.032	55000000	1760000.00
720263	路桥红利	2002.06.20	0.030	0.024	115000000	2760000.00
720266	城建红利	2002.08.28	0.130	0.104	150000000	15600000.00
720267	海正红利	2002.06.13	0.100	0.080	64000000	5120000.00
720268	国电红利	2002.05.29	0.120	0.096	40000000	3840000.00
720269	赣粤红利	2002.05.31	0.200	0.160	120000000	19200000.00
720270	外运红利	2002.06.26	0.200	0.140	77000000	10780000.00
720272	开开红利	2002.08.21	0.100	0.080	45000000	3600000.00
720272	开开红利	2002.08.21	0.100	0.080	15000000	1200000.00
720275	武昌鱼利	2002.05.21	0.060	0.008	70000000	560000.00
720276	恒瑞红利	2002.05.27	0.050	--	64000000	--
720277	亿利红利	2002.07.12	0.100	0.080	58000000	4640000.00
720278	创业红利	2002.06.11	0.150	0.120	80000000	9600000.00
720279	港九红利	2002.06.20	0.100	0.080	86000000	6880000.00
720280	中商红利	2002.07.05	0.100	0.080	35000000	2800000.00
720280	中商红利	2002.07.05	0.100	0.080	5956584	476526.72
720280	中商红利	2002.07.05	0.100	0.080	31680000	2534400.00
720281	太化红利	2002.06.28	0.028	0.022	105000000	2310000.00
720282	南钢红利	2002.05.31	0.200	0.160	144000000	23040000.00
720283	钱江红利	2002.07.05	0.150	0.120	85000000	10200000.00
720285	羚锐红利	2002.07.10	0.100	0.080	40000000	3200000.00
720286	国光红利	2002.03.29	0.050	--	35000000	--
720287	舜天红利	2002.06.14	0.250	0.140	44000000	6160000.00
720288	大恒红利	2002.07.29	0.100	0.080	50000000	4000000.00
720289	亿阳红利	2002.07.15	0.200	0.160	40000000	6400000.00
720290	苏福马利	2002.05.30	0.080	0.064	30000000	1920000.00
720291	西水红利	2002.06.07	0.035	0.028	60000000	1680000.00
720292	九龙红利	2002.07.01	0.200	0.160	60000000	9600000.00
720293	三峡红利	2002.07.09	0.025	--	55000000	--
720293	三峡红利	2002.07.09	0.025	--	28080000	--

2002年度上市公司派发现金红利
Dividends in 2002

单位:元人民币
(Unit:Yuan RMB)

红利代码 Code	红利简称 Name	发放日期 Date	每股红利(含税) Dividend(Pre-Tax)	每股红利(除税) Dividend(After-Tax)	代发总股本 Negotiable Shares	代发红利总额 Cash
720295	鄂尔红利	2002.06.18	0.240	0.192	80000000	15360000.00
720296	兰铝红利	2002.06.12	0.100	0.080	110000000	8800000.00
720297	美罗红利	2002.05.28	0.150	0.120	40000000	4800000.00
720298	安琪红利	2002.06.18	0.100	0.080	35000000	2800000.00
720299	星新红利	2002.07.19	0.100	0.080	80000000	6400000.00
720300	维维红利	2002.05.29	0.260	0.208	100000000	20800000.00
720301	南化红利	2002.06.21	0.100	0.080	72890345	5831227.60
720302	标准红利	2002.08.19	0.025	0.020	90000000	1800000.00
720303	曙光红利	2002.06.17	0.200	0.160	72000000	11520000.00
720303	曙光红利	2002.06.17	0.200	0.160	20250000	3240000.00
720305	恒顺红利	2002.07.05	0.180	0.144	40000000	5760000.00
720306	商业城利	2002.06.14	0.050	0.040	58500000	2340000.00
720306	商业城利	2002.06.14	0.050	0.040	4945235	197809.40
720307	酒钢红利	2002.06.20	0.170	0.136	200000000	27200000.00
720308	华泰红利	2002.07.11	0.050	--	90000000	--
720308	华泰红利	2002.07.11	0.050	--	25650000	--
720309	万华红利	2002.04.25	0.200	0.140	80000000	11200000.00
720310	桂东红利	2002.05.24	0.300	0.240	45000000	10800000.00
720311	荣华红利	2002.07.05	0.100	0.080	80000000	6400000.00
720312	平高红利	2002.07.05	0.150	0.120	60000000	7200000.00
720313	中农红利	2002.06.26	0.012	0.010	80000000	800000.00
720315	家化红利	2002.07.17	0.100	0.080	80000000	6400000.00
720316	洪都红利	2002.07.09	0.100	0.080	90000000	7200000.00
720318	巢东红利	2002.06.24	0.080	0.064	80000000	5120000.00
720319	亚星红利	2002.06.26	0.060	0.048	80000000	3840000.00
720320	振华红利	2002.07.18	0.200	0.160	88000000	14080000.00
720321	国栋红利	2002.06.18	0.200	0.160	70000000	11200000.00
720321	国栋红利	2002.06.18	0.200	0.160	12500000	2000000.00
720322	天房红利	2002.07.22	0.040	0.032	121000000	3872000.00
720323	南海红利	2002.06.24	0.200	0.160	64350000	10296000.00
720323	南海红利	2002.06.24	0.200	0.160	65000000	10400000.00
720323	南海红利	2002.06.24	0.200	0.160	3069660	491145.60
720326	天路红利	2002.04.04	0.100	0.080	40000000	3200000.00
720328	兰太红利	2002.06.06	0.070	0.056	60000000	3360000.00
720329	中新红利	2002.07.29	0.170	0.136	40000000	5440000.00
720330	天通红利	2002.05.31	0.100	0.080	60000000	4800000.00
720331	宏达红利	2002.06.20	0.150	0.120	50000000	6000000.00
720332	穗药业利	2002.06.28	0.060	0.048	78000000	3744000.00
720333	燃气红利	2002.05.30	0.100	0.080	60000000	4800000.00
720333	燃气红利	2002.05.30	0.100	0.080	35136000	2810880.00
720336	澳柯玛利	2002.06.26	0.100	0.080	90000000	7200000.00
720337	美克红利	2002.06.28	0.100	0.080	40000000	3200000.00
720338	珠峰红利	2002.07.26	0.050	0.040	50000000	2000000.00
720339	天利红利	2002.07.08	0.150	0.120	84000000	10080000.00
720345	通信红利	2002.06.20	0.150	0.080	45000000	3600000.00
720346	冰山红利	2002.07.19	0.100	0.080	38500000	3080000.00
720356	恒丰红利	2002.06.13	0.050	0.040	20000000	800000.00
720356	恒丰红利	2002.06.13	0.050	0.040	40000000	1600000.00
720360	华微红利	2002.07.16	0.100	0.080	50000000	4000000.00
720362	江铜红利	2002.07.05	0.050	0.042	230000000	9660000.00
720363	联创红利	2002.05.23	0.060	0.048	60000000	2880000.00
720366	韵升红利	2002.05.24	0.150	0.120	52500000	6300000.00
720367	红星红利	2002.04.25	0.200	0.140	30000000	4200000.00
720368	五洲红利	2002.06.28	0.090	0.072	80000000	5760000.00
720368	五洲红利	2002.06.28	0.090	0.072	22000000	1584000.00
720369	长运红利	2002.07.08	0.050	0.040	70000000	2800000.00
720369	长运红利	2002.07.08	0.050	0.040	2557500	102300.00
720372	昌河红利	2002.06.25	0.160	0.128	110000000	14080000.00
720373	鑫新红利	2002.07.01	0.020	0.016	45000000	720000.00
720376	天鸿红利	2002.05.24	0.200	0.040	40000000	1600000.00
720377	宁沪红利	2002.06.21	0.125	0.100	150000000	15000000.00
720378	天科红利	2002.05.27	0.070	0.046	58500000	2691000.00
720380	太太红利	2002.06.07	0.300	0.240	70000000	16800000.00
720381	白唇鹿利	2002.07.16	0.065	0.052	35000000	1820000.00
720382	粤明珠利	2002.06.07	0.150	0.120	60000000	7200000.00

2002年度上市公司派发现金红利
Dividends in 2002

单位:元人民币
(Unit:Yuan RMB)

红利代码 Code	红利简称 Name	发放日期 Date	每股红利(含税) Dividend(Pre-Tax)	每股红利(除税) Dividend(After-Tax)	代发总股本 Negotiable Shares	代发红利总额 Cash
720383	金地红利	2002.06.28	0.180	0.144	90000000	12960000.00
720386	京巴士利	2002.08.06	0.180	0.144	80000000	11520000.00
720388	龙净红利	2002.06.28	0.070	0.056	65000000	3640000.00
720389	江山红利	2002.06.05	0.050	0.040	40000000	1600000.00
720390	金瑞红利	2002.07.18	0.150	0.120	40000000	4800000.00
720391	成发红利	2002.05.17	0.210	0.168	50000000	8400000.00
720395	盘江红利	2002.08.05	0.100	0.080	120000000	9600000.00
720398	凯诺红利	2002.04.23	0.015	0.002	76500000	153000.00
720399	抚钢红利	2002.05.29	0.030	0.024	120000000	2880000.00
720400	红豆红利	2002.07.24	0.080	0.064	50000000	3200000.00
720418	江汽红利	2002.06.21	0.200	0.160	88000000	14080000.00
720419	天宏红利	2002.06.26	0.050	0.040	30000000	1200000.00
720422	昆制药利	2002.06.12	0.270	0.216	40000000	8640000.00
720448	华纺红利	2002.08.06	0.100	0.080	93500000	7480000.00
720466	迪康红利	2002.06.19	0.100	0.080	50000000	4000000.00
720468	特精红利	2002.07.05	0.050	0.040	30000000	1200000.00
720488	天药红利	2002.04.17	0.200	0.140	45000000	6300000.00
720498	烽火红利	2002.07.19	0.120	0.096	88000000	8448000.00
720500	中化红利	2002.07.11	0.250	0.200	120000000	24000000.00
720501	晨光红利	2002.08.09	0.030	0.004	40000000	160000.00
720506	香梨红利	2002.06.12	0.060	0.048	50000000	2400000.00
720508	能源红利	2002.05.24	0.300	0.240	110000000	26400000.00
720509	天富红利	2002.08.22	0.100	0.080	60000000	4800000.00
720515	一投红利	2002.09.12	0.200	0.160	11426175	1828188.00
720518	康美红利	2002.07.10	0.200	0.160	18000000	2880000.00
720519	茅台红利	2002.07.30	0.600	0.480	71500000	34320000.00
720520	三佳红利	2002.11.20	0.100	0.080	25000000	2000000.00
720523	贵航红利	2002.06.14	0.020	0.016	70000000	1120000.00
720528	中铁红利	2002.05.22	0.380	0.304	110000000	33440000.00
720529	药玻红利	2002.07.19	0.200	0.160	32000000	5120000.00
720529	药玻红利	2002.07.19	0.200	0.160	13463762	2154201.92
720530	昂立红利	2002.06.26	0.200	0.160	50000000	8000000.00
720539	狮头红利	2002.06.28	0.020	0.016	88000000	1408000.00
720548	深高速利	2002.06.25	0.100	0.080	165000000	13200000.00
720550	天威红利	2002.05.24	0.050	- -	60000000	- -
720555	茉织华利	2002.07.29	0.200	0.160	81000000	12960000.00
720556	北生红利	2002.07.03	0.100	0.080	45320000	3625600.00
720556	北生红利	2002.07.03	0.100	0.080	85000	6800.00
720558	大西洋利	2002.07.01	0.150	0.120	45000000	5400000.00
720566	洪城红利	2002.05.30	0.100	0.080	44000000	3520000.00
720567	山鹰红利	2002.05.29	0.060	0.048	60000000	2880000.00
720569	安阳红利	2002.07.08	0.187	0.150	275000000	41250000.00
720578	京能红利	2002.08.19	0.166	0.132	100000000	13200000.00
720579	黄海红利	2002.12.09	0.030	0.004	60000000	240000.00
720582	天地红利	2002.07.25	0.100	0.080	25000000	2000000.00
720583	海油红利	2002.10.24	0.200	0.160	80000000	12800000.00
720588	用友红利	2002.05.28	0.600	0.480	25000000	12000000.00
720589	榕泰红利	2002.06.14	0.150	0.120	40000000	4800000.00
720592	龙溪红利	2002.11.06	0.200	0.160	50000000	8000000.00
720596	新安红利	2002.07.04	0.050	0.040	44000000	1760000.00
720596	新安红利	2002.07.04	0.050	0.040	16680000	667200.00
720599	花炮红利	2002.07.18	0.150	0.110	22000000	2420000.00
720600	青啤红利	2002.08.23	0.110	0.088	200000000	17600000.00
720602	电子红利	2002.06.28	0.010	0.008	318156381	2545251.05
720607	上实红利	2002.07.11	0.150	0.120	132932010	15951841.20
720611	交通红利	2002.07.09	0.260	0.208	142323426	29603272.61
720616	食品红利	2002.08.16	0.180	0.144	45654036	6574181.18
720619	海立红利	2002.07.25	0.090	0.072	20280269	1460179.37
720620	天宸红利	2002.08.23	0.030	0.024	80465487	1931171.69
720626	申达红利	2002.07.04	0.200	0.160	140481600	22477056.00
720628	新世界利	2002.08.26	0.050	0.040	116142831	4645713.24
720631	一百红利	2002.07.26	0.020	0.016	188313380	3013014.08
720632	华联红利	2002.07.03	0.120	0.096	124467083	11948839.97
720633	白猫红利	2002.07.19	0.010	0.008	13200012	105600.10
720634	海鸟红利	2002.08.12	0.020	0.016	39809737	636955.79

2002年度上市公司派发现金红利 Dividends in 2002

单位:元人民币
(Unit:Yuan RMB)

红利代码 Code	红利简称 Name	发放日期 Date	每股红利(含税) Dividend(Pre-Tax)	每股红利(除税) Dividend(After-Tax)	代发总股本 Negotiable Shares	代发红利总额 Cash
720635	科创红利	2002.06.10	0.210	0.168	257299166	43226259.89
720635	科创红利	2002.06.10	0.210	0.168	2400000	403200.00
720636	三爱富利	2002.05.16	0.175	0.140	58406400	8176896.00
720637	广电红利	2002.07.08	0.100	0.080	185277419	14822193.52
720638	新黄浦利	2002.08.23	0.080	0.064	170152134	10889736.58
720640	国脉红利	2002.07.25	0.070	0.056	55335771	3098803.18
720641	中远红利	2002.05.30	0.165	0.132	1401966	185059.51
720641	中远红利	2002.05.30	0.165	0.132	177664274	23451684.17
720642	申能红利	2002.07.26	0.350	0.280	410992000	115077760.00
720643	爱建红利	2002.07.15	0.150	0.120	308352666	37002319.92
720644	乐山红利	2002.09.04	0.050	0.040	128759452	5150378.08
720649	原水红利	2002.08.29	0.050	0.040	560851462	22434058.48
720651	音响红利	2002.08.29	0.120	0.096	424165123	40719851.81
720655	豫园红利	2002.06.10	0.080	0.064	149079457	9541085.25
720656	华源药利	2002.06.26	0.040	0.032	50959989	1630719.65
720657	天桥红利	2002.07.30	0.060	0.048	102996054	4943810.59
720660	福耀红利	2002.04.04	0.135	0.086	130171206	11194723.72
720661	南洋红利	2002.06.19	0.150	0.120	25455375	3054645.00
720664	哈药红利	2002.07.18	0.100	0.080	346281883	27702550.64
720665	沪昌红利	2002.06.05	0.025	0.020	147000002	2940000.04
720668	尖峰红利	2002.07.12	0.100	0.080	144838378	11587070.24
720671	天目红利	2002.07.30	0.010	0.008	63415685	507325.48
720672	英豪红利	2002.06.21	0.020	0.016	256000000	4096000.00
720674	川投红利	2002.05.23	0.020	0.016	154740608	2475849.73
720676	交运红利	2002.07.05	0.100	0.080	73400000	5872000.00
720677	中汇红利	2002.08.28	0.100	0.080	170745684	13659654.72
720680	邮通红利	2002.07.03	0.070	0.056	27040000	1514240.00
720681	诚成红利	2002.09.03	0.020	0.016	108523800	1736380.80
720682	新百红利	2002.06.21	0.150	0.120	152880000	18345600.00
720686	厦汽红利	2002.07.04	0.150	0.120	57600000	6912000.00
720690	海尔红利	2002.06.28	0.300	0.240	449897074	107975297.76
720692	亚通红利	2002.07.18	0.050	0.040	52920025	2116801.00
720694	大商红利	2002.07.01	0.200	0.160	156171380	24987420.80
720697	欧亚红利	2002.05.30	0.200	0.160	64912299	10385967.84
720699	辽源红利	2002.06.06	0.016	0.010	89987040	899870.40
720704	中大红利	2002.07.18	0.100	0.080	128383875	10270710.00
720705	北亚红利	2002.06.27	0.035	0.028	15840130	443523.64
720705	北亚红利	2002.06.27	0.035	0.028	343075070	9606101.96
720707	彩虹红利	2002.08.23	0.169	0.135	143644801	19392048.14
720708	东海红利	2002.12.04	0.100	0.080	86592001	6927360.08
720710	常林红利	2002.06.12	0.035	0.028	74399999	2083199.97
720711	雄震红利	2002.08.16	0.050	0.040	15120000	604800.00
720712	宁百红利	2002.07.19	0.060	0.048	39540000	1897920.00
720713	宁医药利	2002.07.17	0.100	0.080	83097399	6647791.92
720716	耀华红利	2002.07.03	0.080	0.064	81000001	5184000.06
720717	津港红利	2002.06.21	0.080	0.064	215221406	13774169.98
720718	东软红利	2002.07.08	0.200	0.160	113258293	18121326.88
720719	热电红利	2002.07.19	0.080	0.064	76050000	4867200.00
720720	祁连山利	2002.05.23	0.050	0.040	163160266	6526410.64
720723	西单红利	2002.07.09	0.100	0.080	185919370	14873549.60
720725	云维红利	2002.04.19	0.200	0.160	37500000	6000000.00
720726	黑龙红利	2002.06.07	0.120	0.096	168000191	16128018.34
720726	黑龙红利	2002.06.07	0.120	0.096	21333333	2047999.97
720728	新太红利	2002.06.28	0.050	0.040	81120000	3244800.00
720729	渝百红利	2002.08.06	0.130	0.104	51000003	5304000.31
720731	海利红利	2002.06.12	0.020	0.016	74643075	1194289.20
720736	苏高新利	2002.06.24	0.100	0.080	150930000	12074400.00
720737	屯河红利	2002.07.25	0.025	--	193469060	--
720739	成大红利	2002.06.25	0.050	0.040	97812000	3912480.00
720740	焦化红利	2002.07.01	0.100	0.080	84500000	6760000.00
720741	巴士红利	2002.06.21	0.100	0.080	240000000	19200000.00
720742	四环红利	2002.06.24	0.250	0.200	103194000	20638800.00
720744	华银红利	2002.07.31	0.100	0.080	288288000	23063040.00
720747	大显红利	2002.05.24	0.050	--	150954739	--
720750	江中红利	2002.05.31	0.100	0.080	62400000	4992000.00

2002年度上市公司派发现金红利
Dividends in 2002

单位:元人民币
(Unit:Yuan RMB)

红利代码 Code	红利简称 Name	发放日期 Date	每股红利(含税) Dividend(Pre-Tax)	每股红利(除税) Dividend(After-Tax)	代发总股本 Negotiable Shares	代发红利总额 Cash
720754	新亚红利	2002.08.15	0.100	0.080	98360000	7868800.00
720756	浪潮红利	2002.08.14	0.050	0.040	68702400	2748096.00
720757	华源红利	2002.08.15	0.050	0.040	140400000	5616000.00
720761	合力红利	2002.06.17	0.200	0.160	94220318	15075250.88
720764	三星红利	2002.05.31	0.075	0.060	58985630	3539137.80
720770	综艺红利	2002.08.23	0.050	0.040	99000000	3960000.00
720774	汉商红利	2002.05.28	0.012	－－	34611200	－－
720776	通信红利	2002.07.08	0.200	0.160	118000024	18880003.84
720777	新潮红利	2002.07.15	0.200	0.160	50370928	8059348.48
720777	新潮红利	2002.07.15	0.200	0.160	47168399	7546943.84
720778	友好红利	2002.07.10	0.080	0.064	171312867	10964023.49
720779	全兴红利	2002.06.27	0.050	0.020	173920800	3478416.00
720780	通宝红利	2002.07.26	0.125	0.100	93567247	9356724.70
720782	新华红利	2002.06.19	0.110	0.088	56160000	4942080.00
720785	新华红利	2002.06.06	0.100	0.080	64642511	5171400.88
720787	中储红利	2002.06.21	0.065	0.052	126164986	6560579.27
720789	鲁抗红利	2002.07.05	0.080	0.064	158097945	10118268.48
720795	国电红利	2002.04.15	0.250	0.200	207028224	41405644.80
720796	钱江红利	2002.07.22	0.182	0.146	42237000	6166602.00
720797	浙大红利	2002.06.20	0.080	0.064	166165584	10634597.38
720798	海运红利	2002.05.31	0.125	0.100	141449995	14144999.50
720801	华新红利	2002.06.21	0.035	0.028	48000000	1344000.00
720803	威远红利	2002.09.06	0.120	0.096	66096000	6345216.00
720808	马钢红利	2002.07.10	0.020	0.016	600000000	9600000.00
720809	汾酒红利	2002.08.27	0.060	0.048	76684133	3680838.38
720810	神马红利	2002.08.30	0.050	0.040	141570000	5662800.00
720811	东方红利	2002.07.22	0.025	－－	401796896	－－
720812	华药红利	2002.08.23	0.050	0.040	469268566	18770742.64
720815	厦工红利	2002.06.12	0.050	0.040	79800099	3192003.96
720819	耀皮红利	2002.07.25	0.220	0.176	31250052	5500009.15
720820	隧道红利	2002.07.31	0.050	0.040	242248577	9689943.08
720822	物贸红利	2002.08.20	0.020	0.016	13310000	212960.00
720823	世茂红利	2002.08.30	0.073	0.058	113159027	6563223.57
720824	益民红利	2002.08.13	0.150	0.120	89865492	10783859.04
720825	超市红利	2002.08.16	0.030	0.024	38568998	925655.95
720826	兰生红利	2002.07.03	0.100	0.080	95139998	7611199.84
720829	天鹅红利	2002.07.08	0.020	0.016	33275041	532400.66
720830	大红鹰利	2002.06.27	0.100	0.080	102628813	8210305.04
720832	明珠红利	2002.08.22	0.240	0.192	156886776	30122260.99
720834	申通红利	2002.08.16	0.100	0.080	80040000	6403200.00
720835	上菱红利	2002.08.19	0.150	0.120	169920000	20390400.00
720837	都市红利	2002.07.03	0.030	0.024	16380001	393120.02
720841	上柴红利	2002.07.11	0.055	0.044	21600000	950400.00
720849	沪医红利	2002.08.01	0.090	0.072	190708402	13731004.94
720851	海欣红利	2002.07.23	0.100	0.080	153065780	12245262.40
720854	春兰红利	2002.07.18	0.300	0.240	198241871	47578049.04
720857	工大红利	2002.08.12	0.050	0.040	91508797	3660351.88
720859	王府井利	2002.08.13	0.050	0.040	198378626	7935145.04
720860	北人红利	2002.07.31	0.120	0.096	50000000	4800000.00
720861	城乡红利	2002.07.16	0.060	0.048	167310000	8030880.00
720863	蒙电红利	2002.07.24	0.120	0.096	197730013	18982081.25
720864	岁宝红利	2002.08.21	0.110	0.088	45375000	3993000.00
720865	百大红利	2002.07.29	0.090	0.072	135340088	9744486.34
720866	星湖红利	2002.06.28	0.100	0.080	194380454	15550436.32
720868	梅雁红利	2002.05.24	0.100	0.060	776238886	46574333.16
720871	仪征红利	2002.07.29	0.020	0.016	200000000	3200000.00
720874	创业红利	2002.06.12	0.080	0.064	112495000	7199680.00
720879	火箭红利	2002.06.26	0.100	0.080	137141235	10971298.80
720880	博瑞红利	2002.05.30	0.100	0.080	41877450	3350196.00
720881	亚泰红利	2002.05.10	0.050	0.040	275515620	11020624.80
720882	大成红利	2002.07.30	0.030	0.024	96829622	2323910.93
720883	富邦红利	2002.05.30	0.030	0.024	35100000	842400.00
720884	杉杉红利	2002.05.15	0.200	0.160	151989880	24318380.80
720887	伊利红利	2002.08.02	0.360	0.288	79893931	23009452.13
720888	众和红利	2002.07.02	0.100	0.080	29250004	2340000.32

2002年度上市公司派发现金红利
Dividends in 2002

单位:元人民币
(Unit:Yuan RMB)

红利代码 Code	红利简称 Name	发放日期 Date	每股红利(含税) Dividend(Pre-Tax)	每股红利(除税) Dividend(After-Tax)	代发总股本 Negotiable Shares	代发红利总额 Cash
720889	宁化纤利	2002.08.13	0.030	0.024	66818544	1603645.06
720890	长铃红利	2002.07.19	0.030	0.024	205095495	4922291.88
720894	广钢红利	2002.07.30	0.040	0.036	161690265	5820849.54
720896	海盛红利	2002.06.25	0.100	0.080	156078044	12486243.52
720897	厦机红利	2002.07.09	0.150	0.120	67500000	8100000.00
720899	信联红利	2002.06.28	0.050	0.040	54305509	2172220.36
721028	中石化利	2002.09.26	0.020	0.016	2800000000	44800000.00
721067	大通红利	2002.11.06	0.050	--	67924268	--
721074	中达红利	2002.11.25	0.080	0.004	97200000	388800.00
721080	金花红利	2002.08.01	0.020	0.016	99840478	1597447.65
721161	天坛红利	2002.09.12	0.080	0.064	48000000	3072000.00
820001	金泰红利	2002.04.11	0.016	0.016	2000000000	32000000.00
820003	安信红利	2002.04.11	0.230	0.230	2000000000	460000000.00
820005	汉盛红利	2002.04.10	0.003	0.003	2000000000	6000000.00
820006	裕阳红利	2002.04.10	0.007	0.007	2000000000	14000000.00
820008	兴华红利	2002.04.12	0.091	0.091	2000000000	182000000.00
820009	安顺红利	2002.04.11	0.110	0.110	3000000000	330000000.00
820011	金鑫红利	2002.04.11	0.068	0.068	3000000000	204000000.00
820013	安瑞红利	2002.04.11	0.070	0.070	500000000	35000000.00
820016	裕元红利	2002.04.10	0.036	0.036	1500000000	54000000.00
820018	兴和红利	2002.04.12	0.076	0.076	3000000000	228000000.00
820038	通乾红利	2002.08.28	0.030	0.030	2000000000	60000000.00
820056	科瑞红利	2002.09.12	0.012	0.012	2970000000	35640000.00

上市公司通讯录
Contact Information of Listed Companies

A股代码 A Code	A股简称 A Name	B股代码 B Code	B股简称 B Abbr.	行业分类代码 Sector Code	行业分类名称 Sector Name	电话 Telephone
600000	浦发银行			I01	银行业	021－63611226
600001	邯郸钢铁			C65	黑色金属冶炼及压延加工业	0310－6075599
600002	齐鲁石化			C41	石油加工及炼焦业	0533－3583728
600003	东北高速			F11	交通运输辅助业	0431－4622168
600005	武钢股份			C65	黑色金属冶炼及压延加工业	027－86306023
600006	东风汽车			C75	交通运输设备制造业	0710－3396805
600007	中国国贸			K39	租赁服务业	010－65053206
600008	首创股份			K01	公共设施服务业	010－64689035
600009	上海机场			F11	交通运输辅助业	021－62688899＊66011
600010	钢联股份			C65	黑色金属冶炼及压延加工业	0472－2105037
600011	华能国际			D01	电力、蒸汽、热水的生产和供应业	010－66491009
600012	皖通高速			F11	交通运输辅助业	0551－3433722
600016	民生银行			I01	银行业	010－65269592
600018	上港集箱			F11	交通运输辅助业	021－56443578
600019	宝钢股份			C65	黑色金属冶炼及压延加工业	021－26647000
600026	中海发展			F07	水上运输业	021－65966865
600028	中国石化			B03	石油和天然气开采业	010－64990060
600030	中信证券			I21	证券、期货业	010－64654818＊61100
600033	福建高速			F03	公路运输业	0591－7612843
600036	招商银行			I01	银行业	0755－83195105
600037	歌华有线			L20	信息传播服务业	010－82085826
600038	哈飞股份			C75	交通运输设备制造业	0451－6528350
600050	中国联通			G85	通信服务业	010－66504409
600051	宁波联合			M	综合类	0574－86221609
600052	浙江广厦			J01	房地产开发与经营业	0571－87963858
600053	江西纸业			C31	造纸及纸制品业	0791－8624842
600054	黄山旅游	900942	黄山B股	K34	旅游业	0559－5561113
600055	万东医疗			C73	专用设备制造业	010－65682598
600056	中技贸易			H21	商业经纪与代理业	010－68404720
600057	ST 厦 新			C55	日用电子器具制造业	0592－5058123＊3557
600058	龙腾科技			H21	商业经纪与代理业	010－68494208
600059	古越龙山			C05	饮料制造业	0575－5158435
600060	海信电器			C55	日用电子器具制造业	0532－3863463
600061	中纺投资			C47	化学纤维制造业	010－64958201
600062	双鹤药业			C81	医药制造业	010－65060077＊2190/2191
600063	皖维高新			C47	化学纤维制造业	0565－2317294
600064	南京高科			J01	房地产开发与经营业	025－5800923
600065	大庆联谊			C41	石油加工及炼焦业	0459－6717944
600066	宇通客车			C75	交通运输设备制造业	0371－6806316
600067	福州大通			C76	电器机械及器材制造业	0591－3350029
600068	葛 洲 坝			E01	土木工程建筑业	0717－6711969
600069	银鸽投资			C31	造纸及纸制品业	0395－2355611
600070	浙江富润			C11	纺织业	0575－7222043
600071	凤凰光学			C78	仪器仪表及文化、办公用机械制造业	0793－8259547
600072	江南重工			C73	专用设备制造业	021－63151818＊4554
600073	上海梅林			C03	食品制造业	021－65419725
600074	南京中达			C49	塑料制造业	025－4711201
600075	新疆天业			A01	农业	0993－2866164
600076	青鸟华光			G81	通信及相关设备制造业	0536－2991601
600077	国能集团			C81	医药制造业	010－82847335
600078	澄星股份			C43	化学原料及化学制品制造业	0510－6281316＊431/432
600079	人福科技			M	综合类	027－87597232
600080	金花股份			C81	医药制造业	029－8404118
600081	东风科技			C75	交通运输设备制造业	021－62033003
600082	ST 海 泰			J01	房地产开发与经营业	022－23078897
600083	ST 红 光			C51	电子元器件制造业	0769－2906116
600084	新天国际			H21	商业经纪与代理业	0991－2312439
600085	同 仁 堂			C81	医药制造业	010－67056924
600086	多佳股份			C13	服装及其他纤维制品制造业	0711－3873228
600087	南京水运			F07	水上运输业	025－3720378
600088	中视传媒			L10	广播电影电视业	0510－5555168
600089	特变电工			C76	电器机械及器材制造业	0994－2724766
600090	啤 酒 花			C01	食品加工业	991－2835219
600091	明天科技			C43	化学原料及化学制品制造业	0472－2207068
600092	精密股份			C67	有色金属冶炼及压延加工业	029－4610536

上市公司通讯录
Contact Information of Listed Companies

公司全称 Name	通讯地址 Address	邮编 Zip
上海浦东发展银行股份有限公司	上海市中山东一路 12 号	200002
邯郸钢铁股份有限公司	邯郸市复兴路 232 号	056015
中国石化齐鲁股份有限公司	淄博市高新技术产业开发区	255086
东北高速公路股份有限公司	长春市经济开发区浦东路 19－1 号	130031
武汉钢铁股份有限公司	武汉市青山区沿港路 3 号	430080
东风汽车股份有限公司	襄樊市车城大道 1 号	441004
中国国际贸易中心股份有限公司	北京市丰台区星火路 1 号	100070
北京首创股份有限公司	北京市朝阳区北三环东路 8 号静安中心 7 层	100028
上海国际机场股份有限公司	上海市虹桥路 2550 号	200335
内蒙古包钢钢联股份有限公司	包头市昆区钢铁大街 85 号	014010
华能国际电力股份有限公司	北京市西城区复兴门南大街丙 2 号天银大厦 C 段西区	100031
安徽皖通高速公路股份有限公司	合肥市美菱大道 8 号	230051
中国民生银行股份有限公司	北京市东城区正义路 4 号	100006
上海港集装箱股份有限公司	上海市军工路 4049 号吉发大厦	200432
宝山钢铁股份有限公司	上海市宝山区富锦路果园	201900
中海发展股份有限公司	上海市浦东源深路 168 号	200120
中国石油化工股份有限公司	北京市朝阳区惠新东街甲 6 号	100029
中信证券股份有限公司	深圳市罗湖区湖贝路 1030 号海龙王大厦	518001
福建发展高速公路股份有限公司	福州市东水路 18 号福建交通综合大楼 26 层	350001
招商银行股份有限公司	深圳市深南大道 7088 号招商银行大厦	518040
北京歌华有线电视网络股份有限公司	北京市海淀区花园北路 35 号东门	100083
哈飞航空工业股份有限公司	哈尔滨市平房区友协大街 15 号	150066
中国联合通信股份有限公司	北京市东城区建国门内大街 18 号办三 6 层	100005
宁波联合集团股份有限公司	宁波市开发区东海路 1 号联合大厦	315803
浙江广厦股份有限公司	东阳市振兴路 1 号	322100
江西纸业股份有限公司	南昌市董家窑 112 号	330006
黄山旅游发展股份有限公司	黄山市黄山风景区温泉	242709
北京万东医疗装备股份有限公司	北京市朝阳区建国门外郎家园 6 号	100022
中技贸易股份有限公司	北京市海淀区西三环北路 21 号久凌大厦公寓楼 3 层	100089
厦门厦新电子股份有限公司	厦门市体育路 45 号证券部	361012
五矿龙腾科技股份有限公司	北京市海淀区三里河路 5 号 B 座	100044
浙江古越龙山绍兴酒股份有限公司	绍兴市北海桥	312000
青岛海信电器股份有限公司	青岛市经济技术开发区团结路 18 号	266510
中纺投资发展股份有限公司	上海市延安西路 1228 号嘉利大厦 33 层	200052
北京双鹤药业股份有限公司	北京市朝阳区光华路 9 号	100020
安徽皖维化纤化工股份有限公司	巢湖市巢维路 56 号	238002
南京新港高科技股份有限公司	南京市经济技术开发区新港大道 100 号	210038
大庆联谊石化股份有限公司	大庆市大同区林源南街 5 号	163852
郑州宇通客车股份有限公司	郑州市凤凰路 7 号	450004
福州大通机电股份有限公司	福州市鼓楼区五一中路 32 号元洪大厦 26 层	350011
葛洲坝股份有限公司	宜昌市石子岭路 3 号	443002
河南银鸽实业投资股份有限公司	郑州市农业路东段 28 号河南报业大厦 17 层	450008
浙江富润股份有限公司	诸暨市安平路 42 号	311800
凤凰光学股份有限公司	上饶市光学路 1 号	334000
江南重工股份有限公司	上海市高雄路 18 号	200011
上海梅林正广和股份有限公司	上海市通北路 400 号	200082
南京中达制膜(集团)股份有限公司	南京市汉中路 89 号金鹰国际商城 20 层 C 座	210029
新疆天业股份有限公司	石河子市北一路 94 号公司办公楼	832000
潍坊北大青鸟华光科技股份有限公司	潍坊市高新技术产业开发区华光电子区	261061
辽宁国能集团(控股)股份有限公司	沈阳市沈河区青年大街 108 号	110014
江苏澄星磷化工股份有限公司	江阴市花山路 208 号	214432
武汉人福高科技产业股份有限公司	武汉市洪山区关山街鲁磨路 369 号	430074
金花企业(集团)股份有限公司	西安市振兴路 1 号	710068
东风电子科技股份有限公司	上海市中山北路 2000 号 22 楼	200063
天津海泰科技发展股份有限公司	天津市华苑产业区物华道 2 号海泰火炬创业园 C 座 2 层	300384
成都福地科技股份有限公司	东莞市南城区莞太大道 255 号彩管厂 5 号楼	523071
新天国际经贸股份有限公司	乌鲁木齐市红山路 40 号	830002
北京同仁堂股份有限公司	北京市崇文区东兴隆街 52 号	100062
湖北多佳股份有限公司	武汉市关东科技园高科大厦 18 楼	430074
南京水运实业股份有限公司	南京市中山北路 241 号江苏华侨大厦 10 楼	210009
中视传媒股份有限公司	上海市浦东新区福山路 450 号新国际大厦 17 层 A 座	200122
新疆特变电工股份有限公司	昌吉市延安南路 52 号	831100
新疆啤酒花股份有限公司	乌鲁木齐市解放北路 17 号酒花大厦	830002
包头明天科技股份有限公司	包头市稀土高新技术产业开发区新建区稀土南路	014013
陕西精密合金股份有限公司	西安市莲湖区枣园东路 2 号	710077

上市公司通讯录
Contact Information of Listed Companies

A股代码 A Code	A股简称 A Name	B股代码 B Code	B股简称 B Abbr.	行业分类代码 Sector Code	行业分类名称 Sector Name	电话 Telephone
600093	禾嘉股份			A01	农业	028-85155498
600094	华源股份	900940	华源B股	C47	化学纤维制造业	021-58787570,58799888*262
600095	哈高科			C01	食品加工业	0451-4348065
600096	云天化			C43	化学原料及化学制品制造业	0870-8664318
600097	华立科技			C76	电器机械及器材制造业	0571-88471777
600098	广州控股			D01	电力、蒸汽、热水的生产和供应业	020-83606548
600099	林海股份			C75	交通运输设备制造业	0523-6551888
600100	清华同方			G87	计算机应用服务业	010-62789888
600101	明星电力			D01	电力、蒸汽、热水的生产和供应业	0825-2210076
600102	莱钢股份			C65	黑色金属冶炼及压延加工业	0634-6820601
600103	青山纸业			C31	造纸及纸制品业	0591-7588133
600104	上海汽车			C75	交通运输设备制造业	021-50803808
600105	永鼎光缆			G81	通信及相关设备制造业	0512-63272395
600106	重庆路桥			F11	交通运输辅助业	023-62803632
600107	美尔雅			C13	服装及其他纤维制品制造业	0714-6360298
600108	亚盛集团			A01	农业	0931-8471961
600109	ST成百			H01	食品、饮料、烟草和家庭用品批发业	028-86652215,86664151
600110	中科英华			C99	其他制造业	0431-5161007
600111	稀土高科			C67	有色金属冶炼及压延加工业	0472-2207766
600112	长征电器			C76	电器机械及器材制造业	0852-8622952
600113	浙江东日			C99	其他制造业	0577-88835216
600115	东方航空			F09	航空运输业	021-62686268
600116	三峡水利			D01	电力、蒸汽、热水的生产和供应业	023-63801161
600117	西宁特钢			C65	黑色金属冶炼及压延加工业	0971-5299089
600118	中国卫星			C99	其他制造业	010-68768890;68371188*890
600119	长江投资			M	综合类	021-68407009
600120	浙江东方			H21	商业经纪与代理业	0571-87215009
600121	郑州煤电			D01	电力、蒸汽、热水的生产和供应业	0371-6591159
600122	宏图高科			G81	通信及相关设备制造业	025-3300922
600123	兰花科创			B01	煤炭采选业	0356-2040123
600125	铁龙股份			F01	铁路运输业	0411-2810881
600126	杭钢股份			C65	黑色金属冶炼及压延加工业	0571-88132917
600127	金健米业			C01	食品加工业	0736-7308643
600128	弘业股份			H21	商业经纪与代理业	025-2308738
600129	太极集团			C81	医药制造业	023-63725956
600130	波导股份			G81	通信及相关设备制造业	0574-88918855
600131	岷江水电			D01	电力、蒸汽、热水的生产和供应业	028-87731485
600132	重庆啤酒			C05	饮料制造业	023-68629476
600133	东湖高新			M	综合类	027-87561433
600135	乐凯胶片			C43	化学原料及化学制品制造业	0312-3227901*2899
600136	道博股份			M	综合类	027-82702848
600137	ST长控			C31	造纸及纸制品业	0831-7115013
600138	青旅控股			K34	旅游业	010-65686690,65679900*7302
600139	鼎天科技			G83	计算机制造业	0838-2826498
600141	兴发集团			C43	化学原料及化学制品制造业	0717-2582609
600145	四维瓷业			E05	装修装饰业	023-61088888
600146	大元股份			C41	石油加工及炼焦业	0951-2024921*6427,6168
600148	离合器			C75	交通运输设备制造业	0431-5173591*224
600149	邢台轧辊			C71	普通机械制造业	0319-2116168
600150	沪东重机			C73	专用设备制造业	021-58461891
600151	航天机电			C75	交通运输设备制造业	021-64827176
600152	维科精华			C11	纺织业	0574-87343916
600153	厦门建发			H21	商业经纪与代理业	0592-2132319
600155	宝硕股份			C49	塑料制造业	0312-3109607
600156	益鑫泰			C11	纺织业	0731-5215526
600157	鲁润股份			M	综合类	0538-8201817
600158	中体产业			K99	其他社会服务业	010-65536158*121
600159	宁城老窖			C05	饮料制造业	0476-4800807
600160	巨化股份			C43	化学原料及化学制品制造业	0570-3091704
600161	天坛生物			C85	生物制品业	010-65772354
600162	山东临工			C73	专用设备制造业	0539-8308809
600163	福建南纸			C31	造纸及纸制品业	0599-8808805
600165	宁夏恒力			C69	金属制品业	0952-3671240
600166	福田汽车			C75	交通运输设备制造业	010-80717181
600167	沈阳新开			J01	房地产开发与经营业	024-23904330

上市公司通讯录
Contact Information of Listed Companies

公司全称 Name	通讯地址 Address	邮编 Zip
四川禾嘉股份有限公司	成都市高新技术开发区高朋东路 14 号	610041
上海华源股份有限公司	上海市浦东陆家嘴东路 161 号招商局大厦 31 楼	200120
哈尔滨高科技(集团)股份有限公司	哈尔滨市高新技术产业开发区迎宾路集中区 5 号街区	150078
云南云天化股份有限公司	云南省水富县云富镇	657800
浙江华立科技股份有限公司	杭州市西斗门路 18 号	310012
广州发展实业控股集团股份有限公司	广州市东风中路 509 号建银大厦 27 楼	510045
林海股份有限公司	泰州市泰九路 14 号	225300
清华同方股份有限公司	北京市清华大学同方大厦	100084
四川明星电力股份有限公司	遂宁市明月路 88 号明星大酒店 11 楼	629000
莱芜钢铁股份有限公司	莱芜市钢城区	271104
福建省青山纸业股份有限公司	福建省沙县青州镇	365506
上海汽车股份有限公司	上海市张江高科技园区松涛路 563 号 A 幢 5 层	200020
江苏永鼎股份有限公司	吴江市芦墟镇汾湖经济技术开发区	215211
重庆路桥股份有限公司	重庆市南坪经济技术开发区丹	400060
湖北美尔雅股份有限公司	黄石市团城山开发区美尔雅工业园	435003
甘肃亚盛实业(集团)股份有限公司	兰州市张掖路 219 号基隆大厦 20 层(兰州市中央广场邮局 1011 信箱)	730030
成都百货(集团)股份有限公司	成都市大慈寺路 83 号	610016
中科英华高技术股份有限公司	长春市高新技术开发区火炬路 286 号	130022
内蒙古包钢稀土高科技股份有限公司	包头市昆区张家营子西	014030
贵州长征电器股份有限公司	遵义市上海路 100 号	563002
浙江东日股份有限公司	温州市矮凳桥 92 号	325003
中国东方航空股份有限公司	上海市虹桥路 2550 号	200335
重庆三峡水利电力(集团)股份有限公司	重庆市万县市鸽子沟 72 号	404000
西宁特殊钢股份有限公司	西宁市柴达木西路 52 号	810005
中国天地卫星股份有限公司	北京市海淀区阜成路 16 号	100037
长发集团长江投资实业股份有限公司	上海市浦东新区世纪大道 1500 号	200122
浙江东方集团股份有限公司	杭州市庆春路 199 号	310006
郑州煤电股份有限公司	郑州市二七区大学路 30 号	450052
江苏宏图高科技股份有限公司	南京市湖北路 83 号	210009
山西兰花科技创业股份有限公司	晋城市泽州路 181 号	048000
大连铁龙实业股份有限公司	大连市中山区新安街 1 号	116001
杭州钢铁股份有限公司	杭州市拱墅区半山镇	310022
湖南金健米业股份有限公司	常德市德山经济开发区金健米业总部办公大楼	415001
江苏省弘业股份有限公司	南京市中华路 50 号	210001
重庆太极实业(集团)股份有限公司	涪陵市建设路 68 号	408000
宁波波导股份有限公司	奉化市城山路 99 号	315500
四川岷江水利电力股份有限公司	四川省汶川县下索桥	623007
重庆啤酒股份有限公司	重庆市九龙坡区石桥铺石杨路 16 号	400039
武汉东湖高新集团股份有限公司	武汉市东湖高新科技工业园东湖高新大楼	430074
乐凯胶片股份有限公司	保定市建设南路 1 号	071054
武汉道博股份有限公司	武汉市汉口中山大道 888 号佳丽广场 45 层	430020
四川长江包装控股股份有限公司	宜宾市马鞍石	644004
中青旅控股股份有限公司	北京市朝阳区东环南路 2 号艾维克大厦 17 层中青旅证券部	100022
鼎天科技股份有限公司	德阳市华山北路 114 号/成都市人民南路二段 18 号川信大厦 26 层	618000
湖北兴发化工集团股份有限公司	宜昌市兴山县古夫镇昭君路昭君山庄	443711
重庆四维瓷业股份有限公司	重庆市江津油溪镇	402285
宁夏大元化工股份有限公司	银川市鼓楼北街 2 号	750004
长春一东离合器股份有限公司	长春市繁荣路 17－1 号	130012
邢台轧辊股份有限公司	邢台市新兴西路 1 号	054025
沪东重机股份有限公司	上海市浦东大道 2851 号	200129
上海航天汽车机电股份有限公司	上海市漕溪路 222 号航天大厦南楼 8 楼	200235
宁波维科精华集团股份有限公司	宁波市和义路 99 号	315000
厦门建发股份有限公司	厦门市鹭江道海滨大厦 7 楼	361001
河北宝硕股份有限公司	保定市国家高新技术产业开发区朝阳北路 175 号	071051
湖南华升益鑫泰股份有限公司	长沙市芙蓉南路 257 号	410015
泰安鲁润股份有限公司	泰安市青年路 111 号	271000
中体产业股份有限公司	北京市朝阳区朝外大街 225 号	100020
内蒙古宁城老窖生物科技股份有限公司	赤峰市宁城县八里罕镇	024231
浙江巨化股份有限公司	衢州市柯城区	324004
北京天坛生物制品股份有限公司	北京市朝阳区三间房南里 4 号	100024
山东临沂工程机械股份有限公司	临沂市金雀山路 18 号	276004
福建省南纸股份有限公司	南平市滨江北路 177 号	353000
宁夏恒力钢丝绳股份有限公司	石嘴山市区河滨街	753202
北汽福田汽车股份有限公司	北京市昌平区沙河镇沙阳路	102206
沈阳新区开发建设股份有限公司	沈阳市和平区三好街 35 号	110004

上市公司通讯录
Contact Information of Listed Companies

A股代码 A Code	A股简称 A Name	B股代码 B Code	B股简称 B Abbr.	行业分类代码 Sector Code	行业分类名称 Sector Name	电话 Telephone
600168	武汉控股			D05	自来水的生产和供应业	027 - 85600546
600169	太原重工			C73	专用设备制造业	0351 - 6361155
600170	上海建工			E01	土木工程建筑业	021 - 68872178
600171	上海贝岭			C51	电子元器件制造业	021 - 64853333
600172	黄河旋风			C61	非金属矿物制品业	0374 - 6165530
600173	牡丹江			C61	非金属矿物制品业	0453 - 6497558
600175	宝华实业			K32	旅馆业	0898 - 68536699 * 6633
600176	中国化建			C43	化学原料及化学制品制造业	010 - 88411666
600177	雅戈尔			C13	服装及其他纤维制品制造业	0574 - 87425136
600178	东安动力			C75	交通运输设备制造业	0451 - 6528172
600179	黑化股份			C41	石油加工及炼焦业	0452 - 6817411
600180	九发股份			A01	农业	0535 - 6623880
600181	云大科技			C43	化学原料及化学制品制造业	0871 - 8315883
600182	桦林轮胎			C48	橡胶制造业	0453 - 6306990
600183	生益科技			C76	电器机械及器材制造业	0769 - 2271828 * 8183
600185	海星科技			K10	邮政服务业	029 - 6522162
600186	莲花味精			C03	食品制造业	0394 - 4298666
600187	黑龙股份			C31	造纸及纸制品业	0452 - 2816277
600188	兖州煤业			B01	煤炭采选业	0537 - 5383310
600189	吉林森工			A03	林业	0431 - 8912969
600190	锦州港	900952	锦港B股	F11	交通运输辅助业	0416 - 3586462
600191	华资实业			C01	食品加工业	0472 - 4190473
600192	长城电工			C76	电器机械及器材制造业	0931 - 8415912
600193	创兴科技			M	综合类	0592 - 5311857
600195	中牧股份			C01	食品加工业	010 - 83607506,83607777 * 2206
600196	复星实业			C81	医药制造业	021 - 63325070
600197	伊力特			C05	饮料制造业	0999 - 8028819,0991 - 3843248
600198	大唐电信			G81	通信及相关设备制造业	010 - 62303607
600199	金牛实业			C05	饮料制造业	0558 - 2212836 * 2258
600200	江苏吴中			M	综合类	0512 - 5626898
600201	金宇集团			C11	纺织业	0471 - 5972266 * 259
600202	哈空调			C76	电器机械及器材制造业	0451 - 4644521
600203	福日股份			C55	日用电子器具制造业	0591 - 3315984
600205	山东铝业			C67	有色金属冶炼及压延加工业	0533 - 2943467
600206	有研硅股			C99	其他制造业	010 - 62355380
600207	安彩高科			C51	电子元器件制造业	0372 - 3932916 * 2533/2249
600208	中宝股份			C99	其他制造业	010 - 66214200
600209	罗顿发展			M	综合类	0898 - 66266364
600210	紫江企业			C99	其他制造业	021 - 54151636
600211	西藏药业			C81	医药制造业	0891 - 6837756
600212	江泉实业			C61	非金属矿物制品业	0539 - 8246243
600213	亚星客车			C75	交通运输设备制造业	0514 - 7850400
600215	长春经开			J01	房地产开发与经营业	0431 - 4644225
600216	浙江医药			C81	医药制造业	0571 - 87213883
600217	秦岭水泥			C61	非金属矿物制品业	0919 - 6231630
600218	全柴动力			C71	普通机械制造业	0550 - 5011156
600219	南山实业			C11	纺织业	0535 - 8666349
600220	江苏阳光			C11	纺织业	0510 - 6121688
600221	海南航空	900945	海航B股	F09	航空运输业	0898 - 66739996
600222	竹林众生			C81	医药制造业	0371 - 7982194
600223	万杰高科			M	综合类	0533 - 4651082
600225	天香集团			A01	农业	021 - 63372066
600226	升华拜克			C43	化学原料及化学制品制造业	0572 - 8402738
600227	赤天化			C43	化学原料及化学制品制造业	0852 - 2878874
600228	昌九生化			C43	化学原料及化学制品制造业	0791 - 8300796
600229	青岛碱业			C43	化学原料及化学制品制造业	0532 - 4822574
600230	沧州大化			C43	化学原料及化学制品制造业	0317 - 3556143
600231	凌钢股份			C65	黑色金属冶炼及压延加工业	0421 - 6834429
600232	金鹰股份			C11	纺织业	0580 - 8021228
600233	大连创世			C13	服装及其他纤维制品制造业	0411 - 7610778
600234	天龙集团			H21	商业经纪与代理业	0351 - 4040922
600235	民丰特纸			C31	造纸及纸制品业	0573 - 2812992
600236	桂冠电力			K01	公共设施服务业	0771 - 5640918,5697128
600237	铜峰电子			C76	电器机械及器材制造业	0562 - 2819780
600238	海南椰岛			C01	食品加工业	0898 - 68520319

上市公司通讯录
Contact Information of Listed Companies

公司全称 Name	通讯地址 Address	邮编 Zip
武汉三镇实业控股股份有限公司	武汉市发展大道东方商都5楼	430023
太原重工股份有限公司	太原市万柏林区玉河街53号	030024
上海建工股份有限公司	上海市浦东新区福山路33号	200120
上海贝岭股份有限公司	上海市漕河泾开发区宜山路810号	200233
河南黄河旋风股份有限公司	长葛市人民路200号	461500
牡丹江水泥股份有限公司	牡丹江市温春镇公司大楼	157041
美都控股股份有限公司	海口市滨海大道69号6层	570105
中国化学建材股份有限公司	北京市海淀区紫竹院南路2号	100044
雅戈尔集团股份有限公司	宁波市鄞县大道西段2号	315153
哈尔滨东安汽车动力股份有限公司	哈尔滨市平房区保国街51号	150066
黑龙江黑化股份有限公司	齐齐哈尔市富拉基尔区向阳大街2号	161041
山东九发食用菌股份有限公司	烟台市南大街9号金都大厦28楼	264001
云大科技股份有限公司	昆明市国家高新技术产业开发区科医路59号	650106
桦林轮胎股份有限公司	牡丹江市桦林镇	157032
广东生益科技股份有限公司	东莞市万江区莞穗大道411号	523039
西安海星现代科技股份有限公司	西安市西新街甲字3号海星智能大厦2层	710004
河南莲花味精股份有限公司	项城市莲花大道18号	466200
黑龙江黑龙股份有限公司	齐齐哈尔市龙沙区长青路27号	161005
兖州煤业股份有限公司	邹城市凫山路40号	273500
吉林森林工业股份有限公司	长春市人民大街114号	130021
锦州港股份有限公司	锦州市经济技术开发区锦港大街1段1号	121007
包头华资实业股份有限公司	包头市东河区	014045
兰州长城电工股份有限公司	兰州市城关区农民巷125号	730000
厦门创兴科技股份有限公司	厦门市建业路18号阳明楼9楼(厂址:杏林区苑亭路89号)	361012
中牧实业股份有限公司	北京市丰台区星火路1号	100070
上海复星实业股份有限公司	上海市宜山路1289号	200233
新疆伊力特实业股份有限公司	新疆自治区新源县肖尔布拉克	835811
大唐电信科技股份有限公司	北京市海淀区学院路40号	100083
安徽金牛实业股份有限公司	阜阳市莲花路259号	236023
江苏吴中实业股份有限公司	苏州市吴县市城区宝带东路388号	215128
内蒙古金宇集团股份有限公司	呼和浩特市诺和木勒大街26号	010020
哈尔滨空调股份有限公司	哈尔滨市道里区友谊路193号	150018
福建福日电子股份有限公司	福州市五一北路169号福日大厦	350005
山东铝业股份有限公司	淄博市淄博高新技术产业开发区柳泉路北首	255086
有研半导体材料股份有限公司	北京市新街口外大街2号	100088
河南安彩高科股份有限公司	安阳市中州路南段	455000
中宝科控投资股份有限公司	嘉兴市禾兴路366号	314000
罗顿发展股份有限公司	海口市人民大道68号	570208
上海紫江企业集团股份有限公司	上海市莘庄工业区申富路618号	201100
西藏诺迪康药业股份有限公司	拉萨市北京中路93号(成都市中新街49号锦贸大厦18楼)	850000
山东江泉实业股份有限公司	临沂市罗庄双月门北300米东江泉商务楼	276017
扬州亚星客车股份有限公司	扬州市经济开发区扬子江中路188号	225009
长春经济技术开发区开发建设(集团)股份有限公司	长春市自由大路118号	130031
浙江医药股份有限公司	杭州市中河路司马渡巷60号	310003
陕西秦岭水泥股份有限公司	陕西省耀县县城东郊	727100
安徽全柴动力股份有限公司	安徽省全椒县襄河镇建设东路70号	239500
山东南山实业股份有限公司	龙口市东江镇	265718
江苏阳光股份有限公司	江阴市新桥镇马嘶桥	214426
海南航空股份有限公司	海口市海秀路29号海航发展大厦	570206
河南竹林众生制约股份有限公司	郑州市高新技术产业开发区金梭路8号	450001
山东万杰高科技股份有限公司	淄博市博山经济技术开发区	255213
华通天香集团股份有限公司	上海市黄浦区宁波路1号华晨集团大厦17楼	200001
浙江升华拜克生物股份有限公司	浙江省德清县钟管工业区	313220
贵州赤天化股份有限公司	赤水市化工路	564707
江西昌九生物化工股份有限公司	南昌市北京东路98号华赣大厦5楼	330029
青岛碱业股份有限公司	青岛市四流北路78号	266043
河北沧州大化股份有限公司	沧州市北环中路66号沧州大化办公楼	061000
凌源钢铁股份有限公司	凌源市钢铁路3号	122500
浙江金鹰股份有限公司	舟山市定海区小沙镇	316051
大连大杨创世股份有限公司	大连市经济技术开发区哈尔滨路23号	116600
太原天龙集团股份有限公司	太原市迎泽大街291号	030001
民丰特种纸股份有限公司	嘉兴市用里街70号	314000
广西桂冠电力股份有限公司	南宁市民主北四里6号	530023
安徽铜峰电子股份有限公司	铜陵市石城路168号	244000
海南椰岛股份有限公司	海口市世界贸易中心F座1101室	570125

上市公司通讯录
Contact Information of Listed Companies

A股代码 A Code	A股简称 A Name	B股代码 B Code	B股简称 B Abbr.	行业分类代码 Sector Code	行业分类名称 Sector Name	电话 Telephone
600239	红河光明			C05	饮料制造业	0873－7123420
600240	仕奇实业			C11	纺织业	0471－5920334
600241	辽宁时代			C13	服装及其他纤维制品制造业	0411－2798001＊1160
600242	华龙集团			A07	渔业	020－87377000
600243	青海华鼎			C71	普通机械制造业	0971－6258124
600246	先锋股份			J01	房地产开发与经营业	010－66128936
600247	物华股份			H21	商业经纪与代理业	0432－2485305
600248	秦丰农业			A01	农业	029－6522223＊8615
600250	南纺股份			H21	商业经纪与代理业	025－3306789
600252	梧州中恒			M	综合类	0774－5830828
600253	天方药业			C81	医药制造业	0396－3823517
600255	鑫科材料			C99	其他制造业	0553－5847323
600256	广汇股份			J01	房地产开发与经营业	0991－2851134
600257	洞庭水殖			A09	农、林、牧、渔服务业	0736－7223888＊3688
600258	首旅股份			K32	旅馆业	010－66014466＊446
600259	兴业聚酯			C13	服装及其他纤维制品制造业	0898－68669470
600260	凯乐科技			C49	塑料制造业	0716－5237491
600261	浙江阳光			C55	日用电子器具制造业	0575－2027721
600262	北方股份			C73	专用设备制造业	0472－3331144
600263	路桥建设			E01	土木工程建筑业	010－64181166
600265	景谷林业			A03	林业	0879－5224720
600266	北京城建			E01	土木工程建筑业	010－62035969＊608，62260806
600267	海正药业			C81	医药制造业	0571－85278141
600268	国电南自			C73	专用设备制造业	025－3410173
600269	赣粤高速			F03	公路运输业	0791－6504265
600270	外运发展			F09	航空运输业	010－68405606
600272	开开实业	900943	开开B股	C13	服装及其他纤维制品制造业	021－62127558
600275	武昌鱼			A07	渔业	0711－3252863
600276	恒瑞医药			C81	医药制造业	0518－5457194
600277	亿利科技			C43	化学原料及化学制品制造业	0477－8372777
600278	东方创业			H21	商业经纪与代理业	021－62785489
600279	重庆港九			F11	交通运输辅助业	023－63725685
600280	南京中商			H11	零售业	025－4728470
600281	太化股份			C43	化学原料及化学制品制造业	0351－4181612
600282	南钢股份			C65	黑色金属冶炼及压延加工业	025－7056780
600283	钱江水利			D01	电力、蒸汽、热水的生产和供应业	0571－87974386
600285	羚锐股份			C81	医药制造业	0397－2989188
600286	国光瓷业			C61	非金属矿物制品业	0733－3232923
600287	江苏舜天			H21	商业经纪与代理业	025－4208688＊82068
600288	大恒科技			G81	通信及相关设备制造业	010－62628443
600289	亿阳信通			G87	计算机应用服务业	010－82666789
600290	苏福马			C73	专用设备制造业	0512－7513621
600291	西水股份			C61	非金属矿物制品业	0473－4661666
600292	九龙电力			D01	电力、蒸汽、热水的生产和供应业	023－68637303
600293	三峡新材			C99	其他制造业	0717－3280108
600295	鄂尔多斯	900936	鄂绒B股	C13	服装及其他纤维制品制造业	0477－8543509
600296	兰州铝业			C67	有色金属冶炼及压延加工业	0931－7549414
600297	美罗药业			C81	医药制造业	0411－3631991＊905
600298	安琪酵母			C01	食品加工业	0717－6352865
600299	星新材料			C43	化学原料及化学制品制造业	010－82070614
600300	维维股份			C05	饮料制造业	0516－3290169
600301	南化股份			C43	化学原料及化学制品制造业	0771－4835135
600302	标准股份			C73	专用设备制造业	029－8279358
600303	曙光股份			C75	交通运输设备制造业	0415－4146825
600305	恒顺醋业			C03	食品制造业	0511－5233758
600306	商业城			H11	零售业	024－24865838
600307	酒钢宏兴			C65	黑色金属冶炼及压延加工业	0937－3689802
600308	华泰股份			C31	造纸及纸制品业	0546－6871957
600309	烟台万华			C43	化学原料及化学制品制造业	0535－6837888＊537
600310	桂东电力			D01	电力、蒸汽、热水的生产和供应业	0774－5297881
600311	荣华实业			C01	食品加工业	0935－2292183
600312	平高电气			C73	专用设备制造业	0375－3804064
600313	中农资源			A01	农业	010－83607371
600315	上海家化			C43	化学原料及化学制品制造业	021－65456400＊3725
600316	洪都航空			C75	交通运输设备制造业	0791－8467843

上市公司通讯录
Contact Information of Listed Companies

公司全称 Name	通讯地址 Address	邮编 Zip
云南红河光明股份有限公司	开远市市西南路120号	661600
内蒙古仕奇实业股份有限公司	呼和浩特市诺和木勒大街54号	010020
辽宁时代服装进出口股份有限公司	大连市中山区港湾街7号时代大厦	116001
广东华龙集团股份有限公司	广州市寺右新马路111号五羊新城广场21楼	510600
青海华鼎实业股份有限公司	西宁市南川东路21号	810021
北京先锋置业股份有限公司	北京市西城区赵登禹路2772号先锋商务楼601室	100034
吉林物华(集团)股份有限公司	吉林市怀德街29号	132001
杨凌秦丰农业科技股份有限公司	西安市经济技术开发区凤城二路6号	710016
南京纺织品进出口股份有限公司	南京市鼓楼区云南北路77号	210009
广西梧州中恒集团股份有限公司	梧州市蝶山一路3号	543002
河南天方药业股份有限公司	驻马店市光明路2号	463003
安徽鑫科材料股份有限公司	芜湖市经济技术开发区珠江路23号	241009
新疆广汇实业股份有限公司	乌鲁木齐市经济技术开发区上海路6号	830026
湖南洞庭水殖股份有限公司	常德市人民中路358号华都大酒店6－7层	415000
北京首都旅游股份有限公司	北京市西城区复兴门内大街51号(民族饭店4层)	100031
海南兴业聚酯股份有限公司	海口市港澳工业区兴业路19号	570314
湖北省凯乐新材料科技股份有限公司	湖北省公安县斗湖堤镇城关	434300
浙江阳光集团股份有限公司	上虞市凤山路129号阳光大厦	312300
内蒙古北方重型汽车股份有限公司	包头市青山区	014030
路桥集团国际建设股份有限公司	北京市东城区东中街9号东环广场A座写字楼8层	100027
云南景谷林业股份有限公司	云南省景谷傣族彝族自治县威远路47号	666400
北京城建投资发展股份有限公司	北京市朝阳区北土城西路11号新城市科技大厦	100029
浙江海正药业股份有限公司	台州市椒江区外沙路46号	318000
国电南京自动化股份有限公司	南京市新模范马路38号	210003
江西赣粤高速公路股份有限公司	南昌市洪城路508号方兴大厦5、6楼	330025
中外运空运发展股份有限公司	北京市西三环北路21号久凌大厦	100089
上海开开实业股份有限公司	上海市万航渡路888号24层	200040
湖北武昌鱼股份有限公司	鄂州市鄂城区南浦南路特1号	436000
江苏恒瑞医药股份有限公司	连云港市新浦区人民东路145号	222002
内蒙古亿利科技实业股份有限公司	东胜市鄂尔多斯西街亿利科技大厦	017000
东方国际创业股份有限公司	上海市娄山关路85号A座	200233
重庆港九股份有限公司	重庆市九龙坡区盘龙镇盘龙五村113－13号	400051
南京中央商场股份有限公司	南京市中山南路79号	210005
太原化工股份有限公司	太原市迎泽区文源巷15号	030001
南京钢铁股份有限公司	南京市大厂区卸甲甸	210035
钱江水利开发股份有限公司	杭州市赤山埠路47号	310007
河南羚锐制药股份有限公司	河南省新县向阳路232号	465550
湖南国光瓷业集团股份有限公司	长沙市芙蓉中路松桂园海东青大厦8楼	410005
江苏舜天股份有限公司	南京市建邺路98号舜天大厦	210004
大恒新纪元科技股份有限公司	北京市海淀区中关村大街22号中科大厦11层	100080
哈尔滨亿阳信通股份有限公司	北京市中关村海淀南路19号哈尔滨高新技术产业开发区1号楼	100080
苏福马股份有限公司	苏州市西大营门57号	215003
内蒙古西卓子山草原水泥股份有限公司	乌海市海南区	016032
重庆九龙电力股份有限公司	重庆市九龙坡区渝州路37号	400041
湖北三峡新型建材股份有限公司	当阳市经济技术开发区	444105
内蒙古鄂尔多斯羊绒制品股份有限公司	鄂尔多斯市东胜区达拉特南路102号	017000
兰州铝业股份有限公司	兰州市西固区山丹街375号	730060
大连美罗药业股份有限公司	大连市中山区中山路112号	116001
湖北安琪酵母股份有限公司	宜昌市中南路24号	443003
蓝星化工新材料股份有限公司	北京市海淀区花园东路30号花园商务会馆	100083
徐州维维食品饮料股份有限公司	徐州市城南开发区维维集团总部	221111
南宁化工股份有限公司	南宁市亭洪路80号	530031
西安标准工业股份有限公司	西安市太白南路1号	710068
丹东曙光车桥股份有限公司	丹东市振安区燕窝街300号	118001
江苏恒顺醋业股份有限公司	镇江市中山西路84号	212004
沈阳商业城股份有限公司	沈阳市沈河区中街路212号	110011
甘肃酒钢集团宏兴钢铁股份有限公司	嘉峪关市雄关东路12号	735100
山东华泰纸业股份有限公司	东营市广饶县大王镇	257335
烟台万华聚氨酯股份有限公司	烟台市幸福南路7号	264002
广西桂东电力股份有限公司	贺州市平安西路12号	542800
甘肃荣华实业(集团)股份有限公司	武威市东关街荣华路1号	733000
河南平高电气股份有限公司	平顶山市南环东路22号	467001
中垦农业资源开发股份有限公司	北京市西城区月坛北街2号月坛大厦C501	100045
上海家化联合股份有限公司	上海市保定路527号	200082
江西洪都航空工业股份有限公司	南昌市新溪桥	330024

上市公司通讯录
Contact Information of Listed Companies

A股代码 A Code	A股简称 A Name	B股代码 B Code	B股简称 B Abbr.	行业分类代码 Sector Code	行业分类名称 Sector Name	电话 Telephone
600317	营口港			F11	交通运输辅助业	0417－6268507
600318	巢东股份			C61	非金属矿物制品业	0565－2391720
600319	亚星化学			C43	化学原料及化学制品制造业	0536－8667941
600320	振华港机	900947	振华B股	C73	专用设备制造业	021－58395000
600321	国栋建设			C61	非金属矿物制品业	028－5805811
600322	天房发展			J01	房地产开发与经营业	022－23122254
600323	南海发展			D05	自来水的生产和供应业	0757－6280996
600326	西藏天路			F03	公路运输业	0891－6322208
600327	大厦股份			H11	零售业	0510－2702093
600328	兰太实业			C43	化学原料及化学制品制造业	0483－8838609＊6439
600329	中新药业			C81	医药制造业	022－27020926
600330	天通股份			C51	电子元器件制造业	0573－7230878
600331	宏达股份			C43	化学原料及化学制品制造业	028－86141081
600332	广州药业			C81	医药制造业	020－81218084
600333	长春燃气			D03	煤气生产和供应业	0431－5954615
600335	中发展			C71	普通机械制造业	022－24935580
600336	澳柯玛			C76	电器机械及器材制造业	0532－6765129
600337	美克股份			C25	家具制造业	0991－3836028
600338	珠峰摩托			C75	交通运输设备制造业	028－85885216
600339	天利高新			C41	石油加工及炼焦业	0992－3655959
600345	长江通信			G81	通信及相关设备制造业	027－87411083
600346	冰山橡塑			C73	专用设备制造业	0411－6641378
600350	山东基建			K01	公共设施服务业	0531－2662922
600351	亚宝药业			C81	医药制造业	0359－3088178
600353	旭光股份			C51	电子元器件制造业	028－83967182
600355	精伦电子			C57	其他电子设备制造业	027－8792111＊3226
600356	恒丰纸业			C31	造纸及纸制品业	0453－6331111＊6451
600357	承德钒钛			C65	黑色金属冶炼及压延加工业	0314－4073574
600358	国旅联合			K34	旅游业	025－4709561
600359	新农开发			A01	农业	0997－2134083
600360	华微电子			C51	电子元器件制造业	0432－4662099
600361	华联综超			H11	零售业	010－88363718
600362	江西铜业			C67	有色金属冶炼及压延加工业	0701－3777735
600363	联创光电			C51	电子元器件制造业	0791－8108479
600365	通葡萄酒			C03	食品制造业	0435－3948012
600366	宁波韵升			C78	仪器仪表及文化、办公用机械制造业	0574－87776804
600367	红星发展			C43	化学原料及化学制品制造业	0853－6780066
600368	五洲交通			F03	公路运输业	0771－2838485
600369	长运股份			F07	水上运输业	023－63819926
600370	三房巷			C11	纺织业	0510－6229867
600371	华冠科技			C01	食品加工业	0451－2368408
600372	昌河股份			C75	交通运输设备制造业	0798－8448974
600373	鑫新股份			C69	金属制品业	0793－8222958＊6178
600376	天鸿宝业			J01	房地产开发与经营业	010－64256268
600377	宁沪高速			F11	交通运输辅助业	8625－4469332
600378	天科股份			C43	化学原料及化学制品制造业	028－5963659
600379	宝光股份			C76	电器机械及器材制造业	0917－3561507
600380	太太药业			C81	医药制造业	0755－82478966
600381	白唇鹿			C13	服装及其他纤维制品制造业	0971－8018897
600382	广东明珠			C73	专用设备制造业	0753－3338549
600383	金地集团			J01	房地产开发与经营业	0755－83303333
600385	山东金泰			C81	医药制造业	0531－8902341
600386	北京巴士			F19	其他交通运输业	010－68477383
600388	龙净环保			C73	专用设备制造业	0597－2210288
600389	江山股份			C43	化学原料及化学制品制造业	0513－3517961
600390	金瑞科技			C99	其他制造业	0731－8657382
600391	成发科技			C75	交通运输设备制造业	028－4509005
600393	东华实业			J01	房地产开发与经营业	020－87393888＊8339
600395	盘江股份			B01	煤炭采选业	0858－3703046
600396	金山股份			D01	电力、蒸汽、热水的生产和供应业	024－22151588
600397	安源股份			C75	交通运输设备制造业	0799－6581388
600398	凯诺科技			C11	纺织业	0510－6121388
600399	抚顺特钢			C65	黑色金属冶炼及压延加工业	0413－6678441
600400	红豆股份			C13	服装及其他纤维制品制造业	0510－8761888＊278
600408	安泰集团			C41	石油加工及炼焦业	0354－7531034

上市公司通讯录
Contact Information of Listed Companies

公司全称 Name	通讯地址 Address	邮编 Zip
营口港务股份有限公司	营口市鲅鱼圈区新港大路 1 号	115007
安徽巢东水泥股份有限公司	巢湖市长江西路 269 号	238001
潍坊亚星化学股份有限公司	潍坊市奎文区鸢飞路 899 号	261031
上海振华港口机械(集团)股份有限公司	上海市浦东南路 3470 号	200125
四川国栋建设股份有限公司	成都市双流板桥	610206
天津市房地产发展(集团)股份有限公司	天津市和平区常德道 80 号	300050
南海发展股份有限公司	佛山市南海区桂城南桂东路 43 号	528200
西藏天路交通股份有限公司	拉萨市夺底路 14 号	850000
无锡商业大厦股份有限公司	无锡市中山路 343 号	214001
内蒙古兰太实业股份有限公司	内蒙古自治区阿拉善左旗吉兰泰镇	750333
天津中新药业集团股份有限公司	天津市南开区白堤路 17 号中新大厦	300193
浙江天通电子股份有限公司	海宁市龙祥写字楼 18 层	314400
四川宏达化工股份有限公司	成都市锦里东路 2 号宏大大厦	610041
广州药业股份有限公司	广州市沙面北街 45 号	510130
长春燃气股份有限公司	长春市朝阳区延安大路 2 号	130021
中外建发展股份有限公司	天津市河东区津塘路 156 号	300180
青岛澳柯玛股份有限公司	青岛市经济技术开发区前湾港路 315 号	266510
美克国际家具股份有限公司	乌鲁木齐经济技术开发区迎宾南路 15 号	830014
西藏珠峰工业股份有限公司	成都市西南航空港经济开发区长城路 8 号	610225
新疆独山子天利高新技术股份有限公司	克拉玛依市独山子区北京路 3 号	833600
武汉长江通信产业集团股份有限公司	武昌市珞瑜路 200－1 号东湖新技术开发区管理大楼 11 层	430070
大连冰山橡塑股份有限公司	大连市甘井子区周水子广场 1 号	116000
山东基建股份有限公司	济南市经十路 71 号山东大学科技园创业中心	250061
山西亚宝药业集团股份有限公司	山西省芮城县富民路 43 号	044600
成都旭光电子股份有限公司	成都市新都区 1 号信箱	610500
武汉精伦电子股份有限公司	武汉市东湖开发区庙山小区	430233
牡丹江恒丰纸业股份有限公司	牡丹江市阳明区造纸路 11 号	157013
承德新新钒钛股份有限公司	承德市双滦区	067002
国旅联合股份有限公司	南京市汉中路 89 号金鹰国际商城 18 层 A 座	210029
新疆塔里木农业综合开发股份有限公司	阿克苏市健康路 3 号社会保险大楼 5 层	843000
吉林华微电子股份有限公司	吉林市深圳街 99 号	132013
北京华联综合超市股份有限公司	北京市西城区阜外大街 1 号四川经贸大厦负 2 层 3 号	100037
江西铜业股份有限公司	贵溪市冶金大道 15 号	335424
江西联创光电科技股份有限公司	南昌市国家高新开发区火炬大街 125 号	330029
通化葡萄酒股份有限公司	通化市前兴路 28 号	134002
宁波韵升(集团)股份有限公司	宁波市江东民安路 348 号	315040
贵州红星发展股份有限公司	安顺市镇宁县丁旗镇贵州红星发展股份有限公司	561206
广西五洲交通股份有限公司	南宁市新民路 48 号	530012
重庆长江水运股份有限公司	重庆市渝中区陕西路 1 号三峡宾馆 18 楼	400011
江苏三房巷实业股份有限公司	江阴市周庄镇三房巷	214000
黑龙江华冠科技股份有限公司	哈尔滨市南岗区华山路 99 号	150036
江西昌河汽车股份有限公司	景德镇市东郊	333002
江西鑫新实业股份有限公司	上饶市南环路 2 号	334000
北京天鸿宝业房地产股份有限公司	北京市东城区安定门外大街 183 号京宝花园 2 层	100011
江苏宁沪高速公路股份有限公司	南京市石鼓路 69 号江苏交通大厦	210004
四川天一科技股份有限公司	成都市机场路 445 信箱	610225
陕西宝光真空电器股份有限公司	陕西省宝鸡县 39 号信箱	721304
深圳太太药业股份有限公司	深圳市罗湖区深南东路 5002 号地王商业大厦 23F	518008
青海白唇鹿股份有限公司	西宁市小桥大街 36 号	810003
广东明珠球阀集团股份有限公司	兴宁市兴城镇赤巷口	514500
金地(集团)股份有限公司	深圳市福田区福强路金地大厦	518048
山东金泰集团股份有限公司	济南市洪楼西路 29 号	250100
北京巴士股份有限公司	北京市海淀区紫竹院路 32 号	100044
福建龙净环保股份有限公司	龙岩市新罗区陵园路 81 号	364000
南通江山农药化工股份有限公司	南通市姚港路 35 号	226006
金瑞新材料科技股份有限公司	长沙市岳麓区麓山南路 1 号	410012
四川成发航空科技股份有限公司	成都市双桥子	610067
广州东华实业股份有限公司	广州市东山区寺右新马路 111 号 30 楼	510600
贵州盘江精煤股份有限公司	六盘水市红果经济开发区干沟桥	553536
沈阳金山热电股份有限公司	沈阳市苏家屯区丁香街 192 号	110101
安源实业股份有限公司	萍乡市昭萍东路 3 号	337003
凯诺科技股份有限公司	江阴市新桥镇	214426
抚顺特殊钢股份有限公司	抚顺市望花区和平路东段 56 号	113001
江苏红豆实业股份有限公司	锡山市港下镇	214199
山西安泰集团股份有限公司	介休市义安镇	032002

上市公司通讯录
Contact Information of Listed Companies

A股代码 A Code	A股简称 A Name	B股代码 B Code	B股简称 B Abbr.	行业分类代码 Sector Code	行业分类名称 Sector Name	电话 Telephone
600415	小商品城			H01	食品、饮料、烟草和家庭用品批发业	0579－5544933
600416	湘电股份			C71	普通机械制造业	0732－8595089
600418	江淮汽车			C75	交通运输设备制造业	0551－3415133＊6835
600419	新疆天宏			C31	造纸及纸制品业	0993－2515661＊5555
600422	昆明制药			C81	医药制造业	0871－8170006
600426	华鲁恒升			C43	化学原料及化学制品制造业	0531－6118869
600428	中远航运			F07	水上运输业	020－87766288＊29081
600448	华纺股份			C11	纺织业	0543－3288255
600456	宝钛股份			C67	有色金属冶炼及压延加工业	0917－3382151
600458	时代新材			C48	橡胶制造业	0733－2884718
600466	迪康药业			C81	医药制造业	028－5195555＊8300
600468	特精股份			C71	普通机械制造业	022－27386320
600486	扬农化工			C43	化学原料及化学制品制造业	0514－7813243＊216
600488	天药股份			C81	医药制造业	022－24160861
600496	长江股份			C73	专用设备制造业	0564－3321848
600498	烽火通信			G81	通信及相关设备制造业	027－87693931
600499	科达机电			C73	专用设备制造业	0765－3833869
600500	中化国际			H21	商业经纪与代理业	021－50495988
600501	航天晨光			C75	交通运输设备制造业	025－2413078＊2028
600503	宏智科技			G87	计算机应用服务业	0591－3368240
600505	西昌电力			D01	电力、蒸汽、热水的生产和供应业	0834－3830505
600506	香梨股份			A01	农业	0996－2204656
600508	上海能源			B01	煤炭采选业	021－68550118
600509	天富热电			D01	电力、蒸汽、热水的生产和供应业	0993－2902860
600510	黑 牡 丹			C13	服装及其他纤维制品制造业	0519－8111238
600511	国药股份			H01	食品、饮料、烟草和家庭用品批发业	010－67262917
600512	腾达建设			E01	土木工程建筑业	0576－2522526,021－56983912
600515	第一投资			H11	零售业	0898－68512252
600516	海龙科技			C61	非金属矿物制品业	0931－6234288
600518	康美药业			C81	医药制造业	0663－2913819
600519	贵州茅台			C05	饮料制造业	0852－2386002
600520	三佳模具			C76	电器机械及器材制造业	0562－2627520
600521	华海药业			C81	医药制造业	0576－5010288＊8009
600522	中天科技			G81	通信及相关设备制造业	0513－3599505
600523	贵航股份			C75	交通运输设备制造业	0851－5815790＊8828
600525	长园新材			C99	其他制造业	0755－26717828
600526	菲达环保			C73	专用设备制造业	0575－7385602
600528	中铁二局			E01	土木工程建筑业	028－7684612
600529	山东药玻			C61	非金属矿物制品业	0533－3242312＊2028
600530	交大昂立			C85	生物制品业	021－62810808＊111
600531	豫光金铅			C67	有色金属冶炼及压延加工业	0391－6665958
600532	华阳科技			C43	化学原料及化学制品制造业	0538－5826209
600533	栖霞建设			J01	房地产开发与经营业	025－5633668＊2104
600535	天 士 力			C81	医药制造业	022－26736699
600536	中软股份			G87	计算机应用服务业	010－51527603,651527603
600537	海通集团			C01	食品加工业	0574－63039966
600538	北海国发			C85	生物制品业	0779－3200619
600539	狮头股份			C61	非金属矿物制品业	0351－6127621
600548	深 高 速			F11	交通运输辅助业	0755－82910588＊208
600549	厦门钨业			C67	有色金属冶炼及压延加工业	0592－5363856
600550	天威保变			C76	电器机械及器材制造业	0312－3227971＊5413
600551	科大创新			C57	其他电子设备制造业	0551－5329668
600552	方兴科技			C61	非金属矿物制品业	0552－4077780
600553	太行股份			C61	非金属矿物制品业	0310－5015760
600555	茉 织 华	900955	茉织华B	C13	服装及其他纤维制品制造业	021－62883080
600556	北生药业			C85	生物制品业	0779－3226316
600557	康缘药业			C81	医药制造业	0518－5521990
600558	大 西 洋			C69	金属制品业	0813－5100549
600559	裕丰股份			C05	饮料制造业	0318－2122755
600560	京自天正			C73	专用设备制造业	010－63848915,63812255＊3978
600561	江西长运			F03	公路运输业	0791－6298107
600562	高淳陶瓷			C61	非金属矿物制品业	025－7377228
600563	法拉电子			C51	电子元器件制造业	0592－5114116
600565	迪马股份			C75	交通运输设备制造业	023－69021877,69021876
600566	洪城股份			C71	普通机械制造业	0716－8221198

上市公司通讯录
Contact Information of Listed Companies

公司全称 Name	通讯地址 Address	邮编 Zip
浙江中国小商品城集团股份有限公司	义乌市宾王路 158 号	322000
湘潭电机股份有限公司	湘潭市下摄司街 302 号	411101
安徽江淮汽车底盘股份有限公司	合肥市东流路 176 号	230022
新疆天宏纸业股份有限公司	石河子市西三路(办公楼)	832009
昆明制药集团股份有限公司	昆明市西郊七公里	650100
山东华鲁恒升化工股份有限公司	德州市德城区	253024
中远航运股份有限公司	广州市环市东路 412 号 5 楼	510061
华纺股份有限公司	滨州市黄河二路 819 号	256617
宝鸡钛业股份有限公司	宝鸡市钛城路 1 号	721014
株洲时代新材料科技股份有限公司	株洲市时代新材料科技股份有限公司	412007
四川迪康科技药业股份有限公司	成都市高新区科园二路 1 号 404 信箱	610041
天津特精液压股份有限公司	天津市南开区南开三纬路 63 号	300100
江苏扬农化工股份有限公司	扬州市文峰路 39 号	225009
天津天药药业股份有限公司	天津市河东区八纬路 109 号	300171
安徽长江农业装备股份有限公司	六安市江淮路 28 号	237009
烽火通信科技股份有限公司	武汉市洪山区邮科院路 88 号	430074
广东科达机电股份有限公司	顺德市国家级高新技术产业开发园桥东路 8 号	528303
中化国际贸易股份有限公司	上海市浦东新区世纪大道 88 号金茂大厦三区 18 层	200121
南京晨光航天应用技术股份有限公司	南京市秦淮区正学路 1 号	210006
宏智科技股份有限公司	福州市五一中路 57 号	350005
四川西昌电力股份有限公司	西昌市老西门街 13 号	615000
新疆库尔勒香梨股份有限公司	库尔勒市团结北路兰干路口	841000
上海大屯能源股份有限公司	上海市浦东新区桃林路 18 号	200128
新疆天富热电股份有限公司	石河子市红星路	832000
黑牡丹(集团)股份有限公司	常州市和平南路 47 号	213001
国药集团药业股份有限公司	北京市崇文区永外三元西巷甲 12 号	100077
腾达建设集团股份有限公司	台州市路桥区路桥大道东 1 号	318050
海南省第一投资招商股份有限公司	海口市滨海大道南洋大厦 15 层	570105
兰州海龙新材料科技股份有限公司	兰州市红古区海石湾 2 号街坊 354 号	730084
广东康美药业股份有限公司	普宁市长春路	515300
贵州茅台酒股份有限公司	仁怀市茅台镇	564500
铜陵三佳模具股份有限公司	铜陵市石城路电子工业区	244000
浙江华海药业股份有限公司	临海市汛桥镇经济开发区	310000
江苏中天科技股份有限公司	江苏省如东县河口镇赵港村	220000
贵州贵航汽车零部件股份有限公司	贵阳市新华路 9 号乌江大厦 14 层	550002
深圳市长园新材料股份有限公司	深圳市南山区科技工业园科技路 30－4 栋	518057
浙江菲达环保科技股份有限公司	诸暨市	311800
中铁二局股份有限公司	成都市通锦路 16 号中铁二局大厦	610032
山东省药用玻璃股份有限公司	淄博市沂源县二郎山路 8 号	256100
上海交大昂立股份有限公司	上海市虹桥路 811 号	200030
河南豫光金铅股份有限公司	济源市济水大街中段 525 号	454650
山东华阳科技股份有限公司	山东省宁阳县磁窑镇	271411
南京栖霞建设股份有限公司	南京市栖霞区和燕路 251 号	210037
天津天士力制药股份有限公司	天津市北辰科技园区	300402
中软网络技术股份有限公司	北京市海淀区学院南路 55 号中软大厦 1 号楼 6 层	100081
浙江海通食品集团股份有限公司	慈溪市海通路 528 号	315300
北海国发海洋生物产业股份有限公司	北海市北京路西侧 9 号	536000
太原狮头水泥股份有限公司	太原市万柏林区开城街 1 号	030056
深圳高速公路股份有限公司	深圳市滨河路北 5022 号联合广场 A 座 19 楼	518026
厦门钨业股份有限公司	厦门市海沧投资区	361026
保定天威保变电气股份有限公司	保定市江城路 318 号	071056
科大创新股份有限公司	合肥市长江西路 669 号	230088
安徽方兴科技股份有限公司	蚌埠市涂山路 767 号	233054
河北太行水泥股份有限公司	邯郸市峰峰矿区建国路 2 号	056200
上海茉织华股份有限公司	上海市静安区南京西路 1266 号恒隆广场 63－65 层	200040
广西北生药业股份有限公司	北海市北海大道 168 号	536000
江苏康缘药业股份有限公司	连云港市新浦区海昌南路 58 号	222001
四川大西洋焊接材料股份有限公司	自贡市大安区马冲口街 2 号	643010
河北裕丰实业股份有限公司	衡水市人民东路 39 号裕丰股份董秘办	053000
北京金自天正智能控制股份有限公司	北京市丰台路 84 号	100071
江西长运股份有限公司	南昌市广场南路 118 号	330003
江苏高淳陶瓷股份有限公司	南京市高淳县固城镇	211304
厦门法拉电子股份有限公司	厦门市金桥路 101 号	361012
重庆市迪马实业股份有限公司	重庆市南岸区南城大道 199 号正联大厦 21 楼	400060
湖北洪城通用机械股份有限公司	荆州市洪门路 3 号	434000

上市公司通讯录
Contact Information of Listed Companies

A股代码 A Code	A股简称 A Name	B股代码 B Code	B股简称 B Abbr.	行业分类代码 Sector Code	行业分类名称 Sector Name	电话 Telephone
600567	山鹰纸业			C31	造纸及纸制品业	0555-2826275
600568	潜江制药			C81	医药制造业	027-87300388
600569	安阳钢铁			C65	黑色金属冶炼及压延加工业	0372-3120175
600571	信 雅 达			G87	计算机应用服务业	0571-56686501
600573	惠泉啤酒			C05	饮料制造业	0595-7371186
600576	庆丰股份			C11	纺织业	0510-2354606
600577	精达股份			C76	电器机械及器材制造业	0562-2809086
600578	京能热电			D01	电力、蒸汽、热水的生产和供应业	010-88992758
600579	黄海股份			C48	橡胶制造业	0532-4693425
600580	卧龙科技			C76	电器机械及器材制造业	0575-2129895
600581	八一钢铁			C65	黑色金属冶炼及压延加工业	0991-3890166,3890266
600582	天地科技			C73	专用设备制造业	010-84262803
600583	海油工程			B50	采掘服务业	022-25807793
600585	海螺水泥			C61	非金属矿物制品业	0553-3118668*8901
600586	金晶科技			C61	非金属矿物制品业	0533-3586666
600587	新华医疗			C73	专用设备制造业	0533-2284275
600588	用友软件			G87	计算机应用服务业	010-62986688
600589	广东榕泰			C61	非金属矿物制品业	0663-8676616
600590	泰豪科技			C76	电器机械及器材制造业	0791-8102663
600591	上海航空			F09	航空运输业	021-62558888*6200
600592	龙溪股份			C71	普通机械制造业	0596-2072091
600593	大连圣亚			K34	旅游业	0411-4685225
600595	中孚实业			C67	有色金属冶炼及压延加工业	0371-4381839
600596	新安股份			C43	化学原料及化学制品制造业	0571-64715693
600597	光明乳业			C01	食品加工业	021-64658100
600598	北 大 荒			A01	农业	0451-5395980
600599	浏阳花炮			C43	化学原料及化学制品制造业	0731-3620966
600600	青岛啤酒			C05	饮料制造业	0532-5713831
600601	方正科技			G83	计算机制造业	021-58407668*650
600602	广电电子	900901	上电B股	C51	电子元器件制造业	021-62980202*646
600603	ST 兴 业			J01	房地产开发与经营业	021-54046138
600604	二 纺 机	900902	二纺B股	C73	专用设备制造业	021-65318888*3981
600605	轻工机械			C71	普通机械制造业	021-62566022
600606	金丰投资			M	综合类	021-62496858
600607	上实联合			M	综合类	021-64331098*55,64319966
600608	上海科技			G81	通信及相关设备制造业	021-68865313
600609	金杯汽车			C75	交通运输设备制造业	024-24125709,24133535
600610	ST中纺机	900906	ST中纺B	C73	专用设备制造业	021-65432970*569
600611	大众交通	900903	大众B股	K01	公共设施服务业	021-64289122
600612	第一铅笔	900905	中铅B股	C99	其他制造业	021-58543307
600613	永生数据	900904	永生B股	L20	信息传播服务业	021-64397553,64399900
600614	胶带股份	900907	胶带B股	C48	橡胶制造业	021-50813939
600615	丰华股份			C03	食品制造业	021-58702762
600616	第一食品			H11	零售业	021-58352625
600617	联华合纤	900913	联华B股	C47	化学纤维制造业	021-59528713
600618	氯碱化工	900908	氯碱B股	C43	化学原料及化学制品制造业	021-64340601
600619	海立股份	900910	海立B股	C76	电器机械及器材制造业	021-65660000
600620	天宸股份			M	综合类	021-64458781
600621	上海金陵			G85	通信服务业	021-63222658
600622	ST 嘉 宝			M	综合类	021-59529711
600623	轮胎橡胶	900909	轮胎B股	C48	橡胶制造业	021-63390372
600624	复旦复华			M	综合类	021-65103021
600625	PT 水 仙	900931	PT水仙B	C76	电器机械及器材制造业	021-56651410
600626	申达股份			C11	纺织业	021-62319898
600627	电器股份			C76	电器机械及器材制造业	021-63216717
600628	新 世 界			H11	零售业	021-63587734
600629	ST 棱 光			C61	非金属矿物制品业	021-64348289
600630	龙头股份			C11	纺织业	021-34061116
600631	第一百货			H11	零售业	021-63225020
600632	华联商厦			H11	零售业	021-63226105
600633	白猫股份			C76	电器机械及器材制造业	021-54097633
600634	海鸟发展			J01	房地产开发与经营业	021-62678574
600635	大众科创			M	综合类	021-64288888*5609
600636	三 爱 富			C43	化学原料及化学制品制造业	021-64823552
600637	广电信息			C55	日用电子器具制造业	021-64189198*3522

上市公司通讯录
Contact Information of Listed Companies

公司全称 Name	通讯地址 Address	邮编 Zip
安徽山鹰纸业股份有限公司	马鞍山市勤俭路 3 号	243021
湖北潜江制药股份有限公司	潜江市横堤路特 18 号	433100
安阳钢铁股份有限公司	安阳市铁西区梅元庄	455004
杭州信雅达系统工程股份有限公司	杭州市文三路 252 号伟星大厦 6 楼	310012
福建省惠泉啤酒集团股份有限公司	福建省惠安县螺城镇建设大街 157 号	360000
无锡庆丰股份有限公司	无锡市庆丰股份有限公司	214008
铜陵精达特种电磁线股份有限公司	铜陵市经济技术开发区	244000
北京京能热电股份有限公司	北京市石景山区广宁路 10 号	100041
青岛黄海橡胶股份有限公司	青岛市沧安路 1 号	266041
浙江卧龙科技股份有限公司	上虞市舜江西路 378 号	312300
新疆八一钢铁股份有限公司	乌鲁木齐市头屯河区新钢路	830022
天地科技股份有限公司	北京市和平里青年沟东路 5 号	100013
海洋石油工程股份有限公司	天津市新技术产业园区华苑产业区中济科园 A 座 248 号	300452
安徽海螺水泥股份有限公司	芜湖市人民路 209 号	241000
山东金晶科技股份有限公司	淄博市高新技术开发区宝石镇王庄	255086
山东新华医疗股份有限公司	淄博市张店区洪沟路 2 号	255027
北京用友软件股份有限公司	北京市海淀区上地信息产业基地开拓路 15 号	100085
广东榕泰实业股份有限公司	揭阳市榕城区新兴东二路 1 号	522000
清华泰豪科技股份有限公司	南昌市高新开发区清华泰豪大楼	330029
上海航空股份有限公司	上海市浦东国际机场内机场大道 100 号	200041
福建龙溪轴承股份有限公司	漳州市延安北路	363000
大连圣亚海洋世界股份有限公司	大连市圣亚海洋世界股份有限公司	116023
河南中孚实业股份有限公司	巩义市新华路 31 号	451200
浙江新安化工集团股份有限公司	建德市新安江镇大桥路 93 号	310000
上海光明乳业股份有限公司	上海市吴中路 578 号	201103
黑龙江北大荒农业股份有限公司	哈尔滨市香坊区红旗大街 175 号	150000
湖南浏阳花炮股份有限公司	浏阳市金沙北路 369 号	410300
青岛啤酒股份有限公司	青岛市香港中路五四广场青啤大厦	266071
上海方正延中科技集团股份有限公司	上海市南京西路 1515 号嘉里中心 9 楼	200040
上海广电电子股份有限公司	上海市长寿路 97 号世纪商务大厦 26 楼	200040
上海兴业房产股份有限公司	上海市长乐路 333 号	200031
上海二纺机股份有限公司	上海市场中路 687 号	200434
上海轻工机械股份有限公司	上海市南京西路 1576 号	200040
上海金丰投资股份有限公司	上海市延安西路 129 号华侨大厦 17 楼	200040
上海实业联合集团股份有限公司	上海市桃江路 8 号宝轻大厦 5 楼	200031
上海宽频科技股份有限公司	上海市银城东路 139 号华能大厦 4 楼	200120
金杯汽车股份有限公司	沈阳市高新技术产业开发区浑南产业区世纪路 1 号(二十一世纪大厦)A 座	110179
中国纺织机械股份有限公司	上海市长阳路 1687 号	200090
大众交通(集团)股份有限公司	上海市中山西路 1515 号大众大厦 12 楼	200235
中国第一铅笔股份有限公司	上海市浦东金桥出口加工区川桥路 1295 号	201206
上海永生数据科技股份有限公司	上海市斜土路 2669 号 11 楼	200030
上海胶带股份有限公司	上海市浦东世纪大道 1600 号(或浦电路 480 号)浦项商务广场 19	200122
上海丰华(集团)股份有限公司	上海市浦东东方路 3601 号	200125
上海市第一食品商店股份有限公司	上海市浦东新区张杨路 579 号(三鑫大厦内)	200120
上海联华合纤股份有限公司	上海市嘉定区沪宜公路 4290 号	201800
上海氯碱化工股份有限公司	上海市龙吴路 4747 号	200233
上海海立(集团)股份有限公司	上海市长阳路 2555 号	200090
上海市天宸股份有限公司	上海市徐家汇路 550 号 15 楼	200025
上海金陵股份有限公司	上海市福州路 666 号 26 楼	200001
上海嘉宝实业(集团)股份有限公司	上海市嘉定区清河路 55 号嘉宝商厦 6－7F	201800
上海轮胎橡胶(集团)股份有限公司	上海市徐家汇路 560 号	200025
上海复旦复华科技股份有限公司	上海市国权路 525 号	200433
上海水仙电器股份有限公司	上海市汶水路 19 号	200072
上海申达股份有限公司	上海市武宁南路 448 号申达大厦	200042
上海电器股份有限公司	上海市福州路 89 号	200002
上海新世界股份有限公司	上海市南京西路 2 号－68 号	200003
上海棱光实业股份有限公司	上海市龙吴路 4900 号	200241
上海龙头(集团)股份有限公司	上海市肇嘉浜路 736 号	200030
上海市第一百货商店股份有限公司	上海市南京东路 830 号新一百大厦 18 楼	200001
上海华联商厦股份有限公司	上海市南京东路 635 号	200001
上海白猫股份有限公司	上海市金沙江路 1829 号	200333
上海海鸟企业发展股份有限公司	上海市襄阳南路 485 号 9 楼	200031
上海大众科技创业(集团)股份有限公司	上海市中山西路 1515 号大众大厦 8 楼	200233
上海三爱富新材料股份有限公司	上海市漕溪路 250 号银海大楼 A807 室	200031
上海广电信息产业股份有限公司	上海市金都路 3800 号	201108

上市公司通讯录
Contact Information of Listed Companies

A股代码 A Code	A股简称 Name	B股代码 B Code	B股简称 B Abbr.	行业分类代码 Sector Code	行业分类名称 Sector Name	电话 Telephone
600638	新 黄 浦			J01	房地产开发与经营业	021－63238888,53086681
600639	浦东金桥	900911	金桥B股	J01	房地产开发与经营业	021－58991818
600640	联通国脉			L20	信息传播服务业	021－62762171
600641	中远发展			J01	房地产开发与经营业	021－50367717
600642	申能股份			D01	电力、蒸汽、热水的生产和供应业	021－63900145
600643	爱建股份			I31	金融信托业	021－64392955
600644	乐山电力			D01	电力、蒸汽、热水的生产和供应业	0833－2445800
600645	望 春 花			C11	纺织业	021－62398803＊5311
600646	ST 国 嘉			L20	信息传播服务业	021－54246105
600647	ST 同 达			M	综合类	021－50318073
600648	外 高 桥	900912	外高B股	J01	房地产开发与经营业	021－58669217
600649	原水股份			D05	自来水的生产和供应业	021－63564432
600650	新 锦 江	900914	新锦B股	K32	旅馆业	021－64151188＊653
600651	飞乐音响			M	综合类	021－62770068＊1833
600652	爱使股份			M	综合类	021－64717222
600653	申华控股			M	综合类	021－63372888
600654	飞乐股份			G81	通信及相关设备制造业	021－62512629
600655	豫园商城			H11	零售业	021－63559999
600656	华源制药			C43	化学原料及化学制品制造业	021－62030205
600657	青鸟天桥			G87	计算机应用服务业	010－62526688＊660
600658	兆维科技			G81	通信及相关设备制造业	010－84567920
600659	神龙发展			M	综合类	0591－7503366
600660	福耀玻璃			C61	非金属矿物制品业	0591－5381042
600661	交大南洋			M	综合类	021－62814035＊20
600662	强生控股			K01	公共设施服务业	021－62151181
600663	陆 家 嘴	900932	陆家B股	J01	房地产开发与经营业	021－588788889＊472
600664	哈药集团			C81	医药制造业	0451－4604688
600665	沪昌特钢			C65	黑色金属冶炼及压延加工业	021－56126920＊215
600666	西南药业			C81	医药制造业	023－65313118＊5080
600667	太极实业			C47	化学纤维制造业	0510－3131797
600668	尖峰集团			C61	非金属矿物制品业	0579－2320582
600669	ST鞍合成			C47	化学纤维制造业	0412－8840881
600670	ST高斯达			M	综合类	0431－5179222
600671	天目药业			C81	医药制造业	0571－63722229
600672	英豪科教			A01	农业	020－38878200
600673	成量股份			C78	仪器仪表及文化、办公用机械制造业	028－3241923＊2425
600674	川投控股			C65	黑色金属冶炼及压延加工业	0833－5576179
600675	中华企业			J01	房地产开发与经营业	021－62177875
600676	交运股份			C75	交通运输设备制造业	021－62116002
600677	航天中汇			C11	纺织业	0571－87075755
600678	四川金顶			C61	非金属矿物制品业	0833－5521271
600679	凤凰股份	900916	凤凰B股	C75	交通运输设备制造业	021－65954641
600680	上海邮通	900930	邮通B股	G81	通信及相关设备制造业	021－64701503
600681	诚成文化			L99	其他传播、文化产业	027－85426963
600682	南京新百			H11	零售业	025－4717494
600683	银泰股份			H11	零售业	0574－87092004
600684	珠江实业			J01	房地产开发与经营业	020－83752632
600685	广船国际			C75	交通运输设备制造业	020－81896411
600686	厦门汽车			C75	交通运输设备制造业	0592－2962062
600687	新宇软件			G87	计算机应用服务业	0592－2397318
600688	上海石化			C41	石油加工及炼焦业	8621－57943143
600689	上海三毛	900922	三毛B股	C13	服装及其他纤维制品制造业	021－63059496
600690	青岛海尔			C76	电器机械及器材制造业	0532－8938138
600691	东新电碳			C65	黑色金属冶炼及压延加工业	0813－2600361
600692	亚通股份			F07	水上运输业	021－69692714
600693	东百集团			H11	零售业	0591－7531724
600694	大商股份			H11	零售业	0411－3643215
600695	大江股份	900919	大江B股	C01	食品加工业	021－57817566
600696	利嘉股份			C61	非金属矿物制品业	0595－2683289
600697	欧亚集团			H11	零售业	0431－5620053
600698	ST 轻 骑	900946	ST轻骑B	C75	交通运输设备制造业	0531－6953325＊5515
600699	辽源得亨			C47	化学纤维制造业	0437－3512077
600700	数码测绘			M	综合类	029－7216331＊259
600701	工大高新			M	综合类	0451－6219247
600702	沱牌曲酒			C05	饮料制造业	0825－6766322

上市公司通讯录
Contact Information of Listed Companies

公司全称 Name	通讯地址 Address	邮编 Zip
上海新黄浦置业股份有限公司	上海市北京东路 666 号 F 楼 6 层	200001
上海金桥出口加工区开发股份有限公司	上海市浦东新金桥路 28 号	201206
联通国脉通信股份有限公司	上海市江宁路 1207 号国脉大厦	200060
中远发展股份有限公司	上海市浦东大道 720 号	200120
申能股份有限公司	上海市复兴中路 1 号 22 楼	200021
上海爱建股份有限公司	上海市零陵路 599 号(爱建城内)	200030
乐山电力股份有限公司	乐山市市中区嘉定北路 46 号	614000
上海望春花(集团)股份有限公司	上海市北翟路 1168 号	200335
上海国嘉实业股份有限公司	上海市中漕路 94 号上海市化学工业局招待所	200030
上海同达创业投资股份有限公司	上海市浦东新区金新路 58 号银桥大厦 25 楼	201206
上海外高桥保税区开发股份有限公司	上海市浦东东方路 873 弄 49－51 号	200131
上海市原水股份有限公司	上海市四川北路 818 号 5 楼	200085
上海新锦江股份有限公司	上海市长乐路 161 号	200020
上海飞乐音响股份有限公司	上海市长寿路 468 号中环商务大楼 A 幢 9 楼	200060
上海爱使股份有限公司	上海市肇嘉浜路 666 号	200031
上海申华控股股份有限公司	上海市宁波路 1 号申华金融大厦 14 楼	200002
上海飞乐股份有限公司	上海市昭化路 54 号	200050
上海豫园旅游商城股份有限公司	上海市方浜中路 269 号	200010
上海华源制药股份有限公司	上海市中山北路 1958 号华源世界广场 25 层	200063
北京天桥北大青鸟科技股份有限公司	北京市海淀区成府路 207 号(北大青鸟楼)	100871
北京兆维科技股份有限公司	北京市朝阳区酒仙桥路 14 号	100016
福建省神龙发展股份有限公司	福州市省府路 1 号金皇大厦 17 层	350001
福耀玻璃工业集团股份有限公司	福清市宏路镇福耀工业村	350301
上海交大南洋股份有限公司	上海市番禺路 667 号 6 楼	200030
上海强生出租汽车股份有限公司	上海市南京西路 920 号 18 楼	200041
上海陆家嘴金融贸易区开发股份有限公司	上海市浦东大道 981 号	200135
哈药集团股份有限公司	哈尔滨市道里区友谊路 431 号	150018
上海沪昌特殊钢股份有限公司	上海市宝杨路 1988 号	200940
西南药业股份有限公司	重庆市沙坪坝天星桥 21 号	400038
无锡市太极实业股份有限公司	无锡市芦村下甸桥南堍	214041
浙江尖峰集团股份有限公司	金华市婺江东路 88 号	321000
鞍山合成(集团)股份有限公司	鞍山市铁西区柳西街 168 号	114012
长春高斯达生物科技集团股份有限公司	长春市高新区震宇街 36 号	130012
杭州天目山药业股份有限公司	临安市锦城镇安阁弄 3 号	311300
广东英豪科技教育投资股份有限公司	广州市从化新温泉旅游度假区英豪宾馆 3 楼	510960
成都量具刃具股份有限公司	成都市二环路东一段 14 号	610056
四川川投控股股份有限公司	峨眉山市九里镇	614222
中华企业股份有限公司	上海市华山路 2 号中华企业大厦	200040
上海交运股份有限公司	上海市平武路 38 号仁达商务楼 3 楼	200052
航天中汇集团股份有限公司	杭州市解放路 138 号	310009
四川金顶(集团)股份有限公司	峨眉山市名山路东段	614200
凤凰股份有限公司	上海市高阳路 168 号	200080
上海邮电通信设备股份有限公司	上海市宜山路 700 号	200233
武汉诚成文化投资集团股份有限公司	武汉市汉口民意四路 55 号	430022
南京新街口百货商店股份有限公司	南京市中山南路 3 号	210005
宁波华联集团股份有限公司	宁波市东渡路 55 号华联大厦 8 楼	315000
广州珠江实业开发股份有限公司	广州市环市东路 362－366 号好世界广场 30 楼	510060
广州广船国际股份有限公司	广州市芳村大道南 40 号	510382
厦门汽车股份有限公司	厦门市厦禾路 820 号帝豪大厦 27－28 层	361004
厦门新宇软件股份有限公司	厦门市湖滨西路大西洋海景城 A 栋 30 层	361003
中国石化上海石油化工股份有限公司	上海市金山区金一路 48 号	200540
上海三毛纺织股份有限公司	上海市斜土路 791 号 B 幢	200082
青岛海尔股份有限公司	青岛市重庆南路 99 号	266071
东新电碳股份有限公司	自贡市自井区东光路桌子山 22 号	643000
上海亚通股份有限公司	上海市崇明县八一路 9 号	202150
福建东百集团股份有限公司	福州市八一七北路 84 号东百大厦 18 层	350001
大商集团股份有限公司	大连市中山区青三街 1 号	116001
上海大江(集团)股份有限公司	上海市松江谷阳南路 26 号	201600
利嘉(上海)股份有限公司	上海市吴淞路 619 号味美思大酒店 6 层	362000
长春欧亚集团股份有限公司	长春市工农大路 14 号	130021
济南轻骑摩托车股份有限公司	济南市和平路 34 号	250014
辽源得亨股份有限公司	辽源市福兴路 3 号	136200
陕西煤航数码测绘(集团)股份有限公司	西安市南新街 28 号	710004
哈尔滨工大高新技术产业开发股份有限公司	哈尔滨市南岗区西大直街 118 号	150001
四川沱牌曲酒股份有限公司	四川省射洪县柳树镇中街 149 号	629209

上市公司通讯录
Contact Information of Listed Companies

A股代码 A Code	A股简称 A Name	B股代码 B Code	B股简称 B Abbr.	行业分类代码 Sector Code	行业分类名称 Sector Name	电话 Telephone
600703	天颐科技			C43	化学原料及化学制品制造业	0716－8328443
600704	中大股份			H21	商业经纪与代理业	0571－85777029
600705	北亚集团			M	综合类	0451－3600764
600706	长安信息			G85	通信服务业	029－2214266
600707	彩虹股份			C55	日用电子器具制造业	029－8311073
600708	东海股份			M	综合类	021－52551620
600709	ST 生 态			A01	农业	0716－2742181
600710	常林股份			C73	专用设备制造业	0519－6752853
600711	雄震集团			M	综合类	0592－2394735
600712	南宁百货			H11	零售业	0771－2610906
600713	南京医药			C81	医药制造业	025－4453856
600714	山川股份			C65	黑色金属冶炼及压延加工业	0971－5509464
600715	ST 松 辽			C75	交通运输设备制造业	024－89811610
600716	耀华玻璃			C61	非金属矿物制品业	0335－3028173
600717	天 津 港			F21	仓储业	022－25706615
600718	东软股份			G87	计算机应用服务业	024－23783000
600719	大连热电			D01	电力、蒸汽、热水的生产和供应业	0411－ 4422999＊8290
600720	祁 连 山			C61	非金属矿物制品业	0931－6479298
600721	百 花 村			H11	零售业	0991－7793678
600722	沧州化工			C43	化学原料及化学制品制造业	0317－3030719
600723	西单商场			H11	零售业	010－66024984
600724	宁波富达			C76	电器机械及器材制造业	0574－62814275
600725	云维股份			C43	化学原料及化学制品制造业	0874－3064350
600726	龙电股份	900937	龙电 B 股	D01	电力、蒸汽、热水的生产和供应业	0451－2525998
600727	鲁北化工			C43	化学原料及化学制品制造业	0543－6451265
600728	新太科技			G87	计算机应用服务业	0411－7125455
600729	重庆百货			H11	零售业	023－63822594
600730	中国高科			M	综合类	021－52980809
600731	湖南海利			C43	化学原料及化学制品制造业	0731－5552484
600732	上海港机			C73	专用设备制造业	021－58395139＊6665
600733	前锋股份			G81	通信及相关设备制造业	028－6525719
600734	实达电脑			G83	计算机制造业	0591－3725878
600735	兰陵陈香			C05	饮料制造业	0539－8322568＊3068
600736	苏州高新			J01	房地产开发与经营业	0512－8096283
600737	新疆屯河			C01	食品加工业	0994－2350079
600738	兰州民百			H11	零售业	0931－8435839
600739	辽宁成大			H21	商业经纪与代理业	0411－2803736
600740	山西焦化			C41	石油加工及炼焦业	0357－6625471
600741	巴士股份			K01	公共设施服务业	021－63848484
600742	一汽四环			C75	交通运输设备制造业	0431－7629105
600743	ST 幸 福			M	综合类	0728－6641566
600744	华银电力			D01	电力、蒸汽、热水的生产和供应业	0731－5388088
600745	ST 康 赛			C13	服装及其他纤维制品制造业	0714－6365605
600746	江苏索普			C43	化学原料及化学制品制造业	0511－3366244
600747	大显股份			C55	日用电子器具制造业	0411－6459612
600748	浦东不锈			C65	黑色金属冶炼及压延加工业	021－58723089
600749	西藏圣地			K34	旅游业	0891－6339150
600750	江中药业			C81	医药制造业	0791－8515742
600751	天津海运	900938	天海 B 股	F07	水上运输业	022－23281780
600752	哈慈股份			C81	医药制造业	0451－2688688
600753	ST 冰 熊			C76	电器机械及器材制造业	0370－8585007,8585698
600754	新亚股份	900934	新亚 B 股	K32	旅馆业	021－63536304
600755	厦门国贸			H21	商业经纪与代理业	0592－5160872
600756	浪潮软件			G87	计算机应用服务业	0531－8580124
600757	华源发展			C13	服装及其他纤维制品制造业	021－58792716
600758	金帝建设			E01	土木工程建筑业	024－22870330
600759	ST琼华侨			M	综合类	0898－66787220
600760	山东黑豹			C75	交通运输设备制造业	0631－8352083
600761	安徽合力			C73	专用设备制造业	0551－3648005＊6902
600762	金荔科技			A01	农业	0734－8709868
600763	ST 中 燕			C14	皮革、毛皮、羽绒及制品制造业	010－84992096
600764	三星石化			C41	石油加工及炼焦业	010－63574758
600765	力源液压			C71	普通机械制造业	0851－6132002
600766	烟台发展			H11	零售业	0535－6624347
600767	运盛实业			J01	房地产开发与经营业	021－62719804

上市公司通讯录
Contact Information of Listed Companies

公司全称 Name	通讯地址 Address	邮编 Zip
湖北天颐科技股份有限公司	荆州市沙市区高新技术开发区三湾路 1 号	434000
浙江中大集团股份有限公司	杭州市中大广场 A 座	310003
北亚实业(集团)股份有限公司	哈尔滨市南岗区红军街 26 号	150001
长安信息产业(集团)股份有限公司	西安市友谊东路 41 号	710054
彩虹显示器件股份有限公司	西安市高新技术开发区西区高新一路 16 号	710075
上海东海股份有限公司	上海市定西路 1016 号银统北楼 11F	200050
湖北江湖生态农业股份有限公司	洪湖市瞿家湾开发区	433228
常林股份有限公司	常州市芦墅常林路 10 号	213002
厦门雄震集团股份有限公司	厦门市厦禾路 189 号银行中心 17 楼 6－8 单元	361006
南宁百货大楼股份有限公司	南宁市朝阳路 39－41,45 号	530012
南京医药股份有限公司	南京市中山东路 486 号南京医药大厦	210002
青海山川铁合金股份有限公司	西宁市朝阳西路 112 号	810028
松辽汽车股份有限公司	沈阳市苏家屯区白松路 22 号(110101)	110015
秦皇岛耀华玻璃股份有限公司	秦皇岛市西港路	066013
天津港(集团)股份有限公司	天津市塘沽区新港二号路 35 号	300456
沈阳东软软件股份有限公司	沈阳市高新技术产业开发区浑南产业区东大软件园	110179
大连热电股份有限公司	大连市西岗区沿海街 90 号	116021
甘肃祁连山水泥股份有限公司	甘肃省永登县中堡镇	730301
新疆百花村股份有限公司	乌鲁木齐市中山路 141 号	830002
沧州化学工业股份有限公司	沧州市南环中路 18 号	061000
北京市西单商场股份有限公司	北京市西城区西单北大街 120 号	100031
宁波富达电器股份有限公司	余姚市阳明西路 355 路	315400
云南云维股份有限公司	曲靖市沾益县花山镇云维公司	655038
黑龙江电力股份有限公司	哈尔滨市南岗区高新技术开发区 19 号楼 B 座	150001
山东鲁北化工股份有限公司	山东省无棣县马山子镇	251909
广州新太科技股份有限公司	大连市甘井子区大连湾镇	116113
重庆百货大楼股份有限公司	重庆市渝东区民权路 2 号	630010
中国高科集团股份有限公司	上海市成都北路 333 号上海招商局广场南栋第 16、17 层	200041
湖南海利化工股份有限公司	长沙市芙蓉中路 399 号	410007
上海港机股份有限公司	上海市浦东南路 3500 号	200125
成都前锋电子股份有限公司	成都市西玉龙街 211 号交银大厦 16 层	610015
福建实达电脑集团股份有限公司	福州市福二工业区实达科技城	350002
山东兰陵陈香酒业股份有限公司	临沂市沂蒙路 426 号	276004
苏州新区高新技术产业股份有限公司	苏州市苏州新区狮山路 12 号金狮大厦 6 层	215011
新疆屯河投资股份有限公司	昌吉市乌伊东路 33 号	831100
兰州民百(集团)股份有限公司	兰州市中山路 368 号亚欧商厦 8－10 层	730030
辽宁成大股份有限公司	大连市中山区人民路 71 号	116001
山西焦化股份有限公司	山西省洪洞县广胜寺镇	031606
上海巴士实业(集团)股份有限公司	上海市建国东路 525 号巴士大厦第 17,18 楼	200025
长春一汽四环汽车股份有限公司	长春市普阳街 99 号	130011
湖北幸福实业股份有限公司	潜江市张金镇幸福北路 1 号	433140
湖南华银电力股份有限公司	长沙市芙蓉南路 308 号五华酒店 11 层	410007
黄石康赛股份有限公司	黄石市黄石大道 512 号	435000
江苏索普化工股份有限公司	镇江市谏壁越河街 50 号	212006
大连大显股份有限公司	大连市甘井子区革镇堡	116035
上海浦东不锈钢薄板股份有限公司	上海市浦东上南路 300 号	200126
西藏圣地股份有限公司	拉萨市林廓东路 6 号喜马拉雅饭店 101－108 室	850000
江西江中药业股份有限公司	南昌市福州路 347 号	333300
天津市海运股份有限公司	天津市河西区马场道 207 号	300204
哈慈股份有限公司	哈尔滨市动力区通乡街 169 号	150046
河南冰熊保鲜设备股份有限公司	河南省民权县府后街 22 号	476800
上海新亚(集团)股份有限公司	上海市天目西路 285 号四楼	200070
厦门国贸集团股份有限公司	厦门市湖滨南路国贸大厦 8－18 层	361004
山东浪潮齐鲁软件产业股份有限公司	济南市山大路 224 号	250013
上海华源企业发展股份有限公司	上海市浦东新区商城路 660 号乐凯大厦 20 层	200120
辽宁金帝建设集团股份有限公司	沈阳市沈河区青年大街 118 号	110014
海南华侨投资股份有限公司	海口市南航东路 28 号侨企大楼 B 座 8 楼	570206
山东黑豹股份有限公司	文登市龙山路 107 号	264400
安徽合力股份有限公司	合肥市望江西路 15 号	230022
衡阳市金荔科技农业股份有限公司	衡阳市沿江北路 168 号	421001
北京中燕探戈羽绒制品股份有限公司	北京市朝阳区亚运村汇园国际公寓 D 座 2004 室	100101
甘肃三星石化(集团)股份有限公司	北京市宣武区广安门内大街 338 号新时代大酒店写字楼 603 室	100053
贵州力源液压股份有限公司	贵阳市 99 号信箱公司办	550202
烟台华联发展集团股份有限公司	烟台市海关大厦 13 层	264001
运盛(上海)实业股份有限公司	上海市南京西路 2066 号协和世界 1 号楼 5D	200040

上市公司通讯录
Contact Information of Listed Companies

A股代码 A Code	A股简称 A Name	B股代码 B Code	B股简称 B Abbr.	行业分类代码 Sector Code	行业分类名称 Sector Name	电话 Telephone
600768	ST甬富邦			F03	公路运输业	0574-87300929
600769	祥龙电业			D01	电力、蒸汽、热水的生产和供应业	027-87600367
600770	综艺股份			M	综合类	0513-6639999
600771	东盛科技			C81	医药制造业	029-8378953
600772	石油龙昌			F05	管道运输业	021-63302552
600773	西藏金珠			H21	商业经纪与代理业	0891-6833922
600774	汉商集团			H11	零售业	027-84773750
600775	南京熊猫			G81	通信及相关设备制造业	8625-4801144
600776	东方通信	900941	东信B股	G81	通信及相关设备制造业	0571-88865286
600777	新潮实业			C51	电子元器件制造业	0535-4259777
600778	友好集团			H11	零售业	0991-4541008
600779	全兴股份			C05	饮料制造业	028-6252847
600780	通宝能源			D01	电力、蒸汽、热水的生产和供应业	0351-7021877
600781	民丰实业			C11	纺织业	021-64458811*33
600782	新华股份			C69	金属制品业	0790-6460555
600783	四砂股份			C61	非金属矿物制品业	0533-2980151*8273
600784	鲁银投资			M	综合类	0531-2024156
600785	新华百货			H11	零售业	0951-4010058
600786	ST 东 锅			C71	普通机械制造业	0813-4735000
600787	中储股份			F21	仓储业	022-28010734
600788	达 尔 曼			C99	其他制造业	029-2238824
600789	鲁抗医药			C81	医药制造业	0537-2213961*3324
600790	轻 纺 城			M	综合类	0575-4116158
600791	天创置业			J01	房地产开发与经营业	010-66413762
600792	ST 马 龙			C61	非金属矿物制品业	0874-8010050
600793	宜宾纸业			C31	造纸及纸制品业	0831-3560668
600794	保税科技			C31	造纸及纸制品业	0871-3186316
600795	国电电力			D01	电力、蒸汽、热水的生产和供应业	010-63423555
600796	钱江生化			C85	生物制品业	0573-7042800
600797	浙大网新			G87	计算机应用服务业	0571-87950500
600798	宁波海运			F07	水上运输业	0574-87352405
600799	ST 龙 科			G87	计算机应用服务业	010-82899729,62988800*2005
600800	天津磁卡			C99	其他制造业	022-23264118
600801	华新水泥	900933	华新B股	C61	非金属矿物制品业	0714-6224971*310
600802	福建水泥			C61	非金属矿物制品业	0591-7517808*1508
600803	威远生化			C43	化学原料及化学制品制造业	0311-3839696,3834233*8016
600804	鹏 博 士			C65	黑色金属冶炼及压延加工业	028-86625987
600805	悦达投资			M	综合类	0515-8222278
600806	交大科技			C73	专用设备制造业	0871-5212410
600807	济南百货			H11	零售业	0531-6030094
600808	马钢股份			C65	黑色金属冶炼及压延加工业	0555-2888158
600809	山西汾酒			C05	饮料制造业	0358-7229381
600810	神马实业			C47	化学纤维制造业	0375-3921231
600811	东方集团			M	综合类	0451-3666028
600812	华北制药			C81	医药制造业	0311-6678491
600813	ST鞍一工			C73	专用设备制造业	0412-6225001
600814	杭州解百			H11	零售业	0571-87016888*5015
600815	厦工股份			C73	专用设备制造业	0592-2115449
600816	鞍山信托			I31	金融信托业	0412-2215945
600817	宏盛科技			M	综合类	021-58765800
600818	ST 永 久	900915	ST永久B	C75	交通运输设备制造业	021-65419538
600819	耀皮玻璃	900918	耀皮B股	C61	非金属矿物制品业	021-58801177
600820	隧道股份			E01	土木工程建筑业	021-64312461
600821	津 劝 业			H11	零售业	022-27301432
600822	物贸中心	900927	物贸B股	H21	商业经纪与代理业	021-62128718
600823	世茂股份			H11	零售业	021-63620099*160
600824	益民百货			H11	零售业	021-53067597
600825	华联超市			H11	零售业	021-65705873
600826	兰生股份			H21	商业经纪与代理业	021-65445880*2041
600827	友谊股份	900923	友谊B股	H11	零售业	021-58799358
600828	成商集团			H11	零售业	028-6660965
600829	天鹅股份			C61	非金属矿物制品业	0451-4624124
600830	大 红 鹰			H11	零售业	0574-87315310
600831	广电网络			L10	广播电影电视业	029-8278115
600832	东方明珠			M	综合类	021-58799306

上市公司通讯录
Contact Information of Listed Companies

公司全称 Name	通讯地址 Address	邮编 Zip
宁波华通集团股份有限公司	宁波市药行街 139 号中国银行大厦 20 层	315010
武汉祥龙电业股份有限公司	武汉市洪山区葛化街化工路 31 号	430078
江苏综艺股份有限公司	通州市兴东镇黄金村	226371
东盛科技股份有限公司	西安市南二环西段九号永安大厦	710068
中油龙昌(集团)股份有限公司	上海市中山南路 28 号久事大厦 20 层	200000
西藏金珠股份有限公司	拉萨市北京中路 182 号	850000
武汉市汉商集团股份有限公司	武汉市汉阳大道 134 号	430050
南京熊猫电子股份有限公司	南京市中山东路 301 号	210002
东方通信股份有限公司	杭州市文三路 398 号	310013
烟台新潮实业股份有限公司	烟台市牟平区牟山路 98 号	264100
新疆友好(集团)股份有限公司	乌鲁木齐市友好南路 30 号	830000
四川全兴股份有限公司	成都市人民中路二段 68 号	610031
山西通宝能源股份有限公司	太原市高新技术产业开发区学府工业园区 V－6 区	030006
上海民丰实业(集团)股份有限公司	上海市建国西路 285 号 13F(科投大厦)	200031
新华金属制品股份有限公司	新余市城东经济开发区	338004
四砂股份有限公司	淄博市张店区南定车站街 69 号	255055
鲁银投资集团股份有限公司	济南市经十路 128 号	250001
银川新华百货商店股份有限公司	银川市新华东街 29 号	750004
东方锅炉(集团)股份有限公司	自贡市五星街黄桷坪路 150 号	643001
中储发展股份有限公司	天津市河西区友谊路 19 号	300201
西安达尔曼实业股份有限公司	西安市建工路	710043
山东鲁抗医药股份有限公司	济宁市太白楼西路 173 号	272021
浙江中国轻纺城集团股份有限公司	绍兴市柯桥镇鉴湖路 6 号中轻大厦	312030
天创置业股份有限公司	北京市西城区复兴门南大街 2 号甲天银大厦 A 西 8 层	100031
云南马龙化建股份有限公司	曲靖市马龙县王家庄镇	655102
宜宾纸业股份有限公司	宜宾市岷江西路 54 号	644007
云南新概念保税科技股份有限公司	昆明市春城路 62 号 证券大厦 15 楼 A1506	650011
国电电力发展股份有限公司	北京市宣武区南滨河路 1 号高新大厦 9 层	100055
浙江钱江生物化学股份有限公司	海宁市硖石镇西山路 598 号	314400
浙江浙大网新科技股份有限公司	杭州市曙光路 15 号世贸中心写字楼 C 座 12 楼	310007
宁波海运股份有限公司	宁波市中马路 202 号	315020
黑龙江省科利华网络股份有限公司	北京市海淀区上地信息产业基地创业东路33号科利华网络大厦	100084
天津环球磁卡股份有限公司	天津市河西区解放南路 325 号	300202
华新水泥股份有限公司	黄石市黄石大道 897 号	435002
福建水泥股份有限公司	福州市杨桥东路 118 号宏杨新城建福大厦	350001
河北威远生物化工股份有限公司	石家庄市高新技术产业开发区新石北路 166 号	050091
成都鹏博士科技股份有限公司	成都市华兴正街 5 号王府井商务公寓 B14 楼	610016
江苏悦达投资股份有限公司	盐城市通榆中路 36 号	224002
交大昆机科技股份有限公司	昆明市茨坝路 23 号	650203
山东济南百货大楼(集团)股份有限公司	济南市泉城路 264 号	250011
马鞍山钢铁股份有限公司	马鞍山市红旗中路 8 号	243003
山西杏花村汾酒厂股份有限公司	山西省汾阳县杏花村镇	032205
神马实业股份有限公司	平顶山市建设路中段 63 号	467000
东方集团股份有限公司	哈尔滨市南岗区花园街 235 号	150001
华北制药股份有限公司	石家庄市和平东路 388 号	050015
鞍山第一工程机械股份有限公司	鞍山市立山区红旗路 30 号	114042
杭州解百集团股份有限公司	杭州市上城区解放路 251 号	310001
厦门工程机械股份有限公司	厦门市厦禾路 668 号	361004
鞍山市信托投资股份有限公司	鞍山市五道街 55 号	114001
上海宏盛科技发展股份有限公司	上海市浦东新区商城路 618 号 1505 室	200120
上海永久股份有限公司	上海市周家嘴路 1357 号	200092
上海耀华皮尔金顿股份有限公司	上海市浦东新区济阳路 100 号	200126
上海隧道工程股份有限公司	上海市肇嘉浜路 239 号	200032
天津劝业场(集团)股份有限公司	天津市和平路 290 号	300022
上海物资贸易中心股份有限公司	上海市中山北路 2550 号 518 室	200063
上海世茂股份有限公司	上海市金陵东路 358 号 6 楼	200021
上海益民百货股份有限公司	上海市南昌路 57 号甲	200020
华联超市股份有限公司	上海市隆昌路 609 号	200090
上海兰生股份有限公司	上海中山北一路 1230 号	200437
上海友谊集团股份有限公司	上海市商城路 518 号 10 楼	200120
成都人民商场(集团)股份有限公司	成都市东御街 19 号	610011
哈尔滨天鹅实业股份有限公司	哈尔滨市道里区共乐街 182 号	150076
宁波大红鹰实业投资股份有限公司	宁波市开明街 130 弄 48 号	315000
陕西广电网络传媒股份有限公司	西安市太白南路 363 号影视大酒店副楼	710068
上海东方明珠股份有限公司	上海市浦东世纪大道 1 号	200120

上市公司通讯录
Contact Information of Listed Companies

A股代码 A Code	A股简称 A Name	B股代码 B Code	B股简称 B Abbr.	行业分类代码 Sector Code	行业分类名称 Sector Name	电话 Telephone
600833	第一医药			H11	零售业	021-63136517
600834	申通地铁			D05	自来水的生产和供应业	021-58308595
600835	上菱电器	900925	上菱B股	C76	电器机械及器材制造业	021-58857888*3436
600836	界龙实业			C35	印刷业	021-63746888
600837	都市股份			H01	食品、饮料、烟草和家庭用品批发业	021-63787858
600838	上海九百			H11	零售业	021-62170663
600839	四川长虹			C55	日用电子器具制造业	0816-2418132
600840	浙江创业			H11	零售业	0571-87055977
600841	上柴股份	900920	上柴B股	C71	普通机械制造业	021-65743610
600842	ST 中 西			C81	医药制造业	021-56082188
600843	上工股份	900924	上工B股	C73	专用设备制造业	021-68407700*617
600844	英雄股份	900921	英雄B股	C37	文教体育用品制造业	021-32174886
600845	宝信软件	900926	宝信B	G87	计算机应用服务业	021-50801155*1353
600846	同济科技			M	综合类	65985860
600847	万里电池			C76	电器机械及器材制造业	023-62597905
600848	ST 自 仪	900928	ST自仪B	C78	仪器仪表及文化、办公用机械制造业	021-62800705
600849	上海医药			C81	医药制造业	021-58999802
600850	华东电脑			G83	计算机制造业	021-64362789
600851	海欣股份	900917	海欣B股	C14	皮革、毛皮、羽绒及制品制造业	021-63917000*1832
600852	中川国际			E01	土木工程建筑业	028-6520852
600853	ST 龙 建			E01	土木工程建筑业	0451-2281860
600854	春兰股份			C76	电器机械及器材制造业	0523-6663663
600855	航天长峰			C73	专用设备制造业	010-88271805
600856	长百集团			H11	零售业	0431-8965414
600857	工大首创			G87	计算机应用服务业	0574-87363263
600858	ST 渤 海			M	综合类	0531-6960688
600859	王 府 井			H11	零售业	010-65126677
600860	北人股份			C73	专用设备制造业	010-67748470
600861	北京城乡			H11	零售业	010-68296595
600862	ST 纵 横			C71	普通机械制造业	0513-5516141*8305
600863	内蒙华电			D01	电力、蒸汽、热水的生产和供应业	0471-6942388
600864	岁宝热电			D01	电力、蒸汽、热水的生产和供应业	0451-2332828
600865	百大集团			H11	零售业	0571-85109129
600866	星湖科技			C85	生物制品业	0758-2291123
600867	通化东宝			C81	医药制造业	0435-5858025
600868	梅雁股份			M	综合类	0753-2218286
600869	青海三普			C81	医药制造业	0971-8166017
600870	ST 厦 华			C55	日用电子器具制造业	0592-6021091*7203
600871	仪征化纤			C47	化学纤维制造业	0514-3232997
600872	火炬高新			M	综合类	0760-5596818
600873	西藏明珠			K32	旅馆业	028-86600798
600874	创业环保			K01	公共设施服务业	022-23523036
600875	东方电机			C76	电器机械及器材制造业	0838-2409358
600876	洛阳玻璃			C61	非金属矿物制品业	0379-3908588
600877	中国嘉陵			C75	交通运输设备制造业	023-65194095
600878	北大科技			M	综合类	0411-2801226
600879	火箭股份			C73	专用设备制造业	027-85487719
600880	博瑞传播			L20	信息传播服务业	028-7651183
600881	亚泰集团			M	综合类	0431-4956688
600882	大成股份			C43	化学原料及化学制品制造业	0533-2111919*6358
600883	富邦科技			M	综合类	0875-2218496,0871-7197370
600884	杉杉股份			C13	服装及其他纤维制品制造业	0574-87716887
600885	力诺工业			C43	化学原料及化学制品制造业	027-83833770
600886	国投电力			D01	电力、蒸汽、热水的生产和供应业	010-68003595
600887	伊利股份			C03	食品制造业	0471-3601621
600888	新疆众和			C67	有色金属冶炼及压延加工业	0991-6635306*2933
600889	南京化纤			C47	化学纤维制造业	025-5561011*3685
600890	长春长铃			C75	交通运输设备制造业	0431-4669888*8612
600891	秋林集团			H11	零售业	0451-3644632
600892	湖大科教			C73	专用设备制造业	0311-6032360
600893	ST 吉 发			C01	食品加工业	0431-5629356
600894	广钢股份			C65	黑色金属冶炼及压延加工业	020-81809182
600895	张江高科			M	综合类	021-50800018
600896	中海海盛			F07	水上运输业	0898-68583985
600897	厦门机场			F11	交通运输辅助业	0592-6022936*6005

上市公司通讯录
Contact Information of Listed Companies

公司全称 Name	通讯地址 Address	邮编 Zip
上海第一医药股份有限公司	上海市外马路 974 号 5 楼	200011
上海申通地铁股份有限公司	上海市中山南路 28 号久事大厦 31 楼	200010
上海上菱电器股份有限公司	上海市浦东建平路 2 号	200135
上海界龙实业股份有限公司	上海市浦东新区川周公路 7111 号	201205
上海市都市农商社股份有限公司	上海市西藏南路 765 号永惠大厦 8 楼	200011
上海九百股份有限公司	上海市南京西路 873－881 号上海静安新时代大厦 9 楼	200041
四川长虹电器股份有限公司	绵阳市高新区绵兴东路 35 号	621000
浙江安平创业投资股份有限公司	杭州市体育场路 479 号 7 楼	310007
上海柴油机股份有限公司	上海市军工路 2636 号	200432
上海中西药业股份有限公司	上海市交通路 1515 号	200065
上工股份有限公司	上海市浦东新区世纪大道 1500 号东方大厦 12 楼	200122
英雄(集团)股份有限公司	上海市江宁路 188 号兴业大厦 11 楼	200041
上海宝信软件股份有限公司	上海市浦东新区张江高科技园区郭守敬路 515 号	201203
上海同济科技实业股份有限公司	上海市赤峰路 83 号	200092
重庆万里蓄电池股份有限公司	重庆市巴南区土桥苦竹坝 31 号	400054
上海自动化仪表股份有限公司	上海市延安西路 1599 号怡翔大楼 7F	200050
上海医药股份有限公司	上海市浦东新区金桥路 1399 号	201206
上海华东电脑股份有限公司	上海市桂林路 418 号	200233
上海海欣集团股份有限公司	上海市福州路 666 号金陵海欣大厦 19 楼	200001
中国四川国际合作股份有限公司	成都市永兴巷 15 号	610012
龙建路桥股份有限公司	哈尔滨市南岗区长江路 368 号	150090
江苏春兰制冷设备股份有限公司	泰州市春兰工业园区春兰路 1 号	225300
北京航天长峰股份有限公司	北京市海淀区永定路 51 号航天数控大楼	100854
长春百货大楼集团股份有限公司	长春市人民大街 77 号	130061
哈工大首创科技股份有限公司	宁波市海属区和义路 45 号	315000
渤海集团股份有限公司	济南市泺源大街 22 号中银大厦 20F	250063
北京王府井百货(集团)股份有限公司	北京市王府井大街 255 号	100006
北人印刷机械股份有限公司	北京市朝阳区广渠路南侧 44 号	100022
北京城乡贸易中心股份有限公司	北京市海淀区复兴路甲 23 号	100036
南通纵横国际股份有限公司	南通市任港路 23 号	226006
内蒙古蒙电华能热电股份有限公司	呼和浩特市锡林南路 218 号	010020
哈尔滨岁宝热电股份有限公司	哈尔滨市南岗区昆仑商城隆顺街 27 号	150090
百大集团股份有限公司	杭州市延安路 546 号	310006
广东肇庆星湖生物科技股份有限公司	肇庆市工农北路 67 号	526060
通化东宝药业股份有限公司	通化市东宝新村	134123
广东梅雁企业(集团)股份有限公司	梅州市湾水塘	514011
青海三普药业股份有限公司	西宁市建国路 88 号	810007
厦门华侨电子股份有限公司	厦门市湖里大道 22 号	361006
中国石化仪征化纤股份有限公司	仪征市	211900
中炬高新技术实业(集团)股份有限公司	中山市中山火炬高技术产业开发区火炬大厦	528437
西藏明珠股份有限公司	成都市青羊区长顺中街 88 号	610031
天津创业环保股份有限公司	天津市和平区贵州路 45 号	300051
东方电机股份有限公司	德阳市黄河西路 188 号	618000
洛阳玻璃股份有限公司	洛阳市西工区唐宫中路 9 号	471009
中国嘉陵工业股份有限公司(集团)	重庆市沙坪坝区双碑	400032
大连北大科技(集团)股份有限公司	大连市中山区人民路 7 号万泰大厦 18F	116001
长征火箭技术股份有限公司	武汉市建设大道 847 号瑞通广场 B 座 21 层	430015
成都博瑞传播股份有限公司	成都市花牌坊街 185 号	610031
吉林亚泰(集团)股份有限公司	长春市吉林大路 281 号	130031
山东大成农药股份有限公司	淄博市张店区洪沟路 25 号	255009
云南富邦科技实业股份有限公司	保山市下巷街 52 号	678000
宁波杉杉股份有限公司	宁波市百丈路 158 号杉杉金贸大厦 805 室	315040
武汉力诺工业股份有限公司	武汉市桥口区古田路 17 号	430035
国投华靖电力控股股份有限公司	北京市西城区阜外大街 7 号国投大厦 9 楼	100037
内蒙古伊利实业集团股份有限公司	呼和浩特市金川开发区金四路 8 号	010080
新疆众和股份有限公司	乌鲁木齐市喀什东路 18 号	830013
南京化纤股份有限公司	南京市中央门外伏家场	210038
长春长铃实业股份有限公司	长春市经济技术开发区临河街 230 号	130031
哈尔滨秋林集团股份有限公司	哈尔滨市南岗区东大直街 319 号	150001
河北湖大科技教育发展股份有限公司	石家庄市中山东路 51 号劝业商场 4 层	050000
吉林省吉发农业开发集团股份有限公司	长春市人民大街 113－1 号	130021
广州钢铁股份有限公司	广州市芳村区白鹤洞	510381
上海张江高科技园区开发股份有限公司	上海市浦东龙东大道 200 号	201204
中海(海南)海盛船务股份有限公司	海口市龙昆北路 2 号珠江广场帝豪大厦 25 层	570125
厦门机场发展股份有限公司	厦门市高崎国际机场 3＃候机楼西侧	361006

上市公司通讯录
Contact Information of Listed Companies

A股代码 A Code	A股简称 A Name	B股代码 B Code	B股简称 B Abbr.	行业分类代码 Sector Code	行业分类名称 Sector Name	电话 Telephone
600898	PT 郑百文			H01	食品、饮料、烟草和家庭用品批发业	0531－6081075
600899	信联股份			L20	信息传播服务业	0571－85454614
		900929	国旅 B 股	K34	旅游业	021－62898899＊239
		900935	金泰 B 股	C73	专用设备制造业	021－56657316
		900939	汇丽 B 股	E05	装修装饰业	021－58705858＊2525,68731437
		900948	伊煤 B 股	B01	煤炭采选业	0477－8524944
		900949	东电 B 股	D01	电力、蒸汽、热水的生产和供应业	0571－85774585
		900950	ST 新城 B	J01	房地产开发与经营业	0519－8127288
		900951	大化 B 股	C43	化学原料及化学制品制造业	0411－6893436
		900953	凯马 B 股	C75	交通运输设备制造业	021－62034925
		900956	东贝 B 股	C76	电器机械及器材制造业	0714－5415858
		900957	凌云 B 股	E05	装修装饰业	021－50818005

上市公司通讯录
Contact Information of Listed Companies

公司全称 Name	通讯地址 Address	邮编 Zip
郑州百文股份有限公司(集团)	郑州市南阳路 2 号	450053
浙江信联股份有限公司	杭州市上塘路 68 号	310014
上海中国国际旅行社股份有限公司	上海市北京西路 1277 号 8 楼	200040
上海金泰股份有限公司	上海市汶水路 400 号	201805
上海汇丽建材股份有限公司	上海市浦东南路 2161 号	200127
内蒙古伊泰煤炭股份有限公司	东胜市鄂尔多斯西街	017000
浙江东南发电股份有限公司	杭州市凤起路 451 号	310006
江苏新城房产股份有限公司	常州市武进区湖塘镇人民东路 158 号高新开发区经创中心	213003
大化集团大连化工股份有限公司	大连市甘井子区工兴路 10 号	116033
中泰凯马股份有限公司	上海市中山北路 1958 号华源世界广场 6 楼	200063
黄石东贝电器股份有限公司	黄石市铁山区武黄路 5 号	435006
上海凌云幕墙科技股份有限公司	上海市浦东新区东方路 877 号嘉兴大厦 18 楼	200122

ST、PT 公司概况
ST、PT Overview

单位:元人民币 (Unit: Yuan RMB)

股票代码 Code	股票简称 Name	接受时间 Accepted Date	每股收益 Eps	开盘价 Open Price	最高价 High Price	最低价 Low Price	收盘价 Close Price	成交量 Turnover Vol.	成交金额 Turnover Val.
600057	ST 厦 新	2002.04.22	-0.2185	6.900	18.540	6.870	13.500	534669970	6466778262.00
600082	ST 海 泰	2002.03.21	-0.5588	11.000	11.680	6.750	9.840	126942036	1282162764.00
600083	ST 红 光	2002.05.22	0.0354	5.630	7.580	4.620	5.250	375520045	2493459435.00
600109	ST 成 百	2001.03.30	0.0184	12.780	14.200	8.960	13.350	48493085	611727342.00
600137	ST 长 控	2002.07.16	-0.3178	16.200	17.200	8.600	9.220	61936592	841565099.00
600603	ST 兴 业	2002.03.26	-1.8509	11.050	13.100	5.610	5.990	622482832	5950149702.00
600610	ST 中 纺 机	1999.04.27	0.0185	11.700	13.390	7.560	9.570	63129519	688239601.00
600622	ST 嘉 宝	2002.03.27	-0.4484	8.900	9.070	4.310	5.570	354340216	2509394610.00
600629	ST 棱 光	2002.05.13	-3.2335	6.470	7.020	4.210	6.100	154905755	908599613.00
600646	ST 国 嘉	2002.04.24	-0.9356	14.870	15.060	8.250	8.370	85805113	1019530236.00
600647	ST 同 达	1998.04.29	-0.4020	13.400	17.790	9.430	15.920	21019518	315840405.00
600669	ST 鞍 合 成	2002.04.09	-0.4253	7.000	7.300	3.390	3.840	449222470	2604174850.00
600670	ST 高 斯 达	1998.05.05	-0.5616	6.900	7.620	4.310	4.640	211468426	1312363046.00
600698	ST 轻 骑	2002.04.29	-0.7201	4.870	5.330	3.080	3.520	494356695	2265629308.00
600709	ST 生 态	2002.05.13	-0.1801	8.000	8.270	3.860	5.190	561605087	3335676771.00
600715	ST 松 辽	2002.04.23	-0.2796	8.080	8.300	3.850	4.170	323521094	2059875682.00
600743	ST 幸 福	2002.04.30	-0.0772	6.010	7.200	2.850	3.650	512007153	2379916672.00
600745	ST 康 赛	2001.04.27	0.0605	14.190	15.830	12.070	12.600	61921752	877445523.00
600753	ST 冰 熊	2001.04.24	0.0421	9.280	11.430	6.750	7.420	87217737	806571848.00
600759	ST 琼 华 侨	2003.01.07	0.0055	5.610	5.880	4.200	5.100	9200898	44608780.00
600763	ST 中 燕	2001.06.26	-0.9462	13.290	13.980	5.510	7.830	181197604	1716490299.00
600768	ST 甬 富 邦	2001.04.19	0.0030	12.960	17.130	8.620	15.360	55444978	768190091.00
600786	ST 东 锅	2002.04.17	-0.8548	7.620	9.240	4.910	8.370	170152799	1315917667.00
600792	ST 马 龙	2002.04.17	-0.5050	22.950	26.000	17.400	22.590	29028180	641953376.00
600799	ST 龙 科	2002.05.08	0.0575	7.580	11.520	5.100	5.110	952452949	7802454046.00
600813	ST 鞍 一 工	2002.05.13	-2.9621	5.380	5.650	3.150	3.830	391800890	1634885370.00
600818	ST 永 久	2002.06.28	0.0333	11.780	20.970	9.750	12.110	29692926	461283325.00
600842	ST 中 西	2002.04.25	-0.3947	9.680	10.460	4.140	4.290	195080971	1400072067.00
600848	ST 自 仪	2001.05.08	0.0209	9.980	11.110	6.250	7.490	90408489	842633536.00
600853	ST 龙 建	2002.09.27	-0.1475	6.900	7.250	4.710	4.870	318239356	1901396034.00
600858	ST 渤 海	2002.04.17	-0.2772	7.850	9.500	4.520	6.090	180543083	1290878850.00
600862	ST 纵 横	2002.07.19	-0.9993	10.040	10.080	4.120	4.330	715459208	4624720593.00
600870	ST 厦 华	2002.04.26	-0.7727	8.100	9.200	5.500	6.750	479759420	3788928173.00
600893	ST 吉 发	2001.10.10	-0.6007	6.540	7.250	3.870	6.730	428007398	2579084898.00
600898	PT 郑 百 文	2001.03.28	0.0193	0.000	0.000	0.000	5.480	0	0.00
900906	ST 中 纺 B	1999.04.27	0.0185	0.727	0.730	0.435	0.481	154311037	772132578.00
900915	ST 永 久 B	2002.06.28	0.0333	0.600	0.796	0.476	0.519	130409811	723406044.00
900928	ST 自 仪 B	2001.05.08	0.0209	0.711	0.713	0.430	0.462	141349227	699594389.00
900946	ST 轻 骑 B	2002.04.29	-0.7201	0.586	0.586	0.340	0.355	380448320	1477546822.00
900950	ST 新 城 B	2002.04.24	-0.5758	0.810	0.815	0.461	0.490	213717655	1143963209.00

MEMBER COMPANIES

会员公司

会员公司概貌
Member Companies Overview
会员公司交易
Trading of Member Companies
证券营业部交易
Trading of Securities Business Outlet
B股证券商
B Share Brokers
五十大会员公司交易
Top 50 Most Active Member Companies

会员公司交易
Trading of Member Companies

会员公司 Company	地址 Address	法人代表 Legal Representative	电话 Tel	传真 Fax
中国银河证券有限责任公司	北京市西城区金融大街 35 号国际大厦 C 座	朱　利	010－66568880	66568532
海通证券股份有限公司	上海市淮海中路 98 号	王开国	021－53594567	53858500
南方证券股份有限公司	深圳市罗湖区嘉宾路 4028 号太平洋商贸大厦 2508 房	贺　云	0755－82138271	82138049
国泰君安证券股份有限公司	上海市延平路 135 号	金建栋	021－62580818	62672904
华夏证券有限公司	北京市东城区朝内大街 188 号	周济谱	010－65178899	65186588
中信证券股份有限公司	深圳市笋岗路 12 号中民时代广场 B 座 32 层北京朝阳区新源南路 6 号京城大厦 3 层	常振明	010－64665504	84868301
申银万国证券股份有限公司	上海市常熟路 171 号	王明权	010－68561206	68561121
广发证券股份有限公司	广州市天河北路 183 号大都会广场 42 楼	陈云贤	020－87555888＊128	87553600
福建省闽发证券公司	福州市五四路 158 号环球广场 28－29 层	张晓伟	0591－7813798	7853687
辽宁东方证券公司	沈阳市和平区南京北街 103 号	李学琦	024－22853795	22852154
湘财证券有限责任公司	上海市浦东银城东路 139 号华能联合大厦 18 楼	陈学荣	021－68864652	50543470
大鹏证券有限责任公司	深圳市南东路 5002 号地王大厦 8 楼	徐卫国	0755－82463388	82462986
天同证券有限责任公司	济南市泉城路 180 号齐鲁国际大厦 5 层	段　虎	0531－6028816	6029668
亚洲证券有限责任公司	上海市浦东源深路 279 号	吉可为	021－58520991	58521119
招商证券股份有限公司	深圳市福田区益田路江苏大厦 38－45 层	宫少林	0755－82943666	82943100
华泰证券有限责任公司	南京市中山东路 90 号华泰证券大厦	吴万善	025－4579977	4579929
平安证券有限责任公司	深圳市福田区八卦岭八卦三路平安大厦 3 楼	杨秀丽	0755－82262888＊3109	82400862
国信证券有限责任公司	深圳市罗湖区红岭中路 1012 号国信证券大厦	胡关金	0755－82130639	82130570
西南证券有限责任公司	重庆市渝中区临江支路 2 号合景大厦 22－25 层	张　引	023－63786088	63786033
光大证券有限责任公司	上海市浦东新区浦东南路 528 号上海证券大厦	王明权	021－68816000	68818550
兴业证券股份有限公司	福州市湖东路 99 号标力大厦	兰　荣	0591－7613888	7546058
东方证券有限责任公司	上海市浦东大道 720 号国际航运金融大厦 20 层	肖时庆	021－50367888	50366868
长城证券有限责任公司	深圳市深南大道 6008 号特区报业大厦 14、16、17 楼	徐　英	0755－3516186	3516200
联合证券有限责任公司	深圳市深南东路 5047 号发展银行大厦 24 层	王世宏	0755－2492011	2493000
上海证券有限责任公司	上海市九江路 111 号	周有道	021－63231111	63236119 转
广东证券股份有限公司	广州市解放南路 123 号金汇大厦	钟伟华	020－83270519	83270478
宏源证券股份有限公司	乌鲁木齐市建设路 2 号宏源大厦 8 楼	田国立	0991－2301773	2301775
金信证券有限责任公司	杭州市杭大路 18 号	陈唯贤	021－64714099	64713762
长江证券有限责任公司	武汉市新华下路特 8 号	明云成	027－65799981	85481900
汉唐证券有限责任公司	深圳市南山区汉唐大厦 25 层	吴克龄	0755－6936273	6936236
金通证券股份有限公司	杭州市凤起路 108 号	应土歌	0571－85783707	85783707
辽宁省证券公司	沈阳市和平区总站路 81 号	邵荣第	024－22528910	22526310
北京证券有限责任公司	北京市海淀区车公庄西大街乙 19 号华通大厦 B 座 10-16 层	卢克群	010－88018393	88018394
山西证券有限责任公司	太原市迎泽大街 282 号	吴晋安	0351－4036998	4036998
渤海证券有限责任公司	天津市河西区宾水道 3 号	张志军	022－28451888	28451600
国元证券有限责任公司	合肥市寿春路 179 号	凤良志	0551－2619188	2654274
长财证券经纪有限责任公司	长春市宽城区珠江路 35 号	祝延存	0431－2953388	2953388
中国科技证券有限责任公司	北京市朝阳区北辰东路 8 号国际会议中心	张　钢	010－84973040	84973037
德恒证券有限责任公司	上海市浦东陆家嘴东路 166 号中保大厦 7、8、38 楼	张业光	021－68419596	68419697
华西证券有限责任公司	成都市陕西街 239 号	张慎修	028－86150096	86150615
华安证券有限责任公司	合肥市阜南路 166 号	汪永平	0551－5161601	5161601
中国民族证券有限责任公司	北京市西城区复内大街 49 号民族文化宫 3 层	郭玺来	010－84210898	84210878
新华证券有限公司	长春市西安大路 11 号中银大厦 8 层	张建林	0431－8409488	8409461
大通证券股份有限公司	大连市中山区人民路 24 号平安大厦 26 层	张凯华	0411－2539611	2539606
华鑫证券有限责任公司	深圳市深南东路 5047 号深圳发展银行大厦 11 层	王文学	0755－2080108	2081508
天和证券经纪有限公司	杭州市孝女路 2－2 号	赵万兴	0571－87925108	87922522
东吴证券有限责任公司	苏州市十梓街 298 号	吴永敏	0512－65158588	65158028
泰阳证券有限责任公司	长沙市雨花亭新建西路 1 号	谭载阳	0731－5382256	5382280
国都证券有限责任公司	深圳市福田区华强北路赛格广场 45 楼	王少华	0755－83462228	83462051
新疆证券有限责任公司	乌鲁木齐市解放北路 1 号	高　虎	0991－2812542	2819880
河北证券有限责任公司	石家庄市裕华东路 81 号冶金大厦 15 层	武铁锁	0311－6081028	6982918
甘肃证券有限责任公司	兰州市庆阳路 285 号民安大厦 B 塔楼 25 层	谢铁牛	0931－8440200	8440269
天一证券有限责任公司	上海市北京西路 99 号 6 楼	林益森	0574－87278556	87288620
国海证券有限责任公司	南宁市滨湖路 46 号	张雅锋	0771－539301	5539305
国联证券有限责任公司	无锡市中山路 153 号	范　炎	0510－2753928	2703124
东北证券有限责任公司	长春市人民大街 138－1 号长春紫荆花饭店 19－21 楼	李　树	0431－5604085	5604085
武汉证券有限责任公司	武汉市汉口沿江大道 130 号	李永宽	027－82847633	82842601
健桥证券股份有限公司	西安市高新二路 12 号协同大厦 4 楼	李晓援	029－8377318	8377319
爱建证券有限责任公司	上海市复兴东路 673 号	刘顺新	021－63341333	63340100
海南港澳国际信托投资有限公司	海口市景湾路 8 号			
巨田证券有限责任公司	深圳市福田区滨河路证券大厦 21 层	王一楠	0755－82990788	83372057
福建省华福证券公司	福州市华林路 201 号华林大厦 9 层、10 层	王希超	0591－7810432	7841150
世纪证券有限责任公司	深圳市深南大道 7088 号招商银行大厦 41 层	段　强	010－65283316	
大连证券有限责任公司	大连市中山区人民路 26 号中国人寿大厦 25 层	石　雪	0411－2821838	2808390
北方证券有限责任公司	上海市浦东南路 500 号	路畔生	021－58887333	58889111

会员公司交易
Trading of Member Companies

单位：万元(10000 Yuan RMB)

席位数 Seat Number	名次 Rank	总计 Total	股票 Stock	基金 Fund	交易金额 Trading Value 国债现货 T-Bond Spot	国债回购 T-Bond Repurchase	金融债、企业债、可转债 Financial, Corporate Bond, Convertible Bond	其 他 Others
380	1	56064268.53	22778524.63	690112.42	4311265.41	28179140.00	43346.42	61879.66
211	2	53276649.10	15428405.61	327493.25	7740282.12	29600810.00	53114.95	126543.15
152	3	47473241.29	14483681.81	268885.13	2985071.11	29681330.00	30835.01	23438.24
243	4	46155807.15	18854772.05	874223.48	5454923.93	20693920.00	55246.75	222720.95
191	5	41197609.78	11617466.45	261692.34	2330851.86	26839880.00	81780.06	65939.06
69	6	40191873.81	6139272.74	406915.33	3284019.42	30231330.00	93379.47	36956.89
300	7	36104272.98	17449636.68	383635.91	2951288.97	15179370.00	79588.24	60753.16
81	8	24669462.61	8494784.29	197027.67	5289207.58	10616600.00	25991.71	45851.35
58	9	20207635.09	3849601.98	100785.50	12161195.61	4066990.00	5219.06	23842.96
9	10	18093253.59	419170.04	63558.50	3497505.30	14099010.00	929.53	13080.24
33	11	16295158.36	3805726.77	80055.76	3020085.19	9303680.00	5686.37	79924.28
54	12	15412510.79	3874928.22	99315.50	2140637.32	9232960.00	31466.98	33202.80
95	13	14747415.32	6427379.97	158197.01	1232463.85	6904830.00	15063.19	9481.27
67	14	14714152.25	4118885.94	99460.31	1656050.34	8780730.00	10526.38	48499.30
55	15	13328443.30	5633252.98	279497.62	1763443.79	5533330.00	55778.50	63140.36
60	16	13274229.03	6638788.29	150842.44	1484385.57	4938560.00	45089.98	16562.75
50	17	12943868.50	3267279.68	133869.04	2765094.56	6693820.00	44899.01	38906.18
46	18	12689969.63	5660513.74	122996.98	1115351.52	5726300.00	9560.54	55246.85
41	19	11978537.07	3231848.85	52674.64	1980374.20	6683230.00	15622.33	14787.05
64	20	11956135.91	5376825.83	255443.54	1563095.19	4675050.00	24818.86	60902.50
48	21	11025605.91	4334559.13	241151.11	1224164.58	4949330.00	241573.00	34828.11
83	22	10752756.92	4765989.57	179106.45	1124320.89	4669300.00	10685.57	3354.45
42	23	10703620.81	3803832.80	202365.01	2346672.09	4184710.00	14728.32	151312.57
92	24	10447570.51	4630055.63	81363.25	1182456.76	4522390.00	15430.58	15874.29
43	25	10422667.09	3628698.01	160528.42	802804.49	5747430.00	28282.00	54924.16
41	26	10330627.59	3856326.02	86072.88	772003.35	5565400.00	5230.31	45595.03
34	27	9827949.02	1977612.90	35580.91	1133947.70	6413740.00	5824.16	261243.36
35	28	9697884.69	3079336.85	80461.12	1679524.90	4852110.00	5272.19	1179.64
41	29	9048061.90	3105550.53	66632.73	3336458.62	2505210.00	18018.58	16191.41
31	30	8320053.33	2743897.96	154258.88	2722943.63	2669980.00	6171.63	22801.25
41	31	8302398.54	4658782.47	86693.06	1359177.77	2183090.00	3730.59	10924.59
35	32	7321326.77	3047386.70	65492.55	1241138.50	2941010.00	7580.76	18718.25
50	33	7110871.04	3284570.59	48716.71	563888.06	3196720.00	14621.28	2354.43
31	34	6962363.19	1595557.16	112397.44	1545720.93	3563080.00	1533.50	144074.15
56	35	6333274.97	3091633.71	72304.30	1084338.83	2058100.00	20597.91	6300.23
68	36	6120412.73	3738644.84	175597.89	1043666.37	1140310.00	16482.95	5710.73
10	37	5334246.72	553804.43	10284.62	373113.55	4395220.00	960.27	863.84
21	38	5133631.57	1455094.28	24712.33	72834.67	3569140.00	3315.70	8534.60
19	39	5086749.44	1344393.76	21413.26	1467734.49	2249670.00	1249.32	2288.64
28	40	4842520.51	2739339.96	49878.85	171078.55	1868970.00	2948.35	10304.83
48	41	4805688.58	2982847.79	168230.28	605730.19	918300.00	4411.16	126169.16
32	42	4686667.96	1842429.38	65808.53	858312.38	1893220.00	5211.39	21686.29
39	43	4659044.79	1609905.88	28786.67	517617.79	2493640.00	6863.20	2231.29
29	44	4613032.10	1610956.87	37522.66	816102.86	2076530.00	7401.80	64517.88
49	45	4429198.94	1610541.80	44112.19	417256.50	2345430.00	4565.13	7293.34
23	46	4398488.27	2361781.42	70330.50	555344.73	1404150.00	3685.93	3195.67
35	47	4264163.15	3057123.05	56179.06	657669.70	472270.00	13032.25	7889.13
29	48	4166971.74	3296034.14	73515.15	229199.44	533600.00	1420.27	33202.73
23	49	4163359.88	1252930.38	36174.04	422727.74	2392720.00	3031.06	55776.68
23	50	4123366.93	1930542.36	20127.11	760930.64	1407110.00	3269.97	1386.87
52	51	4016510.09	2726550.87	52003.63	346704.61	882830.00	1667.05	6753.90
13	52	4005128.32	702632.80	89850.29	1176721.37	2020390.00	4668.32	10865.55
37	53	3881440.27	2059797.62	34253.01	312306.87	1444770.00	6107.18	24205.61
35	54	3780159.37	2610444.37	36203.10	306491.45	806530.00	4103.82	16386.63
29	55	3708994.25	2226718.35	48942.75	210418.57	1191700.00	3552.82	27661.75
38	56	3611961.97	2543828.33	62254.65	485803.16	505580.00	2786.32	11709.53
30	57	3420084.05	1319022.92	31582.12	860130.69	1206720.00	1747.53	880.75
13	58	3079033.53	733290.12	24855.84	454503.13	1861460.00	245.79	4678.65
36	59	2886663.73	1177083.02	28590.87	478497.79	1196610.00	3690.63	2191.40
42	60	2688263.32	2034332.13	43138.96	66891.27	533620.00	7017.50	3263.45
33	61	2675902.67	1629364.69	34199.51	114850.67	883490.00	13484.55	513.22
22	62	2614051.23	1298118.93	28648.54	56164.14	1228470.00	692.53	1957.10
21	63	2602531.21	1008986.65	12807.13	189057.31	1390320.00	943.64	416.44
18	64	2592940.39	1531351.70	31586.50	546559.14	478510.00	3342.01	1591.01
28	65	2579289.30	1040478.40	25616.72	281296.34	1224720.00	785.00	6392.85

会员公司交易
Trading of Member Companies

会员公司 Company	地址 Address	法人代表 Legal Representative	电话 Tel	传真 Fax
西部证券股份有限公司	西安市东新街 232 号陕西信托大厦	刘春茂	029－7406078	7406100
西北证券有限责任公司	银川市民族北街 1 号	吕 莉	0951－6034398	6030195
浙江省证券有限责任公司	杭州市平海路 1 号	项建中	0571－87782081	87782138
中关村证券股份有限公司	北京市朝阳区裕民路 12 号中国国际科技会展中心中段 11 层	段永基	010－8225200	8225432
山东省齐鲁证券经纪有限公司	济南市经十路 128 号	潘敬华	0531－2024120	2024199
江南证券有限责任公司	南昌市象山北路 208 号	吴光权	0791－6776133	6776103
信泰证券有限责任公司	南京市长江路 88 号	钱凯法	025－4784886	4784830
富友证券经纪有限责任公司	上海市武宁南路 518 号	艾正家	021－52524588	52988667
河南证券有限责任公司	郑州市经 6 路 9 号	胡 燕	0371－5905842	5905843
广东民安证券经纪有限责任公司	广州市环市东路 322 号中梯 10 楼	孔祥其	020－83882168	83802385
兴安证券有限责任公司	哈尔滨市道里区通江街 188 号	贺朝贤	0451－4680831	4680835
南京证券有限责任公司	南京市大钟亭 8 号	张治宗	025－3367002	3367377
富成证券经纪有限公司	上海市东方路 800 号宝安大厦 30 层	纪 斌	021－68753053	58315533
蔚深证券有限责任公司	深圳市福田区振华路飞亚达大厦 902 楼	王风华	0755－3239628	3241584
民生证券有限责任公司	北京市西城区复兴门内大街 158 号远洋大厦 F1307	席春迎	0755－82931621	66493919
华龙证券有限责任公司	兰州市静宁路 138 号	张文武	0931－4890521	4890515
万联证券有限责任公司	广州市东风东路 836 号东峻广场 34、35 层	陶小敏	020－87692828	87692563
江西省发展信托投资股份有限公司	南昌市省府大院南一路 3 号机械大厦 8 楼	陈林芳	0791－6263302	6350191
恒泰证券有限责任公司	呼和浩特市新城区东风路 111 号	孙子荣	0471－4934009	4930707
中国国际金融有限公司	北京市建国门外大街 1 号国贸大厦 2 座 28 层	张恩照	010－65051166	65051156
万通证券有限责任公司	青岛市市南区东海路 28 号	王宏达	0532－5022316	5022301
东莞证券有限责任公司	东莞市莞太路篁村胜和商业大厦 4 楼	周建辉	0769－2413065	2412090
沈阳财政证券公司	沈阳市沈河区北站路 105 号	王 瑛	024－22523610	22523611
中兴信托投资有限责任公司	北京市海淀区海淀路 169 号兴发大厦	梁治萍	010－62510693	62510684
中富证券有限责任公司	上海市南京西路 1468 号中欣大厦 17 层	唐荣汉	021－62476666	62470248
鞍山证券公司	鞍山市铁东区前进路 2 号	宫鲁岩	0412－2246188	2246788
广州证券有限责任公司	广州市先烈中路 69 号东山广场主楼 5 楼	吴 张	020－87322668	87325030
常州证券有限责任公司	常州市延陵西路 59 号常信大厦 18、19 楼	卞流成	0519－8121736	8121446
红塔证券股份有限公司	昆明市北京路 155 号附 1 号红塔大厦 7－11 楼	李振国	0871－3577929	3578972
成都证券有限责任公司	成都市东城根上街 95 号	晏 姚	028－86690300	86690365
和兴证券经纪有限责任公司	成都市人民南路二段十八号川信大厦 10 楼	王长庚	028－6199836	6199079
第一创业证券有限责任公司	深圳市罗湖区笋岗路 12 号中民时代广场 B 座 25、26 层	刘学民	010－84986181	85285004
首创证券经纪有限责任公司	北京市东城区东中街 29 号北京东环广场 B 座 4 层 H-M 号	俞昌建	010－64182378	64182425
浙江省信托投资有限责任公司	杭州市华浙广场 1 号 17、18 层	唐新国	0571－85270688	85270285
上海久联证券经纪有限责任公司	上海市曹杨路 430 号	何国庆	021－58318808	62447572
天元证券经纪有限责任公司	哈尔滨市珠江路	刘 成	0451－2357066	3633079
青海证券有限责任公司	西宁市东大街 103 号	钟小剑	0755－2075060	2075060
金元证券有限责任公司	海口市龙昆北路 2 号帝都大厦 12 楼	彭振明	0898－68583098	68583077
华创证券经纪有限责任公司	贵阳市中华北路 216 号华创大厦	陶永泽	0851－6856815	6856537
航空信托投资有限责任公司	北京市朝阳区安华里泰利明苑	池耀宗	010－85285212	85285249
中山证券公司	中山市竹苑路 102 号	金向东	0760－8335218	8325050
福建省闽南侨乡信托投资公司	泉州市田安路北段闽侨大厦	何泽坤	0595－2986935	2160571
北京恒通信托投资有限责任公司	北京东城区甘雨胡同 31 号	吴玉田	010－65127901	65127901
江西省国际信托投资公司	南昌市北京西路 88 号江信国际大厦	胡宝江	0791－6304968	6304625
成都工商信托投资有限责任公司	成都市东城根上街 78 号建设大厦 9 楼	刘玉福	028－6278590	6267027
财富证券有限责任公司	长沙市芙蓉中路 466 号金源大酒店	蒋永明	0731－5164918	5168041
广发北方证券经纪有限责任公司	大连市中山区人民路 71 号 2 楼	林治海	0411－2691336	2827526
中国旅游国际信托投资有限公司	北京市站东街 6 号金安皇都大酒店 4 层	冯效明	010－65158635	65158642
江门证券有限责任公司	江门市港口路 1 号	姚桥盛	0750－3193138	3190998
大同证券经纪有限责任公司	大同市青年路 34 号	董 祥	0351－4192998	4192803
中国金谷国际信托投资有限责任公司	北京市西城区金融大街 33 号通泰大厦 C 座 10 层	秦道夫	010－88086816	88086816
哈尔滨国际信托投资公司	哈尔滨市道里区井街 16 号	孙名扬	0451－4618414	4618414
恒信证券有限责任公司	长沙市韶山北路 149 号	周兆达	0731－4168888	4130992
云南证券有限责任公司	昆明市青年路 400 号	铁振国		
海南省证券公司	海口市龙昆北路 2 号珠江广场帝豪大厦 27 层	文 哲	0898－66779966＊188	66792799
洛阳市证券公司	洛阳市涧西区南昌路 98 号	隋新洛	0379－4326964	4326964
厦门证券有限公司	厦门市莲前西路 2 号莲富大厦 17 楼	李 维	0592－5161816	5161102
辽宁信托投资公司	沈阳市和平区桂林街 68 号	李安民	024－22704091	22704552
鞍山市信托投资股份有限公司	鞍山市铁东区五道街 55 号	曲玉春	0412－2222176	2214224
珠海证券有限公司	珠海市拱北情侣南路 259 号日华商业广场 A 区 4 楼	高杰发	0756－8286982	8286221
山西华康信托投资有限责任公司	太原市桃园北路金刚堰 68 号	王孟奇	0351－3080560	3049220
济南英大国际信托投资公司	济南市馆驿街 318 号	李汝革	0531－6035999	2095422
沈阳市信托投资公司	沈阳市沈河区小西路 49 号	刘 杰	024－22915043	22915019
广东华侨信托投资公司	广州市环市东路 450－452 号广东华信中心	邓北生	020－87618328	87627282
齐齐哈尔市证券有限公司	齐齐哈尔市建华区卜奎大街 92 号			

会员公司交易
Trading of Member Companies

单位:万元(10000 Yuan RMB)

席位数 Seat Number	名次 Rank	总计 Total	股票 Stock	基金 Fund	交易金额 Trading Value 国债现货 T-Bond Spot	国债回购 T-Bond Repurchase	金融债、企业债、可转债 Financial, Corporate Bond, Convertible Bond	其他 Others
43	66	2557038.93	2065607.07	49903.47	126900.70	311810.00	1632.52	1185.15
12	67	2554803.00	1016467.73	10319.17	352631.48	1171230.00	3756.15	398.48
36	68	2492194.42	1924827.59	29534.05	127318.54	404740.00	2312.72	3461.51
10	69	2463120.51	1003507.54	16907.95	118350.22	1322230.00	1473.42	651.39
38	70	2460419.89	1372696.44	36242.91	550854.06	494570.00	1012.86	5043.60
13	71	2435451.41	1118792.50	12779.91	123465.90	1176510.00	2979.99	923.11
30	72	2395365.73	1347539.72	30365.36	224322.25	788690.00	2823.60	1624.76
13	73	2298815.53	1077564.20	20449.92	956487.45	242210.00	1537.70	566.26
31	74	2187257.16	1715849.06	32206.31	78021.65	357270.00	3006.93	903.21
19	75	2098545.43	967793.32	30351.20	175253.41	917520.00	4291.31	3336.21
25	76	2098251.45	1453608.58	26406.01	104552.45	510830.00	1719.31	1135.10
33	77	2059109.46	1630852.22	35466.29	30684.69	355780.00	3328.20	2998.06
9	78	2036340.82	599385.52	39417.37	136007.91	1241220.00	5400.45	14909.58
24	79	2009312.02	1512356.56	23049.41	91031.30	380840.00	970.13	1064.64
16	80	1914955.04	1657384.87	34318.40	134483.64	85940.00	815.55	2012.54
23	81	1728599.91	1298240.52	28121.16	176112.89	170970.00	2242.23	52913.07
17	82	1691576.42	1153458.57	33210.42	71107.70	432180.00	948.61	671.15
9	83	1653554.69	157611.75	8682.14	128011.43	1359060.00	71.17	118.19
10	84	1630034.62	1070475.17	28666.67	138200.99	389270.00	1433.29	1988.50
3	85	1612785.72	13554.95	0.00	449113.84	1147540.00	1545.18	1031.75
21	86	1482140.35	1012711.45	43430.17	93041.74	326820.00	1667.41	4469.56
8	87	1426466.49	1105883.18	14357.74	45282.36	235220.00	12012.59	13710.57
8	88	1398716.33	288073.63	6032.96	238899.86	842290.00	148.69	23271.20
16	89	1341087.86	741501.58	20751.19	164971.93	412400.00	1169.12	294.03
13	90	1323388.04	1052396.66	23179.48	49495.45	196350.00	1628.20	338.25
23	91	1298371.43	967406.20	18150.94	97485.41	213600.00	929.48	799.42
15	92	1289004.34	990859.05	28537.42	33417.13	233750.00	1904.67	536.06
16	93	1282481.16	1151893.45	18885.52	10521.44	97860.00	2620.30	700.40
24	94	1227180.52	908510.85	30045.37	46220.11	238170.00	1322.05	2912.12
19	95	1221331.80	937275.42	18522.99	6749.82	254760.00	3490.08	533.52
40	96	1152453.26	963946.59	36035.95	58514.56	91790.00	1372.43	793.71
4	97	987650.10	313278.55	6430.72	550.35	666070.00	1139.49	180.97
13	98	977527.20	840806.83	15723.69	65942.52	53160.00	1232.43	661.72
11	99	952349.75	828361.17	20318.45	62592.71	38350.00	696.67	2030.74
3	100	948342.84	409372.56	14894.14	211784.99	311440.00	747.22	103.91
18	101	944517.50	897859.24	16635.81	8041.10	19800.00	1391.92	789.43
8	102	921262.68	517100.69	11829.98	45427.38	345950.00	725.53	229.11
25	103	915327.15	639844.60	13929.63	27092.01	233400.00	537.37	523.58
12	104	914096.48	313996.74	4989.91	41525.78	550610.00	2697.88	276.21
12	105	899752.97	655798.16	9610.51	37112.55	196610.00	380.86	240.86
12	106	858103.94	531953.24	9823.11	61470.77	253550.00	941.94	364.88
4	107	766139.36	247489.36	19070.89	201.36	499070.00	147.51	160.22
9	108	758580.71	279107.22	9627.54	224791.87	242590.00	153.24	2310.83
7	109	718120.04	646302.09	10866.04	19633.26	37820.00	1098.87	2399.81
10	110	703787.21	100079.38	2107.23	23729.07	554670.00	70.31	23131.24
10	111	703001.49	463801.50	10340.03	30035.53	198280.00	319.72	224.68
9	112	698929.66	650389.23	16093.25	16485.14	8790.00	765.76	6406.27
15	113	648248.38	475120.99	10402.58	74582.39	78940.00	847.07	8355.35
2	114	647688.13	461276.70	10878.82	351.56	174530.00	396.56	254.47
13	115	609459.00	547082.41	8955.13	29537.18	20180.00	2985.75	718.55
13	116	597526.68	468829.23	11281.00	19957.44	97030.00	276.86	152.12
6	117	593835.95	352762.08	2758.34	10116.48	227180.00	951.90	67.20
8	118	576433.61	258376.97	3170.39	162585.91	150580.00	1579.77	140.57
13	119	569060.25	502200.62	8765.24	538.57	56600.00	498.84	456.95
17	120	529540.85	498713.73	12370.82	17165.93	60.00	690.15	540.21
12	121	511779.64	495299.54	11272.65	4338.03	30.00	458.48	380.95
12	122	498426.19	425275.29	12493.24	8108.94	51370.00	375.15	803.59
10	123	456061.35	442264.15	11715.47	1070.60	0.00	768.28	242.81
12	124	451759.24	383519.94	5644.65	27417.82	34470.00	174.72	532.11
15	125	437619.30	421502.09	9499.96	5117.89	0.00	944.45	554.93
8	126	406825.29	236865.11	4027.27	114531.53	51000.00	141.76	259.61
10	127	406365.40	272240.34	6358.46	49304.10	77660.00	536.84	265.64
8	128	401454.88	220773.35	5450.39	20952.40	153340.00	635.36	303.38
7	129	389457.90	298455.34	6266.25	38704.45	44460.00	1125.72	446.15
8	130	382565.59	376637.35	5253.31	376.46	0.00	118.46	180.00

会员公司交易
Trading of Member Companies

会员公司 Company	地址 Address	法人代表 Legal Representative	电话 Tel	传真 Fax
恒远证券经纪有限公司	上海市徐家汇路 555 号广发银行大厦 4C 座	颜　羽	021－63901885	63901299
惠州证券有限责任公司	惠州市麦地南路华侨新村 F 幢	徐　刚	0752－2119388	2119369
河北财达证券经纪有限责任公司	石家庄市裕华西路 158 号 24 层	边志明	0311－7029657	7033236
青岛市弘诚信托投资有限公司	青岛市东海路 8 号金都花园	邱法仁	0532－3877001	5830773
西藏证券经纪有限责任公司	拉萨市北京中路 101 号	阿　旺	0891－6830209	6811417
辽宁省国际信托投资公司	沈阳市和平区和平南大街 43 号	王永多	024－23851850	23851651
珠海国际信托投资公司	珠海市吉大路 1 号	阮智宏	0756－3338988＊111	3338688
众成证券经纪有限公司	深圳市福田区百花四路长怡花园 A 座 2 楼	李　兵	0755－83296900	83619500
开封市信托投资公司	开封市北土街 9 号	方兴光	0378－5976688	5951112
青岛国际信托投资公司	青岛市香港中路 58 号	王国胜	0532－5719191＊8168	5729136
珠海中业信托投资有限公司	珠海市吉大园林路 1 号综合楼附楼	胥威强	0756－3367111	3367112
佳木斯市证券公司	佳木斯市长安路 584 号	岳春江	0454－8693325	8693323
万和证券经纪有限责任公司	深圳市笋岗东路 1002 号宝安广场 A 座 27 楼、3 楼 B、C 座	余新胜	0755－5170339	5170340
航天信托投资有限责任公司	北京市蓝靛厂南路 59 号 15231	王礼恒	010－68372484	63454042
焦作市信托投资公司	焦作市东二环路 1 号	严　政	0391－3927396	3927340
漳州市信托投资公司	漳州市延安北路东盛大厦 2 楼	林德福	0596－2064497	2031015
深圳市金牛证券经纪有限责任公司	深圳市福田区华富路海外装饰大厦 B 座 1、4 楼 A 座 11 楼	郑元亨	0755－3343502	3217469
福州市信托投资公司	福州市广达路 106 号	林培清	0591－3332850	3310173
武汉市信托投资公司	武汉市江岸区兰陵 24 号	李　明	027－2814497	2814539
江西省赣州地区信托投资公司	赣州市大公路 135 号	朱贤平	0797－8212759	8211837
辽宁华盛信托投资股份有限公司	沈阳市和平区和平北大街 61 号	王新权	024－22713912	22710918
海南赛格国际信托投资公司	海口市滨海大道华信大厦 19 层	郑沛坚	0755－63228999	66787519
包头市信托投资公司	包头市青山区钢铁大街甲 5 号信托金融大楼	朱广军	0472－5171532	5110282
成都市信托投资股份有限公司	成都市上东大街 17 号友谊广场 B21 楼	姜润国	028－6678303	6652001
福建省华侨信托投资公司	福州市湖东路 152 号华信大厦	刘立身	0591－7845398	7857934
乐山市信托投资公司	乐山市市中区南安路 45 号	刘启威	0833－2443404	2443404
沈阳国际信托投资公司	沈阳市沈河区北一经街 42 号	魏宝瑞	024－22851297	22851298
吉林泛亚信托投资有限公司	长春市西安大路 35 号金都饭店 7－8 层	杨贡林	0431－8927969	8927987
德阳市信托投资公司	德阳市泰山南路一段 17 号	徐晓雒	0838－2205393	2232565
三亚中亚信托投资公司	三亚市河东路中亚大酒店 6 层	赵祥生	0899－8269888＊8610	8279085
邯郸市信托投资公司	邯郸市人民路 88 号	杨志臣	0310－3055372	3055532
川财证券经纪有限责任公司	成都市中新街 49 号锦贸大厦 19 楼	李林禹	028－86652978	86665416
哈尔滨财政证券公司	哈尔滨市道里区买卖街 59 号	黄文深	0451－4674050	4637967
四川省信托投资公司	成都市人民南路二段 18 号川信大厦	梁昌飞	028－6199558	6199079
西安华弘证券经纪有限责任公司	西安市太白北路 3 号	耿乐民	029－8497101	8497466
海南华银国际信托投资公司	海口市龙昆北路 38 号华银大厦 12 层	朱熹豪	0898－65260677	62187952
陕西开源证券经纪有限责任公司	西安市南四府街道办事处号	高登和	029－7611736	7611406
闽东福宁信托投资公司	宁德市蕉城区署前路福宁大楼	詹舒平	0593－2870866	2860122
抚顺市信托投资公司	抚顺市新抚区东四路 10－1 号	马　昕	0413－2645401	2645403
镇江市信托投资公司	镇江市中山东路 35 号	黄　可	0511－5022761	4414454
丹东国际信托投资公司	丹东市振兴区五经街 44 号	刘滨东	0415－2126503	2137970
广州国际信托投资公司	广州市东风东路 363 号国信大厦	许　智	020－83542898＊3908	87692526
中原信托投资公司	郑州市管城区郑汴路 96 号	黄曰珉	0371－6513181	6513947
保定信托投资公司	保定市环城东路 2 号	吴希株	0312－5097988	
天津一德证券经纪有限责任公司	天津市河西区浦口道 25 号	张彦兵	022－23020278	23112303
武汉国际租赁公司	武汉市汉口香港路 155 号	王战平	027－85812279	5722929
河南省信阳地区信托投资公司	信阳市东方红大道 28 号	张书银	0376－6221054	6221054
四川省天风证券经纪有限责任公司	成都市走马街 55 号友谊广场 B 座 6 楼、19 楼	孟庆山	028－86712437	86712441
海南省信托投资公司	海口市龙华路 17 号财盛大厦	陈　岗	0898－66228338	66211289
成都市金通信托投资公司	成都市三洞桥街 15 号现代大厦 3 楼	苏文中	028－7793135	7793969
武汉科技信托投资公司	武汉市武昌区洪山路 2 号省科教大厦 D 座 5、7 楼	宋瑞禄	027－7826406	7826405
河南省国际信托投资公司	郑州市黄河西路黄河北街 8 号	王松龄	0371－3848812	3938692
三门峡市信托投资公司	三门峡市崤山路中段	吕万松	0398－2822002	2831571
福建省华兴信托投资公司	福州市华林路华林坊 16 号	梁永新	0591－7811247	7558280
内蒙古日信证券经纪有限责任公司	呼和浩特市锡林南路 40 号	柳　萌	0471－6292465	6950656
安阳市信托投资公司	安阳市安漳路西段	杨金平	0372－2911856	5929143

会员公司交易
Trading of Member Companies

单位:万元(10000 Yuan RMB)

席位数 Seat Number	名次 Rank	总计 Total	股票 Stock	基金 Fund	交易金额 Trading Value 国债现货 T-Bond Spot	国债回购 T-Bond Repurchase	金融债、企业债、可转债 Financial, Corporate Bond, Convertible Bond	其他 Others
9	131	369707.45	329336.57	6540.78	14404.76	17880.00	1434.58	110.74
2	132	362742.05	134363.50	1663.58	116694.69	109760.00	144.74	115.52
6	133	361111.72	262444.35	3431.22	4883.56	89880.00	78.76	393.82
15	134	355078.55	229888.14	5270.25	4942.15	114520.00	250.51	207.54
8	135	351818.98	243027.50	3025.02	102633.33	2720.00	229.88	183.29
14	136	346365.91	337523.21	4751.27	791.48	2890.00	177.22	232.71
8	137	329118.20	319648.54	6934.44	1525.90	90.00	590.99	328.35
11	138	316615.26	286939.92	8231.09	14211.19	6720.00	331.60	181.45
9	139	312649.65	297096.80	4895.61	976.47	8980.00	211.91	488.87
4	140	299581.35	108566.15	2254.89	226.05	188270.00	109.66	154.61
7	141	269257.23	184011.97	4517.85	11621.03	68530.00	377.75	198.61
8	142	251885.96	237917.94	5026.68	1893.00	6700.00	202.27	146.08
6	143	249994.48	172634.97	2283.23	5597.03	69110.00	218.27	151.02
1	144	244986.67	88463.67	11.61	9495.58	146940.00	0.00	75.82
6	145	225503.80	218745.52	5170.34	841.39	350.00	275.71	120.84
2	146	209791.82	194876.38	4826.66	673.56	9220.00	118.78	76.42
2	147	209481.86	168481.30	1168.31	19067.81	20580.00	146.27	38.16
2	148	209170.70	49234.55	2333.96	561.85	156870.00	112.63	57.69
12	149	208921.58	193889.96	4534.06	7101.98	2480.00	705.14	210.47
3	150	207559.29	203579.94	3258.79	569.95	0.00	68.86	81.73
10	151	203963.76	196928.85	5568.76	742.78	0.00	598.30	125.05
21	152	196760.94	190335.66	4757.89	1376.52	0.00	248.54	42.35
4	153	189507.54	187369.50	2007.65	3.33	0.00	41.97	85.06
9	154	187866.17	183480.77	3385.50	575.95	0.00	283.58	140.39
7	155	182460.63	168695.11	5323.42	2166.93	5000.00	1072.40	202.76
8	156	178199.83	175174.90	2304.94	338.89	0.00	213.29	167.83
8	157	174470.71	165003.92	6900.62	2052.38	20.00	345.53	148.26
2	158	171457.23	124445.96	1766.56	26933.12	18260.00	3.19	48.42
4	159	170665.63	166877.40	2888.74	734.79	0.00	65.15	99.54
13	160	167111.68	123304.30	6857.27	7386.37	29490.00	34.45	39.28
3	161	166716.91	161235.21	4948.24	431.63	0.00	30.90	70.92
3	162	154439.65	149263.59	2754.17	665.90	700.00	275.38	780.59
7	163	152375.49	147501.21	1718.68	2767.34	0.00	118.74	269.50
2	164	133803.88	86447.44	1273.50	46026.94	0.00	7.65	48.35
3	165	132107.85	129412.69	1831.96	550.26	0.00	65.62	247.33
29	166	130336.03	116327.60	3776.57	4930.36	4940.00	287.09	74.42
2	167	118411.29	96457.57	1271.17	10461.56	9940.00	85.27	195.76
2	168	114546.34	112654.63	1695.43	0.00	0.00	9.98	186.27
4	169	113380.93	109315.23	3301.23	580.73	0.00	96.17	87.66
3	170	111487.71	103353.82	2442.80	587.34	4980.00	88.06	35.67
5	171	110156.19	106272.96	2270.56	279.48	1160.00	73.52	99.65
4	172	107029.27	76062.57	1082.03	22086.16	0.00	7754.59	43.92
3	173	93157.20	57100.27	539.81	19.97	35250.00	19.45	227.71
1	174	84896.53	75703.77	1790.23	5279.07	0.00	788.38	1335.06
1	175	84329.34	82635.58	1603.59	45.21	0.00	22.98	21.99
3	176	75501.13	73742.42	877.74	625.76	0.00	237.06	18.15
3	177	72054.85	70890.38	1015.23	3.41	100.00	24.05	21.80
1	178	62656.88	61773.26	604.29	141.23	0.00	111.57	26.50
1	179	59072.19	41829.39	536.05	125.65	16580.00	0.00	1.13
5	180	57407.49	56424.78	780.22	165.59	0.00	11.67	25.24
3	181	56997.02	55669.14	1004.17	179.72	0.00	123.87	20.11
2	182	47685.93	47132.45	440.55	91.64	0.00	10.58	10.73
1	183	37969.97	37178.60	727.63	37.97	0.00	0.92	24.84
6	184	28383.85	27603.43	476.02	2.98	0.00	10.39	291.06
1	185	15956.29	15754.08	154.14	35.72	0.00	0.91	11.42
1	186	739.51	737.97	1.54	0.00	0.00	0.00	0.00

证券营业部交易
Trading of Securities Business Outlet

单位:万元人民币(10000 Yuan RMB)

公司名称 Name	营业部名称 Securities Business Outlet	地址 Address	邮编 Zip	电话 Tel	传真 Fax
爱建证券有限责任公司	嘉兴斜西街证券营业部	嘉兴市斜西街132号	314000	0573-2078655	2078655
爱建证券有限责任公司	宁波人民路证券营业部	宁波市江北区人民路65号金港大厦3楼	315020	0574-87667534	87667506
爱建证券有限责任公司	宁波石板巷证券营业部	宁波市石板巷7号	315010	0574-87199536	87193396
爱建证券有限责任公司	宁波中山西路证券营业部	宁波市中山西路9-11号1-2楼	315010	0574-87329313	87324164
爱建证券有限责任公司	上海安国路证券营业部	上海市安国路285号	200082	021-65122700	65122700
爱建证券有限责任公司	上海复兴东路证券营业部	上海市复兴东路673号裙楼1-3层	200010	021-63340718	63340178
爱建证券有限责任公司	上海广中路证券营业部	上海市广中路18号	200083	021-56663999	56969000
爱建证券有限责任公司	上海兰溪路证券营业部	上海市兰溪路138号6楼	200062	021-62169233	62169870
爱建证券有限责任公司	上海临潼路证券营业部	上海市临潼路85号	200082	021-65172765	65123343
爱建证券有限责任公司	上海零陵路证券营业部	上海市零陵路621号	200030	021-64861748	64865833
爱建证券有限责任公司	上海龙水北路证券营业部	上海市龙水北路871号-875号	200232	021-64560101	64563331
爱建证券有限责任公司	深圳深南中路证券营业部	深圳市福田区深南中路车公庙天安工业区天祥大厦10楼D座	518048	0755-83562505	83562507
爱建证券有限责任公司	厦门湖滨一里证券营业部	厦门市湖滨一里26-34号闽南大厦裙楼1、2层	361004	0592-5181373	5180458
爱建证券有限责任公司	重庆璧山证券营业部	重庆市璧山县文星路229号	402760	023-41438718	41438703
鞍山市信托投资股份有限公司	第二证券营业部	鞍山市铁东区南胜利路21号	114001	0412-5536455	5555575
鞍山市信托投资股份有限公司	海城营业部	海城市北顺城路1-4号	114200	0412-3200160	3290871
鞍山市信托投资股份有限公司	经营一部	鞍山市铁东区二道街85号	114001	0412-2250192	2250162
鞍山市信托投资股份有限公司	上海江苏北路证券营业部	上海市江苏北路69号	200042	021-62406234	62402740
鞍山市信托投资股份有限公司	天津证券营业部	天津市和平区营口道19号	300040	022-23306639	23306727
鞍山证券公司	鞍山北胜利路第一证券营业部	鞍山市立山区北胜利路144号	114031	0412-6636688	6635990
鞍山证券公司	鞍山人民路证券营业部	鞍山市铁西区人民路39号	114011	0412-8526288	8529546
鞍山证券公司	海城营业部	海城市北关街北顺城路18号	114200	0412-3221555	3221402
鞍山证券公司	上海陕西北路证券营业部	上海市陕西北路777号	200040	021-62171137	62677360
鞍山证券公司	上海武定路营业部	上海市武定路1088号	200040	021-32170149	62670538
鞍山证券公司	深圳福虹路证券营业部	深圳市福虹路华强花园D座3楼	518033	0755-3798211	3798204
鞍山证券公司	沈阳南京街营业部	沈阳市和平区南京南街9号	110000	024-23225299	23225345
鞍山证券公司	天津围堤道证券营业部	天津市河西区围堤道100号	300210	022-28316353	28316997
安阳市信托投资公司	安阳市信托投资公司证券营业部	安阳市解放路97号明珠商厦2楼	455000	0372-5914771	5929143
包头市信托投资公司	东河证券营业部	包头市东河区南门外大街23号	014040	0472-4161705	4161700
包头市信托投资公司	证券营业部				
保定信托投资公司	保定信托投资公司证券营业部	保定市环城东路2号	071000	0312-5097988	5097985
北方证券有限责任公司	北海北部湾西路证券营业部	北海市北部湾西路2号新力购物广场4楼	536000	0779-3037198	3066787
北方证券有限责任公司	北京西直门北大街证券营业部	北京市海淀区西直门北大街45号时代之光名苑裙楼	100044	010-65534980	65515144
北方证券有限责任公司	广州黄埔大道证券营业部	广州市天河区黄埔大道西33号三新大厦5楼	510620	020-38201528	38201527
北方证券有限责任公司	桂林中山中路证券营业部	桂林市中山中路128号金泰大厦	541002	0773-2853560	2853728
北方证券有限责任公司	南宁建政路证券营业部	南宁市建政路20号	530023	0771-5650360	5650362
北方证券有限责任公司	汕头榕江路证券营业部	汕头市龙湖区榕江路金湖花园9幢	515041	0754-8261805	8261840
北方证券有限责任公司	上海赤峰路证券营业部	上海市赤峰路43号	200092	021-65147669	65621329
北方证券有限责任公司	上海张扬路证券营业部	上海市浦东新区张扬路638号	200122	021-58350315	58351188
北方证券有限责任公司	深圳振华路证券营业部	深圳市振华路76号414栋1、5楼	518031	0755-82968848	82968877
北方证券有限责任公司	沈阳白塔街证券营业部	沈阳市大东区白塔路156号	110041	024-8522360	8522401
北方证券有限责任公司	沈阳金川江街证券营业部	沈阳市皇姑区金川江街15号	110031	024-86220500	86220365
北方证券有限责任公司	沈阳南八中路证券营业部	沈阳市铁西区南八中路25号	110023	024-25873592	25434030
北方证券有限责任公司	沈阳南五马路证券营业部	沈阳市和平区南五马路135号	110005	024-23217387	23217704
北方证券有限责任公司	沈阳热闹路证券营业部	沈阳市沈河区热闹路33号	110014	024-22957200	22957202
北方证券有限责任公司	沈阳太原街证券营业部	沈阳市和平区太原街1号	110001	024-23400927	23400939
北方证券有限责任公司	沈阳友好街证券营业部	沈阳市沈河区友好大街9号	110013	024-22522669	22522669
北方证券有限责任公司	天津西康路证券营业部	天津市和平区西康路42号	300070	022-23045888	23041036
北方证券有限责任公司	武汉建设大道证券营业部	武汉市建设大道418号	430030	027-83331551	83603015
北京恒通信托投资有限责任公司	北京外馆东街证券营业部	北京市朝阳区外馆东街51号柳清居大厦	100011	010-64159218	64159200
北京恒通信托投资有限责任公司	北京西直门北大街证券营业部	北京市海淀区西直门北大街42号华星大厦	100088	010-67018672	67018315
北京恒通信托投资有限责任公司	上海中山南二路营业部	上海市中山北路3618号	200063	021-62238059	62231328
北京证券有限责任公司	安定门证券营业部	北京市安定门内大街106号	100009	010-64049960	64049960
北京证券有限责任公司	北京北三环东路证券营业部	北京市朝阳区西坝河东里18号三元大厦	102800	010-84603468	84603469
北京证券有限责任公司	北京车公庄西大街证券营业部	北京市海淀区车公庄西大街甲19号	100044	010-68423455	68463121
北京证券有限责任公司	北京德胜门东滨河路证券营业部	北京市西城区德胜门东滨河路B11号	100011	010-62058004	62058004
北京证券有限责任公司	北京新街口外大街证券营业部	北京市西城区新街口外大街12号	100088	010-62049396	62049375
北京证券有限责任公司	北京永内东街证券营业部	北京市崇文区永内东街中里13号	100050	010-67018068	67026641
北京证券有限责任公司	北京知春里证券营业部	北京市海淀区知春东里15号	100086	010-86241588	62615875
北京证券有限责任公司	成都西一环路证券营业部	成都市一环路西一段144号	610071	028-7010966	7014050
北京证券有限责任公司	福州群众东路证券营业部	福州市群众东路65号富城小区	350004	0591-3377456	3348028
北京证券有限责任公司	广安门内南街证券营业部	北京市广安门内南街	100053	010-63513152	63514278
北京证券有限责任公司	桂林西凤路证券营业部	桂林市西凤路1号	541001	0773-2806678	2812301
北京证券有限责任公司	杭州古翠路证券营业部	杭州市古翠路108号	310012	0571-88480256	
北京证券有限责任公司	昆明北京路证券营业部	昆明市北京路中段612号银海国际公寓	650021	0871-3185220	3155583

证券营业部交易
Trading of Securities Business Outlet

单位：万元人民币(10000 Yuan RMB)

席位数 Seat Number	名次 Rank	总计 Total	股票 Stock	基金 Fund	交易金额 Trading Value 国债现货 T-Bond Spot	国债回购 T-Bond Repurchase	金融债、企业债、可转债 Financial, Corporate Bond, Convertible Bond	其他 Others
2	1774	78728.50	75726.94	2748.83	109.28	30.00	26.69	86.78
2	2443	2528.52	2465.14	46.34	0.00	0.00	16.56	0.48
3	2413	5698.13	3222.84	71.99	3.01	2400.00	0.00	0.29
3	1146	152974.70	146234.95	3957.82	1054.37	1280.00	287.09	160.48
5	563	325607.03	89968.93	1248.77	31817.55	202370.00	67.69	134.08
4	140	1045242.70	302105.67	6447.67	321005.26	413900.00	1676.49	107.63
2	333	510822.39	68355.30	1666.75	81967.07	358100.00	582.54	150.76
3	943	192270.86	95949.07	1358.04	31173.52	63620.00	124.23	46.04
2	1789	77554.83	64254.47	1661.74	6370.04	3800.00	417.85	1050.71
3	684	276243.65	120784.98	2552.70	4505.49	148050.00	254.88	95.62
2	2034	54857.86	46697.19	4858.89	109.46	3060.00	95.33	36.96
1	2241	32691.52	32556.53	76.60	22.92	0.00	23.72	11.76
2	1360	123253.25	120908.98	1818.74	183.08	0.00	100.04	242.38
2	2400	8189.78	7852.04	75.98	176.79	0.00	17.57	67.47
2	1609	93510.10	92179.00	1196.41	72.50	0.00	8.64	53.55
1	2202	37577.92	36472.80	1090.16	0.00	0.00	0.20	14.77
4	1380	119716.65	118256.56	1298.91	105.20	0.00	14.97	41.02
3	1011	180204.16	116067.62	1872.82	27238.13	34470.00	135.83	419.79
2	2330	20750.41	20543.97	186.34	2.00	0.00	15.07	2.98
1	827	220316.03	217193.46	2570.79	281.85	0.00	130.16	139.77
1	682	276724.84	271492.57	4409.51	449.82	0.00	237.51	135.40
2	1913	65879.49	63549.80	2133.81	165.57	0.00	2.16	28.18
3	787	236778.95	94535.78	3403.08	55871.00	82770.00	84.96	114.13
3	617	301277.76	152186.33	2237.19	38385.11	107980.00	268.70	220.50
1	2395	8598.66	8277.35	316.82	0.00	0.00	3.65	0.87
2	1263	135438.08	118826.43	2285.87	206.60	13790.00	188.66	140.52
3	2047	53357.59	41344.50	793.86	2125.51	9060.00	13.64	20.08
1	2464	739.51	737.97	1.54	0.00	0.00	0.00	0.00
1	2130	45805.18	45431.39	356.62	0.00	0.00	1.49	15.68
3	1196	143702.37	141938.14	1651.01	3.33	0.00	40.48	69.38
1	1709	84896.53	75703.77	1790.23	5279.07	0.00	788.38	1335.06
1	2078	50145.29	48970.08	1080.28	25.37	0.00	55.83	13.74
1	2428	3937.48	336.86	0.04	3600.59	0.00	0.00	0.00
1	2473	284.79	284.79	0.00	0.00	0.00	0.00	0.00
1	1636	91394.31	89908.49	1380.84	15.26	0.00	59.64	30.09
1	1739	82338.04	81173.06	1006.65	110.33	0.00	22.15	25.85
2	1890	67561.68	65821.19	1261.01	247.83	0.00	60.40	171.22
1	2357	15681.24	2968.67	34.81	2876.05	9750.00	49.63	2.09
6	73	1614369.21	242855.25	7550.13	238429.85	1124760.00	270.20	503.76
1	2462	752.25	569.70	2.56	0.00	180.00	0.00	0.00
1	1633	91510.61	73739.19	4780.23	4828.51	4460.00	129.55	3573.17
2	1956	61356.58	60096.77	1091.53	120.89	0.00	32.71	14.68
2	919	198140.38	95807.65	1747.89	19005.94	80510.00	21.85	1047.07
1	2050	52923.11	50676.40	1123.07	246.64	60.00	11.83	805.14
1	2457	1106.50	1104.37	2.13	0.00	0.00	0.00	0.00
1	1926	64511.95	62414.17	1528.45	474.21	0.00	24.44	70.68
1	2031	55138.39	52256.40	1570.87	1190.53	0.00	29.27	91.33
2	2022	55803.34	55293.72	482.79	8.79	0.00	5.09	12.95
1	2212	36179.06	20983.53	247.63	9930.76	5000.00	12.02	5.12
2	363	472300.24	93750.04	3203.44	176740.86	196580.00	3.55	2022.36
3	2386	9889.19	4741.70	55.27	5088.02	0.00	0.00	4.21
4	683	276391.29	180615.49	6368.85	42963.00	46010.00	149.69	284.26
3	436	407822.82	173490.07	4289.75	27078.32	202950.00	4.03	10.65
2	88	1474412.64	343030.23	2164.40	161278.80	967840.00	84.78	14.44
3	564	325495.73	173246.83	3104.33	23729.47	125020.00	161.18	233.89
4	381	455783.42	226568.31	3614.31	26784.75	194950.00	3835.45	30.63
2	693	271898.85	232093.32	5109.39	839.65	33710.00	33.74	112.76
2	1086	162412.73	99760.83	1233.96	4035.24	57320.00	44.57	18.14
2	203	784661.97	209943.45	2462.85	93017.49	471610.00	7500.52	127.67
1	1538	99537.89	76091.16	511.57	506.27	22150.00	256.37	22.53
1	1036	175151.69	136956.93	2709.57	188.48	35150.00	62.42	84.29
3	1527	100392.31	64519.14	545.23	684.35	34620.00	18.56	5.05
1	1879	68752.78	65852.90	431.99	583.11	1840.00	11.45	33.35
1	1518	101381.18	99086.34	736.17	1144.68	0.00	360.37	53.60
1	2480	61.03	61.03	0.00	0.00	0.00	0.00	0.00

证券营业部交易
Trading of Securities Business Outlet

单位:万元人民币(10000 Yuan RMB)

公司名称 Name	营业部名称 Securities Business Outlet	地址 Address	邮编 Zip	电话 Tel	传真 Fax
北京证券有限责任公司	柳州解放北路证券营业部	柳州市解放北路 37 号	545001	0772－2865016	2816087
北京证券有限责任公司	南宁古城路证券营业部	南宁市古城路 11 号	530022	0771－2821598	2840918
北京证券有限责任公司	潘家园证券营业部	北京市朝阳区潘家园甲 2 号	100021	010－67734366	67780850
北京证券有限责任公司	上海安远路证券营业部	上海市安远路 710 号	200060	021－62319670	62301009
北京证券有限责任公司	上海浦东大道证券营业部	上海市浦东大道 637 号	200120	021－58768981	58769018
北京证券有限责任公司	上海吴中路证券营业部	上海市吴中路 1019 号	201103	021－64460796	64460077
北京证券有限责任公司	深圳上步中路证券营业部	深圳市福田区上步中路 1001 号科技大厦 3 层	518031	0755－3699306	7788168
北京证券有限责任公司	深圳振兴路证券营业部	深圳市福田南路 2010 号中深花园 17 楼	518028	0755－3328975	3350417
北京证券有限责任公司	苏州干将西路证券营业部	苏州市干将西路 232 号	215002	0512－5223885	
北京证券有限责任公司	天津甘肃路证券营业部	天津市和平区多伦道永和里 2 门	300020	022－27226468	27226464
北京证券有限责任公司	武汉黎黄陂路证券营业部	武汉市黎黄陂路 6 号	430014	027－82846768	82846758
北京证券有限责任公司	西安友谊东路证券营业部	西安市友谊东路 300 号	710054	029－7887480	7892316
北京证券有限责任公司	颐和园路证券营业部	北京市颐和园 1 号	100080	010－62573192	62573194
北京证券有限责任公司	玉林东校路证券营业部	玉林市东校路 89 号	537000	0775－2859018	2856288
渤海证券有限责任公司	北京安慧北里证券营业部	北京市朝阳区安慧北里小区安园 8 号楼	100101	010－64892188	64892189
渤海证券有限责任公司	北京西外大街证券营业部	北京市西城区西直门外大街甲 143 号凯旋大厦 C 座	100044	010－88016461	88016479
渤海证券有限责任公司	广州天河北路证券营业部	广州市天河北路 721 号东方之珠花园 2 楼	510635	020－38843355	38843586
渤海证券有限责任公司	上海定西路证券营业部	上海市定西路 710 弄 18 号	200052	021－62810929	62800186
渤海证券有限责任公司	上海昆明路证券营业部	上海市昆明路 10 号	200082	021－65351958	65373305
渤海证券有限责任公司	上海斜土路证券营业部	上海市斜土路 788 号	200023	021－63022428	63020499
渤海证券有限责任公司	上海延安西路证券营业部	上海市延安西路 1088 号长峰中心 2 楼	200052	021－62400882	62402315
渤海证券有限责任公司	上海彰武路证券营业部	上海市彰武路 65 号	200092	021－65150628	65143545
渤海证券有限责任公司	深圳福中路证券营业部	深圳市福田区福中路 21 号海连大厦 1、2 层	518026	0755－83363336	83322090
渤海证券有限责任公司	天津赤峰道证券营业部	天津市和平区赤峰道 132 号	300041	022－27117076	27116900
渤海证券有限责任公司	天津大港证券营业部	天津市大港区世纪大道 114 号	300270	022－25988228	25988484
渤海证券有限责任公司	天津大沽北路证券营业部	天津市和平区大沽北路 138 号金融广场大厦 B 座	300040	022－23304578	23324126
渤海证券有限责任公司	天津广东路证券营业部	天津市河西区广东路 408 号	300201	022－28311178	28312723
渤海证券有限责任公司	天津解放路证券营业部	天津市和平区太原道 6 号	300040	022－23399428	23392906
渤海证券有限责任公司	天津开发区第一大街证券营业部	天津市开发区第一大街 27 号	300457	022－66299636	25326677
渤海证券有限责任公司	天津马场道证券交易营业部	天津市河西区马场道 219 号	300204	022－28013276	28013279
渤海证券有限责任公司	天津南门外大街证券营业部	天津市南门外大街世纪花园 A－A 座 1－2 层 001 号	300100	022－27354684	27354767
渤海证券有限责任公司	天津气象台路证券营业部	天津市河西区气象台路 93 号	300074	022－23352406	23352419
渤海证券有限责任公司	天津万科中心证券营业部	天津市河北区中山路 290 号 C 区	300141	022－26264080	26215277
渤海证券有限责任公司	天津西康路证券营业部	天津市和平区西康路 10 号康宁大厦 B 座	300070	022－23524008	23524088
渤海证券有限责任公司	天津西青道证券营业部	天津市红桥区西青道 66 号	300122	022－27326694	27326694
渤海证券有限责任公司	天津新港证券营业部	天津市塘沽区新港二号路新风里 6 号	300456	022－25707758	25707743
渤海证券有限责任公司	天津友谊路证券营业部	天津市河西区友谊路 6 号	300074	022－28364748	28364775
渤海证券有限责任公司	天津云际道证券营业部	天津市南开区云际道 78 号立达公寓 F 座	300381	022－23956997	23946560
渤海证券有限责任公司	西安太白路证券营业部	西安市太白北路 260 号大同圆酒店	710068	029－8470908	8496401
渤海证券有限责任公司	郑州经三路证券营业部	郑州市金水区经三路 28 号融丰花苑 B 座	450008	0371－5783018	5786310
财富证券有限责任公司	长沙赤岗北路证券营业部	长沙市尝南东路 219 号	410000	0731－5560120	5451213
财富证券有限责任公司	长沙解放西路证券营业部	长沙市解放路 101 号	410005	0731－4591101	4453134
财富证券有限责任公司	郴州八一路证券营业部	郴州市白湖路 4 号	423000	0735－2233063	2233065
财富证券有限责任公司	上海仙霞路证券营业部	上海市仙霞路 320 号	200336	021－62095278	62085659
财富证券有限责任公司	邵阳红旗路营业部	邵阳市红旗路 378 号	422000	0739－5358570	5358570
财富证券有限责任公司	深圳宝岗路证券营业部	深圳市罗湖区宝岗路标 209 号	518023	0755－2431456	2265607
财富证券有限责任公司	深圳红桂路证券营业部	深圳市罗湖区红桂路宝泉庄 1 栋 1－3 楼	518008	0755－2116677	2116677
财富证券有限责任公司	天津烟台道证券营业部	天津市和平区烟台道 23 号	300070	022－23393348	22393347
财富证券有限责任公司	湘潭韶山中路证券营业部	湘潭市韶山中路 25 号	411100	0732－8237946	8237945
常州证券有限责任公司	常州博爱路证券营业部	常州市博爱路 129 号	213003	0519－6632114	6611584
常州证券有限责任公司	常州延陵东路证券营业部	常州市延陵东路 488 号	213003	0519－8113871	8113893
常州证券有限责任公司	常州延陵西路证券营业部	常州市延陵西路 59 号	213003	0519－8129302	8129020
常州证券有限责任公司	金坛北门大街证券营业部	常州市金坛市北门大街 2 号	213200	0519－2830040	2830314
常州证券有限责任公司	上海水城南路证券营业部	上海市水城南路 27－33 号	201103	021－62192699	62753330
常州证券有限责任公司	深圳深南东路证券营业部	深圳市深南东路 3033 号粤海酒店 8、9 楼	518001	0755－2201387	2201377
常州证券有限责任公司	溧阳南大街证券营业部	常州市溧阳市南大街 12 号	213300	0519－7218317	7225904
长财证券经纪有限责任公司	长春北京大街证券营业部	长春市宽城区北京大街 37 号	130051	0431－2703518	2713791
长财证券经纪有限责任公司	长春工农大路证券营业部	长春市朝阳区工农大路 16 号	130061	0431－5647571	5647672
长财证券经纪有限责任公司	长春吉林大路证券营业部	长春市二道区吉林大路 188－2 号	130031	0431－4947885	4948946
长财证券经纪有限责任公司	长春乐园路证券营业部	长春市西长春大街 125 号	130041	0431－7989955	7986690
长财证券经纪有限责任公司	长春平阳街证券营业部	长春市南关区平阳街 32 号	130041	0431－8691808	8610089
长财证券经纪有限责任公司	长春迎春南路证券营业部	长春市迎春南路 36 号	130021	0431－2982159	2951662
长财证券经纪有限责任公司	长春重庆路证券营业部	长春市重庆路 46 号(北国之春酒店 2 楼)	130041	0431－7697816	7697822
长财证券经纪有限责任公司	长春珠江路证券营业部	长春市宽城区珠江路 35 号	130051	0431－2982159	2951662
长财证券经纪有限责任公司	上海凉城路证券营业部	上海市凉城路 555 号	200434	021－65285156	65285156

证券营业部交易
Trading of Securities Business Outlet

单位：万元人民币(10000 Yuan RMB)

席位数 Seat Number	名次 Rank	总计 Total	股票 Stock	基金 Fund	交易金额 Trading Value 国债现货 T-Bond Spot	国债回购 T-Bond Repurchase	金融债、企业债、可转债 Financial, Corporate Bond, Convertible Bond	其他 Others
1	558	326823.81	138414.94	748.14	28811.85	158780.00	54.79	14.09
1	1608	93539.50	92623.69	676.31	50.46	120.00	46.89	22.16
2	616	301601.90	168567.15	3001.46	10076.18	119580.00	308.43	68.71
3	449	401507.82	171522.50	410.54	78570.78	149610.00	780.94	613.06
2	271	625119.09	223851.04	9815.26	27246.16	363510.00	284.70	411.91
3	1635	91420.39	76130.06	1083.99	11622.15	2490.00	64.62	29.57
1	1267	134834.26	66485.00	472.87	23862.09	44000.00	8.00	6.28
1	1978	60323.09	34125.23	464.42	4970.00	20550.00	212.48	0.96
1	728	258856.89	129649.03	2283.26	20632.17	106090.00	183.98	18.44
2	2221	35423.74	34670.97	694.74	1.42	0.00	47.55	9.08
2	2103	47992.71	39105.73	244.38	8612.30	0.00	15.30	14.99
1	1974	60474.35	19903.67	17.10	8984.99	31200.00	66.90	301.68
2	1041	173989.03	118147.78	1370.88	574.79	53630.00	172.90	92.68
1	2134	45543.92	45017.80	519.80	2.12	0.00	0.40	3.82
1	360	475452.97	185927.19	2239.25	126596.58	160590.00	38.94	60.97
3	254	666499.15	322911.99	3759.97	69543.27	270090.00	92.97	100.93
2	2224	35093.05	33388.69	218.70	4.03	1480.00	0.00	1.64
3	1027	177123.49	96605.23	2559.28	4532.05	73090.00	138.76	198.16
2	1030	176339.76	145969.81	2791.05	13902.74	13460.00	133.30	82.92
2	691	272333.88	194137.64	7931.73	10327.36	55440.00	4389.12	108.00
4	982	185952.03	132224.63	3069.13	11152.45	39280.00	94.87	130.95
3	438	404840.58	298111.11	6840.51	25876.60	72890.00	935.11	187.26
1	1743	82197.87	64608.64	651.44	3738.34	12870.00	328.30	1.16
2	84	1519115.22	106091.00	3528.76	683506.26	714800.00	7188.32	4000.93
1	1595	94552.26	92710.70	1536.41	180.57	0.00	100.88	23.72
1	842	214770.10	184581.66	2610.64	10099.69	17380.00	44.43	53.66
2	1804	76334.51	64868.57	1388.09	9.36	10000.00	27.20	41.27
2	2433	3129.48	3110.37	18.99	0.00	0.00	0.00	0.12
1	1780	78276.81	76731.47	871.00	51.51	570.00	19.86	32.97
2	979	186675.69	126732.40	20028.96	30472.32	8520.00	192.53	729.49
1	1966	60857.22	58891.32	1828.29	81.21	0.00	11.81	44.57
1	895	202892.29	189376.73	3218.07	1952.43	7870.00	387.08	88.01
1	2476	217.00	204.67	10.20	2.13	0.00	0.00	0.00
2	2399	8344.21	3106.70	1295.22	3942.28	0.00	0.00	0.00
2	990	184796.46	53535.54	977.48	38.41	130200.00	31.48	13.55
1	1862	70416.83	68778.26	1426.72	124.41	0.00	32.62	54.81
3	422	418081.91	201639.28	2557.64	44308.51	163040.00	6237.26	299.22
1	606	306367.32	110293.68	566.60	35511.96	159820.00	158.41	16.70
2	1227	139662.77	25778.17	174.01	2249.80	111440.00	3.85	16.97
1	2039	53918.67	26434.83	206.19	6134.55	21120.00	10.77	12.31
1	1254	136780.59	8129.39	59.89	15792.27	112720.00	67.10	11.93
2	1917	65286.40	64921.30	315.54	6.83	0.00	27.96	14.73
1	1139	154444.30	149450.03	4916.05	36.87	0.00	22.26	19.09
1	2423	4658.23	1065.00	13.23	0.00	3580.00	0.00	0.00
1	1697	86377.49	85423.60	782.15	109.46	0.00	17.43	44.85
1	2363	14756.34	14679.11	63.61	1.86	0.00	0.00	11.74
1	1758	80399.98	72723.65	2919.49	3383.91	1230.00	51.75	91.16
1	1566	97247.13	5892.03	45.15	10556.46	80750.00	1.96	1.53
1	1942	63051.07	61517.37	1224.91	147.89	0.00	131.24	29.66
2	389	449916.68	437918.97	7970.40	2217.49	0.00	1514.66	295.19
0	969	188013.26	121060.99	1480.32	5450.89	59850.00	139.47	31.59
2	997	183275.71	178827.96	3041.64	568.90	0.00	556.23	281.00
2	2099	48260.46	47453.26	603.36	34.78	0.00	158.09	10.95
3	805	228930.61	185209.55	3627.42	2061.06	38010.00	3.53	19.06
1	2310	23813.29	23492.06	319.58	0.00	0.00	0.00	1.66
2	1105	160271.12	157930.69	1842.81	188.32	0.00	248.33	60.96
1	2029	55383.77	54918.63	425.40	0.00	0.00	20.57	19.20
1	1584	95646.61	94647.34	831.18	103.85	0.00	30.72	33.53
1	1901	66681.47	65949.67	637.77	18.90	0.00	45.72	29.41
1	2036	54530.75	53145.95	1283.25	45.13	0.00	42.07	14.34
1	2096	48366.18	45469.07	1424.72	0.00	1430.00	22.55	19.84
2	1526	100550.67	99281.98	1204.95	15.98	0.00	0.30	47.45
0	2341	18725.54	17372.81	784.43	545.21	0.00	17.35	5.74
1	2254	31259.82	29405.08	1802.18	37.85	0.00	0.00	14.72
2	12	4863101.86	93613.89	1890.72	372346.62	4393790.00	780.99	679.64

证券营业部交易
Trading of Securities Business Outlet

单位：万元人民币(10000 Yuan RMB)

公司名称 Name	营业部名称 Securities Business Outlet	地址 Address	邮编 Zip	电话 Tel	传真 Fax
长城证券有限责任公司	北京阜成门北大街营业部	北京市西城区阜成门北大街 17 号	100037	010－68336061	68336072
长城证券有限责任公司	北京知春路证券营业部	北京市海淀区知春路 111 号理想大厦 5 楼	100086	010－826656058	82665020
长城证券有限责任公司	长沙五一中路证券营业部	长沙市五一中路 49 号省物资产业大楼 2－3 层	410011	0731－4451677	4457377
长城证券有限责任公司	成都江汉路证券营业部	成都市江汉路 100 号银都大厦	610031	028－6252333	6254401
长城证券有限责任公司	大连五四路营业部	大连市西岗区五四路 26 号	116011	0411－3690202	3608834
长城证券有限责任公司	广州天河北路证券营业部	广州市天河北路 437 号嘉怡苑一座 1－3 层	510610	020－38811848	38811876
长城证券有限责任公司	海口龙昆北路证券营业部	海口市龙昆北路 22 号	570125	0898－66748270	66740562
长城证券有限责任公司	昆明西昌路证券营业部	昆明市西昌路 692－694 号长城证券大厦	650032	0871－5376858	5376826
长城证券有限责任公司	南昌福州路证券营业部	南昌市福州路 159 号	330006	0791－6360318	6360316
长城证券有限责任公司	南京华侨路证券营业部	南京市华侨路 81 号	210029	025－4718786	4718063
长城证券有限责任公司	南宁民族大道证券营业部	南宁市民族大道 93 号新兴大厦西侧裙楼 1－3 层	530022	0771－5881599	5877130
长城证券有限责任公司	青岛台东一路证券营业部	青岛市台东一路 8 号	266021	0532－3809282	3809291
长城证券有限责任公司	上海东大名路证券营业部	上海市东大名路 817 号	200080	021－65957078	65957887
长城证券有限责任公司	上海宣化路证券营业部	上海市宣化路 290 号	200050	021－62122091	62524197
长城证券有限责任公司	深圳东园路营业部	深圳市东园路 5 号	518030	0755－82062959	82062961
长城证券有限责任公司	深圳振华路第二营业部	深圳市振华路华联发大厦东座 3 楼	518031	0755－83320166	83998537
长城证券有限责任公司	深圳振华路第一营业部	深圳市振华路飞亚达大厦 6 楼	518041	0755－83276980	83253279
长城证券有限责任公司	沈阳和平北大街证券营业部	沈阳市和平区和平北大街 93 号	110002	024－22854083	22877038
长城证券有限责任公司	天津长春道营业部	天津市和平区长春道 2 号帝豪大酒店	300041	022－27116068	27116060
长城证券有限责任公司	武汉江汉北路营业部	武汉市江汉北路 8 号	430012	027－85802997	85802990
长城证券有限责任公司	西安沣镐东路营业部	西安市莲湖区沣镐东路 4 号	710082	029－4247890	4247702
长城证券有限责任公司	重庆前进路营业部	重庆市杨家坪前进路 39 号西郊大厦 3 楼	400050	023－68400069	68400059
长江证券有限责任公司	北京展览路营业部	北京市西城区展览路 3 号	100037	010－88372396	88372621
长江证券有限责任公司	成都证券营业部	成都市人民南路四段 30 号	610041	028－5540948	5547749
长江证券有限责任公司	佛山普澜二路证券营业部	佛山市普澜二路 27 号 B 座	528000	0757－3990588	3990816
长江证券有限责任公司	福州东大路证券营业部	福州市东大路 8 号花开富贵 A 座	350001	0591－7602333	7613235
长江证券有限责任公司	国际部				
长江证券有限责任公司	哈尔滨龙江街证券营业部	哈尔滨市龙江街 22 号	150001	0451－3629749	3629048
长江证券有限责任公司	黄石武汉路证券营业部	黄石市武汉路 26 号	435000	0714－6228729	6262347
长江证券有限责任公司	荆门白庙路证券营业部	荆门市白庙路 14 号	448002	0724－2336118	2345162
长江证券有限责任公司	荆州屈原路证券营业部	荆州市荆州区屈原路 18 号	434100	0716－8444577	68452041
长江证券有限责任公司	上海东方路证券营业部	上海市东方路 428 号	200120	021－68879991	68870996
长江证券有限责任公司	上海番禺路证券营业部	上海市番禺路 127 号	200052	021－62838318	62838058
长江证券有限责任公司	上海汉口路营业部	上海市汉口路 130 号	200002	021－63211658	63299686
长江证券有限责任公司	深圳燕南路证券营业部	深圳市福田区燕南路 2 号东风大厦 4 楼	518028	0755－3212999	33269163
长江证券有限责任公司	十堰人民路证券营业部	十堰市茅箭区人民路 1 号	442000	0719－8665355	8665795
长江证券有限责任公司	天津南门外大街证券营业部	天津市和平区南门外大街 299 号	300020	022－27216530	27216526
长江证券有限责任公司	武汉江汉北路证券营业部	武汉市江汉区江汉北路 34 号	430022	027－85800988	85756401
长江证券有限责任公司	武汉利济北路证券营业部	武汉市江汉区利济北路 80 号	430022	027－85868668	85418131
长江证券有限责任公司	武汉彭刘杨路证券营业部	武汉市武昌区彭刘杨路 232 号	430061	027－88060688	88068012
长江证券有限责任公司	武汉武珞路证券营业部	武汉市武昌区武珞路 288 号	430070	027－87274413	87271926
长江证券有限责任公司	武汉沿港路证券营业部	武汉市青山区沿港路 6 号	430080	027－86992689	86882545
长江证券有限责任公司	武汉自治街证券营业部	武汉市江汉区前进四路自治街 219 号	430022	027－82844530	82844526
长江证券有限责任公司	仙桃仙桃大道证券营业部	仙桃市仙桃大道 88 号	433000	0728－3250080	3250084
长江证券有限责任公司	宜昌夷陵大道证券营业部	宜昌市夷陵大道 140 号	443003	0717－6467341	6449034
长江证券有限责任公司	重庆建新北路营业部	重庆市江北区建新北路 66 号中行人厦	400020	023 67757049	67731866
成都工商信托投资有限责任公司	公司证券交易营业部	成都市人民东路省展览馆东南厅 3 楼	610015	028－6635015	6635015
成都工商信托投资有限责任公司	猛追湾证券交易营业部	成都市新华大道双林路 301＃腾龙大厦	610031	028－4326269	4326269
成都工商信托投资有限责任公司	青白江证券交易营业部	成都市青白江区大湾镇玉带路 1－27 号	610300	028－3308957	3308957
成都市金通信托投资公司	锦城营业部	成都市走马街 68 号锦城大厦 5 楼	610021	028－6715066	6715069
成都市金通信托投资公司	三洞桥营业部	成都市三洞桥街 15 号现代大厦 2 楼	610031	028－7717515	7717513
成都市金通信托投资公司	物资大厦营业部	成都市人民东路 48 号物资大厦附 2 楼	610016	028－6616498	6616468
成都市信托投资股份有限公司	高新区证券交易营业部	成都市一环路南三段 78 号	610041	028－85185938	85185939
成都市信托投资股份有限公司	上海金桥证券营业部	上海市浦东金桥路 1389 号	201206	021－58991117	58991099
成都市信托投资股份有限公司	展览馆证券交易营业部	成都市省展览馆北 3 楼	610015	028－6670517	86693424
成都证券有限责任公司	成都东城根街证券营业部	成都市东城根上街 95 号	610015	028－6690901	6690910
成都证券有限责任公司	成都抚琴东路证券营业部	成都市抚琴东路 78 号	610031	028－7789456	7779604
成都证券有限责任公司	成都宁夏街证券营业部	成都市宁夏街 136 号	610031	028－6252597	6252252
成都证券有限责任公司	成都人民南路证券营业部	成都市人民南路四段 8 号	610041	028－5543337	5554593
成都证券有限责任公司	成都蜀都大道证券营业部	成都市蜀都大道总府路蜀都大厦南 3 楼	610016	028－6618999	6618666
成都证券有限责任公司	成都双元街证券营业部	成都市双元街 99 号水保大厦	610041	028－2913777	2914111
成都证券有限责任公司	都江堰新东门市场证券营业部	都江堰市新东门大市场 3 楼	611830	028－7129334	7121322
成都证券有限责任公司	上海茅台路证券营业部	上海市茅台路 199 号	200051	021－62331071	62331071
川财证券经纪有限责任公司	成都中新街证券营业部	成都市中新街 68 号	610016	028－6662067	6720554
川财证券经纪有限责任公司	川财证券总部	成都市中新街 49 号锦贸大厦 19、20 楼	610016		86718552

证券营业部交易
Trading of Securities Business Outlet

单位:万元人民币(10000 Yuan RMB)

席位数 Seat Number	名次 Rank	总计 Total	股票 Stock	基金 Fund	交易金额 Trading Value 国债现货 T-Bond Spot	国债回购 T-Bond Repurchase	金融债、企业债、可转债 Financial, Corporate Bond, Convertible Bond	其他 Others
3	269	633061.88	282734.85	15264.15	40267.88	289350.00	5337.00	107.99
1	179	867491.12	259568.02	6559.22	56388.59	533140.00	437.80	11397.49
1	1323	128304.40	117769.02	3458.68	6411.82	0.00	164.31	500.54
1	934	195531.21	172327.61	7406.90	15020.11	0.00	751.56	25.01
1	1505	102381.60	96775.49	1460.22	1538.06	0.00	2295.15	312.68
2	335	508865.69	218210.49	1185.80	18740.63	268190.00	228.03	2310.74
1	1165	149275.07	142998.03	1688.79	3491.25	1010.00	63.37	23.64
1	1269	134384.02	122045.58	11260.37	312.02	0.00	39.49	726.57
2	1567	97144.34	89460.78	1958.30	216.65	5460.00	25.56	23.06
1	1107	159905.27	157876.05	1718.67	233.95	0.00	51.90	24.75
1	1413	114954.88	76143.11	8312.03	6377.04	24070.00	43.29	9.40
1	665	282091.78	113052.64	3182.39	153389.47	8360.00	1.32	4105.93
3	519	350554.27	165224.69	10636.06	79451.79	94830.00	359.08	52.63
5	13	4684873.84	413266.32	97992.80	1488647.00	2565860.00	281.17	118826.54
5	305	568735.83	267210.06	223.88	157414.26	139540.00	4247.50	100.14
4	182	838179.95	497913.39	10872.13	193929.18	132680.00	209.55	2575.70
4	388	450900.56	199960.02	9032.13	118088.19	114060.00	45.25	9714.94
1	1619	92920.09	88932.88	3421.45	521.13	0.00	13.87	30.80
1	2087	49174.37	48534.08	605.45	0.00	0.00	19.04	15.80
0	1867	69834.06	65938.63	3782.63	77.62	0.00	23.31	11.85
1	1800	76784.93	71616.56	1714.48	2993.94	0.00	60.83	399.14
1	1958	61298.70	49301.55	628.43	3161.48	8160.00	29.94	17.29
2	128	1094946.18	282754.59	6191.92	378664.90	425930.00	326.64	1078.14
1	1035	175801.75	96545.17	1068.85	45845.75	32100.00	203.51	38.45
1	567	324657.97	163873.67	2227.38	3926.32	154410.00	215.96	4.61
1	1466	107214.17	71105.32	1330.08	22757.68	11990.00	17.03	14.07
7	1394	118203.86	118203.86	0.00	0.00	0.00	0.00	0.00
1	1075	165839.07	111708.22	1843.67	52084.71	0.00	86.15	116.32
1	1135	155355.63	100856.95	4441.04	48956.13	980.00	96.25	25.27
1	668	281395.08	202443.15	1065.08	71111.03	6300.00	428.82	46.97
1	467	384042.32	122704.91	1476.81	112022.14	147750.00	18.88	69.59
4	722	262175.78	182738.90	2602.56	69332.27	7140.00	304.39	57.66
2	705	267223.42	150763.00	3940.82	109421.62	2410.00	624.88	63.11
2	337	505361.50	200103.65	5144.37	257798.83	40340.00	1749.80	224.82
1	609	304498.92	90351.74	185.96	115603.75	95460.00	1008.06	1889.44
1	1296	131230.39	98187.12	1695.02	31235.51	0.00	55.53	57.19
1	1106	160057.55	54976.39	968.24	72554.37	31540.00	3.79	14.76
1	569	323264.48	56293.62	774.10	98983.51	167150.00	50.86	12.43
1	377	460353.50	119722.84	1867.74	282913.04	54310.00	1523.28	16.62
2	72	1626879.83	234513.89	14711.90	913250.37	450890.00	1379.49	12134.22
4	137	1068892.00	152901.69	9680.04	288328.94	616710.00	1243.78	27.55
1	503	358177.77	151170.34	1757.57	41797.44	155480.00	7935.01	37.43
2	369	466888.23	116184.15	969.24	255185.72	93930.00	611.96	7.17
1	1409	115690.58	82943.14	659.55	26308.84	5710.00	57.98	11.07
1	1837	73287.46	68929.07	1281.74	2773.44	0.00	69.97	233.19
1	1402	116624.42	75575.16	749.04	35602.29	4680.00	6.59	11.34
4	614	302169.63	27241.47	461.17	3114.54	270290.00	3.99	1058.47
4	522	346690.89	23020.62	594.37	20443.61	280580.00	13.90	22038.36
2	2033	54926.72	49817.28	1051.68	170.92	3800.00	52.42	34.41
1	2356	15759.04	15252.00	369.59	130.34	0.00	0.92	6.16
1	2328	21227.14	20999.57	211.63	3.38	0.00	9.29	3.31
1	2332	20421.30	20173.23	199.00	31.88	0.00	1.46	15.74
3	2111	47221.37	46159.58	852.01	181.79	0.00	14.61	13.36
3	1729	83296.89	80627.69	2057.22	314.44	0.00	180.95	116.59
3	2002	57347.94	56693.53	476.24	79.74	0.00	88.00	10.44
3	595	311688.74	114025.42	2532.40	1486.20	193110.00	519.06	15.63
2	1471	106742.09	100699.51	2711.80	804.01	1010.00	1504.52	12.25
2	1162	150388.91	110450.63	1848.29	129.29	37360.00	576.93	23.76
3	1069	166773.30	161763.87	3423.99	957.07	400.00	125.69	102.69
2	1502	102638.24	91936.87	1310.66	1094.61	8200.00	69.88	26.22
2	1443	110740.57	106995.83	1362.84	613.69	1360.00	378.73	29.48
1	1764	79558.47	78303.64	1224.01	11.85	0.00	0.70	18.25
4	941	192801.51	173099.61	4109.03	1653.07	13320.00	314.53	305.27
1	1205	142963.50	138055.50	2520.88	632.11	700.00	274.79	780.20
0	2377	11476.15	11208.09	233.29	33.79	0.00	0.59	0.39

证券营业部交易
Trading of Securities Business Outlet

单位:万元人民币(10000 Yuan RMB)

公司名称 Name	营业部名称 Securities Business Outlet	地址 Address	邮编 Zip	电话 Tel	传真 Fax
大连证券有限责任公司	成都武侯祠大街证券营业部	成都市武侯祠大街266号华达商城3楼	610041	028-2913898	2913880
大连证券有限责任公司	大连解放街证券营业部	大连市中山区解放街5号	116001	0411-2657872	2657834
大连证券有限责任公司	大连中山路证券营业部	大连市沙河口中山路721号	116001	0411-4580998	4690062
大连证券有限责任公司	丹东南金桥证券营业部	丹东市振兴区南金桥小区11号	118000	0415-2166688	2166689
大连证券有限责任公司	海口龙华路证券营业部	海口市龙华路16号金榜大厦	570102	0898-66220608	66220298
大连证券有限责任公司	柳州解放北路证券营业部	柳州市解放北路30号	545001	0772-2805200	2811464
大连证券有限责任公司	上海番禺路证券营业部	上海市番禺路471号	200052	021-62829810	62829820
大连证券有限责任公司	深圳振华路证券营业部	深圳市福田区振华路126号海外装饰大厦A座1层	518031	0755-3222099	3215816
大连证券有限责任公司	沈阳大西路证券营业部	沈阳市沈河区大西路77号	110014	024-22529988	22935468
大连证券有限责任公司	天津大沽南路证券营业部	天津市河西区大沽南路985号	300220	022-88322646	28321875
大连证券有限责任公司	瓦房店西长春街营业部	瓦房店市西长春路一段58号	166300	0411-5636821	5639281
大连证券有限责任公司	新余劳动路证券营业部	新余市劳动路新亚新商城综合楼3楼	338025	0790-6215698	6236689
大连证券有限责任公司	徐州淮海西路证券营业部	徐州市淮海西路181号	221006	0516-5699511	5699432
大鹏证券有限责任公司	北京万泉河路证券营业部	北京市海淀区万泉河路68号紫金大厦4层	100086	010-82657198	01082657198
大鹏证券有限责任公司	北京新源西里东街证券营业部	北京市朝阳区新源西里东街6号	100027	010-64679391	64679354
大鹏证券有限责任公司	成都棉麻证券营业部	成都市锣锅巷25号棉麻大厦3层	610015	028-6618588	6617438
大鹏证券有限责任公司	大连黄河路证券营业部	大连市沙河口区黄河路663号	116021	0411-4509202	4509163
大鹏证券有限责任公司	福州五一北路证券营业部	福州市五一北路129号榕城商贸中心	350011	0591-7676977	7676329
大鹏证券有限责任公司	广州天河北路证券营业部	广州市天河北路689号光大银行大厦	510620	020-38731130	38731011
大鹏证券有限责任公司	哈尔滨东大直街证券营业部	哈尔滨南岗区东大直街259号4、26号	150001	0451-3601316	3601317
大鹏证券有限责任公司	杭州浣纱路证券营业部	杭州市上城区浣纱路166号	310006	0571-87028899	87069505
大鹏证券有限责任公司	南京中山北路证券营业部	南京市中山北路26号新晨国际大厦2,23楼	210008	025-3240883	3240829
大鹏证券有限责任公司	齐齐哈尔卜奎大街证券营业部	齐齐哈尔市龙沙区卜奎大街10-12号	116000	0452-2423095	2427200
大鹏证券有限责任公司	青岛台东一路证券营业部	青岛市台东一路80号	266021	0532-3661135	3661157
大鹏证券有限责任公司	上海金陵东路营业部	上海市金陵东路547号3,5楼	200021	021-63749586	63360999
大鹏证券有限责任公司	上海浦东大道营业部	上海市浦东大道2000号阳光世界1,2,18楼	200135	021-58218813	58219559
大鹏证券有限责任公司	上海曲阳路证券营业部	上海市曲阳路800号商务中心2层	200437	021-65536488	65551247
大鹏证券有限责任公司	上海天钥桥路证券营业部	上海市天钥桥路811号1-3楼	200030	021-64282626	64288131
大鹏证券有限责任公司	上海愚园路营业部	上海市愚园路1118号	200050	021-62251982	62251979
大鹏证券有限责任公司	深圳宝安南路证券营业部	深圳市宝安南路45号宝丰大厦5、8楼	518001	0755-5891906	5582614
大鹏证券有限责任公司	深圳东门南营业部	深圳市东门南路土畜产大厦23楼	518002	0755-2389961	2389253
大鹏证券有限责任公司	深圳福虹路证券营业部	深圳市福虹路世贸广场A座18楼	518033	0755-3679939	3679992
大鹏证券有限责任公司	深圳红岭中路证券营业部	深圳市红岭中路环宇大酒店5楼	518001	0755-5575601	5568324
大鹏证券有限责任公司	深圳深南中路证券营业部	深圳市深南中路电子科技大厦6楼	518031	0755-3220000	3321797
大鹏证券有限责任公司	深圳天安营业部	深圳市人民南路华能大厦23-24层	518031	0755-3680676	3680850
大鹏证券有限责任公司	沈阳三好街证券营业部	沈阳市和平区三好街55号沈阳信息产业大厦5楼	110003	024-23988100	23988113
大鹏证券有限责任公司	乌鲁木齐解放北路证券营业部	乌鲁木齐市天山区解放北路61号新疆邮政大厦3,11楼	830002	0991-2302186	2305653
大鹏证券有限责任公司	武汉珞瑜路证券营业部	武汉市洪山区珞瑜路297号	430010	027-87666536	87653408
大鹏证券有限责任公司	西安吉祥路证券营业部	西安市雁塔区吉祥路298号长海大厦1、2楼	710065	029-8223888	8256232
大鹏证券有限责任公司	厦门湖滨东路证券营业部	厦门市湖滨东路150号	361004	0592-5052181	5117151
大鹏证券有限责任公司	厦门鹭江道证券营业部	厦门市鹭江道海滨大厦2-4层	361001	0592-2104549	2104549
大鹏证券有限责任公司	郑州红专路证券营业部	郑州市红专路63号附1号荣华商务大厦1、2、11楼	450008	0371-5655858	5655880
大鹏证券有限责任公司	重庆陕西路证券营业部	重庆市渝中区陕西路33号协信商厦6楼	400011	023-6618588	63712449
大通证券股份有限公司	北京东直门外大街证券营业部	北京市东城区东直门外大街南二里庄29号	100027	010-64626248	64626248
大通证券股份有限公司	成都林荫街证券营业部	成都市武候区林荫街9号华西大厦2楼	116021	028-6651632	6665985
大通证券股份有限公司	大连人民路证券营业部	大连市中山区人民路4号	116001	0411-2806778	2645587
大通证券股份有限公司	大连武汉街证券营业部	大连市中山区武汉街53号	116001	0411-2644180	2812980
大通证券股份有限公司	大连西南路第二证券营业部	大连市沙河口区西南路872号	116033	0411-4401888*418	4419586
大通证券股份有限公司	大连中山路证券营业部	大连市西岗区中山路141号	116011	0411-3645057	3626281
大通证券股份有限公司	国际部		214001		
大通证券股份有限公司	杭州邮电路证券营业部	杭州市邮电路23号机械大厦9层	310006	0571-87013702	87013702
大通证券股份有限公司	上海合肥路证券营业部	上海市合肥路215号	200025	021-63842543	63845589
大通证券股份有限公司	上海南车站路证券营业部	上海市南车站路403号	200011	021-63143015	63143031
大通证券股份有限公司	上海张杨路证券营业部	上海市浦东新区张杨路1587-1589号八方大厦	200135	021-58521516	58521511
大通证券股份有限公司	上海志丹路证券营业部	上海市志丹路258号	200065	021-56078736	56075719
大通证券股份有限公司	深圳爱国路证券营业部	深圳市罗湖区爱国路3019号新丰大厦3层	518020	0755-5785055	5618401
大通证券股份有限公司	太原东缉虎营证券营业部	太原市东缉虎营街1号	030009	0351-3520010	3520010
大通证券股份有限公司	天津解放南路证券营业部	天津市河西区解放南路325号增1号	300202	022-23264068	23264080
大同证券经纪有限责任公司	大同大北街证券营业部	大同市大北街13号	037004	0352-2045810	2026681
大同证券经纪有限责任公司	晋城瑞丰路证券营业部	晋城市瑞丰路58号	048000	0356-2050124	2050444
大同证券经纪有限责任公司	上海长寿路证券营业部	上海市长寿路360号	200060	021-62778009	62665656
大同证券经纪有限责任公司	深圳南山南油大道证券营业部	深圳市南山区南油大道海晖大厦	518054	0755-6401038	6401083
大同证券经纪有限责任公司	太原青年路证券营业部	太原市青年路34号	030001	0351-4192668	4192830
丹东国际信托投资公司	丹东证券营业部	丹东市振兴区七经街75号	118000	0415-2125219	2137970
丹东国际信托投资公司	上海岳州路证券交易营业部	上海市岳州路58号	200086	021-65015533	65016755

证券营业部交易
Trading of Securities Business Outlet

单位:万元人民币(10000 Yuan RMB)

席位数 Seat Number	名次 Rank	总计 Total	交易金额 Trading Value 股票 Stock	基金 Fund	国债现货 T-Bond Spot	国债回购 T-Bond Repurchase	金融债、企业债、可转债 Financial, Corporate Bond, Convertible Bond	其他 Others
1	1395	117986.94	97107.94	1777.03	6087.90	13000.00	0.70	13.40
2	211	772714.52	219816.35	3173.02	404958.16	143330.00	1041.78	395.23
1	849	213821.55	189007.17	5396.86	794.41	17710.00	850.99	62.14
2	1714	84695.58	83610.21	709.53	165.92	0.00	31.50	178.45
2	2053	52792.47	51040.26	1404.50	232.32	0.00	87.07	28.33
1	848	214135.56	98484.10	1248.09	28199.12	86130.00	12.16	62.07
2	1002	182456.69	172214.77	7454.92	2125.43	0.00	88.16	573.45
2	1512	101852.04	45675.51	802.51	10336.87	44970.00	52.92	14.28
1	1517	101386.34	99907.78	1318.83	66.36	0.00	76.36	17.01
0	1045	172663.18	169210.22	2838.77	319.01	0.00	205.75	89.43
1	1869	69782.59	68229.61	1322.82	162.44	0.00	48.76	18.96
1	1476	106379.42	52860.44	950.41	42236.73	9580.00	727.20	24.64
2	445	402273.43	184187.33	3189.27	50874.46	163790.00	118.70	113.67
1	91	1439915.87	123419.52	2990.47	222125.38	1078000.00	4866.65	8513.86
4	105	1276440.88	396265.61	12860.25	85296.77	772200.00	9770.91	47.33
2	726	259491.01	231560.08	7831.31	16456.27	2660.00	403.19	580.16
1	1598	94410.96	87303.38	1444.19	595.04	4750.00	309.67	8.70
1	2188	38952.11	38156.23	709.02	66.36	0.00	1.00	19.47
2	1099	161010.37	107170.67	1619.41	10809.93	39970.00	1431.22	9.15
1	1178	147172.51	142812.41	3480.47	292.24	0.00	97.69	489.74
3	281	609238.20	221318.59	7175.44	69003.42	308460.00	3172.57	108.24
1	1097	161121.04	125326.09	1878.85	6572.43	27120.00	45.15	178.52
1	1674	88026.78	71174.75	1460.96	128.78	15190.00	38.32	33.99
1	1675	87822.20	86206.92	1372.25	68.35	0.00	124.57	50.12
2	517	353036.83	125605.12	1486.80	114503.73	111270.00	106.32	64.87
1	749	250270.47	201888.84	3113.98	7911.73	36890.00	329.27	136.66
3	799	230709.42	127976.72	12531.80	28097.04	61290.00	785.63	28.24
3	10	5432186.36	279908.81	13764.71	943350.30	4176460.00	3041.70	15660.84
2	688	273096.61	148683.21	2991.36	47581.12	73510.00	201.66	129.24
1	1752	81033.78	75914.45	309.28	0.00	4750.00	59.02	0.99
1	1173	148440.25	78043.39	2166.27	13269.79	54920.00	7.22	33.56
2	225	716754.20	113800.23	1661.62	115736.89	482860.00	1674.94	1020.50
2	736	255424.35	66858.16	161.26	6285.91	182110.00	7.67	1.38
8	39	2319639.47	298455.64	1793.93	397757.94	1611620.00	4399.59	5612.39
1	2398	8382.12	7928.36	71.17	381.91	0.00	0.69	0.00
1	1495	103323.99	67254.37	1813.73	125.56	34030.00	59.46	40.89
1	2014	56716.63	54718.81	1995.68	0.00	0.00	0.00	2.15
1	1511	101867.32	94684.47	1771.08	1827.40	3200.00	342.61	41.81
1	1001	182502.28	70562.25	7030.45	28801.71	76000.00	29.10	78.79
1	1854	71468.55	69808.63	1500.52	36.59	0.00	75.57	47.28
1	1576	96405.91	92862.84	1339.33	1933.94	0.00	31.88	237.95
1	2074	50579.13	50186.08	368.07	8.52	0.00	2.87	13.59
1	1195	143820.37	45822.75	621.91	21612.36	75700.00	50.92	12.44
1	699	269006.28	37883.09	792.03	3120.79	194570.00	1.93	32638.41
1	2371	12381.49	10308.94	62.60	8.95	2000.00	0.00	1.00
4	103	1311809.29	372987.67	4705.59	127547.19	783050.00	3661.22	19857.64
2	674	278982.80	215710.64	2360.38	19823.46	39180.00	258.63	1649.70
2	710	265085.12	29662.04	806.70	18534.48	216070.00	11.61	0.25
1	981	186321.02	100276.96	1279.00	23075.61	57470.00	6.05	4213.38
1	2447	1789.69	1789.69	0.00	0.00	0.00	0.00	0.00
1	2432	3351.88	441.33	7.51	2902.65	0.00	0.00	0.39
2	2058	52464.80	49461.34	754.49	2138.66	0.00	30.50	79.85
3	231	704564.72	275083.27	8568.09	352884.12	64840.00	3043.05	146.18
3	158	988489.60	240716.50	9581.30	233656.21	501930.00	72.79	2532.79
2	643	291045.37	115166.11	6224.24	26763.56	142450.00	292.26	149.22
1	2169	41192.14	40992.94	198.00	0.00	0.00	0.00	1.20
1	2367	13413.65	11018.34	112.01	467.20	1590.00	0.93	225.16
4	940	193134.23	109457.99	2070.71	5180.03	73380.00	22.81	3022.69
3	667	281642.66	251030.28	4844.05	13750.01	11000.00	467.67	550.67
2	1547	99087.63	92175.55	1545.65	3276.41	0.00	2048.97	41.06
4	1536	99974.91	86973.93	1144.65	2219.05	9180.00	376.19	81.09
1	2012	56743.83	55573.85	803.60	248.72	0.00	91.82	25.86
1	1849	72009.98	61328.76	617.24	10043.03	0.00	1.11	19.86
1	1950	61863.83	60557.77	1047.84	188.11	0.00	19.84	50.25
3	2097	48292.36	45715.19	1222.71	91.37	1160.00	53.69	49.40

证券营业部交易
Trading of Securities Business Outlet

单位:万元人民币(10000 Yuan RMB)

公司名称 Name	营业部名称 Securities Business Outlet	地址 Address	邮编 Zip	电话 Tel	传真 Fax
德恒证券有限责任公司	成都八宝街证券营业部	成都市八宝街 88 号国信广场 3 楼	610031	028-82902966	86273552
德恒证券有限责任公司	广州林和西路证券营业部	广州市林和西路 1 号广州国际贸易中心 2 楼	510610	020-87577462	
德恒证券有限责任公司	上海华山路证券营业部	上海市华山路 1751 号	200030	021-62836271	62822800
德恒证券有限责任公司	上海周家嘴路证券营业部	上海市周家嘴 3099 号	200093	021-65197119	65197846
德恒证券有限责任公司	深圳福明路证券营业部	深圳市福田区福明路 40 号雷圳大厦	518033	0755-3995714	3995714
德恒证券有限责任公司	沈阳中山路证券营业部	沈阳市和平区中山路 61 号	110001	024-23831239	23831139
德恒证券有限责任公司	太原新建南路证券营业部	太原市新建南路 77 号	030012	0351-8715003	8715006
德恒证券有限责任公司	天津白堤路证券营业部	天津市南开区白堤路 168 号	300193	022-27418777	27416238
德恒证券有限责任公司	乌鲁木齐人民路证券营业部	乌鲁木齐市人民路 101 号	830002	0991-2845957	2845957
德恒证券有限责任公司	武汉证券营业部	武汉市解放大道 610 号	430030	027-83755722	83755736
德恒证券有限责任公司	新疆阿克苏证券营业部	阿克苏市东大街 17 号	843000	0997-2134046	2134047
德恒证券有限责任公司	重庆中山三路证券营业部	重庆市渝中区中山三路 161 号 6 楼	400015	023-63618811	63618834
德恒证券有限责任公司	重庆中山支路证券营业部	重庆市渝中区中山二路 196 号	400014	023-69030120	63535163
德阳市信托投资公司	德阳信托投资公司证券交易营业部	德阳市泰山南路一段 132 号	618000	0838-2303411	2205392
德阳市信托投资公司	天津营业部	天津市河东区六伟路 11 号 A	300012	022-24210922	24210008
第一创业证券有限责任公司	长沙韶山中路证券营业部	长沙市韶山中路 355 号	410007	0731-5505009	5541325
第一创业证券有限责任公司	佛山季华五路证券营业部	佛山市季华五路 17 号	528000	0757-3393004	3201450
第一创业证券有限责任公司	佛山同济路证券营业部	佛山市同济路 29-31 号	528000	0757-3353732	3337511
东北证券有限责任公司	白城中兴西大路证券营业部	白城市洮北区中兴西大路 7 号	137000	0436-3323041	3320629
东北证券有限责任公司	白山浑江大街证券营业部	白山市浑江大街 125 号	134300	0439-3220756	3230481
东北证券有限责任公司	北京三里河证券营业部	北京市三里河东路 5 号	100036	010-68476575	68476575
东北证券有限责任公司	长春大马路证券营业部	长春市西四马路 58 号	130042	0431-8746245	8711881
东北证券有限责任公司	长春光明路证券营业部	长春市光明路 2 号	130061	0431-8942496	8942496
东北证券有限责任公司	长春建设街证券营业部	长春市建设街 55 号	130061	0431-8528359	8581182
东北证券有限责任公司	长春市解放大路证券营业部	长春市解放大路 87 号	130041	0431-8919019	8959292
东北证券有限责任公司	长春同志街证券营业部	长春市同志街 24 号	130061	0431-8943801	8943805
东北证券有限责任公司	吉化营业部	已转让,办理中		0432-3031811	
东北证券有限责任公司	吉林解放大路证券营业部	吉林市解放大路 111 号	132001	0432-2064137	2029202
东北证券有限责任公司	辽源北寿大街证券营业部	辽源市北寿大街 2 号	136200	0437-3225786	3220310
东北证券有限责任公司	上海吴淞路证券营业部	上海市吴淞路 357 号	200080	021-63065788	63259289
东北证券有限责任公司	上海永嘉路证券营业部	上海市永嘉路 88 号	200031	021-64453655	64676446
东北证券有限责任公司	深圳百花四路证券营业部	深圳市百花五路长源楼 3 楼	518028	0755-3784089	3784089
东北证券有限责任公司	四平南一纬路营业部	四平市铁东区南一纬路	136001	0434-3330327	3330431
东北证券有限责任公司	四平英雄大街证券营业部	四平市铁西区英雄大街 20 号	136000	0434-3233983	3234154
东北证券有限责任公司	松原沿江路证券营业部	松原市宁江区南宁路 19 号	138001	0438-3122678	3128136
东北证券有限责任公司	延吉海兰路证券营业部	延吉市海兰路 46 号	133000	0433-2555529	2557579
东北证券有限责任公司	重庆小新街证券营业部	重庆市沙坪坝区小新街 86 号	400030	023-65357888	
东方证券有限责任公司	北京安苑路证券营业部	北京市朝阳区小关北里 45 号	100029	010-84896456	84896407
东方证券有限责任公司	长沙劳动西路证券营业部	长沙市劳动西路 84 号	410007		5522739
东方证券有限责任公司	成都天祥寺街证券营业部	成都市天祥寺街 18 号天祥大厦	610061	028-4458489	4458489
东方证券有限责任公司	抚顺辽中街证券营业部	抚顺市望花区辽中街 25-2 号	113001	0413-6678234	6678234
东方证券有限责任公司	抚顺西七路证券营业部	抚顺市新抚区西七路 11 号	113008	0413-2628615	2628615
东方证券有限责任公司	广州海联路证券营业部	广州市海联路 48-50 号海印南苑	510230		
东方证券有限责任公司	杭州体育场路证券营业部	杭州市体育场路 286 号	310003		
东方证券有限责任公司	上海宝庆路证券营业部	上海市宝庆路 8 号	200020	021-64379803	64379803
东方证券有限责任公司	上海长江西路证券营业部	上海市长江西路 1788 号	200431	021-56756371	56756375
东方证券有限责任公司	上海定西路证券营业部	上海市定西路 1100 号	200050	021-62139333	62121639
东方证券有限责任公司	上海丰庄路证券营业部	上海市丰庄路 515 号	201824	021-59181168	59183518
东方证券有限责任公司	上海凤阳路证券营业部	上海市凤阳路 310 号	200003	021-63581347	33110185
东方证券有限责任公司	上海光新路证券营业部	上海市光新路 211 号	200061	021-52902066	52902066
东方证券有限责任公司	上海海宁路证券营业部	上海市海宁路 135 号	200080	021-63062777	63062777
东方证券有限责任公司	上海航北路证券营业部	上海市闵行区航北路 208 号	201105	021-64211150	54540190
东方证券有限责任公司	上海鹤庆路证券营业部	上海市鹤庆路 338 号	200240	021-64306309	64303345
东方证券有限责任公司	上海鸿兴路证券营业部	上海市鸿兴路 185 号	200071	021-56322046	56908100
东方证券有限责任公司	上海建国东路证券营业部	上海市建国东路 525 号	200021	021-63555389	63110514
东方证券有限责任公司	上海金口路证券营业部	上海市金口路 510 号	200135	021-58542081	58542081
东方证券有限责任公司	上海巨鹿路营业部	上海市巨鹿路 750 号	200040	021-54035533	62791820
东方证券有限责任公司	上海陆家浜路证券营业部	上海市陆家浜路 309 号	200011	021-63779758	63779585
东方证券有限责任公司	上海南汇证券营业部	上海市惠南镇南门大街 128 号	201300	021-58027070	58002472
东方证券有限责任公司	上海浦东南路证券营业部	上海市浦东南路 1658 号	200122	021-58205811	50812608
东方证券有限责任公司	上海山东中路证券营业部	上海市山东中路 230 号	200001	021-53530048	63529727
东方证券有限责任公司	上海四川南路证券营业部	上海市四川南路 26 号	200002	021-53581168	63730070
东方证券有限责任公司	上海天津路证券营业部	上海市天津路 114 号	200002	021-63520985	63520985
东方证券有限责任公司	上海宛平南路证券营业部	上海市宛平南路 99 弄 1 号	200032	021-64867509	64223815
东方证券有限责任公司	上海万航渡路证券营业部	上海市万航渡路 1 号	200040	021-32140331	32140331

证券营业部交易
Trading of Securities Business Outlet

单位:万元人民币(10000 Yuan RMB)

席位数 Seat Number	名次 Rank	总计 Total	股票 Stock	基金 Fund	交易金额 Trading Value 国债现货 T-Bond Spot	国债回购 T-Bond Repurchase	金融债、企业债、可转债 Financial, Corporate Bond, Convertible Bond	其他 Others
1	908	200119.54	80915.21	2147.57	114029.83	2990.00	34.56	2.40
1	2372	12173.10	11347.09	693.19	22.19	0.00	4.53	106.11
2	97	1392898.93	191567.20	3260.39	427232.99	769210.00	646.59	981.75
2	151	999866.64	170342.05	2587.18	442272.49	384010.00	121.35	533.54
1	1285	132950.61	40235.44	46.38	29847.73	62820.00	0.00	1.08
1	754	249127.64	104991.68	1508.44	30279.53	112140.00	152.83	55.15
1	1434	112513.75	17073.10	196.99	30060.25	65180.00	1.07	2.32
1	860	210478.71	83782.49	1173.97	60462.22	64940.00	65.94	54.10
3	324	525436.33	283366.30	1756.16	156267.50	83550.00	20.85	475.56
1	889	203831.37	134220.60	5879.53	50093.63	13500.00	114.30	23.33
1	2150	43566.62	38867.42	666.56	2017.80	2000.00	0.61	14.22
1	619	300853.09	43287.88	281.47	8098.13	249170.00	11.55	4.07
2	232	702931.17	144395.42	1215.38	117050.21	440160.00	75.16	35.01
2	1200	143209.00	139697.69	2635.79	729.68	0.00	63.98	81.85
2	2284	27456.65	27179.70	252.95	5.11	0.00	1.19	17.68
1	2478	83.22	82.34	0.87	0.00	0.00	0.00	0.00
1	327	519691.38	127122.58	3119.39	109.86	389200.00	39.81	99.73
2	367	467875.51	186073.60	3310.45	440.51	276870.00	1099.68	81.25
1	2195	38040.97	37436.00	503.36	77.84	0.00	7.18	16.58
1	1817	75201.70	74072.70	999.45	70.17	0.00	10.87	48.51
1	1548	99051.95	53677.92	1730.73	10224.43	33300.00	88.98	29.86
2	1385	119196.01	117732.95	1364.37	13.33	0.00	53.92	31.46
3	1171	149059.04	146279.35	1970.27	2.28	0.00	735.83	71.30
1	1613	93222.91	91467.98	1720.45	0.00	0.00	9.56	24.93
4	802	229454.80	221666.78	7487.26	99.78	0.00	48.62	152.39
1	2001	57350.33	56804.95	498.48	0.43	0.00	22.66	23.82
1	1602	93992.91	89850.36	2961.75	962.25	0.00	167.61	51.00
1	2045	53507.53	52403.74	1052.12	0.00	0.00	0.60	51.06
1	1770	79108.55	78060.79	992.00	10.81	0.00	3.14	41.82
4	224	718487.82	284918.83	11954.45	371511.92	49780.00	164.05	158.57
7	163	953549.55	554171.05	13900.05	80982.32	302410.00	1337.96	748.19
1	1530	100316.97	69601.65	1038.50	16465.06	13200.00	7.53	4.25
2	1220	140256.60	41627.76	890.23	3843.94	93810.00	10.71	73.93
1	1207	142502.86	140496.30	1886.65	14.37	0.00	51.03	54.49
1	1646	90461.19	88487.17	1803.77	124.91	0.00	22.09	23.25
1	1330	126836.98	125066.85	1647.13	74.97	0.00	3.11	44.92
1	2404	7531.50	7463.15	51.31	6.80	0.00	6.14	4.12
2	154	995349.52	213267.56	2933.33	19474.25	759640.00	26.88	7.47
1	2314	23351.68	20454.17	78.99	2294.70	520.00	0.00	3.82
1	1282	133261.25	86436.74	987.39	14924.97	30870.00	5.85	36.22
1	1900	66790.80	65387.93	1291.85	36.85	0.00	3.05	71.15
3	383	453915.53	333349.69	5495.94	100546.94	14070.00	304.84	148.11
1	2369	13122.79	13003.04	55.33	14.71	0.00	41.81	7.91
1	1861	70470.78	34139.08	0.40	211.15	36120.00	0.00	0.17
2	1137	154829.82	123937.70	2354.50	16739.07	11480.00	188.74	129.85
3	173	891226.26	162851.62	1955.14	128364.26	594080.00	3836.48	138.76
2	1228	139400.84	80459.05	5409.82	11634.25	41470.00	402.50	25.21
2	1688	86976.55	48472.74	7819.10	109.79	30430.00	36.69	108.22
2	1147	152863.54	103506.45	25595.38	1254.49	22320.00	115.30	71.92
2	1532	100243.72	92004.09	2196.29	1323.47	4640.00	3.81	76.07
2	1632	91606.83	63256.86	4354.55	922.64	22640.00	362.22	70.57
2	1364	122602.50	69728.66	2764.63	162.28	49850.00	28.19	68.72
3	1028	176585.49	158844.09	3170.12	2114.39	12040.00	154.03	262.86
2	859	210626.79	111419.80	8757.11	736.41	87790.00	1564.16	359.34
2	476	378936.82	79507.89	2972.25	304.42	295960.00	82.52	109.75
2	786	237111.44	136836.77	5799.85	277.22	94030.00	78.24	89.36
5	155	994942.69	305317.14	14117.17	132152.37	543230.00	53.98	72.00
2	1293	131532.52	124418.32	3806.09	2364.92	640.00	167.42	135.77
2	917	198762.50	167500.88	3582.29	105.41	27400.00	69.58	104.35
3	466	384049.79	237990.63	12032.26	60370.96	73320.00	297.51	38.41
2	1742	82198.70	75795.19	1198.10	499.16	4530.00	119.65	56.61
4	187	818961.85	209522.66	2389.10	73614.56	533100.00	240.09	95.47
0	1506	102311.84	30539.82	2308.21	177.23	69210.00	44.08	32.48
3	695	271393.27	120286.59	2979.96	94909.97	53080.00	89.57	47.17
3	216	759360.62	294436.55	4371.29	84312.46	376120.00	40.49	79.84

证券营业部交易
Trading of Securities Business Outlet

单位：万元人民币(10000 Yuan RMB)

公司名称 Name	营业部名称 Securities Business Outlet	地址 Address	邮编 Zip	电话 Tel	传真 Fax
东方证券有限责任公司	上海新川路证券营业部	上海市浦东新区新川路611号	201200	021-58920149	58928115
东方证券有限责任公司	上海许昌路证券营业部	上海市许昌路1296号	200092	021-65033101	65033100
东方证券有限责任公司	上海耀华路证券营业部	上海市耀华路58号	200126	021-68703828	68706929
东方证券有限责任公司	上海真如证券营业部	上海市真如寺前街6号	200333	021-32250591	62547966
东方证券有限责任公司	上海中原路证券营业部	上海市中原路286号	200438	021-65246905	65246905
东方证券有限责任公司	上海遵义路证券营业部	上海市遵义路360号	200051	021-52530006	62598615
东方证券有限责任公司	上海秣陵路证券营业部	上海市秣陵路81号	200070	021-63178877	63170066
东方证券有限责任公司	深圳福强路证券营业部	深圳市福田区福强路1043号深荣大厦	518045	0755-3873116	3873116
东吴证券有限责任公司	常熟颜港证券营业部	常熟市颜港68号	215500	0520-52716888	52716888
东吴证券有限责任公司	经纪管理部	苏州市十梓街298号	215006	0512-65581130	65581132
东吴证券有限责任公司	昆山环北路证券营业部	昆山市环北路139号	215300	0512-57553366	67550160
东吴证券有限责任公司	昆山前进中路证券营业部	昆山市前进中路269号	215300	0512-57310218	57317331
东吴证券有限责任公司	上海陆家浜路证券营业部	上海市陆家浜路332号	200011	021-63781563	63781565
东吴证券有限责任公司	苏州大儒巷证券营业部	苏州市大儒巷7-3号	215005	0512-65213381	65213381
东吴证券有限责任公司	苏州三香路证券营业部	苏州市三香路120号	215004	0512-68271432	68299750
东吴证券有限责任公司	苏州狮山路证券营业部	苏州市新区狮山路8号	215011	0512-68252428	68251390
东吴证券有限责任公司	苏州石路证券营业部	苏州市石路爱河桥28号	215004	0512-65586170	65589906
东吴证券有限责任公司	苏州西北街证券营业部	苏州市西北街118号	215001	0512-67527003	67526114
东吴证券有限责任公司	苏州竹辉路证券营业部	苏州市竹辉路88号	215007	0512-65107033	65297563
东吴证券有限责任公司	苏州胥江路证券营业部	苏州市胥江路53号	215002	0512-68200658	68208490
东吴证券有限责任公司	太仓城厢证券营业部	苏州市太仓市城厢镇上海路2号	215400	0512-53581222	53593002
东吴证券有限责任公司	吴江中山北路证券营业部	吴江市松陵镇中山北路18号	215200	0512-63418898	63411080
东吴证券有限责任公司	张家港杨舍证券营业部	苏州市张家港市杨舍镇新风桥东堍	215600	0512-58211958	58211473
东莞证券有限责任公司	东莞厚街证券营业部	东莞市厚街镇乐怡路	511700	0769-5826868	5826398
东莞证券有限责任公司	东莞虎门证券营业部	东莞市虎门镇龙泉商业广场5楼	511700	0769-5120388	5120838
东莞证券有限责任公司	东莞运河西路证券营业部	东莞市附城区运河西路东盛大厦裙楼4楼	523108	0769-2680628	2680614
东莞证券有限责任公司	上海仙霞路证券营业部	上海市仙霞路437-449号	200336	021-62596626	62596626
东莞证券有限责任公司	深圳深南中路证券营业部	深圳市深南中路电子科技大厦C座45楼	518018	0755-3683962	3683716
福建省华福证券公司	福清向高街证券营业部	福清市向高街明梅楼1、2层	350300	0591-5214363	5214367
福建省华福证券公司	福州达道路证券营业部	福州市台江区达道路广达大厦2层	350004	0591-3292318	3289770
福建省华福证券公司	福州下藤路证券营业部	福州市仓山区下藤路1号2楼	350007	0591-3438175	3439547
福建省华福证券公司	福州杨桥路证券营业部	福州市杨桥路中闽大厦B座2、7层	350001	0591-7545930	7545909
福建省华福证券公司	龙岩佳宝商业城证券营业部	龙岩市佳宝商业城南区3楼	364000	0597-2227396	2227399
福建省华福证券公司	莆田涵江证券营业部	莆田市涵梧路商业大厦3层	351100	0594-3595273	3595270
福建省华福证券公司	泉州田安路证券营业部	泉州市田安路港航大厦3层	362000	0595-2566918	2566810
福建省华福证券公司	上海遵义路证券营业部	上海市遵义路835号	200051	021-62738168	62737428
福建省华福证券公司	深圳红荔西路证券营业部	深圳市红荔西路莲花三村现代苑1-3层	518026	0755-3672523	3672631
福建省华福证券公司	厦门湖滨南路证券营业部	厦门市湖滨南路鸿翔大厦1层	361004	0592-5186968	5185516
福建省华福证券公司	永安燕江路证券营业部	永安市燕江路71号兴业广场2楼	366000	0598-3612989	3612999
福建省华福证券公司	总部	福建市五四路国际大厦			
福建省华侨信托投资公司	福州鼓屏路证券营业部	福州市鼓楼区鼓屏路27号"华侨证券大厦"	350001	0591-7522966	
福建省华侨信托投资公司	上海宛平南路证券交易营业部	上海市宛平南路401号	200032	021-64282288	64282277
福建省华兴信托投资公司	证券交易营业部	福州市东水路88号闽发大厦	350011	0591-7507133	7558280
福建省闽发证券公司	北京复兴路证券营业部	北京市海淀区复兴路20号翠微商业楼信息证券	100036	010-68164948	68164946
福建省闽发证券公司	北京复兴门内大街证券营业部	北京市复兴门内大街158号	100031	010-66412776	
福建省闽发证券公司	成都东一环路证券营业部	成都市一环路东四段14号	610015	028-4442335	4435208
福建省闽发证券公司	福清后埔街证券营业部	福清市后埔街口海韵大厦	350300	0591-5215916	5215913
福建省闽发证券公司	福州八一七中路营业部	福州市817中路49号银河大商会大楼裙楼3-4层	350005	0591-3379869	3318952
福建省闽发证券公司	福州北环东路营业部	福州市北环东路9号	350013	0591-7586318	7581334
福建省闽发证券公司	福州五一北路证券营业部	福州市五一北路186号利嘉大世界3层	350004	0591-3350067	3350036
福建省闽发证券公司	福州杨桥中路证券营业部	福州市杨桥中路97号	350002	0591-3735558	3740452
福建省闽发证券公司	福州洋中路证券营业部	福州市洋中路234号金祥花园2楼	350009	0591-3229533	3226203
福建省闽发证券公司	江西南昌中山路证券营业部	南昌市中山路299号	330008	0791-6630321	
福建省闽发证券公司	南宁北大路证券营业部	南宁市北大路11-3号	530012	0771-3823533	3838661
福建省闽发证券公司	南宁民族大道证券营业部	南宁市民族大道金融大厦	530012	0771-2831457	2831457
福建省闽发证券公司	南平中山路证券营业部	南平市中山路253号宏达大厦3层	353000	0599-8638766	8633112
福建省闽发证券公司	莆田梅园路营业部	莆田市梅园路50号	351100	0594-2389168	2382178
福建省闽发证券公司	泉州田安路营业部	泉州市田安路武夷花园	362000	0595-2116311	2116355
福建省闽发证券公司	泉州温陵路证券营业部	泉州市温陵路北路78号	362000	0595-2980077	2980076
福建省闽发证券公司	三明列东街证券营业部	三明市梅列和仁新村33栋附楼2楼	365000	0598-8235068	8251027
福建省闽发证券公司	上海水电路营业部	上海市水电路652号	200083	021-65447268	65443222
福建省闽发证券公司	上海永嘉路证券营业部	上海市永嘉路458号	200031	021-64662320	64330717
福建省闽发证券公司	深圳蛇口证券营业部	深圳市蛇口工业三路振兴电子大厦2楼	518067	0755-26684401	26675959
福建省闽发证券公司	深圳中兴路营业部	深圳市中兴路241号外贸大厦	518000	0755-2298970	2298952
福建省闽发证券公司	天津汉口西道证券营业部	天津市和平区汉口西道18号	300051	022-27847092	27835074

证券营业部交易
Trading of Securities Business Outlet

单位：万元人民币(10000 Yuan RMB)

席位数 Seat Number	名次 Rank	总计 Total	股票 Stock	基金 Fund	交易金额 Trading Value 国债现货 T-Bond Spot	国债回购 T-Bond Repurchase	金融债、企业债、可转债 Financial, Corporate Bond, Convertible Bond	其他 Others
2	1365	122587.24	99068.00	11158.20	3560.83	8700.00	23.36	76.88
4	257	664073.80	121061.38	3091.63	215284.32	324310.00	194.21	132.24
2	887	203886.44	92932.66	3304.66	92143.75	15340.00	26.78	138.61
2	1223	140056.53	111508.09	2784.23	6531.22	18850.00	230.11	152.89
2	1707	85081.75	81947.73	2167.06	710.87	90.00	37.35	128.74
2	912	199410.60	178196.96	5176.38	3930.16	11510.00	412.81	184.31
2	454	395217.56	49165.53	13737.94	1215.40	331030.00	16.94	51.77
2	971	187908.47	64253.88	3556.40	21910.87	98180.00	1.20	6.14
1	427	416202.81	402405.30	7509.95	3658.42	410.00	693.75	1525.40
1	286	599831.32	20492.46	223.35	318105.19	257950.00	188.24	2872.08
0	1948	62038.83	60019.86	1737.98	167.80	0.00	42.36	70.80
5	1144	153227.37	140267.95	3144.34	4794.82	4700.00	232.01	88.31
1	1875	69240.81	2173.07	44.52	24652.31	42370.00	0.42	0.50
2	826	220477.57	160267.08	3322.12	24888.06	31700.00	175.80	124.51
3	306	565519.47	291166.80	3792.23	227252.28	42620.00	332.20	355.96
2	400	436291.09	421545.98	8108.85	2119.53	3720.00	596.25	200.48
1	751	249717.18	236395.81	4649.83	8194.74	0.00	223.95	252.86
2	592	311967.29	298412.46	6924.25	5150.23	30.00	720.79	729.55
4	835	217829.17	206747.09	3785.75	6889.29	60.00	199.96	147.04
2	1827	74572.06	73382.58	778.76	172.01	0.00	136.23	102.53
3	806	227744.62	172436.56	2860.20	22196.37	29920.00	201.25	130.21
4	585	313833.26	242918.17	5334.92	1000.10	57110.00	6279.16	1190.93
2	657	284632.36	268510.71	2905.22	8428.59	1680.00	3009.91	97.98
1	1004	181925.90	161128.70	2733.40	243.08	17670.00	76.65	74.03
1	834	218058.24	171790.24	2124.44	8034.34	35440.00	586.80	82.42
1	235	699984.00	557140.76	7698.33	20662.81	99920.00	1127.88	13434.19
1	950	191617.54	189241.49	1774.02	467.91	0.00	78.97	55.13
2	1298	130863.59	22564.74	27.53	15874.24	82190.00	10142.28	64.78
1	892	203657.88	149065.90	3144.61	1.02	51330.00	35.74	80.64
4	380	456839.57	130305.26	4884.31	35.25	321450.00	99.77	64.98
2	448	401984.01	146057.73	2785.27	87.13	252840.00	52.41	161.42
3	607	304676.99	176571.97	3469.06	53.01	124500.00	1.87	81.06
1	1117	158297.39	108161.51	1954.10	95.17	48040.00	6.34	40.28
1	1397	117401.93	112811.06	4531.18	6.31	0.00	29.94	23.45
1	2137	45249.07	39278.61	1098.17	82.33	4780.00	4.97	4.99
3	672	280521.43	185967.76	3202.17	54706.04	34960.00	394.05	1291.42
1	2374	11927.47	11676.01	249.17	2.29	0.00	0.00	0.00
2	986	185439.29	139077.98	1821.47	56.20	44290.00	31.42	162.21
2	407	429068.38	93096.78	1509.00	29.90	334350.00	36.05	46.64
1	2339	18987.83	6048.38	0.00	1009.45	11930.00	0.00	0.00
4	1988	59032.04	57723.11	1069.72	89.33	10.00	40.77	99.16
3	1357	123428.59	110972.05	4253.72	2077.61	4990.00	1031.62	103.59
6	2274	28383.85	27603.43	476.02	2.98	0.00	10.39	291.06
3	1273	134145.70	131156.52	1529.75	468.65	800.00	95.01	95.75
1	260	650788.06	129950.56	1022.27	116611.69	403120.00	48.18	35.33
1	978	187249.08	93189.09	3264.33	13304.43	76980.00	494.47	16.74
2	633	294477.71	254013.35	7397.17	4916.41	27960.00	108.70	82.06
3	977	187306.58	164698.44	4200.05	17837.22	60.00	236.18	274.69
2	1007	181621.36	97752.20	3078.17	67433.12	13170.00	36.62	151.28
2	1161	150624.60	107755.69	2951.46	21357.33	18320.00	44.24	195.87
2	579	317799.19	144726.65	2821.61	133241.45	36730.00	144.07	135.41
2	1379	119808.75	104640.66	2602.52	12217.32	110.00	77.02	161.23
1	1032	175970.64	156185.24	2721.14	7099.30	9810.00	88.95	66.01
0	2472	348.01	334.21	10.29	3.51	0.00	0.00	0.00
1	1321	128533.57	108818.65	1410.11	7780.87	10280.00	14.85	229.08
2	1140	154367.85	146787.93	2595.41	29.55	4840.00	33.00	81.94
2	1006	181914.21	173269.29	3148.75	0.00	5420.00	0.41	75.73
3	245	684010.36	286224.06	7440.53	596.51	389450.00	130.11	169.17
3	653	286841.23	276258.21	7738.02	1457.25	400.00	839.37	148.37
9	156	992347.17	436195.28	13310.47	178662.27	363710.00	196.53	272.64
4	2	13433876.22	262329.77	10272.55	11383772.37	1753960.00	2197.61	21343.91
2	2009	56832.32	35998.95	850.33	252.27	19650.00	48.39	32.38
1	2383	10201.96	9975.79	89.23	120.32	0.00	13.23	3.40
2	832	218459.87	98436.55	6129.15	60000.92	53850.00	17.25	26.06
1	2257	30814.62	30457.55	344.70	0.00	0.00	5.34	7.05

证券营业部交易
Trading of Securities Business Outlet

单位:万元人民币(10000 Yuan RMB)

公司名称 Name	营业部名称 Securities Business Outlet	地址 Address	邮编 Zip	电话 Tel	传真 Fax
福建省闽发证券公司	天津六纬路证券营业部	天津市河东区六纬路 85 号	300012	022－24011485	24011479
福建省闽发证券公司	武汉台北一路证券营业部	汉口市区台北一路环亚大厦	430015	027－85740313	85740313
福建省闽发证券公司	五一中路证券营业部	福州市五一中路 185 号民航大厦 4－6 层	350004	0591－3366666	3355768
福建省闽发证券公司	漳州新华北路证券营业部	漳州市新华北路 16 号金融大厦	363000	0596－2933008	2958784
福建省闽南侨乡信托投资公司	福州营业部	福州市东大路 88 号建闽大厦 3 层	350001	0591－7503188	7501618
福建省闽南侨乡信托投资公司	泉州证券交易营业部	泉州市丰泽区丰泽商城中心商场 3 楼东侧	362000	0595－2284070	2192616
福建省闽南侨乡信托投资公司	证券交易营业部	泉州市九一路 19 号	362000	0595－2196590	2284411
福州市信托投资公司	福州营业部	福州市广达路 106 号	350005	0591－3332850	3310173
抚顺市信托投资公司	第二证券交易营业部	抚顺市顺城区新华大街 17 号	113006	0413－7579940	7579941
抚顺市信托投资公司	证券交易营业部	抚顺市新抚区东四部 10－1 号	113008	0413－2603066	2645403
富成证券经纪有限公司	杭州长江路证券营业部	杭州市滨江区长江路军民园 59 号	310052	0571－86627918	86627900
富成证券经纪有限公司	上海常德路证券营业部	上海市常德路 1261 号	200060	021－62764628	62765193
富成证券经纪有限公司	舟山解放西路证券营业部	舟山市定海区解放西路 55－57 号舟山国际大厦	316000	0580－2031567	2040670
富成证券经纪有限公司	舟山沈家门新街证券营业部	舟山市普陀区沈家门新街 94 号 2 楼	316100	0580－3057540	3024020
富友证券经纪有限责任公司	上海长寿路证券营业部	上海市长寿路 831 号智慧广场 5 楼	200042	021－52987885	52987100
富友证券经纪有限责任公司	天津永安道证券营业部	天津市河西区永安道 193 号德恩公寓 1 号底商	300202	022－23240518	23240518
富友证券经纪有限责任公司	武汉首义路证券营业部	武汉市武昌区首义路 118 号	430060	027－88061212	88061212
富友证券经纪有限责任公司	武汉沿江大道证券营业部	武汉市沿江大道 93－1 号	430014	027－88061212	88061212
富友证券经纪有限责任公司	郑州黄河路证券营业部	郑州市金水区黄河路 26 号中孚大厦	450002	0371－3588033	3588055
甘肃证券有限责任公司	金昌长春路证券营业部	金昌市长春路 19 区中国盐政大厦	737100	0935－8325606	8325607
甘肃证券有限责任公司	兰州东岗东路证券营业部	兰州市东岗东路 1121 号	730000	0931－8651798	8494580
甘肃证券有限责任公司	兰州和政路证券营业部	兰州市和政路 330 号	730030	0931－4923267	4923267
甘肃证券有限责任公司	兰州天水路证券营业部	兰州市天水路 401 号	730000	0931－8878661	8860755
甘肃证券有限责任公司	兰州武都路证券营业部	兰州市武都路 71 号	730030	0931－8486488	8468488
甘肃证券有限责任公司	兰州西津西路证券营业部	兰州市西津西路 3 号	730050	0931－2330889	2319040
甘肃证券有限责任公司	上海鲁班路证券营业部	上海市鲁班路 382 号	200023	021－63054688	63049173
甘肃证券有限责任公司	上海天山西路证券营业部	上海市天山西路 201 号	200092	021－62389995	62383646
甘肃证券有限责任公司	深圳深南中路证券营业部	深圳市深南中路 2 号新闻大厦 27 层	518027	0722－2090773	2090603
光大证券有限责任公司	北京东中街证券营业部	北京市东城区东中街 29 号东环广场 B 座 2 层	100027	010－64182858	64182800
光大证券有限责任公司	北京樱花西街证券营业部	北京市朝阳区樱花西街 18 号祺洋商务中心 4 层	100029	010－64446610	64446355
光大证券有限责任公司	北京月坛北街证券营业部	北京市月坛北街 2 号月坛大厦东配楼	100045	010－68081266	68081200
光大证券有限责任公司	长春解放大路证券营业部	长春市解放大路 90 号	130021	0431－5676699	5676969
光大证券有限责任公司	长沙芙蓉中路营业部	长沙市芙蓉中路 29 号金属大厦 3 楼	410005	0731－2245060	2231577
光大证券有限责任公司	成都玉双路证券营业部	成都市玉双路七号玉台大厦 2 楼	610021	028－4338148	4338148
光大证券有限责任公司	大庆经六街证券营业部	大庆市萨尔图区东风新村金融街 1 号	163311	0459－6380001	6380011
光大证券有限责任公司	丹阳中新路证券营业部	丹阳市中新路 5 号	212300	0511－6503408	6522926
光大证券有限责任公司	东莞运河东一路证券营业部	东莞市莞城运河东一路 131 号	511700	0769－2223688	2231094
光大证券有限责任公司	佛山汾江南路证券营业部	佛山市汾江南路 120 号	528000	0757－3333889	3333232
光大证券有限责任公司	福州湖东路证券营业部	福州市湖东路 168 号 2、3 楼	350003	0591－7841328	7859633
光大证券有限责任公司	广州花地大道证券营业部	广州市芳村区花地大道红棉苑北区 5－6 栋 1、2 层	510370	0760－81598181	81598180
光大证券有限责任公司	广州解放北路证券营业部	广州市白云区解放北路 1000 号金桂园小区	510400	020－86198490	86198510
光大证券有限责任公司	广州天河路证券营业部	广州市天河区天河体育中心游泳馆西侧	510620	020－38883548	38806393
光大证券有限责任公司	广州中山二路证券营业部	广州市东山区中山二路 35 号东门 4 楼	510080	020－87765986	87609882
光大证券有限责任公司	哈尔滨经纬二道街证券营业部	哈尔滨市道里区经纬二道街 1 号	150010	0451－4229987	4229917
光大证券有限责任公司	海口滨海大道证券营业部	海口市珠江广场帝都大厦 21 层	570125	0898－66717978	66717820
光大证券有限责任公司	海口国贸大道证券营业部	海口市金贸区国贸大道 63 号仙乐花园 1、2 层	570125	0898－68550094	68550148
光大证券有限责任公司	黑河中央街证券营业部	黑河市中央街 234 号	164300	0456－8232264	8232262
光大证券有限责任公司	惠州下浦路证券营业部	惠州市下浦路 15 号新银广场	516001	0752－2118396	2101292
光大证券有限责任公司	江门市东华一路证券营业部	江门市东华一路 61 号金华商业中心 5 楼	529000	0750－3169169	3360525
光大证券有限责任公司	昆明人民中路证券营业部	昆明市人民中路 26 号	650021	0871－3183877	3183884
光大证券有限责任公司	南京中山路证券营业部	南京市中山路 81 号 2 楼	210005	025－4713900	4712500
光大证券有限责任公司	南宁桃源路证券营业部	南宁市桃源路 45 号	530021	0771－5305008	5305082
光大证券有限责任公司	内江叠象街证券营业部	内江市市中区叠象街 22 号	641000	0832－2042758	2041977
光大证券有限责任公司	齐齐哈尔龙华路证券营业部	齐齐哈尔市龙华路 134 号	161000	0452－2402001	2441707
光大证券有限责任公司	上海河南南路证券营业部	上海市河南南路 16 号 201 室	200002	021－63556008	63749208
光大证券有限责任公司	上海斜土路证券营业部	上海市斜土路 2364 号	200032	021－64279751	64279308
光大证券有限责任公司	上海延安西路证券营业部	上海市延安西路 3008 号	201103	021－64651318	
光大证券有限责任公司	上海张杨路证券营业部	上海市张杨路 1233 号	200120	021－68769900	68766626
光大证券有限责任公司	上海中兴路证券营业部	上海市中兴路 1103 号	200070	021－56728028	56308883
光大证券有限责任公司	深圳华强南路营业部	深圳市华强南路石油大厦 1－3 层	518031	0755－3621939	3651005
光大证券有限责任公司	深圳新园路营业部	深圳市新园路 3 号中海商城 4,5 楼	518001	0755－2285177	2285194
光大证券有限责任公司	顺德大良证券营业部	顺德市大良宜新路 28 号红棉商场 2 楼	528300	0765－2236898	2211249
光大证券有限责任公司	天津红旗路证券营业部	天津市南开区红旗路 162 号	300110	022－27031376	27654558
光大证券有限责任公司	乌鲁木齐解放北路证券营业部	乌鲁木齐市解放北路 98 号	830002	0991－2335536	2335535
光大证券有限责任公司	武汉香港路证券营业部	武汉市江岸区香港路 17 号	430016	027－85783990	85783829

证券营业部交易
Trading of Securities Business Outlet

单位:万元人民币(10000 Yuan RMB)

席位数 Seat Number	名次 Rank	总计 Total	股票 Stock	基金 Fund	交易金额 Trading Value 国债现货 T-Bond Spot	国债回购 T-Bond Repurchase	金融债、企业债、可转债 Financial, Corporate Bond, Convertible Bond	其他 Others
1	250	676145.36	71954.54	959.62	6928.56	596280.00	4.94	17.68
1	1967	60854.27	47526.04	468.58	9587.04	3250.00	5.15	17.48
3	266	640889.35	235942.21	8420.62	117271.32	278840.00	320.96	94.24
2	902	201394.27	195090.90	5931.93	245.69	0.00	18.33	107.41
1	1374	121238.43	67869.03	11406.88	122.18	41690.00	75.95	74.38
2	1012	180173.99	65327.80	4909.06	21.91	109880.00	5.45	29.76
1	370	464726.97	114292.54	2754.96	57.26	347500.00	66.09	56.09
2	867	209170.70	49234.55	2333.96	561.85	156870.00	112.63	57.69
3	2135	45371.63	44167.05	939.83	230.07	0.00	17.25	17.46
1	1887	68009.28	65148.16	2361.39	350.66	0.00	78.92	70.17
1	2129	45805.81	45495.66	243.92	30.63	0.00	34.41	1.19
3	495	363155.62	176554.35	3715.79	50565.39	130190.00	1198.07	932.00
1	1088	161963.83	143493.49	2630.16	5304.08	7560.00	200.97	2775.15
2	2090	48879.06	40102.01	495.05	29.70	5600.00	2571.43	80.88
7	51	2019163.62	813951.16	15579.81	945804.01	242180.00	1251.56	397.09
1	2405	7494.62	7330.66	139.26	0.41	20.00	4.31	0.00
1	2280	27661.30	27083.83	514.66	41.83	10.00	2.11	8.88
1	2166	41422.21	32012.63	577.06	8719.15	0.00	14.20	99.16
2	894	203073.79	197185.93	3639.16	1922.05	0.00	265.52	61.14
1	2196	37971.64	37592.84	351.99	6.99	0.00	4.92	14.90
1	1313	129373.75	96474.08	905.85	31881.50	0.00	41.21	71.11
2	31	2525266.71	155888.45	80347.57	1128594.52	1159830.00	575.82	30.34
1	2168	41247.07	31633.82	1778.84	4981.38	0.00	2794.97	58.06
1	2193	38292.62	37632.37	398.09	171.54	0.00	73.98	16.64
1	1922	64696.17	62990.06	1266.20	223.63	0.00	129.38	86.91
2	1091	161793.44	150052.95	1908.08	1685.09	7880.00	64.77	202.53
3	1253	137006.51	116972.41	2507.69	3598.06	12560.00	983.25	385.04
1	177	869480.41	13395.85	385.93	5578.66	840120.00	0.00	10000.00
1	273	623483.17	149233.83	2831.01	4509.19	466570.00	105.30	233.83
1	188	818614.33	139791.79	7464.13	190108.91	476530.00	290.47	4429.05
3	170	911656.33	229193.75	19495.16	59660.06	602930.00	220.86	156.46
1	1543	99356.69	95869.43	2759.45	486.28	0.00	173.01	68.50
1	1448	109597.03	97123.98	1720.68	9479.36	0.00	1222.98	50.06
2	1504	102462.76	100498.15	1674.89	136.25	0.00	116.03	37.40
1	1672	88401.28	82498.25	2558.84	2416.14	0.00	409.19	518.88
1	717	263407.14	114729.32	1089.13	147516.73	0.00	49.62	22.34
1	234	700855.96	416557.65	11721.02	28391.81	239190.00	633.20	4362.27
1	1427	113839.21	62567.73	1435.11	25.24	49750.00	39.81	21.36
1	621	300668.64	217034.21	5524.42	50668.79	27180.00	81.47	179.74
1	2017	56358.46	51571.12	1297.44	853.02	2120.00	225.00	291.89
1	1599	94192.56	88432.49	1243.62	2169.79	150.00	157.68	2039.01
1	1013	180151.66	128671.97	3671.55	9477.07	35380.00	12.02	2939.08
1	1491	103768.87	93895.49	2094.24	4817.13	2800.00	22.33	139.67
2	1467	107165.68	94513.31	12356.03	251.11	0.00	14.48	30.79
2	359	475549.67	112845.49	2740.05	39118.42	320770.00	48.76	26.94
1	1732	82925.68	73701.84	1354.16	45.31	7670.00	113.62	40.79
1	2220	35445.85	34754.18	631.09	2.18	0.00	0.21	58.17
1	1516	101396.22	90763.23	2658.04	177.60	7750.00	15.64	31.69
1	951	191415.96	92840.82	536.64	45.34	97910.00	12.64	70.51
1	1018	179627.91	156698.56	2198.74	1366.52	18420.00	630.46	313.62
1	995	183995.06	121479.70	2438.41	18837.15	41020.00	42.95	176.84
1	1393	118211.90	76316.47	1280.16	40559.64	30.00	10.33	15.30
1	1903	66481.99	64672.40	1101.68	156.72	430.00	86.28	34.92
1	2018	56317.77	53819.84	2251.80	210.94	0.00	1.11	34.06
2	253	667477.68	153270.46	18869.14	1580.99	493370.00	83.06	304.04
2	669	280968.79	230555.79	3653.73	13463.69	29520.00	661.71	3113.86
3	410	424332.13	227030.78	2518.69	77690.88	112450.00	4477.60	164.17
4	279	611235.96	68014.42	1.31	240780.24	302340.00	0.21	99.75
3	265	641118.58	382197.68	74466.00	52892.78	122100.00	4022.72	5439.36
1	408	428958.20	121871.26	3696.70	92752.55	199100.00	5772.38	5765.31
1	639	293155.90	112505.64	12685.74	64586.83	98920.00	4366.79	90.91
1	1753	80940.15	72740.48	2108.93	20.90	6020.00	7.69	42.17
1	1812	75545.31	45998.33	1083.21	3.10	28430.00	14.87	15.80
1	852	212098.29	103048.88	657.67	4146.12	102230.00	0.50	2015.12
1	1590	95116.94	65551.67	4723.81	5930.51	18880.00	22.68	8.27

证券营业部交易
Trading of Securities Business Outlet

单位：万元人民币(10000 Yuan RMB)

公司名称 Name	营业部名称 Securities Business Outlet	地址 Address	邮编 Zip	电话 Tel	传真 Fax
光大证券有限责任公司	西安咸宁路证券营业部	西安市咸宁路 28 号交大 1 村 4 号楼	710049	029 – 2666555	2666552
光大证券有限责任公司	湛江人民大道证券营业部	湛江市霞山区人民大道南 45 号	524001	0759 – 2271889	2239983
光大证券有限责任公司	重庆大坪正街证券营业部	重庆市渝中区大坪正街 108 号	400042	023 – 68895869	68895869
光大证券有限责任公司	重庆李家沱证券营业部	重庆市巴南区李家沱群乐村综合 1 号楼	400054	023 – 62860519	62860519
光大证券有限责任公司	重庆新华路证券营业部	重庆市渝中区新华路 333 号长城大厦 3 楼	400010	023 – 63711936	63711931
光大证券有限责任公司	遵义新华路证券营业部	遵义市红花岗区新华路 8 号工行大厦 3 楼	563000	0852 – 8258108	8258328
广东华侨信托投资公司	滨江西营业部	广州市滨江西路 120 号	510000	020 – 84499552	84499552
广东华侨信托投资公司	上海外马路证券交易营业部	上海市外马路 1469 号	200011	021 – 63764888	63770510
广东华侨信托投资公司	深圳证券营业部	深圳市深南中路 19 号万德大厦 11 楼	518046	0755 – 2137558	2137001
广东华侨信托投资公司	体育西营业部	广州市体育西路天河南路 14 – 16 号	510620	020 – 87579068	87507293
广东华侨信托投资公司	天河东营业部	广州市东风东路 21 – 23 号	510000	020 – 87577838	87577008
广东民安证券经纪有限责任公司	佛山市东下路证券营业部	佛山市东下路 69 号	528000	0757 – 6322783	6232014
广东民安证券经纪有限责任公司	广州达道路证券营业部	广州市达道路 12 号金达大厦 2 – 4 楼	510000	020 – 87621833	83802385
广东民安证券经纪有限责任公司	广州东湖路证券营业部	广州市东湖路 35 号东湖豪苑	510100	020 – 87653989	87650484
广东民安证券经纪有限责任公司	广州法政路营业部	广州市法政路 60 号首层	510045	020 – 83557456	83558479
广东民安证券经纪有限责任公司	广州环市东证券营业部	广州市环市东路 322 号首 2 层	510060	020 – 83803177	83818264
广东民安证券经纪有限责任公司	广州惠福西路证券营业部	广州市惠福西路 38 号羊城商厦 3 楼	510120	020 – 81869163	81914958
广东民安证券经纪有限责任公司	国际部	广州市嘶和环市东路 322 号东梯 3 楼	510060	020 – 83804048	83802385
广东民安证券经纪有限责任公司	惠阳开城大道证券营业部	惠阳市开城大道京粤楼 1 – 3 楼	516211	0752 – 3362407	3362440
广东民安证券经纪有限责任公司	上海淮海西路证券营业部	上海市淮海西路 239 号	200030	021 – 62946698	62945790
广东民安证券经纪有限责任公司	上海南山路证券营业部	上海市南山路 100 号	200070	021 – 56723355	51003300
广东民安证券经纪有限责任公司	深圳福民路证券营业部	深圳市福民路皇兴大厦 1、2 层	518026	0755 – 3873707	3873746
广东民安证券经纪有限责任公司	肇庆西江北路证券营业部	肇庆市西江北路 25 号金元广场	526000	0758 – 2809002	2809013
广东证券股份有限公司	北京长春桥路证券营业部	北京市海淀区长春桥路 6 号欣正大厦	100089	010 – 68920569	68920559
广东证券股份有限公司	潮州城新西路证券营业部	潮州市城新西路 89 号	521000	0768 – 2268365	2291118
广东证券股份有限公司	佛山市南海证券营业部	南海市桂城区南海大道建行大厦	528200	0757 – 6236203	6285642
广东证券股份有限公司	广州吉祥路证券营业部	广州市吉祥路 98 号	510030	020 – 83356075	83355967
广东证券股份有限公司	广州解放南路证券营业部	广州市解放南路 123 号金汇大厦 4 楼	510120	020 – 83270633	832706661
广东证券股份有限公司	广州天河南一路证券营业部	广州市天河南一路 18 号	510620	020 – 87582699	85518800
广东证券股份有限公司	广州同福东路证券营业部	广州市同福东路 486 号	510550	020 – 84393272	84242296
广东证券股份有限公司	广州万福路证券营业部	广州市万福路 139 号	510110	020 – 83811778	83336273
广东证券股份有限公司	广州西华路证券营业部	广州市西华路 79 号	510176	020 – 81931403	81834384
广东证券股份有限公司	广州晓港中马路证券营业部	广州市晓港中马路 13 – 15 号	510260	020 – 84028017	84028003
广东证券股份有限公司	昆明春城路证券营业部	昆明市春城路 62 号	650011	0871 – 3115588	3115028
广东证券股份有限公司	茂名市文明中路证券营业部	茂名市文明中路 163 号证券大厦	525000	0668 – 2936668	2936619
广东证券股份有限公司	梅州新中路证券营业部	梅州市梅州新中路 88 号	514021	0753 – 2269988	2260856
广东证券股份有限公司	上海江宁路证券营业部	上海市江宁路 838 号	200041	021 – 62997721	62980890
广东证券股份有限公司	上海南丹路证券营业部	上海市南丹路 158 号	200030	021 – 64388829	64870123
广东证券股份有限公司	上海小木桥路证券营业部	上海市小木桥路 223 弄申信大楼 1 – 3 层裙房	200032	021 – 64433269	64433260
广东证券股份有限公司	韶关惠民南路证券营业部	韶关市惠民南路 48 栋鑫迪大厦	512026	0751 – 8620328	8620676
广东证券股份有限公司	深圳华强路证券营业部	深圳市福田区华强路 1001 号华强三洋大厦 5、6 楼	518041	0755 – 3678158	3678015
广东证券股份有限公司	深圳深南中路证券营业部	深圳市深南中路 2048 号爱华电脑大厦	518044	0755 – 3697138	3697731
广东证券股份有限公司	顺德大良证券营业部	顺德市大良镇凤山西政通路 2 号	528300	0765 – 2220915	2230110
广东证券股份有限公司	武汉东湖路证券营业部	武汉市武昌东湖路 48 号	430071	027 – 87845838	87846145
广东证券股份有限公司	阳江西平路证券营业部	阳江市西平路 68 – 70 号	529500	0662 – 3200099	3200111
广东证券股份有限公司	肇庆端州四路证券营业部	肇庆市端州四路 3 号三栋 1 – 4 楼	526040	0758 – 2286117	2286807
广东证券股份有限公司	中山石岐路证券营业部	中山市石岐天湖上街 12 号	528400	0760 – 8822860	8833644
广东证券股份有限公司	重庆民生路证券营业部	重庆市渝中区民生路 146 号	400010	023 – 63783100	63783200
广发北方证券经纪有限责任公司	锦州山西街证券营业部	锦州市古塔区山西街 34 号	121000	0416 – 2124320	2124296
广发北方证券经纪有限责任公司	辽阳证券交易营业部	辽阳市民主路 25 号	111000	0419 – 2150884	2150611
广发北方证券经纪有限责任公司	上海玉兰路证券交易营业部	上海市浦东新区玉兰路 257 号	201204	021 – 68456666	68459292
广发北方证券经纪有限责任公司	天津体院北环湖中路证券营业部	天津市河西区体院北环湖中路华昌大厦 C 座	300060	022 – 23346565	23344903
广发北方证券经纪有限责任公司	温州人民西路证券营业部	温州市人民西路 69 号	121000	0577 – 88235057	88235002
广发证券股份有限公司	北京朝阳门北大街证券营业部	北京市东城区朝阳门北大街 6 号万泰北海大厦 3 层	100027	010 – 85282278	85282328
广发证券股份有限公司	北京阜成门南大街证券营业部	北京市西城区阜成门南大街甲 3 号	100037	010 – 68022186	68042714
广发证券股份有限公司	北京建华南路证券营业部	北京市朝阳区建华南路 11 号	100022	010 – 65661775	65661771
广发证券股份有限公司	长春民康路证券营业部	长春市民康路 54 号 1 – 4 层	130041	0431 – 8666088	8633646
广发证券股份有限公司	成都新光路证券营业部	成都市新光路 10 号	610041	028 – 85130460	81320002
广发证券股份有限公司	佛山汾江南路证券营业部	佛山市汾江南路 99 号	528000	0757 – 3358129	3329404
广发证券股份有限公司	佛山季华路证券营业部	佛山市季华五路 29 号广发大厦 1、2、10 楼	528200	0757 – 3366175	3333149
广发证券股份有限公司	佛山同济西路证券营业部	佛山市同济西路 12 号永丰大厦 A 座 4、5、6 楼	528000	0757 – 3990889	3329006
广发证券股份有限公司	福州古田路证券营业部	福州市鼓楼区古田路 56 号建行大厦附楼 2 – 5 层	350005	0591 – 3373292	3340643
广发证券股份有限公司	广州环市东路证券营业部	广州市环市东路 329 号粤新酒店副楼 1 – 5 楼	510095	020 – 83596028	83598349
广发证券股份有限公司	广州黄埔大道证券营业部	广州市天河黄埔大道西 201 号金泽大厦 3 楼	510620	020 – 87595991	87571072
广发证券股份有限公司	广州江湾证券营业部	广州市沿江中路 298 号江湾新城中区 2 楼及 37 楼	510110	020 – 83283386	83818263

证券营业部交易
Trading of Securities Business Outlet

单位:万元人民币(10000 Yuan RMB)

席位数 Seat Number	名次 Rank	总计 Total	股票 Stock	基金 Fund	交易金额 Trading Value 国债现货 T-Bond Spot	国债回购 T-Bond Repurchase	金融债、企业债、可转债 Financial, Corporate Bond, Convertible Bond	其他 Others
1	1489	103796.02	100864.85	1626.31	1179.23	20.00	84.49	21.11
1	1221	140178.23	132203.68	2028.57	1372.25	4450.00	95.36	28.38
3	855	211695.25	117178.31	2158.30	12778.52	79400.00	129.31	50.80
1	843	214482.47	75363.81	650.36	23528.51	113480.00	88.54	1371.25
2	1377	120289.59	57091.12	727.38	2974.70	59480.00	13.67	2.72
1	2192	38532.99	37166.18	680.47	350.49	80.00	241.92	13.95
1	2008	57128.94	53127.20	983.56	141.43	2540.00	148.25	188.53
2	1936	63701.54	49139.69	1463.21	81.45	12970.00	12.76	34.43
1	2355	15850.97	15750.13	100.85	0.00	0.00	0.00	0.00
1	1332	126539.74	58572.22	1704.42	38010.71	27260.00	857.20	135.22
1	1845	72275.53	68869.64	1291.44	367.46	1690.00	26.34	30.65
2	292	585572.39	345561.21	9024.61	8675.83	219380.00	2722.35	208.37
2	2140	44755.45	42011.24	1132.15	50.83	1480.00	22.05	59.18
1	2139	44810.40	37664.02	2320.72	1900.68	2880.00	43.21	1.78
1	2086	49379.52	42393.98	1613.26	332.65	4990.00	24.08	25.54
4	223	724744.91	169944.37	11004.70	87733.31	454780.00	1244.84	37.70
1	948	191800.83	33897.36	328.97	36255.50	121260.00	2.77	56.23
1	2441	2623.31	2623.31	0.00	0.00	0.00	0.00	0.00
1	2127	46084.18	45497.31	544.06	28.33	0.00	6.16	8.33
2	708	266602.38	158971.50	3275.63	27662.96	73630.00	171.13	2891.13
2	2277	27993.46	27000.85	769.49	135.63	0.00	51.22	36.27
1	1935	63832.87	40217.50	158.02	12477.66	10970.00	0.00	9.69
1	2077	50345.75	22010.70	179.55	0.00	28150.00	3.47	2.01
1	1216	140898.94	23529.18	323.32	77420.82	39620.00	0.00	5.62
1	1761	80030.13	53937.54	692.96	50.22	25210.00	64.61	74.80
1	385	452576.69	125697.88	2516.12	31912.49	284220.00	300.49	7929.73
1	1808	75811.74	68554.05	2191.82	153.49	4670.00	82.90	159.50
1	2320	22406.67	16421.17	5985.50	0.00	0.00	0.00	0.00
2	538	339777.95	109085.55	1519.96	15577.00	212540.00	23.04	1032.39
1	207	776753.31	54304.20	1373.79	118842.12	602190.00	17.25	25.98
3	702	267808.08	133842.63	4357.09	14839.10	114340.00	339.26	90.02
2	118	1135606.63	175720.96	2986.47	271437.66	685050.00	135.25	276.28
1	1264	135248.11	52288.53	860.36	296.56	81780.00	2.87	19.79
1	762	246504.54	65908.59	1911.22	49620.74	129030.00	14.25	19.75
2	396	440906.23	385573.48	7216.16	402.36	46820.00	797.21	97.02
1	658	284311.03	274792.60	8805.54	282.83	0.00	274.41	155.67
4	342	498109.49	295897.69	2605.14	21959.97	177140.00	380.07	126.61
2	901	201988.63	167283.37	4765.20	17895.86	10460.00	1231.77	352.47
2	1889	67639.70	65439.53	798.33	719.25	500.00	110.88	71.75
1	1023	178375.38	159061.94	2196.38	4146.86	5850.00	27.00	7093.21
1	2076	50411.74	49176.04	1061.75	164.26	0.00	2.78	6.91
1	1982	60078.24	53194.78	649.91	73.73	6140.00	4.24	15.60
2	29	2735265.14	479109.50	10574.43	10917.08	2234290.00	162.66	211.49
1	2204	37090.83	35599.29	1357.27	95.33	0.00	15.94	22.95
1	631	296009.29	117986.18	1551.37	7070.95	169320.00	46.18	34.60
1	1130	155631.01	138803.08	1665.72	415.57	14570.00	101.28	75.38
1	1053	170337.26	69782.76	661.88	3566.61	89060.00	97.27	7168.77
1	1939	63398.03	25164.15	245.97	37187.73	790.00	0.00	10.20
1	1089	161924.43	135627.70	3599.61	11190.52	5310.00	256.67	5939.86
1	1156	151607.17	148762.91	2356.70	388.47	0.00	41.48	57.60
3	1243	138103.66	128010.23	5578.88	560.54	3480.00	393.18	80.81
1	1782	78090.89	73693.15	1272.57	2806.00	0.00	52.86	266.34
2	2187	39286.97	38418.36	666.37	191.37	0.00	2.22	8.66
2	294	581269.38	171240.17	5441.50	11297.34	392910.00	287.56	92.85
3	313	550382.60	167696.89	4238.27	163314.45	213480.00	1476.70	176.30
3	277	617206.96	202729.82	3787.48	102742.28	307470.00	435.69	41.68
1	2184	39879.00	8436.66	0.00	20142.33	11300.00	0.00	0.00
1	1775	78593.88	21602.27	0.00	35281.15	0.00	2134.66	19575.79
1	172	907326.97	112593.00	2845.68	319.18	791310.00	158.73	100.37
1	556	327179.66	149977.64	5007.80	400.13	171680.00	91.77	22.34
1	121	1126511.74	196518.88	4232.09	32095.42	892940.00	336.76	388.58
2	270	628924.08	168355.22	6896.33	35929.90	417060.00	567.95	114.65
11	4	10676172.97	3186073.88	84160.10	3213358.83	4168240.00	7937.98	16402.15
2	620	300687.93	115459.77	7034.73	111966.22	65960.00	215.04	52.20
1	387	452332.29	243108.04	3631.03	56281.44	148770.00	383.61	158.15

证券营业部交易
Trading of Securities Business Outlet

单位:万元人民币(10000 Yuan RMB)

公司名称 Name	营业部名称 Securities Business Outlet	地址 Address	邮编 Zip	电话 Tel	传真 Fax
广发证券股份有限公司	广州洛溪新城证券营业部	广州市番禺洛溪新城如意中心B座2楼	511431	020-84503288	84503286
广发证券股份有限公司	海口和平大道证券营业部	海口市海甸岛和平大道19号蓝天大厦3层	570208	0898-66255948	66255969
广发证券股份有限公司	海口义龙路证券营业部	海口市义龙路36号	570105	0898-66763202	66751574
广发证券股份有限公司	杭州凤起路证券营业部	杭州市凤起路70号	310003	0571-85181351	85181701
广发证券股份有限公司	济南泺源大街证券营业部	济南市泺源大街66号银座会展中心2层	250063	0531-6122868	6122879
广发证券股份有限公司	昆明东风西路证券营业部	昆明市东风西路282号东风百货大楼3-4楼	650031	0871-5323199	5323925
广发证券股份有限公司	兰州酒泉路证券营业部	兰州市城关区酒泉路220号甘肃石油大厦	730030	0931-8448398	8448368
广发证券股份有限公司	南京洪武路证券营业部	南京市洪武路23号隆盛大厦1、13、14楼	210002	025-6899018	6899169
广发证券股份有限公司	南宁星湖路证券营业部	南宁市星湖路44号银湖花园大厦1-3层	530022	0771-5313688	5327530
广发证券股份有限公司	普宁流沙证券营业部	普宁市流沙镇纺织品市场展销中心3楼	515300	0663-2225148	2248456
广发证券股份有限公司	泉州温陵路证券营业部	泉州市温陵路天都广场2-3楼	362000	0595-2165616	2165618
广发证券股份有限公司	汕头海滨路证券营业部	汕头市海滨路5号	515031	0754-8432080	8285648
广发证券股份有限公司	汕头梅溪东路证券营业部	汕头市龙湖区梅溪东路综合大楼首层北侧	515041	0754-8461482	8167404
广发证券股份有限公司	汕头珠池路证券营业部	汕头市珠池路中煤大厦1、2层	515041	0754-8865520	8865957
广发证券股份有限公司	上海复兴中路证券营业部	上海市复兴中路1号申能国际大厦B座1、2层	200021	021-63869399	63869375
广发证券股份有限公司	上海石泉路证券营业部	上海市石泉路49弄1号	200061	021-62030219	62033830
广发证券股份有限公司	上海水清南路证券营业部	上海市闵行区水清南路20号	201100	021-54132779	54131383
广发证券股份有限公司	上海吴兴路证券营业部	上海市吴兴路277号	200030	021-64664602	64454850
广发证券股份有限公司	上海中山北二路证券营业部	上海市中山北二路1515号石油大厦	200092	021-65559178	65559100
广发证券股份有限公司	深圳彩田路证券营业部	深圳市彩田路中银大厦B座15楼	518026	0755-83501766	83501769
广发证券股份有限公司	深圳红宝路证券营业部	深圳市红宝路145号望族酒店3、4层	518008	0755-85564268	85599529
广发证券股份有限公司	深圳蛇口兴华路证券营业部	深圳市蛇口兴华路海滨商业中心一段2、3层	518067	0755-86674458	86676100
广发证券股份有限公司	深圳深南东路证券营业部	深圳市深南东路5045深业中心20楼	518010	0755-82083686	82083605
广发证券股份有限公司	太原新建北路证券营业部	太原市新建北路80号润丰家电城	030002	0351-4940300	4940233
广发证券股份有限公司	武汉京汉大道证券营业部	武汉市京汉大道897号	430016	027-82856319	82856195
广发证券股份有限公司	西安南广济街证券营业部	西安市南广济街30号	710002	029-7616576	7616754
广发证券股份有限公司	厦门湖滨南路证券营业部	厦门市湖滨南路国贸大厦3、4层	361004	0592-5095159	5095156
广发证券股份有限公司	肇庆端州五路证券营业部	肇庆市端州五路九号皇朝酒店西侧	526040	0758-2223213	2240428
广发证券股份有限公司	郑州花园路证券营业部	郑州市花园路19号	450052	0371-5933223	5933203
广发证券股份有限公司	中山市中山三路证券营业部	中山市中山三路18号中银大厦	528400	0760-8338820	8306788
广州国际信托投资公司	广州国投上海证券业务部	上海市永康路196号	200031	021-64153748	64153746
广州证券有限责任公司	北京西直门外大街证券营业部	北京市西直门外大街168号	100034	010-66415301	66421505
广州证券有限责任公司	番禺富华西路营业部	番禺市桥镇富华西路35号	511400	020-84875345	84875659
广州证券有限责任公司	广州东园横路证券营业部	广州市东园横路5号省工会大厦2楼	510100	020-83800079	83800078
广州证券有限责任公司	广州丰乐中路证券营业部	广州市丰乐中路黄埔建设大厦2层	510700	020-82393952	82393953
广州证券有限责任公司	广州环市中路证券营业部	广州市环市中路316号金鹰酒店14楼	510050	020-83540768	83540698
广州证券有限责任公司	广州江南大道证券营业部	广州市江南大道中348号江南大酒店B座2楼	510245	020-84483211	84417623
广州证券有限责任公司	广州先烈中路证券营业部	广州市先烈中路69号东山广场5楼	510095	020-87322668	87325035
广州证券有限责任公司	广州中山八路证券营业部	广州市中山八路富力商贸中心2-4层	510175	020-81919856	81919876
广州证券有限责任公司	杭州中山北路证券营业部	杭州市中山北路366号中大广场6号楼	310003	0571-85777719	85777719
广州证券有限责任公司	花都建设路营业部	广州市花都区建设路60号华美大厦A座	510800	020-86823004	86823014
广州证券有限责任公司	增城荔城镇证券营业部	增城市荔城镇西园南路61号	511300	020-82744345	82746984
国都证券有限责任公司	北京安定路证券营业部	北京市朝阳区安外大街安定路5号	100029	010-64435600	64436221
国都证券有限责任公司	北京复兴路证券营业部	北京市海淀区复兴路32号	100039	010-68176003	68176002
国都证券有限责任公司	北京阜外大街证券营业部	北京市西城区阜外大街43号	100037	010-68994230	68994199
国都证券有限责任公司	北京工体北路证券营业部	北京市东城区工体北路(工人体育场东大街)	100027	010-65085944	65060010
国都证券有限责任公司	北京中关村南大街证券营业部	北京市海淀区中关村南人街11号	100081	010-88417556	88417559
国都证券有限责任公司	上海长阳路证券营业部	上海市长阳路1510号	200090	021-65197276	65197475
国都证券有限责任公司	上海通北路证券营业部	上海市通北路883号	200092	021-55961299	55961277
国都证券有限责任公司	上海中山北路证券营业部	上海市中山北路1766号东3楼	200061	021-62050799	62051690
国都证券有限责任公司	深圳福田证券营业部	深圳市福田区福华新村福源大厦一栋南3楼	518026	0755-2893160	2893051
国海证券有限责任公司	北海北海大道证券营业部	北海市北海大道国际金融大厦旁金信综合楼1-4层	536000	0779-3060571	3032675
国海证券有限责任公司	北海贵州路证券营业部	北海市贵州路鸿海大厦	536000	0779-3079778	3063654
国海证券有限责任公司	北京和平街证券营业部	北京市朝阳区和平街11区38号楼	100013	010-64283199	64283201
国海证券有限责任公司	公司总部	南宁市滨湖路46号	530021	0771-5324481	5324481
国海证券有限责任公司	桂林临江路证券营业部	桂林市临江路漓滨花园综合楼2楼	541004	0773-5837492	5838193
国海证券有限责任公司	桂林中山中路证券营业部	桂林市中山中路408号	541001	0773-2863688	2817148
国海证券有限责任公司	贵港中山路证券营业部	贵港市中山路中段	537100	0775-4248891	4249068
国海证券有限责任公司	柳州北站路证券营业部	柳州市北站路14号	545001	0772-2824770	2811724
国海证券有限责任公司	柳州驾鹤路证券营业部	柳州市驾鹤路89号	545005	0772-3806680	3807716
国海证券有限责任公司	柳州屏山大道证券营业部	柳州市屏山大道113号	545005	0772-3820739	3833329
国海证券有限责任公司	南宁滨湖路证券营业部	南宁市滨湖路46号	530028	0771-5539091	5539033
国海证券有限责任公司	南宁公园路证券营业部	南宁市公园路1号	530012	0771-2412162	2412161
国海证券有限责任公司	南宁教育路证券营业部	南宁市教育路7-1号	530022	0771-5310795	5325652
国海证券有限责任公司	南宁民族大道科技馆证券营业部	南宁市民族大道22号	530022	0771-2267000	2267119

证券营业部交易
Trading of Securities Business Outlet

单位:万元人民币(10000 Yuan RMB)

席位数 Seat Number	名次 Rank	总计 Total	股票 Stock	基金 Fund	交易金额 Trading Value 国债现货 T-Bond Spot	国债回购 T-Bond Repurchase	金融债、企业债、可转债 Financial, Corporate Bond, Convertible Bond	其他 Others
1	1488	104647.18	96891.42	1634.64	478.34	5550.00	86.23	6.57
1	1805	76305.25	61234.11	900.47	216.53	13490.00	408.22	55.91
1	1907	66203.45	57920.67	799.86	7375.48	0.00	99.08	8.35
2	174	883881.94	269471.45	2369.64	133451.56	478450.00	60.54	78.78
1	541	338950.73	138866.60	4437.74	32592.66	162710.00	284.05	59.65
1	718	262665.98	93387.33	2099.06	18027.01	148970.00	80.30	102.25
1	453	395616.97	36159.46	1283.66	113232.32	244780.00	145.26	16.28
1	1142	153701.57	95046.41	1922.28	3694.44	52670.00	287.89	80.59
1	795	231902.10	64474.70	875.82	87888.79	74260.00	282.38	4120.40
1	2215	35917.58	21044.70	233.09	1471.75	12920.00	233.55	14.50
1	703	267584.40	49656.00	1688.92	30.46	216200.00	2.01	7.01
1	1104	160385.99	148033.22	2239.77	465.43	9580.00	18.53	49.02
1	1115	158385.59	151658.47	4397.02	133.99	1640.00	439.92	116.22
1	1855	71385.96	67601.13	1515.22	1366.46	870.00	9.32	23.86
6	248	679080.89	311571.27	5821.28	138894.45	221980.00	654.20	159.67
3	243	690387.42	237686.65	12169.84	320460.48	119530.00	184.10	356.37
3	2128	45852.46	43586.72	1607.32	288.47	140.00	193.34	36.62
2	501	359188.23	223068.32	5369.12	84406.73	44670.00	1144.27	529.77
3	420	419121.28	288396.65	2328.05	107441.83	18790.00	1742.23	422.56
1	2272	28745.97	26423.43	829.60	0.00	1480.00	7.39	5.54
1	251	672705.87	103560.04	2887.36	91171.03	474860.00	216.62	10.82
2	416	420760.28	221573.27	1472.88	143199.31	54420.00	28.32	66.53
2	455	394522.57	156023.46	922.85	197839.38	39680.00	43.35	13.57
1	1692	86893.76	82215.95	2694.46	1861.83	20.00	67.39	34.12
2	738	254752.11	139172.28	1432.39	4729.78	106870.00	2517.18	30.46
2	1908	66194.16	58615.74	546.88	358.19	6630.00	24.46	18.92
1	1540	99494.99	31296.92	0.00	6279.29	60000.00	1918.78	0.00
1	554	329446.48	188972.82	3353.83	6098.30	128640.00	488.85	1892.71
1	2049	53055.86	47545.62	906.64	1072.99	3250.00	265.19	15.41
1	431	411548.57	76127.69	1012.99	1551.61	332430.00	32.44	393.85
4	1469	107029.27	76062.57	1082.03	22086.16	0.00	7754.59	43.92
1	1840	73094.27	60918.94	315.16	11810.21	0.00	33.90	16.07
1	1042	173976.36	154756.62	3924.12	187,60	15000.00	28.23	79.81
1	1621	92655.03	87462.79	3068.43	91.13	1820.00	136.94	75.75
1	1824	74738.70	69609.80	2762.93	51.84	2210.00	83.19	20.95
2	1795	77083.76	75651.29	1068.40	243.43	0.00	59.66	60.99
1	1350	124632.29	120101.09	2713.33	402.84	1270.00	65.70	79.35
3	1230	139302.40	125645.24	2933.34	329.06	10330.00	46.02	18.73
1	1528	100381.25	93519.55	2039.91	107.12	4580.00	52.16	82.54
1	2270	28853.57	20053.01	243.03	119.28	8400.00	10.14	28.13
1	1641	91056.80	88400.50	1609.79	933.93	0.00	63.98	48.62
1	1810	75728.50	71937.16	2493.46	53.72	0.00	1219.00	25.16
2	66	1752522.70	201877.48	3226.75	325461.69	1182370.00	24.20	39562.61
2	920	197924.84	144530.65	3044.64	1473.20	48380.00	206.73	289.64
4	162	959421.55	290716.75	12588.86	31211.39	613280.00	1474.91	10149.67
4	229	711068.70	128458.94	3222.89	56512.14	517680.00	384.94	4809.80
3	1462	108112.58	97226.03	1294.53	834.37	8720.00	7.36	30.29
2	1375	121189.67	103699.81	6350.14	798.12	10120.00	121.59	100.02
3	973	187870.77	171692.43	2786.90	3411.23	8540.00	682.83	757.42
2	1555	98567.46	90780.39	3456.52	1595.79	2530.00	128.47	76.26
1	2353	16249.49	13515.80	202.80	1429.86	1100.00	0.00	1.03
1	1465	107665.79	106729.48	728.42	128.11	0.00	15.40	64.38
1	1822	74847.32	73584.13	1236.78	12.16	0.00	1.73	12.54
1	397	438732.38	135737.32	1036.18	13254.53	288660.00	30.67	13.65
2	2468	487.89	483.36	3.02	1.45	0.00	0.00	0.04
1	2199	37805.00	37290.73	507.89	0.99	0.00	0.20	5.18
1	953	191108.74	186810.32	2882.42	570.26	470.00	328.99	46.77
1	1933	63987.82	62967.77	988.38	2.84	0.00	6.38	22.48
1	1828	74436.78	73072.01	1279.06	38.79	0.00	15.13	31.78
1	1415	114775.74	112944.20	1426.01	172.69	0.00	199.93	32.95
1	1454	108809.80	106303.54	2241.95	80.56	0.00	113.94	69.80
1	2321	22137.41	21854.22	247.44	17.95	0.00	1.00	16.81
2	1885	68394.39	67414.28	904.78	50.01	0.00	3.01	22.31
1	226	715896.88	208048.86	2729.84	111346.52	389650.00	90.55	4031.11
2	1400	116734.87	114203.42	1956.51	428.09	20.00	72.85	53.98

证券营业部交易
Trading of Securities Business Outlet

单位:万元人民币(10000 Yuan RMB)

公司名称 Name	营业部名称 Securities Business Outlet	地址 Address	邮编 Zip	电话 Tel	传真 Fax
国海证券有限责任公司	南宁民族大道证券营业部	南宁市民族大道 59 号	530022	0771－5867511	5866531
国海证券有限责任公司	南宁友爱路证券营业部	南宁市友爱路 41 号	530001	0771－3121661	3121666
国海证券有限责任公司	上海市宝源路证券营业部	上海市宝源路 301 弄 7 号	200071	021－56981622	56326121
国海证券有限责任公司	上海南泉路证券营业部	上海市浦东新区南泉路 380 号	200122	021－68870999	68870066
国海证券有限责任公司	上海四平路证券营业部	上海市四平路 2388 号	200433	021－55054578	55055037
国海证券有限责任公司	上海圆明园路证券营业部	上海市圆明园路 87 弄 10 号	200002	021－63239665	63217577
国海证券有限责任公司	深圳翠竹路证券营业部	深圳市翠竹路 1050 号高标大厦 3－4 层	518003	0755－25537888	25628838
国海证券有限责任公司	深圳深南中路证券营业部	深圳市深南中路 2085 号	518031	0755－3632282	3624388
国海证券有限责任公司	梧州蝶山一路证券营业部	梧州市蝶山一路 41 号	543002	0774－3882088	3880110
国海证券有限责任公司	梧州桂江二路证券营业部	梧州市桂江二路 37 号五丰大酒店 3 楼	543000	0774－2824742	2824513
国海证券有限责任公司	玉林外环东路证券营业部	玉林市外环东路 289 号	537000	0775－2803079	2803079
国联证券有限责任公司	国际部	无锡市中山路 153 号时代中心大厦 16 楼	214001	0510－2793886	2703124
国联证券有限责任公司	江阴青果路证券营业部	江阴市青果路 26－28 号	214400	0510－6876301	6876313
国联证券有限责任公司	上海邯郸路证券营业部	上海市邯郸路 98 号甲楼	200437	021－65610158	65420631
国联证券有限责任公司	上海漕宝路证券营业部	上海市漕宝路 38 号	200235	021－64823988	64827664
国联证券有限责任公司	无锡湖滨路证券营业部	无锡市湖滨路 153 号	214073	0510－5122200	5130093
国联证券有限责任公司	无锡梁溪路证券营业部	无锡市梁溪路 28 号	214062	0510－5801511	5801473
国联证券有限责任公司	无锡汤巷证券营业部	无锡市健康路 87 号	214001	0510－2709696	2726262
国联证券有限责任公司	无锡县前东街证券营业部	无锡市前东街 8 号	214002	0510－2830100	2830616
国联证券有限责任公司	无锡中山路证券营业部	无锡市中山路 53 号	214001	0510－2759199	2758320
国联证券有限责任公司	宜兴宜城证券营业部	宜兴市宜城镇光明西路 2 号	214200	0510－7911776	7908073
国泰君安证券股份有限公司	北京德外大街证券营业部	北京市西城德外大街 3 号	100088	010－82013480	82081800
国泰君安证券股份有限公司	北京方庄路证券营业部	北京市丰台区方庄路 1 号	100078	010－67638335	67638440
国泰君安证券股份有限公司	北京分公司	北京市海淀区马甸冠城园冠海大厦	100088	010－62367196	62367100
国泰君安证券股份有限公司	北京西黄城根证券营业部	北京市西黄城根北街 21 号	100034	010－66159502	66158975
国泰君安证券股份有限公司	北京知春路证券营业部	北京市海淀区知春路 17 号	100083	010－82318581	82318577
国泰君安证券股份有限公司	常德人民中路证券营业部	常德市人民中路 187 号	415000	0736－7237683	7222776
国泰君安证券股份有限公司	常州广化街营业部	常州市广化街 299 号金都大厦 2 楼	213003	0519－6689717	6689701
国泰君安证券股份有限公司	长春大马路证券营业部	长春市南关区大马路 91 号	130042	0431－8738321	8738309
国泰君安证券股份有限公司	长春西安大路证券营业部	长春市西安大路 93 号	130061	0431－8949255	8984179
国泰君安证券股份有限公司	长沙五一中路证券营业部	长沙市五一东路 101 号	410001	0731－4160999	4121440
国泰君安证券股份有限公司	成都北一环路证券营业部	成都市一环路北一段 134 号	610031	028－6786754	6788035
国泰君安证券股份有限公司	成都建设路证券营业部	成都市成华区建设路 2 号	610051	028－4318568	4319918
国泰君安证券股份有限公司	成都人民中路证券营业部	成都市人民中路 16 号展览馆 2 楼西南厅	610015	028－6698015	6691828
国泰君安证券股份有限公司	大连西安路证券营业部	大连市沙河口区西安路 66 号君安大厦 5 楼	116021	0411－4620386	4648211
国泰君安证券股份有限公司	福州华林路证券营业部	福州市华林路 84 号福建日报大厦 2 楼	350003	0591－7095785	13905925658
国泰君安证券股份有限公司	福州六一北路证券营业部	福州市六一北路 92 号实发大厦	350013	0591－7591838	7595588
国泰君安证券股份有限公司	抚州黄巢路证券营业部	抚州市黄巢路 23 号荆公商场 2 楼	344000	0794－8265712	8224380
国泰君安证券股份有限公司	广州东风中路证券营业部	广州市东风中路 509 号建银大厦 3 楼	510045	020－83606262	83606002
国泰君安证券股份有限公司	广州黄埔大道证券营业部	广州市天河区黄埔大道西 191 号广信大厦牡丹阁 2 楼	510620	020－87536033	87534959
国泰君安证券股份有限公司	广州人民中路证券营业部	广州市人民中路 555 号美国银行中心 3、16 楼	510145	020－81300415	81300413
国泰君安证券股份有限公司	贵阳都司路营业部	贵阳市都司路	550003	0851－5810972	5810974
国泰君安证券股份有限公司	哈尔滨地段街证券营业部	哈尔滨市地段街 168 号	150010	0451－6320864	6304344
国泰君安证券股份有限公司	哈尔滨西大直街证券营业部	哈尔滨市南岗区西大直街 118 号(哈特购物商场 5 楼)	150006	0451－6202824	6213823
国泰君安证券股份有限公司	海口滨海大道证券营业部	海口市滨海大道 23 好华明大厦首层 62 号深发展大厦 2 楼	570105	0898－6266101	6211078
国泰君安证券股份有限公司	海口金龙路证券营业部	海口市金龙路 622 号深发展大厦	570206	0898－68551022	68551015
国泰君安证券股份有限公司	杭州体育场路证券营业部	杭州市体育场路 58 号	310004	0571－85197826	85197643
国泰君安证券股份有限公司	合肥长江西路证券营业部	合肥市大西门长江西路 130 号	230036	0551－2842278	2814204
国泰君安证券股份有限公司	衡阳雁城路证券营业部	衡阳市雁城路 1 号	421001	0734－8213122	8213122
国泰君安证券股份有限公司	呼和浩特新城西街营业部	呼和浩特市西护城河巷 1 号	010010	0471－6935970	6921506
国泰君安证券股份有限公司	吉林松江路证券营业部	吉林市船营区松江路 83 号	132011	0432－4879916	4879916
国泰君安证券股份有限公司	济南经二路证券营业部	济南市经二路 575 号	250021	0531－7924766	7924772
国泰君安证券股份有限公司	荆州北京中路营业部	荆州市沙河市区北京中路紫云小区 1 号	434000	0716－8221546	8223351
国泰君安证券股份有限公司	九江甘棠路证券营业部	九江市甘棠北路裕华广场 A 栋	332000	0792－8239808	8239810
国泰君安证券股份有限公司	凯旋路证券营业部	上海市凯旋路 3131 号 1、2 楼	200030	021－54071188	54071166
国泰君安证券股份有限公司	昆明人民中路证券营业部	昆明市人民中路 7 号	650051	0871－3189899	3189752
国泰君安证券股份有限公司	兰州大众市场证券营业部	兰州市大众市场 44 号	730030	0931－8436660	8487052
国泰君安证券股份有限公司	兰州东岗西路证券营业部	兰州市城关区东岗西路 561 号	730030	0931－8886349	8412017
国泰君安证券股份有限公司	兰州西固中路证券营业部	兰州市西固中路 87 号	730060	0931－7586160	7587189
国泰君安证券股份有限公司	临沂沂蒙路证券营业部	临沂市沂蒙路 228 号	276000	0539－8101795	8308008
国泰君安证券股份有限公司	南昌站前路营业部	南昌市站前路 109 号	330003	0791－6799935	6799494
国泰君安证券股份有限公司	南京高楼门证券营业部	南京市高楼门 63 号	210008	025－3618179	3362683
国泰君安证券股份有限公司	南京太平南路证券营业部	南京市太平南路 371 号	210037	025－4575188	4575118
国泰君安证券股份有限公司	南宁桃源路证券营业部	南宁市桃源路 3 号	530012	0771－5322639	5318227
国泰君安证券股份有限公司	宁波彩虹北路证券营业部	宁波市江东区彩虹北路 97 号	315040	0574－87742919	87742848

证券营业部交易
Trading of Securities Business Outlet

单位:万元人民币(10000 Yuan RMB)

席位数 Seat Number	名次 Rank	总计 Total	股票 Stock	基金 Fund	交易金额 Trading Value 国债现货 T-Bond Spot	国债回购 T-Bond Repurchase	金融债、企业债、可转债 Financial, Corporate Bond, Convertible Bond	其他 Others
1	2032	55013.38	54166.26	823.60	8.75	0.00	5.19	9.57
1	1699	86040.06	84707.87	1180.88	71.43	0.00	53.20	26.69
2	869	208325.78	112028.32	2199.50	40654.08	52950.00	430.92	62.93
2	1639	91254.29	67958.20	1267.72	7003.58	6940.00	12.62	8072.20
2	1073	166015.38	158206.97	2239.99	3822.67	1450.00	156.42	139.35
2	680	277542.29	168376.74	4578.04	61462.34	42820.00	168.75	136.40
1	1968	60839.76	50749.45	363.41	4982.77	4740.00	0.39	3.76
1	732	257529.99	205080.08	1506.00	29816.19	18830.00	782.75	1514.95
1	1685	87112.89	85651.02	1112.14	234.93	0.00	93.23	21.59
1	1803	76412.81	74125.70	617.59	1592.78	0.00	53.44	23.30
2	1017	179752.96	176987.45	2145.58	464.01	0.00	91.98	63.95
1	2348	17401.40	17401.40	0.00	0.00	0.00	0.00	0.00
2	2015	56661.78	52933.36	3600.87	80.93	0.00	17.68	28.97
5	863	209919.77	202885.08	4874.39	1301.78	210.00	402.45	246.08
3	1176	147635.83	145337.56	1491.57	508.69	0.00	245.27	52.75
2	611	302784.46	251942.42	9792.39	40554.49	0.00	286.47	208.69
3	528	344513.13	300033.63	8697.03	3499.31	30700.00	489.77	1093.40
2	1700	85895.81	79767.88	1254.18	275.77	4360.00	67.74	170.27
5	414	421978.57	303930.41	3895.57	5068.75	107520.00	1131.93	431.93
3	57	1832280.61	587696.58	11448.81	158177.63	1048910.00	801.73	25245.85
2	646	289922.88	284790.07	3887.96	951.22	0.00	109.82	183.81
6	136	1070673.16	461515.10	39656.28	317047.23	246900.00	4703.26	851.33
4	276	621477.07	261943.48	34718.71	3805.45	320290.00	544.35	175.07
1	2431	3451.41	2951.41	0.00	0.00	500.00	0.00	0.00
7	46	2148800.99	609244.60	52186.06	254035.37	1225480.00	3575.21	4279.79
3	24	3024704.74	633557.94	14549.52	251020.64	2124320.00	413.69	842.96
1	1868	69802.41	68851.85	735.28	173.45	0.00	19.25	22.57
1	458	390383.35	183039.78	4578.27	56109.86	145950.00	495.09	210.37
2	662	282484.70	131066.88	9389.15	107702.31	34240.00	24.06	62.29
2	1600	94132.17	89761.23	3620.16	580.73	0.00	65.20	104.86
2	883	204528.59	121201.80	3770.52	6140.20	72320.00	999.41	96.62
3	423	416922.32	318244.73	6911.77	27525.17	63520.00	533.15	187.49
2	366	468634.44	175262.04	2042.95	29102.52	262080.00	110.93	35.97
2	291	590154.74	233488.80	46766.87	200434.77	109100.00	261.80	102.52
3	915	199153.20	118200.06	1662.40	38159.77	36730.00	4204.59	196.38
1	673	279481.67	266638.48	7151.92	4296.06	860.00	198.89	336.32
1	1318	128846.94	72295.47	1505.54	796.17	53730.00	445.54	74.24
1	1941	63136.68	49317.47	1475.01	7108.54	5190.00	25.27	20.37
2	520	350173.06	164586.99	4897.96	5705.25	172540.00	1382.64	1060.27
2	275	622453.55	194510.87	1418.86	22854.74	403310.00	323.44	35.65
1	1060	168488.35	125779.38	3710.36	566.69	37980.00	184.46	267.46
1	1274	133995.39	97083.92	27516.52	706.23	8400.00	237.24	51.50
1	1444	110528.83	108257.79	1860.80	163.64	0.00	207.13	39.49
3	530	344301.97	268012.43	6018.28	5895.38	63340.00	886.50	149.42
1	1658	89238.96	87954.60	456.19	22.39	720.00	46.57	39.18
2	268	636053.66	140512.14	622.63	328385.47	164480.00	1036.27	1017.18
4	392	444506.66	227520.71	4276.87	36984.18	173500.00	2078.40	146.54
1	1406	116359.60	111696.75	2586.69	1050.36	0.00	895.47	130.31
1	1033	175951.15	174149.51	1460.17	248.58	0.00	17.89	75.02
2	1562	97874.36	87056.21	1467.02	9228.11	0.00	79.52	43.45
1	965	188968.89	167926.49	2752.92	4562.62	13200.00	189.99	336.89
4	489	369333.62	279912.04	37922.23	30771.81	20210.00	174.02	343.51
1	1671	88540.66	80534.56	723.66	7264.28	0.00	5.61	12.55
1	1601	94008.97	91163.02	1785.00	652.90	150.00	161.18	96.87
3	527	344561.00	177826.47	62415.99	60790.32	43010.00	420.33	97.89
1	543	338206.64	285391.10	11485.36	6552.51	32600.00	458.17	1719.54
2	1116	158341.88	111552.74	7300.40	23225.74	16100.00	148.77	14.26
1	215	762004.23	147396.86	2798.31	30359.18	581280.00	95.69	74.16
1	1749	81181.48	77282.80	1495.92	1220.65	0.00	591.43	590.69
1	1149	152573.61	146178.82	1676.44	198.93	0.00	15.20	4504.20
2	334	510520.33	278390.47	3201.84	197434.01	31200.00	146.19	147.84
2	975	187470.39	167641.87	4619.61	6030.18	8800.00	314.23	64.47
3	321	528934.73	296625.62	5725.13	56512.35	169440.00	457.27	174.40
2	1118	157795.25	138725.93	1418.63	3724.80	13460.00	424.45	41.39
2	240	693043.74	282922.25	28024.63	113447.63	268100.00	366.13	183.11

证券营业部交易
Trading of Securities Business Outlet

单位:万元人民币(10000 Yuan RMB)

公司名称 Name	营业部名称 Securities Business Outlet	地址 Address	邮编 Zip	电话 Tel	传真 Fax
国泰君安证券股份有限公司	齐齐哈尔龙华路证券营业部	齐齐哈尔市铁锋区龙华路226号	161000	0452-2125846	2121841
国泰君安证券股份有限公司	青岛南京路证券营业部	青岛市南区南京路122号乙	266071	0532-5842555	5842664
国泰君安证券股份有限公司	泉州证券营业部	泉州市泉秀路农行大厦2楼	362000		2167348
国泰君安证券股份有限公司	汕头金沙路营业部	汕头市金砂路46号	515041	0754-8606186	8607183
国泰君安证券股份有限公司	上海北海路证券营业部	上海市北海路247号	200001	021-63618999	63613000
国泰君安证券股份有限公司	上海打浦路证券营业部	上海市打浦路92号	200023	021-63023318	63044188
国泰君安证券股份有限公司	上海福山路证券营业部	上海市浦东福山路4778号	200126	021-68704800	68704460
国泰君安证券股份有限公司	上海虹桥路证券营业部	上海市虹桥路188号元福大厦2楼	200333	021-62657066	62658923
国泰君安证券股份有限公司	上海江苏路证券营业部	上海市江苏路369号兆丰世贸大厦1、11楼	200050	021-52400868	52400864
国泰君安证券股份有限公司	上海陆家嘴东路证券营业部	上海市浦东陆家嘴东路161号招商局大厦37-38层	200120	021-58829029	58875776
国泰君安证券股份有限公司	上海牡丹江路证券第二营业部	上海市牡丹江路365号	201900	021-56600996	56600612
国泰君安证券股份有限公司	上海牡丹江路证券营业部	上海市牡丹江路1188号宝信大厦1、2楼	200940	021-56673533	56673247
国泰君安证券股份有限公司	上海商城路证券营业部	上海市商城路618号良友大厦2楼	200120	021-58879748	58879842
国泰君安证券股份有限公司	上海水城路证券营业部	上海市水城路382号	200336	021-62737800	62739508
国泰君安证券股份有限公司	上海四平路证券营业部	上海市四平路1962号	200433	021-55650153	55062949
国泰君安证券股份有限公司	上海延安东路证券营业部	上海市延安东路175号	未报	021-63266555	13601643420
国泰君安证券股份有限公司	上海延平路证券营业部	上海市延平路135号	200042	021-62580818-107	62585457
国泰君安证券股份有限公司	上海杨树浦路证券营业部	上海市杨树浦路2525号	200090	021-65191684	65199508
国泰君安证券股份有限公司	上海宜山路证券营业部	上海市宜山路688号	200233	021-64510101	64510202
国泰君安证券股份有限公司	绍兴中兴中路证券营业部	绍兴市中兴中路108号	312000	0575-5136108	5136108
国泰君安证券股份有限公司	深圳爱国路证券营业部	深圳市爱国路1001号万科俊园4楼		0755-5771258	5771269
国泰君安证券股份有限公司	深圳蔡屋围证券营业部	深圳市蔡屋围新十坊1号	518010	0755-2247136	2247121
国泰君安证券股份有限公司	深圳春风路证券营业部	深圳市春风路2008号联城证券大厦2层	518002	0755-2297866	2297865
国泰君安证券股份有限公司	深圳观澜证券营业部	深圳市观澜镇观澜大道观澜第一工业区信用社大楼	518110	0755-8020629	8020622
国泰君安证券股份有限公司	深圳红荔路证券营业部	深圳市福田红荔路1001号	518027	0755-2095133	2095322
国泰君安证券股份有限公司	深圳华发北路营业部	深圳市华强北路3号深纺大厦A座2楼	518031	0755-3273786	3273880
国泰君安证券股份有限公司	深圳人民南路证券营业部	深圳市人民南路天安国际大厦C座18楼	518005	0755-2296368	2296928
国泰君安证券股份有限公司	深圳上步中路证券营业部	深圳市上步中路深勘大厦2、3楼	518028	0755-3755115	3755152
国泰君安证券股份有限公司	深圳深南中路证券营业部	深圳市深南中路2008号	518031	0755-3667778	3667755
国泰君安证券股份有限公司	深圳桃园路营业部	深圳市桃园路171号	518052	0755-6575998	6572092
国泰君安证券股份有限公司	深圳振华路证券营业部	深圳市振华路2001号深纺大厦13楼	518031	0755-3776160	3776032
国泰君安证券股份有限公司	深圳振兴路证券营业部	深圳市振兴路91号1、3、4层	518031	0755-3241989	3216275
国泰君安证券股份有限公司	沈阳黄河南大街证券营业部	沈阳市皇姑区黄河南大街48号	110031	024-86852537	86852677
国泰君安证券股份有限公司	沈阳南三经街证券营业部	沈阳市沈河区南三经街7号	110014	024-22833918	22833890
国泰君安证券股份有限公司	沈阳热闹路证券营业部	沈阳市沈河区热闹路22号	110014	024-22901890	22906833
国泰君安证券股份有限公司	沈阳新华路证券营业部	沈阳市和平区新华路30号	110005	024-23309118	23386062
国泰君安证券股份有限公司	石家庄红旗大街证券营业部	石家庄市红旗大街66号	050051	0311-5809768	3036511
国泰君安证券股份有限公司	石家庄建华南大街证券营业部	石家庄市建华南大街161号	050031	0311-5658588	5662780
国泰君安证券股份有限公司	顺德东乐路证券营业部	顺德市大良区东乐路2号广德业大厦2层	528300		
国泰君安证券股份有限公司	台州临海证券营业部	台州市临海中山中路59号	317000	0576-5223030	5222134
国泰君安证券股份有限公司	太原并州北路营业部	太原市迎泽大街88号	030001	0351-4123789	2025674
国泰君安证券股份有限公司	天津赤峰道证券营业部	天津市和平区赤峰道33号	300041	022-27128155	27126908
国泰君安证券股份有限公司	天津环湖中路营业部	天津市河西区体院北环湖中路华昌大厦A座	300060	022-23517979	23518080
国泰君安证券股份有限公司	天津六纬路证券营业部	天津市河东区六纬路147号	300170	022-24386730	24380615
国泰君安证券股份有限公司	天津塘沽上海道证券营业部	天津市塘沽区上海道101号	300450	022-25879652	25879654
国泰君安证券股份有限公司	天津新兴路证券营业部	天津市和平区新兴路28号	300070	022-27819821	27309801
国泰君安证券股份有限公司	乌鲁木齐建设路证券营业部	乌鲁木齐市建设路0号	830002	0991-2838596	2838642
国泰君安证券股份有限公司	武汉洞庭街证券营业部	武汉市汉口洞庭街30号	430014	027-82005609	82832178
国泰君安证券股份有限公司	武汉解放大道证券营业部	武汉市汉口解放大道509号	430033	027-83873589	83884766
国泰君安证券股份有限公司	武汉紫阳东路营业部	武汉市武昌区中南路1号	430071	027-87813706	87829728
国泰君安证券股份有限公司	西安东关正街证券营业部	西安市东关正街78号招商局广场2层	710048	029-2488888	2492124
国泰君安证券股份有限公司	西安环城南路证券营业部	西安市小南门外环城南路西段37号融汇大厦	710068	029-8411800	7614802
国泰君安证券股份有限公司	厦门嘉禾路证券营业部	厦门市嘉禾路170号嘉建大厦2楼	361012	10713950132813	5562583
国泰君安证券股份有限公司	襄樊襄城北街证券营业部	襄樊市襄城北街33号	441021	0710-3515118	3517174
国泰君安证券股份有限公司	徐州解放路证券营业部	徐市解放路97号	221003	0516-3819229	3819233
国泰君安证券股份有限公司	宜昌云集路证券营业部	宜昌市云集路34号	443000	0717-6741291	6741967
国泰君安证券股份有限公司	宜昌珍珠路证券营业部	宜昌市珍珠路78号	443000	0717-6770238	6770398
国泰君安证券股份有限公司	鹰潭环城西路证券营业部	鹰潭市交通路24号龙华大厦	335000	0701-6255687	6210671
国泰君安证券股份有限公司	郑州花园路证券营业部	郑州市花园路53号	450008	0371-5949041	5949015
国泰君安证券股份有限公司	重庆民生路证券营业部	重庆市渝中区民生路181号民生大厦5楼	400010	023-63707175	63707175
国泰君安证券股份有限公司	重庆民族路营业部	重庆市渝中区打铜街7号	400001	023-63819301	63819302
国泰君安证券股份有限公司	重庆万州太百岩证券营业部	重庆市万州区太白岩2号高笋塘农贸市场3楼	404000	023-58253300	58253300
国泰君安证券股份有限公司	重庆中山三路证券营业部	重庆市渝中区中山三路168号	400015	023-63860227	63860225
国泰君安证券股份有限公司	株洲建设中路证券营业部	株洲市建设中路40号神农公园大门北侧	412000	0733-8211608	8225133
国泰君安证券股份有限公司	衢州柯城证券营业部	衢州市巨化花园证券楼	324004	0570-3068188	3067616

证券营业部交易
Trading of Securities Business Outlet

单位:万元人民币(10000 Yuan RMB)

席位数 Seat Number	名次 Rank	总计 Total	股票 Stock	基金 Fund	交易金额 Trading Value 国债现货 T-Bond Spot	国债回购 T-Bond Repurchase	金融债、企业债、可转债 Financial, Corporate Bond, Convertible Bond	其他 Others
1	916	199121.55	62127.10	1679.37	25678.29	109340.00	3.31	293.48
2	772	242982.43	152370.83	2254.01	455.79	87760.00	86.73	55.05
1	1929	64280.53	49868.09	843.56	3886.86	9570.00	0.00	112.04
1	1129	155806.11	148504.09	2490.30	178.90	4490.00	65.31	77.47
3	1334	126451.81	116444.13	8858.48	375.77	210.00	306.57	256.87
3	133	1075042.39	315421.39	5502.99	65905.57	687060.00	893.93	258.50
6	7	7086382.24	466240.39	3382.46	1553381.64	5061010.00	1514.55	853.16
1	807	227194.74	66871.28	14876.35	32440.09	112850.00	90.83	66.21
7	213	765640.86	496701.97	5289.79	57543.42	205030.00	397.34	678.38
3	548	332605.26	242501.27	16141.24	24084.69	48170.00	1543.64	164.46
1	809	226031.64	195653.19	10446.12	948.09	17970.00	749.72	264.56
1	610	304178.13	238112.76	4404.51	909.24	60290.00	184.08	277.56
2	157	992236.22	412046.08	41962.66	40678.48	490580.00	727.64	6241.32
2	114	1177483.79	250842.88	7576.15	239651.26	631620.00	5283.12	42510.37
2	881	204707.73	154889.40	4486.49	1897.56	42550.00	511.84	372.46
3	375	460793.34	375296.31	23162.44	1762.21	60090.00	202.66	279.76
7	28	2738195.65	286238.21	29206.31	88492.72	2301830.00	2277.86	30150.55
2	831	218567.62	159205.23	55573.86	1293.35	2140.00	193.20	161.96
2	1102	160496.40	148492.15	9992.14	1234.97	0.00	389.05	388.08
2	2027	55394.67	53883.95	1101.11	72.30	0.00	318.74	18.54
2	1396	117532.31	94792.93	258.93	19292.93	2750.00	331.61	105.88
3	307	565098.91	177132.07	1657.58	119650.79	266410.00	63.63	184.85
6	261	648896.39	142225.46	426.30	99938.97	405860.00	6.69	438.96
2	1925	64573.77	63925.31	570.10	55.68	0.00	2.19	20.51
1	525	345011.71	63337.64	22311.82	51077.73	188380.00	21.58	19882.98
2	844	214451.75	161758.89	1700.82	11533.88	39000.00	444.37	13.77
2	800	230283.28	140899.88	1401.49	35642.18	51900.00	423.66	16.10
2	1882	68548.81	56342.65	266.84	10318.00	1520.00	31.56	69.79
1	288	592070.11	73180.04	0.00	125126.60	393530.00	0.00	233.48
2	1597	94434.03	91738.97	946.83	1498.89	160.00	51.02	38.31
2	778	240930.34	192270.88	2598.80	1930.33	43430.00	89.22	611.11
4	1090	161795.58	135999.35	74.59	19538.57	6170.00	0.00	13.08
2	1063	167908.96	153523.12	2812.46	558.26	10620.00	270.62	124.49
2	1637	91361.17	81900.51	1406.84	87.08	7940.00	15.48	11.26
1	992	184404.38	113395.07	2827.36	3291.14	64300.00	78.88	511.92
2	1645	90591.94	86087.76	913.48	273.30	3150.00	35.47	131.97
1	1572	96686.99	89790.36	1145.75	5600.66	0.00	107.85	42.37
2	481	376700.70	186076.91	2674.01	47082.37	139590.00	847.27	430.13
1	2125	46303.20	25514.79	410.69	0.00	20320.00	56.21	1.52
2	756	248879.24	245534.13	3042.60	118.56	0.00	97.16	86.81
1	1054	169951.62	159795.65	4460.48	5053.21	360.00	198.34	83.93
1	2412	5741.18	5554.80	185.28	0.00	0.00	0.00	1.09
2	1391	118358.00	114815.94	3224.21	184.71	0.00	117.91	15.21
1	1501	102664.67	99016.69	1632.14	251.43	1730.00	5.82	28.63
1	1279	133543.41	109764.37	1881.24	12021.47	9640.00	201.90	34.41
2	1652	89830.30	84056.89	1168.33	1940.32	0.00	100.70	2564.09
1	1154	152120.61	69386.59	7342.40	29410.41	42970.00	1.01	3010.22
1	1653	89765.98	87536.53	1729.74	160.70	0.00	311.92	27.10
1	1843	72796.63	71625.28	1033.82	14.32	0.00	97.15	26.09
1	441	403727.13	120654.68	18145.53	59537.82	192660.00	128.06	12601.03
1	1371	121709.81	118324.26	2380.80	553.58	0.00	297.24	153.91
2	1625	92308.39	89949.16	1983.14	244.17	0.00	92.98	38.95
1	1970	60764.56	58103.62	516.29	12.38	2080.00	20.39	31.88
1	1816	75225.62	70673.59	1804.74	1396.89	1130.00	113.11	107.30
1	833	218420.08	197377.49	2810.01	15938.64	1890.00	342.12	61.81
2	1979	60175.31	59002.24	1030.78	85.41	0.00	34.16	22.72
1	2136	45336.28	44750.70	503.11	3.12	0.00	67.05	12.27
1	1704	85566.09	83931.70	1539.22	29.63	0.00	23.97	41.61
3	183	834821.46	379163.01	8925.46	51306.46	393310.00	1786.14	330.40
1	638	293338.82	179856.33	1915.91	42465.05	68960.00	52.95	88.58
1	1430	113337.84	83600.06	2121.26	14794.82	12750.00	52.19	19.52
1	2216	35855.73	34972.56	794.02	72.01	0.00	4.71	12.43
1	927	196235.10	117160.18	6058.61	1507.45	71400.00	52.42	56.46
1	1718	84243.01	82683.34	1066.24	276.61	80.00	86.81	50.03
1	1629	91671.57	88933.61	2165.24	454.63	0.00	40.00	78.09

证券营业部交易
Trading of Securities Business Outlet

单位：万元人民币(10000 Yuan RMB)

公司名称 Name	营业部名称 Securities Business Outlet	地址 Address	邮编 Zip	电话 Tel	传真 Fax
国泰君安证券股份有限公司	泸州三星街证券营业部	泸州市三星街证券大厦	646000	0830－2297548	2297555
国信证券有限责任公司	北京呼家楼北街证券营业部	北京市朝阳区呼家楼北街7号	100026	010－65930928	65083665
国信证券有限责任公司	北京三里河路证券营业部	北京市三里河路13号中国建筑文化中心	100037	010－68359812	68359832
国信证券有限责任公司	成都太升北路证券营业部	成都市太升北路10号	610017	028－6919058	6928050
国信证券有限责任公司	佛山体育路证券营业部	佛山市体育路52号金马商业城1－3层	528000	0757－3210831	3210376
国信证券有限责任公司	福州五一中路证券营业部	福州市五一中路88号平安大厦3、17、18楼	350005	0591－3331253	3314107
国信证券有限责任公司	广州东风中路证券营业部	广州市东风中路318号嘉业大厦	510030	020－83630505	83639013
国信证券有限责任公司	哈尔滨石头道街证券营业部	哈尔滨市道里区石头道街29号	150010	0451－4643874	4611737
国信证券有限责任公司	杭州保叔路证券营业部	杭州市保叔路2号京华科影大厦	310007	0571－85215088	85215111
国信证券有限责任公司	江阴虹桥南路证券营业部	江阴市虹桥南路9号	214400	0510－6874806	6874801
国信证券有限责任公司	绵阳富乐路证券营业部	绵阳市富乐路15号	621000	0816－2240950	2240737
国信证券有限责任公司	上海北京东路证券营业部	上海市北京东路668号A30	200001	021－53080010	53080009
国信证券有限责任公司	深圳红岭中路证券营业部	深圳市红岭中路1012号国信证券大厦	518001	0755－25588036	25563592
国信证券有限责任公司	深圳深南中路证券营业部	深圳市深南中路1099号商业大厦3、4层	518028	0755－25878383	25878335
国信证券有限责任公司	深圳振华路证券营业部	深圳市振华路112号	518032	0755－83324337	83323130
国信证券有限责任公司	天津湘江道证券营业部	天津市河西区湘江道47号五矿大厦2楼	300210	022－28257438	28243618
国信证券有限责任公司	武汉京汉大道证券营业部	武汉市江汉区京汉大道江汉路口257号大公大厦	430014	027－85851286	85851312
国信证券有限责任公司	西安友谊东路证券营业部	西安市南关正街1号泛美大厦	710054	029－7800168	7819879
国信证券有限责任公司	萧山环城东路证券营业部	萧山市环城东路2号	311201	0571－82738999	82729333
国信证券有限责任公司	烟台西南河路证券营业部	烟台市西芝罘区南河路217号	264000	0535－6677371	6677361
国元证券有限责任公司	蚌埠胜利西路证券营业部	蚌埠市胜利西路1号	233010	0552－2063601	2069262
国元证券有限责任公司	滁州琅琊东路证券营业部	滁州市琅琊东路58号	239000	0550－3032999	3045907
国元证券有限责任公司	阜阳颍州南路证券营业部	阜阳市颍州南路58号	236000	0558－2236565	2236565
国元证券有限责任公司	广州江南西路证券营业部	广州市江南西路8－10号	510240	020－84243446	84489607
国元证券有限责任公司	合肥长江路证券营业部	合肥市长江路516号	230061	0551－2848273	2824198
国元证券有限责任公司	合肥红星路证券营业部	合肥市红星路91号	230001	0551－2628114	2615214
国元证券有限责任公司	合肥花园街第一证券营业部	合肥市花园街77号	230001	0551－2632445	2657483
国元证券有限责任公司	合肥金寨路证券营业部	合肥市金寨路118号	230001	0551－3626918	3626955
国元证券有限责任公司	合肥庐江路证券营业部	合肥市庐江路123号	230001	0551－2635089	2635237
国元证券有限责任公司	合肥人民路证券营业部	合肥市人民路5号	230061	0551－2617291	2612034
国元证券有限责任公司	合肥寿春路第二证券营业部	合肥市寿春路123号	230001	0551－2661156	2661268
国元证券有限责任公司	合肥寿春路第一证券营业部	合肥市寿春路179号	230001	0551－2634400	2640963
国元证券有限责任公司	合肥宿州路证券营业部	合肥市宿州路20号	230001	0551－2657500	2615623
国元证券有限责任公司	淮北淮海路证券营业部	淮北市淮海路291号工人文化宫	235000	0561－3039988	3888285
国元证券有限责任公司	淮南国庆中路证券营业部	淮南市国庆中路339号	232007	0554－3646338	3646338
国元证券有限责任公司	淮南人民南路证券营业部	淮南市人民南路金地大厦	232007	0554－2684499	2684457
国元证券有限责任公司	六安人民路证券营业部	淮南市六安人民路88号新鑫大厦	237005	0564－3313603	3313602
国元证券有限责任公司	马鞍山湖南路证券营业部	马鞍山市湖南路22号	243000	0555－2886899	2888223
国元证券有限责任公司	上海东方路证券营业部	上海市浦东东方路738号	200122	021－68763028	58203323
国元证券有限责任公司	上海虹桥路证券营业部	上海市虹桥路1720弄9号	200335	021－62705068	62704200
国元证券有限责任公司	上海武宁路证券营业部	上海市武宁路1045号	200063	021－62163738	62163738
国元证券有限责任公司	上海斜土路证券营业部	上海市斜土路500号	200023	021－63039988	63049066
国元证券有限责任公司	上海中山北路证券营业部	上海市中山北路1958号	200063	021－62052778	62052778
国元证券有限责任公司	深圳百花二路证券营业部	深圳市百花二路48号	518028	0755－3670374	3670787
国元证券有限责任公司	深圳宝安南路证券营业部	深圳市宝安南路3083号蔡屋围发展大厦2楼	518008	0755－2128386	2128385
国元证券有限责任公司	宿州汴河路证券营业部	宿州市汴河路365号	234000	0557－3058954	3022954
国元证券有限责任公司	铜陵义安南路证券营业部	铜陵市义安南路10号东方商厦	244000	0562－2831389	2831339
国元证券有限责任公司	芜湖北京东路证券营业部	芜湖市北京东路249号	241000	0553－3112996	3111943
国元证券有限责任公司	芜湖黄山西路证券营业部	芜湖市黄山西路证券大厦	241000	0553－3817580	3830467
国元证券有限责任公司	芜湖九华山路证券营业部	芜湖市九华山路154号	241000	0553－3866706	3866706
哈尔滨财政证券公司	买卖街营业部	哈尔滨市买卖街59号	150010	0451－4693485	4612227
哈尔滨财政证券公司	上海万航渡路证券营业部	上海市万航渡路529号	200042	021－62491608	62491224
哈尔滨财政证券公司	石头道街营业部	哈尔滨市道里区石头道街118号哈一百5楼	150010	0451－4693782	4693267
哈尔滨国际信托投资公司	哈平房营业部	哈尔滨市平房区友协大街148号	150020	0451－6515016	6515019
哈尔滨国际信托投资公司	哈商厦营业部	哈尔滨市道里区石头道街117号	150010	0451－4683969	4683910
哈尔滨国际信托投资公司	上海常德路证券交易营业部	上海市新闸路1708号	200040	021－62718871	62560068
海南港澳国际信托投资有限公司	北京证券营业部	北京市宣武区西便门西里16号星海大厦	100053	010－63182362	63182364
海南港澳国际信托投资有限公司	成都证券营业部	成都市人民中路三段2号万富大厦	610031	028－6256160	6747536
海南港澳国际信托投资有限公司	大连证券营业部	大连市沙河口区黄河路722号	116021	0411－4646886	4646985
海南港澳国际信托投资有限公司	哈尔滨证券营业部	哈尔滨市道里区安发街128号	150016	0451－4201568	4201158
海南港澳国际信托投资有限公司	海口海景湾证券营业部	海口市景湾路8号	570105	0898－66713600	66767160
海南港澳国际信托投资有限公司	海口金贸区证券营业部	海口市金贸区国贸大道港澳大厦	570125	0898－668513065	668513379
海南港澳国际信托投资有限公司	汉口证券营业部	武汉市黄孝河路特1号	430014	027－82638839	82635807
海南港澳国际信托投资有限公司	杭州证券营业部	杭州市新市街93号朝晖四区99栋东侧	310014	0571－85233416	85134882
海南港澳国际信托投资有限公司	牡丹江证券营业部	牡丹江市国投证券公司西平安街1号	157000	0453－6231602	6231602

证券营业部交易
Trading of Securities Business Outlet

单位:万元人民币(10000 Yuan RMB)

席位数 Seat Number	名次 Rank	总计 Total	股票 Stock	基金 Fund	交易金额 Trading Value 国债现货 T-Bond Spot	国债回购 T-Bond Repurchase	金融债、企业债、可转债 Financial, Corporate Bond, Convertible Bond	其他 Others
1	1870	69552.83	63649.28	1080.56	1359.34	3400.00	32.75	30.90
2	237	697155.53	426815.80	5280.68	39920.74	224310.00	721.36	106.95
3	171	910838.42	390141.47	10429.12	260644.64	248780.00	265.31	577.89
3	524	345671.00	159814.81	1146.29	78911.87	105750.00	30.26	17.74
1	566	325055.05	104767.29	2427.68	817.75	216560.00	69.31	413.05
1	1143	153297.06	144825.58	2765.60	1858.92	1760.00	32.51	2054.46
4	249	678524.00	403678.90	5542.09	81458.57	182940.00	975.35	3929.10
1	1240	138280.61	136795.72	873.58	188.16	0.00	13.68	409.48
1	713	264709.71	127357.55	2128.01	26431.39	106210.00	58.74	2524.07
1	1169	149095.26	145244.19	2259.69	1096.05	0.00	434.86	60.47
1	1807	76070.57	73833.22	1661.26	505.08	0.00	16.46	54.58
6	190	816263.54	501510.24	9252.53	53842.98	249020.00	1032.07	1605.75
9	26	2811423.46	1819202.31	40991.28	195560.88	746730.00	3581.80	5357.19
1	898	202301.90	166181.09	723.25	757.26	27260.00	17.72	7362.55
2	478	378591.89	283777.74	1219.53	12853.45	80090.00	529.24	121.93
1	2420	4924.85	4136.64	0.00	788.21	0.00	0.00	0.00
2	1399	116867.01	109109.15	2827.95	756.47	3000.00	798.26	375.20
1	1311	129583.79	102054.60	3671.68	8405.15	15380.00	21.78	50.55
1	1470	106932.36	106103.29	697.70	79.35	0.00	10.30	41.74
1	1533	100189.87	87484.72	456.86	6656.94	4360.00	15.50	1215.86
1	1844	72582.90	65640.93	2253.11	4371.42	0.00	256.15	61.33
1	1954	61440.22	60360.04	886.57	147.72	0.00	16.97	28.95
1	1302	130557.00	127384.35	2985.17	78.75	0.00	40.50	68.22
1	1047	171938.44	156997.13	4152.94	193.10	10490.00	47.92	57.33
2	533	342222.61	248009.37	26089.31	66960.82	0.00	71.20	1091.91
2	993	184224.06	88205.56	3540.03	35168.74	56870.00	301.28	138.45
2	1923	64628.14	48986.00	3085.19	2259.54	10000.00	229.81	67.61
1	352	479485.14	293474.86	12284.69	127310.82	44460.00	1634.45	320.32
4	1057	169732.77	131496.19	4844.26	30107.00	3000.00	191.16	95.13
2	1295	131307.61	88314.85	6375.62	1969.54	34000.00	617.43	30.16
1	2198	37873.87	29435.17	6078.55	1446.65	900.00	6.57	6.92
3	130	1086505.75	246369.35	25853.28	428133.25	381710.00	2057.31	2382.55
2	502	358787.79	288663.72	26404.60	38171.72	600.00	4796.94	150.84
2	1757	80455.16	78181.21	2098.17	99.43	0.00	16.96	59.41
2	1814	75325.22	72634.15	2308.75	252.49	0.00	87.90	41.88
2	2172	41031.83	39207.63	1148.25	353.85	0.00	301.13	20.98
1	2429	3723.09	3631.15	67.90	5.47	0.00	6.14	12.43
4	1493	103703.75	98808.80	3717.73	709.19	0.00	194.47	273.54
3	645	290494.57	245355.77	10383.26	25996.34	8110.00	425.74	223.44
3	900	202051.92	177423.92	1240.28	12463.98	10880.00	4.68	39.04
5	1224	139878.39	135785.66	1016.59	2900.96	0.00	118.99	56.19
2	1181	146594.41	104825.51	3244.91	4246.32	34030.00	94.02	153.65
3	1050	171273.81	120991.13	2989.50	8647.40	38380.00	162.60	103.15
4	434	409346.09	191979.17	2875.22	34353.44	179990.00	104.13	44.15
2	322	527435.38	148515.00	1981.50	129473.06	246920.00	491.35	54.48
2	1473	106561.98	84583.62	1296.09	10357.83	10280.00	19.65	24.80
2	1863	70334.34	67973.35	950.79	564.30	0.00	828.94	16.98
1	1549	98870.46	95212.19	3134.69	192.49	220.00	87.94	23.18
1	2003	57318.91	55445.33	978.82	662.98	210.00	9.11	12.68
3	768	243672.22	83699.88	11332.16	76067.72	69260.00	3261.55	50.96
2	1981	60143.06	57171.63	470.55	2316.11	0.00	40.25	144.55
3	2179	40363.44	39795.29	471.37	43.57	0.00	27.23	25.98
2	2063	51868.98	50534.31	776.80	407.65	0.00	51.26	98.97
2	1344	125222.18	83766.47	532.40	9609.33	30450.00	833.19	30.82
2	379	456983.99	257586.16	2126.58	395.57	196730.00	117.40	28.28
2	2375	11629.79	11409.43	99.37	111.58	0.00	1.31	8.12
3	1349	124721.64	122477.57	1909.27	213.00	0.00	64.53	57.27
2	1938	63510.72	61132.85	1491.93	497.36	40.00	293.52	55.06
2	1830	74371.87	72400.56	1577.77	163.87	0.00	206.63	23.05
1	1412	115373.46	113287.00	1767.81	123.56	0.00	156.33	38.79
2	1134	155384.89	148651.49	2672.02	792.49	0.00	3167.17	101.73
1	2459	1072.40	1072.40	0.00	0.00	0.00	0.00	0.00
2	999	183034.24	156784.97	1258.49	8446.84	16290.00	151.12	102.80
3	483	374155.75	164600.09	2344.64	26845.19	179840.00	414.62	111.22
3	1314	129279.44	117825.81	1953.49	5564.71	1770.00	373.59	1791.80

证券营业部交易
Trading of Securities Business Outlet

单位:万元人民币(10000 Yuan RMB)

公司名称 Name	营业部名称 Securities Business Outlet	地址 Address	邮编 Zip	电话 Tel	传真 Fax
海南港澳国际信托投资有限公司	上海大连西路营业部	上海市大连西路 235 号	200081	021-65071902	65214150
海南港澳国际信托投资有限公司	上海广元西路证券营业部	上海市广元西路 307 号	200030	021-64391551	64391477
海南港澳国际信托投资有限公司	上海黄浦路营业部	上海市黄浦路 15 号	200080	021-63068666	63060688
海南港澳国际信托投资有限公司	深圳证券营业部	深圳市东园路 89 号	518030	0755-2271195	2271194
海南港澳国际信托投资有限公司	沈阳证券营业部	沈阳市和平区和平南大街 39 号	110003	024-23226816	23223457
海南港澳国际信托投资有限公司	天津证券营业部	天津市河西区南京路 58 号	300042	022-23132175	23132177
海南港澳国际信托投资有限公司	武汉证券营业部	武汉市武珞路 346 号	430070	027-87811528	87319653
海南港澳国际信托投资有限公司	郑州证券营业部	郑州市黄河路 22 号	450003	0371-3854621	3854612
海南港澳国际信托投资有限公司	重庆江北证券营业部	重庆市江北区观音桥嘉陵 2 村 6 号金岗大厦 2 楼	400020	023-67733183	67733086
海南华银国际信托投资公司	北京证券营业部	北京市海淀区中关村南大街甲 10 号银海大厦 2 层	100081	010-62154699	62167952
海南华银国际信托投资公司	哈尔滨证券营业部	哈尔滨市道里区地段路 185 号	150010	0451-4630874	4632677
海南华银国际信托投资公司	南京证券营业部	南京市中山南路 89 号	210005	025-4699883	4699883
海南华银国际信托投资公司	青岛证券营业部	青岛市武胜关路 19 号	266071	0532-3887958	3887766
海南华银国际信托投资公司	上海复兴西路营业部	上海市复兴西路 268 号	200031	021-62120899	62120904
海南华银国际信托投资公司	上海龙州路营业部	上海市龙州路 925 号	200237	021-64533216	64532995
海南华银国际信托投资公司	沈阳证券营业部	沈阳市沈河区九纬路 46 号	110014	024-22845898	22845897
海南华银国际信托投资公司	武汉证券营业部	武汉市江汉口大兴一路 2 号	430021	027-85674018	85668855
海南华银国际信托投资公司	证券交易营业部	海口市金贸区国贸北路 11 号国安大厦	570125	0898-66712606	66712609
海南赛格国际信托投资公司	北京证券部	北京市西城区复兴门外大街 10 号	100865	010-68012020	68011088
海南赛格国际信托投资公司	上海证券部	上海市仙霞路 321 号	200336	021-62289900	62284949
海南省信托投资公司	深圳证券营业部	深圳市振华路 401 号中联电子大厦 2 层	518031	0755-3362284	3363274
海南省证券公司	北京南三环东路证券营业部	北京市丰台区三环东路 23 号 33 号楼	100078	010-67646921	67646921
海南省证券公司	海口海秀大道营业部	海口市海秀大道 42 号金山大厦 1 层	570205	0898-66700798	66700811
海南省证券公司	上海徐虹北路证券营业部	上海市徐虹北路 58 号	200030	021-64380223	64380241
海南省证券公司	深圳红桂路证券营业部	深圳市红桂路南方工贸大厦 1 层西、6 层	318008	0755-5583051	5583049
海南省证券公司	沈阳小西路证券营业部	沈阳市沈河区小西路 79-7 号	110013	024-22926918	22926919
海南省证券公司	天津大沽南路证券营业部	天津市河西区大沽南路 676 号	300200	022-28327666	28327688
海南省证券公司	武汉洪山路证券营业部	武汉市洪山路 2 号省科技大厦 E 座	430071	027-87811968	87811968
海通证券股份有限公司	鞍山二道街营业部	鞍山市铁东区二道街 90 号	114001	0412-2213700	2226183
海通证券股份有限公司	蚌埠南山路营业部	蚌埠市南山路 88 号 3 楼	233000	0552-2040382	2040776
海通证券股份有限公司	北京光华路营业部	北京市光华路甲 8 号	100026	010-65830988	65830989
海通证券股份有限公司	北京柳芳北里营业部	北京市朝阳区左家庄柳芳北里综合商业楼	100028	010-64620918	64620906
海通证券股份有限公司	北京中关村南大街证券营业部	北京市海淀区中关村南大街甲 56 号	100044	010-64620935	88027007
海通证券股份有限公司	常州健身路营业部	常州市健身路 16 号	213003	0519-6687980	6687946
海通证券股份有限公司	长春大经路营业部	长春市大经路 78 号	130042	0431-8715320	8738450
海通证券股份有限公司	长沙五一中路营业部	长沙市五一中路 95 号	410011	0731-4300616	4300648
海通证券股份有限公司	成都人民西路营业部	成都市人民西路 96 号	610015	028-86128577	86150027
海通证券股份有限公司	大连分公司友好路证券营业部	大连市友好路 52 号	116001	0411-2800806	2807672
海通证券股份有限公司	大庆东风路营业部	大庆市萨尔图区东风路热源街	163001	0459-6686909	6686091
海通证券股份有限公司	大庆西二路营业部	大庆市让胡路区西二路 18 号	163453	0459-5989571	5989571
海通证券股份有限公司	福州广达路证券营业部	福州市台江区广达路 76 号	350005	0591-3359348	3359247
海通证券股份有限公司	广州东风西路营业部	广州市风西路 195 号	510182	020-81341177	81340872
海通证券股份有限公司	广州江南西路营业部	广州市江南西路青葵大街 13-16 号 2 楼	510240	020-84251032	84253358
海通证券股份有限公司	贵阳山林路证券营业部	贵阳市山林路 148 号	550003	0851-6510192	6512590
海通证券股份有限公司	贵阳市富水北路证券营业部	贵阳市富水北路 66 号	550001	0851-5212409	5212163
海通证券股份有限公司	哈尔滨和平路证券营业部	哈尔滨市动力区和平路 2 号和平大厦	150040	0451-2167601	2167606
海通证券股份有限公司	海口龙昆北路营业部	海口市龙昆北路 15 号	570105	0898-66740512	66712581
海通证券股份有限公司	杭州环城西路证券营业部	杭州市环城西路 46-2 号	310006	0571-85109968	85100625
海通证券股份有限公司	杭州解放路证券营业部	杭州市解放路 138 号	310009	0571-87010368	87914960
海通证券股份有限公司	淮安淮海南路证券营业部	淮安市淮海南路 65 号	223002	0517-3944334	3944334
海通证券股份有限公司	吉林朝阳街营业部	吉林市朝阳街 55 号	132011	0432-2435106	2441174
海通证券股份有限公司	济南黑虎泉西路证券营业部	济南市黑虎泉西路 59 号	250011	0531-6118776	6118775
海通证券股份有限公司	昆明东风西路营业部	昆明市东风西路 162 号	650031	0571-3615997	3610906
海通证券股份有限公司	辽源南康大街营业部	辽源市南康大街 15 号	136200	0437-3253700	3220340
海通证券股份有限公司	南京常府街证券营业部	南京市常府街 85-7 号	210002	025-4400843	4293395
海通证券股份有限公司	南京广州路营业部	南京市广州路 188 号	210024	025-5827718	5827770
海通证券股份有限公司	南通人民中路证券营业部	南通市人民中路 88 号	226001	0513-5115129	5115129
海通证券股份有限公司	宁波百丈东路证券营业部	宁波市百丈东路 787 号	315040	0574-87333063	87333063
海通证券股份有限公司	宁波解放北路证券营业部	宁波市解放北路 148 号	315010	0574-87272661	87282604
海通证券股份有限公司	青岛杭州路营业部	青岛市四方区杭州路 20 号	266031	0532-3733552	3733552
海通证券股份有限公司	青岛宁夏路营业部	青岛市市南区宁夏路 168 号(需更名)	266071	0532-5768116	5768126
海通证券股份有限公司	青岛湛山一路营业部	青岛市市南区湛山一路 25 号	266071	0532-3891020	3891036
海通证券股份有限公司	汕头中山中路营业部	汕头市中山中路富都大厦 2-3 楼	515041	0754-8563019	8563021
海通证券股份有限公司	上海本溪路证券营业部	上海市本溪路 181 号	200092	021-65031818	65032020
海通证券股份有限公司	上海合肥路证券营业部	上海市合肥路 293 号	200025	021-53963027	53963690

证券营业部交易
Trading of Securities Business Outlet

单位:万元人民币(10000 Yuan RMB)

席位数 Seat Number	名次 Rank	总计 Total	股票 Stock	基金 Fund	交易金额 Trading Value 国债现货 T-Bond Spot	国债回购 T-Bond Repurchase	金融债、企业债、可转债 Financial, Corporate Bond, Convertible Bond	其他 Others
4	1366	122487.50	110906.95	5416.87	881.50	4150.00	811.23	320.92
3	704	267251.31	249709.89	7249.61	5425.22	3970.00	620.46	276.11
2	571	322491.86	121711.83	2535.10	6181.15	191800.00	175.13	88.64
2	1963	61038.78	59043.11	1944.71	44.56	0.00	2.19	4.21
1	1239	138353.98	134977.62	2650.86	574.25	0.00	117.83	33.39
1	1725	83415.44	77627.84	1238.91	46.58	4440.00	12.39	49.73
1	1192	144587.21	132151.36	2817.77	8497.72	960.00	5.27	155.07
1	765	244477.20	112277.60	1681.51	376.59	129980.00	129.06	32.39
1	1927	64499.09	58936.58	2628.19	2216.69	380.00	316.38	21.28
2	2296	25561.79	24690.28	732.60	48.78	0.00	84.51	5.60
3	2445	1923.93	1741.98	179.44	2.02	0.00	0.00	0.48
3	2409	6266.11	6180.81	54.77	22.57	0.00	7.96	0.00
2	2326	21642.29	12364.76	277.31	4057.51	4940.00	0.00	2.72
5	1931	64144.48	61179.64	2208.08	666.81	0.00	28.18	61.79
7	2407	6871.66	6356.27	222.21	122.89	0.00	166.46	3.82
3	2450	1647.77	1555.80	82.20	9.77	0.00	0.00	0.00
2	2449	1669.72	1662.10	7.62	0.00	0.00	0.00	0.00
1	2465	608.28	595.95	12.33	0.00	0.00	0.00	0.00
4	1309	129798.65	125647.56	3466.68	429.24	0.00	224.77	30.41
6	2190	38743.80	36469.62	1291.23	947.26	0.00	23.75	11.94
1	1987	59072.19	41829.39	536.05	125.65	16580.00	0.00	1.13
3	1058	169338.09	166581.12	1996.63	603.73	0.00	92.66	63.96
2	2162	41975.47	40618.80	815.71	381.79	0.00	144.28	14.87
4	1706	85370.86	80196.99	2937.87	1997.01	0.00	139.05	99.95
1	2048	53214.00	49846.38	277.49	2940.75	60.00	77.62	11.73
1	2245	32234.55	31330.70	728.75	135.40	0.00	21.66	18.04
2	1952	61538.16	56431.07	4872.12	93.33	0.00	78.13	63.52
2	1701	85869.71	73708.63	742.23	11013.93	0.00	136.78	268.13
2	513	354120.65	210921.11	2633.64	34120.49	106190.00	150.79	104.64
1	1421	114205.25	100515.22	2540.74	475.49	10400.00	221.85	51.91
1	596	311677.66	109712.14	1470.12	6469.53	193950.00	51.21	24.69
2	766	244061.62	176359.51	563.92	22665.90	44080.00	373.22	19.09
1	98	1376823.52	268923.84	5019.09	196772.65	905730.00	179.91	198.04
1	402	435072.08	215443.50	4866.63	152362.50	61860.00	385.54	153.90
2	1052	170641.40	149356.86	1693.09	8728.28	10360.00	435.40	67.80
1	1910	65984.01	63870.11	704.84	1364.94	0.00	31.22	12.88
1	398	437861.84	229563.05	2735.30	14195.55	191210.00	72.85	85.09
2	494	365986.71	75256.78	705.45	47837.78	228630.00	539.09	13017.61
1	165	949114.18	385953.80	8854.89	81088.35	471260.00	626.31	1330.81
2	1741	82241.63	44637.63	0.00	7603.99	30000.00	0.00	0.00
2	521	349706.76	154327.27	2053.44	66003.92	127060.00	140.39	121.74
1	30	2581123.94	75459.71	1558.09	522246.71	1980430.00	784.79	644.60
1	1424	114044.59	69937.16	2287.31	23772.31	17880.00	121.52	46.29
1	193	812403.50	150285.68	1961.89	185137.29	469930.00	71.21	5017.45
1	2352	16568.36	13078.91	49.64	284.61	2880.00	31.05	244.12
2	872	207124.37	111343.94	729.09	9278.55	85710.00	37.42	25.36
2	946	192034.41	110671.43	788.55	41874.87	38000.00	38.76	660.79
3	113	1181328.24	237439.38	5790.82	4792.17	933030.00	165.74	110.15
3	127	1101203.65	431711.44	10793.94	161328.92	492900.00	4150.82	318.54
1	1815	75265.98	12276.51	195.79	55028.81	7740.00	19.19	5.68
1	1573	96480.93	94069.16	1725.13	464.48	0.00	155.26	66.89
2	295	580427.77	199480.17	2820.34	150381.97	226870.00	734.17	141.12
1	514	353796.56	126635.69	1420.02	10915.25	214670.00	77.15	78.44
2	1578	96160.83	93938.62	2039.74	106.70	0.00	26.75	49.01
1	593	311892.17	291897.27	7604.51	3674.28	7520.00	1079.28	116.83
2	675	278628.04	133461.55	4413.18	33313.06	106810.00	452.81	177.40
1	1696	86453.17	42238.34	1295.35	35927.00	6940.00	42.47	10.01
3	365	470334.21	356131.38	10560.54	11717.34	91570.00	218.27	136.69
1	2350	17290.00	0.00	0.00	0.00	17290.00	0.00	0.00
1	2143	44622.53	16992.82	0.00	4573.44	22280.00	776.28	0.00
3	209	773487.52	261987.83	4294.99	16307.70	489470.00	40.31	1386.71
2	856	211215.86	1525.86	0.00	0.00	209690.00	0.00	0.00
1	1946	62611.42	47012.28	1949.23	93.87	13360.00	26.79	169.25
2	1331	126807.39	55947.55	2153.35	324.03	68010.00	210.12	162.36
3	698	269748.31	163563.24	2253.80	355.86	103290.00	202.94	82.50

证券营业部交易
Trading of Securities Business Outlet

单位：万元人民币(10000 Yuan RMB)

公司名称 Name	营业部名称 Securities Business Outlet	地址 Address	邮编 Zip	电话 Tel	传真 Fax
海通证券股份有限公司	上海淮海中路证券营业部	上海市淮海中路 98 号 15 楼(金钟广场)	200021	53830836	53830871
海通证券股份有限公司	上海建国西路证券营业部	上海市建国西路 285 号	200031	021-64665680	64665696
海通证券股份有限公司	上海江宁路证券营业部	上海市江宁路 1318 号	200060	021-62463038	62463057
海通证券股份有限公司	上海临汾路营业部	上海市临汾路 1040 号	200435	021-66245008	56881369
海通证券股份有限公司	上海梅园路证券营业部	上海市梅园路 330 号	200070	021-63173872	62533760
海通证券股份有限公司	上海牡丹江路证券营业部	上海市牡丹江路 265 号	200940	021-56567722	56569931
海通证券股份有限公司	上海平武路证券营业部	上海市平武路 38 号	200052	021-62266968	62267125
海通证券股份有限公司	上海瑞金南路营业部	上海市瑞金南路路 65 号	200023	021-63050678	63050678
海通证券股份有限公司	上海天平路营业部	上海市天平路 137 号	200030	021-62814260	62829647
海通证券股份有限公司	上海香港路营业部	上海市香港路 117 号	200002	021-63216349	63216340
海通证券股份有限公司	上海新沪路证券营业部	上海市新沪路 45 号 1-3 楼	200436	021-66350656	66350092
海通证券股份有限公司	上海新开河营业部	上海市新开河北路 10 号	200002	021-63305616	63203688
海通证券股份有限公司	上海延安西路营业部	上海市延安西路 1590 号	200052	021-62823324	62827899
海通证券股份有限公司	上海愚园路营业部	上海市愚园路 1188 号	200050	021-62117492	62139338
海通证券股份有限公司	上海玉田支路证券营业部	上海市玉田支路 11 号	200092	021-65520292	65547857
海通证券股份有限公司	上海岳阳路营业部	上海市岳阳路 221 号	200031	021-64319853	64746249
海通证券股份有限公司	上海周家嘴路营业部	上海市周家嘴路 3255 号	200093	021-65183211	65183104
海通证券股份有限公司	上海崂山东路证券营业部	上海市浦东崂山东路 153 号	200120	021-68875532	58762024
海通证券股份有限公司	上海崂山西路营业部	上海市崂山西路 1021 号	200120	021-58885408	58782487
海通证券股份有限公司	上虞白官镇营业部	上虞市百管镇凤山路 49 号	312300	0575-2025316	2025296
海通证券股份有限公司	绍兴劳动路营业部	绍兴市劳动路 158 号	312000	0575-5222039	5140455
海通证券股份有限公司	深圳宝安南路营业部	深圳市罗湖区宝安南路大信大厦 2、4 楼(更名)	518001	0755-82116166	25575055
海通证券股份有限公司	深圳红岭南路营业部	深圳市红岭南路红岭大厦 4-5 栋 2 楼(更名)	518031	0755-25866877	25866817
海通证券股份有限公司	深圳红岭中路营业部	深圳市红岭中路 2068 号	518008	0755-25869197	25869243
海通证券股份有限公司	深圳华富路营业部	深圳市华富路 5 号南光大厦 5 楼	518031	0755-83689892	83689290
海通证券股份有限公司	深圳嘉宾路营业部	深圳市罗湖区嘉宾路 23 号 1 楼西侧	518001	0755-25564344	25583085
海通证券股份有限公司	深圳景田南路证券营业部	深圳市福田区景田南路瑞达苑群楼 2-3 号	518034	0755-82900469	82900341
海通证券股份有限公司	深圳蛇口太子路营业部	深圳市蛇口太子路 59 号华达大厦	518067	0755-26675480	26671629
海通证券股份有限公司	沈阳大西路证券营业部	沈阳市沈河区大西路 364 号	110014	024-22972266	22972233
海通证券股份有限公司	沈阳黄河南大街营业部	沈阳市黄河南大街 7 号甲	110031	024-86280620	86280622
海通证券股份有限公司	石家庄中山西路营业部	石家庄市师范街 2 号	050050	0311-7881567	7882997
海通证券股份有限公司	苏州竹辉路营业部	苏州市竹辉路 180 号	215006	0512-65195299	65200907
海通证券股份有限公司	泰安龙潭路营业部	泰安市龙潭路 2 号	271000	0538-8210858	8291079
海通证券股份有限公司	太原新建路营业部	太原市新建路 252 号	030002	0351-3533226	3532776
海通证券股份有限公司	天津长江道营业部	天津市南开区长江道 23 号	300193	022-27373886	27373889
海通证券股份有限公司	威海高山街营业部	威海市高山街 2 号	264200	0631-5206669	5238007
海通证券股份有限公司	乌鲁木齐友好北路证券营业部	乌鲁木齐市友好北路 6 号	830000	0991-4836186	4831136
海通证券股份有限公司	无锡通运路证券营业部	无锡市通运路 8 号	214005	0510-2306733	2305126
海通证券股份有限公司	武汉分公司江大路第二证券营业部	武汉市江岸区江大路 2 号	430019	027-82433526	82433500
海通证券股份有限公司	武汉分公司江大路第一证券营业部	武汉市江岸区江大路 163-169 号	430019	027-82635135	82634250
海通证券股份有限公司	武汉分公司中北路证券营业部	武汉市武昌区中北路 146 号	430077	027-86770268	86770237
海通证券股份有限公司	西安西新街证券营业部	西安市西新街 11 号海星智能广场 10 层	710004	029-7270388	7231970
海通证券股份有限公司	萧山文化路证券营业部	萧山市城厢镇文化路 169 号	311201	0571-82723295	82722497
海通证券股份有限公司	新余劳动南路营业部	新余市劳动南路 1 号银都大厦 3 楼	338025	0790-6221568	6215481
海通证券股份有限公司	烟台解放路证券营业部	烟台市解放路 164 号	264001	0533-6611188	6207307
海通证券股份有限公司	杨州汶河路证券营业部	杨州市汶河南路 69 号长城大厦	225002	0514-7325700	7321649
海通证券股份有限公司	营口菜市街证券营业部	营口市站前区辽河广场 9 号	115003	0417-2601205	2638537
海通证券股份有限公司	郑州经七路证券营业部	郑州市经七路 16 号	450002	0371-3913960	3826890
海通证券股份有限公司	重庆加州花园营业部	重庆市渝北区加州花园 A 幢附 1 层	401147	023-67625800	67625831
海通证券股份有限公司	重庆中山三路证券营业部	重庆市渝中区上清寺中山三路 158 号	400015	023-63626010	63626013
海通证券股份有限公司	淄博石化营业部	淄博市临淄区齐鲁化工商城 69 号	255400	0533-7314209	7310040
海通证券股份有限公司	遵义中华南路营业部	遵义市中华南路龙井沟综合楼 3 楼	563000	0852-8221408	8221456
邯郸市信托投资公司	邯郸信托华安证券交易营业部	邯郸市人民路 149 号	056002	0310-3055657	3014437
邯郸市信托投资公司	邯郸信托证券交易营业部	邯郸市和平路 384 号	056002	0310-3062379	3012344
汉唐证券有限责任公司	蚌埠淮河路证券营业部	蚌埠市淮河路 173 号	233000	0552-3061069	3061065
汉唐证券有限责任公司	北京灵境证券营业部	北京市西城区丰汇园 21 号	100032	010-66072040	66076496
汉唐证券有限责任公司	北京前门证券营业部	北京市崇文区前门东大街 18 号	100051	010-67024858	67024789
汉唐证券有限责任公司	北京裕民路证券营业部	北京市朝阳区裕民路 12 号中国国际科技会展中心	100029	010-82250065	
汉唐证券有限责任公司	常州延陵东路证券营业部	常州市延陵东路 750-2 号	213003	0519-8118197	8118192
汉唐证券有限责任公司	成都一环路证券营业部	成都市一环路北一段 436 号云天化商贸大厦 1、4 楼	610015	028-6242096	6242096
汉唐证券有限责任公司	东莞金牛路证券营业部	东莞市城区金牛路 41 号亚洲大厦	523000	0769-2487237	
汉唐证券有限责任公司	番禺光明南路证券营业部	广州市番禺区市桥镇光明南路 163 号	511400	020-84813996	84813995
汉唐证券有限责任公司	佛山汾江中路证券营业部	佛山市汾江中路 75 号华麟大厦	528000	0757-2132833	
汉唐证券有限责任公司	广州寺右新马路证券营业部	广州市东山区寺右新马路 160 号	510600	020-87384322	87384322
汉唐证券有限责任公司	贵阳北京路证券营业部	贵阳市北京路 27 号	550004	0851-6811752	6821956

证券营业部交易
Trading of Securities Business Outlet

单位:万元人民币(10000 Yuan RMB)

席位数 Seat Number	名次 Rank	总计 Total	股票 Stock	基金 Fund	交易金额 Trading Value 国债现货 T-Bond Spot	国债回购 T-Bond Repurchase	金融债、企业债、可转债 Financial, Corporate Bond, Convertible Bond	其他 Others
4	9	5628884.86	234671.89	2322.36	1764216.25	3624680.00	2724.31	270.07
2	457	391498.59	259201.93	2290.33	44168.16	85690.00	122.47	25.67
3	320	530311.90	241683.60	1305.52	5719.93	281400.00	105.33	97.53
2	628	297563.78	225257.05	9617.05	37219.75	25130.00	114.25	225.70
2	451	399153.63	344792.58	1354.55	1625.40	51240.00	47.42	93.66
2	937	194766.27	178082.51	3502.33	4565.34	7740.00	571.77	304.32
2	315	542422.04	210357.56	4313.83	1349.37	325800.00	313.88	287.40
3	897	202662.61	95985.96	2529.87	1885.88	101760.00	363.78	137.14
3	86	1487259.90	197507.95	11656.84	42232.51	1235450.00	145.86	266.73
3	329	517575.31	290826.93	14474.12	11068.50	199910.00	794.89	500.86
2	536	340689.93	268326.93	2450.90	1150.83	68290.00	286.35	184.91
2	424	416921.95	200547.04	2479.47	152373.46	61280.00	108.46	133.55
2	642	291080.74	169199.24	3856.59	64386.86	53150.00	327.97	160.07
2	67	1736425.09	203578.75	3162.98	31152.96	1497260.00	1084.02	186.34
2	572	322435.76	268451.78	2820.77	4183.55	46640.00	244.99	94.64
4	336	508124.82	221253.65	1884.43	64044.80	219350.00	1544.73	47.22
2	857	211014.03	122238.73	1698.53	739.30	86060.00	118.24	159.22
4	681	276887.24	150190.98	2690.79	20989.34	102180.00	425.99	410.17
2	1247	137678.06	96240.22	2909.20	1420.20	36810.00	183.33	115.12
1	1381	119660.36	118459.78	982.46	74.12	0.00	85.02	58.95
3	325	520487.45	437741.94	5867.61	1008.92	75480.00	175.38	213.59
1	2174	40586.06	40158.01	246.52	63.59	0.00	109.70	8.18
1	1327	127598.52	110423.05	747.24	4624.55	11590.00	213.51	0.17
3	64	1774432.45	322248.88	8845.41	404480.60	979490.00	188.63	59178.95
1	220	728989.08	127627.74	1893.77	122388.81	476820.00	0.00	258.76
1	2038	53972.29	50674.83	320.81	1603.76	1370.00	0.00	2.87
1	1019	179588.51	75988.46	462.70	20722.08	71410.00	4.31	11000.97
2	958	190440.04	96836.29	1172.96	23888.69	68400.00	129.37	12.74
1	1676	87818.49	78363.59	6434.36	2892.47	0.00	46.56	81.54
2	2214	35967.97	35105.23	639.31	209.65	0.00	0.20	13.57
2	783	238012.85	114440.73	1881.02	19958.83	101640.00	45.34	46.93
1	910	199738.14	166746.76	2160.58	23374.42	7010.00	293.95	152.44
1	1214	140979.74	103356.91	2512.33	209.79	34580.00	242.54	78.21
3	471	382270.61	207965.54	4341.80	89740.73	79700.00	282.13	240.41
1	2132	45568.14	43293.98	872.36	1227.82	0.00	103.67	70.33
2	649	288565.24	203676.44	2573.98	14527.96	67500.00	24.98	261.91
1	2414	5254.31	5100.19	32.71	0.00	120.00	0.00	1.43
1	1155	151968.95	136041.26	3742.65	6029.73	2310.00	3747.73	97.61
1	69	1666477.99	106699.27	586.81	346790.51	1212310.00	71.70	19.72
2	399	437550.63	125145.38	1098.50	27174.62	282310.00	1804.12	18.02
1	1009	181364.22	99305.67	5690.69	44631.43	31490.00	176.65	69.79
2	1119	157243.48	100999.59	3670.97	7629.14	40700.00	4209.75	34.04
2	938	194178.72	158788.13	1513.06	137.88	33630.00	59.57	50.07
1	1624	92317.20	71303.82	886.97	17553.77	2500.00	34.45	38.18
1	1354	123652.89	122784.82	818.62	20.78	0.00	0.82	27.87
1	439	404286.41	239606.68	4665.80	20335.14	138820.00	591.14	267.67
2	1110	159077.39	118210.37	1050.23	39691.51	0.00	100.25	25.05
3	405	431781.33	143887.65	1227.53	151158.41	133540.00	1921.08	46.65
1	356	477941.63	79539.43	443.72	138776.73	258940.00	219.59	22.18
2	222	726720.17	178784.56	1256.13	247582.26	299010.00	12.05	75.18
3	368	467264.13	254777.37	3573.45	21239.25	186010.00	1266.81	397.26
2	1206	142913.19	109393.34	898.94	6350.67	25930.00	326.33	13.89
1	1841	73052.99	70400.42	2275.81	317.53	0.00	26.83	32.47
2	1607	93663.90	90834.78	2672.46	114.11	0.00	4.07	38.47
1	1951	61729.56	59281.02	1808.52	396.01	0.00	110.34	133.68
5	980	186606.03	176672.53	6499.36	2820.79	510.00	32.72	70.62
2	1306	130049.70	125150.46	2975.48	858.96	540.00	475.91	48.89
5	143	1040880.75	346097.91	57425.28	106357.47	514660.00	428.76	15911.28
1	242	691571.99	198293.17	4120.89	411956.40	76990.00	167.77	43.74
1	1040	174308.24	43678.44	316.17	126176.55	1120.00	1004.01	2013.06
1	2422	4677.51	4322.49	14.24	0.20	340.00	0.60	0.00
1	991	184649.31	128838.61	2051.11	3119.71	50110.00	499.03	30.84
1	608	304539.89	77376.17	635.69	128097.08	98420.00	3.25	7.67
1	437	405903.73	375229.33	3198.82	15353.14	10550.00	1136.12	436.30
2	210	773432.95	239550.98	8668.18	96314.80	427790.00	962.59	146.40

证券营业部交易
Trading of Securities Business Outlet

单位:万元人民币(10000 Yuan RMB)

公司名称 Name	营业部名称 Securities Business Outlet	地址 Address	邮编 Zip	电话 Tel	传真 Fax
汉唐证券有限责任公司	贵阳新华路证券营业部	贵阳市新华路 9 号乌江大厦裙楼 3 楼	550002	0851-5842511	5842511
汉唐证券有限责任公司	国际部				
汉唐证券有限责任公司	茂名迎宾路证券营业部	茂名市迎宾路 46 号安达大厦	525000	0668-2865288	2865288
汉唐证券有限责任公司	南京汉中门大街证券营业部	南京市汉中门大街 46 号	210017	025-6587667	6587616
汉唐证券有限责任公司	上海武进路证券营业部	上海市武进路 456 号	200071	021-63575663	63575663
汉唐证券有限责任公司	深圳福星路证券营业部	深圳市福星路 29 号环庆大厦 1 楼	518033	0755-3750772	3750797
汉唐证券有限责任公司	湛江延安路证券营业部	湛江市延安路 57 号	524006	0759-2260276	3186513
汉唐证券有限责任公司	湛江中山一路证券营业部	湛江市赤坎区中山一路 22 号	524033	0759-3186518	3316265
航空信托投资有限责任公司	保定证券营业部	保定市五四西 118 号	71051	0312-3097898	3064271
航空信托投资有限责任公司	北京中关村南大街证券交易营业部	北京市海淀区中关村南大街 6 号中电信息大厦	100086	010-62501100	62501863
航空信托投资有限责任公司	龙华证券营业部	深圳市宝安区龙华镇花园新村	518109	0755-7704955	7744966
航空信托投资有限责任公司	上海龙华西路证券营业部	上海市龙华西路 398 号强生花苑综合楼	200232	021-64568955	64568956
航空信托投资有限责任公司	深圳证券营业部	深圳市福田区振华路航苑大厦	518031	0755-3243989	3243989
航天信托投资有限责任公司	深圳证券营业部	深圳市福田区华强北路盛庭苑酒店 B 座 9 层	518028	0755-2075089	2075003
和兴证券经纪有限责任公司	北京百万庄大街证券营业部	北京市西城区百万庄大街 19 号	100037	010-68315406	68360681
和兴证券经纪有限责任公司	成都福兴街证券营业部	成都市福兴街 30 号	610016	028-6786820	6750758
和兴证券经纪有限责任公司	成都红庙子证券营业部	成都市红庙子街 60 号	610017	028-6615364	6616258
和兴证券经纪有限责任公司	成都人民南路证券营业部	成都市人民南路二段 18 号川信大厦 3 楼	610016	028-6199078	6199079
和兴证券经纪有限责任公司	成都西御街证券营业部	成都市西御街 77 号	610015	028-6111330	6118141
和兴证券经纪有限责任公司	成都一环路西二段证券营业部	成都市一环路西二段 18 号浣花商厦 4 楼	610072	028-7717433	7716976
和兴证券经纪有限责任公司	成都一环路西三段证券营业部	成都市一环路西三段抚琴小区西北街 28 号	610031	028-7732881	7789977
和兴证券经纪有限责任公司	德阳凉山路证券营业部	德阳市凉山路 116 号	618000	0838-2301988	2301988
和兴证券经纪有限责任公司	峨眉山绥山路证券营业部	峨眉山市绥山路 60 号中百商场 3 楼	614200	0833-5524784	5527000
和兴证券经纪有限责任公司	江油金轮干道证券营业部	江油市金轮大道川信小区	621700	0816-3262820	3268167
和兴证券经纪有限责任公司	乐山嘉定中路证券营业部	乐山市嘉定中路 299 号	614000	0833-2440158	2442349
和兴证券经纪有限责任公司	南充涪江路证券营业部	南充市涪江路 68 号	637000	0817-2807789	2807789
和兴证券经纪有限责任公司	内江公园街证券营业部	内江市公元街 118 号甜城大厦 3 楼	641000	0832-2041871	2043714
和兴证券经纪有限责任公司	上海陕西北路证券营业部	上海市陕西北路 696 号	200041	021-62582258	62882328
和兴证券经纪有限责任公司	上海中华新路证券营业部	上海市中华新路 1157 号	200065	021-56082700	56084191
和兴证券经纪有限责任公司	上海崂山东路证券营业部	上海市崂山东路 288 号	200120	021-58773099	58773099
和兴证券经纪有限责任公司	西昌胜利路证券营业部	西昌市胜利路 61 号	615000	0834-3221277	3223588
和兴证券经纪有限责任公司	西昌顺城街证券营业部	西昌市下顺城街财税信托大厦	615000	0834-3224511	3224511
和兴证券经纪有限责任公司	泸州江阳中路证券营业部	泸州市江阳中路 41 号人行大厦	646000	0830-2299868	2293259
河北财达证券经纪有限责任公司	秦皇岛关城南路证券营业部	秦皇岛市山海关区关城南路 52 号	066200	0335-5071318	5059447
河北财达证券经纪有限责任公司	涿州东兴北街证券营业部	涿州市东兴北街 26 号	072750	0311-3864818	3864838
河北证券有限责任公司	保定环城西路证券营业部	保定市环城西路 130 号	071000	0312-2033467	2033467
河北证券有限责任公司	保定向阳南路证券营业部	保定市向阳南路 137 号	071051	0312-3262228	3233427
河北证券有限责任公司	北京首体南路证券营业部	北京市首体南路 20 号国兴家园 D 座	100050	010-88354686	88354678
河北证券有限责任公司	沧州水月寺大街证券营业部	沧洲市水月南街华信小区	061001	0315-3023388	3023388
河北证券有限责任公司	承德火神庙街证券营业部	承德市火神庙街路南 14 号	067000	0314-2031470	2031470
河北证券有限责任公司	邯郸复兴路证券营业部	邯郸市复兴区复兴路 91 号	056003	0310-4066128	4066990
河北证券有限责任公司	邯郸联纺路证券营业部	邯郸市联纺路 27 号	056004	0310-7024703	7030241
河北证券有限责任公司	衡水人民中路证券营业部	衡水市人民中路 9 号	053000	0318-2153116	2153186
河北证券有限责任公司	廊坊新华路证券营业部	廊坊市新华路 76 号	065000	0316-2055758	2024284
河北证券有限责任公司	秦皇岛河北大街证券营业部	秦皇岛市河北大街 296 号	066000	0335-3041084	3041094
河北证券有限责任公司	青岛福州南路证券营业部	青岛市福州南路 37 号	266071		
河北证券有限责任公司	上海九江路证券营业部	上海市九江路 399 号 1、3 楼	000001	021-63606318	63606458
河北证券有限责任公司	深圳滨河路证券营业部	深圳市福田区滨河路 5022 号联合广场 B 座	518000	0755-82966496	82966496
河北证券有限责任公司	石家庄联盟路证券营业部	石家庄市联盟路 239 号	050061	0311-7784014	7756649
河北证券有限责任公司	石家庄新华路证券营业部	石家庄市新华西路 601 号	050001	0311-7862848	7064142
河北证券有限责任公司	石家庄育才街证券营业部	石家庄市育才街 104 号	050011	0311-6053472	6053472
河北证券有限责任公司	石家庄裕华东路证券营业部	石家庄市裕华东路 81 号	050051	0311-6979640	6085915
河北证券有限责任公司	石家庄裕华路证券营业部	石家庄市裕华东路 457 号	050031	0311-5665931	5665931
河北证券有限责任公司	石家庄裕华西路证券营业部	石家庄市裕华西路 463 号	050081	0311-3020346	3020346
河北证券有限责任公司	石家庄中山东路证券营业部	石家庄市中山东路 252 号	050011	0311-6050936	6050936
河北证券有限责任公司	石家庄自强路证券营业部	石家庄市自强路 40 号	050051	0311-7873398	7017489
河北证券有限责任公司	唐山唐丰路证券营业部	唐山市唐丰路 29 号	063000	0315-2824875	2824875
河北证券有限责任公司	唐山新华西道证券营业部	唐山市新华西道商业中心 5 号楼	063004	0315-2815039	2815049
河北证券有限责任公司	天津三马路证券营业部	天津市南开区三马路 175 号华都大厦	300100	022-27484372	87310271
河北证券有限责任公司	武汉武珞路证券营业部	武汉市武珞路 230 号绿州广场 2-4 层	430070		
河北证券有限责任公司	西安长安中路证券营业部	西安市长安中路 74 号鼎浩大厦	710061	029-5398186	
河北证券有限责任公司	邢台郭守敬大街证券营业部	刑台市郭守敬大街 54 号	054000	0319-2210234	2225457
河北证券有限责任公司	邢台西门里证券营业部	刑台市西门里 2 号	054000	0319-3026876	3023494
河北证券有限责任公司	张家口明德南街证券营业部	张家口市明德南街 170 号	075000	0313-8032028	8032028
河北证券有限责任公司	张家口胜利南路证券营业部	张家口市胜利南路 31 号	075000	0313-2010948	2010674

证券营业部交易
Trading of Securities Business Outlet

单位:万元人民币(10000 Yuan RMB)

席位数 Seat Number	名次 Rank	交易金额 Trading Value 总计 Total	股票 Stock	基金 Fund	国债现货 T-Bond Spot	国债回购 T-Bond Repurchase	金融债、企业债、可转债 Financial, Corporate Bond, Convertible Bond	其他 Others
1	967	188109.33	149197.35	1747.65	14361.25	22050.00	377.36	375.74
1	2448	1674.46	1674.46	0.00	0.00	0.00	0.00	0.00
1	1158	150981.63	52632.95	370.29	97950.12	0.00	20.92	7.37
0	1876	69182.66	59129.60	1046.31	8642.17	0.00	345.05	19.54
3	90	1447682.82	227897.03	30809.24	244047.20	941710.00	129.45	3089.88
1	45	2168735.29	190788.90	71.43	1459092.48	518670.00	16.08	96.40
1	560	326425.68	279272.41	32403.40	7399.33	6520.00	460.69	369.83
0	2444	2328.34	2230.57	96.80	0.00	0.00	0.98	0.00
2	963	189565.13	173021.12	2869.53	278.87	13200.00	71.97	123.64
4	357	477712.11	325070.02	5059.61	10111.44	137340.00	98.04	33.01
1	2161	42313.16	41896.99	343.85	3.34	0.00	0.00	68.98
4	1463	108069.99	42045.71	1090.26	26708.57	38000.00	210.22	15.25
1	1744	82092.56	73764.32	247.26	10.32	8070.00	0.67	0.00
1	764	244986.67	88463.67	11.61	9495.58	146940.00	0.00	75.82
2	1347	125009.76	53272.44	22694.16	48787.44	0.00	234.97	20.73
3	2131	45714.28	44177.52	682.15	491.94	0.00	0.00	362.67
1	2164	41588.48	41027.30	550.81	0.00	0.00	0.00	10.37
2	2021	56131.91	55690.20	398.59	33.63	0.00	1.81	7.69
3	2026	55466.83	54630.35	646.48	91.06	0.00	89.79	9.17
1	2201	37648.94	31273.38	761.72	169.57	5380.00	30.19	34.07
1	2266	29146.16	28436.09	180.25	51.63	0.00	466.58	11.59
2	1541	99468.71	97707.94	1671.31	32.93	0.00	27.25	29.30
1	2298	25289.34	24845.57	417.64	16.65	0.00	0.00	9.48
1	2081	50062.65	49263.84	772.81	12.50	0.00	0.20	13.29
2	1721	83828.52	82986.64	731.80	13.69	0.00	63.38	33.00
2	2463	747.59	736.86	10.73	0.00	0.00	0.00	0.00
1	2159	42923.25	41750.87	1128.29	28.82	0.00	0.41	14.87
5	2019	56254.51	54377.41	827.43	902.98	0.00	116.98	29.70
4	1259	136242.64	110835.65	874.06	7742.16	16440.00	292.14	58.65
4	1186	145397.58	73369.19	1882.19	73.87	69970.00	4.82	97.48
1	2238	33456.32	32720.07	715.06	4.42	0.00	1.62	15.18
1	2239	33305.40	32714.39	536.88	0.00	0.00	39.17	14.94
1	2035	54770.31	54130.80	553.56	61.30	0.00	3.09	21.55
1	1475	106491.10	104649.18	1575.43	215.30	0.00	16.94	34.26
1	739	254620.61	157795.17	1855.78	4668.25	89880.00	61.83	359.57
2	1456	108466.03	105094.31	2867.86	266.21	0.00	112.36	125.31
1	1657	89270.97	86775.29	1497.38	611.42	0.00	126.09	260.79
3	531	343931.28	211836.30	1745.26	38724.24	91540.00	37.50	47.98
1	882	204662.29	201001.47	3271.61	234.79	0.00	65.66	88.81
1	2085	49497.95	47805.12	669.64	1000.17	0.00	1.12	21.92
1	2151	43543.67	42890.00	631.86	1.10	0.00	2.16	18.54
1	1722	83675.82	81189.21	1704.44	722.21	0.00	5.42	54.53
1	1772	78986.62	76854.79	1281.61	812.18	0.00	23.04	15.00
1	1109	159530.72	154976.61	3868.82	472.40	0.00	121.35	91.52
2	1561	98095.34	96181.50	1659.28	151.52	0.00	64.07	38.93
1	2390	9057.46	8312.23	113.06	190.83	440.00	0.00	1.34
3	1121	157158.89	97698.45	2944.68	19113.27	37310.00	49.72	42.78
6	1762	79572.99	50900.02	577.49	10056.33	13000.00	27.87	5011.27
1	1071	166165.93	49486.72	1132.46	78767.83	36670.00	83.95	24.99
1	1523	100960.04	82651.23	2435.57	3622.37	12110.00	33.06	107.83
1	966	188466.50	76648.37	1356.78	25171.75	85210.00	55.35	24.26
1	2004	57301.99	56451.52	749.65	10.00	0.00	69.77	21.06
2	1881	68640.85	66190.36	2272.91	45.16	0.00	108.62	23.78
1	1914	65797.13	60336.80	1360.92	58.26	4000.00	5.72	35.43
1	1921	64790.50	60399.45	1086.47	1271.75	1860.00	13.63	159.18
2	2177	40402.89	39328.51	979.55	36.68	0.00	31.19	26.95
1	745	250979.34	117428.17	2250.57	1435.52	129710.00	108.35	46.71
3	205	780950.50	288828.21	5113.26	77479.79	409040.00	258.72	230.54
2	2005	57298.56	55340.69	647.27	1264.75	0.00	13.44	32.38
1	2070	51098.29	1697.25	8.39	24282.63	25110.00	0.00	0.00
1	2287	26982.81	26717.04	257.70	1.05	0.00	0.00	7.00
1	1695	86465.12	84109.70	2097.18	178.22	0.00	20.01	59.99
1	1819	75157.96	73541.48	1509.90	31.13	0.00	36.08	39.36
1	1904	66440.88	51110.95	1083.46	2861.15	11330.00	4.39	50.98
1	1859	70652.92	69467.69	1027.46	46.31	0.00	87.74	23.74

证券营业部交易
Trading of Securities Business Outlet

单位:万元人民币(10000 Yuan RMB)

公司名称 Name	营业部名称 Securities Business Outlet	地址 Address	邮编 Zip	电话 Tel	传真 Fax
河北证券有限责任公司	重庆渝碚路证券营业部	重庆市渝碚路 88 号	400030	023－65350016	
河南省国际信托投资公司	深圳证券营业部	深圳市罗湖区湖贝路 1047 号国际期货大厦 4 号	518001	0755－2178389	2178389
河南省国际信托投资公司	证券交易营业部	郑州市经八路 26 号附 10 号	450003	0371－3818980	3818700
河南省信阳地区信托投资公司	证券交易营业部	信阳市东方红大道 246 号	464000	0376－6231741	6231749
河南证券有限责任公司	安阳解放路证券营业部	安阳市解放路 77 号安阳大剧院	455000	0372－5939473	5920457
河南证券有限责任公司	焦作塔南路证券营业部	焦作市塔南路 44 号	454001	0371－3906604	5905857
河南证券有限责任公司	南阳新华西路营业部	南阳市新华西路 22 号	473000	0377－3235600	3226616
河南证券有限责任公司	平顶山建设东路营业部	平顶山市建设东路 37 号	467000	0375－3922018	3880054
河南证券有限责任公司	平顶山中兴南路证券交易营业部	平顶山市中兴南路 2 号	467000	0375－4961728	4945764
河南证券有限责任公司	三门峡六峰路营业部	三门峡市六峰路 26 号	472000	0398－2830402	2830402
河南证券有限责任公司	商丘八一路证券营业部	商丘市八一路 45 号	476000	0370－2580966	2580229
河南证券有限责任公司	上海大连西路营业部	上海市大连西路 261 号	200081	021－65088311	65080306
河南证券有限责任公司	深圳振兴路营业部	深圳市福田区振兴路塞格科技工业园	518028	0755－3355931	3929234
河南证券有限责任公司	新乡人民路营业部	新乡市人民路 204 号	453000	0373－2033006	2033009
河南证券有限责任公司	许昌南关大街营业部	许昌市南关大街 38 号	461000	0374－2629754	2339124
河南证券有限责任公司	郑州经六路证券营业部	郑州市经六路 9 号附 3 号	450003	0371－5905025	5905193
河南证券有限责任公司	郑州商城路证券营业部	郑州市商城路 1 号	450000	0371－6366186	6339871
河南证券有限责任公司	郑州市伏牛路证券交易营业部	郑州市伏牛路 119 号	450007	0371－7635210	7652477
河南证券有限责任公司	郑州纬五路第二证券营业部	郑州市纬五路 16 号	450003	0371－5977252	5977272
河南证券有限责任公司	郑州纬五路第一营业部	郑州市纬五路 9 号	450003	0371－5973168	5973118
河南证券有限责任公司	郑州嵩山路证券营业部	郑州市嵩山路 166 号	450007	0371－7435786	7435785
河南证券有限责任公司	漯河昆仑路营业部	漯河市昆仑路 87 号	462000	0395－3134682	3130462
河南证券有限责任公司	濮阳证券交易营业部	濮阳市昆吴路北段 1 号	475000	0393－4616517	4611487
恒泰证券有限责任公司	包头钢铁大街证券营业部	包头市钢铁大街乙 36 号	014030	0472－5164783	5164845
恒泰证券有限责任公司	北京南滨河路证券营业部	北京市宣武区广安门南滨河路 1 号高新大厦 5 层	100055	010－63429716	63429711
恒泰证券有限责任公司	海拉尔河西开发区证券营业部	海拉尔市开发区商贸综合楼 2 楼	021000	0470－8330096	8330096
恒泰证券有限责任公司	呼和浩特新城南路证券营业部	呼和浩特市新城南街 39 号中电大厦	010010	0471－6939800	6939802
恒泰证券有限责任公司	上海博山东路证券营业部	上海市浦东新区博山东路 9 号	200093	021－65038383	65037722
恒泰证券有限责任公司	上海祥德路证券营业部	上海市祥德东路 383 号(曲阳路口)	200081	021－65083848	65229511
恒泰证券有限责任公司	深圳莲花路证券营业部	深圳市福田区莲花北富联大厦 A－3	518062	0755－3166591	3166591
恒泰证券有限责任公司	乌海海拉南路证券营业部	乌海市海勃湾区海拉南路 26 号	016000	0473－2011988	2022007
恒信证券有限责任公司	北京证券营业部	北京市海淀区文慧北路 9 号	100088	010－4305382	
恒信证券有限责任公司	常德武陵大道证券营业部	常德市武陵大道南段(证券大厦)	415000	0736－7229948	7254111
恒信证券有限责任公司	长沙劳动西路证券营业部	长沙市劳动西路 5 号	410007	0731－5558321	5520025
恒信证券有限责任公司	长沙五一西路证券营业部	长沙市五一西路 164 号	410005	0731－4412570	4441824
恒信证券有限责任公司	上海崂山东路证券营业部	上海市浦东崂山东路 700 号	200122	021－68878016	68877632
恒远证券经纪有限公司	北京苏州街证券营业部	北京市海淀区苏州街 72 号院 2 号楼	100028	010－82610081	82610081
恒远证券经纪有限公司	大连中山广场证券营业部	大连市中山区中山广场 2 号	116001	0411－2644586	2644586
恒远证券经纪有限公司	上海徐家汇路证券营业部	上海市徐家汇路 555 号广发银行大厦 3 楼	200023	021－6390184	6390184
恒远证券经纪有限公司	深圳华强北路证券营业部	深圳市福田区华强北路现代之窗大厦 21 层	518001	0755－3214711	
恒远证券经纪有限公司	沈阳光荣街证券营业部	沈阳市和平区光荣街 35 号 1－5 层	110014	024－23860356	
恒远证券经纪有限公司	苏州干将路证券营业部	苏州市干将西路 1296 号	215004	0512－68270515	68270563
恒远证券经纪有限公司	武汉洞庭街证券营业部	武汉市洞庭街 107－1 号	300101	027－82811922	82811922
恒远证券经纪有限公司	郑州东风路证券营业部	郑州市金水区东风路电子大厦 4 层	450002	0371－8280580	8280580
宏源证券股份有限公司	北京北洼路证券营业部	北京市海淀区北洼路 26 号	100089	010－88511336	88511335
宏源证券股份有限公司	大连开发区证券营业部	大连市开发区金马路科工贸大厦 4 号	116600	0411－7648899	7618535
宏源证券股份有限公司	大连延安路证券营业部	大连市中山区延安路 31 号	116001	0411－2817036	2644156
宏源证券股份有限公司	桂林上海路证券营业部	桂林市上海路安新小区 135 栋	541002	0773－3843724	3843737
宏源证券股份有限公司	海口龙昆北路证券营业部	海口市龙昆北路 30 号	570105	0898－66792182	66513968
宏源证券股份有限公司	克拉玛依友谊路证券营业部	克拉玛依市友谊路 139 号	834000	0990－6228328	6223574
宏源证券股份有限公司	柳州解放南路证券营业部	柳州市解放南路 97 号	545001	0772－2822286	2822286
宏源证券股份有限公司	上海浦北路证券营业部	上海市浦北路 270 号	200235	021－64837072	64838900
宏源证券股份有限公司	上海四平路证券营业部	上海市四平路 2549 号	200433	021－65117183	65117704
宏源证券股份有限公司	上海中山北一路证券营业部	上海市中山北一路 1230 号柏树大厦 B 区	200437	021－65445198	55381035
宏源证券股份有限公司	深圳八卦二路证券营业部	深圳市福田区八卦二路鹏益花园 2 幢	518029	0755－2122448	2122453
宏源证券股份有限公司	沈阳十一纬路证券营业部	沈阳市沈河区十一纬路 145 号	110014	024－22826461	22826461
宏源证券股份有限公司	乌鲁木齐北京路证券营业部	乌鲁木齐市北京南路 2 号	830011	0991－3818878	3828878
宏源证券股份有限公司	乌鲁木齐红山证券营业部	乌鲁木齐市公园北街 2 号	830000	0991－5857578	5857562
宏源证券股份有限公司	乌鲁木齐文艺路证券营业部	乌鲁木齐市建设路 2 号宏源大厦	830002	0991－2301863	2303707
宏源证券股份有限公司	武汉东湖路证券营业部	武汉市武昌区东湖路 76 号广苑大厦	430071	027－85743785	85743645
宏源证券股份有限公司	盐城大庆中路证券营业部	盐城市大庆中路 70 号	224001	0515－8377027	8377981
宏源证券股份有限公司	盐城解放北路证券营业部	盐城市解放北路 100 号	224001	0515－8325546	8316944
红塔证券股份有限公司	北京路证券营业部	昆明市北京路 433 号	650011	0871－3135007	3162527
红塔证券股份有限公司	楚雄证券营业部	楚雄市东新路 40 号	675000	0878－3012369	3010046
红塔证券股份有限公司	春城路证券营业部	昆明市春城路 168 号	650041	0871－3540608	3540609

证券营业部交易
Trading of Securities Business Outlet

单位:万元人民币(10000 Yuan RMB)

席位数 Seat Number	名次 Rank	总计 Total	股票 Stock	基金 Fund	交易金额 Trading Value 国债现货 T-Bond Spot	国债回购 T-Bond Repurchase	金融债、企业债、可转债 Financial, Corporate Bond, Convertible Bond	其他 Others
1	2347	17462.52	17194.72	116.21	109.05	0.00	38.08	4.46
1	2309	23842.94	23732.27	24.36	85.21	0.00	0.00	1.10
1	2308	23842.99	23400.19	416.19	6.43	0.00	10.58	9.62
2	1848	72054.85	70890.38	1015.23	3.41	100.00	24.05	21.80
1	1338	126213.87	123239.17	2726.85	100.28	0.00	115.28	32.31
1	2342	18281.84	17176.84	383.07	674.59	0.00	43.52	3.81
2	923	196900.40	192127.70	3163.63	1359.07	0.00	203.52	46.49
2	1839	73108.66	71476.86	1330.59	236.77	0.00	6.74	57.69
2	1716	84356.26	76038.79	1896.22	3766.47	1900.00	726.49	28.31
2	1278	133583.01	131746.90	1706.17	73.50	0.00	11.29	45.13
2	1403	116452.02	114556.45	1470.28	38.05	0.00	327.13	60.07
4	311	554047.24	124857.83	4023.56	70389.12	353690.00	843.27	243.42
1	2408	6349.30	6033.43	282.95	7.35	0.00	25.59	0.00
2	1172	149020.76	146635.05	2002.56	178.45	0.00	167.99	36.69
2	1081	164310.36	162075.52	2062.84	85.35	0.00	14.59	72.07
1	1678	87631.84	85931.51	1173.79	24.54	470.00	4.93	27.06
1	2083	49958.52	49350.32	448.04	125.71	0.00	6.55	27.90
1	1909	66030.39	62524.39	1998.13	303.51	1160.00	7.34	37.00
1	2233	34358.04	33673.16	620.30	2.09	50.00	0.00	12.47
1	2286	27238.32	27066.98	102.82	25.10	0.00	40.55	2.88
1	2030	55277.79	53993.15	1194.84	44.79	0.00	22.76	22.24
2	1521	101104.80	98579.53	2133.81	303.88	0.00	14.78	72.81
2	1203	143033.77	138765.46	3485.90	283.04	0.00	424.63	74.75
1	2109	47326.94	39512.30	363.94	153.58	7060.00	217.48	19.64
1	401	435990.33	153436.94	9991.24	26795.63	245480.00	120.27	166.29
1	2349	17310.24	16795.07	377.77	119.16	0.00	0.49	17.75
0	1234	138743.97	135750.54	2266.25	237.29	0.00	180.02	309.88
2	1579	96090.46	87218.34	7941.28	531.68	0.00	335.48	63.66
2	362	474573.07	258045.74	2609.54	86549.82	126730.00	382.39	255.60
1	2231	34517.82	28880.11	166.10	14.43	5450.00	0.00	7.18
1	465	384625.63	349980.01	4950.56	23799.38	4550.00	197.16	1148.51
1	2335	20283.60	383.54	10.56	9907.35	9980.00	0.00	2.14
2	2299	25283.02	24822.39	445.44	3.93	0.00	0.00	11.27
1	1788	77577.45	73797.70	1242.14	1498.92	890.00	103.64	44.99
2	989	185063.61	93341.95	725.22	57723.62	33180.00	59.45	33.36
2	701	268225.95	66031.40	747.02	93452.09	106530.00	1416.66	48.80
1	1897	67024.92	65960.72	460.14	581.73	0.00	19.34	3.02
1	2101	48157.62	45994.83	679.92	723.32	0.00	723.14	36.38
1	2234	34074.77	17154.19	766.66	8467.71	7130.00	555.58	0.63
1	2225	34979.62	21299.99	1902.38	2405.36	9370.00	0.00	1.89
1	2366	13801.15	13056.85	158.64	556.36	0.00	28.64	0.66
1	1382	119549.99	114343.61	2030.00	1636.29	1380.00	107.90	52.17
1	2205	37046.83	36518.54	481.86	33.98	0.00	0.00	12.45
1	2361	15072.56	15007.87	61.20	0.00	0.00	0.00	3.51
2	603	308954.58	243425.94	3834.72	3746.27	56930.00	676.78	340.85
1	1419	114519.63	111725.42	2272.89	359.42	0.00	63.33	98.58
2	1450	109356.03	106514.24	1497.86	1061.57	0.00	218.53	63.84
1	1930	64259.87	62957.72	1058.46	54.43	0.00	174.91	14.35
1	2149	43896.31	42983.12	803.03	29.07	0.00	29.62	51.44
1	2046	53426.66	52562.27	803.66	0.00	0.00	35.99	24.75
1	2115	46997.96	46294.90	638.57	15.58	0.00	24.53	24.36
2	374	460920.47	181511.94	5384.46	15022.40	257130.00	1228.31	643.39
2	1055	169877.30	164730.55	2584.18	2226.73	0.00	274.97	60.90
5	707	267016.51	219164.38	3361.41	33100.78	9000.00	2198.49	191.41
1	1373	121472.90	72773.19	633.59	4187.25	43870.00	0.00	8.87
3	482	375395.87	117343.92	993.93	62560.85	193630.00	791.70	75.47
1	44	2266069.68	71742.01	2445.12	315406.98	1875400.00	5.10	1070.51
2	1022	178770.87	98317.44	1206.00	65413.01	4040.00	18.94	9775.46
3	11	5047288.17	189828.42	5080.20	629920.69	3973740.00	12.53	248706.32
1	2337	19164.88	19063.00	98.44	1.06	0.00	0.00	2.38
2	1252	137247.52	134358.30	2457.99	310.72	0.00	67.75	52.74
2	2327	21407.82	20410.09	426.39	530.89	0.00	2.71	37.74
4	622	300605.70	142374.37	1496.10	19822.78	134720.00	152.23	2040.23
1	2344	18192.40	17953.25	191.17	33.53	0.00	0.99	13.45
1	1667	88756.82	87014.29	1618.40	0.00	0.00	31.15	93.00

证券营业部交易
Trading of Securities Business Outlet

单位:万元人民币(10000 Yuan RMB)

公司名称 Name	营业部名称 Securities Business Outlet	地址 Address	邮编 Zip	电话 Tel	传真 Fax
红塔证券股份有限公司	南屏街证券营业部	昆明市南屏街 4 号	650021	0871－3180553	3180564
红塔证券股份有限公司	人民东路证券营业部	昆明市人民东路 392 号	650216	0871－3373109	3374440
红塔证券股份有限公司	上海密云路证券营业部	上海市密云路 23 号	200092	021－65076958	65222378
红塔证券股份有限公司	上海田林东路证券营业部	上海市田林东路 414 弄 12 号	200233	021－64759188	64759188
红塔证券股份有限公司	上海骊山路证券营业部	上海市骊山路 1 号	200065	021－56091189	56091136
红塔证券股份有限公司	永安路证券营业部	昆明市永安路 8 号	650011	0871－3512662	3513030
红塔证券股份有限公司	永昌证券营业部	昆明市环城南路 675 号 2 楼	650034	0871－4109080	4137467
华安证券有限责任公司	安庆龙山路证券营业部	安庆市龙山路 168 号	246002	0556－5536918	5507092
华安证券有限责任公司	安庆人民路证券营业部	安庆市人民路 296 号	246003	0556－5561666	5562769
华安证券有限责任公司	蚌埠胜利中路证券营业部	蚌埠市胜利中路 111 号	233000	0552－2041920	2042170
华安证券有限责任公司	北京慧忠北里证券营业部	北京市朝阳区慧忠北里 305 楼	100012	010－64877006	64808361
华安证券有限责任公司	巢湖市巢湖路证券营业部	巢湖市巢湖路 112 号金元大厦	238000	0565－2629425	2626174
华安证券有限责任公司	池州长江南路证券营业部	池州市长江南路 24 号	247100	0566－2036439	2027174
华安证券有限责任公司	滁州天长路证券营业部	滁州市天长路 60 号	239000	0550－3043022	3043009
华安证券有限责任公司	阜阳人民西路证券营业部	阜阳市人民西路 38 号源丰阁	236000	0558－2253418	2281456
华安证券有限责任公司	广州东湖西路证券营业部	广州市东湖西路 18 号龙湖大厦	510100	020－83760386	83760386
华安证券有限责任公司	合肥安庆路证券营业部	合肥市安庆路 77 号	230001	0551－2631704	2631704
华安证券有限责任公司	合肥长江中路证券营业部	合肥市长江中路 333 号	230061	0551－2846286	2846290
华安证券有限责任公司	合肥金寨路证券营业部	合肥市金寨路 162 号	230022	0551－3653932	3653826
华安证券有限责任公司	合肥蒙城路证券营业部	合肥市蒙城路 79 号	230061	0551－2810605	2814004
华安证券有限责任公司	淮北孟山路证券营业部	淮北市孟山路 85 号	235000	0561－3032516	3026300
华安证券有限责任公司	淮南朝阳路证券营业部	淮南市朝阳路 16 号	232001	0554－2678139	2678139
华安证券有限责任公司	黄山前南新村证券营业部	黄山市屯溪区前南新村 18 号	245000	0559－2314284	2312214
华安证券有限责任公司	六安梅山路证券营业部	六安市梅山路 58 号	237005	0564－3315686	3313924
华安证券有限责任公司	马鞍山湖东中路证券营业部	马鞍山市湖东中路	243011	0555－2476449	2485888
华安证券有限责任公司	上海浦东南路证券营业部	上海市浦东南路 1036 号	200020	021－58773166	58773166
华安证券有限责任公司	上海徐家汇路证券营业部	上海市徐家汇路 528 号	200025	021－64152186	64152809
华安证券有限责任公司	深圳彩田南路证券营业部	深圳市彩田南路海滨广场福星阁 2 楼	518028	0755－3814216	3823709
华安证券有限责任公司	宿州淮海路证券营业部	宿州市淮海路百惠园 28 号	234000	0557－3031586	3031595
华安证券有限责任公司	铜陵淮河北路证券营业部	铜陵市淮河北路 2 号	242000	0562－2867124	2867474
华安证券有限责任公司	铜陵淮河路证券营业部	铜陵市淮河路 1 号	244000	0562－2859691	2869366
华安证券有限责任公司	芜湖新芜路证券营业部	芜湖市新芜路 58 号	241000	0553－3814384	3815084
华安证券有限责任公司	宣城鳌峰西路证券营业部	宣城市鳌峰西路 9 号	242000	0563－3017118	3020024
华安证券有限责任公司	证券投资总部	合肥市长江中路 357 号	230061	0551－2819115	2829384
华创证券经纪有限责任公司	北京复兴门外大街证券营业部	北京市复兴门外大街甲 1 号国家海洋局东配楼	100045	010－68052386	68055456
华创证券经纪有限责任公司	贵阳中华北路证券营业部	贵阳市中华北路 216 号华创大厦	550002	0851－6828875	6828875
华创证券经纪有限责任公司	上海淮安路证券营业部	上海市淮安路 838 号	200041	021－62764690	62767428
华创证券经纪有限责任公司	上海控江路证券营业部	上海市控江路 1690 号	200092	021－65628122	
华龙证券有限责任公司	白银四龙路证券营业部	白银市白银区四龙路 261 号	730900	0943－8241969	8243170
华龙证券有限责任公司	北京安外大街证券营业部	北京市安外大街 191 号	100011	010－64256247	64256247
华龙证券有限责任公司	兰州东岗西路证券营业部	兰州市东岗西路 592 号	730000	0931－8879446	8874640
华龙证券有限责任公司	兰州合水路证券营业部	兰州市西固区合水路 1 号	730060	0931－7583365	7583365
华龙证券有限责任公司	兰州静宁路证券营业部	兰州市城关区静宁路 138 号	730030	0931－8828374	88287181
华龙证券有限责任公司	兰州陇西路证券营业部	兰州市陇西路 7A 楼	730030	0931－8488434	8488434
华龙证券有限责任公司	兰州民主东路证券营业部	兰州市民主东路 276 号	730000	0931－8725602	8412493
华龙证券有限责任公司	兰州民主西路证券营业部	兰州市城关区民主西路 5 号商贸大世界 5 楼	730030	0931－8847780	8847775
华龙证券有限责任公司	兰州农民巷证券营业部	兰州市城关区农民巷 123 号	730000	0931－8887104	8840532
华龙证券有限责任公司	兰州七里河证券营业部	兰州市七里河北街 167 号	730050	0931－2311660	2343289
华龙证券有限责任公司	上海长宁路证券营业部	上海市长宁路 1661 弄 1 号	200051	021－52420599	52420566
华龙证券有限责任公司	上海中山北二路证券营业部	上海市中山北二路 1558 号	200437	021－65549482	65547170
华龙证券有限责任公司	深圳深南中路证券营业部	深圳市福田区深南中路东风大厦 5 楼	518031	0755－3357118	3210421
华龙证券有限责任公司	天水广场证券营业部	天水市秦城区中心广场金龙大厦	741000	0938－8297118	8218299
华龙证券有限责任公司	无锡北大街证券营业部	无锡市北大街大众市场 7A 楼	214043	0510－2660543	2621980
华龙证券有限责任公司	重庆公园路证券营业部	重庆市渝中区公园路 19 号德艺大厦 2 层	400010	023－63763535	63763535
华泰证券有限责任公司	北京复兴路证券营业部	北京市复兴路 3 号中国科技会堂东馆 1 层	100038	010－68582616	68571733
华泰证券有限责任公司	常州和平南路证券营业部	常州市和平南路 100 号	213003	0519－8113044	8113043
华泰证券有限责任公司	成都营业部	成都市一环路西一段 130 号	610041	13608186599	
华泰证券有限责任公司	广州机场路证券营业部	广州市机场路 137 号白云商业中心	510403	020－86342399	86342399
华泰证券有限责任公司	江阴虹桥北路证券营业部	江阴市虹桥北路 167 号	214431	0510－6812777	6812777
华泰证券有限责任公司	南京大桥南路证券营业部	南京市大桥南路 46 号	210015	025－8765412	8765412
华泰证券有限责任公司	南京汉中路证券营业部	南京市汉中路 180 号星汉大厦	210004	025－6516116	6516116
华泰证券有限责任公司	南京解放路证券营业部	南京市解放路 20 号	210016	025－4636809	4636809
华泰证券有限责任公司	南京止马营证券营业部	南京市建邺区止马营 26 号	210004	025－2205555	
华泰证券有限责任公司	南京中华路证券营业部	南京市中华路 255 号	210001	025－2230214	2302813
华泰证券有限责任公司	南京中山北路证券营业部	南京市中山北路 262 号	210003	025－3343088	3344088

证券营业部交易
Trading of Securities Business Outlet

单位：万元人民币(10000 Yuan RMB)

席位数 Seat Number	名次 Rank	总计 Total	股票 Stock	基金 Fund	交易金额 Trading Value 国债现货 T-Bond Spot	国债回购 T-Bond Repurchase	金融债、企业债、可转债 Financial, Corporate Bond, Convertible Bond	其 他 Others
1	1648	90370.25	54443.58	977.09	1318.35	33580.00	22.42	28.79
2	2113	47148.45	45927.44	1041.94	47.99	0.00	90.66	40.45
2	2056	52642.79	45755.63	1160.81	433.59	5000.00	190.95	101.79
4	1734	82754.80	79784.92	1661.91	479.41	460.00	133.77	234.81
4	1098	161014.22	148016.48	10260.54	1367.18	540.00	610.45	219.58
2	582	316424.59	220136.76	10092.94	22228.75	63870.00	35.32	60.79
2	1874	69270.41	67104.11	1544.47	488.53	0.00	54.09	79.24
2	1232	139045.66	108191.40	6678.00	6702.66	16500.00	226.39	747.20
1	1682	87392.43	84955.55	1227.56	497.21	560.00	109.47	42.66
2	1387	119030.38	94377.60	3025.21	4917.01	16040.00	582.90	87.66
3	430	412249.57	25073.77	25.09	175653.35	206430.00	72.36	4995.00
1	1358	123390.71	106677.27	3408.09	4746.73	8440.00	56.48	62.14
1	1999	58085.13	52051.83	826.06	5148.00	0.00	41.24	18.01
3	1405	116375.87	114629.29	1474.16	199.49	0.00	29.90	43.04
2	1193	144408.40	139407.58	3169.48	1656.39	0.00	96.81	78.12
1	1934	63948.53	41419.58	488.35	509.60	21450.00	64.26	16.74
2	1280	133465.62	103817.99	9562.16	5453.00	14500.00	57.81	74.67
2	472	381085.23	122588.71	3504.06	42952.01	201380.00	79.98	10580.48
1	822	222613.80	171892.47	7160.13	39670.74	0.00	1209.68	2680.78
1	824	222028.57	173145.53	3647.14	34023.62	10740.00	253.64	218.67
2	1292	131550.40	127123.13	3367.72	558.16	0.00	89.13	412.26
2	341	498154.39	236087.76	4897.33	97033.13	151690.00	103.51	8342.65
1	1157	151255.22	136704.94	2644.98	6617.88	0.00	137.80	5149.60
1	1333	126478.55	116280.61	2811.14	7087.71	0.00	218.60	80.50
3	1215	140929.16	126899.80	4005.18	1743.35	7360.00	499.06	421.80
3	730	258284.33	159406.58	13521.94	12501.28	72750.00	95.35	9.17
2	1423	114055.32	80100.71	4999.23	169.98	28520.00	184.83	80.60
1	2006	57237.52	51777.65	4223.93	1235.86	0.00	0.00	0.07
2	591	311971.29	102175.03	58041.07	54430.74	90960.00	27.08	6337.37
2	1919	65182.93	64104.88	914.23	68.73	0.00	68.13	26.97
1	1731	83203.21	66531.11	1028.58	15587.46	0.00	25.27	30.83
3	1663	88974.69	85483.19	2850.47	511.99	0.00	40.96	88.08
1	1669	88659.95	86795.66	1265.03	451.26	0.00	40.49	107.52
1	461	387538.71	126055.12	19464.03	85602.98	70980.00	0.00	85436.57
3	2267	29127.30	21904.90	606.90	2845.74	3660.00	100.80	8.96
1	274	623343.61	102913.07	1884.46	22998.27	493630.00	1884.64	33.17
6	1776	78461.64	48321.69	866.98	2552.75	26150.00	496.41	73.81
2	998	183163.94	140857.07	1631.56	13129.06	27170.00	215.99	160.26
1	2121	46558.05	45515.76	722.60	248.94	0.00	41.27	29.45
1	823	222146.78	21894.75	158.23	55964.23	92320.00	0.41	51809.16
1	1792	77437.86	69857.62	6433.66	1087.87	0.00	40.26	18.45
1	1551	98782.53	95257.16	1451.47	1676.74	0.00	220.91	176.24
0	1284	133086.39	106547.29	853.77	25649.38	0.00	23.62	12.35
1	2461	991.62	961.77	12.95	16.90	0.00	0.00	0.00
1	1993	58822.93	50518.42	5287.49	2984.56	0.00	12.73	19.75
1	2222	35231.77	34144.06	939.68	96.78	0.00	20.18	31.10
2	1853	71512.73	69899.21	481.84	496.30	600.00	15.93	19.44
1	1964	60903.85	60251.24	459.24	149.02	0.00	17.56	26.80
5	500	360060.37	224501.79	1991.30	64693.20	68100.00	242.23	531.89
3	761	246670.54	222593.80	5845.49	6690.29	9950.00	1551.77	39.19
1	1383	119451.95	117239.58	1422.35	755.67	0.00	34.36	0.00
1	1831	74150.27	72786.98	1301.20	13.08	0.00	8.57	40.44
1	1673	88063.20	86620.68	546.84	724.55	0.00	12.29	158.85
1	2232	34467.26	19388.59	213.08	14865.41	0.00	0.20	0.00
1	663	282458.10	220146.83	4979.30	42015.01	13810.00	831.34	675.58
2	285	604175.94	372927.26	6205.28	91008.50	131510.00	2360.73	164.16
1	1496	103230.45	98650.77	1094.99	171.92	3300.00	5.67	7.06
1	1416	114716.00	79068.11	1064.61	4032.62	30250.00	280.80	19.92
2	463	385643.52	375044.66	7167.66	2327.03	0.00	669.41	434.74
3	80	1530600.77	512822.82	13166.52	193817.28	808770.00	758.83	1265.37
1	685	274821.94	106006.09	5037.97	33596.91	130090.00	82.29	8.72
1	767	243703.38	155712.31	3795.79	1558.46	82040.00	290.87	305.94
1	382	454564.96	234688.13	9420.98	17321.58	191910.00	1046.27	177.97
2	263	647058.37	86351.41	0.00	125966.94	434740.00	0.00	0.00
2	148	1015279.15	512412.60	16078.61	44470.86	436640.00	1824.72	3852.34

证券营业部交易
Trading of Securities Business Outlet

单位:万元人民币(10000 Yuan RMB)

公司名称 Name	营业部名称 Securities Business Outlet	地址 Address	邮编 Zip	电话 Tel	传真 Fax
华泰证券有限责任公司	南通人民中路证券营业部	南通市人民中路 28 号金信大厦	226001	0513－5123158	5123166
华泰证券有限责任公司	南通姚港路证券营业部	南通市姚港路 6 号	226001	0513－5529888	5529800
华泰证券有限责任公司	泉州九一街证券营业部	泉州市鲤城区九一街百源大厦	362000	0595－2579907	2579907
华泰证券有限责任公司	上海西藏南路证券营业部	上海市西藏南路 777 号	200011	021－63678600	63664440
华泰证券有限责任公司	绍兴上大路证券营业部	绍兴市上大路 126－128 号	312000	0575－5117379	5117379
华泰证券有限责任公司	深圳彩田路证券营业部	深圳市彩田路 2014－9 富源大厦	518026	0755－2893355	2893298
华泰证券有限责任公司	沈阳朝阳街证券营业部	沈阳市沈河区朝阳街 180 号	110011	024－24861805	24861806
华泰证券有限责任公司	苏州人民路证券营业部	苏州市人民路 648 号	215001	0512－7529545	7513820
华泰证券有限责任公司	泰州青年路证券营业部	泰州市青年路西园 14 号	225300	0523－6222880	6234045
华泰证券有限责任公司	无锡解放西路证券营业部	无锡市解放西路 327 号	214031	0510－2715527	2715527
华泰证券有限责任公司	武汉武珞路证券营业部	武汉市武昌武珞路 288 号	430070	027－87305658	87899838
华泰证券有限责任公司	徐州中山南路证券营业部	徐州市中山南路 56 号交行 2 楼	226006	0516－5695040	5695075
华泰证券有限责任公司	盐城建军东路证券营业部	盐城市建军东路 20 号	224001	0515－8204736	8247067
华泰证券有限责任公司	扬州文昌中路证券营业部	扬州市文昌中路 108 号	225001	0514－7368989	7332229
华泰证券有限责任公司	张家港杨舍东街证券营业部	张家港市杨舍东街 2 号	215600	0520－8227100	8217115
华西证券有限责任公司	北京紫竹院路证券营业部	北京市海淀区紫竹院路 31 号华澳中心	100089	010－68716366	68713999
华西证券有限责任公司	成都猛追湾街证券营业部	成都市猛追湾街 18 号	610051	028－84368467	4368467
华西证券有限责任公司	成都南一环路证券营业部	成都市南一环路 20 号	610065	028－85235182	5450144
华西证券有限责任公司	成都西玉龙街证券营业部	成都市西玉龙街 10 号	610015	028－86511912	6511914
华西证券有限责任公司	广汉湖南路证券营业部	广汉市湖南路购物中心北楼	618300	0838－5304899	5302028
华西证券有限责任公司	杭州学院路证券营业部	杭州市学院路 99 号钱江科技大厦	310013	0571－88213678	85123449
华西证券有限责任公司	南充涪江路证券营业部	南充市涪江路 117 号	637000	0817－2225175	2223751
华西证券有限责任公司	上海曲阳路证券营业部	上海市曲阳路 1 号华西证券大厦	200081	021－65082968	65082877
华西证券有限责任公司	深圳深南东路证券营业部	深圳市深南东路 123 号百货广场西座 13 楼	518001	0755－2380818	2380456
华夏证券有限公司	鞍山人民路证券营业部	鞍山市铁西区人民路裕华商业城	114013	0412－8516988	8531891
华夏证券有限公司	保定向阳南路证券营业部	保定市向阳南路 89 号	071051	0312－3091006	3091006
华夏证券有限公司	北京安立路证券营业部	北京市朝阳区安立路 66 号安立花园 C 座	100101	010－64906196	64906255
华夏证券有限公司	北京东直门南大街证券营业部	北京市东直门南大街 6 号	100027	010－64172888	64172900
华夏证券有限公司	北京海淀南路证券营业部	北京市海淀区海淀南路 9 号海乾大厦	100080	010－62645589	62645572
华夏证券有限公司	北京三里河路证券营业部	北京市海淀区三里河路 39 号	100053	010－88385836	88381500
华夏证券有限公司	常州邮电路证券营业部	常州市邮电路 2 号	213003	0519－6684478	6625441
华夏证券有限公司	长春人民大街证券营业部	长春市人民大街 68 号	130051	0431－8958189	8958161
华夏证券有限公司	长沙蔡锷中路证券营业部	长沙市蔡锷中路 128 号	410005	0731－2229878	4448997
华夏证券有限公司	长沙体育馆路证券营业部	长沙市体育馆路 17 号	410005	0731－4555802	4558577
华夏证券有限公司	长沙芙蓉中路证券营业部	长沙市芙蓉中路 167 号	410005	0731－2236776	2229568
华夏证券有限公司	潮州市潮枫路证券营业部	潮州市潮枫路兰园附楼	521000	0768－2292293	2273977
华夏证券有限公司	郴州解放路证券营业部	彬州市解放路 95 号	423000	0735－2237789	2261100
华夏证券有限公司	成都马家花园证券营业部	成都市马家花园特 1 号	610031	028－2918999	2918885
华夏证券有限公司	成都南一环路证券营业部	成都市一环路南三段 25 号	610041	028－5582171	5582171
华夏证券有限公司	大连同兴街证券营业部	大连市中山区同兴街 10 号	116001	0411－2806192	2806812
华夏证券有限公司	福州东街证券营业部	福州市东街 33 号武夷中心 3 层	350001	0591－7609128	7539131
华夏证券有限公司	广元利洲东路证券营业部	广元市利州东路 553 号	628017	0839－3262708	3261848
华夏证券有限公司	广州中山二路证券营业部	广州市中山二路 48 号	510000	020－87669766	87786903
华夏证券有限公司	贵阳合群路证券营业部	贵阳市合群路 1 号	550001	0851－6901631	6901532
华夏证券有限公司	哈尔滨靖宇大街证券营业部	哈尔滨市道外区靖宇大街 368 号	150020	0451－4639788	4610345
华夏证券有限公司	哈尔滨西二道街证券营业部	哈尔滨市道里区西二道街 9 号	150010	0451－4639788	4610345
华夏证券有限公司	海口海府大道证券营业部	海口市海府路 73 号农建友谊大厦 8 楼	570203	0898－65341126	65357211
华夏证券有限公司	杭州解放路证券营业部	杭州市解放路 200 号	310001	0571－87066526	87066541
华夏证券有限公司	济南经四路证券营业部	济南市经四路 267 号	250001	0531－6905614	6911138
华夏证券有限公司	济南栎源大街证券营业部	济南市乐源大街 22 号	250063	0531－6993560	6993559
华夏证券有限公司	江西业务部第二营业部	南昌市北京西路 513 号	330046	0791－8500794	8500747
华夏证券有限公司	江西业务部第四营业部	南昌市青山路 186 号	330077	0791－8616290	8616271
华夏证券有限公司	江西业务部第五营业部	南昌市井岗山大道 338 号	330000	0791－5207118	5207128
华夏证券有限公司	江西业务部第一营业部	南昌市象山北路 170 号	330008	0791－6798254	6798254
华夏证券有限公司	揭阳站前路证券营业部	揭阳市东山区站前大道中段	522000	0663－8225012	8220447
华夏证券有限公司	昆明环城南路证券营业部	昆明市环城南路 39 号	650000	0871－3307397	3307395
华夏证券有限公司	兰州金昌路证券营业部	兰州市金昌路 8 号	730030	0931－8871103	8871103
华夏证券有限公司	南昌中山路证券营业部	南昌市中山路 275 号	330008	0791－6691258	6691190
华夏证券有限公司	南海市南桂东路证券营业部	南海市南桂东路 38 号桂花大酒店	528200	0757－6232616	6227634
华夏证券有限公司	南京淮海路证券营业部	南京市淮海路 78 号	210005	025－6645169	6641537
华夏证券有限公司	宁波曙光路证券营业部	宁波市曙光路 18 号	315040	0574－87707976	87707976
华夏证券有限公司	青岛瞿塘峡路证券营业部	青岛市市南区瞿塘路 24 号	266002	0532－2656288	2656669
华夏证券有限公司	清远先锋东路证券营业部	清远市先锋东路银河阁	511500	0763－3318627	3391325
华夏证券有限公司	上海分公司大木桥路证券营业部	上海市大木桥路 425 号	200032	021－64220701	64220697
华夏证券有限公司	上海分公司福山路证券营业部	上海市福山路 33 号上海建工大厦	200010	021－58762876	58762880

证券营业部交易
Trading of Securities Business Outlet

单位：万元人民币（10000 Yuan RMB）

席位数 Seat Number	名次 Rank	交易金额 Trading Value 总计 Total	股票 Stock	基金 Fund	国债现货 T-Bond Spot	国债回购 T-Bond Repurchase	金融债、企业债、可转债 Financial, Corporate Bond, Convertible Bond	其 他 Others
2	794	232524.02	173309.77	5687.62	13207.48	39940.00	252.50	126.69
2	141	1042170.45	315856.06	11018.62	190886.38	512470.00	11768.49	170.93
1	2340	18757.15	10454.40	118.87	19.58	8160.00	3.81	0.46
3	2389	9349.28	7349.28	0.00	0.00	2000.00	0.00	0.00
1	2324	21777.40	21702.00	70.95	0.00	0.00	3.88	0.58
1	2246	32133.56	30142.43	1172.06	633.65	0.00	184.71	0.74
1	511	355152.56	180760.22	3305.55	76383.01	94470.00	93.04	140.72
2	99	1333465.88	436036.06	12418.97	69218.86	810560.00	3683.32	1548.65
2	871	207250.43	191097.37	5167.19	3144.63	6760.00	904.43	176.81
3	62	1796498.24	990790.15	21610.82	39991.22	739540.00	3513.97	1052.07
3	176	876152.00	464957.55	11064.44	16713.34	372780.00	9797.90	838.75
2	2436	3000.00	0.00	0.00	0.00	3000.00	0.00	0.00
2	590	312196.16	249522.05	3953.90	34290.80	24040.00	158.24	231.18
2	1062	168233.52	160473.63	3563.16	3739.20	0.00	262.61	194.92
1	909	199926.64	196533.88	2137.71	231.33	0.00	955.14	68.57
1	740	254336.32	173920.25	13018.50	1983.04	57340.00	39.75	8034.78
2	186	825924.25	377596.82	6280.25	11226.88	429790.00	875.09	155.24
2	583	315268.24	299506.02	4824.21	10699.75	0.00	127.03	111.23
5	206	779069.75	730609.04	11487.68	5076.87	29780.00	586.86	1529.32
2	110	1196316.99	533535.39	6563.67	27763.62	627210.00	934.52	309.79
1	724	260863.03	129018.81	924.90	39026.79	91770.00	78.14	44.38
1	2276	28066.05	28066.05	0.00	0.00	0.00	0.00	0.00
5	146	1021698.71	387690.51	6744.84	54495.21	572350.00	307.02	111.12
2	1100	160977.17	79397.01	34.87	20806.34	60730.00	0.00	8.94
4	1438	111931.93	109934.33	1672.81	110.96	0.00	151.64	62.18
4	184	829765.02	244485.49	4846.05	5515.58	573870.00	751.79	296.11
4	25	2859278.88	482652.15	9227.60	10743.07	2355310.00	1134.49	211.53
8	5	7145432.54	815709.25	10065.16	213320.89	6083550.00	11578.79	11208.46
6	59	1815105.63	381941.60	8634.41	90741.46	1300960.00	3483.42	29344.77
2	2401	8100.07	7100.07	0.00	0.00	1000.00	0.00	0.00
2	1771	79085.58	9.18	0.00	11236.40	67840.00	0.00	0.00
1	1623	92466.25	90948.62	957.58	433.40	0.00	70.04	56.63
1	1368	122314.03	58745.01	1507.92	2526.28	56080.00	3432.37	22.44
1	1786	77716.91	72469.63	1967.63	962.98	2190.00	61.51	65.20
2	504	357765.33	97543.24	1234.87	37877.96	219220.00	1598.81	290.44
1	1159	150817.15	73529.87	1096.30	73.84	76050.00	27.04	40.12
1	2145	44433.73	43737.68	575.92	101.37	0.00	6.58	12.17
2	601	309665.47	240844.08	4153.94	10922.47	52740.00	672.74	332.24
2	814	225120.69	185267.55	4190.64	12082.19	23410.00	87.93	82.37
1	1664	88886.27	84721.18	1613.21	2336.49	0.00	153.17	62.23
3	119	1129754.96	181916.06	7638.67	129353.80	806020.00	4612.50	213.94
1	2123	46329.98	45895.09	406.16	2.09	0.00	14.52	12.11
2	636	293754.63	47288.76	640.87	213.01	245180.00	366.81	65.16
2	2175	40529.08	4652.35	83.64	35290.17	500.00	2.39	0.53
4	899	202196.59	105488.89	1033.81	38123.00	57300.00	207.43	43.47
3	776	241189.66	169665.39	1490.56	22115.49	46340.00	1508.18	70.05
2	1486	104756.20	102370.89	1131.13	754.28	0.00	229.21	270.73
1	2438	2784.07	2759.36	20.33	4.39	0.00	0.00	0.00
4	20	3696356.75	593542.06	10428.31	97254.10	2987740.00	2112.78	5279.50
2	1962	61114.62	36838.37	0.00	7276.25	17000.00	0.00	0.00
1	744	251268.99	222886.52	3237.08	105.10	24890.00	44.99	105.38
1	1138	154641.31	125556.18	1393.26	342.79	27190.00	115.11	43.97
1	954	191072.33	186264.28	3519.98	425.40	630.00	90.42	142.24
2	1275	133873.97	91214.43	1098.98	41233.98	90.00	162.36	74.22
1	1378	120148.41	116843.10	1297.40	59.25	1900.00	10.71	37.93
1	2425	4237.56	4210.93	24.37	0.98	0.00	0.00	1.28
1	1111	159077.19	103589.33	1660.96	53393.00	160.00	229.46	44.43
3	2467	522.07	522.07	0.00	0.00	0.00	0.00	0.00
2	721	262282.85	126134.72	2994.76	32.29	133050.00	41.99	29.05
5	71	1637965.67	704916.27	12568.39	158596.88	756310.00	5088.97	465.18
2	1779	78305.43	70783.24	1445.36	1483.04	4460.00	100.60	33.19
3	576	319700.42	74244.08	1180.26	17691.25	226430.00	117.05	37.76
1	2180	40346.50	39679.55	582.29	53.15	0.00	20.80	10.71
2	1407	115965.20	100491.23	3280.45	6088.16	6020.00	68.46	16.92
4	904	201012.68	55394.08	12278.67	20729.07	105170.00	7416.22	24.62

证券营业部交易
Trading of Securities Business Outlet

单位:万元人民币(10000 Yuan RMB)

公司名称 Name	营业部名称 Securities Business Outlet	地址 Address	邮编 Zip	电话 Tel	传真 Fax
华夏证券有限公司	上海分公司高桥证券营业部	上海市通园路 139 号	200137	021-58762886	58612215
华夏证券有限公司	上海分公司华灵路证券营业部	上海市华灵路 849 号	200436	021-66355386	66347808
华夏证券有限公司	上海分公司控江路证券营业部	上海市控江路 1529 号	200093	021-65040988	65047488
华夏证券有限公司	上海分公司南丹路证券营业部	上海市南丹路 40 号	200030	021-64381299	64388936
华夏证券有限公司	上海分公司青浦证券营业部	上海市青浦镇青松路 35 号	201700	021-59720113	59720153
华夏证券有限公司	上海分公司商城路证券营业部	上海市永嘉路 698 号	200120	021-64729360	64725240
华夏证券有限公司	上海分公司新闸路证券营业部	上海市新闸路 1716 号	200040	021-62176698	62174899
华夏证券有限公司	上海分公司徐家汇路证券营业部	上海市徐家汇路 550 号(宝鼎大厦 4 楼)	200025	021-64452233	64728815
华夏证券有限公司	上海分公司营口路证券营业部	上海市营口路 818 号	200082	021-65300223	65388408
华夏证券有限公司	上海分公司永嘉路证券营业部	上海市永嘉路 698 号	200031	021-64729360	64725240
华夏证券有限公司	上海哈密路证券营业部	上海市哈密路 750 号	200092	021-65229898	65220234
华夏证券有限公司	上饶赣东北大道证券营业部	上饶市赣东北大道 38 号	334000	0793-8212998	8236471
华夏证券有限公司	深圳分公司宝安新城创业路证券营业部	深圳市宝安区宝城 21 区创业路 100 号	518101	0755-7787868	7787798
华夏证券有限公司	深圳分公司华阳街证券营业部	深圳市华强南路华阳街鹏福田楼 1 楼	518021	0755-3622280	3622407
华夏证券有限公司	深圳分公司深南中路证券营业部	深圳市深南中路 3039 号国际文化大厦 3、18 楼	518033	0755-3664577	3664680
华夏证券有限公司	深圳分公司振华路证券营业部	深圳市振华路 62 号兰光大厦 1-5 层	518031	0755-3201440	3321525
华夏证券有限公司	沈阳分公司锦州解放路证券营业部	锦州市凌河区解放路 5 段 26 号	121000	0416-2824315	2824313
华夏证券有限公司	苏州东环路证券营业部	苏州市东环路 129 号	215021	0512-7421369	7423563
华夏证券有限公司	天津分公司红旗南路证券营业部	天津市南开区红旗南路 245 号	300191	022-23621391	
华夏证券有限公司	天津分公司解放南路证券营业部	天津市河西区解放南路 351 号	300200	022-28236245	28235181
华夏证券有限公司	武汉分公司黄石市府路证券营业部	黄石市市府路 7 号	435000	0714-6255282	6230838
华夏证券有限公司	武汉分公司荆州荆沙路证券营业部	荆州市荆沙路 4 号	434000	0716-8511618	8511619
华夏证券有限公司	武汉分公司十堰朝阳北路证券营业部	十堰市朝阳北路 2 号金城大厦 4 楼	442000	0719-8673407	8662446
华夏证券有限公司	武汉分公司武汉建设八路证券营业部	武汉市青山区建八路 19 号	430080	027-86348216	86346211
华夏证券有限公司	武汉分公司武汉中山北路证券营业部	武汉市武昌区中北路 18 号	430071	027-87310159	87310153
华夏证券有限公司	武汉分公司襄樊城鼓楼巷证券营业部	襄樊市襄城鼓楼巷 1 号	441021	0710-3517345	3533147
华夏证券有限公司	武汉分公司宜昌云集路证券营业部	宜昌市云集路 38 号	443000	0717-6772555	6741625
华夏证券有限公司	西安南大街证券营业部	西安市南大街 56 号	710002	029-7284370	7284304
华夏证券有限公司	厦门大同路证券营业部	厦门市大同路 292-296 号	361003	0592-2075981	2010368
华夏证券有限公司	烟台大海阳路证券营业部	烟台市大海阳路 145 号	264001	0535-6665540	6665564
华夏证券有限公司	张家界陵园路证券营业部	张家界市陵园路 1 号	427000	0744-8232398	8232368
华夏证券有限公司	重庆分公司汉渝路证券营业部	重庆市沙坪坝区汉渝路 46 号	400030	023-65302928	65305036
华夏证券有限公司	重庆分公司临江支路证券营业部	重庆市渝中区临江支路 28 号	400010	023-63806789	63807272
华夏证券有限公司	重庆分公司南坪北路证券营业部	重庆市南岸区南坪北路 1 号	400030	023-62829532	62804588
华夏证券有限公司	重庆分公司万州白岩路证券营业部	重庆市万州区白岩路 81 号	400000	023-58101188	58101200
华夏证券有限公司	株州建设中路证券营业部	株州市建设中路 1 号	412000	0733-8245678	8210757
华夏证券有限公司	淄博市中心路证券营业部	淄博市张店区中心路 140 号	255037	0533-2187915	2187905
华夏证券有限公司	泸州滨江路证券营业部	泸州市江阳区滨江路 1 段 1 号	646000	0830-2291831	2291604
华鑫证券有限责任公司	北京西三环北路证券营业部	北京市海淀区西三环北路 100 号金玉大厦	100037	010-68725588	64908372
华鑫证券有限责任公司	上海定西路证券营业部	上海市定西路 1232 号	200050	021-62513111	62512789
华鑫证券有限责任公司	上海嘉定证券营业部	上海市嘉定清河路 160 号	201800	021-39910478	59523666
华鑫证券有限责任公司	上海金山证券营业部	上海市金山区东风路 15 号	201500	021-57335177	57310735
华鑫证券有限责任公司	上海龙吴路证券营业部	上海市龙吴路 5555 号	200241	021-64502338	64501052
华鑫证券有限责任公司	上海茅台路证券营业部	上海市茅台路 596 号	200336	021-62903301	62903301
华鑫证券有限责任公司	上海南汇证券营业部	上海市南汇县惠南镇工农南路 6 号	201300	021-58024374	38000133
华鑫证券有限责任公司	上海浦东大道证券营业部	上海市浦东大道 2606 号 2 号门	200129	021-58713945	58714982
华鑫证券有限责任公司	上海松江证券交易营业部	上海市人民北路 145 号招商市场 2 楼南侧	201600	021-57715688	37810171
华鑫证券有限责任公司	上海同济路证券营业部	上海市宝山同济路 131 号 2 楼	200940	021-56678432	56678398
华鑫证券有限责任公司	上海武宁证券营业部	上海市武宁路 1488 号	200063	021-62167925	32250360
华鑫证券有限责任公司	上海斜土路证券营业部	上海市斜土路 1939 号 D 幢裙房 1,2 楼	200032	021-64229699	64228181
华鑫证券有限责任公司	上海枣阳路证券营业部	上海市枣阳路 206 号	200041	021-62859312	62859312
华鑫证券有限责任公司	上海莘建路证券营业部	上海市莘庄镇莘建路 18 号	201100	021-64880338	64882659
华鑫证券有限责任公司	上海漕宝路证券营业部	上海市漕宝路 124 号	200233	021-64700535	64080466
华鑫证券有限责任公司	深圳证券营业部	深圳市福田区园岭 8 街园东花园 3 栋 2 层	518028	0755-2431137	2431137
华鑫证券有限责任公司	西安解放路证券营业部	西安市解放路 103 号	710005	029-7481732	7481718
华鑫证券有限责任公司	西安南大街证券营业部	西安市南大街 7 号	710003	029-7288401	7288400
华鑫证券有限责任公司	西安团结南路证券营业部	西安市团结南路 30 号	710077	029-4251948	4253748
华鑫证券有限责任公司	西安阎良证券营业部	西安市阎良区新华路中段	710089	029-6846199	6867875
惠州证券有限责任公司	惠州麦地南路证券营业部	惠州市麦地南路华侨新村 F 幢	516001	0752-2380088	2380077
吉林泛亚信托投资有限公司	长春白菊路证券营业部	长春市宽城区白菊路 8 号五环广场	130051	0431-2732429	2732423
吉林泛亚信托投资有限公司	长春证券交易营业部	长春市西安大路 35 号金都饭店 8.9 层	130061	0431-8927939	8927987
济南英大国际信托投资公司	济南馆驿街证券营业部	济南市馆驿街 318 号	250001	0531-6035402	6933114
济南英大国际信托投资公司	马鞍山路证券营业部	济南市马鞍山路 52 号 6 号楼	250002	0531-2057996	2095422
济南英大国际信托投资公司	上海共和新路证券营业部	上海市共和新路 4448 号	200435	021-66247737	66247738
济南英大国际信托投资公司	天津证券营业部	天津市北辰区京津公路 344 号	300400	022-26832681	26830687

证券营业部交易
Trading of Securities Business Outlet

单位：万元人民币(10000 Yuan RMB)

席位数 Seat Number	名次 Rank	总计 Total	股票 Stock	基金 Fund	交易金额 Trading Value 国债现货 T-Bond Spot	国债回购 T-Bond Repurchase	金融债、企业债、可转债 Financial, Corporate Bond, Convertible Bond	其他 Others
2	796	231657.79	173426.63	5810.21	627.55	50770.00	907.95	115.42
2	159	984278.29	134276.71	2624.50	59435.41	787520.00	360.22	61.47
4	373	463110.03	109969.67	2925.74	13670.46	335970.00	528.45	45.69
5	578	318993.51	93847.94	2388.25	22089.83	200370.00	253.27	44.20
2	1225	139812.97	89261.44	950.06	15803.82	33740.00	13.20	44.46
2	194	809054.39	169574.15	2817.49	42652.07	592280.00	105.33	1625.34
2	535	341049.84	87490.24	12637.44	65394.55	164990.00	10504.99	32.65
3	1813	75396.88	66264.15	1430.75	2189.35	4140.00	1279.51	93.13
3	1589	95119.19	88189.73	2712.76	3716.11	50.00	419.85	30.73
3	297	575435.53	212116.11	3711.30	9679.50	349400.00	277.03	251.59
4	34	2445845.29	482490.20	10845.11	209857.09	1736840.00	5368.66	444.22
0	2379	11156.44	10862.01	163.72	74.30	0.00	35.07	21.34
1	2329	21114.56	20745.29	271.48	0.00	0.00	87.55	10.25
1	1747	81578.56	49437.66	1564.54	997.08	29570.00	7.73	1.54
1	613	302176.67	102315.52	636.32	24284.69	174450.00	485.08	5.07
6	132	1077419.16	311401.24	3052.06	110148.41	651440.00	1208.71	168.76
2	1940	63181.59	59814.52	2737.18	97.26	0.00	398.60	134.00
1	2237	33764.99	74.43	0.00	26240.56	7450.00	0.00	0.00
1	1048	171750.56	84809.53	2211.42	137.12	84380.00	156.26	56.23
2	404	432761.31	147950.09	2462.23	12800.94	269210.00	128.28	209.80
1	1691	86903.08	57781.02	6919.09	2024.37	20110.00	58.84	9.76
1	1508	102159.98	97693.93	747.54	551.44	2000.00	1135.40	31.68
1	1570	96872.60	63809.94	1313.41	47.34	31670.00	14.82	17.11
1	2071	50750.88	44995.42	1054.91	102.31	4540.00	40.15	18.07
3	160	981441.44	313201.23	4578.60	26548.83	635350.00	1255.31	507.48
1	1687	87024.00	80488.40	1740.63	269.65	4480.00	8.92	36.41
2	1873	69334.24	68479.72	455.66	94.62	160.00	133.36	10.89
4	192	813481.59	210081.61	2370.10	61308.55	538070.00	882.78	768.54
2	185	825980.45	291571.29	31330.16	194004.50	307990.00	807.45	276.99
1	395	441913.81	161627.93	1740.96	48360.20	222500.00	6499.31	1185.44
1	2251	31385.45	31103.96	272.14	0.00	0.00	0.00	9.36
1	612	302409.76	116664.94	1876.36	13340.17	169940.00	538.16	50.11
1	793	232602.50	93302.04	417.93	27819.96	111000.00	20.39	42.20
2	1611	93434.88	61493.80	608.30	27173.25	4000.00	123.84	35.69
1	930	195736.04	66868.29	1163.07	21372.39	106310.00	8.88	13.43
1	1746	81729.25	72559.98	1269.13	174.29	7540.00	76.84	109.01
2	733	256380.81	143125.64	4006.56	42378.83	56510.00	191.57	10168.20
1	1085	162604.45	56600.75	481.03	10005.10	95500.00	6.47	11.15
2	2244	32384.50	6344.36	123.70	1946.05	23970.00	0.00	0.40
3	2271	28804.13	28155.32	452.09	151.81	0.00	16.05	28.85
3	615	301813.89	162888.01	4970.95	54338.31	79440.00	24.14	152.48
3	425	416766.59	88700.36	3832.68	13637.66	310410.00	49.62	136.29
2	1392	118288.72	99915.79	1688.40	8604.53	7800.00	89.58	190.44
2	1686	87048.45	61795.58	1362.29	3034.85	20750.00	37.11	68.61
2	1594	94593.88	89413.26	4566.40	313.88	0.00	125.97	174.36
3	1180	146772.38	62838.25	1425.44	214.07	81760.00	416.60	118.04
3	1229	139367.39	113136.28	3124.55	6757.70	15940.00	268.42	140.43
2	1461	108248.58	59803.60	4835.27	15139.36	28400.00	7.71	62.69
4	470	383329.12	158063.31	7163.71	10250.87	201290.00	1483.17	5078.05
3	58	1821506.88	226559.97	2610.09	236009.15	1354700.00	1504.83	122.81
1	2173	40890.06	36687.52	676.15	209.65	3080.00	134.67	102.06
2	1211	141651.96	123734.55	2969.93	14842.04	0.00	23.29	82.17
2	689	272817.68	58408.31	1698.04	42863.96	169590.00	133.80	123.56
1	2282	27462.51	26975.90	51.70	174.99	0.00	1.61	258.31
1	2186	39345.16	38865.90	386.75	72.65	0.00	7.06	12.81
3	1628	91881.60	90333.18	1237.53	194.28	0.00	46.43	70.21
2	2243	32433.20	31656.19	554.86	66.41	0.00	132.42	23.30
1	1705	85563.35	28037.25	381.68	8434.27	48300.00	62.64	347.48
1	496	362742.05	134363.50	1663.58	116694.69	109760.00	144.74	115.52
1	1850	71939.18	71274.11	622.49	0.00	0.00	3.19	39.38
1	1539	99518.05	53171.83	1144.08	26933.12	18260.00	0.00	9.06
1	1167	149220.09	62963.48	1337.62	12582.28	72200.00	65.86	70.86
4	1581	96021.59	59221.69	814.85	35832.12	0.00	106.70	46.26
4	1329	127190.93	118186.75	3194.66	857.18	4460.00	363.38	128.95
1	2236	33932.76	31868.40	1011.33	32.55	1000.00	0.91	19.57

证券营业部交易
Trading of Securities Business Outlet

单位：万元人民币(10000 Yuan RMB)

公司名称 Name	营业部名称 Securities Business Outlet	地址 Address	邮编 Zip	电话 Tel	传真 Fax
佳木斯市证券公司	佳木斯股票营业部	佳木斯市长安路 584 号	154002	0454－8600450	8693323
佳木斯市证券公司	上海营业部	上海市小木桥路 268 弄 2 号	200071	021－64184909	64182392
佳木斯市证券公司	天津营业部	天津市河北区江都路鹤山里 3 号	300250	022－26021618	26021600
健桥证券股份有限公司	宝鸡汉中路证券营业部	宝鸡市汉中路 107 号	721001	0917－3511016	3511016
健桥证券股份有限公司	宝鸡经二路证券营业部	宝鸡市经二路东段北 6 号	721000	0917－3202727	3201647
健桥证券股份有限公司	汉中东大街证券营业部	汉中市东大街头巷尾 6 号	723000	0916－2232451	2233809
健桥证券股份有限公司	上海证券交易营业部	上海市漕东支路 111 弄 7 号	200233	021－64284733	64276886
健桥证券股份有限公司	深圳证券交易营业部	深圳市福田区金田路 2010 号集华花园	518026	0755－83813896	8380639
健桥证券股份有限公司	西安东大街证券交易营业部	西安市东大街 120 号	710001	029－7431626	7431262
健桥证券股份有限公司	西安高新技术产业开发区证券交易营业部	西安市高新一路 16 号创业大厦	710075	029－8211399	8225138
健桥证券股份有限公司	西安未央路证券交易营业部	西安市未央路 53 号	710015	029－6266286	6230452
健桥证券股份有限公司	西安雁塔路证券交易营业部	西安市雁塔路北段 52 号	710054	029－7853401	7853746
江门证券有限责任公司	江门港口路证券营业部	江门市港口路 1 号	529000	0750－3160811	3160811
江南证券有限责任公司	北京安立路证券营业部	北京市朝阳区安立路甲 56 号南座	100101	010－64979971	64987859
江南证券有限责任公司	吉安井岗山大道证券营业部	吉安市井冈山大道 48 号	343000	0796－8239676	8218584
江南证券有限责任公司	南昌广场南路证券营业部	南昌市广场南路 198 号	330032	0791－6260562	6260560
江南证券有限责任公司	上海蒲汇塘路证券营业部	上海市蒲汇塘路 123 号	200030	021－64380548	64384323
江南证券有限责任公司	上饶赣东北大道证券营业部	上饶市赣东北大道 8 号	334000	0793－8212978	8212990
江南证券有限责任公司	深圳春风路证券营业部	深圳市春风路 66 号庐山大厦 B 座 6 楼	518001	0755－82324531	82324530
江南证券有限责任公司	天津六纬路证券营业部	天津市河东区六纬路 54 号	300171	022－24134916	24134896
江南证券有限责任公司	武汉新华路证券营业部	武汉市汉口新华路 139 号	430022	027－85499105	85764807
江南证券有限责任公司	郑州嵩山南路证券营业部	郑州市嵩山南路 22 号华中宾馆院内	450006	0371－8897589	8897576
江西省发展信托投资股份有限公司	南昌证券交易营业部	南昌市八一大道 266 号	330003	0791－6232259	6274611
江西省发展信托投资股份有限公司	上海天钥桥路证券部	上海市天钥桥路 216 号	200030	021－64385518	64385553
江西省发展信托投资股份有限公司	深圳证券营业部	深圳市红荔西路 403 栋	518028	0755－3230448	3230148
江西省赣州地区信托投资公司	第一证券营业部	赣州市红旗大道 50 号	341000	0797－8241084	8275579
江西省国际信托投资公司	赣州证券交易营业部	赣州市红旗大道 21 号物资大楼	341000	0797－8125980	8127676
江西省国际信托投资公司	南昌物资大楼证券营业部	南昌市八一大道德风尚 36 号	330002	0791－6803374	6803375
江西省国际信托投资公司	南昌永叔路证券营业部	南昌市永叔路 15 号	330000	0791－6288601	6304553
江西省国际信托投资公司	上海营业部	上海市西凌家宅路 133 号	200011	021－53071698	53071698
焦作市信托投资公司	上海大连西路营业部	上海市大连西路 250 弄 28 号	200083	021－65542553	65546093
焦作市信托投资公司	证券营业部	焦作市建设西路物贸大厦 2 楼	454100	0391－2614737	2631280
金通证券股份有限公司	海宁南寺街证券营业部	海宁市硖石镇南寺街 8 号城中城	314400	0573－7037061	7033181
金通证券股份有限公司	杭州定安路证券营业部	杭州市定安路 2 号	310002	0571－87089643	87032879
金通证券股份有限公司	杭州凤起路证券营业部	杭州市凤起路 102 号	310006	0571－85783589	85109748
金通证券股份有限公司	杭州清江路证券营业部	杭州市清江路 123 号	310016	0571－86051286	86068117
金通证券股份有限公司	杭州体育场路证券营业部	杭州市体育场路 553 号	310007	0571－87057000	87057005
金通证券股份有限公司	杭州文晖路证券营业部	杭州市文晖路 318 号	310014	0571－85771588	85771577
金通证券股份有限公司	杭州心南路证券营业部	杭州市萧山区市心南路 133 号新世纪广场 C 座 9 楼	311200	0571－82629582	82620842
金通证券股份有限公司	杭州延安路证券营业部	杭州市延安路 515 号	310006	0571－85783747	85783748
金通证券股份有限公司	杭州玉古路证券营业部	杭州市玉古路 123 号	310013	0571－87991950	87991951
金通证券股份有限公司	湖州南街证券营业部	湖州市南街 115 号经协大楼 2 楼	313000	0572－2032998	2032554
金通证券股份有限公司	嘉兴吉杨路证券营业部	嘉兴市吉杨路 25 号	314001	0573－2069343	2079284
金通证券股份有限公司	金华中山路证券营业部	金华市中山路 319 号	321000	0579－2320964	2312447
金通证券股份有限公司	临安钱王大街证券营业部	临安市锦城镇钱王大街 431 号农行大厦	311300	0571－63720438	63720468
金通证券股份有限公司	上海恒丰路证券营业部	上海市恒丰路 1 号供销大酒店	200070	021－63816793	63805243
金通证券股份有限公司	深圳迎春路证券营业部	深圳市迎春路 12 号海外联谊大厦 28 层	518020	0755－5180306	5180310
金通证券股份有限公司	温岭东辉北路证券营业部	温岭市东辉北路 152 号	317500	0576－6207169	6207160
金通证券股份有限公司	义乌化工路证券营业部	义乌市化工路 236 号	322000	0579－5561818	5561996
金通证券股份有限公司	余姚南滨江路证券营业部	余姚市南滨江路 178 号太平洋大酒店	315400	0574－62729418	62729406
金通证券股份有限公司	诸暨艮塔路证券营业部	诸暨市艮塔路 28 号 2 楼	311800	0575－7015958	7016218
金信证券有限责任公司	北京朝阳门北大街证券营业部	北京市东城区朝阳门北大街 8 号富华大厦 E 座	100027	010－65546308	65546320
金信证券有限责任公司	东阳吴宁西路证券营业部	东阳市吴宁西路 21 号	322100	0579－6639001	6639003
金信证券有限责任公司	杭州杭大路证券营业部	杭州市杭大路 18 号	310007	0571－87901990	87901955
金信证券有限责任公司	金华青春路证券营业部	金华市青春路 239 号	321000	0579－2111059	2112191
金信证券有限责任公司	丽水丽阳路证券营业部	丽水市丽阳路 199 号	323000	0578－2261431	2261431
金信证券有限责任公司	临海崇和路证券营业部	临海市城关镇崇和路 171 号	317000	0576－5229773	5112005
金信证券有限责任公司	龙游太平西路证券营业部	衢州市龙游县太平西路 25 号	324400	0570－7013093	7013092
金信证券有限责任公司	上海长乐路证券营业部	上海市长乐路 1219 号	200031	021－64737129	64718888
金信证券有限责任公司	上海广东路证券营业部	上海市广东路 20 号	200002	021－64713756	64716089
金信证券有限责任公司	上海宜山路证券营业部	上海市宜山路 663 号	200233	021－64758396	64855868
金信证券有限责任公司	绍兴解放北路证券营业部	解放北路 258 号	312000	0575－5112340	5135040
金信证券有限责任公司	绍兴人民路证券营业部	绍兴市人民路 106 号信托大厦	312000	0575－5126600	5114258
金信证券有限责任公司	深圳红荔路证券营业部	深圳市红荔路荔湖花园 B 座 4 楼	518028	0755－2402779	2402779
金信证券有限责任公司	台州环城东路证券营业部	黄岩市环城东路 198 号	318020	0576－4274188	4274128

证券营业部交易
Trading of Securities Business Outlet

单位:万元人民币(10000 Yuan RMB)

席位数 Seat Number	名次 Rank	总计 Total	股票 Stock	基金 Fund	交易金额 Trading Value 国债现货 T-Bond Spot	国债回购 T-Bond Repurchase	金融债、企业债、可转债 Financial, Corporate Bond, Convertible Bond	其他 Others
4	1384	119308.36	115880.76	3102.18	149.22	0.00	83.08	93.10
2	2062	51908.25	42867.51	496.60	1703.91	6700.00	111.16	29.06
1	1756	80669.35	79169.64	1427.92	39.88	0.00	8.03	23.91
1	1481	105358.54	73308.18	1027.65	10.91	30980.00	0.61	31.19
0	2306	24164.52	18512.25	337.32	33.79	5250.00	18.94	12.19
1	2345	17707.42	17477.36	152.88	63.29	0.00	5.60	8.31
2	346	487665.43	159895.78	1827.65	100773.72	220850.00	140.41	4177.89
4	287	592485.21	103549.66	21.46	140291.36	348610.00	10.80	1.92
1	126	1101424.53	115316.58	6270.46	131426.14	848100.00	27.97	283.36
1	947	191824.57	132838.94	2182.84	8107.48	48590.00	34.09	71.23
1	896	202710.72	56778.81	4963.78	20668.97	120250.00	3.78	45.38
1	509	355692.59	55612.55	8071.82	53127.51	238830.00	3.58	47.15
2	262	647688.13	461276.70	10878.82	351.56	174530.00	396.56	254.47
0	2482	1.48	1.30	0.17	0.00	0.00	0.00	0.00
1	1545	99180.64	98166.57	891.63	67.61	0.00	13.20	41.64
3	95	1406587.93	275470.93	3231.52	106943.83	1020800.00	39.57	102.09
2	955	190968.16	186715.67	1815.93	95.35	2160.00	137.12	44.08
1	1666	88765.70	86458.94	2095.69	63.30	0.00	106.78	41.00
1	1272	134155.36	129936.39	442.35	3156.87	0.00	2.07	617.69
2	1199	143415.69	133861.65	976.66	1460.46	6650.00	450.85	16.07
1	735	255996.68	93918.48	1512.33	11463.29	146900.00	2195.96	6.61
2	1404	116379.77	114262.54	1813.66	215.13	0.00	34.47	53.93
4	74	1580050.94	91829.46	1053.06	127957.50	1359060.00	62.39	88.49
4	1955	61428.48	53842.36	7494.92	53.91	0.00	8.58	28.69
1	2373	12075.28	11939.93	134.18	0.00	0.00	0.20	0.99
1	870	207559.29	203579.94	3258.79	569.95	0.00	68.86	81.73
1	446	402150.61	386967.98	5765.14	859.64	8010.00	315.28	232.56
1	1189	145058.87	104717.06	3195.31	14013.36	21710.00	438.14	985.02
1	2479	78.86	78.69	0.17	0.00	0.00	0.00	0.00
3	1638	91281.36	85305.48	1082.52	3852.56	640.00	319.17	81.66
3	1679	87628.36	83080.71	3155.28	797.95	350.00	184.53	59.92
3	1245	137875.42	135664.80	2015.09	43.47	0.00	91.17	60.90
2	475	379118.68	310507.83	3380.45	18426.53	45490.00	630.66	683.23
1	301	571772.74	214626.47	1757.88	89105.13	264660.00	86.72	1536.57
1	696	270671.72	159820.82	1792.26	52763.98	56040.00	139.92	114.77
2	1079	164415.17	137494.74	2637.88	1563.57	21720.00	166.39	832.58
2	996	183574.73	126093.32	1403.00	23465.09	30760.00	148.29	1704.97
2	153	996988.76	588155.71	10227.99	99431.20	297840.00	898.68	435.13
4	326	520341.61	286349.95	3280.18	13835.22	216680.00	93.99	102.27
2	314	548310.39	269455.68	2474.39	171007.23	104040.00	213.73	1119.37
2	671	280552.91	183943.17	8308.08	17221.63	67870.00	77.82	3132.21
2	618	300913.68	172543.09	2051.58	33357.85	92200.00	576.33	184.81
3	345	492078.78	333190.87	6286.03	5384.15	147000.00	97.70	120.00
2	976	187343.51	184500.64	2555.36	229.04	0.00	2.42	56.03
2	862	210010.20	126255.12	1142.81	20322.83	62090.00	86.79	112.63
3	61	1799345.37	213852.72	23510.85	804541.89	757190.00	78.06	171.83
1	1825	74664.28	72392.54	2071.53	52.02	130.00	17.11	1.12
1	598	311109.00	302741.61	3667.27	2304.27	1990.00	246.78	159.11
3	428	414698.05	409195.38	5235.77	72.28	0.00	97.64	97.00
3	931	195637.43	175406.25	3397.72	1160.57	15390.00	48.58	234.30
2	1183	146307.53	137712.51	1512.03	4933.29	2000.00	22.96	126.76
1	743	252052.48	194988.22	2613.99	9527.59	44390.00	488.27	44.43
2	655	285721.03	280854.80	4611.08	115.96	0.00	21.77	117.41
2	2230	34540.05	10543.14	42.69	15349.17	8510.00	92.02	3.02
2	239	695043.59	291374.83	14283.16	208767.79	180530.00	11.19	76.62
1	1969	60838.48	60026.06	618.74	169.99	0.00	4.51	19.18
1	1996	58550.62	56701.72	1773.72	12.15	0.00	26.26	36.76
1	1614	93174.20	38436.18	476.12	33040.82	21210.00	1.78	9.30
4	8	6247432.24	369933.25	26396.42	1364875.29	4485570.00	450.85	206.42
3	677	278148.46	188683.15	1368.74	19245.69	68200.00	582.19	68.74
2	1479	105698.22	65185.71	1295.33	6998.09	32100.00	85.41	33.71
2	876	206278.92	202520.82	3097.85	347.78	0.00	262.51	49.96
2	1108	159825.80	154685.76	3569.66	1225.83	0.00	267.80	76.78
1	1791	77472.19	77103.31	258.79	36.69	0.00	69.26	4.15
1	714	264016.62	258334.83	3210.56	36.69	0.00	2308.85	125.69

证券营业部交易
Trading of Securities Business Outlet

单位：万元人民币(10000 Yuan RMB)

公司名称 Name	营业部名称 Securities Business Outlet	地址 Address	邮编 Zip	电话 Tel	传真 Fax
金信证券有限责任公司	天津多伦道证券营业部	天津市和平区多伦道金伦公寓 1 号楼	300100	022－27021868	27021738
金信证券有限责任公司	义乌江滨北路证券营业部	义乌市江滨北路 1 号	322000	0579－5477801	5300566
金信证券有限责任公司	永康九铃东路证券营业部	永康市九铃东路 3031 号号	321300	0579－7116456	7140108
金信证券有限责任公司	重庆中山一路证券营业部	重庆市渝中区中山一路 148 号	400013	023－63512333	63530839
金信证券有限责任公司	衢州南街证券营业部	衢州市区南街 2 号	324000	0570－3031920	3046836
金信证券有限责任公司	衢州上街证券营业部	衢州市区上街 58 号金峰商厦 3 楼	324000	0570－3048985	3022960
金元证券有限责任公司	国际部				
金元证券有限责任公司	海口滨海大道证券营业部	海口市滨海大道 12 号富南大厦	570105	0898－66228123	66219196
金元证券有限责任公司	海口南宝路证券营业部‘	海口市南宝路 36 号国托大厦 1、2 层	570206	0898－66758566	66720352
金元证券有限责任公司	上海长阳路证券营业部	上海市长阳路 1760 号	200090	021－65184456	65184111
金元证券有限责任公司	上海东方路证券营业部	上海市东方路 1486 号	200127	021－58708787	58751618
金元证券有限责任公司	上海锦西路证券营业部	上海市锦西路 185 号爱联大厦 1、2 层	200092	021－65627386	65629649
金元证券有限责任公司	上海宜山路证券营业部	上海市宜山路 586 号 2 楼	200233	021－64515435	64515072
金元证券有限责任公司	深圳华强北路证券营业部	深圳市华强北路 2001 号深纺大厦 AB 座 2 楼	518031	0755－83777898	83777797
金元证券有限责任公司	深圳松园路证券营业部	深圳市罗湖区松园路 3 号九栋	518001	0755－82077669	82077645
金元证券有限责任公司	新疆乌鲁木齐黄河路证券营业部	乌鲁木齐市黄河路 22 号长城大厦 1－3 楼	830000	0991－5843818	5834409
巨田证券有限责任公司	北京北太平庄路证券营业部	北京市北太平庄路 2 号	100088	010－62073536	62073536
巨田证券有限责任公司	成都八宝街证券营业部	成都市八宝街 28 号	610031	028－86266812	86257500
巨田证券有限责任公司	国际部	深圳市彩田南路证券大厦	518026	0755－3379333	3371946
巨田证券有限责任公司	上海曹杨路证券营业部	上海市曹杨路 540 号中联大厦	200063	021－62441280	62442464
巨田证券有限责任公司	深圳爱国路证券营业部	深圳市爱国路东乐花园乐群楼 3 楼	518019	0755－25427009	25427003
巨田证券有限责任公司	深圳北斗路证券营业部	深圳市北斗路文华花园六角楼	518012	0755－25104660	25104660
巨田证券有限责任公司	深圳滨河路证券营业部	深圳市福田区滨河路 5020 号证券大厦 4 楼	518026	0755－82890331	82979116
巨田证券有限责任公司	深圳布吉证券营业部	深圳市龙岗布吉镇振兴大道九矿广场 3、4 楼	518112	0755－28877787	28877830
巨田证券有限责任公司	深圳红荔路证券营业部	深圳市福田区园玲东路 1 号趣园楼 1 楼	518028	0755－82266276	82122241
巨田证券有限责任公司	深圳南山大道证券营业部	深圳市南山区南山大道 2068 号	518052	0755－26660896	26571423
巨田证券有限责任公司	深圳人民南路证券营业部	深圳市人民南路国贸大厦 4 楼	518014	0755－82214183	82211087
巨田证券有限责任公司	深圳蛇口工业七路证券营业部	深圳市蛇口工业七路 27 号四海大厦 4 楼	518067	0755－26681519	26685835
巨田证券有限责任公司	深圳深南中路证券营业部	深圳市深南中路 30A 电子科技大厦 3 楼	518032	0755－83780377	83780172
巨田证券有限责任公司	深圳新洲路证券营业部	深圳市福田区深南大道 6006 号人民大厦 2 楼	518034	0755－83502019	83502159
巨田证券有限责任公司	沈阳市府大路证券营业部	沈阳市沈河区市府大路 187 号	110002	024－22825418	22701770
巨田证券有限责任公司	沈阳西塔营业部	沈阳市和平区西塔街 2 号	110002		
巨田证券有限责任公司	武汉航空路证券营业部	武汉市汉口航空路 16 号	430030	027－83646278	83649283
巨田证券有限责任公司	珠海翠香二路证券营业部	珠海市翠香二路 54 号 4 楼	519000	0756－2217198	2217398
开封市信托投资公司	开封市北土街营业部	开封市北土街 9 号	475000	0378－5979414	5979409
开封市信托投资公司	开封市中山路营业部	开封市中山路 131 号	475000	0378－5989793	5960576
开封市信托投资公司	上海江苏路营业部	上海市江苏路 720 号	200052	021－62122988	62517313
开封市信托投资公司	上海四川北路营业部	上海市四川北路 2033 号	200081	021－56668989	56717940
开封市信托投资公司	天津市塘沽营业部	天津市塘沽区上海道 2019 号	300450	022－65270725	65270724
开封市信托投资公司	西安证券营业部	西安市长安中路 16 号	710061	029－5395835	5244785
乐山市信托投资公司	大桥证券部	乐山市市中区嘉定南路 92 号	614000	0833－2443404	2139758
乐山市信托投资公司	证券交易营业部	乐山市市中区柏杨路金谊商住楼	614000	0833－2431003	2431003
联合证券有限责任公司	北京北三环东路证券营业部	北京市朝阳区曙光里 45 号楼	100028	010－84515039	84515037
联合证券有限责任公司	北京南草场街证券营业部	北京市西直门内南草场街甲 11 号	100035	010－66184671	66184571
联合证券有限责任公司	北京西三环北路证券营业部	北京市海淀区西三环北路 72 号	100037	010－68488758	68488771
联合证券有限责任公司	长沙劳动西路证券营业部	长沙市劳动西路 175 号	410015	0731－5120568	5145911
联合证券有限责任公司	成都南一环路证券营业部	成都市一环路南四段 12 号附 2 号	610041	028－85594100	85535192
联合证券有限责任公司	成都人民中路证券交易营业部	成都市人民中路二段 27－31 号轻工大厦 3 楼	610031	028－86742322	86624871
联合证券有限责任公司	成都浣花北路证券营业部	成都市青羊区浣花北路 2 号	610072	028－87349568	87338453
联合证券有限责任公司	广州华乐路证券营业部	广州市华乐路 59 号华乐大厦北塔 1－3 楼	510060	020－83853823	83838117
联合证券有限责任公司	广州建设六马路证券营业部	广州市建设六马路 48 号万财大厦	510060	020－83840223	83840917
联合证券有限责任公司	广州荔湾路证券营业部	广州市荔湾路 102 号	510170	020－81933118	81936058
联合证券有限责任公司	广州天河路证券营业部	广州市天河路 603 号 1－4 层	510630	020－87566378	87542201
联合证券有限责任公司	国际部		518000	0755－2493949	2492187
联合证券有限责任公司	哈尔滨铁路街证券营业部	哈尔滨市南岗区铁路街 274 号	150006	0451－6292667	6292717
联合证券有限责任公司	哈尔滨西十六道街证券营业部	哈尔滨市道里区西十六道街 15 号	150010	0451－4612788	4616142
联合证券有限责任公司	哈尔滨新阳路证券营业部	哈尔滨市道里区新阳路 24 号	150010	0451－4522582	4522596
联合证券有限责任公司	海口海秀路证券营业部	海口市海秀路 10 号 DC 商业城 4 楼	570206	0898－66704889	66700820
联合证券有限责任公司	华诚天津	天津市河北区中山路 168 号	300141	022－26357161	26353746
联合证券有限责任公司	济南无影山东路证券营业部	济南市无影山东路 38 号	250031	0531－5829568	5945241
联合证券有限责任公司	牡丹江东平安街证券营业部	牡丹江市东平安街 7 号	157000	0453－6922981	6923373
联合证券有限责任公司	南昌苏圃路证券营业部	南昌市苏圃路 111 号	330006	0791－6277889	6255145
联合证券有限责任公司	南京汉中路证券营业部	南京市汉中路 120 号	210029	025－4718588	4719434
联合证券有限责任公司	南京户部街证券营业部	南京市户部街 15 号	210002	025－6895659	6895676
联合证券有限责任公司	南京中山北路证券交易营业部	南京市中山北路 212 号	210003	025－3581108	3424735

证券营业部交易
Trading of Securities Business Outlet

单位:万元人民币(10000 Yuan RMB)

席位数 Seat Number	名次 Rank	总计 Total	股票 Stock	基金 Fund	交易金额 Trading Value 国债现货 T-Bond Spot	国债回购 T-Bond Repurchase	金融债、企业债、可转债 Financial, Corporate Bond, Convertible Bond	其他 Others
3	1694	86692.18	80299.55	2060.18	4299.09	0.00	10.19	23.17
3	391	445000.60	428202.60	10154.40	5967.11	0.00	508.05	168.47
1	1020	179344.77	176411.18	2353.79	479.27	0.00	63.84	36.71
1	2364	14265.60	11306.25	101.05	1462.50	1380.00	11.16	4.62
1	2055	52713.46	52047.67	546.08	89.30	0.00	1.02	29.36
1	1522	101075.13	81697.80	1628.72	7478.07	10220.00	5.34	45.24
7	2206	36852.83	36852.83	0.00	0.00	0.00	0.00	0.00
1	2229	34659.29	32338.81	1191.00	1120.74	0.00	2.70	6.07
1	2064	51761.63	47755.41	2645.01	30.77	1320.00	0.00	10.47
3	1294	131398.22	128633.17	2023.52	326.37	310.00	32.50	72.63
2	1455	108519.01	99776.98	2805.74	1543.47	4020.00	258.64	114.18
5	1617	93030.35	75864.84	1661.74	8253.47	7100.00	113.40	36.89
2	1550	98793.81	94775.65	1915.36	786.70	1000.00	57.47	258.66
2	594	311763.52	75976.98	1048.45	15015.17	219650.00	71.20	1.74
1	2385	9987.69	9845.51	129.21	9.92	0.00	0.00	3.07
1	2191	38560.77	38024.42	509.63	5.44	0.00	1.47	19.84
3	197	803952.57	315022.91	3249.41	37623.26	447620.00	365.88	71.07
2	1345	125155.03	120309.50	1865.13	1106.61	1740.00	99.16	34.59
1	2427	4009.57	4009.57	0.00	0.00	0.00	0.00	0.00
3	808	226239.90	163409.82	12822.28	2641.91	45220.00	2005.75	140.15
1	390	445188.13	19947.25	85.39	52849.40	372290.00	8.69	7.39
1	2439	2780.46	2038.23	20.13	697.06	0.00	6.13	18.93
1	850	212805.44	189063.59	2856.53	9555.35	6100.00	5202.41	27.58
1	2346	17597.75	17397.49	49.47	108.95	0.00	19.75	22.10
1	2093	48666.27	43574.83	348.29	4548.37	0.00	178.22	16.61
1	2261	30023.39	26991.92	2964.76	18.17	0.00	43.12	5.43
1	1510	102053.65	100458.84	1277.55	76.28	0.00	206.38	34.64
1	2171	41038.31	39997.96	801.03	37.34	30.00	159.17	12.81
1	709	265180.90	245324.56	2191.69	5395.15	7700.00	4522.39	47.07
1	905	200571.35	194162.41	3816.69	10.60	2000.00	543.59	38.09
5	2393	8985.09	8722.51	245.67	11.20	0.00	0.00	5.71
0	1888	67825.78	66851.61	894.06	64.76	0.00	2.19	13.16
2	1989	58997.99	57492.71	521.00	97.62	790.00	89.61	7.08
2	2391	9057.12	9006.02	15.57	0.71	0.00	32.14	2.70
2	1959	61229.29	60408.45	779.33	3.47	0.00	19.58	18.48
1	2474	251.22	251.22	0.00	0.00	0.00	0.00	0.00
2	1153	152181.05	142773.02	2146.38	904.37	5760.00	157.92	439.39
1	2396	8523.72	5278.46	16.50	5.33	3220.00	3.44	0.00
2	2112	47168.71	46074.82	1030.86	42.86	0.00	3.78	16.38
1	2156	43295.70	42310.89	922.53	20.43	0.00	27.18	14.63
4	1711	84749.79	83001.07	1364.99	265.98	0.00	53.18	64.56
2	1610	93450.03	92173.80	939.96	72.91	0.00	160.11	103.25
2	553	330748.98	127103.27	835.20	13757.99	188910.00	132.59	9.94
3	1283	133104.73	118549.10	1017.80	2726.83	10550.00	170.63	90.38
2	81	1526283.84	131241.34	2249.79	85816.74	1306890.00	21.96	64.04
1	1924	64611.56	62102.54	1849.32	417.44	0.00	44.28	197.97
1	1751	81070.96	77344.42	1038.50	1806.67	870.00	3.48	7.91
1	1708	84988.11	83419.46	1501.06	44.98	10.00	5.09	7.53
3	542	338841.30	208416.43	2385.12	22325.00	103960.00	1237.70	517.03
2	1175	147641.40	136135.61	3028.42	305.65	8020.00	61.72	89.98
1	1258	136474.70	133289.98	1796.11	940.54	0.00	431.47	16.61
2	1337	126250.25	105887.46	1596.26	1755.70	16650.00	322.77	38.06
2	1148	152828.85	150617.62	1859.57	241.78	0.00	68.91	40.93
1	2094	48416.53	48416.53	0.00	0.00	0.00	0.00	0.00
2	1515	101428.60	99720.04	1562.16	62.21	0.00	1.69	82.52
3	1634	91488.08	88574.59	1361.24	227.73	0.00	1303.58	20.95
2	1477	106141.82	102913.57	2851.87	87.81	0.00	254.09	34.51
1	2067	51410.50	50052.34	543.32	603.24	0.00	182.89	28.76
2	2189	38932.69	38103.33	796.27	5.38	0.00	4.72	23.02
4	1133	155447.27	123081.62	2559.35	1396.56	28250.00	75.97	83.82
2	1977	60330.19	58799.29	1001.93	201.07	0.00	61.03	266.86
1	1459	108274.95	70003.56	1569.93	156.50	36480.00	36.64	28.30
3	697	270545.75	145416.78	3949.22	9808.06	109460.00	1830.74	80.95
5	485	373180.71	265352.72	7282.30	24850.97	75230.00	310.62	154.11
1	486	372540.65	229793.09	3111.79	18209.90	120950.00	230.51	245.36

证券营业部交易
Trading of Securities Business Outlet

单位:万元人民币(10000 Yuan RMB)

公司名称 Name	营业部名称 Securities Business Outlet	地址 Address	邮编 Zip	电话 Tel	传真 Fax
联合证券有限责任公司	上海长江西路证券交易营业部	上海市宝山区长江西路 1507 号	200431	021-56761218	56761128
联合证券有限责任公司	上海大连路证券营业部	上海市大连路 1548 号莱克大厦	200092	021-65138455	65133500
联合证券有限责任公司	上海牡丹江路证券营业部	上海市牡丹江路 1512 号	201900	021-36010276	56125100
联合证券有限责任公司	上海威海路证券营业部	上海市威海路 511 号绅士汽车商城 1、5 楼	200041	021-62566012	62537733
联合证券有限责任公司	上海厦门路证券交易营业部	上海市厦门路 180 号	200001	021-63619816	63619816
联合证券有限责任公司	上海新闸路证券营业部	上海市新闸路 249 号	200003	021-63181398	63580045
联合证券有限责任公司	上海中兴路证券营业部	上海市中兴路 653 号	200041	021-62566012	62537733
联合证券有限责任公司	深圳爱国路证券营业部	深圳市爱国路 1001 号	518003	0755-25771728	25771622
联合证券有限责任公司	深圳红岭中路证券营业部	深圳市红岭中路园岭花园康泰娱乐城 2 楼	518028	0755-82408515	82447336
联合证券有限责任公司	深圳华强北路证券营业部	深圳市华强北路 4010 号盛庭苑大厦北区 2 层	518028	0755-82075274	82076983
联合证券有限责任公司	深圳建设路证券营业部	深圳市建设路 1008 号汇展阁 2 楼	518002	0755-82392022	82392382
联合证券有限责任公司	深圳深南东路第二证券营业部	深圳市深南东路 3038 号合作金融大厦	518001	0755-25188798	25188980
联合证券有限责任公司	深圳深南东路证券营业部	深圳市深南东路 5047 号发展银行大厦附楼 2、6 层	518001	0755-25870987	82080295
联合证券有限责任公司	深圳深南中路证券营业部	深圳市深南中路统建楼三栋 3 层	518031	0755-83655058	83635743
联合证券有限责任公司	深圳振兴路第二证券营业部	深圳市振兴路赛格科技园 4 号 1、3 层	518028	0755-83362581	83263423
联合证券有限责任公司	沈阳南三经街第二营业部	沈阳市和平区南三经街 62 号	110013	024-23256628	23256326
联合证券有限责任公司	十堰公园路证券营业部	十堰市公园路 48 号张湾大厦	442008	0719-8240158	8666667
联合证券有限责任公司	仪征环南路证券营业部	仪征市胥浦环南路 15 号	211900	0514-3263888	3266534
联合证券有限责任公司	总部	深圳市深南东路 5047 号发展银行大厦 10 楼	518001	0755-2492108	2492187
辽宁东方证券公司	第一证券营业部(中山路)	沈阳市和平区北五马路 47 号	110001	024-22704921	22822560
辽宁东方证券公司	联合路证券营业部	沈阳市大东区联合路 5 号	110041	024-88500828	88500769
辽宁东方证券公司	南京街证券营业部	沈阳市和平区南京北街 103 号	110002	024-22707195	22707195
辽宁华盛信托投资股份有限公司	辽阳证券交易营业部	辽阳市白塔区民主路 49 号	111000	0419-2154781	2151485
辽宁华盛信托投资股份有限公司	上海交通路证券交易营业部	上海市普陀区交通路 2315 号	200065	021-56069118	56062158
辽宁华盛信托投资股份有限公司	沈阳第二证券交易营业部	沈阳市苏家屯枫杨路 37 号	110101	024-89139188	89136402
辽宁华盛信托投资股份有限公司	天津证券交易营业部	天津市和平区建设路 7 号	300041	022-23191105	23134664
辽宁省国际信托投资公司	北京营业部	北京市东城区安德路 16 号洲际大厦 B 座	100011	010-84882628	84882626
辽宁省国际信托投资公司	第一证券营业部	沈阳市皇姑区黑龙江街 91 号	110032	024-86256646	86268324
辽宁省国际信托投资公司	上海武夷路证券营业部	上海市武夷路 155 号	200050	021-62109611	62109127
辽宁省国际信托投资公司	沈阳和平南大街证券营业部	沈阳市和平区和平南大街 39 号甲	110003	024-23851842	23226685
辽宁省国际信托投资公司	沈阳南六东路证券营业部	沈阳市铁西区南六东路 35 号	110021	024-25846123	25845360
辽宁省证券公司	本溪解放北路证券营业部	本溪市解放北路 77 号	117000	0414-3853137	3853136
辽宁省证券公司	本溪永丰商业区证券营业部	本溪市永顺路金园大厦 1 号	117000	0414-2842307	2842597
辽宁省证券公司	朝阳新华路证券营业部	朝阳市新华路 2 段 43-1 号	122000	0421-2807155	2808312
辽宁省证券公司	大连中山路证券营业部	大连市西岗区中山路 141-3 号	116011	0411-3645036	3644161
辽宁省证券公司	丹东锦山大街证券营业部	丹东市锦山大街 70 号	118000	0415-2835266	2835221
辽宁省证券公司	阜新解放大街证券营业部	阜新市海洲区解放大街 38 号	123000	0418-3330090	3327541
辽宁省证券公司	葫芦岛连山大街证券营业部	葫芦岛市连山大街 2-4 号	125001	0429-2154812	2154807
辽宁省证券公司	辽阳武圣路证券营业部	辽阳市武圣路 81 号	111000	0419-2127015	2153354
辽宁省证券公司	上海北京西路证券营业部	上海市北京西路 1465 号	200434	021-52123456	65612881
辽宁省证券公司	上海浦东大道证券营业部	上海市浦东大道 1089 号	200120	021-58520088	58528828
辽宁省证券公司	深圳人民北路证券营业部	深圳市罗湖区人民北路 119 号	518001	0755-2171066	2171066
辽宁省证券公司	沈阳北顺城路证券营业部	沈阳市大东区北顺城路 61 号	110041	0242-4841255	
辽宁省证券公司	沈阳黑龙江街营业部	沈阳市皇姑区黑龙江街 25 号	110032	024-86215657	86256139
辽宁省证券公司	沈阳中山路营业部	沈阳市沈河区中山路 395 号	110001	024-22942738	22942422
辽宁省证券公司	沈阳总站路营业部	沈阳市和平区总站路 81 号	112000	024-22526951	22526949
辽宁省证券公司	天津新华路证券营业部	天津市和平区新华路 243 号	300040	022-23318958	23318880
辽宁省证券公司	铁岭银州营业部	铁岭市银州区光荣街 15 号	112000	0410-4851951	4834000
辽宁省证券公司	营口集贤里证券营业部	营口市站前区集贤里 1 甲 9 号	115000	0417-2841532	2812511
辽宁信托投资公司	上海临青路证券营业部	上海市临青路 297 号	200090	021-35121310	35121312
辽宁信托投资公司	深圳营业部	深圳市红岭南路红岭大厦 3 座 2 层	518046	0755-5864341	5864342
辽宁信托投资公司	沈阳第二营业部	沈阳市皇姑区长江南街 194 号	110031	024-26400167	86857441
辽宁信托投资公司	沈阳第一营业部	沈阳市东陵区文化东路 8 号	110015	024-24235799	24236044
辽宁信托投资公司	沈阳松花江街证券营业部	沈阳市皇始区松花江街一段四里 28 号	110032	024-86268935	86269602
辽宁信托投资公司	天津证券营业部	天津市河东区华昌大街 45 号	300151	022-24579863	24571131
洛阳市证券公司	洛阳华山路证券营业部	洛阳市华山路付一号	471003	0379-4211406	4211408
洛阳市证券公司	洛阳凯旋西路证券营业部	洛阳市凯旋西路 13 号	471003	0379-3305537	3305535
洛阳市证券公司	洛阳胜利路证券营业部	洛阳市吉利区胜利路 2 号	471003	0379-6916124	6913152
洛阳市证券公司	洛阳中州东路证券营业部	洛阳市中州东路 546 号	471003	0379-3975748	3975746
洛阳市证券公司	南昌路营业部	洛阳市涧西区南昌中段 1 号	471003	0379-4326949	4321542
洛阳市证券公司	上海富民路营业部	上海市富民路 89 号巨富大厦 1、2 层	200040	021-62791875	62791875
洛阳市证券公司	深圳红宝路证券营业部	深圳市罗湖区红宝路 12 号	518001	0755-2116980	5598694
民生证券有限责任公司	上海漕溪北路证券营业部	上海市漕溪北路 18 号 3 楼	200030	021-64270540	64274362
民生证券有限责任公司	深圳福华路证券营业部	深圳市福田区福华路 29 号京海花园 3、4 楼	518033	0755-83752976	83752995
民生证券有限责任公司	郑州棉纺路证券营业部	郑州市棉纺东路 20 号	450052	0371-234300	7970158

证券营业部交易
Trading of Securities Business Outlet
单位:万元人民币(10000 Yuan RMB)

2	959	190386.50	150801.36	2508.08	486.07	36080.00	346.29	164.70
3	1029	176505.65	154506.67	6522.80	7693.76	7320.00	395.31	67.09
3	38	2330493.63	240850.26	5472.32	453245.85	1619460.00	5147.97	6317.25
2	573	321880.21	170125.69	4681.13	45752.38	100910.00	321.47	89.56
3	810	225691.00	87276.84	3419.36	7160.49	127530.00	221.46	82.83
3	1136	154860.15	147290.38	2287.91	332.74	4360.00	375.27	213.81
3	2144	44519.13	29869.49	996.21	460.58	13100.00	89.17	3.67
2	1784	77814.02	63367.22	171.09	45.47	14220.00	0.00	10.26
2	2262	29774.60	28291.23	558.47	608.06	240.00	71.91	4.95
2	1370	121853.67	113534.22	816.86	235.43	1300.00	198.21	5768.96
2	2060	52350.61	51961.70	105.70	276.54	0.00	0.70	5.98
3	1166	149225.92	78005.43	243.41	23548.52	47400.00	20.13	8.44
4	319	530672.08	160928.55	880.20	211135.01	156180.00	796.98	751.33
1	2185	39378.62	37640.70	1265.08	419.61	0.00	47.68	5.53
3	214	762106.25	148541.90	821.75	238787.29	373850.00	77.84	27.47
1	1386	119042.82	97108.74	1424.90	6143.90	14210.00	138.73	16.59
2	1802	76433.65	75175.80	915.08	47.10	0.00	244.61	51.03
2	1262	135916.79	132817.88	2479.59	322.66	0.00	142.14	154.54
1	2403	7682.72	7626.94	46.70	6.54	0.00	1.59	0.98
2	1	15886129.10	183254.18	57515.92	3478283.60	12153380.00	774.47	12920.94
2	2418	4960.79	1178.35	0.00	2122.44	1660.00	0.00	0.00
2	769	243617.80	234442.90	6042.56	807.97	2010.00	155.06	159.30
3	1826	74589.34	71944.00	2434.06	84.02	0.00	66.42	60.84
3	2141	44695.24	42099.44	1963.73	543.35	0.00	53.70	35.00
2	2007	57210.74	55884.82	756.42	66.95	0.00	478.20	24.38
2	2281	27468.40	27000.60	414.54	48.46	0.00	0.00	4.81
2	1787	77598.27	73672.50	883.76	109.05	2890.00	22.60	20.36
2	2124	46313.16	44608.03	1437.56	185.84	0.00	14.06	67.65
2	2080	50122.63	49058.50	667.05	284.22	0.00	22.96	89.90
1	2167	41410.29	40541.55	642.71	75.61	0.00	117.52	32.90
3	1860	70648.79	69369.86	1120.19	136.78	0.00	0.10	21.87
1	1389	118485.49	115577.27	2035.02	570.01	0.00	35.27	267.93
2	1748	81560.91	79946.11	1392.74	148.41	0.00	24.89	48.72
2	1038	174696.99	171881.31	2125.53	223.98	0.00	206.55	259.64
3	168	917161.38	413101.28	24224.79	107834.63	365690.00	546.17	5764.52
2	803	229210.99	225578.66	3468.76	44.92	0.00	63.54	55.10
1	2410	6100.51	0.51	0.00	0.00	6100.00	0.00	0.00
1	1242	138158.42	136031.71	1966.02	86.60	0.00	37.30	36.79
1	1163	149964.34	73922.62	826.60	2264.43	72900.00	25.05	25.66
2	574	321640.61	310691.27	5278.15	4732.68	0.00	827.03	111.49
3	632	294506.31	271212.06	3954.29	848.96	17900.00	511.47	79.54
1	2163	41817.37	41393.58	279.67	48.52	0.00	44.99	50.60
2	450	400356.31	141046.96	2359.58	247581.00	5000.00	3787.87	580.89
1	715	263945.20	244043.65	3919.43	15877.06	0.00	17.43	87.64
1	906	200409.59	118638.36	2132.57	41256.92	37270.00	31.56	1080.17
2	1308	129927.57	128119.18	1364.52	195.96	0.00	116.80	131.14
1	1847	72095.63	70647.17	1113.03	194.44	0.00	119.49	21.50
1	1452	109154.19	101747.76	4897.01	2382.83	0.00	68.99	57.62
2	1127	156294.09	129871.71	3092.10	4416.70	18000.00	8.76	904.85
3	1348	124756.10	120839.65	3249.26	203.16	0.00	376.34	87.65
1	2451	1579.89	1560.48	6.42	12.99	0.00	0.00	0.00
1	1468	107134.23	103889.02	2769.94	168.05	0.00	281.45	25.80
3	1335	126420.77	121980.69	3795.75	509.93	0.00	100.78	33.60
1	1983	59667.84	58211.31	1355.11	54.66	0.00	0.20	46.57
1	2209	36502.51	35782.97	538.97	121.83	0.00	9.56	49.20
1	1546	99099.71	95715.11	2147.34	984.00	0.00	183.41	69.85
1	1249	137614.52	133137.26	3424.91	777.94	0.00	166.16	108.24
1	2248	31870.66	31382.37	436.83	13.91	0.00	4.48	33.08
1	2011	56746.63	54351.36	1778.74	555.66	0.00	21.15	39.68
3	1270	134363.55	130651.95	3269.67	295.41	0.00	55.08	91.49
3	2158	43107.73	41377.28	129.70	1508.70	30.00	28.17	33.92
2	2394	8976.82	8684.21	85.48	202.40	0.00	0.00	4.73
6	506	356804.75	338172.00	7939.23	5467.69	4740.00	56.36	429.47
3	777	241153.11	194295.94	9294.92	11495.52	26060.00	4.19	2.54
1	529	344427.97	307971.82	6442.76	23138.09	5500.00	107.21	1268.07

证券营业部交易
Trading of Securities Business Outlet

单位:万元人民币(10000 Yuan RMB)

公司名称 Name	营业部名称 Securities Business Outlet	地址 Address	邮编 Zip	电话 Tel	传真 Fax
民生证券有限责任公司	郑州西太康路证券营业部	郑州市西太康路 139 号	450000	0371 - 6231662	6258332
民生证券有限责任公司	驻马店解放路证券营业部	驻马店市解放路 599 号	463000	0396 - 2855366	2855381
闽东福宁信托投资公司	闽东福宁信托投资公司证券交易营业部	宁德市蕉城区财贸广场 2 层	352100	0593 - 2878980	2860122
南方证券股份有限公司	鞍山证券交易营业部	鞍山市铁东区南胜利路 1 号甲	114001	0412 - 5544558	5550885
南方证券股份有限公司	北京分公司安立路证券营业部	北京市朝阳区亚运村安外安立路 8 号	100101	010 - 64946177	64946178
南方证券股份有限公司	北京分公司东长安街东方广场证券营业部	北京市东城区东长安街 1 号东方广场 W1 办公楼 6 - 7 层	100738	010 - 85182367	85181133
南方证券股份有限公司	北京分公司方庄方群园证券营业部	北京市方庄芳群园四区 21 号楼南方证券大厦	100078	010 - 67642201	67642389
南方证券股份有限公司	北京分公司复兴路证券营业部	北京市海淀区复兴路乙 20 号	100036	010 - 68241900	68282402
南方证券股份有限公司	长春大经路证券营业部	长春市大经路 112 号 1 - 2 楼	130000	0431 - 8741390	8741381
南方证券股份有限公司	长沙建湘路证券营业部	长沙市建湘路 603 号综合楼	410005	0731 - 2246228	4431488
南方证券股份有限公司	成都人民北路证券营业部	成都市人民北路一段 18 号 1 楼	610041	028 - 3194625	3171236
南方证券股份有限公司	承德陕西营路证券营业部	承德市陕西营路 1 号	067000	0314 - 2138100	2139802
南方证券股份有限公司	大连上海路证券营业部	大连市中山区上海路 45 号宏孚大厦	116001	0411 - 2815222	2815222
南方证券股份有限公司	福州五四路证券营业部	福州市五一路 106 号	350001	0591 - 7613128	7544997
南方证券股份有限公司	广州滨江东路证券营业部	广州市滨江东路 811 号	510300	020 - 34255308	84455818
南方证券股份有限公司	广州分公司大德营业部	广州市大德路 137 号	510120	020 - 81889399	83385092
南方证券股份有限公司	广州分公司东莞虎门证券营业部	东莞市虎门镇港口大道黄河商业城 7 楼	523900	0769 - 5185988	5185958
南方证券股份有限公司	广州分公司番禺营业部	番禺市桥镇平康路 18 号隆基大厦 3 楼	511400	020 - 84611704	84625705
南方证券股份有限公司	广州分公司广州体育东路证券营业部	广州市体育东路 140 - 148 号南方证券大厦 26 楼	510620	020 - 38878023	38878008
南方证券股份有限公司	广州分公司建设三马路证券营业部	广州市建设三马路 5 号	510060	020 - 83836338	83836228
南方证券股份有限公司	广州分公司江门堤东路证券营业部	江门市提东路 1 号	529000	0750 - 3381836	3378882
南方证券股份有限公司	广州分公司水荫路证券营业部	广州市水荫路 28 号之 2 之 3 号	510075	020 - 37601100	37603105
南方证券股份有限公司	广州分公司中山市中山一路证券营业部	中山市中山一路 111 号交通商业大厦 3 楼	528401	0760 - 8622840	8621168
南方证券股份有限公司	广州分公司珠海景莲路证券营业部	珠海市香洲区景莲街 1 号	519000	0756 - 3354188	
南方证券股份有限公司	贵阳滨河路证券营业部	贵阳市滨河路 1 号电力综合楼 2 楼	550002	0851 - 5873966	5873566
南方证券股份有限公司	哈尔滨友谊路证券营业部	哈尔滨市道里区友谊路 60 号	150010	0451 - 4688543	4687744
南方证券股份有限公司	海口龙华路证券营业部	海口市龙华路 15 号	570102	0898 - 66211658	66215067
南方证券股份有限公司	杭州文晖路证券营业部	杭州市文晖路 419 号	310005	0571 - 88397116	88397111
南方证券股份有限公司	合肥美菱大道证券营业部	合肥市美菱大道 448 号银河大厦新北楼 2 楼	230001	0551 - 2880630	2864538
南方证券股份有限公司	济南历山路证券营业部	济南市历山路 146 号	250014	0531 - 2966786	2967243
南方证券股份有限公司	罗湖证券营业部	深圳市深南东路 3031 号航空大酒店 3 楼	518001	0755 - 2187788	2184180
南方证券股份有限公司	洛阳西关百业大市场证券营业部	洛阳市西关百业大市场南 2 楼 1 号	471002	0379 - 3962382	3966110
南方证券股份有限公司	绵阳临园路证券营业部	绵阳市临园路东段 50 号绵阳商场	621000	0816 - 2229268	2225278
南方证券股份有限公司	南昌叠山路证券营业部	南昌市叠山路 119 号机电大楼 1 - 6 楼	330046	0791 - 6890688	6890678
南方证券股份有限公司	南京分公司常州和平北路证券营业部	常州市和平北路 7 号	213003	0519 - 6800625	6616285
南方证券股份有限公司	南京分公司淮阴河北西路证券营业部	淮阴市河北西路 108 号	223001	0517 - 3915103	3922791
南方证券股份有限公司	南京分公司南京淮海路证券营业部	南京市淮海路 50 号	210005	025 - 4408299	4453511
南方证券股份有限公司	南京分公司南京建宁路证券营业部	南京市建宁路 16 号	210037	025 - 5623163	5620168
南方证券股份有限公司	南京分公司南通青年西路证券营业部	南通市青年西路 1 号	226006	0513 - 3558989	3558969
南方证券股份有限公司	南京分公司苏州三香路证券营业部	苏州市三香路 6 - 6 号	215004	0512 - 8657307	8660037
南方证券股份有限公司	南京分公司无锡健康路证券营业部	无锡市健康路 18 号	214001	0510 - 2708577	2708077
南方证券股份有限公司	南京分公司扬州汶河北路证券营业部	扬州市汶河北路 12 号	225002	0514 - 7315228	7358974
南方证券股份有限公司	潜江江汉路证券营业部	潜江市江汉路 7 号	433100	0728 - 6245211	6245034
南方证券股份有限公司	青岛馆陶路证券营业部	青岛市馆陶路 3 号	266011	0532 - 2801988	2824680
南方证券股份有限公司	上海分公司东江湾路证券营业部	上海市东江湾路 188 号	200081	021 - 56660202	56660303
南方证券股份有限公司	上海分公司法华镇路路证券营业部	上海市法华镇路 186 号幸福小学综合楼 1、2 层	200052	021 - 52540900	52540855
南方证券股份有限公司	上海分公司淮海东路证券营业部	上海市淮海东路 99 号恒积大厦 4 楼	200021	021 - 63863889	63864248
南方证券股份有限公司	上海分公司南京西路证券营业部	上海市南京西路 580 号南证大厦 11 - 17 层	200041	021 - 52340666	52340699
南方证券股份有限公司	上海分公司浦东南路证券营业部	上海市浦东南路 1418 号 2、3 楼	200122	021 - 58303229	68769072
南方证券股份有限公司	上海分公司物华路证券营业部	上海市物华路 113 号	200086	021 - 65132589	65140065
南方证券股份有限公司	上海分公司新闸路桥证券交易营业部	上海市新闸路 1438 号	200040	021 - 62728110	62584074
南方证券股份有限公司	深圳爱国路证券营业部	深圳市爱国路 10 号金通大厦 B 座 2,9,12,26 楼	518003	0755 - 25543863	25543863
南方证券股份有限公司	深圳八卦路证券营业部	深圳市福田区八卦四路 22 号南方苑大厦 1 层	518029	0755 - 2489906	2489901
南方证券股份有限公司	深圳贝丽南路证券营业部	深圳市贝丽南路金丽广场 5、6 楼	518020	0755 - 25787388	25787501
南方证券股份有限公司	深圳人民北路证券营业部	深圳市人民北路 126 号物资大厦 2 楼	518001	0755 - 82281437	82282477
南方证券股份有限公司	深圳深南中路证券营业部	深圳市深南中路 28 号 A 华能大厦 6 楼,18,19 楼	518031	0755 - 83680032	83680010
南方证券股份有限公司	沈阳分公司彩塔街证券营业部	沈阳市和平区彩塔街 38 号	110003	024 - 23848043	23848062
南方证券股份有限公司	沈阳分公司证券交易营业部	沈阳市北顺城路 137 号	110000	024 - 24845756	24867339
南方证券股份有限公司	顺德大良证券营业部	顺德市大良镇东乐路东城花园东茂楼 2 楼	528300	0765 - 2331202	2331200
南方证券股份有限公司	遂宁遂州南路证券营业部	遂宁市遂州南路蓝宝石大厦	629000	0825 - 2240403	2231412
南方证券股份有限公司	太原解放路证券营业部	太原市解放路 222 号	030002	0351 - 3197858	3033942
南方证券股份有限公司	天津分公司贵州路证券营业部	天津市和平区贵州路 16 号	300051	022 - 27818785	27818781
南方证券股份有限公司	天津分公司建设路证券营业部	天津市和平区建设路 75 号	300042	022 - 23323457	23323458
南方证券股份有限公司	天津分公司南京路证券营业部	天津市和平区南京路 238 号	300020	022 - 27236036	27236601
南方证券股份有限公司	天津河北大街证券营业部	天津市红桥区河北大街北头	300141	022 - 27330718	27330750

证券营业部交易
Trading of Securities Business Outlet

单位:万元人民币(10000 Yuan RMB)

席位数 Seat Number	名次 Rank	总计 Total	股票 Stock	基金 Fund	交易金额 Trading Value 国债现货 T-Bond Spot	国债回购 T-Bond Repurchase	金融债、企业债、可转债 Financial, Corporate Bond, Convertible Bond	其他 Others
3	200	789309.83	637063.66	8158.83	93696.78	49640.00	503.63	246.91
1	1820	74933.17	73185.38	1107.51	595.29	0.00	31.05	13.97
2	1418	114546.34	112654.63	1695.43	0.00	0.00	9.98	186.27
2	1131	155541.75	152756.04	2394.43	154.15	0.00	114.46	122.67
2	150	1001463.00	346584.87	1778.65	58505.27	594170.00	119.45	304.73
3	255	665901.51	241117.51	1357.99	67007.77	356340.00	41.95	36.32
6	48	2119489.99	418019.29	3636.19	206460.36	1480290.00	1815.61	268.52
2	258	663500.97	247244.18	4925.73	20116.27	390790.00	283.24	141.53
1	1858	71117.10	67520.15	824.13	63.50	2700.00	3.74	5.57
1	2291	26836.61	23128.93	254.88	0.00	3450.00	0.50	2.33
1	238	696705.45	212779.85	2712.56	18943.25	459690.00	2410.88	168.90
1	2105	47852.07	47181.68	596.97	47.41	0.00	1.13	24.92
2	692	272069.36	116339.41	1038.78	55912.63	98490.00	213.33	75.21
1	233	702179.94	208427.16	6203.92	13895.24	473190.00	374.37	89.26
1	282	608422.61	146586.29	3450.42	4533.09	453220.00	160.09	472.71
1	317	539149.66	120647.70	1493.90	5916.62	410890.00	172.86	28.58
1	1066	167374.13	93330.96	1659.97	14308.84	56150.00	1910.30	14.03
1	120	1127126.50	249208.91	4987.43	1420.43	870960.00	305.42	244.33
2	734	256004.41	122786.54	2545.64	24.67	130440.00	171.67	35.90
1	460	388157.83	131673.24	5346.05	2984.66	247870.00	149.14	134.77
1	208	774325.97	131261.95	1843.46	3719.13	632850.00	4602.84	48.56
2	147	1018348.25	193183.50	5438.66	4224.07	813170.00	2246.51	85.53
1	512	354398.94	71527.45	1004.89	33.93	281620.00	178.52	34.15
1	304	568967.86	87224.51	1245.89	234.08	479970.00	109.43	183.92
1	1763	79572.04	44376.03	734.07	6852.11	27330.00	37.65	242.17
3	284	607983.47	255335.23	3470.31	39022.34	309950.00	145.54	60.06
1	575	319844.75	114870.97	6696.69	261.12	196970.00	999.94	46.03
1	65	1771678.63	339121.05	803.32	175900.94	1255660.00	124.64	68.72
2	102	1315141.88	140941.41	23693.00	424964.45	709890.00	2966.61	12686.41
2	41	2306281.30	134504.78	2134.40	70513.02	2098950.00	34.86	144.24
2	994	184171.04	34680.14	208.80	27948.46	121240.00	0.00	93.64
3	1559	98290.40	69367.77	2547.38	355.70	25990.00	2.73	26.82
1	219	729646.57	188450.14	1402.55	27112.33	512510.00	116.44	55.08
2	1044	173520.85	79947.25	1393.70	9385.48	82730.00	16.95	47.51
1	508	356357.46	229752.29	3305.00	26940.30	95840.00	377.59	142.26
1	581	316564.02	158392.60	2026.28	5430.31	150600.00	80.22	34.62
3	32	2475446.85	1172624.27	2018.27	216906.09	1083750.00	53.10	95.10
6	17	3966540.91	1650266.78	2508.09	389771.37	1923370.00	253.64	371.01
2	720	262319.15	195679.18	7069.87	4926.79	54130.00	433.06	80.29
4	167	931500.52	277638.36	3151.26	94736.72	555030.00	701.51	242.65
1	1346	125082.82	114078.85	1565.15	276.23	9000.00	126.70	35.88
2	40	2319150.37	473772.40	6104.01	176079.04	1661550.00	1501.46	143.47
1	1785	77740.97	76676.40	1000.41	17.28	0.00	14.81	32.06
1	1257	136538.62	132033.63	1275.54	519.74	2230.00	54.15	425.56
4	440	404206.49	200726.08	3481.57	92307.57	107210.00	292.31	189.00
2	1703	85667.78	80031.27	2283.36	2859.06	0.00	349.06	145.06
5	299	573508.16	532131.26	17263.48	5548.12	18090.00	303.12	172.20
5	6	7143980.49	1045552.84	9880.26	197045.22	5890210.00	1007.77	284.41
5	338	502113.21	228681.46	31695.11	49072.63	191690.00	673.04	300.95
3	442	403461.73	208306.42	15477.81	80121.68	99160.00	336.46	59.33
3	939	193349.72	171274.21	17175.35	2243.09	1820.00	445.86	391.19
2	267	636248.82	283713.66	2033.73	88492.02	261650.00	316.20	43.20
1	760	246883.31	122358.24	4702.66	14102.30	105700.00	0.00	20.15
3	328	519160.16	179808.27	530.80	76078.37	262430.00	296.06	16.66
1	659	284285.46	73765.93	2063.41	1042.30	207360.00	49.56	4.26
2	1290	132338.94	126886.89	1764.88	304.84	3130.00	210.50	41.83
2	1222	140093.66	130591.74	5213.93	1182.32	2980.00	74.59	51.08
2	1124	156725.57	116054.89	1952.53	7901.65	30720.00	16.91	79.59
1	107	1212514.62	173337.12	3220.94	24796.33	1010870.00	219.44	70.82
1	1866	70020.19	68904.02	699.38	361.29	0.00	15.33	40.11
2	1560	98211.72	95839.84	1940.83	350.45	0.00	30.79	49.79
1	411	424133.20	72411.27	1288.53	487.12	349230.00	547.95	168.35
1	546	334053.40	77728.22	1162.20	17548.11	237580.00	14.09	20.75
2	841	215039.43	99762.30	1307.04	723.35	113120.00	95.59	31.15
1	2044	53507.61	47519.16	906.03	64.73	4930.00	52.16	35.51

证券营业部交易
Trading of Securities Business Outlet

单位:万元人民币(10000 Yuan RMB)

公司名称 Name	营业部名称 Securities Business Outlet	地址 Address	邮编 Zip	电话 Tel	传真 Fax
南方证券股份有限公司	威海公园路证券营业部	威海市公园路22号	264200	0631-5284657	
南方证券股份有限公司	武汉分公司徐东路证券营业部	武汉市徐东路28号	430000	027-86815558	86824650
南方证券股份有限公司	武汉营业部	武汉市解放大道707号2楼	430000	027-85498515	85802821
南方证券股份有限公司	西安文艺路证券营业部	西安市文艺北路甲字1号南证大厦	710054	029-7859569	7859578
南方证券股份有限公司	西宁黄河路证券营业部	西宁市黄河路17号	810001	0971-6152319	6142601
南方证券股份有限公司	郑州伊河路证券营业部	郑州市伊河路144路	450007	0371-5688168	5688158
南方证券股份有限公司	重庆新华路证券交易营业部	重庆市渝中区新华路220号	400010	023-63718907	63718260
南方证券股份有限公司	自贡解放路证券营业部	自贡市解放路58号	643000	0813-2301686	2305171
南京证券有限责任公司	常熟吉祥商城证券营业部	常熟市吉祥商城1号楼	215500	0512-52700989	52667728
南京证券有限责任公司	国际部	上海市南车站路69弄1号	200011	021-63766568	63766568
南京证券有限责任公司	连云港通灌南路证券营业部	连云港市通灌南路1号	222001	0518-5405727	5510393
南京证券有限责任公司	南京长乐路证券营业部	南京市长乐路226号	210001	025-2233787	2210719
南京证券有限责任公司	南京大厂证券营业部	南京市大厂区新华路253号	210044	025-7017554	7017943
南京证券有限责任公司	南京大钟亭证券营业部	南京市鼓楼大钟亭8号	210008	025-3214118	3367888
南京证券有限责任公司	南京建康路证券营业部	南京市建康路409号	210001	025-4693443	4693814
南京证券有限责任公司	南京龙蟠路证券营业部	南京市龙蟠路222号	210037	025-5639534	5639534
南京证券有限责任公司	南京热河路证券营业部	南京市热河路8号	210011	025-8751608	8500091
南京证券有限责任公司	南京云南北路证券营业部	南京市云南北路28号	210009	025-3244519	3245271
南京证券有限责任公司	南京中山东路证券营业部	南京市中山东路147号	210002	025-4522900	4418338
南京证券有限责任公司	南京中山南路证券营业部	南京市中山南路311号	210001	025-2256992	2252784
南京证券有限责任公司	南京珠江路证券营业部	南京市玄武区珠江路342号	210018	025-3618431	3608505
南京证券有限责任公司	上海南车站路证券营业部	上海市南车站路69弄1号华教大厦2层	200011	021-63681615	63681007
南京证券有限责任公司	上海平凉路证券营业部	上海市平凉路2241号	200090	021-65674818	65667139
南京证券有限责任公司	张家港步行街证券营业部	张家港市步行街49号	215600	0512-58139758	58137673
内蒙古日信证券经纪有限责任公司	呼和浩特锡林南路证券营业部	呼和浩特市锡林南路40号	010020	0471-6292465	6950656
平安证券有限责任公司	北京东花市北里证券营业部	北京市崇文区东港市北里西区23号B座	100062	010-67172161	67172177
平安证券有限责任公司	成都双楠路证券营业部	成都市双楠路9号	610041	028-5093558	5090208
平安证券有限责任公司	大连人民路证券营业部	大连市中山区人民路24号平安大厦2、3楼平安证券	116001	0411-2539118	2539091
平安证券有限责任公司	广州赤岗路证券营业部	广州市海珠区赤岗路47号2楼	510310	020-84288043	84286855
平安证券有限责任公司	广州环市东路证券营业部	广州市环市东路450号广东华信中心3楼	510080	020-87667649	87776389
平安证券有限责任公司	海口国贸大道证券营业部	海口市金贸区国贸大道CMEC大厦2楼	570125	0898-68536358	68538749
平安证券有限责任公司	杭州文三路证券营业部	杭州市文三路90号东部软件园2号楼	310006	0571-87087215	88473444
平安证券有限责任公司	南京北门桥路证券营业部	南京市玄武区北门桥路10号	210005	025-4783228	4783228
平安证券有限责任公司	青岛中山路证券营业部	青岛市中山路44-60号百盛大厦9楼	266001	0532-2021228	2021227
平安证券有限责任公司	上海常熟路证券营业部	上海市常熟路8号静安广场6、7、8楼	200040	021-62078108	62078100
平安证券有限责任公司	上海枫林路证券营业部	上海市枫林路358号	200032	021-64182708	64163704
平安证券有限责任公司	深圳八卦三路证券营业部	深圳市八卦岭八卦三路平安大厦1楼	518029	0755-2436215	2435432
平安证券有限责任公司	深圳商报路证券营业部	深圳市福田区商报路奥林匹克大厦1-3楼	518034	0755-3521683	3521682
平安证券有限责任公司	深圳蛇口招商路证券营业部	深圳市蛇口招商路招商大厦3楼	518067	0755-6689862	6689870
平安证券有限责任公司	深圳深南中路证券营业部	深圳市深南中路兴华大厦东侧7、8楼证券	518031	0755-3696100	3696986
平安证券有限责任公司	深圳文锦中路证券营业部	深圳市文锦中路8号联兴大厦中座1楼	518001	0755-2252948	2252940
平安证券有限责任公司	深圳振华路证券营业部	深圳市振华路8号设计大厦10楼	518031	0755-3785511	3785481
平安证券有限责任公司	天津绍兴道证券营业部	天津市河西区绍兴道291号平安证券	300074	022-28013250	23519594
平安证券有限责任公司	乌鲁木齐人民路证券营业部	乌鲁木齐市人民路立交桥131号	830002	0991-2319377	2840950
平安证券有限责任公司	武汉崇仁路证券营业部	武汉市桥口区崇仁路82号	430030	027-83761633	83766496
平安证券有限责任公司	重庆八一路证券营业部	重庆市渝中区八一路176号	400010	023-63737036	63736440
平安证券有限责任公司	珠海园林路证券营业部	珠海市吉大园林路平安大厦8楼	519015	0756-3371899	3371570
齐齐哈尔市证券有限公司	卜奎营业部	齐齐哈尔市卜奎大街46号	161005	0452-2446182	2405136
齐齐哈尔市证券有限公司	哈尔滨恒升证券交易营业部	哈尔滨市南岗区奋斗路236号	150000	0451-2627911	2627964
齐齐哈尔市证券有限公司	永安营业部	齐齐哈尔市永安大街61号	161006	0452-2403524	2403524
青岛国际信托投资公司	香港中路营业部	青岛市香港中路58号	266071	0532-5719191	5712274
青岛国际信托投资公司	证券交易营业部	青岛市江苏路17号	266003	0532-2883106	2883100
青岛市弘诚信托投资有限公司	上海营业部	上海市襄阳北路93号	200031	021-54048890	54040400
青岛市弘诚信托投资有限公司	证券交易营业部	青岛市新疆路8号	266011	0532-2804002	2804003
青海证券有限责任公司	深圳华强北路证券营业部	深圳市华强北路盛延苑酒店B座17层	518028	0755-2075015	2075030
青海证券有限责任公司	深圳深南中路证券营业部	深圳市福田区深南中路2066号华能大厦14楼	518031	0755-3636789	3650698
青海证券有限责任公司	武汉紫阳路证券营业部	武汉市武昌紫阳路195号	430064	027-88051978	88052538
青海证券有限责任公司	西宁长江路证券交易营业部	西宁市长江路透社65号	810000	0971-8214292	8214543
三门峡市信托投资公司	三门峡信托证券营业部	三门峡市崤山路46号帝苑商厦	472000	0398-2859057	2930845
三亚中亚信托投资公司	成都证券营业部	成都市红星中路一段20号	610007	028-6919510	6920508
三亚中亚信托投资公司	海口证券营业部	海口市国贸大道王府小区B座	570125	0898-68510711	68510713
三亚中亚信托投资公司	上海延平路证券营业部	上海市延平路121号15楼、16楼	200042	021-52560356	52560230
三亚中亚信托投资公司	深圳证券业务部	深圳市华富路华康包装大厦	518031	0755-3214026	3223384
三亚中亚信托投资公司	天津滨海证券营业部	天津市塘沽区解放路156号	300450	022-27021998	27021998
三亚中亚信托投资公司	天津证券交易业务部黄河道营业部	天津市黄河道工行南开支行东侧12号	300101	022-27579259	27561675

证券营业部交易
Trading of Securities Business Outlet

单位:万元人民币(10000 Yuan RMB)

席位数 Seat Number	名次 Rank	总计 Total	股票 Stock	基金 Fund	交易金额 Trading Value 国债现货 T-Bond Spot	国债回购 T-Bond Repurchase	金融债、企业债、可转债 Financial, Corporate Bond, Convertible Bond	其他 Others
1	1877	69058.02	67823.33	968.90	0.60	0.00	188.93	76.26
3	241	692542.08	83989.81	1517.44	54445.24	552110.00	317.18	162.45
2	1985	59353.06	53787.43	1255.85	432.43	3250.00	563.24	64.11
1	804	229203.96	152351.27	1803.22	6431.08	68220.00	359.95	38.42
2	1271	134268.73	60892.26	2646.25	3640.26	67010.00	60.99	18.98
3	302	571214.07	195703.50	2339.34	29127.27	343700.00	279.68	64.35
2	376	460405.38	49618.29	2262.28	28440.42	380050.00	23.03	11.36
1	1362	122850.97	93417.11	1226.43	1754.72	26240.00	173.85	38.91
1	1388	118962.20	115844.34	2415.44	489.53	0.00	94.93	117.96
1	2437	2952.20	2952.20	0.00	0.00	0.00	0.00	0.00
1	1563	97675.10	95384.78	2187.70	30.03	0.00	31.22	41.35
2	2466	574.86	567.54	7.32	0.00	0.00	0.00	0.00
2	1726	83342.42	80521.13	1648.72	750.14	30.00	218.80	173.61
1	586	313499.08	79.08	0.00	0.00	313420.00	0.00	0.00
2	2454	1470.00	0.00	0.00	0.00	1470.00	0.00	0.00
2	2025	55511.38	53389.47	1757.79	311.43	0.00	51.28	1.42
2	1834	73723.88	72159.48	1370.50	87.89	0.00	70.14	35.89
2	1702	85731.97	61290.42	1370.50	244.90	22720.00	76.34	29.83
2	1631	91612.01	88348.25	1680.94	99.91	1020.00	449.45	13.45
2	2440	2655.54	2631.05	23.49	1.00	0.00	0.00	0.00
2	1093	161521.05	152581.17	4649.44	3796.64	0.00	370.97	122.84
2	962	189728.45	164672.23	3353.23	3954.22	16970.00	731.46	47.32
3	1880	68712.80	66811.73	1171.59	445.21	0.00	78.82	205.48
2	228	711436.50	673619.35	13829.64	20473.79	150.00	1154.78	2208.95
1	2354	15956.29	15754.08	154.14	35.72	0.00	0.91	11.42
1	644	290529.80	275766.13	7657.58	6763.16	270.00	6.30	66.60
1	2247	31961.59	25699.18	566.55	3497.75	1980.00	0.00	218.13
1	1472	106625.89	104742.37	1770.29	54.26	0.00	27.02	31.95
1	2300	25251.40	23781.95	1436.21	21.49	0.00	1.63	10.12
1	1281	133348.12	130426.56	2303.92	332.68	0.00	67.48	217.48
1	1915	65437.12	63494.58	659.63	69.39	650.00	529.98	33.55
1	1626	92304.41	57371.79	889.86	23029.34	9620.00	1386.01	7.43
1	1446	110239.75	103328.03	1356.66	1575.82	3870.00	56.97	52.27
2	432	411539.12	86797.28	2598.28	9225.06	312800.00	49.56	68.93
4	413	423057.93	235976.41	2044.98	117713.15	64740.00	1380.46	1202.94
3	1015	179928.33	173929.05	4121.06	586.36	840.00	347.77	104.10
8	83	1519242.33	457613.76	4405.33	101805.24	922720.00	1133.92	31564.09
3	557	326923.50	308902.00	4265.44	10378.77	2990.00	278.27	109.02
5	406	430708.79	305677.48	2286.99	30728.66	86090.00	3028.89	2896.80
2	961	189840.44	168865.38	1020.37	16141.56	2000.00	1420.28	392.88
1	1662	89000.67	82240.06	5011.70	1695.52	0.00	32.81	20.58
3	230	708391.42	222680.74	1255.24	206621.35	273740.00	3744.32	349.77
1	1984	59446.45	55651.78	1453.45	71.72	2240.00	22.92	6.59
1	1886	68111.00	67381.97	670.68	33.36	0.00	3.97	20.99
1	1851	71890.68	69294.69	747.84	51.71	1710.00	48.31	38.15
1	1949	61917.84	59305.67	1366.41	378.64	830.00	9.89	27.24
1	1760	80111.31	78491.01	472.71	1022.67	0.00	108.48	16.45
1	602	309343.18	304338.94	4375.12	372.12	0.00	104.05	152.94
3	1838	73219.73	72295.73	878.24	4.34	0.00	14.42	27.05
2	2481	2.68	2.68	0.00	0.00	0.00	0.00	0.00
1	773	242788.74	68018.71	1526.93	99.89	173000.00	100.09	43.12
3	2010	56792.62	40547.46	727.92	126.13	15270.00	9.58	111.49
6	1160	150662.22	62985.62	2393.51	4808.03	80230.00	167.90	77.19
3	885	204416.33	166902.50	2876.73	134.12	34290.00	82.63	130.36
2	605	307682.85	68184.32	669.95	11907.73	226820.00	99.51	1.37
2	2294	26011.41	24664.51	1074.11	68.31	100.00	103.23	1.25
1	1128	156199.48	70322.45	1524.85	17026.03	67240.00	67.24	18.89
1	1593	94878.89	91742.97	1742.61	1246.06	0.00	63.25	84.00
1	2197	37969.97	37178.60	727.63	37.97	0.00	0.92	24.84
3	2368	13264.61	12936.77	324.95	0.00	0.00	0.00	2.90
1	2360	15268.07	13977.31	1284.64	5.42	0.00	0.70	0.00
3	1896	67089.32	29900.58	2453.14	5215.50	29490.00	21.60	8.52
1	2402	7697.79	5564.31	4.90	2128.41	0.00	0.00	0.17
1	2380	10713.33	9715.17	959.85	23.81	0.00	3.20	11.30
2	2435	3083.61	2896.61	185.95	0.00	0.00	0.93	0.12

证券营业部交易
Trading of Securities Business Outlet

单位:万元人民币(10000 Yuan RMB)

公司名称 Name	营业部名称 Securities Business Outlet	地址 Address	邮编 Zip	电话 Tel	传真 Fax
三亚中亚信托投资公司	天津证券业务部	天津市南开区长江道 30 号	300102	022－27021998	27021998
三亚中亚信托投资公司	证券交易营业部	三亚市河东一路 10 号老干局 1 楼	572000	0899－28271983	28271983
山东省齐鲁证券经纪有限公司	北京北四环西路证券营业部	北京市海淀区北四环西路 67 号	100080	010－82887888	82886286
山东省齐鲁证券经纪有限公司	德州三八西路证券营业部	德州市德城区三八西路 13 号楼	253017	0534－2625866	2621450
山东省齐鲁证券经纪有限公司	济南解放路证券营业部	济南市解放路 30 号	250013	0531－6690998	6647506
山东省齐鲁证券经纪有限公司	济南山大路证券营业部	济南市山大路 22 号	250100	0531－8010248	8010234
山东省齐鲁证券经纪有限公司	济南石棚街证券营业部	济南市石棚街 18 号	250001	0531－6039848	6929524
山东省齐鲁证券经纪有限公司	济南舜耕路证券营业部	济南市舜耕路 40 号	250014	0531－2600241	2940046
山东省齐鲁证券经纪有限公司	济南小纬四路证券营业部	济南市小纬四路 30 号	250001	0531－7949516	7949529
山东省齐鲁证券经纪有限公司	济宁红星中路证券营业部	济宁市红星中路 27 号	272100	0537－2907922	2328787
山东省齐鲁证券经纪有限公司	临淄牛山路证券营业部	淄博市牛山路 217 号	255400	0533－7182960	7186432
山东省齐鲁证券经纪有限公司	上海赤峰路证券营业部	上海市赤峰路 323 号	200092	021－65535177	65543523
山东省齐鲁证券经纪有限公司	上海四平路证券营业部	上海市四平路 333 号	200081	021－65215875	65215856
山东省齐鲁证券经纪有限公司	上海斜土路证券营业部	上海市斜土路 359 号	200023	021－63017981	63013153
山东省齐鲁证券经纪有限公司	泰安岱宗大街证券营业部	泰安市岱宗大街 151 号	271000	0538－2187688	8237878
山东省齐鲁证券经纪有限公司	威海海滨北路证券营业部	威海市海滨北路 106 号	264200	0631－5320018	5313811
山东省齐鲁证券经纪有限公司	烟台南通路证券营业部	烟台市南通路 36 号	264000	0535－6262354	6249841
山东省齐鲁证券经纪有限公司	淄博机场路证券营业部	淄博市周村区机场路 6 号	255300	0533－6170590	6170587
山东省齐鲁证券经纪有限公司	淄博人民西路营业部	淄博市张店区人民西路 66 号	255041	0533－2770978	2773903
山西华康信托投资有限责任公司	上海证券营业部	上海市延长西路 338 号	200065	021－56371088	56371008
山西华康信托投资有限责任公司	证券交易营业部	太原市解放路 66 号新星大世界(2 层)	030002	0351－4050275	4037696
山西证券有限责任公司	北京太平庄证券营业部	北京市海淀区西外大街太平庄路 13 号	100081	010－62235588	62251346
山西证券有限责任公司	长治北关街证券营业部	长治市北关街 170 号(财政大厦)	046000		2010861
山西证券有限责任公司	长治太行西路证券营业部	长治市太行西路 5 号	046100	0355－2025560	2010174
山西证券有限责任公司	汾阳证券营业部	汾阳市杏花村	032205	0358－7220519	7220671
山西证券有限责任公司	国际部				
山西证券有限责任公司	晋中迎宾路证券营业部	晋中市迎宾路 92 号	030600	0354－3024667	3024667
山西证券有限责任公司	离石长治路证券营业部	离石市长治路 1 号	033000	0358－8284362	8285148
山西证券有限责任公司	上海东大名路证券营业部	上海市东大名路 485 号	200080	021－65951618	65950708
山西证券有限责任公司	上海虹桥路证券营业部	上海市虹桥路 2284－2286 号	200336	021－62625806	62625809
山西证券有限责任公司	上海双阳路证券营业部	上海市双阳路 590 号	200093	021－65207799	65200303
山西证券有限责任公司	深圳华富路证券营业部	深圳市福田区华富路 1006 号	518040	0755－3793889	3793992
山西证券有限责任公司	深圳深南中路证券营业部	深圳市深南中路国科大厦 5 层	518033	0755－3760001	3760012
山西证券有限责任公司	朔州开发路证券营业部	朔州市开发南路 48 号	036002	0349－2027333	2026247
山西证券有限责任公司	太原并州南路证券营业部	太原市小店区并州南路 105 号	030012	0351－7089185	7083445
山西证券有限责任公司	太原府东街证券营业部	太原市府东街 169 号	030001	0351－35237777	3118269
山西证券有限责任公司	太原解放北路证券营业部	太原市解放北路 205 号	030003	0351－3850078	3137545
山西证券有限责任公司	太原桃园二巷证券营业部	太原市桃园二巷 27 号	030002	0351－4220812	4220406
山西证券有限责任公司	太原坞城路证券营业部	太原市坞城路 19 号	030012	0351－7630236	7630236
山西证券有限责任公司	太原西矿街证券营业部	太原市万柏林区西矿街 62 号	030024	0351－6830033	6175803
山西证券有限责任公司	太原迎泽大街证券营业部	太原市迎泽区迎泽大街 248 号	030001	0351－4038413	4035424
山西证券有限责任公司	西安高新二路证券营业部	西安市高新二路华苑大厦 6 层	710068	029－8497206	8496583
山西证券有限责任公司	忻州七一北路证券营业部	忻州市七一北路 20 号	034000	0350－3042807	3042807
山西证券有限责任公司	阳泉德胜东街证券营业部	阳泉市德胜东街 23 号	045000	0353－2026566	2033754
山西证券有限责任公司	运城市市府街证券营业部	运城市市府街 9 号	044000	0359－2029089	2066595
陕西开源证券经纪有限责任公司	西安长安南路证券营业部	西安市长安南路 447 号康德大厦	710061	029－5243612	5242699
陕西开源证券经纪有限责任公司	西安南四府街证券营业部	西安市南四府街道办 11 号	710002	029－7611473	7611473
上海久联证券经纪有限责任公司	上海曹杨路证券营业部	上海市曹杨路 430 号	200063	021－62447533	62446909
上海久联证券经纪有限责任公司	上海商城路证券营业部	上海市商城路 618 号	200120	021－58316851	58315082
上海证券有限责任公司	崇明证券营业部	上海市崇明县城桥镇东门路 177 号	202150	021－69613838	69615471
上海证券有限责任公司	定西路证券营业部	上海市定西路 1118 号(乙)	200050	021－62526908	62525802
上海证券有限责任公司	东方路证券营业部	上海市东方路 818 号底层北大厅	200122	021－58209199	58203565
上海证券有限责任公司	高安路证券营业部	上海市高安路 107 号高安公寓 1 楼	200031	021－64334288	64746478
上海证券有限责任公司	广灵四路证券营业部	上海市广灵四路 100 号	200083	021－65445726	65440908
上海证券有限责任公司	嘉定证券营业部	上海市嘉定区清河路 156 号	201800	021－59927997	59927957
上海证券有限责任公司	九江路证券营业部	上海市九江路 41、47 号	200002	021－63294718	63218032
上海证券有限责任公司	妙境路证券营业部	上海市浦东妙境路 829 号	201200	021－58903018	58903017
上海证券有限责任公司	南昌民德路证券营业部	南昌市民德路 349 号	330008	0791－6799787	6793772
上海证券有限责任公司	南桥证券营业部	上海市南桥镇南奉路 47 号	201400	021－57422930	57422930
上海证券有限责任公司	茸城证券营业部	上海市松江人民北路 40 号	201600	021－37811154	57715847
上海证券有限责任公司	商城路证券营业部	上海市商城路 365 号	200120	021－58888520	58880277
上海证券有限责任公司	上海临平路证券营业部	上海市临平北路 19 号	200086	021－65214658	65088292
上海证券有限责任公司	西藏路证券营业部	上海市西藏北路 1 号	200070	021－63805791	63805308
上海证券有限责任公司	襄阳北路证券营业部	上海市襄阳北路 27 号	200040	021－54037001	62559066
上海证券有限责任公司	芷江西路证券营业部	上海市芷江西路 244 号	200070	021－56320403	56320403

证券营业部交易
Trading of Securities Business Outlet

单位:万元人民币(10000 Yuan RMB)

席位数 Seat Number	名次 Rank	交易金额 Trading Value 总计 Total	股票 Stock	基金 Fund	国债现货 T-Bond Spot	国债回购 T-Bond Repurchase	金融债、企业债、可转债 Financial, Corporate Bond, Convertible Bond	其他 Others
1	2088	48907.66	47227.04	1643.09	13.23	0.00	8.01	16.29
1	2458	1087.27	1086.51	0.76	0.00	0.00	0.00	0.00
1	2477	155.27	154.36	0.91	0.00	0.00	0.00	0.00
1	1152	152195.68	149025.55	2947.41	130.28	0.00	25.60	66.82
5	1606	93754.00	90612.48	2550.26	424.23	0.00	23.50	143.55
2	836	216810.01	182912.93	3356.52	16631.89	13690.00	56.43	162.24
2	2157	43234.69	41178.48	1863.32	92.30	0.00	31.99	68.61
1	2442	2529.87	2403.24	99.43	27.20	0.00	0.00	0.00
1	1972	60671.51	58007.30	984.03	626.48	1010.00	9.24	34.46
3	1372	121647.55	118112.52	2708.14	523.99	10.00	83.88	209.00
1	2460	1017.02	985.14	31.76	0.00	0.00	0.00	0.12
2	1457	108429.92	101866.90	1658.35	1048.20	3050.00	170.44	636.02
4	1990	58882.33	45614.28	616.57	149.83	12460.00	16.24	25.38
6	1442	110813.27	101441.47	9150.81	108.94	0.00	101.50	10.55
2	1514	101686.51	97503.84	2211.24	1536.98	0.00	176.30	258.16
2	1260	136212.54	132083.05	1708.74	2336.37	0.00	46.80	37.59
1	1893	67445.58	66575.52	831.29	3.09	0.00	2.51	33.19
1	2456	1204.04	1158.89	43.89	1.04	0.00	0.00	0.22
2	112	1183730.11	183060.47	5480.27	527213.24	464350.00	268.47	3357.67
6	539	339274.76	170697.43	2982.86	114310.19	51000.00	126.46	157.79
2	1891	67550.51	66167.66	1044.40	221.34	0.00	15.31	101.84
1	1453	108864.57	106853.19	1307.43	563.56	0.00	122.88	17.54
1	2343	18193.14	17942.95	178.65	42.36	0.00	4.15	25.02
1	2068	51401.75	50267.25	918.85	115.89	0.00	54.52	45.26
1	2259	30720.31	29256.09	673.14	760.00	0.00	14.08	17.01
1	2469	472.32	472.32	0.00	0.00	0.00	0.00	0.00
1	2388	9539.94	9314.27	168.37	56.32	0.00	0.00	0.99
1	2278	27811.36	27112.75	580.02	107.20	0.00	0.83	10.59
1	2024	55648.64	52242.69	621.35	2690.94	0.00	51.28	42.35
2	949	191695.86	143372.56	2525.70	22078.00	23250.00	317.48	152.10
2	89	1447837.17	164914.45	18222.52	258062.21	950100.00	433.13	56104.86
1	2252	31320.04	30962.78	122.57	2.04	220.00	0.00	12.66
1	507	356778.24	46603.08	75.91	52046.77	258050.00	0.20	2.31
1	2319	22653.21	22243.13	398.69	0.00	0.00	0.40	10.99
1	1351	124615.33	120160.27	3593.77	668.90	0.00	70.82	121.56
1	648	288963.45	141289.47	31509.30	92579.81	22830.00	21.54	733.33
1	378	457364.14	69401.23	2397.58	184028.65	176360.00	17.48	25159.22
1	1832	73927.55	37933.01	1062.78	159.12	34690.00	10.27	72.38
1	79	1537640.70	49922.36	17229.13	289058.77	1178090.00	2.04	3338.37
2	1125	156536.50	66884.70	1725.71	13768.42	73980.00	117.01	60.64
2	676	278295.11	189452.91	15086.46	37761.73	35080.00	202.94	711.03
1	2082	49981.04	49482.18	482.96	13.88	0.00	0.00	2.02
1	2430	3464.96	3428.18	35.35	0.63	0.00	0.61	0.17
1	1484	105098.43	89650.10	1620.80	2747.52	10980.00	69.95	30.05
1	2249	31665.89	31351.69	242.27	64.12	0.00	1.15	6.65
1	1429	113400.20	91549.23	1172.06	10458.95	9940.00	85.27	194.72
1	2415	5011.09	4908.34	99.12	2.61	0.00	0.00	1.04
2	227	714042.63	196339.75	4777.00	206000.37	306840.00	37.19	48.29
1	790	234300.21	213032.82	10117.16	5784.60	4600.00	710.04	55.60
2	861	210215.93	193720.96	3968.49	1699.06	9990.00	325.78	511.67
2	191	815953.22	130023.84	9957.97	5768.60	669160.00	948.57	94.25
3	679	278137.35	95252.62	5587.56	16343.71	160690.00	65.05	198.40
2	339	501665.22	220864.89	23677.92	30862.13	214820.00	10700.32	739.94
1	1665	88797.82	77637.87	5602.93	1555.47	3470.00	177.53	354.05
1	1730	83290.41	77806.86	2803.35	1014.85	1380.00	223.55	61.80
2	403	432987.22	202391.66	7083.45	13580.96	208600.00	889.22	441.96
1	1856	71269.14	69031.01	1836.04	320.76	0.00	6.82	74.52
0	600	310228.55	87398.64	15287.23	15112.56	192380.00	19.31	30.82
2	727	259220.18	230331.67	6974.60	2380.75	18640.00	286.47	606.66
2	552	331413.48	308823.33	13913.20	4403.92	1800.00	1558.39	914.65
2	166	935296.79	244623.34	21572.83	31297.46	634560.00	2324.41	918.71
3	415	421937.52	293806.55	14049.28	35571.69	76900.00	972.03	637.97
2	589	312652.29	154572.66	5677.30	6600.43	141240.00	3364.95	1196.95
2	236	697752.24	129719.88	3265.14	12047.24	550070.00	2530.79	119.22
2	491	368307.34	291148.93	12985.36	8886.34	53880.00	550.84	855.91

证券营业部交易
Trading of Securities Business Outlet

单位:万元人民币(10000 Yuan RMB)

公司名称 Name	营业部名称 Securities Business Outlet	地址 Address	邮编 Zip	电话 Tel	传真 Fax
申银万国证券股份有限公司	安徽合肥荣事达大道营业部	合肥市荣事达大道 59 号	230001	0551－2659087	2611355
申银万国证券股份有限公司	北京安定路营业部	北京市朝阳区安定路 39 号长新大厦	100029	010－64448231	64449712
申银万国证券股份有限公司	北京劲松九区证券营业部	北京市朝阳区劲松九区 909 楼	100021	010－67736289	67717839
申银万国证券股份有限公司	长沙蔡锷中路证券营业部	长沙市蔡锷中路 24 号	410005	0731－4455397	4455399
申银万国证券股份有限公司	福建福州鼓屏路营业部	福州市鼓屏路 192 号山海大厦 3 楼	350003	0591－7801658	7801533
申银万国证券股份有限公司	福建厦门厦禾路营业部	厦门市厦禾路 842 号金榜大厦 A 座 1、2、4、7 层	361004	0592－5087516	5152689
申银万国证券股份有限公司	广东广州江南大道营业部	广州市江南大道 108 号 1－3 层	510240	020－84245681	84245681
申银万国证券股份有限公司	广东广州天河北路营业部	广州市天河北路金海花园金翰阁 1、2 层	510630	020－38735131	38735087
申银万国证券股份有限公司	广西南宁古城路营业部	南宁市古城路 22 号银宇大厦 2 楼	530022	0771－5880850	5880851
申银万国证券股份有限公司	海南海口龙昆南路营业部	海口市龙昆南路 1 号华新商业大厦 1 层	570206	0898－66763939	66763961
申银万国证券股份有限公司	杭州密渡桥路证券营业部	杭州市密渡桥路 3 号	310005	0571－85161177	85066471
申银万国证券股份有限公司	黑龙江哈尔滨南马路营业部	哈尔滨市道外区南马路 119 号	150020	0451－8378536	8378391
申银万国证券股份有限公司	黑龙江哈尔滨中山路营业部	哈尔滨市中山路 168 号	150040	0451－2668876	2668876
申银万国证券股份有限公司	湖北武汉中山路营业部	武汉市武昌区中山路 341 号	430064	027－88855433	88854465
申银万国证券股份有限公司	湖北襄樊人民广场营业部	襄樊市人民广场文渊楼	441000	0710－3457098	3484171
申银万国证券股份有限公司	江苏靖江骥江路营业部	靖江市骥江路 162 号	214500	0523－4834066	4851233
申银万国证券股份有限公司	江苏南京华侨路营业部	南京市华侨路 29 号	210029	025－4703599	4703599
申银万国证券股份有限公司	江苏南京山西路营业部	南京市山西路 57 号 3 楼	210009	025－3722982	3722982
申银万国证券股份有限公司	江苏南通南大街营业部	南通市南大街 218 号	226001	0513－5101583	5527883
申银万国证券股份有限公司	江苏无锡清扬路营业部	无锡市清扬路 24 号	214021	0510－2763216	2762988
申银万国证券股份有限公司	江苏吴县东吴北路营业部	苏州市吴县东吴北路 158 号	215128	0512－5282812	5282812
申银万国证券股份有限公司	江苏镇江中山东路证券营业部	镇江市中山东路 28 号	212001	0511－5035428	5034428
申银万国证券股份有限公司	江西黄石黄石大道营业部	黄石市黄石大道 820 号	435000	0714－6233087	6233098
申银万国证券股份有限公司	江西九江浔阳路营业部	九江市浔阳路 105 号	332000	0792－8118499	8118499
申银万国证券股份有限公司	江西南昌八一大道营业部	南昌市八一大道 362 号	330006	0791－6848596	6848595
申银万国证券股份有限公司	江西上饶中山西路营业部	上饶市中山西路 20 号	334000	0793－8218616	8218601
申银万国证券股份有限公司	兰州东岗西路证券营业部	兰州市东岗西路 393 号	730030	0931－8870706	8870835
申银万国证券股份有限公司	辽宁大连武汉街营业部	大连市中山区武汉街 36 号远大大厦	116001	0411－2802128	2802028
申银万国证券股份有限公司	辽宁沈阳中山路营业部	沈阳市和平区中山路 193 号	110003	024－22872284	22872472
申银万国证券股份有限公司	辽宁沈阳岐山中路营业部	沈阳市皇姑区歧山中路 60 号	110031	024－86223498	86224136
申银万国证券股份有限公司	南昌洪都北大道证券营业部	南昌市洪都北大道 218 号	330077	0791－6846001	6848595
申银万国证券股份有限公司	宁波百丈路证券营业部	宁波市百丈路 158 号	315040	0574－87373662	87373535
申银万国证券股份有限公司	青岛太平路证券营业部	青岛市太平路 37 号	266001	0532－2969949	2964919
申银万国证券股份有限公司	上海碧江路营业部	上海市闵行区碧江路 349 号	200240	021－64308222	64306780
申银万国证券股份有限公司	上海昌化路营业部	上海市昌化路 33 号	200041	021－62580049	62580073
申银万国证券股份有限公司	上海崇明营业部	上海市崇明县城桥镇川心街 1 号	202150	021－59619458	59621685
申银万国证券股份有限公司	上海东大名路营业部	上海市东大名路 687 号	200080	021－65956069	65959808
申银万国证券股份有限公司	上海东体育会路营业部	上海市东体育会路 1150 号	200437	021－65171995	65172987
申银万国证券股份有限公司	上海奉贤营业部	上海市奉贤南桥人民路 57 号	201400	021－57184448	57422542
申银万国证券股份有限公司	上海福州路营业部	上海市福州路 118 号	200002	021－63237519	63237517
申银万国证券股份有限公司	上海广东路营业部	上海市广东路 729 号	200001	021－63224288	63520436
申银万国证券股份有限公司	上海哈密路营业部	上海市哈密路 433 号	200335	021－52188825	52188702
申银万国证券股份有限公司	上海海宁路营业部	上海市海宁路 851 号	200085	021－63561080	63561478
申银万国证券股份有限公司	上海虹古路营业部	上海市虹古路 428 号	200336	021－62422003	62422004
申银万国证券股份有限公司	上海沪太路证券营业部	上海市沪太路 549 号	200070	021－56313458	56310023
申银万国证券股份有限公司	上海吉林路营业部	上海市吉林路 60 号	200082	021－65127789	65455623
申银万国证券股份有限公司	上海嘉定营业部	上海市嘉定县清河路 10 号	201800	021－59917908	59526699
申银万国证券股份有限公司	上海金山证券营业部	上海市金山县朱泾镇文化路 85 号	201500	021－57320523	57320525
申银万国证券股份有限公司	上海兰坪路营业部	上海市闵行区兰坪路 92 号	200240	021－54700522	54700522
申银万国证券股份有限公司	上海兰溪路营业部	上海市兰溪路 135 号	200062	021－62865750	62858454
申银万国证券股份有限公司	上海龙漕路营业部	上海市龙漕路 1 弄 9 号	200233	021－64849947	64838251
申银万国证券股份有限公司	上海隆昌路营业部	上海市隆昌路 619 号	200090	021－35120362	65399340
申银万国证券股份有限公司	上海陆家浜路营业部	上海市陆家滨路 1293 号	200011	021－63771188	63778877
申银万国证券股份有限公司	上海洛川东路	上海市洛川东路 303 号	200072	021－56985612	56985086
申银万国证券股份有限公司	上海南汇营业部	上海市南汇县城东路 23 号	201300	021－58022755	58021188
申银万国证券股份有限公司	上海浦建路证券营业部	上海市浦建路 145 号	200127	021－58896787	58813755
申银万国证券股份有限公司	上海浦三路营业部	上海市浦东新区浦三路 11 号	200125	021－58759415	58755417
申银万国证券股份有限公司	上海齐河路证券营业部	上海市齐河路 258 号	200126	021－58745508	58745434
申银万国证券股份有限公司	上海钦州路营业部	上海市钦州路 828 号	200233	021－64700606	64369562
申银万国证券股份有限公司	上海青浦城中营业部	上海市青浦县公园路 222 号	201700	021－59726551	59726559
申银万国证券股份有限公司	上海瑞金二路营业部	上海市瑞金二路 24 号	200020	021－64729988	64729247
申银万国证券股份有限公司	上海三林路营业部	上海市三林路 329 号	200124	021－58490099	58491122
申银万国证券股份有限公司	上海商城路营业部	上海市商城路 1088 号	200120	021－68754018	68753748
申银万国证券股份有限公司	上海上川路营业部	上海市上川路 5261 号	201200	021－58907223	58901657
申银万国证券股份有限公司	上海上中西路营业部	上海市上中西路 200 号	200237	021－64778110	64774928

证券营业部交易
Trading of Securities Business Outlet

单位：万元人民币(10000 Yuan RMB)

席位数 Seat Number	名次 Rank	总计 Total	股票 Stock	基金 Fund	交易金额 Trading Value 国债现货 T-Bond Spot	国债回购 T-Bond Repurchase	金融债、企业债、可转债 Financial, Corporate Bond, Convertible Bond	其他 Others
3	1246	137802.86	81033.96	1225.37	919.66	54490.00	77.54	56.34
4	629	297041.54	183730.41	13496.78	33358.90	65770.00	590.53	94.91
3	1043	173825.31	166872.74	2168.74	2195.48	2370.00	56.23	162.11
2	1715	84633.95	83016.36	1282.32	187.15	0.00	90.55	57.61
3	1689	86939.32	85016.18	1610.03	201.90	0.00	16.28	94.94
2	1316	129221.18	127242.22	1549.33	240.24	0.00	33.49	155.91
3	1212	141607.31	117069.89	2724.70	5774.66	15330.00	621.62	86.44
1	1197	143577.63	84356.75	1922.22	31288.33	25610.00	341.31	59.03
1	2142	44678.19	43264.99	813.19	0.00	570.00	7.84	22.17
3	758	247764.79	110606.17	1227.23	25199.14	110420.00	174.67	137.58
2	775	241243.81	159237.27	2286.91	5038.23	74360.00	235.50	85.90
2	1202	143054.39	140739.29	2159.80	42.16	0.00	47.24	65.91
3	1238	138575.08	136322.00	1331.72	509.54	0.00	139.79	272.04
2	1612	93305.59	90486.89	2008.30	401.19	0.00	242.30	166.88
1	1778	78323.22	76726.58	1079.58	40.37	390.00	52.51	34.19
2	1191	144657.90	140995.86	2316.20	417.14	0.00	819.51	109.18
2	820	222795.72	171072.39	3980.63	574.31	47050.00	35.45	82.95
2	1398	116972.69	110615.40	5284.51	820.14	0.00	207.05	45.61
3	418	419741.31	275866.51	3946.10	135025.71	1920.00	2924.09	58.87
2	891	203774.14	153513.04	3137.95	3197.36	41500.00	2302.70	123.05
2	604	308336.83	142893.18	2409.68	463.38	162350.00	89.94	130.66
2	1474	106522.00	103811.24	2475.79	102.27	0.00	97.84	34.90
2	1846	72116.83	70106.05	1953.68	18.27	0.00	15.77	23.09
2	2072	50625.43	49632.76	689.34	72.62	0.00	185.74	44.98
2	1310	129789.16	126635.00	1837.50	130.09	0.00	208.67	977.89
1	2288	26941.45	26378.39	527.14	0.00	0.00	3.03	32.88
2	2290	26848.95	25218.25	1531.37	77.80	0.00	4.27	17.25
3	819	222839.39	143887.07	4048.48	6952.97	47870.00	19768.34	312.53
2	1431	113332.70	109029.71	1393.72	1713.50	980.00	162.85	52.91
2	1277	133700.41	130185.43	3000.30	326.95	0.00	85.27	102.46
2	2417	4991.18	4911.18	67.04	1.06	0.00	2.05	9.84
2	1074	165946.98	132460.66	3095.65	20994.57	9160.00	155.75	80.37
2	1451	109272.77	106814.45	1864.43	87.60	0.00	473.19	33.06
2	1237	138607.60	128621.86	5597.87	2705.53	0.00	1290.24	392.14
2	330	517532.04	186478.64	5053.61	1016.77	324370.00	535.18	77.83
3	1210	141665.81	136253.95	4418.72	746.89	0.00	68.84	177.38
3	429	412841.74	89232.09	2113.12	24468.41	296300.00	425.24	302.93
2	1114	158664.03	147035.73	2193.06	8970.65	0.00	93.30	371.28
2	935	195425.60	190937.90	3919.12	186.18	0.00	267.86	114.55
2	1003	182014.82	115419.23	3093.63	507.24	62580.00	278.58	136.14
3	1061	168369.19	126644.99	3314.25	844.62	37400.00	100.29	65.06
2	1324	128206.29	96893.49	1393.15	318.35	28940.00	587.78	73.50
2	1198	143540.36	132126.00	2088.55	659.13	8490.00	74.29	102.37
2	1005	181918.00	142646.52	15774.11	3172.58	19660.00	577.92	86.89
2	1268	134398.50	91375.31	5831.03	1305.02	35710.00	41.34	135.81
3	1265	135156.70	125124.59	2328.03	2502.11	4510.00	487.84	204.15
2	914	199303.30	190709.51	4125.34	1105.02	2850.00	337.47	175.97
2	1569	97066.61	91413.50	2463.54	209.48	2830.00	51.04	99.05
2	1123	156727.89	151504.69	3335.35	1403.80	0.00	297.11	186.98
3	15	4151446.23	197727.87	19845.10	7402.84	3925940.00	239.60	290.86
2	845	214296.68	207556.64	4860.19	1127.95	0.00	249.79	502.10
2	1170	149062.73	144870.66	3565.57	339.51	0.00	123.22	163.75
4	851	212206.95	134103.71	7146.33	9927.21	60120.00	598.12	311.59
3	968	188043.03	167401.33	7036.90	13236.84	0.00	51.78	316.18
2	1208	142424.23	138219.17	2757.43	864.44	30.00	388.99	164.21
3	540	339051.80	177120.25	3017.18	95312.12	63120.00	329.22	153.04
2	487	372473.82	128662.29	3398.65	46722.06	193400.00	134.18	156.65
2	840	215442.86	208541.04	5352.49	1132.18	0.00	143.34	273.80
3	1010	180351.52	166042.25	3038.03	2106.90	8600.00	247.69	316.62
2	880	204805.84	197810.66	5447.74	623.57	530.00	225.67	168.24
2	846	214295.13	121042.01	2270.74	27272.36	63150.00	367.91	192.13
2	1483	105104.30	102893.57	1663.99	342.01	0.00	69.20	135.49
2	1037	175083.78	139660.03	2178.07	655.26	31660.00	800.84	129.57
2	952	191223.07	186786.64	3500.27	402.97	0.00	237.26	295.91
3	364	471849.25	279550.58	6403.84	4357.00	180630.00	476.03	431.78

证券营业部交易
Trading of Securities Business Outlet

单位：万元人民币(10000 Yuan RMB)

公司名称 Name	营业部名称 Securities Business Outlet	地址 Address	邮编 Zip	电话 Tel	传真 Fax
申银万国证券股份有限公司	上海石化证券营业部	上海市金山石化城蒙山路 279 号	200540	021-57943555	57940805
申银万国证券股份有限公司	上海四平路营业部	上海市四平路 2400 号	200433	021-55058668	55052209
申银万国证券股份有限公司	上海松江营业部	上海市松江县中山东路 272 号	201600	021-57833988	57836986
申银万国证券股份有限公司	上海天钥桥路营业部	上海市天钥桥路 518 号	200030	021-64386665	64383594
申银万国证券股份有限公司	上海同泰路营业部	上海市同泰路 88 号	200940	021-56671188	6630007
申银万国证券股份有限公司	上海威海路营业部	上海市威海路 681 号	200041	021-62582470	62581980
申银万国证券股份有限公司	上海吴中路营业部	上海市吴中路 2760 号	200030	021-64787280	64796706
申银万国证券股份有限公司	上海武进路营业部	上海市武进路 78 号	200080	021-63571176	63571500
申银万国证券股份有限公司	上海斜土路证券营业部	上海市斜土路 428 号	200023	021-63032727	63051337
申银万国证券股份有限公司	上海新昌路营业部	上海市新昌路 180 号	200003	021-63272058	63271808
申银万国证券股份有限公司	上海延长中路营业部	上海市延长中路 597 号	200072	021-56655897	56655659
申银万国证券股份有限公司	上海银城东路营业部	上海市浦东银城东路 139 号华能联合大厦底楼	200120	021-68864902	68864006
申银万国证券股份有限公司	上海余姚路证券营业部	上海市余姚路 169 号	200040	021-6258876	62538611
申银万国证券股份有限公司	上海玉屏南路营业部	上海市玉屏南路 373 号	200051	021-62335329	62334958
申银万国证券股份有限公司	上海中华路证券营业部	上海市中华路 1158 号	200010	021-63665518	63762225
申银万国证券股份有限公司	上海中山北路营业部	上海市中山北路 2918 号	200063	021-62543238	62543239
申银万国证券股份有限公司	上海周浦营业部	上海市周浦县川周路 4058 号	201318	021-68112001	58110466
申银万国证券股份有限公司	上海莘庄营业部	上海市莘庄莘松路 235 号	201100	021-64983311	64983311
申银万国证券股份有限公司	深圳百花四路证券营业部	深圳市百花四路长安花园裙楼 1-2 楼	518008	0755-2075773	2076785
申银万国证券股份有限公司	深圳红荔西路营业部	深圳市红荔西路上航大厦 1-2 楼	518028	0755-3260039	3204963
申银万国证券股份有限公司	四川成都槐树街营业部	成都市槐树街 2 号申银万国证券大厦	610000	028-6698551	6698551
申银万国证券股份有限公司	四川成都人民北路营业部	成都市人民北路二段 29 号	610081	028-6421558	6421519
申银万国证券股份有限公司	四川成都人民中路营业部	成都市人民中路省展览馆北 2 楼	610015	028-2936868	2936839
申银万国证券股份有限公司	四川成都西一环路营业部	成都市一环路西一段嘉宇大厦 2 楼	610041	028-85089136	85061626
申银万国证券股份有限公司	四川眉山县东坡镇营业部	眉山市东坡区眉洲大道寿险大厦	620010	0833-8102770	8112424
申银万国证券股份有限公司	四川泸州广凤路营业部	泸州市广凤路 4 号楼	646000	0830-2283883	2390987
申银万国证券股份有限公司	天津红星路营业部	天津市红星路 180 号	300160	022-24581555	24011162
申银万国证券股份有限公司	天津佟楼宾馆路证券营业部	天津市河西区佟楼宾馆路 2 号	300074	022-23518880	23518881
申银万国证券股份有限公司	温州人民路证券营业部	温州市人民西路群艺大楼	325000	0577-88250798	88259530
申银万国证券股份有限公司	乌鲁木齐光明路证券营业部	乌鲁木齐市光明路 5 号	830002	0991-2848860	2848200
申银万国证券股份有限公司	武汉青年路证券营业部	武汉市青年路 277 号	430015	027-83625698	83616875
申银万国证券股份有限公司	西安长安北路证券营业部	西安市长安北路 54 号	710061	029-5227698	5392671
申银万国证券股份有限公司	扬州扬子江北路证券营业部	扬州市扬子江北路 136 号	225009	0514-7891800	7862988
申银万国证券股份有限公司	宜昌夷陵大道证券营业部	宜昌市西陵一路 72 号	443000	0717-6747968	6747690
申银万国证券股份有限公司	浙江嘉兴禾兴北路营业部	嘉兴市禾兴北路 620 号	314000	0573-2068181	2016792
申银万国证券股份有限公司	浙江金华人民东路营业部	金华市人民东路 28 号	321000	0579-2305900	2317407
申银万国证券股份有限公司	浙江宁波大梁街营业部	宁波市大梁街 48 号	315000	0574-87317818	87312518
申银万国证券股份有限公司	浙江桐乡振兴东路营业部	桐乡市梧桐镇振兴东路同乡服装厂北区	314500	0573-8101853	8105482
申银万国证券股份有限公司	浙江衢州狮桥街营业部	衢州市狮桥街综合楼	324000	0570-3024000	3041330
申银万国证券股份有限公司	中山北二路营业部	上海市中山北二路 1800 号	200437	021-65525901	65526798
申银万国证券股份有限公司	重庆小新街营业部	重庆市沙坪坝区小新街 85 号恒鑫大厦 4 楼	400030	023-65478998	65478998
申银万国证券股份有限公司	重庆杨家坪营业部	重庆市九龙坡区杨家坪正街 11 号五环大厦 5 楼	400050	023-68400299	68400286
申银万国证券股份有限公司	重庆中山一路营业部	重庆市渝中区中山一路 181 号抗建大厦 2 楼	400013	023-63508733	63500590
申银万国证券股份有限公司	珠海迎宾南路证券营业部	珠海市拱北迎宾南路迎宾广场 2、3 楼	519020	0756-8873725	8877480
深圳市金牛证券经纪有限责任公司	杭州中山北路证券营业部	杭州市中山北路 592 号兽王大厦 2、3 楼	310014	0571-85301476	85390707
深圳市金牛证券经纪有限责任公司	深圳华富路证券营业部	深圳市华富路海外装饰大厦 B 座 1、4 楼 A 座 11 楼	518031	0755-3217469	
沈阳财政证券公司	沈阳北站路证券营业部	沈阳市沈河区北站路 105 号	110013	024-22533748	22524107
沈阳财政证券公司	沈阳财政证券公司沈阳崇山东路证券营业部	沈阳市于洪区崇山东路 32 号 114 号甲	110033	024-86623727	86623727
沈阳财政证券公司	沈阳青年大街证券营业部	沈阳市和平区青年大街 370 号 1 门	110003	024-23908667	23881278
沈阳财政证券公司	沈阳泉园街证券营业部	沈阳市东陵区泉园街 28 号	110015	024-24213193	24230368
沈阳财政证券公司	沈阳西顺城街证券营业部	沈阳市沈河区西顺城街 239 号	110011	024-24842096	24850712
沈阳财政证券公司	沈阳兴华街证券营业部	沈阳市铁西区兴华南街 20 号 7 门	110021	024-25871462	25871023
沈阳国际信托投资公司	第二证券营业部	沈阳市和平区文翠路 8 号	110015	024-23903348	22891298
沈阳国际信托投资公司	上海凉城路营业部	上海市凉城路 479-483 号	20043	021-65268379	65268379
沈阳国际信托投资公司	证券营业部	沈阳市沈河区北一经街 42 号	110014	024-22859228	22851298
沈阳市信托投资公司	第二证券营业部	沈阳市沈河区万柳塘路 45 号	110015	024-24201105	24200977
沈阳市信托投资公司	第三证券营业部	沈阳市铁西区兴顺街 32 号	110023	024-25602018	25613677
沈阳市信托投资公司	第一证券营业部	沈阳市沈河区小西路 49 号	110013	024-22904386	22915019
沈阳市信托投资公司	上海志丹路营业部	上海志丹路 158 号	200065	021-56078899	56067060
世纪证券有限责任公司	北京光华路证券营业部	北京市朝阳区光华路丙 12 号数码 01 大厦 6 层	100031	010-66413858	66421805
世纪证券有限责任公司	江证第二营业部	南昌市广场南路 10 号	330006	0791-6272741	6278983
世纪证券有限责任公司	江证第四营业部	南昌市北京东路 107 号	330029	0791-8319687	8310611
世纪证券有限责任公司	江证第五营业部	南昌市叠山路 536 号	330008	0791-6706819	6700024
世纪证券有限责任公司	江证抚州业务部	临川市大公路 81 号	334000	0794-8280789	8280798
世纪证券有限责任公司	江证景德镇业务部	景德镇市新村西路 1 号	333000	0798-8227948	8224482

证券营业部交易
Trading of Securities Business Outlet

单位:万元人民币(10000 Yuan RMB)

席位数 Seat Number	名次 Rank	总计 Total	交易金额 Trading Value 股票 Stock	基金 Fund	国债现货 T-Bond Spot	国债回购 T-Bond Repurchase	金融债、企业债、可转债 Financial, Corporate Bond, Convertible Bond	其他 Others
3	1101	160934.51	155363.63	4155.23	890.19	0.00	281.77	243.69
3	886	204286.74	193698.65	3994.00	1162.06	4330.00	244.98	857.04
2	1150	152572.68	142796.39	8883.88	432.04	0.00	179.41	280.97
2	534	341095.98	197140.81	5528.13	3054.68	134470.00	723.52	178.85
2	1008	181580.10	170269.51	6062.01	1867.81	3000.00	238.11	142.70
2	782	238333.73	109290.79	4317.79	12792.02	111420.00	316.89	196.20
2	1187	145264.24	117442.15	3637.86	352.42	23740.00	32.23	59.59
3	1437	112016.41	98414.71	4801.86	585.89	7990.00	104.45	119.48
2	785	237505.77	128544.31	1864.19	69610.87	32920.00	4500.87	65.55
3	640	292651.73	210508.92	4357.14	47571.71	29900.00	195.59	118.36
3	741	253334.50	146181.04	2776.76	5883.05	98090.00	99.49	304.16
20	16	4014121.94	970949.50	6392.49	666292.42	2358300.00	10915.72	1271.81
7	19	3799049.52	299463.51	10654.86	335995.92	3142450.00	9335.63	1149.57
3	1218	140545.45	103594.26	2529.71	707.46	33130.00	289.07	294.96
3	650	288179.30	181206.61	3964.23	43685.46	59100.00	118.36	104.65
4	353	478450.24	303909.08	7003.29	28416.93	138200.00	485.30	435.61
2	1034	175857.91	169109.61	2850.08	2796.98	350.00	389.56	361.71
3	818	223229.40	213920.13	6484.70	1882.88	0.00	382.53	559.16
4	942	192273.91	125421.03	584.03	15582.46	50140.00	546.11	0.31
4	290	590180.52	159557.66	805.55	115434.33	313350.00	1027.78	5.19
3	1014	180036.17	118441.40	1440.19	10424.27	49610.00	63.56	56.78
2	1297	131225.96	113258.84	2605.67	5279.25	10000.00	56.53	25.69
3	811	225660.09	175782.64	2319.70	47330.65	0.00	181.64	45.42
2	1777	78410.24	76065.59	1737.49	452.95	110.00	20.99	23.24
1	1299	130850.10	129025.84	1635.74	112.59	0.00	21.13	54.83
2	1932	64125.12	55686.70	1028.12	136.18	7190.00	36.43	47.67
2	1411	115456.15	100329.34	1671.96	5222.54	8190.00	5.78	36.53
2	945	192105.10	90478.94	1986.72	2736.65	96820.00	66.98	15.82
2	816	224651.56	215443.94	3438.79	238.53	3320.00	2157.31	52.99
2	2235	34024.50	33973.59	45.84	0.00	0.00	0.20	4.85
2	936	195076.81	188113.05	3338.94	393.81	3200.00	9.31	21.68
2	588	313045.35	125540.48	1453.55	45263.47	138340.00	323.44	2124.41
2	903	201094.58	143508.58	1821.43	13541.24	41180.00	994.18	49.12
1	1552	98770.30	96209.81	2170.40	336.21	0.00	33.70	20.21
2	877	205673.14	150718.43	4185.61	38957.52	8720.00	2720.31	371.27
2	1352	124382.03	120114.08	1056.83	39.07	3000.00	95.16	76.86
2	584	315264.66	226427.06	2473.91	278.35	85950.00	98.16	37.20
3	348	486629.28	182925.95	1960.21	57233.96	243660.00	53.32	795.82
2	1790	77503.68	75106.73	1099.53	1229.30	0.00	6.54	61.59
2	929	195863.70	90338.21	6054.63	1161.53	97810.00	266.08	233.22
2	1078	165261.46	87320.50	908.81	76099.80	30.00	773.83	128.51
2	2108	47582.61	46265.45	930.83	280.83	0.00	25.82	79.67
3	664	282447.07	189098.61	1509.56	89475.21	1940.00	233.36	190.34
2	1256	136756.97	98198.29	1866.44	7147.27	29000.00	471.31	73.65
1	1369	122178.56	90669.69	551.58	12132.54	18720.00	82.47	22.30
1	1683	87303.30	77811.62	616.75	6935.27	1860.00	63.80	15.87
1	2302	24442.08	22878.07	434.39	637.01	0.00	0.50	492.08
1	124	1120200.23	36930.64	476.18	224853.21	842290.00	7.15	15643.04
1	2211	36184.80	30650.23	492.09	3983.38	0.00	0.20	1058.93
1	2264	29308.72	28859.61	374.72	50.29	0.00	15.02	9.08
1	1980	60172.89	45347.67	1329.65	8318.06	0.00	61.43	5116.03
2	1322	128407.64	123407.37	2925.97	1057.85	0.00	64.42	952.03
2	2333	20417.42	19810.56	581.93	12.11	0.00	1.48	11.36
4	1236	138714.38	130337.47	5842.04	2040.28	20.00	344.04	130.53
2	2359	15338.90	14855.86	476.65	0.00	0.00	0.00	6.37
1	2208	36632.89	36266.06	271.36	76.73	0.00	11.11	7.64
2	2275	28253.30	27785.01	452.21	0.00	0.00	0.31	15.79
2	2338	19033.11	17380.92	926.17	715.96	0.00	1.47	8.60
3	580	317535.60	139341.36	3800.67	20159.72	153340.00	622.47	271.37
0	2331	20737.29	20272.53	428.98	15.18	0.00	13.82	6.77
2	1690	86909.23	85370.42	1301.21	139.13	0.00	27.06	71.43
1	2194	38076.31	37200.61	650.33	113.17	0.00	95.44	16.76
4	1084	163628.57	159702.44	1969.94	460.48	1160.00	214.45	121.24
3	1630	91629.81	89771.00	1709.90	42.32	0.00	49.01	57.53
2	1793	77209.86	74886.18	1276.60	506.49	500.00	12.97	27.61

证券营业部交易
Trading of Securities Business Outlet

单位:万元人民币(10000 Yuan RMB)

公司名称 Name	营业部名称 Securities Business Outlet	地址 Address	邮编 Zip	电话 Tel	传真 Fax
世纪证券有限责任公司	江证南昌业务部	南昌市民德路372号	330008	0791-6623305	6622245
世纪证券有限责任公司	江证上海威海路证券营业部	上海市威海路48号民生银行大厦24、25层	200040	021-33083727	33083735
世纪证券有限责任公司	江证深圳业务部	深圳市福田区福虹路9号	518000	0755-3679861	3679085
世纪证券有限责任公司	江证新余业务部	新余市赣新中路金融大厦	338000	0790-6431898	6437688
世纪证券有限责任公司	江证宜春业务部	宜春市中山中路212号	336000	0795-3237558	3237176
首创证券经纪有限责任公司	北京北辰东路证券营业部	北京市朝阳区北辰东路8号辰运大厦3层	100101	010-84976951	84974439
首创证券经纪有限责任公司	成都高升桥东路证券营业部	成都市一环路南四段高升桥东路1号成城金融大厦	610041	028-5151988	5159104
首创证券经纪有限责任公司	上海零陵路证券交易营业部	上海市零陵路528号	200032	021-64185876	64037202
首创证券经纪有限责任公司	上海水城路证券营业部	上海市水城路68号	200336	021-32230929	32230968
首创证券经纪有限责任公司	深圳吉华路证券营业部	深圳市布吉镇吉华路69号6楼	518112	0755-8878826	8876076
首创证券经纪有限责任公司	石家庄栗康街证券营业部	石家庄市栗康街18号	050000	0311-6981188	8626151
首创证券经纪有限责任公司	石家庄平安北大街证券营业部	石家庄市平安北大街56号	050000	0311-8626662	6031935
首创证券经纪有限责任公司	石家庄新华证券营业部	石家庄市新华路196号	050051	0311-7020626	7899045
四川省天风证券经纪有限责任公司	成都走马街证券营业部	成都市走马街55号友谊广场B座6楼	610021	028-86604877	86605399
四川省信托投资公司	涪陵南门山证券交易营业部	涪陵市关庙市场D座5楼	408000	0810-72235950	72239522
泰阳证券有限责任公司	北京阜外大街证券营业部	北京市西城区阜外大街34号	100832	010-68571798	68571606
泰阳证券有限责任公司	常德青年路证券营业部	常德市青年西路21号文化宫	415000	0736-7713667	7265576
泰阳证券有限责任公司	长沙黄兴中路证券营业部	长沙市黄兴中路196号	410001	0731-2240188	2240111
泰阳证券有限责任公司	长沙劳动路证券营业部	长沙市劳动路323号	410002	0731-5546820	5127181
泰阳证券有限责任公司	长沙留芳岭证券营业部	长沙市留芳岭2号	410008	0731-4316843	4311907
泰阳证券有限责任公司	长沙五一东路证券营业部	长沙市五一东路86号外贸大厦2楼	410001	0731-2299602	2296765
泰阳证券有限责任公司	郴州国庆南路证券营业部	郴州市国庆南路11号商业大厦	423000	0735-2258999	2222656
泰阳证券有限责任公司	衡阳衡西大市场证券营业部	衡阳市衡西综合大市场	421001	0734-8243842	8140175
泰阳证券有限责任公司	怀化迎丰路证券营业部	怀化市迎丰中路208号	418000	0745-2230138	2236740
泰阳证券有限责任公司	昆明三市街证券营业部	昆明市三市街6号柏联广场6楼	650021	0871-3615795	3615793
泰阳证券有限责任公司	娄底娄星路证券营业部	娄底市娄星路12号	417000	0738-8515733	8515438
泰阳证券有限责任公司	上海延安西路证券营业部	上海市延安西路719号佳都大厦	200050	021-62253999	62256859
泰阳证券有限责任公司	邵阳邵水西路证券营业部	邵阳市邵水西路155号	422000	0739-5363268	5360025
泰阳证券有限责任公司	深圳怡景路证券营业部	深圳市怡景路11号峰景台大厦2层	518003	0755-25415626	5422784
泰阳证券有限责任公司	湘潭解放路证券营业部	湘潭市解放南路55号	411100	0732-8237144	8261056
泰阳证券有限责任公司	益阳长益路证券营业部	益阳市康富路16号	413000	0737-4234034	4220118
泰阳证券有限责任公司	永州潇湘路证券营业部	永州市冷水滩区潇湘路51号	425000	0746-8326302	8236305
泰阳证券有限责任公司	岳阳东茅岭证券营业部	岳阳市城东路40号	414000	0730-8249236	8214002
泰阳证券有限责任公司	重庆邹容路证券营业部	湖南市长沙五一东路86号外贸大厦	410001	0731-4714691	4714690
泰阳证券有限责任公司	株洲车站南路证券营业部	株洲市车站路26号	412000	0733-8230451	8216547
天和证券经纪有限公司	杭州凤起路证券营业部	杭州市下城区凤起路295号	310003	0571-87234928	87234200
天和证券经纪有限公司	杭州环城西路证券营业部	杭州市环城西路90号	310006	0571-85067057	85067055
天和证券经纪有限公司	杭州莫干山路证券营业部	杭州市莫干山路493号	310005	0571-88084918	88830949
天和证券经纪有限公司	杭州青春坊证券营业部	杭州市青春坊33号裙楼	310003	0571-87220968	87220637
天和证券经纪有限公司	杭州清泰街证券营业部	杭州市清泰街509号富春大厦1-3楼	310009	0571-87810807	87815909
天和证券经纪有限公司	杭州庆春路证券营业部	杭州市庆春路186号	310006	0571-87213948	87223511
天和证券经纪有限公司	杭州体育场路证券营业部	杭州市体育场路210号(省体育馆内)	310004	0571-85100552	85167144
天和证券经纪有限公司	杭州孝女路证券营业部	杭州市孝女路2-2号	310006	0571-87039559	87032203
天和证券经纪有限公司	湖州威莱大街证券营业部	湖州市威莱大街132号	313000	0572-2051981	2016717
天和证券经纪有限公司	上海襄阳南路证券营业部	上海市襄阳南路485号	200031	021-64725098	64154554
天和证券经纪有限公司	上海漕溪路证券营业部	上海市漕溪路251号	200235	021-64751677	64360589
天和证券经纪有限公司	绍兴人民中路证券营业部	绍兴市人民中路368号	312000	0575-5222108	5123929
天和证券经纪有限公司	温岭东辉北路证券营业部	温岭市东辉北路188号	317500	0576-6019019	6019011
天津一德证券经纪有限责任公司	天津浦口道证券营业部	天津市浦口道25号	300042	022-23025960	23112303
天同证券有限责任公司	北京朝外大街证券营业部	北京市朝阳区朝外大街20号联合大厦1、2层	100020	010-65883269	65882617
天同证券有限责任公司	大连吉庆街证券营业部	大连市中山区吉庆街61号	116001	0411-2645592	2645593
天同证券有限责任公司	东营济南路证券营业部	东营市济南路106号	257000	0546-8226805	8226681
天同证券有限责任公司	福州湖东路证券营业部	福州市湖东路171号中旅大厦3楼	350001	0591-7677117	7561155
天同证券有限责任公司	潍坊分公司	潍坊市东风西路338号	261011	0536-8361000	8368012
天同证券有限责任公司	济南共青团路证券营业部	济南市共青团路12号	250012	0531-6118470	6924488
天同证券有限责任公司	济南泉城路营业部	济南市泉城路180号	250011	0531-6019999	6906
天同证券有限责任公司	济宁古槐路证券营业部	济宁市中区古槐路39号	272100	0537-2219786	2210649
天同证券有限责任公司	莱芜鲁中东大街证券营业部	莱芜市鲁中东大街52号	271100	0634-6214361	6216742
天同证券有限责任公司	聊城柳园南路证券营业部	聊城市柳园南路109号	252000	0635-8217380	8217347
天同证券有限责任公司	临沂解放路证券营业部	临沂市解放路88号	276002	0539-8213698	8220562
天同证券有限责任公司	青岛江西路证券营业部	青岛市江西路78号	266071	0532-5715947	5736050
天同证券有限责任公司	日照舒斯贝尔商业街证券营业部	日照市舒斯贝尔商业街	276800	0633-8391199	8238399
天同证券有限责任公司	上海甘河路证券营业部	上海市甘河路8号明道大厦	200437	021-65606513	65606514
天同证券有限责任公司	上海西安路证券营业部	上海市西安路68号	200080	021-65458188	65464356
天同证券有限责任公司	深圳红荔路银荔大厦证券营业部	深圳市红荔路1号银荔大厦2楼	518001	0755-2095790	2095816

证券营业部交易
Trading of Securities Business Outlet

单位：万元人民币(10000 Yuan RMB)

席位数 Seat Number	名次 Rank	总计 Total	股票 Stock	基金 Fund	交易金额 Trading Value 国债现货 T-Bond Spot	国债回购 T-Bond Repurchase	金融债、企业债、可转债 Financial, Corporate Bond, Convertible Bond	其他 Others
2	384	453120.58	238883.57	3033.61	73447.00	137540.00	146.17	70.24
4	1209	142143.83	10543.83	0.00	0.00	131600.00	0.00	0.00
1	92	1432226.08	197636.14	897.02	113799.76	1119520.00	363.03	10.12
1	1960	61190.01	59695.28	923.60	530.47	0.00	14.10	26.55
1	2218	35659.70	35024.63	615.94	3.29	0.00	7.61	8.24
1	409	425679.23	327529.95	5499.40	62366.29	30070.00	157.60	55.97
1	2100	48217.49	45791.70	286.13	1085.44	990.00	3.99	60.19
2	1592	95076.60	83787.01	2651.50	1507.59	6860.00	152.05	118.45
2	1440	111174.76	94426.31	995.44	190.12	15240.00	310.22	12.65
1	1973	60621.64	60139.03	454.13	1.38	0.00	13.53	13.58
2	1433	112648.48	109688.37	2555.35	267.03	0.00	44.52	93.19
2	2116	46973.01	44143.24	2280.78	277.39	0.00	12.69	258.89
1	1797	76951.84	75117.03	1000.98	247.26	0.00	537.77	48.82
1	1945	62656.88	61773.26	604.29	141.23	0.00	111.57	26.50
2	1276	133803.88	86447.44	1273.50	46026.94	0.00	7.65	48.35
1	559	326475.84	241159.61	5134.20	7279.58	72670.00	147.91	84.56
1	1580	96081.18	94995.27	1018.06	0.39	0.00	37.00	30.48
2	354	478305.36	401085.03	7714.04	62921.15	3370.00	449.01	2766.16
1	1544	99264.72	97423.81	1269.47	407.37	0.00	58.22	105.87
2	828	220273.42	196864.67	14822.71	6094.99	2300.00	62.83	128.21
1	1519	101304.76	97793.30	1460.66	339.39	1580.00	92.84	38.54
1	1288	132353.98	120488.31	4139.11	3234.54	4390.00	39.42	62.61
1	1174	147911.48	145996.82	1678.90	110.95	0.00	39.30	85.50
1	1233	139010.74	136960.85	1785.91	168.44	0.00	53.39	42.14
1	2315	23340.31	23008.80	268.90	0.21	60.00	0.20	2.20
1	974	187558.29	149817.22	4637.52	26042.58	2600.00	43.71	4417.27
3	372	463254.46	389571.43	10503.09	12142.68	26510.00	135.18	24392.09
2	865	209487.92	205596.54	3558.09	160.12	0.00	85.97	87.19
1	873	206676.53	178389.14	5968.59	1161.19	21080.00	53.71	23.90
2	922	196994.32	100378.56	2010.97	2820.46	91660.00	48.40	75.93
2	1201	143138.24	141296.87	1661.82	59.31	10.00	30.05	80.21
1	488	369490.00	85761.71	989.15	48606.59	234060.00	4.45	68.12
1	1328	127587.69	125182.64	2249.34	52.47	0.00	9.44	93.81
1	2020	56174.45	51119.23	487.49	527.63	4010.00	4.42	25.71
2	469	383333.52	254189.87	2157.11	57069.35	69300.00	24.89	592.31
2	1244	138004.86	121475.51	7762.49	529.86	8090.00	100.22	46.76
2	970	187995.81	177677.77	8287.43	1160.75	0.00	603.58	266.33
2	1892	67463.47	65337.06	1259.18	201.65	600.00	19.30	46.28
2	746	250934.12	189653.41	894.15	28500.07	30720.00	791.30	375.17
2	706	267186.01	170921.25	5241.43	2407.95	88400.00	129.62	85.78
2	570	322693.66	259018.94	10350.22	14838.20	37630.00	598.00	258.31
1	54	1914398.36	424028.82	8719.41	451592.29	1027960.00	327.63	1770.22
2	1304	130406.05	114099.80	1016.31	339.83	14710.00	205.33	34.78
1	444	402440.48	152669.84	1173.46	52733.77	195590.00	230.01	43.41
2	1068	167197.14	154850.37	9705.89	1766.04	450.00	361.79	63.06
3	854	211844.69	199271.43	11486.23	751.20	0.00	254.19	81.63
1	544	337923.54	332777.15	4434.37	523.09	0.00	64.98	123.94
1	2483	0.05	0.05	0.00	0.00	0.00	0.00	0.00
1	1717	84329.34	82635.58	1603.59	45.21	0.00	22.98	21.99
2	838	216410.00	184132.50	2835.15	4370.90	25000.00	49.79	21.68
1	2434	3117.77	3104.94	10.47	1.00	0.00	1.06	0.31
2	139	1051929.44	372836.96	6867.05	8591.49	662880.00	539.31	214.66
2	312	550448.48	169251.00	2305.55	137944.88	240550.00	289.58	107.48
7	259	661087.15	530853.51	10154.96	32606.63	86530.00	697.39	244.65
5	201	787681.25	633223.46	14039.17	85710.32	49370.00	4341.10	997.17
1	2181	40261.21	39443.09	564.94	170.31	0.00	72.62	10.25
1	134	1073853.16	237236.50	3788.65	76629.07	755860.00	121.36	217.54
1	1266	134980.87	131392.09	1959.89	520.41	650.00	121.04	337.45
1	1428	113678.33	107164.20	3339.15	285.12	2790.00	25.55	74.32
2	647	289215.99	184983.97	6047.00	69510.74	27190.00	6.21	1478.06
7	480	377531.00	321031.91	6417.96	3263.01	46320.00	246.74	251.38
2	884	204466.51	177329.94	3496.22	5582.96	17710.00	309.89	37.46
3	788	236450.10	216827.87	3854.35	4965.53	10350.00	108.98	343.35
13	33	2465584.21	618840.11	15460.95	392547.69	1435900.00	1735.68	1099.79
4	1485	105002.34	85547.20	844.06	2529.37	15980.00	87.42	14.31

证券营业部交易
Trading of Securities Business Outlet

单位:万元人民币(10000 Yuan RMB)

公司名称 Name	营业部名称 Securities Business Outlet	地址 Address	邮编 Zip	电话 Tel	传真 Fax
天同证券有限责任公司	深圳红荔路证券营业部	深圳市福田区红荔路四川大厦 3 楼	518031	0755-3673336	3673120
天同证券有限责任公司	沈阳南乐郊路证券营业部	沈阳市沈河区南乐郊路 138 号	110011	024-24126178	24125977
天同证券有限责任公司	泰安升平街证券营业部	泰安市升平街 37 号	271000	0538-8298989	8220427
天同证券有限责任公司	天津红旗路证券营业部	天津市南开区红旗路 332 号	300190	022-23679823	23680116
天同证券有限责任公司	威海光明路证券营业部	威海市光明路 69 号	264200	0631-5206772	5206390
天同证券有限责任公司	武汉解放大道证券营业部	武汉市宝丰路 1 号	430030	027-83330289	83330281
天同证券有限责任公司	厦门松柏证券营业部	厦门市松柏路 1 号松柏中心 AB 座 1、2 楼	361012	0592-5205208	5202805
天同证券有限责任公司	厦门厦禾路证券营业部	厦门市厦禾路 837 号汇成商品中心	361004	0592-5089858	5150592
天同证券有限责任公司	烟台北马路证券营业部	烟台市北马路 49 号	264001	0535-6278028	6278950
天同证券有限责任公司	烟台分公司	烟台市海港路 29 号华达大厦 8 楼	264000	0535-6283018	6283018
天同证券有限责任公司	烟台环山路证券营业部	烟台市环山路 83 号	264001	0535-6604660	6604698
天同证券有限责任公司	烟台开发区长江路证券营业部	烟台市经济技术开发区长江路 161 号	264006	0535-6374330	6374531
天同证券有限责任公司	烟台龙口环城北路证券营业部	烟台市龙口市环城北路 51 号	265701	0535-8526421	8526773
天同证券有限责任公司	烟台牟平证券营业部	烟台市牟平区政府大街 131 号	264100	0535-4213872	4217775
天同证券有限责任公司	枣庄青檀中路证券营业部	枣庄市青檀中路 32 号	277101	0632-3326398	3326385
天同证券有限责任公司	淄博新村西路营业部	淄博市张店新村西路 2 号	255000	0533-2180979	2180979
天一证券有限责任公司	慈溪浒山证券营业部	慈溪市浒山镇慈百路 37 号	315300	0574-63802074	63800414
天一证券有限责任公司	奉化大桥证券营业部	奉化市南山路 111 号	315500	0574-88516158	88511980
天一证券有限责任公司	佛山季华路证券营业部	佛山市季华五路 43 号东盛大厦 1-3 层	528000	0757-3210918	3217186
天一证券有限责任公司	国际部				
天一证券有限责任公司	杭州解放路证券营业部	杭州市解放路 174 号	310009	0571-87068962	87925535
天一证券有限责任公司	金华双溪西路证券营业部	金华市双溪西路 191 号	321017	0579-2374339	2374339
天一证券有限责任公司	南京中山东路证券营业部	南京市中山东路	210002	025-4547043	6644173
天一证券有限责任公司	宁波彩虹南路证券营业部	宁波市彩虹南路 148 号	315040	0574-87880121	87839580
天一证券有限责任公司	宁波槐树路证券营业部	宁波市槐树路 36 号	315040	0574-87662558	87666436
天一证券有限责任公司	宁波解放南路证券营业部	宁波市解放南路 67-1 号	315000	0574-87322166	87310414
天一证券有限责任公司	宁波九如里证券营业部	宁波九如里 1 号	315000	0574-87329169	87323101
天一证券有限责任公司	宁波开明街证券营业部	宁波市开明街 417-427 号	315000	0574-87245800	87342364
天一证券有限责任公司	宁波新锲证券营业部	宁波市新锲东河路 560 号	315800	0574-86871990	86884303
天一证券有限责任公司	宁波中山西路证券营业部	宁波市中山西路 178-182 号	315000	0574-87289859	87286908
天一证券有限责任公司	上海北京西路证券营业部	上海市北京西路 99 号	200003	021-63192128	63193337
天一证券有限责任公司	深圳深南东路证券营业部	深圳市深南东路 2002 号	518001	0755-2289715	2289714
天一证券有限责任公司	烟台南大街证券营业部	烟台市芝罘区南大街 17-20 号	264000	0535-6630395	66303958
天一证券有限责任公司	镇海城关证券营业部	宁波市镇海聪园路 139 号	315200	0574-86250745	86276729
天元证券经纪有限责任公司	北京广渠门外大街证券营业部	北京市朝阳区广渠门外大街 9 号院 3 号楼	100022	010-84621854	84621854
天元证券经纪有限责任公司	大庆龙凤大街证券营业部	大庆市龙凤区龙凤大街 33 号	163711	0459-6202168	6202410
天元证券经纪有限责任公司	奋斗路证券营业部	哈尔滨市南岗区奋斗路 301 号国债大厦	150001	0451-3672486	3672489
天元证券经纪有限责任公司	哈尔滨中山路证券营业部	哈尔滨市南岗区中山路 252 号	150001	0451-2630528	2630528
天元证券经纪有限责任公司	哈尔滨中央大街证券营业部	哈尔滨市道里区中央大街 43 号	150010	0451-4682475	4650013
天元证券经纪有限责任公司	齐齐哈尔建设大街证券营业部	齐齐哈尔市建华区建设大街 6 号	161000	0452-2143233	2129724
天元证券经纪有限责任公司	上海瑞金南路证券营业部	上海市瑞金南路 538 号	200032	021-64182878	64183908
天元证券经纪有限责任公司	上海瞿溪路证券营业部	上海市瞿溪路 691 号	200023	021-53079986	63014562
天元证券经纪有限责任公司	深圳证券营业部	深圳市宝安南路 3038 号	518008	0755-2117880	5577891
天元证券经纪有限责任公司	沈阳证券营业部	沈阳市沈河区朝阳街 62 号	110011	024-24848830	24846752
天元证券经纪有限责任公司	伊春证券营业部	伊春市通河路 17 号	153000	0458-3620688	3613391
万和证券经纪有限责任公司	成都蜀汉路证券营业部	成都市金牛区蜀汉路 7 号	610031	028-2919519	7573729
万和证券经纪有限责任公司	成都体育场路证券营业部	成都市体育场路 2 号西星大厦 1、2、3、6 楼	610015	028-6763523	6756805
万和证券经纪有限责任公司	深圳笋岗东路证券营业部	深圳市笋岗东路 1002 号宝安广场第 27 层 A 座	518020	0755-5170340	5170340
万联证券有限责任公司	北京西单横二条证券营业部	北京市西单横二条 3 号	100031		
万联证券有限责任公司	鄂州滨湖北路证券营业部	鄂州市滨湖北路 2 号	436000	0711-3214107	3214107
万联证券有限责任公司	广州广园证券营业部	广州市广园路 1043 号佳谊商业大厦 1、2 层	510405	020-86362788	86362698
万联证券有限责任公司	广州开发区证券营业部	广州市经济技术开发区青年路 6 号	510730	020-82215950	82220427
万联证券有限责任公司	广州五羊证券营业部	广州市寺右新马路五号之 5 华友大厦 2、4、5 楼	510600	020-37599216	37599331
万联证券有限责任公司	衡阳证券营业部	衡阳市蒸阳路 69 号经发大厦 2、3 层	421001	0734-8269168	8268333
万联证券有限责任公司	黄石天津路证券营业部	黄石市天津路 17 号	435000	0714-6253199	6246356
万联证券有限责任公司	荆门长宁大道证券营业部	荆门市长宁大道 58 号	448000	0724-2338632	2338632
万联证券有限责任公司	乐山嘉定南路证券营业部	乐山市中区嘉定南路 421 号	614000	0833-2107751	2120345
万联证券有限责任公司	内江交通路证券营业部	内江市交通路 1 号(五交化大厦 2 楼)	641000	0832-2100757	2100751
万联证券有限责任公司	上海万航渡路证券营业部	上海市万航渡路 681 号	200042	021-62675812	62716529
万联证券有限责任公司	天津隆昌路证券营业部	天津市河西区隆昌路 66 号增 1 号	300201	022-28013380	28301788
万联证券有限责任公司	永州零陵中路证券营业部	永州市冷水滩区零陵中路 131 号	425000	0746-8417220	8442531
万通证券有限责任公司	北京花园东路证券营业部	北京市海淀区花园东路 10 号	100083	010-82038886	82038886
万通证券有限责任公司	滨州黄河二路证券营业部	滨州市黄河二路 694 号	256600	0543-3318196	3318196
万通证券有限责任公司	城阳中城路证券营业部	青岛市城阳区中城路 1 号	266109	0532-7763006	7763007
万通证券有限责任公司	即墨鹤山路证券营业部	即墨市鹤山路 395 号	266200	0532-8551828	8516805

证券营业部交易
Trading of Securities Business Outlet

单位：万元人民币(10000 Yuan RMB)

席位数 Seat Number	名次 Rank	总计 Total	股票 Stock	基金 Fund	交易金额 Trading Value 国债现货 T-Bond Spot	国债回购 T-Bond Repurchase	金融债、企业债、可转债 Financial, Corporate Bond, Convertible Bond	其他 Others
2	742	253024.91	91958.12	2061.93	91058.13	67890.00	9.86	46.90
1	1928	64452.89	49419.12	1857.64	9347.07	3800.00	11.07	17.99
2	1367	122400.27	120119.94	1786.07	249.54	0.00	27.81	216.90
1	1498	103026.91	90633.07	901.18	8651.88	2800.00	7.06	33.73
3	164	951963.26	166365.45	3590.09	69284.90	712570.00	92.96	59.86
2	1902	66569.88	59559.78	576.73	216.94	6150.00	4.71	61.72
1	196	807031.85	150769.51	2499.07	65185.08	588330.00	48.84	199.37
2	123	1120751.44	213393.71	4351.45	22406.71	879830.00	318.10	451.47
1	1317	129060.99	125560.78	3158.33	116.48	160.00	16.39	49.02
4	1618	92927.32	91482.49	1285.99	28.95	0.00	21.67	108.19
5	394	442707.23	257871.70	7276.74	8251.81	165310.00	2746.75	1250.25
1	293	585151.89	133474.64	7080.96	39112.91	405200.00	48.75	234.64
1	1497	103060.97	100588.72	2380.13	31.95	0.00	14.97	45.20
1	1872	69343.83	53283.93	624.36	13709.33	1700.00	0.40	25.80
1	1031	176202.61	172412.21	3433.93	217.06	0.00	29.22	110.19
8	101	1319477.95	508724.33	33346.85	79365.69	694010.00	2910.88	1120.16
2	634	293985.39	206925.59	2623.70	12706.52	71240.00	84.96	404.64
2	1767	79350.58	77684.85	1460.90	78.26	0.00	32.10	94.49
1	2075	50499.61	15250.87	429.27	0.00	34790.00	27.41	2.06
2	2336	19205.92	19205.92	0.00	0.00	0.00	0.00	0.00
2	2370	12451.97	10180.42	86.51	1585.04	600.00	0.00	0.00
1	1024	178194.09	129533.76	2394.20	215.64	45910.00	116.97	23.52
2	1660	89103.98	87522.70	1084.67	367.99	0.00	86.69	41.93
2	2471	368.04	365.35	1.31	0.44	0.00	0.79	0.15
2	1325	128120.28	51177.43	1544.90	49693.41	25650.00	41.11	13.42
2	149	1011933.86	551212.18	9581.02	47739.78	401740.00	727.96	932.87
2	1833	73765.10	72407.58	1333.65	0.21	0.00	0.60	23.05
4	349	484801.07	180739.40	2847.51	21756.08	276200.00	118.50	3139.62
1	1677	87662.96	85256.88	2265.90	62.42	0.00	15.98	61.79
1	2051	52901.86	47363.35	1254.73	902.06	3200.00	178.97	2.75
5	152	999435.45	290710.10	1625.49	154417.73	528890.00	4419.22	19372.90
2	1426	113862.83	44762.01	146.44	20650.99	48280.00	20.71	2.71
1	2273	28396.45	19294.96	153.50	1632.66	7310.00	0.00	5.34
1	1087	162166.20	157156.21	4303.40	387.09	0.00	235.25	84.24
1	2066	51583.13	48885.09	619.28	31.22	2030.00	10.08	7.46
1	1745	82035.73	80034.42	1589.60	152.50	0.00	140.65	118.58
2	1553	98753.11	87993.34	2618.59	1980.65	5690.00	411.51	59.00
3	874	206603.40	202896.19	2776.21	663.95	0.00	64.77	202.32
2	1899	66921.36	65571.68	936.11	379.30	0.00	17.61	16.68
1	2040	53836.77	52644.75	951.92	205.69	0.00	1.34	33.09
1	1529	100322.72	88620.92	2695.06	2150.41	6380.00	301.37	174.97
2	1661	89076.98	86710.31	1423.91	707.57	20.00	149.29	65.93
1	2183	40066.76	33093.95	640.45	627.00	5680.00	2.04	23.31
1	1796	77064.17	74929.05	1291.37	534.50	0.00	286.24	23.01
2	1781	78253.29	76479.55	1093.27	608.31	0.00	7.06	65.12
1	2318	22710.28	6338.34	130.10	239.49	15960.00	40.76	1.59
2	1341	125555.76	75775.02	1218.24	1749.19	46510.00	176.61	126.70
3	1513	101728.45	90521.60	934.89	3608.35	6640.00	0.91	22.72
1	2424	4457.40	4388.39	68.77	0.00	0.00	0.00	0.24
1	1531	100279.24	73377.16	1439.08	12240.33	13150.00	43.72	28.92
1	1878	68795.11	66556.98	846.04	418.22	900.00	41.61	32.27
1	289	590709.83	186068.59	3849.51	55878.02	344700.00	68.49	145.24
1	625	298357.85	232151.82	3444.69	251.99	62090.00	307.82	111.55
1	1401	116652.09	114881.25	1620.79	59.59	0.00	55.67	34.81
1	1620	92842.46	78469.26	12386.21	260.05	1450.00	166.51	110.44
1	2297	25425.89	24804.78	154.44	441.82	0.00	11.36	13.50
1	2059	52428.49	51837.49	409.28	126.80	0.00	14.61	40.33
1	1537	99839.20	92833.91	2122.08	397.27	4350.00	74.37	61.60
2	1113	158741.57	147817.53	4197.70	963.27	5540.00	161.23	61.88
2	2210	36244.86	34448.83	1708.95	70.35	0.00	1.62	15.09
1	2120	46629.88	45650.04	962.88	0.00	0.00	1.60	15.34
1	2182	40108.83	13931.74	271.19	41.25	25860.00	4.34	0.30
1	911	199591.19	195551.53	3192.23	16.78	740.00	27.81	62.84
1	1947	62115.50	11579.51	1638.55	46389.46	1810.00	514.85	183.11
1	2013	56717.99	40969.93	2091.94	260.36	13370.00	3.02	22.74

证券营业部交易
Trading of Securities Business Outlet

单位:万元人民币(10000 Yuan RMB)

公司名称 Name	营业部名称 Securities Business Outlet	地址 Address	邮编 Zip	电话 Tel	传真 Fax
万通证券有限责任公司	胶州湖州路证券营业部	胶州市湖州路 6 号	266300	0532-7238007	7238007
万通证券有限责任公司	临沂沂蒙路证券营业部	临沂市沂蒙路 420 号	276001	0539-8323413	8323413
万通证券有限责任公司	平度人民路证券营业部	青岛市平度市人民路 137 号	266700	0532-7369099	8315045
万通证券有限责任公司	青岛标山路证券营业部	青岛市标山路 36 号	266023	0532-3651271	3651271
万通证券有限责任公司	青岛嘉定路证券营业部	青岛市四方区嘉定路 7 号	266031	0532-3711244	3711594
万通证券有限责任公司	青岛经济技术开发区井冈山路证券营业部	青岛市经济技术开发区井冈山路 638 号	266555	0532-6896529	6896529
万通证券有限责任公司	上海辛耕路证券营业部	上海市辛耕路 28 号	200030	021-64698717	64810723
万通证券有限责任公司	深圳桂园路证券营业部	深圳市桂元路 28 号	518008	0755-2131031	2131476
万通证券有限责任公司	淄博美食街证券营业部	淄埔市美食街 14 号	255000	0533-2178600	2178600
蔚深证券有限责任公司	长沙五一东路证券营业部	长沙市五一东路 256 号	410011	0731-4466322	4466194
蔚深证券有限责任公司	兰州中山路证券营业部	兰州市中山路邮政大厦 3、4、17 层	730030	0931-4605099	8489204
蔚深证券有限责任公司	南昌阳明路证券营业部	南昌市阳明路 102 号	330000	0791-6801249	6801443
蔚深证券有限责任公司	南京汉中路证券营业部	南京市汉中路 185 号鸿运大厦 2 楼	210029	025-6528533	6795655
蔚深证券有限责任公司	上海南丹东路证券营业部	上海市南丹东路 8 号	200030	021-64868008	64868666
蔚深证券有限责任公司	上海镇宁路证券营业部	上海市镇宁路 200 号欣安大厦 1、3 层	200040	021-62895599	62892268
蔚深证券有限责任公司	深圳彩田南路证券营业部	深圳市福田区彩田南路海天大厦 3 层北	518026	0755-83460227	83460126
蔚深证券有限责任公司	深圳横岗证券交易营业部	深圳市龙岗区横岗镇新世界广场二期 3 楼	518115	0755-28683389	28682431
蔚深证券有限责任公司	深圳华侨城证券营业部	深圳市南山区华侨城生态广场 B 座 2 楼、C 座 1 楼	518053	0755-83208207	83210707
蔚深证券有限责任公司	深圳南山区南山大道证券营业部	深圳市南山区南山大道新绿岛大厦第 3、18 层	518052	0755-26050186	26050200
蔚深证券有限责任公司	深圳新城广场证券营业部	深圳市宝安区西乡镇新城广场 F1196	518102	0755-27903368	27903320
蔚深证券有限责任公司	深圳园岭三街证券营业部	深圳市园岭三街园中花园裙楼 1、2 楼	518028	0755-82266325	82266355
蔚深证券有限责任公司	深圳振华路营业部	深圳市福田区振华路飞亚达大厦 5 楼	518041	0755-83202592	83233142
蔚深证券有限责任公司	沈阳三好街证券营业部	沈阳市和平区三好街 54 号辽宁物产科贸大厦	110003	024-23960468	23960408
蔚深证券有限责任公司	天津八经路证券营业部	天津市河东区八经路 68 号	300012	022-24217428	24217421
蔚深证券有限责任公司	武汉汉阳大道证券营业部	武汉市汉阳大道 144 号新天地百货商场 5 楼	430050	027-84770931	84593372
武汉国际租赁公司	武汉市中南证券部江汉营业部	武汉市汉口大兴路 23 号	430021	027-85667180	85672775
武汉国际租赁公司	武汉市中南证券部武昌营业部	武汉市武昌区解放路 170 号	430060	027-8052538	8052538
武汉科技信托投资公司	汉口证券交易营业部	汉口市解放公园路 43 号	430010	027-82684446	82864450
武汉科技信托投资公司	武昌证券营业部	武汉市武昌区洪山路 60 号 2 楼	430071	027-87890775	87893341
武汉市信托投资公司	花桥证券营业部	武汉市黄孝河路花桥一村 48 号康乐大厦	430016	027-82600906	82600879
武汉市信托投资公司	江汉路证券营业部	武汉市汉口江汉路 14 号	430014	027-82703336	82303066
武汉市信托投资公司	武汉建设一路证券营业部	武汉市青山区建设一路 11 号	430081	027-86317032	86882534
武汉市信托投资公司	武汉珞瑜路证券营业部	武汉市洪山区珞瑜路 33-C-15 号	430072	027-87879445	87879194
武汉市信托投资公司	信联证券交易营业部	武汉市青年路 285 号	430015	027-83620370	83627385
武汉证券有限责任公司	北京广安门南街证券营业部	北京市宣武区广安门南街 2 号首层	100053	010-63547162	63547158
武汉证券有限责任公司	广州中山一路证券营业部	广州市中山一路 57 号南铁大厦	510600	020-61281317	61281317
武汉证券有限责任公司	杭州富春江路证券营业部	杭州市上城区富富春江路 10 号在水一方公寓	310046	0571-86560775	86560780
武汉证券有限责任公司	黄石市府路证券营业部	黄石市市府路 49 号	435000	0714-6233008	6233003
武汉证券有限责任公司	惠济路证券营业部	武汉市江岸区惠济路 3 号	430022	027-82861208	82861208
武汉证券有限责任公司	解放大道证券营业部	武汉市江汉区单洞口国际大厦 B 栋	430013	027-85898816	85413632
武汉证券有限责任公司	荆州北京路证券营业部	荆州市沙市区北京路月亮楼 2 楼	434000	0716-8221912	8221941
武汉证券有限责任公司	上海普安路证券营业部	上海市普安路 185 号曙光大厦	200021	021-53830096	53823055
武汉证券有限责任公司	上海新港路证券营业部	上海市新港路 317 号	200086	021-65080803	65210979
武汉证券有限责任公司	深圳深南中路证券营业部	深圳市深南中路 2 号新闻文化中心	518027	0755-2096278	2096772
武汉证券有限责任公司	沈阳和平区南四经街证券营业部	沈阳市和平区南四经街 96 号	110003	024-23266333	23252856
武汉证券有限责任公司	天津证券营业部	天津市和平区成都道 84 号	300050	022-23132766	23132766
武汉证券有限责任公司	西安证券营业部	西安市金花北路 25 号	710043	029-2532286	2517383
武汉证券有限责任公司	沿江大道第一证券营业部	武汉市沿江大道 130 号	430014	027-82844556	82823424
西安华弘证券经纪有限责任公司	西安南大街证券营业部	西安市南大街甲字 19 号	710001	029-7279633	7279645
西北证券有限责任公司	北京惠新西街证券营业部	北京市北四环路惠新西街 9 号院 3 号楼	100029	010-64911966	64912686
西北证券有限责任公司	上海西藏南路证券营业部	上海市西藏南路 1332 号	200011	021-53071412	53070555
西北证券有限责任公司	深圳彩田南路证券营业部	深圳市彩田南路彩虹大厦 4 层	518026	0755-2714222	2715236
西北证券有限责任公司	深圳福华路证券营业部	深圳市福华路 15 号华海大厦东侧 1、2 楼	518033	0755-3376211	3337918
西北证券有限责任公司	银川解放西街证券营业部	银川市解放西街 178-2 号	750004	0951-5023808	5023808
西北证券有限责任公司	银川新华东街证券营业部	银川市新华东街 40 号	750004	0951-6041448	6026754
西北证券有限责任公司	银川新华西街证券营业部	银川市新华西街 15 号	750004	0951-5023808	4012447
西北证券有限责任公司	银川中山北街证券营业部	银川市中山北街 24 号	750004	0951-4010970	6081016
西部证券股份有限公司	宝鸡红旗路证券营业部	宝鸡市红旗路	721000	0917-3219967	3219724
西部证券股份有限公司	宝鸡经二路证券营业部	宝鸡市经二路东段 163 号	721000	0917-3242648	3242649
西部证券股份有限公司	宝鸡清姜路证券营业部	宝鸡市清姜路 29 号	721006	0917-3620248	3613850
西部证券股份有限公司	北京新街口外大街证券营业部	北京市西城区新街口外大街 2 号有研大厦	100088	010-62012829	62011917
西部证券股份有限公司	山东潍坊证券营业部	潍坊市	261000	0536-8721987	8721987
西部证券股份有限公司	上海开鲁路证券营业部	上海市开鲁路 289 号	200438	021-63248419	63242180
西部证券股份有限公司	上海梅川路证券营业部	上海市梅川路 1275 号	200333	021-52801638	52802252
西部证券股份有限公司	上海西江湾路证券营业部	上海市西江湾路 175 号	200083	021-56660201	56660201

证券营业部交易
Trading of Securities Business Outlet

单位:万元人民币(10000 Yuan RMB)

席位数 Seat Number	名次 Rank	总计 Total	股票 Stock	基金 Fund	交易金额 Trading Value 国债现货 T-Bond Spot	国债回购 T-Bond Repurchase	金融债、企业债、可转债 Financial, Corporate Bond, Convertible Bond	其他 Others
1	1918	65230.49	61597.42	1200.10	0.85	2410.00	3.51	18.61
1	1644	90698.85	45264.98	603.13	30514.90	12960.00	865.92	489.89
1	2165	41568.24	39589.99	1007.96	441.53	270.00	2.47	256.27
5	1492	103705.57	38658.24	648.54	46.39	64310.00	17.45	24.97
1	1712	84746.02	60732.20	1309.90	19.10	22630.00	31.56	23.28
1	1720	83837.74	59114.65	5459.85	10325.48	5870.00	20.56	3047.25
3	1864	70203.18	22143.54	1338.32	59.68	46610.00	12.70	38.96
1	1801	76686.61	72722.37	438.85	621.25	2900.00	1.24	2.90
2	1039	174571.96	124937.85	2651.32	3830.28	42900.00	60.82	191.75
1	1986	59272.30	58296.16	691.35	96.59	0.00	163.94	24.29
1	1783	77874.87	66868.40	463.20	10365.61	60.00	103.12	14.54
1	1857	71174.08	69702.46	1365.58	26.25	0.00	22.18	57.62
1	1356	123565.98	109231.55	1859.54	498.41	11700.00	156.81	119.66
2	731	257896.29	107125.66	1342.17	1518.94	147750.00	110.87	48.66
2	780	239524.15	132917.87	4266.10	15101.62	86590.00	108.98	539.57
2	879	205237.89	127133.53	1794.90	14538.75	61670.00	85.80	14.90
2	1829	74408.19	73149.78	1243.35	0.20	0.00	5.01	9.82
1	1627	92275.04	92015.66	235.04	8.30	0.00	3.47	12.57
1	2095	48395.33	48149.58	221.99	10.21	0.00	6.08	7.49
1	1520	101109.65	100690.13	341.22	64.86	0.00	0.00	13.42
3	755	249005.65	127761.42	417.22	48078.24	72700.00	14.82	33.96
3	1132	155488.14	153785.92	1288.29	18.89	370.00	0.00	25.06
1	1326	127784.12	124123.14	2726.50	691.33	0.00	128.89	114.23
1	1835	73479.05	69809.76	3651.32	0.00	0.00	11.35	6.60
1	2052	52821.35	51595.50	1141.60	13.13	0.00	48.84	22.26
1	2069	51336.16	49867.41	668.17	614.07	0.00	171.82	14.67
1	2305	24165.00	23875.01	209.56	11.69	0.00	65.25	3.47
1	2122	46466.04	45541.78	712.81	93.31	0.00	100.58	17.55
2	2381	10530.98	10127.35	291.39	86.41	0.00	23.30	2.57
2	2147	44226.61	33749.88	821.65	6864.19	2480.00	181.87	129.00
2	2226	34888.53	34383.89	483.48	4.55	0.00	9.95	6.65
1	2268	28990.10	28356.36	417.49	6.36	0.00	186.53	23.39
3	2000	57368.98	55871.39	1201.80	145.67	0.00	118.99	31.17
4	2152	43447.38	41528.46	1609.63	81.21	0.00	207.83	20.25
5	789	235029.40	205135.60	11498.00	15874.38	2000.00	446.08	75.33
0	2475	234.87	232.71	2.16	0.00	0.00	0.00	0.00
1	2253	31275.80	30480.07	743.92	39.66	0.00	3.10	9.07
1	1898	66974.63	44610.99	129.67	4420.14	17810.00	0.00	3.83
1	1750	81118.60	78847.79	1898.55	350.95	0.00	2.89	18.46
1	1759	80212.09	65914.30	1369.04	7419.03	5480.00	24.10	5.61
2	358	477087.70	448845.73	7710.01	4360.56	15280.00	443.89	447.51
5	53	1915301.17	96447.04	1285.95	714958.64	1102260.00	272.06	77.51
2	651	287814.29	114172.47	3856.96	106582.06	62890.00	237.60	75.17
3	2452	1566.60	1515.14	0.00	12.29	0.00	0.00	39.17
1	2223	35208.61	34443.79	531.84	50.20	0.00	171.59	11.23
2	2091	48861.49	48333.14	476.97	31.66	0.00	1.30	18.41
1	1944	62859.54	55598.24	469.32	5696.37	1000.00	67.45	28.18
2	2411	5846.42	5619.88	129.15	82.99	0.00	14.31	0.10
3	1291	132107.85	129412.69	1831.96	550.26	0.00	65.62	247.33
1	145	1028165.89	188255.69	857.69	2993.57	835980.00	12.15	66.82
3	532	343912.83	199492.84	4595.73	123899.57	15300.00	457.42	167.25
1	2258	30795.15	25332.07	124.26	333.56	5000.00	0.00	5.27
1	2117	46959.26	30308.41	59.27	511.13	16000.00	79.10	1.36
1	1361	123080.51	32680.62	0.00	50399.89	40000.00	0.00	0.00
1	2160	42732.99	27544.16	0.00	15188.82	0.00	0.00	0.00
1	858	210865.92	132915.38	1928.06	21803.14	54040.00	111.22	68.11
2	221	726958.48	378606.59	2754.14	137501.80	204910.00	3096.24	89.68
2	1809	75767.59	74464.68	1165.27	76.71	0.00	13.62	47.35
1	2073	50583.44	49640.85	827.48	46.79	0.00	32.40	35.91
2	1818	75157.97	73623.95	1441.67	57.26	0.00	6.14	28.92
1	2295	25649.18	25302.20	266.68	78.30	0.00	1.45	0.57
1	2304	24249.89	24021.95	212.41	0.00	0.00	8.96	6.55
3	1460	108249.33	95789.79	4286.00	7600.92	0.00	457.45	115.17
5	817	224205.33	170614.63	2887.83	7322.10	43150.00	143.05	87.73
6	1836	73401.68	70071.55	1114.64	1996.78	0.00	146.55	72.15

证券营业部交易
Trading of Securities Business Outlet

单位：万元人民币(10000 Yuan RMB)

公司名称 Name	营业部名称 Securities Business Outlet	地址 Address	邮编 Zip	电话 Tel	传真 Fax
西部证券股份有限公司	深圳深南大道证券营业部	深圳市深南大道6008号深圳特区报业大厦	518009	0755-3515801	3515911
西部证券股份有限公司	渭南东风街证券营业部	渭南市东风街中段商业大厦	714000	0913-2033405	2033411
西部证券股份有限公司	西安长安中路证券营业部	西安市长安中路100号西北文化艺术大厦	710061	029-5248485	5244264
西部证券股份有限公司	西安东新街证券营业部	西安市东新街232号陕信大厦	710003	029-7406068	7406069
西部证券股份有限公司	西安金花南路证券营业部	西安市金花南路17号艺泽大厦	710032	029-3253088	3295555
西部证券股份有限公司	西安康乐路证券营业部	西安市康乐路40号	710043	029-3218348	3218352
西部证券股份有限公司	西安莲湖路第二证券营业部	西安市莲湖路141号	710003	029-4395439	4395433
西部证券股份有限公司	西安莲湖路第一证券营业部	西安市莲湖路10号陕西粮食经济中心	710003	029-7280491	7287556
西部证券股份有限公司	西安青年路证券营业部	西安市青年路	710003	029-7311549	7311524
西部证券股份有限公司	西安西五路证券营业部	西安市西五路26号海惠大厦	710004	029-7266846	7288149
西部证券股份有限公司	西安沣镐东路证券营业部	西安市丰镐东路	710077	029-4269490	4269522
西部证券股份有限公司	咸阳渭阳西路证券营业部	咸阳市渭阳西路正63号	712000	0910-3319310	3316872
西部证券股份有限公司	咸阳西兰路证券营业部	咸阳市西兰路30号	712000	0910-3241671	3241672
西藏证券经纪有限责任公司	北京陶然亭路证券营业部	北京市宣武区陶然亭路16号	100054	010-83337569	83537678
西藏证券经纪有限责任公司	成都证券营业部	成都市太升北路28号华信大厦	610017	028-6956660	6917567
西藏证券经纪有限责任公司	拉萨证券营业部	拉萨市北京中路169号	850000	0891-6832387	6833211
西藏证券经纪有限责任公司	日喀则证券营业部	日喀则市上海广场	857000	0892-8833333	8829760
西藏证券经纪有限责任公司	上海辉河路证券交易营业部	上海市辉河路118号	200437	021-65550218	65553536
西南证券有限责任公司	北京北三环中路证券营业部	北京市西城区北三环中路6号	100011	010-62015656	62015566
西南证券有限责任公司	成都石灰街证券营业部	成都市石灰街71号大华商厦1-2层	610031	028-87689738	87681880
西南证券有限责任公司	广州明月一路证券营业部	广州市明月一路18号	510600	020-87391688	87392298
西南证券有限责任公司	杭州庆春东路证券营业部	杭州市庆春东路66-8号	310016	0571-86784018	86023461
西南证券有限责任公司	济南英贤街证券营业部	济南市天桥区英贤街19号	250012	0531-6119455	6119451
西南证券有限责任公司	昆明北京路证券营业部	昆明市北京路370号凤凰村泓瑞花园	650051	0871-5135178	5135151
西南证券有限责任公司	牛角沱证券营业部	重庆市渝中区上清寺路114号	400015	023-63631377	63635354
西南证券有限责任公司	上海定西路证券营业部	上海市定西路659号	200052	021-62818878	62819434
西南证券有限责任公司	上海市田林东路证券营业部	上海市田林东路588号	200233	021-54640330	54640330
西南证券有限责任公司	上海市西乡路证券营业部	上海市西乡路88号	200065	021-56054185	56950567
西南证券有限责任公司	深南中路证券营业部	深圳市福田区上步中路1001号	518031	0755-83671251	83671718
西南证券有限责任公司	深圳福强路营业部	深圳市福强路1063号28-31栋	518002	0755-3899502	3899504
西南证券有限责任公司	深圳蛇口招商路证券营业部	深圳市蛇口招商路南水综合楼152号	518067	0755-6684222	6688598
西南证券有限责任公司	重庆沧白路证券营业部	重庆市渝中区沧白路19号	400011	023-63834222	63834222
西南证券有限责任公司	重庆嘉陵桥西村证券营业部	重庆市渝中区上清寺嘉陵桥西村83号	400015	023-63862881	63624312
西南证券有限责任公司	重庆临江支路证券营业部	重庆市渝中区临江支路2号	400010	023-63786378	63786518
西南证券有限责任公司	重庆南坪西路证券营业部	重庆市南岸区南坪西路27号福天大厦4楼	400060	023-63848136	63708124
厦门证券有限公司	成都星辉中路证券营业部	成都市星辉中路7号新现代大厦2楼	610072	028-3388162	3399902
厦门证券有限公司	交易部	厦门市莲前西路2号莲富大厦	361009	0592-5161708	5161102
厦门证券有限公司	上海陆家滨路证券营业部	上海市陆家浜路471号	200011	021-63787877	63774684
厦门证券有限公司	厦门东明路证券营业部	厦门市槟榔西里东明路241号	361004	0592-5076198	5074450
厦门证券有限公司	厦门湖滨西路证券营业部	厦门市湖滨西路15号	361001	0592-2397903	2027905
湘财证券有限责任公司	北京北三环西路证券营业部	北京市海淀区北三环西路68号	100081	010-68460069	68460091
湘财证券有限责任公司	北京朝外大街证券营业部	北京市朝外大街12号	100044	010-65046128	65842387
湘财证券有限责任公司	北京府前西街证券营业部	北京市顺义区府前西街南侧	101300	010-81496901	81496949
湘财证券有限责任公司	北京惠新东街证券营业部	北京市朝阳区惠新东街2号	100029	010-84639888	84637808
湘财证券有限责任公司	长沙劳动西路证券营业部	长沙市劳动西路中国建设银行长沙芙蓉支行综合楼1-3层	410007	0731-5502188	5502188
湘财证券有限责任公司	长沙韶山路证券营业部	长沙市韶山北路84号	410011	0731-4412993	4415126
湘财证券有限责任公司	长沙新民路证券营业部	长沙市荣湾镇新民路华侨北村湘财大厦	410006	0731-8855411	8866052
湘财证券有限责任公司	成都锦里东路证券营业部	成都市锦里东路10号	610041	028-6118977	6158877
湘财证券有限责任公司	福州五四路证券营业部	福州市五四路证券营业部	350000	0591-7833268	7833268
湘财证券有限责任公司	广州恒福路证券营业部	广州市恒福路98-100号淘金花园	510095	020-83508235	83573574
湘财证券有限责任公司	广州黄埔大道证券营业部	广州市黄埔大道西413号	510630	020-87519150	87598036
湘财证券有限责任公司	贵阳中华北路证券营业部	贵阳市中华北路67号华城大酒店6楼	550001	0851-6830666	6830666
湘财证券有限责任公司	哈尔滨证券营业部	哈尔滨市南岗区赣水路10号	150010	0451-2334821	2308347
湘财证券有限责任公司	海口证券交易营业部	海口市国贸大道1号景瑞大厦4楼	570125	0898-66702326	66706981
湘财证券有限责任公司	杭州天目山路证券营业部	杭州市西湖区天目山路160号	310007	0571-88210609	88212149
湘财证券有限责任公司	昆明青年路证券营业部	昆明市青年路397号邦克大厦c座	650032	0871-3140819	3140616
湘财证券有限责任公司	南京虎踞南路证券营业部	南京市虎踞南路28号	210029	025-6587001	6587002
湘财证券有限责任公司	上海金杨路证券营业部	上海市浦东新区金杨路628号3楼	201206	021-50500663	50500025
湘财证券有限责任公司	上海泰兴路证券营业部	上海市泰兴路306号	200041	021-62553486	62588580
湘财证券有限责任公司	上海枣阳路证券营业部	上海市枣阳路242号	200062	021-62541157	62541101
湘财证券有限责任公司	深圳深南大道证券营业部	深圳市深南大道4009号投资大厦8楼	518026	0755-2909288	2904293
湘财证券有限责任公司	沈阳绥化西街证券营业部	沈阳市和平区绥化西街18号	110002	024-22520418	22520418
湘财证券有限责任公司	乌鲁木齐克拉玛依东路营业部	乌鲁木齐市克拉玛依东路9号中国城2,5楼	830000	0991-4811135	4836010
湘财证券有限责任公司	武汉和平大道证券营业部	武汉市武昌和平大道才盛街特1号	430062	027-86558188	86552855
湘财证券有限责任公司	西安西华门证券营业部	西安市西华门1号凯爱大厦B座	310007	029-7201961	7201575

证券营业部交易
Trading of Securities Business Outlet

单位：万元人民币(10000 Yuan RMB)

席位数 Seat Number	名次 Rank	总计 Total	股票 Stock	基金 Fund	交易金额 Trading Value 国债现货 T-Bond Spot	国债回购 T-Bond Repurchase	金融债、企业债、可转债 Financial, Corporate Bond, Convertible Bond	其他 Others
1	1480	105512.30	103837.91	412.58	859.90	400.00	1.00	0.92
1	1823	74841.16	73622.93	1115.85	44.63	0.00	30.81	26.92
1	1571	96771.11	92541.20	727.38	2865.19	500.00	18.10	119.26
1	1092	161681.39	98779.05	5073.43	34671.35	23140.00	2.69	14.87
1	770	243314.76	128998.14	2702.31	4658.15	106810.00	59.23	86.94
1	2041	53591.25	52567.27	722.85	228.73	0.00	17.95	54.45
2	1911	65911.55	56909.51	6183.00	1196.74	1550.00	42.72	29.58
1	1605	93809.84	90761.62	2245.93	662.86	0.00	102.25	37.18
2	1821	74877.77	46577.63	4203.78	168.54	23660.00	153.60	114.22
3	1445	110303.18	108123.02	1818.69	187.45	0.00	51.44	122.59
1	1376	120531.90	96461.32	1542.22	15471.48	7000.00	15.95	40.90
4	1339	125890.99	121895.57	2920.11	839.32	0.00	134.22	101.80
1	1728	83298.60	81503.56	1510.02	137.64	0.00	106.27	41.16
1	2255	31228.36	30496.54	635.37	68.75	0.00	7.21	20.51
1	2102	48018.77	46957.59	603.86	233.76	0.00	210.23	13.39
2	2178	40369.71	39342.21	1013.83	0.28	0.00	0.40	13.02
1	2421	4786.35	4784.01	2.34	0.00	0.00	0.00	0.00
2	813	225242.71	119274.10	769.63	102330.55	2720.00	12.06	136.37
3	55	1869393.57	672958.91	10741.82	147929.34	1037460.00	159.35	144.13
1	1806	76167.38	65609.11	1296.11	7207.60	2000.00	34.02	20.50
1	1336	126390.12	106376.51	2830.00	758.31	16230.00	180.74	14.58
1	641	291903.15	136288.79	1922.43	408.36	152600.00	364.70	318.90
2	694	271496.82	138593.38	2899.97	23865.71	106090.00	28.06	19.71
1	1320	128539.82	106301.61	1579.75	7066.24	13010.00	271.10	311.11
1	587	313306.51	78952.23	733.94	105603.19	126000.00	1877.30	139.85
2	14	4632488.64	246084.14	2254.03	512228.13	3871330.00	451.26	141.07
1	212	771246.05	195789.76	4852.13	205713.71	363100.00	1446.20	344.27
2	498	361469.57	226350.94	7373.82	50683.02	76590.00	207.81	263.94
2	933	195555.26	119180.75	2315.55	38049.31	26630.00	9373.07	6.59
2	309	556006.87	77919.97	2028.59	119.30	475870.00	22.89	46.16
2	781	238918.99	156721.12	1443.51	21701.39	58930.00	86.24	36.74
6	77	1548137.27	679043.31	10087.96	708761.73	136170.00	1119.21	12955.05
1	1588	95259.46	14268.14	0.00	21931.32	59060.00	0.00	0.00
1	759	246936.75	118204.99	125.66	86393.07	42200.00	0.00	13.03
1	983	185767.24	23651.56	189.38	41954.54	119960.00	0.39	11.40
3	2042	53575.71	53032.44	454.73	36.18	30.00	15.22	7.13
3	1464	107750.20	83839.72	1009.87	157.50	22710.00	2.38	30.75
3	1126	156444.99	140554.77	6562.19	7579.41	1100.00	317.50	331.11
2	1565	97333.27	81450.27	2153.99	228.06	13330.00	12.33	158.62
1	1727	83322.02	66398.13	2312.46	107.77	14200.00	27.71	275.96
2	310	554726.59	324960.24	6065.43	6138.22	217200.00	182.94	179.78
1	331	514788.18	162375.85	3553.22	106100.50	237460.00	249.05	5049.55
1	144	1034898.49	68371.02	627.52	552493.09	413370.00	32.26	4.67
1	131	1078187.62	248752.93	2485.87	42327.74	778270.00	227.79	6123.30
1	316	542174.71	105289.37	1622.87	100629.46	334240.00	349.42	43.61
2	142	1041743.90	217056.47	8075.61	161517.26	625240.00	159.99	29694.59
1	549	332516.05	145291.84	11876.88	70560.74	103930.00	329.94	526.65
1	350	483228.98	114354.03	420.14	56346.86	312100.00	1.40	6.58
1	1096	161262.94	43145.07	720.94	2316.09	114950.00	114.10	16.72
1	484	374104.37	173941.85	2426.01	153.69	197390.00	67.32	125.49
1	577	319597.08	176667.58	3482.21	11211.38	128050.00	80.26	105.64
1	2292	26656.80	10327.89	243.58	6659.29	9170.00	10.04	246.00
1	2351	17283.39	14226.48	16.89	40.03	3000.00	0.00	0.00
1	791	234267.80	140305.62	446.71	31658.46	59880.00	499.86	1477.15
1	459	388510.74	276850.88	1894.06	79111.66	30550.00	71.94	32.21
2	1190	144797.66	114149.94	2145.17	1436.68	26640.00	366.87	59.01
1	656	285650.38	77244.25	1367.61	11916.02	195030.00	82.57	9.96
2	122	1125752.61	185180.44	6832.23	177398.47	755580.00	663.90	97.58
1	93	1423970.19	201524.05	7501.99	144138.24	1063520.00	1313.42	5972.55
1	115	1177107.53	157530.33	8968.06	181482.70	828640.00	321.63	164.83
1	637	293741.81	107769.29	470.03	24800.45	160500.00	198.81	3.24
1	198	803625.00	94246.31	1167.98	377077.88	321060.00	149.44	9923.41
1	296	580105.89	137150.48	615.37	171248.96	270950.00	103.14	37.94
1	447	402040.76	148933.50	2651.44	77349.12	170750.00	67.60	2289.06
1	35	2433428.25	103030.03	601.95	576423.02	1739360.00	5.57	14007.69

证券营业部交易
Trading of Securities Business Outlet

单位：万元人民币(10000 Yuan RMB)

公司名称 Name	营业部名称 Securities Business Outlet	地址 Address	邮编 Zip	电话 Tel	传真 Fax
湘财证券有限责任公司	岳阳南湖大道证券营业部	岳阳市南湖大道三辉大厦 2 楼	414000	0730-7207699	7207600
新华证券有限公司	北京朝外大街营业部	北京市朝阳区朝外大街 38 号	100020	010-85636372	85634156
新华证券有限公司	长春东风大街证券营业部	长春市东风大街 30 号	130011	0431-7617908	7617363
新华证券有限公司	长春东民主大街证券营业部	长春市东民主大街 32 号	130061	0431-8941882	8942007
新华证券有限公司	长春同志街大世界证券营业部	长春市同志街 72-1 号	130021	0431-5655675	5655681
新华证券有限公司	长春同志街证券营业部	长春市同志街 64 号	130021	0431-5652460	5663525
新华证券有限公司	长春西安大路证券营业部	长春市西安大路 11 号中银大厦	130061	0431-8965015	8965009
新华证券有限公司	大连七七街证券营业部	大连市中山区七七街 23 号	116001	0411-2100818	2645046
新华证券有限公司	国际部	长春市东风大街 30 号	130011	0431-7617908	7617363
新华证券有限公司	江阴朝阳路证券营业部	江阴市朝阳路 77-79 号	214431	0510-6809802	6807360
新华证券有限公司	南京瑞金路证券营业部	南京市瑞金路 48 号瑞金大厦东侧	210007	025-4499458	4622344
新华证券有限公司	南京中山北路证券营业部	南京市中山北路 168 号	210009	025-3226051	3329269
新华证券有限公司	上海长寿路证券营业部	上海市长寿路 958 号	200042	021-62308799	62308171
新华证券有限公司	上海局门路证券营业部	上海市局门路 222 号	200023	021-63019136	63010462
新华证券有限公司	上海铜仁路证券营业部	上海市铜仁路 331 号	200040	021-62792175	62890726
新华证券有限公司	上海崂山东路证券营业部	上海市浦东新区崂山东路 689 号	200122	021-68750918	68750780
新华证券有限公司	深圳文锦北路证券营业部	深圳市文锦北路洪湖二街新迪大厦	518020	0755-25532369	25530200
新华证券有限公司	太原解放路证券营业部	太原市解放路 83 号长青大厦	030002	0351-4729311	4729345
新华证券有限公司	武汉八一路证券营业部	武汉市江岸区胜利街 85 号	430014	027-82801639	82788690
新华证券有限公司	重庆民权路证券营业部	重庆市渝中区民权路 107 号	430010	023-63835475	63848501
新华证券有限公司	重庆渝州路证券营业部	重庆市九龙坡区渝州路 50 号	400039	023-68602406	68632101
新疆证券有限责任公司	北京裕民东路证券营业部	北京市西城区裕民东路 5 号	100029	010-82031458	82031471
新疆证券有限责任公司	昌吉北京南路证券营业部	昌吉市乌伊路统一商场 4 楼	831100	0994-2335959	2337514
新疆证券有限责任公司	广州江南大道证券营业部	广州市海珠区江南大道中 80 号	510220	020-89010320	89010320
新疆证券有限责任公司	哈密天山北路证券营业部	哈密市天山北路 87 号	839000	0902-2314284	2313842
新疆证券有限责任公司	杭州庆春路证券营业部	杭州市庆春路 137 号华都大厦 1-3 楼	310003	0571-87036594	87245966
新疆证券有限责任公司	喀什解放北路证券营业部	喀什市解放北路 23 号	844000	0998-2829204	2831653
新疆证券有限责任公司	克拉玛依塔河路证券营业部	克拉玛依市塔河路 40 号	834000	0990-6228347	6228747
新疆证券有限责任公司	库尔勒建设路证券营业部	库尔勒市建设路阿尔金大厦 2 楼	841000	0996-2033428	2033426
新疆证券有限责任公司	奎屯乌鲁木齐西路证券营业部	奎屯市乌鲁木齐西路 15 号	833200	0992-3224053	3234049
新疆证券有限责任公司	上海长寿路证券营业部	上海市长寿路 742 号	200060	021-62305652	62307758
新疆证券有限责任公司	深圳东园路证券营业部	深圳市东园路台湾花园 2 楼	518031	0755-25581252	25581251
新疆证券有限责任公司	石河子西环路证券营业部	石河子市西环商場 3 楼	832000	0993-2011999	2011983
新疆证券有限责任公司	乌鲁木齐北京南路证券营业部	乌鲁木齐市北京南路 51 号附 1 号	830011	0991-3819323	3815107
新疆证券有限责任公司	乌鲁木齐解放北路证券营业部	乌鲁木齐市解放北路 23 号	830002	0991-8623982	2302545
新疆证券有限责任公司	乌鲁木齐民主路证券营业部	乌鲁木齐市民主路 40 号	830002	0991-2818968	5824165
新疆证券有限责任公司	乌鲁木齐人民路证券营业部	乌鲁木齐市人民路 13 号	830002	0991-2308337	2819880
新疆证券有限责任公司	乌鲁木齐新华南路证券营业部	乌鲁木齐市新华南路 17 号	830002	0991-2847946	2817429
新疆证券有限责任公司	乌鲁木齐友好南路证券营业部	乌鲁木齐市友好南路 71 号	830002	0991-4530816	2819880
新疆证券有限责任公司	伊宁胜利街证券营业部	伊宁市胜利街 98 号	835000	0999-8028101	8029001
新疆证券有限责任公司	宜兴人民中路证券营业部	宜兴市人民中路 135 号	214200	0510-7978092	7978092
信泰证券有限责任公司	常熟枫林路证券营业部	常熟市枫林路 77 号	215500	0512-52895998	52894799
信泰证券有限责任公司	常州东横街证券营业部	常州市东横街 2 号	213003	0519-6673798	6626862
信泰证券有限责任公司	南京丹凤街证券营业部	南京市丹凤街大石桥 59 号	210008	025-3221928	3614110
信泰证券有限责任公司	南京中山东路证券营业部	南京市中山东路 412 号	210002	025-4506924	4506934
信泰证券有限责任公司	上海长宁路证券营业部	上海市长宁路 133 号	200042	021-52550996	62514441
信泰证券有限责任公司	苏州新市路证券营业部	苏州市新市路 48 号	215006	0512-65200502	65205302
信泰证券有限责任公司	无锡解放西路证券营业部	无锡市解放西路 193 号	214005	0510-2768155	2712012
信泰证券有限责任公司	徐州建国东路证券营业部	徐州市建国东路 84 号	221003	0516-3703336	3757726
信泰证券有限责任公司	徐州青年路证券营业部	徐州市青年路 182 号	221003	0516-3718448	3718442
信泰证券有限责任公司	徐州中山南路证券营业部	徐州市中山南路 55 号	221003	0516-3752522	3711244
兴安证券有限责任公司	大庆纬二路证券营业部	大庆市东风新村纬二路	163311	0459-6378248	6360045
兴安证券有限责任公司	哈尔滨尚志大街证券营业部	哈尔滨市尚志大街 29 号	150010	0451-4681761	4682765
兴安证券有限责任公司	鹤岗东解放路证券营业部	鹤岗市东解放路 54 号	154101	0468-3239117	3239113
兴安证券有限责任公司	鸡西兴国路证券营业部	鸡西市鸡冠区兴国路 134 号	158100	0467-2660188	2655785
兴安证券有限责任公司	加格答奇兴安大街证券营业部	黑龙江大兴安岭地区加格达奇兴安大街 198 号	165000	0457-2149488	2121737
兴安证券有限责任公司	牡丹江太平路证券营业部	牡丹江市工人文化宫南证券大厦	153000	0453-6288488	6235826
兴安证券有限责任公司	七台河山湖路证券营业部	七台河市桃山区山湖路 9 号	154600	0464-8289969	8272117
兴安证券有限责任公司	上海桂林路证券营业部	上海市桂林路 46 号	200233	021-64838787	64846124
兴安证券有限责任公司	上海枣阳路证券营业部	上海市枣阳路 108 号	200000	021-62165566	62438093
兴安证券有限责任公司	深圳深南中路证券营业部	深圳市深南中路 34 号佳和大厦	518008	0755-25935866	25935880
兴安证券有限责任公司	双鸭山五马路证券营业部	双鸭山市五马路 100 号	155100	0469-4232001	4247508
兴业证券股份有限公司	北京赵登禹路证券营业部	北京市西城区赵登禹路 277 号	100034	010-66510768	66511460
兴业证券股份有限公司	成都红星路证券营业部	成都市红星路一段 39 号新红苑办公楼	610017	028-6953777	6958508
兴业证券股份有限公司	福州湖东路证券营业部	福州市湖东路 99 号标力大厦	350001	0591-7546740	7542354

证券营业部交易
Trading of Securities Business Outlet

单位:万元人民币(10000 Yuan RMB)

席位数 Seat Number	名次 Rank	交易金额 Trading Value 总计 Total	股票 Stock	基金 Fund	国债现货 T-Bond Spot	国债回购 T-Bond Repurchase	金融债、企业债、可转债 Financial, Corporate Bond, Convertible Bond	其他 Others
1	516	353440.42	89500.90	3776.09	49549.23	206850.00	37.08	3727.12
2	1094	161484.31	80007.60	297.80	12482.49	68680.00	10.41	6.02
2	477	378658.03	86164.70	1625.61	59759.83	228670.00	1901.69	536.17
3	1894	67369.43	64593.09	2592.73	166.20	0.00	0.30	17.11
1	1585	95600.70	93874.32	1664.02	12.23	0.00	14.64	35.49
2	1799	76803.27	76056.62	605.34	107.54	0.00	5.09	28.65
2	116	1168919.59	89738.83	1210.97	5344.15	1072520.00	47.03	58.62
1	2285	27285.83	25537.38	636.91	82.66	1000.00	3.17	25.68
1	2419	4935.75	4935.75	0.00	0.00	0.00	0.00	0.00
2	1255	136774.76	132666.94	1760.83	156.68	0.00	1964.88	225.43
3	666	281939.33	87690.57	1914.41	62472.72	128480.00	808.48	573.16
3	1420	114376.77	104634.46	7771.46	556.11	1090.00	239.86	84.89
3	913	199396.62	41479.46	602.80	493.15	156610.00	171.39	39.82
2	106	1246113.64	335271.62	4704.31	257594.16	646860.00	1450.30	233.26
2	1213	141281.50	110769.11	712.35	18195.05	11320.00	193.54	91.49
2	711	265078.92	132134.45	1236.27	43804.59	87660.00	31.11	212.50
1	2397	8445.34	8437.49	7.53	0.00	0.00	0.00	0.33
2	1965	60870.78	60437.02	404.88	9.12	0.00	8.49	11.31
2	1095	161358.95	14065.25	182.73	56350.40	90750.00	4.65	5.92
1	2358	15674.00	15461.35	165.93	16.28	0.00	4.05	26.41
2	2118	46677.28	45949.83	689.85	14.47	0.00	4.09	19.04
1	300	572433.58	308269.79	3833.38	97796.32	159790.00	2538.90	205.22
1	1754	80909.09	79966.34	914.30	0.00	0.00	0.00	28.47
1	2365	13947.44	12520.95	151.39	8.62	1260.00	1.39	5.11
1	1992	58823.04	57651.80	986.57	89.67	0.00	65.43	29.55
1	737	255055.46	190988.77	560.75	19234.64	43560.00	71.07	640.21
1	888	203832.33	80612.86	561.43	6103.13	116500.00	4.17	50.75
1	1640	91134.11	84119.97	1341.18	119.91	5400.00	96.08	56.97
1	1651	89925.49	88778.84	913.64	144.87	0.00	4.53	83.60
1	2016	56399.39	55899.24	488.54	0.00	0.00	0.00	11.63
1	1937	63617.41	55208.60	795.39	7284.16	0.00	296.21	33.06
1	2316	23131.22	23077.91	46.37	0.00	0.00	0.00	6.95
1	1768	79197.23	57424.14	745.04	14016.04	7000.00	1.03	11.00
1	956	190589.98	169218.15	1496.65	19799.33	0.00	16.96	58.89
1	1957	61342.13	53242.49	2425.68	1189.65	4470.00	0.60	13.67
1	1603	93938.55	93215.76	678.11	0.00	0.00	21.89	22.80
3	1151	152535.62	121971.88	990.46	24465.85	4950.00	125.34	32.12
1	801	229730.66	169432.98	1142.13	12283.86	46800.00	14.19	57.49
2	68	1732360.05	166215.69	766.50	558382.15	1006970.00	9.91	15.78
1	2079	50133.90	38813.69	890.46	8.22	10410.00	1.64	9.88
1	2303	24330.19	23912.55	399.11	4.18	0.00	0.62	13.74
1	1494	103554.83	27421.84	1380.76	185.08	74530.00	4.07	33.09
2	2200	37748.42	7219.64	59.37	3875.01	26590.00	2.89	1.50
2	393	444152.53	347471.18	8589.91	10201.08	76550.00	602.17	738.20
2	108	1206020.21	518664.47	9397.57	187485.56	488480.00	1518.13	474.48
2	1524	100744.64	96568.40	3910.94	108.81	0.00	114.65	41.84
2	2392	9032.08	8089.23	203.87	729.23	0.00	2.54	7.21
3	1185	146173.38	140856.32	3274.66	1416.09	0.00	448.92	177.38
1	2376	11484.33	3729.28	1.70	7753.35	0.00	0.00	0.00
2	774	241648.48	135360.30	2805.09	12481.42	90770.00	123.97	107.71
2	1724	83589.44	50941.72	741.47	86.62	31770.00	6.26	43.35
1	1693	86694.93	83719.38	2654.92	172.06	0.00	107.64	40.92
2	599	310688.28	272374.91	4951.11	1279.68	31210.00	552.54	320.02
1	2170	41178.83	40270.61	862.02	5.09	0.00	25.05	16.07
1	1773	78827.63	77471.42	1338.77	0.00	0.00	0.59	16.87
3	492	367950.69	289455.67	3907.78	788.13	73510.00	135.97	153.17
6	1082	163909.26	159226.88	3333.81	987.07	0.00	143.35	218.12
1	2240	32898.26	31986.39	533.12	263.69	0.00	97.77	17.32
2	272	623734.40	178479.42	2553.75	59600.82	382590.00	418.34	192.08
2	1574	96437.30	76309.31	1791.63	18142.59	0.00	151.75	42.04
1	1723	83673.91	36308.03	1668.50	22170.38	23520.00	0.00	6.99
1	2154	43404.13	42338.26	764.17	265.78	0.00	14.29	21.65
1	1141	153856.52	136721.21	1984.46	4161.75	10850.00	105.84	33.27
1	830	218755.25	177561.26	1571.29	10136.32	29370.00	59.07	57.28
6	49	2112736.74	590258.54	16680.74	512577.95	964370.00	1883.91	26965.59

证券营业部交易
Trading of Securities Business Outlet

单位:万元人民币(10000 Yuan RMB)

公司名称 Name	营业部名称 Securities Business Outlet	地址 Address	邮编 Zip	电话 Tel	传真 Fax
兴业证券股份有限公司	福州市古田路证券营业部	福州市古田路 101 号邮政大厦 2－4 层	350001	0591－3334735	7569754
兴业证券股份有限公司	福州五四北路证券营业部	福州市五四北路 159 号世界金龙大厦 4、5 层	350001	0591－7827673	7845614
兴业证券股份有限公司	福州五一南路证券营业部	福州市五一南路 1 号联信大楼 4 层	350007	0591－3276534	3263144
兴业证券股份有限公司	哈尔滨上游街证券营业部	哈尔滨市道里区上游街 3 号天通大厦	150010	0451－4648155	4949687
兴业证券股份有限公司	杭州建国南路证券营业部	杭州市建国南路 280 号红星文化大厦	310009	0571－87703599	87827998
兴业证券股份有限公司	济南山大路证券营业部	济南市山大路 224 号	250014	0531－8550288	8550388
兴业证券股份有限公司	龙岩九一南路证券营业部	龙岩市九一南路公交大厦 2 楼	364000	0597－2208208	2219941
兴业证券股份有限公司	南京太平北路证券营业部	南京市太平北路 37 号	210018	025－4511149	4519511
兴业证券股份有限公司	南平滨江中路证券营业部	南平市滨江中路 399 号	353000	0599－8827332	8826345
兴业证券股份有限公司	泉州涂门街证券营业部	泉州市涂门街凯伟大楼	362000	0595－2160161	2160053
兴业证券股份有限公司	三明列东街证券营业部	三明市梅列区列东街兴业大厦	365000	0598－8241849	8241845
兴业证券股份有限公司	上海金陵东路证券营业部	上海市金陵东路 368 号	200021	021－66360192	63364211
兴业证券股份有限公司	上海天钥桥路证券营业部	上海市天钥桥路 93 号	200032	021－64272724	64864211
兴业证券股份有限公司	深圳景田路证券营业部	深圳市北环大道 7001 号开元大厦 13 楼	518034	0755－83546968	83546731
兴业证券股份有限公司	顺德凤山中路证券营业部	顺德市大良镇凤山中路 101 号	528300	0765－2284268	2238007
兴业证券股份有限公司	武汉建设大道证券营业部	武汉市汉口建设大道 558 号	430022	027－85490388	85496493
兴业证券股份有限公司	西安解放路证券营业部	西安解放路 25 号深业大厦 4 楼	710004	029－7407180	7263157
兴业证券股份有限公司	厦门兴隆路证券营业部	厦门市湖里区光明信宏大厦 1 楼	361006	0592－6026118	6027554
兴业证券股份有限公司	漳州延安北路证券营业部	漳州市延安北路体育馆	363000	0596－2030618	2893564
亚洲证券有限责任公司	包头东河区证券营业部	包头市东河区巴彦塔拉大街 1 号	014040	0472－4136008	4136006
亚洲证券有限责任公司	北京广安路证券营业部	北京市丰台区广安路西客站南广场中色建设大厦 2、3 层	100055	010－63433798	63433750
亚洲证券有限责任公司	北京小黄庄路证券营业部	北京市东城区安外大街小黄庄路 19 号	100013	010－84273969	84273976
亚洲证券有限责任公司	长春同志街证券营业部	长春市同志街 74 号	130021	0431－5655848	5643855
亚洲证券有限责任公司	长沙城南中路证券营业部	长沙市南大路 35 号	410007	0731－5453156	6568825
亚洲证券有限责任公司	成都红星中路证券营业部	成都市红星中路二段 82 号	610012	028－6786238	6748927
亚洲证券有限责任公司	成都南一环路证券营业部	成都市一环路南三段 45 号中国银行大楼 2、3、4 楼	610016	028－85599960	85599989
亚洲证券有限责任公司	成都提督街证券营业部	成都市提督街 88 号民兴大厦北 4 楼	610016	028－86766913	86766524
亚洲证券有限责任公司	大连胜利路证券营业部	大连市西岗区胜利路 100 号瑰花大厦 2、3 楼	116021	0411－4390691	4390223
亚洲证券有限责任公司	当阳长坂路证券营业部	当阳市长坂路 118 号	444100	0717－3252258	3220532
亚洲证券有限责任公司	恩施舞阳大街证券营业部	恩施市舞阳大街 75 号	445000	0718－8237528	8237938
亚洲证券有限责任公司	广州天河证券营业部	广州市广州大道北 118 号天龙大酒店 8 楼	510620	020－38868338	38868138
亚洲证券有限责任公司	哈尔滨大成街证券营业部	哈尔滨市南岗区大成街 140 号	150001	0451－2718800	2739260
亚洲证券有限责任公司	海口龙华路证券营业部	海口市龙华路 34 号贵州大厦 2 楼	570102	0898－66214680	66213445
亚洲证券有限责任公司	合肥绿都证券营业部	合肥市绿都商城 5 楼 E、F 区	230001	0551－2659561	2638008
亚洲证券有限责任公司	黄冈西湖一路证券营业部	黄冈市西湖一路 3 号	438000	0713－8613902	8613910
亚洲证券有限责任公司	荆州北京中路证券营业部	荆州市北京中路 326 号	434000	0716－8249551	8249970
亚洲证券有限责任公司	南昌井岗山大道证券营业部	南昌市井岗山大道 1116 号	330002	0791－6415339	6417834
亚洲证券有限责任公司	南京瑞金路证券营业部	南京市瑞金路 48 号	210007	025－4620977	4589537
亚洲证券有限责任公司	宁波西河街证券营业部	宁波东区市西河街 42 号	315010	0574－87251898	87361605
亚洲证券有限责任公司	青岛宁夏路证券营业部	青岛市宁夏路 122 号	266071	0532－5713133	5713500
亚洲证券有限责任公司	上海安龙路证券营业部	上海市安龙路 843 号	200336	021－62908658	62911124
亚洲证券有限责任公司	上海常德路证券营业部	上海市常德路 1116 号	200040	021－62076388	62076200
亚洲证券有限责任公司	上海瑞金一路证券营业部	上海市瑞金一路 98 号	200020	021－64454167	64458585
亚洲证券有限责任公司	上海新闸路证券营业部	上海市新闸路 1884 号	200042	021－62728008	62728008
亚洲证券有限责任公司	深圳深南中路证券营业部	深圳市福田区深南中路北方大厦	518033	0755－3241017	3278900
亚洲证券有限责任公司	深圳益田路证券营业部	深圳市福田区益田路 3009 号明月大厦 1、2 层	518048	0755－82971188	82971000
亚洲证券有限责任公司	沈阳南五马路证券营业部	沈阳市和平区南宁南街 78 号	110005	024－23507300	23507327
亚洲证券有限责任公司	石家庄自强路证券营业部	石家庄市自强路 127 号	050051	0311－7038116	7036826
亚洲证券有限责任公司	天津白堤路证券营业部	天津市南开区白堤路 240 号	300192	022－87893426	87893469
亚洲证券有限责任公司	天津红星路证券营业部	天津市河东区红星路 116 号	300151	022－24582009	24582001
亚洲证券有限责任公司	天津勤俭道证券营业部	天津市红桥区勤俭道 79 号	300130	022－26523319	26523320
亚洲证券有限责任公司	梧州蝶山二路证券营业部	梧州市蝶山二路蝶彩新城 C9－C12	543002	0774－3862288	3863301
亚洲证券有限责任公司	武汉红钢城四街证券营业部	武汉市青山区红钢城四街 1 号	430080	027－86870966	86876186
亚洲证券有限责任公司	武汉江汉二路证券营业部	武汉市江岸区江汉二路 181 号	430018	027－82271231	82830417
亚洲证券有限责任公司	武汉彭刘杨路证券营业部	武汉市彭刘杨路 228 号	430060	027－88050878	88051778
亚洲证券有限责任公司	武汉青年路证券营业部	武汉市汉口青年路 60 号	430022	027－85753796	85772064
亚洲证券有限责任公司	武汉武珞路证券营业部	武汉市武珞路 114 号	430064	027－88051875	88050185
亚洲证券有限责任公司	西安文艺北路证券营业部	西安市文艺北路 11 号	710054	029－7889992	7889990
亚洲证券有限责任公司	孝感长征路证券营业部	孝感市长征路 72 号	432100	0712－2310984	2326727
亚洲证券有限责任公司	宜昌滨湖路证券营业部	宜昌市滨湖路 2 号	443000	0717－6230318	6230368
亚洲证券有限责任公司	银川解放东街证券营业部	银川市解放东街 111 号	750004	0951－6032999	6091459
亚洲证券有限责任公司	营口证券营业部	营口市站前区富强里 4－2 号	115000	0417－2890005	2814504
亚洲证券有限责任公司	岳阳南湖大道证券营业部	岳阳市五里牌	414000	0730－8249868	8240566
亚洲证券有限责任公司	郑州东明路证券营业部	郑州市东明路 7 号	450004	0371－6328639	6328630
亚洲证券有限责任公司	郑州经三路证券营业部	郑州市经三路 15 号	450033	0371－5585006	5585005

证券营业部交易
Trading of Securities Business Outlet

单位:万元人民币(10000 Yuan RMB)

席位数 Seat Number	名次 Rank	总计 Total	股票 Stock	基金 Fund	交易金额 Trading Value 国债现货 T-Bond Spot	国债回购 T-Bond Repurchase	金融债、企业债、可转债 Financial, Corporate Bond, Convertible Bond	其 他 Others
1	918	198557.90	83206.75	15702.64	546.88	99010.00	9.29	82.37
2	551	331974.69	153123.19	4395.86	10665.04	162830.00	547.11	413.45
2	111	1187616.84	98040.32	1896.83	39895.41	1047440.00	196.88	147.39
1	972	187886.11	154828.66	5604.02	8781.33	18570.00	75.65	26.48
3	332	511147.49	205076.26	20695.40	69911.77	213680.00	1509.82	274.28
1	2155	43362.45	36629.56	484.93	2017.11	4150.00	70.87	9.97
1	690	272379.99	151886.69	5867.32	127.89	114280.00	48.86	169.20
3	479	378483.99	289867.60	4422.69	15973.32	68040.00	108.50	71.88
1	371	464085.64	168698.84	13146.10	1529.24	280630.00	23.70	57.78
2	199	799844.69	226793.30	6470.22	38089.48	528230.00	30.68	231.02
1	779	239904.36	181602.61	4871.18	1729.41	51350.00	106.43	244.66
7	87	1481128.30	514894.52	85640.43	297885.85	374470.00	204406.05	3831.38
5	252	672639.10	267930.83	30359.21	24710.48	319000.00	30339.95	298.64
1	1458	108315.27	72192.93	62.24	7545.19	27380.00	2.22	1132.69
1	2362	14959.27	4073.37	100.03	110.53	10600.00	61.93	13.38
2	1021	179046.29	133469.77	828.31	4751.78	39960.00	26.72	9.68
1	264	642415.81	116874.51	9778.45	155503.57	357950.00	1809.95	499.33
3	433	410239.25	290953.23	4547.23	17408.46	97060.00	130.85	139.47
1	464	385069.12	248674.15	6041.52	105.82	130110.00	18.67	118.96
1	2455	1284.21	1272.77	10.86	0.00	0.00	0.00	0.58
3	18	3946085.58	78028.32	25427.10	282916.04	3557190.00	2494.59	29.52
1	925	196835.81	142114.59	2252.98	14446.57	34380.00	113.55	3528.10
1	1765	79391.54	77188.19	1308.58	726.87	0.00	110.45	57.47
1	2256	31169.62	30621.58	353.37	150.29	0.00	25.83	18.56
1	1975	60439.41	59062.38	1303.52	39.36	10.00	5.48	18.62
1	1895	67243.54	61687.67	378.01	586.00	4450.00	113.50	28.39
1	2098	48277.37	35986.82	432.53	1070.99	9770.00	0.10	1016.95
1	1737	82635.23	81279.77	586.08	498.57	0.00	219.74	51.08
1	1542	99448.80	76861.30	868.69	11877.32	8440.00	87.29	1314.19
1	2325	21670.09	21426.21	222.29	13.09	0.00	2.89	5.61
2	1083	163779.61	61219.04	842.78	37.96	101610.00	37.26	32.60
1	2311	23679.16	23091.83	458.65	87.54	0.00	34.94	6.20
1	1659	89238.92	26523.82	714.33	31495.14	30490.00	0.00	15.63
1	2301	25240.90	24421.81	328.17	381.23	0.00	37.94	71.73
1	1997	58535.04	58030.89	476.76	4.21	0.00	1.30	21.86
1	1766	79354.51	78166.59	1114.26	29.01	0.00	17.82	26.84
1	1604	93853.28	92056.40	1350.11	76.81	0.00	326.79	43.18
2	421	418789.46	179827.00	4432.52	44216.16	190090.00	115.27	108.53
3	1056	169739.43	95361.01	2458.27	374.78	71230.00	103.99	211.38
1	926	196356.38	72909.55	2160.23	86.51	121170.00	5.80	24.29
2	753	249397.98	229490.43	8303.12	2095.34	8820.00	585.50	103.60
1	493	366529.96	162839.12	3915.35	197479.48	2060.00	180.86	55.13
2	52	2002623.79	243165.56	3886.35	358036.00	1382970.00	281.02	14284.88
2	1583	95707.81	88989.47	2270.80	32.60	4310.00	88.05	16.88
2	1286	132555.64	83243.15	723.87	42452.43	6010.00	109.19	16.99
2	1681	87427.11	34543.45	1082.12	40.03	51760.00	0.00	1.52
2	2084	49696.77	48398.13	1146.38	112.78	0.00	5.07	34.41
2	1557	98379.60	76196.91	1381.48	16353.43	4400.00	18.57	29.17
1	550	332355.62	147809.29	10961.17	57181.04	104070.00	3045.23	9288.89
2	1647	90371.10	78619.45	1049.44	544.73	6600.00	66.90	3490.60
1	660	284070.58	217207.65	2870.21	21466.49	42200.00	54.42	271.81
1	2228	34783.01	34436.38	296.29	33.34	0.00	15.53	1.49
1	419	419328.23	82314.43	1192.78	104896.95	230370.00	271.47	282.59
1	23	3068344.09	68520.49	569.79	285998.35	2700200.00	760.99	12294.49
1	890	203817.23	171874.90	1194.57	669.09	29720.00	271.27	87.39
1	2133	45549.98	44709.19	634.33	146.76	0.00	25.32	34.42
1	1961	61124.72	58734.55	887.41	1194.96	0.00	35.47	272.29
2	2219	35641.02	34430.86	996.06	81.66	0.00	29.67	102.76
1	1241	138198.19	135979.29	1664.46	360.00	60.00	14.62	119.81
0	1564	97341.85	84482.67	1452.76	642.13	9940.00	67.63	756.66
1	719	262526.05	101870.55	933.74	152688.22	6500.00	410.07	123.48
1	2279	27678.18	26573.32	928.08	159.91	0.00	1.99	14.86
1	1713	84713.71	82912.31	613.91	1043.99	10.00	14.66	118.82
1	1738	82486.89	81197.96	1247.39	15.91	0.00	8.51	17.17
2	716	263901.32	177839.21	1127.97	22723.55	61900.00	298.72	11.90

证券营业部交易
Trading of Securities Business Outlet

单位:万元人民币(10000 Yuan RMB)

公司名称 Name	营业部名称 Securities Business Outlet	地址 Address	邮编 Zip	电话 Tel	传真 Fax
亚洲证券有限责任公司	重庆大渡口证券营业部	重庆市大渡口文体支路18号	400084	023－68901837	68901816
云南证券有限责任公司	保山正阳南路证券营业部	保山市正阳南路建行大厦2楼	678000	0875－2161095	2161077
云南证券有限责任公司	开远东风路证券营业部	开远市东风路179号	661600	0873－7125225	7125315
云南证券有限责任公司	昆明东风西路证券营业部	昆明市东风西路41号	650031	0871－5351871	5351897
云南证券有限责任公司	昆明金碧路证券营业部	昆明市金碧路166号	650011	0871－3116969	3116884
云南证券有限责任公司	昆明青年路第一营业部	昆明市青年路406号	650021	0871－3138076	3149239
云南证券有限责任公司	昆明新兴路营业部	昆明市新迎小区新兴路262号	650021	0871－5611836	5611816
云南证券有限责任公司	曲靖麒麟南路营业部	曲靖市麒麟南路292号	655000	0874－3113849	3113846
云南证券有限责任公司	上海清真路营业部	上海市清真路65号	200030	021－64186789	64189322
云南证券有限责任公司	深圳翠竹路营业部	深圳市翠竹路1181号	518020	0755－5612596	5612606
云南证券有限责任公司	西双版纳民族南路证券营业部	景洪市民族南路1号	666100	0691－2133198	2141901
云南证券有限责任公司	玉溪西站南路营业部	玉溪市西站南路口	653100	0877－2039991	2039954
漳州市信托投资公司	漳州信托投资公司证券营业部	漳州市延安北路东盛大厦2楼	363000	0596－2096093	2062278
招商证券股份有限公司	北京北三环东路证券营业部	北京市北三环东路静安中心1楼	100028	010－64667276	64666930
招商证券股份有限公司	北京东环南路证券营业部	北京市朝阳区东环南路2号航华科贸中心招商局大厦8楼	100022	010－65677018	65685906
招商证券股份有限公司	成都三洞桥路证券营业部	成都市三洞桥路2号华业商业广场	610031	028－7785586	7786005
招商证券股份有限公司	东莞东城西路证券营业部	东莞市东城西路228号城市花园A座	523129	0769－2389868	2381969
招商证券股份有限公司	佛山季华路证券营业部	佛山市季华五路商业银行大厦2－5楼	528000	0757－3203098	3203100
招商证券股份有限公司	福州广达路证券营业部	福州市广达路141号恒宇大厦1、2层	350001	0591－7112228	7112228
招商证券股份有限公司	广州天河北路证券营业部	广州市天河北路90号光华大厦2楼	510620	020－87589133	87546885
招商证券股份有限公司	哈尔滨长江路证券营业部	哈尔滨市南岗区长江路65号	150001	0451－2649976	2645825
招商证券股份有限公司	杭州湖墅南路证券营业部	杭州市湖墅南路260号	310005	0571－88388587	88387954
招商证券股份有限公司	昆明五一路证券营业部	昆明市五一路国防大厦	650032	0871－3616118	3616055
招商证券股份有限公司	南京建邺路证券营业部	南京市建邺路76号	210004	025－－4206456	4463559
招商证券股份有限公司	南宁民主路证券营业部	南宁市民主路8号斯壮大厦	530023	0771－5635918	5639568
招商证券股份有限公司	上海澳门路证券营业部	上海市澳门路768号	200060	021－62993818	62993051
招商证券股份有限公司	上海世纪大道证券营业部	上海市浦东世纪大道1500号3楼	200122	021－50653799	68407165
招商证券股份有限公司	上海翔殷路证券营业部	上海市翔殷路1128号	200093	021－55971597	55971597
招商证券股份有限公司	上海肇嘉浜路证券营业部	上海市肇嘉浜路366号1－2层	200031	021－54650529	54650500
招商证券股份有限公司	深圳常兴路证券营业部	深圳市南山区常兴路91号田厦商住楼	518052	0755－26662129	26662050
招商证券股份有限公司	深圳东门南路证券营业部	深圳市东门南路广发大厦4楼	518082	0755－82226614	82202892
招商证券股份有限公司	深圳福民路证券营业部	深圳市福民路129号众孚大厦2楼	518033	0755－83866056	83866079
招商证券股份有限公司	深圳建安路证券营业部	深圳市宝安区宝城六区建安路华南宾馆1－3楼	518101	0755－27788438	27787555
招商证券股份有限公司	深圳龙岗证券营业部	深圳市龙岗镇巫屋村美洲大厦3层	518116	0755－28839298	28836270
招商证券股份有限公司	深圳南山南油大道证券营业部	深圳市南油大道新能源大厦1楼	518052	0755－26649497	26406275
招商证券股份有限公司	深圳沙头角金融路证券营业部	深圳市盐田区沙头角海滨花园2、4楼	518081	0755－25553111	25550219
招商证券股份有限公司	深圳笋岗路证券营业部	深圳市笋岗路1001号宝安市场2楼	518001	0755－25170517	25170178
招商证券股份有限公司	深圳振华路证券营业部	深圳市福田区振华路深纺大厦102号C座1楼	518031	0755－83324729	83324712
招商证券股份有限公司	无锡新生路证券营业部	无锡市新生路107号11楼	214002	0510－2756333	2751433
招商证券股份有限公司	武汉中北路证券营业部	武汉市武昌区中北路154号	430071	027－86776958	86775148
招商证券股份有限公司	扬州汶河北路证券营业部	杨州市汶河北路38号	523129	0514－7339168	7338385
招商证券股份有限公司	珠海人民东路证券营业部	珠海市香洲区人民东路127号	519000	0756－2622968	2622929
浙江省信托投资有限责任公司	第二证券营业部	杭州市莫干山路23号	310005	0571－88059095	85155878
浙江省信托投资有限责任公司	第一证券营业部	杭州市体育场路267号	310006	0571－85155878	85155878
浙江省信托投资有限责任公司	上海康定路证券交易营业部	上海市康定路1586号1－4层	200042	021－62309099	62308398
浙江省信托投资有限责任公司	浙大路证券营业部	杭州市浙大路7－3号	310003	0571－87979460	87964250
浙江省证券有限责任公司	北京和平里东街证券营业部	北京市和平里东街22号	100013	010－64261855	64271629
浙江省证券有限责任公司	杭州延安路证券营业部	杭州市延安路400号	310006	0571－87027574	87027767
浙江省证券有限责任公司	上海昆山路证券营业部	上海市昆山路224号	200080	021－63645061	63641792
浙江省证券有限责任公司	绍兴胜利东路证券营业部	绍兴市胜利东路39号中兴商贸大厦3楼	312000	0575－5222008	5113889
浙江省证券有限责任公司	深圳东门南路证券营业部	深圳市东门南路2008号宝丰大厦	518001	0755－2289566	2289571
浙江省证券有限责任公司	深圳福中路证券营业部	深圳市福田区福中路依迪综合楼西3楼	518026	0755－3248899	3248805
浙江省证券有限责任公司	台州解放南路证券营业部	台州市椒江区解放路159号	318000	0576－8833500	8833505
浙江省证券有限责任公司	天津琼州道证券营业部	天津市河西区琼州道99号	300203	022－83818840	83818722
浙江省证券有限责任公司	温州小南路证券营业部	温州市小南路1号五洲大厦2层	325000	0577－8270558	8270551
浙江省证券有限责任公司	武汉南京路证券营业部	武汉市南京路135号金宝大厦2楼	430014	027－82805812	82805830
镇江市信托投资公司	南门大街证券交易营业部	镇江市南门大街293号	212000	0511－4428548	4414454
镇江市信托投资公司	无锡西横路证券营业部	无锡市西横街35号	214031	0510－2754933	2764636
中富证券有限责任公司	大连胜利东路证券营业部	大连市西岗区胜利东路333号	116011	0411－3640246	3640081
中富证券有限责任公司	海口大同路证券营业部	海口市大同路36号华能大厦3层	570102	0898－66720777	66719626
中富证券有限责任公司	乐清乐成镇乐怡路证券营业部	乐清市乐成镇乐怡路189号	325600	0577－62578208	62572808
中富证券有限责任公司	瑞安滨江大道证券营业部	瑞安市滨江大道满庭芳大楼2楼	325200	0577－65801119	65801134
中富证券有限责任公司	上海南京西路证券营业部	上海市南京西路1468号中欣大厦2楼	200040	021－62470157	62470220
中富证券有限责任公司	温州谢池商城证券营业部	温州市人民东路谢池商城C－D座	325000	0577－88835708	88834807
中关村证券股份有限公司	北京中关村南大街证券营业部	北京市海淀区中关村南大街32号中关村科技发展大厦B座1层	100029	010－62140261	62140262

证券营业部交易
Trading of Securities Business Outlet

单位:万元人民币(10000 Yuan RMB)

席位数 Seat Number	名次 Rank	总计 Total	股票 Stock	基金 Fund	交易金额 Trading Value 国债现货 T-Bond Spot	国债回购 T-Bond Repurchase	金融债、企业债、可转债 Financial, Corporate Bond, Convertible Bond	其他 Others
1	2250	31647.37	30491.94	634.08	479.33	0.00	6.08	35.95
1	2334	20302.73	19794.91	455.58	36.53	0.00	11.17	4.53
1	2313	23426.08	23063.63	347.75	5.46	0.00	0.43	8.83
1	1500	102721.26	100257.26	2319.73	51.83	0.00	38.02	54.43
2	1865	70054.89	66843.59	1117.97	198.16	1670.00	51.08	174.07
1	1301	130632.22	74324.02	1184.63	92.18	54930.00	57.53	43.89
1	2265	29266.05	29027.95	212.37	0.00	0.00	0.20	25.49
1	1736	82728.43	81350.39	1041.34	17.52	0.00	242.80	76.37
2	2037	54316.45	53086.83	1018.03	117.15	0.00	44.65	49.78
1	2406	7095.98	6787.42	292.13	1.87	0.00	13.30	1.27
1	2426	4093.41	3878.97	211.21	0.00	0.00	1.40	1.80
1	2146	44422.79	43785.60	564.56	17.85	0.00	38.28	16.51
2	864	209791.82	194876.38	4826.66	673.56	9220.00	118.78	76.42
2	757	248521.54	190775.61	1019.42	25313.21	29840.00	1528.31	45.00
7	56	1863318.65	470542.68	70265.71	263977.47	1036050.00	22342.42	140.38
1	1441	111113.21	106536.68	690.83	766.44	2970.00	146.79	2.45
1	1414	114873.56	96482.88	1994.22	13288.92	0.00	539.28	2568.27
1	547	333637.86	112536.72	1660.00	112973.81	106310.00	121.61	35.73
1	1668	88704.87	86523.95	1925.28	40.81	0.00	143.22	71.59
2	505	357058.44	182751.59	38880.72	32783.00	99280.00	3280.15	82.98
1	687	273200.60	268944.16	3758.01	205.10	0.00	219.78	73.57
1	443	402967.26	274803.69	2382.72	103755.76	21580.00	388.51	56.58
1	1355	123628.47	69860.08	1582.18	6799.60	45080.00	290.59	16.01
1	723	261725.89	88165.27	3144.04	28518.81	137300.00	4385.31	212.48
1	1168	149168.39	84536.89	723.34	7829.24	55950.00	64.26	64.71
7	27	2794140.09	451928.24	20690.12	316429.67	1957420.00	17572.18	30099.89
2	125	1116221.98	296213.13	12481.74	306306.39	500440.00	749.81	30.91
2	351	481993.57	238047.51	11348.18	31912.72	192350.00	255.06	8080.14
1	924	196896.63	180941.08	11620.55	786.77	3250.00	238.69	59.57
1	1719	83839.85	82373.08	725.88	344.74	0.00	91.44	304.70
1	1534	100145.67	77899.57	11513.65	1379.23	8970.00	258.46	124.79
1	1343	125407.42	106844.56	259.05	180.70	18110.00	0.99	12.13
1	1026	177387.69	124927.80	33665.43	16215.60	2500.00	30.38	48.51
1	2057	52563.12	51811.62	727.61	1.78	0.00	7.84	14.25
3	308	561941.94	246594.42	4036.34	80957.73	230020.00	315.45	18.02
1	2227	34821.05	34448.37	344.09	6.38	0.00	17.96	4.30
1	1643	90734.43	71502.49	574.39	104.71	18040.00	502.00	10.85
7	36	2353988.69	1159660.26	19710.69	383670.05	768550.00	1946.71	20450.96
1	1305	130099.63	126058.13	1636.92	2017.64	120.00	84.39	182.53
1	1342	125451.96	64841.92	19337.24	18912.27	22250.00	68.75	41.76
1	1059	168720.22	85680.66	1721.18	4122.00	76950.00	183.55	62.84
1	624	298993.10	93842.42	1078.17	3843.35	200000.00	4.60	224.55
5	561	326116.13	266485.27	11157.62	42938.91	3990.00	219.08	1325.22
2	748	250384.89	242813.63	2506.33	3282.28	1180.00	150.18	452.49
2	988	185266.28	178220.02	2945.28	762.09	2940.00	178.81	220.09
2	957	190582.47	140842.25	3709.23	15609.43	30240.00	148.64	32.93
3	1025	177477.51	82401.42	1662.39	19616.22	73550.00	174.46	73.03
9	104	1290982.67	947062.42	11521.52	80457.00	248270.00	1440.62	2231.08
3	1478	105957.61	95729.39	2118.61	2947.02	4860.00	210.84	91.75
2	893	203218.59	199929.27	2661.19	411.62	0.00	53.65	162.86
1	1449	109546.06	15023.61	739.73	21836.40	71870.00	45.48	30.85
3	2104	47932.06	43745.14	616.31	133.41	3410.00	0.83	26.38
1	661	284012.47	278145.68	5037.36	106.57	390.00	201.01	131.87
2	1953	61486.95	58220.55	1645.46	1231.91	370.00	2.27	16.72
2	964	189429.20	183771.19	3113.24	418.06	1520.00	8.12	598.61
1	2322	21979.41	20627.04	418.25	160.33	500.00	175.41	98.39
2	2126	46139.33	40597.08	382.50	148.69	4980.00	24.00	7.06
1	1916	65348.38	62756.71	2060.31	438.65	0.00	64.08	28.61
1	2242	32607.73	32350.75	208.60	41.38	0.00	5.29	1.72
0	2028	55393.01	32722.28	1201.94	11.58	21390.00	61.50	5.73
2	1145	152976.67	151152.54	1659.53	10.39	0.00	88.33	65.89
2	1070	166288.61	160625.94	2142.65	483.33	2980.00	27.73	28.97
3	412	423723.89	248696.31	3182.41	21803.61	149000.00	928.29	113.26
3	344	492398.10	426848.83	14784.34	27145.16	22980.00	517.03	122.70
3	195	808824.67	202918.63	581.19	81835.23	523380.00	96.37	13.27

证券营业部交易
Trading of Securities Business Outlet

单位:万元人民币(10000 Yuan RMB)

公司名称 Name	营业部名称 Securities Business Outlet	地址 Address	邮编 Zip	电话 Tel	传真 Fax
中关村证券股份有限公司	潮阳旷园证券营业部	潮阳市旷园肖厝坑	515100	0661－8837956	8841099
中关村证券股份有限公司	大连明泽街证券营业部	大连市中山区五五路 47 号	116001	0411－2646010	2646026
中关村证券股份有限公司	广州滨江东路证券营业部	广州市滨江东路 37、45、53 号商场 3 楼	510260	020－84048453	84048453
中关村证券股份有限公司	汕头长平路第一证券营业部	汕头市长平路 41 号	515041	0754－8623788	8620191
中关村证券股份有限公司	汕头金砂东路证券营业部	汕头市金砂东路汕融大厦	515041	0754－8165111	8361868
中关村证券股份有限公司	汕头中山路证券营业部	汕头市中山路红亭花园大厦	515031	0754－8982733	8431311
中关村证券股份有限公司	上海迎勋路证券营业部	上海市迎勋路 59 号	200011	021－63784303	63770950
中关村证券股份有限公司	深圳商报路证券营业部	深圳市福田区商报路 7 号天健公寓	518034	0755－3937278	3937288
中国金谷国际信托投资有限责任公司	北京翠微路证券交易营业部	北京市海淀区翠微路甲 10 号	100037	010－68251009	68255318
中国金谷国际信托投资有限责任公司	北京古城路证券交易营业部	北京市石景山区八角西街 88 号	100043	010－68843745	68843721
中国金谷国际信托投资有限责任公司	上海证券交易营业部	上海市浦东南路 855 号世界广场 35 楼	200120	010－58369918	58369958
中国金谷国际信托投资有限责任公司	深圳证券交易营业部	深圳市深南东路 168 号金丰城大厦 A 座 5 楼	518015	0755－2072229	2072239
中国科技证券有限责任公司	成都领事馆路证券营业部	成都市领事馆路 1 号万兴苑 2 层	610041	028－85220373	85222627
中国科技证券有限责任公司	哈尔滨奋斗路证券营业部	哈尔滨市南岗区奋斗路 179 号	150010	0451－2657986	2653453
中国科技证券有限责任公司	杭州文一路证券营业部	杭州市文一路 65 号杭州电子工业学校 110 信箱	310021	0571－88085389	88051260
中国科技证券有限责任公司	绵阳翠华街证券营业部	绵阳市翠华街 2 号亨利大厦	621000	0816－2241612	2241576
中国科技证券有限责任公司	南京株江路证券营业部	南京市珠江路 222 号	210018	025－3192313	3192500
中国科技证券有限责任公司	内江人民路证券营业部	内江市人民路 19－21 号	641000	0832－2046785	2024925
中国科技证券有限责任公司	青岛山东路证券营业部	青岛市山东路 29 号银河大厦	266042	0532－5016318	5016317
中国科技证券有限责任公司	沈阳十一纬路证券营业部	沈阳市和平区十一纬路 15 号	110003	024－23229138	23229127
中国科技证券有限责任公司	武汉胜利街证券营业部	武汉市胜利街 275 号鄂钢大厦	430014	027－82779877	82779861
中国科技证券有限责任公司	厦门湖滨路证券营业部	厦门市湖滨北路振业大厦裙楼 2 层	361012	0592－5115818	5115901
中国科技证券有限责任公司	宜宾中山街证券营业部	宜宾市中山街 19 号三友大楼	644000	0831－7018899	7018871
中国科技证券有限责任公司	镇江中山东路证券营业部	镇江市中山东路 189 号诚和大厦 2 层	211001	0511－5023108	5023826
中国科技证券有限责任公司	重庆上清寺证券营业部	重庆市渝中区上清寺路 20 号太平洋广场 B 座 4 楼	400015	023－63897812	63897802
中国旅游国际信托投资有限公司	北京证券营业部	北京市西城区西外大街 143 号	100044	010－68367056	68367056
中国旅游国际信托投资有限公司	成都证券营业部	成都市太开南路 61 号	610017	028－6626671	6625348
中国旅游国际信托投资有限公司	哈尔滨证券营业部	哈尔滨市南岗区通达大街 38 号	150080	0451－6300370	6300365
中国旅游国际信托投资有限公司	上海证券营业部	上海市共和新路 1460 号	200072	021－56032058	56034467
中国旅游国际信托投资有限公司	天津证券营业部	天津市大岗港区胜利街 9 号	300270	022－25989189	25989183
中国旅游国际信托投资有限公司	岳阳证券营业部	岳阳市南湖大道银都大厦 15 层	414000	0730－8225626	8220388
中国民族证券有限责任公司	北京和平里证券营业部	北京市朝阳区和平里 14 区青年沟东路华表时装公司 1 层	100013	010－64206018	64206019
中国民族证券有限责任公司	北京太平桥大街证券营业部	北京市太平桥大街 250 号	100032	010－66064201	66064209
中国民族证券有限责任公司	大连五四路证券营业部	大连市西岗区五四路 30 号	116011	0411－3699980	3699941
中国民族证券有限责任公司	哈尔滨四大直街证券营业部	哈尔滨市南岗区西大直街 65 号	210024	0451－3678488	3678827
中国民族证券有限责任公司	南京北京四路证券营业部	南京市北京西路 65 号	210024	025－3701006	3701005
中国民族证券有限责任公司	上海延平路证券营业部	上海市延平路 71 号	200042	021－62988811	62273202
中国民族证券有限责任公司	深圳深南中路证券营业部	深圳市福田区南园路 173 号	518031	0755－3639113	3656943
中国民族证券有限责任公司	沈阳沈阳路证券营业部	沈阳市沈河区沈阳路 6 号	110011	024－24865462	24840387
中国民族证券有限责任公司	石家庄和平西路证券营业部	石家庄市和平西路 397 号	050051	0311－7833614	7813149
中国民族证券有限责任公司	石家庄建华北大街证券营业部	石家庄市建华北大街 19 号	050031	0311－5613166	5064275
中国民族证券有限责任公司	天津三马路证券营业部	天津市河北区三马路 89 号	300032	022－26210118	26359282
中国民族证券有限责任公司	通化新华大街证券营业部	通化市新华大街 66 号	134001	0435－3913646	3258559
中国民族证券有限责任公司	延吉迎宾路证券营业部	延吉市迎宾路 50 号延吉宾馆	133002	0433－2913585	2913522
中国银河证券有限责任公司	包头乌兰道证券营业部	包头市昆区乌兰道 19 甲 6 号	014010	0472－5159760	5131097
中国银河证券有限责任公司	北京安外证券营业部	北京市东城区安外大街 66 号	100011	010－84283833	84278558
中国银河证券有限责任公司	北京黄寺大街证券营业部	北京市西城区黄寺大街 21 号	100011	010－82013416	62352171
中国银河证券有限责任公司	北京双榆树证券营业部	北京市海淀区双榆树科学院南路 44 号	100086	010－62579673	62579675
中国银河证券有限责任公司	北京天坛东路证券营业部	北京市天坛东路 70 号	100061	010－67119478	67119456
中国银河证券有限责任公司	北京望京西园证券营业部	北京市朝阳区望京西园乙 410 楼	100102	010－64772699	64708716
中国银河证券有限责任公司	北京学院南路证券营业部	北京市海淀区学院南路 34 号	100088	010－62276479	62276490
中国银河证券有限责任公司	北京营业部	北京市海淀区阜石路 67 号	100036	010－88411318	88411289
中国银河证券有限责任公司	北京月坛证券营业部	北京市西城区月坛南街甲 1 号	100045	010－68029128	68018699
中国银河证券有限责任公司	长春西民主大街证券营业部	长春市朝阳区西民主大街 15－1 号	130061	0431－8581160	8581115
中国银河证券有限责任公司	长春重庆路证券营业部	长春市清明街 20 号	130041	0431－2788699	2708550
中国银河证券有限责任公司	长沙芙蓉路证券营业部	长沙市芙蓉路 226 号国贸大厦附 1 层	410005	0731－4457036	4457033
中国银河证券有限责任公司	长沙芙蓉中路证券营业部	长沙市芙蓉中路 489 号	410007	0731－5533268	5536911
中国银河证券有限责任公司	成都北二环路证券营业部	成都市二环路北一段新明珠广场 B 座	610031	028－7657808	7673683
中国银河证券有限责任公司	成都科华北路证券营业部	成都市科华路 139 号三强大厦 2 楼	610041	028－5250971	5226225
中国银河证券有限责任公司	成都双林路证券营业部	成都市双林路	610066	028－4396896	4396421
中国银河证券有限责任公司	成都同仁路证券营业部	成都市同仁路	610031	028－6267198	6267198
中国银河证券有限责任公司	大连黄河路证券营业部	大连市黄河路 269 号	116011	0411－3637732	3620664
中国银河证券有限责任公司	大连人民路证券营业部	大连市中山区职工街 28 号恒通大厦 A 座 9 层	116001	0411－2800119	2646974
中国银河证券有限责任公司	大连万岁街证券营业部	大连市沙河口区万岁街 146 号	116021	0411－4313122	4349391
中国银河证券有限责任公司	大连延安路证券营业部	大连市中山区延安路 17 号	116001	0411－2820009	2818689

证券营业部交易
Trading of Securities Business Outlet

单位：万元人民币(10000 Yuan RMB)

席位数 Seat Number	名次 Rank	总计 Total	股票 Stock	基金 Fund	交易金额 Trading Value 国债现货 T-Bond Spot	国债回购 T-Bond Repurchase	金融债、企业债、可转债 Financial, Corporate Bond, Convertible Bond	其他 Others
0	1794	77101.21	76218.58	514.08	30.91	0.00	315.42	22.20
1	2263	29343.32	26408.88	600.34	1288.87	1000.00	33.97	11.24
1	1535	100003.99	69765.33	635.55	10696.32	18900.00	3.97	2.81
1	1568	97090.42	94629.65	2051.89	259.56	0.00	100.95	48.36
1	497	362698.44	308521.82	6016.05	13798.20	33860.00	150.03	352.35
1	1971	60703.52	59061.99	1428.17	129.66	0.00	22.64	61.08
1	169	917053.85	155771.34	4994.14	10311.38	745090.00	749.49	137.47
1	2382	10301.15	10211.33	86.52	0.10	0.00	0.60	2.60
2	1177	147239.69	143087.79	3378.64	686.72	0.00	43.04	43.52
3	1046	172163.41	168747.26	2701.40	568.45	0.00	69.17	77.14
7	747	250664.77	129791.97	5073.69	18575.00	97030.00	164.29	29.81
1	2283	27458.82	27202.27	127.24	127.26	0.00	0.40	1.65
1	1000	182581.63	160662.09	3046.58	12805.60	3700.00	359.76	2007.55
1	1554	98702.70	93468.93	676.24	34.58	0.00	5.69	4517.25
1	712	264984.31	107220.37	2326.79	4359.55	150670.00	281.86	125.73
1	847	214229.83	78853.71	627.68	88.08	134460.00	174.19	26.13
2	597	311450.75	251446.07	5667.51	12190.15	40500.00	1486.51	160.53
1	1755	80677.14	71729.97	1756.99	7060.47	0.00	82.55	47.15
1	318	537018.26	49046.87	989.72	6773.90	479980.00	177.93	49.81
1	1363	122765.53	119682.22	1792.67	1132.73	0.00	98.42	59.46
1	298	574050.66	65417.40	892.26	119.86	507550.00	37.74	33.38
1	63	1778718.62	149941.25	1579.62	8889.33	1617620.00	438.62	249.81
2	1556	98521.21	84907.79	2983.90	10440.30	80.00	85.33	23.90
1	1596	94521.94	86631.78	1947.53	4672.43	0.00	58.01	1212.16
1	246	682649.11	43325.85	424.76	4267.76	634580.00	29.02	21.73
3	1410	115662.20	89031.97	937.92	17128.37	8250.00	243.98	69.98
2	1912	65895.20	39270.22	428.55	98.05	26080.00	0.00	18.40
3	1586	95524.06	94240.56	1222.65	27.36	0.00	8.79	24.71
2	700	268257.23	152762.52	6228.21	56797.59	43690.00	582.45	8196.47
3	1920	64816.08	62417.28	1235.81	504.96	620.00	3.78	34.23
1	2269	28856.70	28161.56	349.44	26.07	300.00	8.08	11.57
3	652	287768.17	275385.98	4248.80	6310.83	1760.00	34.38	28.16
3	76	1556745.11	395502.56	36571.44	206263.09	903830.00	217.47	14360.52
1	1067	167373.11	89547.78	5659.02	70421.93	0.00	1525.62	218.76
2	1684	87223.21	84114.87	1797.70	971.54	0.00	214.46	124.63
3	815	224678.70	212539.90	1770.53	9970.69	0.00	313.67	83.92
5	94	1407290.82	243325.46	6202.63	507792.99	645820.00	41.91	4107.80
1	2061	52217.66	51986.26	155.34	0.00	60.00	0.31	15.74
2	1577	96350.41	70775.58	4511.86	8770.30	11540.00	105.36	647.31
4	2138	44953.54	44109.72	775.00	26.16	0.00	28.94	13.72
2	468	383866.38	44820.88	603.91	27923.18	310010.00	491.29	17.14
1	1656	89587.70	80467.61	1926.93	7081.53	0.00	36.99	74.61
1	2203	37202.25	35951.01	401.79	211.02	600.00	21.77	16.63
2	784	237861.09	200446.02	1095.65	12568.60	19600.00	2178.06	1972.74
2	1591	95101.26	89613.75	1157.08	4173.23	100.00	17.18	39.99
1	1435	112197.19	103855.78	1035.19	6830.38	100.00	363.08	12.76
1	189	817902.86	173215.74	1229.75	19213.92	624090.00	81.20	72.26
7	70	1643608.07	267773.51	4546.05	2439.47	1368370.00	362.37	116.67
2	1164	149818.94	108616.22	2492.94	15402.99	23180.00	16.87	109.92
4	797	231305.42	183073.59	1694.65	26337.72	20000.00	83.88	115.60
2	1064	167770.47	152560.23	3642.95	6568.53	4370.00	347.70	281.03
5	499	361066.31	270293.25	2600.15	8479.55	79430.00	207.30	56.05
5	75	1571235.43	647648.07	31702.17	37426.90	853520.00	785.21	153.07
3	1654	89752.01	87204.45	2323.82	150.82	0.00	21.92	51.01
3	1906	66222.63	64678.05	1312.14	159.54	0.00	18.89	53.97
2	1340	125720.23	106136.97	4057.16	8318.72	6970.00	209.84	27.54
2	1798	76862.12	74783.95	1425.19	322.36	0.00	309.55	21.10
1	1650	89971.00	75296.38	1329.14	444.43	12730.00	118.93	52.12
3	1622	92556.47	91492.25	759.06	233.51	0.00	27.69	43.96
1	1231	139185.88	121225.11	2528.87	5569.44	8900.00	426.62	535.86
1	1976	60408.49	57594.14	708.23	1081.95	1000.00	10.42	13.74
1	1482	105125.69	86522.83	2284.42	9581.30	6520.00	168.99	48.19
3	960	190378.68	101407.34	2858.97	18487.89	67470.00	136.10	18.41
1	1587	95486.27	92156.15	2874.41	323.50	0.00	77.91	54.31
1	1251	137450.27	85472.93	2199.77	2790.28	46020.00	855.50	111.80

证券营业部交易
Trading of Securities Business Outlet

单位:万元人民币(10000 Yuan RMB)

公司名称 Name	营业部名称 Securities Business Outlet	地址 Address	邮编 Zip	电话 Tel	传真 Fax
中国银河证券有限责任公司	德清证券营业部	德清市中兴南路 251 号	313200	0572－8065492	8064712
中国银河证券有限责任公司	佛山证券营业部	佛山市人民西路 2 号	528000	0757－3981702	3981707
中国银河证券有限责任公司	福州华盛证券营业部	福州市六一北路 528 号(华盛大厦附属楼 2 楼)	350011	0591－7537202	7537202
中国银河证券有限责任公司	福州证券营业部	福州市古田支路 55 号	350005	0591－3337445	3324333
中国银河证券有限责任公司	福州中山路证券营业部	福州市中山路 23 号商业大厦 4 楼	350003	0591－7816169	7816204
中国银河证券有限责任公司	广州东风西路证券营业部	广州市东风西路 197－199 号国际金融大厦东楼	510180	020－83398038	83398028
中国银河证券有限责任公司	广州建设大马路证券营业部	广州市建设大马路 3 号	510050	020－83822827	83822821
中国银河证券有限责任公司	广州较场东路证券营业部	广州市较场东路 19 号富力地产大厦 2－3 层	510055	020－83824910	83750483
中国银河证券有限责任公司	广州解放中路证券营业部	广州市解放中路 306 号中曦大厦 3－4 层	510130	020－83262398	83262163
中国银河证券有限责任公司	广州五羊新城证券营业部	广州市寺右新马路南二街 18 号广兴华花园 4 层	510600	020－87374182	87374256
中国银河证券有限责任公司	哈尔滨东大直街证券营业部	哈尔滨市南岗区东大直街 323 号	150001	0451－3606624	3606554
中国银河证券有限责任公司	哈尔滨西十道街证券营业部	哈尔滨市道里区西十街道 19 号	150010	0451－4699188	4687185
中国银河证券有限责任公司	海口滨海大道证券营业部	海口市滨海大道 26 号农行大厦 1 层	570125	0898－66756259	66777558
中国银河证券有限责任公司	海口海秀路证券营业部	海口市海秀路首力大厦 2 层	570206	0898－66705051	66705046
中国银河证券有限责任公司	杭州湖墅南路证券营业部	杭州市湖墅南路 202 号	310005	0571－88072026	88070801
中国银河证券有限责任公司	杭州解放路证券营业部	杭州市解放路 36 号	310009	0571－87048267	87048157
中国银河证券有限责任公司	杭州凯旋路证券营业部	杭州市凯旋路 445 号	310020	0571－86772669	86772660
中国银河证券有限责任公司	杭州新华路证券营业部	浙江杭州新华路 117 号	310003	0571－87018370	87222011
中国银河证券有限责任公司	杭州中河中路证券营业部	杭州市中河中路 80 号	310006	0571－87818710	87914191
中国银河证券有限责任公司	合肥长江路证券营业部	合肥市长江中路 57 号	230001	0551－2615100	2615100
中国银河证券有限责任公司	合肥金城证券营业部	合肥市长江路 448 号	230061	0551－2844579	2844579
中国银河证券有限责任公司	合肥桐城路证券营业部	合肥市桐城路 113 号	230061	0551－2629987	2627330
中国银河证券有限责任公司	呼和浩特呼伦南路证券营业部	呼和浩特市锡林南路 40 号	010020	0471－6292470	6292480
中国银河证券有限责任公司	呼和浩特证券营业部	呼和浩特市贝尔路 98 号	010020	0471－6295183	6283235
中国银河证券有限责任公司	湖州证券营业部	湖州市红旗路 128 号	313000	0572－2500300	2500310
中国银河证券有限责任公司	济南经十路证券营业部	济南市经十路 21 号	250014	0531－2925271	2925263
中国银河证券有限责任公司	嘉兴证券营业部	嘉兴市勤俭东路 336 号	314000	0573－2018188	2031087
中国银河证券有限责任公司	金华证券营业部	金华市八一南街 393 号	321017	0579－2460080	2376731
中国银河证券有限责任公司	晋中榆太路证券营业部	晋中市榆太路 106 号	030600	0354－2471818	2471810
中国银河证券有限责任公司	荆门证券营业部	荆门市中天街 47 号	448000	0724－2375555	2375555
中国银河证券有限责任公司	昆明白塔路证券营业部	昆明市白塔路 393 号	650051	0871－3178051	3174772
中国银河证券有限责任公司	昆明人民中路证券营业部	昆明市人民中路 34 号	650021	0871－3642006	3642032
中国银河证券有限责任公司	兰溪证券营业部	兰溪市三江路 73 号	321100	0579－8891797	8892403
中国银河证券有限责任公司	兰州和政路证券营业部	兰州市和政路 94－101 号	735000	0931－4632733	4636547
中国银河证券有限责任公司	兰州证券营业部	兰州市小稍门外 280 号昌运大厦	730030	0931－8852988	8823768
中国银河证券有限责任公司	丽水证券营业部	丽水市大洋路 375 号	323000	0578－2135000	2134000
中国银河证券有限责任公司	临汾鼓楼东大街证券营业部	临汾市鼓楼东大街 75 号	041000	0357－2111686	2111686
中国银河证券有限责任公司	马鞍山证券营业部	马鞍山市湖南路中岗一村 18－1 号	243000	0555－2348124	13905554516
中国银河证券有限责任公司	南昌广场南路证券营业部	南昌市广场南路 415 号	330002	0791－6224095	6271914
中国银河证券有限责任公司	南昌沿江中路证券营业部	南昌市沿江中路华财大厦	330009	0791－6690005	6690174
中国银河证券有限责任公司	南京汉中路证券营业部	南京市汉中路 159 号	210029	025－6661189	6515247
中国银河证券有限责任公司	南京洪武路证券营业部	南京市白下区洪武路 396 号	210002	025－4518858	4541935
中国银河证券有限责任公司	南京湖南路证券营业部	南京市湖南路 115 号华阳大酒店 3 楼	210009	025－3612767	3376307
中国银河证券有限责任公司	南京上海路证券营业部	南京市上海路 145 号	210024	025－3303039	3303006
中国银河证券有限责任公司	南京石鼓路证券营业部	南京市石鼓路 73 号	210004	025－4468402	4468401
中国银河证券有限责任公司	南宁证券营业部	南宁市圆湖南路 12－2 号	530022	0771－5880002	5853256
中国银河证券有限责任公司	宁波长春路证券证营业部	宁波市长春路 90 号	610041	0574－87302693	87303076
中国银河证券有限责任公司	宁波翠柏路证券营业部	宁波市翠柏路 406 号	315016	0574－87223165	87223223
中国银河证券有限责任公司	宁波和义路证券营业部	宁波市和义路 62 号	315000	0574－87285659	87263069
中国银河证券有限责任公司	宁波解放南路证券营业部	宁波市解放南路 19 号	315000	0574－87325071	87303512
中国银河证券有限责任公司	秦皇岛证券营业部	秦皇岛市文化北路 8 号	066001	0335－3063019	3613671
中国银河证券有限责任公司	青岛广西路证券营业部	青岛市广西路 16 号	266001	0532－2866892	2872849
中国银河证券有限责任公司	青岛热河路证券营业部	青岛市热河路 57 号辛	266012	0532－2750089	2750662
中国银河证券有限责任公司	汕头天山路证券营业部	汕头市天山路华星大厦	515041	0754－8266688	8468909
中国银河证券有限责任公司	汕头银座证券营业部	汕头市榕江路银座	515041	0754－8840449	8843567
中国银河证券有限责任公司	上海安业路证券营业部	上海市安业路 124 号	200435	021－56889958	56887039
中国银河证券有限责任公司	上海大连西路证券营业部	上海市大连西路 555 号	200081	021－56669500	56662070
中国银河证券有限责任公司	上海大名路证券营业部	上海市大名路 108 号	200080	021－63565638	63567386
中国银河证券有限责任公司	上海东方路证券营业部	上海市浦东东方路 989 号中达广场 2 层 201 室	200122	021－68761008	68766646
中国银河证券有限责任公司	上海复兴东路证券营业部	上海市南市区复兴东路 789 号	200120	021－63340898	68759828
中国银河证券有限责任公司	上海共康路证券营业部	上海市共康路 328 号	200435	021－56438866	56439000
中国银河证券有限责任公司	上海红松路证券营业部	上海市红松路 235 号	201103	021－64020707	64022525
中国银河证券有限责任公司	上海沪南路证券营业部	上海市沪南路 917 号	201204	021－58442227	58443889
中国银河证券有限责任公司	上海江宁路证券营业部	上海市江宁路 428 号(静安体育中心)	200041	021－62181098	62725857
中国银河证券有限责任公司	上海江苏北路证券营业部	上海市江苏北路 30 号	200042	021－62512291	62511808

证券营业部交易
Trading of Securities Business Outlet

单位:万元人民币(10000 Yuan RMB)

席位数 Seat Number	名次 Rank	总计 Total	股票 Stock	基金 Fund	交易金额 Trading Value 国债现货 T-Bond Spot	国债回购 T-Bond Repurchase	金融债、企业债、可转债 Financial, Corporate Bond, Convertible Bond	其他 Others
1	1503	102631.56	101250.77	1095.19	231.74	0.00	12.09	41.77
1	82	1524219.04	142095.89	3680.75	343475.61	1034810.00	68.85	87.92
2	218	741701.60	133193.23	2898.23	337.78	605110.00	53.27	109.09
2	96	1393706.68	183087.53	9311.45	535.88	1200300.00	158.26	313.59
2	347	487198.86	131063.18	2169.11	1020.67	352590.00	169.88	186.03
1	1219	140327.03	73575.33	3232.94	734.69	62670.00	33.74	80.36
2	825	221271.35	86319.50	3666.02	400.88	130800.00	48.42	36.57
1	1680	87580.78	73937.87	1862.12	114.55	11530.00	76.95	59.28
1	562	326085.49	155100.43	3556.27	8572.12	156670.00	385.17	1801.52
1	1425	113961.53	98673.36	8562.81	1016.69	5190.00	501.06	17.63
1	2453	1529.28	1466.96	62.32	0.00	0.00	0.00	0.00
3	490	368523.59	360095.53	6883.83	847.52	30.00	523.91	142.79
1	2416	5000.42	4925.50	73.47	0.00	0.00	0.00	1.46
2	1417	114691.31	59586.38	7021.18	283.79	47310.00	336.63	153.32
1	792	233290.46	156447.19	1441.07	23716.96	51000.00	443.38	241.85
4	928	196230.14	182489.80	2963.33	952.32	9310.00	293.64	221.04
2	1182	146372.93	140543.62	2475.66	2314.93	570.00	285.44	183.25
3	670	280619.80	245788.19	4025.49	1526.73	27690.00	1223.93	365.50
3	1016	179880.89	106907.64	3536.30	20824.69	46000.00	270.68	2341.61
3	1204	142986.35	136347.76	4874.62	989.49	340.00	229.15	205.29
3	839	215963.78	132652.18	2856.04	80201.19	0.00	219.34	35.05
3	1080	164325.39	109795.61	4238.19	14544.46	35390.00	244.36	112.75
3	2089	48889.49	46249.25	2520.43	59.10	0.00	39.87	20.84
2	2043	53539.63	52300.37	807.59	283.97	0.00	132.65	15.03
1	1072	166114.25	154341.68	2452.95	4800.04	3900.00	485.61	133.95
2	2213	36031.70	22244.25	87.59	69.28	13630.00	0.00	0.58
2	1184	146200.11	142491.49	2584.64	573.91	0.00	479.09	70.97
2	987	185424.69	183070.37	1937.39	287.29	0.00	34.72	94.93
1	1103	160425.91	157057.29	2368.27	410.24	290.00	94.91	205.21
1	1312	129570.93	106970.75	4677.35	7886.99	10000.00	19.92	15.91
2	1289	132344.10	129088.23	2574.05	61.86	0.00	27.09	592.86
2	1525	100688.87	96554.92	2383.56	762.14	730.00	194.75	63.49
2	1307	129997.43	127221.49	2478.80	123.73	0.00	71.81	101.59
1	2323	21938.43	13487.01	2475.06	5959.36	0.00	0.20	16.79
1	138	1055524.81	99421.99	856.99	215553.02	739530.00	108.35	54.42
2	868	208680.48	205557.32	2981.35	30.11	0.00	37.29	74.40
1	1194	144206.91	140991.80	2492.14	209.61	0.00	469.73	43.60
3	1315	129236.49	125335.33	3485.97	209.48	0.00	93.58	112.13
4	635	293783.88	216058.88	11512.18	48676.75	16930.00	309.72	296.34
2	2119	46644.15	39119.51	1443.05	6045.37	0.00	13.10	23.14
3	627	297714.50	119580.15	6211.69	763.06	169960.00	1173.21	26.37
3	462	386696.09	184575.03	12693.29	13739.20	171890.00	435.30	3363.29
3	729	258762.91	194305.99	13897.36	846.21	47920.00	1683.11	110.23
4	725	260776.65	148878.21	5036.31	1213.78	105170.00	303.08	175.26
3	875	206347.57	120339.01	2547.22	3811.58	79500.00	80.42	69.38
2	1353	123695.14	97883.83	1504.06	3357.79	20820.00	30.36	99.07
2	1499	102879.57	82357.62	1859.94	17967.21	0.00	497.60	197.19
3	78	1542086.69	144321.48	5755.33	229581.30	1161680.00	627.15	121.43
2	686	274597.04	248269.51	4976.94	1166.11	19750.00	314.34	120.11
4	340	500190.51	473740.52	8722.17	783.01	16390.00	357.20	197.64
2	1422	114169.47	111460.88	2439.00	125.71	0.00	107.84	36.09
4	1558	98369.15	94207.10	3995.24	4.48	80.00	31.10	51.24
3	473	380857.72	111264.79	9250.80	11507.51	248650.00	119.82	64.83
1	1447	110002.85	107188.36	2726.90	0.00	0.00	51.14	36.45
1	456	393424.11	289994.35	8216.21	55917.69	37780.00	524.00	991.87
2	678	278147.44	169353.36	4349.70	2058.73	101610.00	444.40	331.29
6	37	2344351.60	178838.27	4729.71	510695.84	1648580.00	456.00	1051.77
2	361	475386.69	160145.09	57853.35	53866.57	202630.00	810.26	81.41
6	204	783868.59	433937.05	10406.86	46136.39	285590.00	4621.00	3177.32
3	22	3290089.03	462449.52	11720.57	329375.36	2486120.00	214.51	209.08
2	256	665346.41	322381.88	4836.90	156185.74	181600.00	166.91	174.94
3	283	608350.47	138149.71	4905.66	53077.84	411870.00	253.29	93.96
2	1235	138742.44	133992.41	4029.77	333.97	0.00	192.25	194.07
5	654	286687.33	201828.11	18255.73	20121.41	46060.00	284.98	137.12
6	417	420498.99	321005.98	9205.63	26267.20	63160.00	591.30	268.90

证券营业部交易
Trading of Securities Business Outlet

单位：万元人民币(10000 Yuan RMB)

公司名称 Name	营业部名称 Securities Business Outlet	地址 Address	邮编 Zip	电话 Tel	传真 Fax
中国银河证券有限责任公司	上海平凉路证券营业部	上海市杨浦区平凉路 718 号	200082	021-65465488	65465486
中国银河证券有限责任公司	上海浦东南路证券营业部	上海市浦东南路 855 号世界广场	200120	021-58369181	58369180
中国银河证券有限责任公司	上海曲阳路证券营业部	上海市曲阳路 612 号	200092	021-65550550	65557471
中国银河证券有限责任公司	上海上南路证券营业部	上海市上南路 1316 号	200126	021-58863566	58831859
中国银河证券有限责任公司	上海四川北路证券营业部	上海市四川北路 1666 号高宝新时代广场 7F	200080	021-63568106	63561292
中国银河证券有限责任公司	上海五莲路证券营业部	上海市浦东新区五莲路 11 号	201208	021-58505658	58506928
中国银河证券有限责任公司	上海翔殷路证券交易部	上海市翔殷路 815 号	200433	021-65487139	65486985
中国银河证券有限责任公司	上海新昌路证券营业部	上海市黄浦区新昌路 518 号	200003	021-63273804	63273760
中国银河证券有限责任公司	上海营口路证券营业部	上海市营口路 99 号	200093	021-65505152	65340101
中国银河证券有限责任公司	上海张杨路证券营业部	上海市浦东新区张扬路 1255 号	200120	021-68755268	68759828
中国银河证券有限责任公司	上海肇嘉浜路证券营业部	上海市肇嘉浜路 212 号上海明珠大饭店 7 楼	200020	021-64670318	64674299
中国银河证券有限责任公司	上海中山北路证券营业部	上海市中山北路 2438 号新建业中心	200063	021-62850168	62600811
中国银河证券有限责任公司	上海中原路证券营业部	上海市中原路 188 号	200438	021-65225188	65223588
中国银河证券有限责任公司	上海漕宝路证券营业部	上海市闵行区七宝镇漕宝路 3557 号	201101	021-64780353	64780676
中国银河证券有限责任公司	绍兴证券营业部	绍兴市鲁迅中路 146 号	312000	0575-5137455	5137956
中国银河证券有限责任公司	深圳宝安路证券营业部	深圳市宝安路宝丽大厦	518001	0755-5587296	5587190
中国银河证券有限责任公司	深圳碧波证券营业部	深圳市罗湖区黄贝路碧波花园	518021	0755-5421283	5409349
中国银河证券有限责任公司	深圳滨河路证券营业部	深圳市福田区滨河路 9023 号国通大厦 13 楼	518048	0755-3596088	3596116
中国银河证券有限责任公司	深圳华强北路证券营业部	深圳市华强北路盛庭苑酒店 B 座北区裙楼 3 楼	518028	0750-2075212	2075181
中国银河证券有限责任公司	深圳景田证券营业部	深圳市景田西路 17 号 2 楼	518034	0755-3933902	3161299
中国银河证券有限责任公司	深圳罗湖证券营业部	深圳市东门中路 2110 号东方大厦 2、4 层	518001	0755-2234208	2351033
中国银河证券有限责任公司	深圳商报东路证券营业部	深圳市福田区商报东路 129 号天一名居大厦 3 楼	518034	0755-3191080	3191055
中国银河证券有限责任公司	深圳深茂证券营业部	深圳市新闻路 59 号	518034	0755-3911097	3905641
中国银河证券有限责任公司	沈阳滑翔路证券营业部	沈阳市铁西区滑翔路 15 号	110021	024-25939648	25939676
中国银河证券有限责任公司	沈阳南八马路证券营业部	沈阳市和平区南八马路 91 号	110005	024-23393705	23387507
中国银河证券有限责任公司	沈阳南顺城路证券营业部	沈阳市沈河区南顺城路 46 号	110011	024-86855290	86855285
中国银河证券有限责任公司	沈阳青年大街证券营业部	沈阳市沈河区青年大街 116 号	110014	024-22719778	22718675
中国银河证券有限责任公司	沈阳中华路证券营业部	沈阳市和平区中华路 188 号	110001	024-23262166	23260400
中国银河证券有限责任公司	石家庄北站证券营业部	石家庄市北站街 1 号	050061	0311-7053462	7043678
中国银河证券有限责任公司	石家庄红旗大街证券营业部	石家庄市红旗大街 98 号	050091	0311-3028488	3038259
中国银河证券有限责任公司	顺德市大良证券营业部	顺德市大良镇云良路信景花园	528300	0765-2273885	2281729
中国银河证券有限责任公司	台州证券营业部	台州市商城路 1 号	318050	0576-2407916	2407910
中国银河证券有限责任公司	太原桃园证券营业部	太原市桃园北路 40 号	030002	0351-8268999	8268619
中国银河证券有限责任公司	太原迎泽西大街证券营业部	太原市迎泽西大街 53 号迎西大厦西裙楼	030024	0351-8610998	8610558
中国银河证券有限责任公司	天津大连路证券营业部	天津市和平区解放北路 100 号	300040	022-23121987	23121993
中国银河证券有限责任公司	天津海河东路证券营业部	天津市河北区海河东路 41 号	300010	022-24031551	24031565
中国银河证券有限责任公司	天津黑龙江路证券营业部	天津市和平区黑龙江路 2 号	300041	022-27220283	27210186
中国银河证券有限责任公司	天津云景证券营业部	天津市河西区琼州道 55 号	300202	022-83830606	83830538
中国银河证券有限责任公司	温州证券营业部	温州市隔岸街 133 号	325028	0577-8528496	8618501
中国银河证券有限责任公司	乌鲁木齐解放北路证券营业部	乌鲁木齐市解放北路 128 号天际大厦	830002	0991-2830804	2840867
中国银河证券有限责任公司	武汉澳门路证券营业部	武汉市江岸区澳门路 138 号	430010	027-82423070	82423072
中国银河证券有限责任公司	武汉汉阳证券营业部	武汉市汉阳区鹦鹉大道 75 号	430050	027-84828772	84846587
中国银河证券有限责任公司	武汉洪山证券营业部	武汉市武昌区民主路 474 号	430071	027-87841700	87829770
中国银河证券有限责任公司	武汉花桥证券营业部	武汉市江岸区解放公园路 52-2 号天晖大厦	430019	027-82621628	82639553
中国银河证券有限责任公司	武汉建设大道服装证券营业部	武汉市建设大道 692 号	430010	027-85773306	85750585
中国银河证券有限责任公司	武汉建设大道证券营业部	武汉市建设大道云林街 25 号	430015	027-85771637	85797692
中国银河证券有限责任公司	武汉民主路证券营业部	武汉市武昌区新民主路 654 号	430071	027-87840359	87840370
中国银河证券有限责任公司	武汉四唯路证券营业部	武汉市汉口四唯路 39 号	430014	027-82724222	82709671
中国银河证券有限责任公司	武汉武珞路证券营业部	武汉市武昌区武珞路 382 号	430070	027-87876658	7876660
中国银河证券有限责任公司	武汉雄楚证券营业部	武汉市武昌区雄楚大厦 48 号	430064	027-88032858	88033712
中国银河证券有限责任公司	武汉钟家村证券营业部	武汉市汉阳钟家村西桥路 4 号	430050	027-84833248	84833271
中国银河证券有限责任公司	武汉自由路证券营业部	武汉市昌武区自由路 36 号	430061	027-88710198	88877161
中国银河证券有限责任公司	西安和平路证券营业部	西安市和平路 112 号佳腾大厦	710001	029-7427855	7426370
中国银河证券有限责任公司	西安友谊东路证券营业部	西安市友谊东路 443 号恒兴商务酒店	710054	029-7809420	7819531
中国银河证券有限责任公司	西宁湟光证券营业部	西宁市西大街 49 号	810000	0971-8261688	8261669
中国银河证券有限责任公司	西直门营业部	北京市北礼士路甲 38 号国家医药局裙楼	100081	010-68362032	68362038
中国银河证券有限责任公司	厦门虎园路证券营业部	厦门市虎园路六号之四	361003	0592-2050799	2058591
中国银河证券有限责任公司	厦门嘉禾路证券营业部	厦门市嘉禾路 108 号香江花园商场 3 楼	361009	0592-5135909	5134644
中国银河证券有限责任公司	厦门美湖路证券营业部	厦门市美湖路 75-87 号	361004	0592-2200246	2206466
中国银河证券有限责任公司	襄樊证券营业部	襄樊市建设路 100 号	441002	0710-3459095	3468967
中国银河证券有限责任公司	烟台证券营业部	烟台市西南河路 175 号	264001	0535-6620189	6621322
中国银河证券有限责任公司	宜昌新世纪证券营业部	宜昌市云集路 21 号	443000	0717-6251666	6251630
中国银河证券有限责任公司	湛江证券营业部	湛江市霞山区海淀路 8 号	524005	0759-2380128	2262653
中国银河证券有限责任公司	郑州丰产路证券营业部	郑州市丰产路 101 号亚龙湾大厦	450008	0371-5510660	5510661
中国银河证券有限责任公司	郑州健康路证券营业部	郑州市健康路 168 号	450053	0371-3830968	13903710688

证券营业部交易
Trading of Securities Business Outlet

单位:万元人民币(10000 Yuan RMB)

席位数 Seat Number	名次 Rank	总计 Total	股票 Stock	基金 Fund	交易金额 Trading Value 国债现货 T-Bond Spot	国债回购 T-Bond Repurchase	金融债、企业债、可转债 Financial, Corporate Bond, Convertible Bond	其 他 Others
5	85	1500805.13	112640.56	2082.48	93799.63	1292030.00	145.11	107.34
2	474	379128.26	179134.92	14143.56	4736.69	180930.00	106.07	77.01
3	545	337739.49	256862.93	4434.63	5558.06	70500.00	209.33	174.54
2	771	243302.79	141505.47	46327.56	1420.86	53150.00	157.67	741.22
3	523	345701.00	141892.99	11361.81	13785.84	177390.00	1017.43	252.91
2	763	246053.91	202287.13	26547.13	633.99	16140.00	190.33	255.32
11	1217	140849.02	136351.66	3011.88	1243.67	0.00	92.25	149.57
2	42	2272917.94	130047.43	3140.23	127805.04	2011850.00	23.95	51.28
2	1250	137575.29	133319.18	2929.26	896.46	0.00	257.37	173.00
3	100	1322810.93	428100.82	10876.38	245016.76	633220.00	307.99	5289.00
2	878	205345.32	187060.53	3044.61	11151.40	3990.00	28.27	70.53
3	435	408732.50	150826.54	4660.87	44804.03	207080.00	280.48	1080.60
3	1077	165712.17	159392.40	3783.66	1813.66	0.00	414.40	308.10
2	907	200334.26	155064.33	1710.31	23208.04	20000.00	288.46	63.10
2	537	339813.40	312740.84	7473.96	4727.88	14580.00	151.61	139.08
1	837	216720.19	158310.05	1339.48	628.18	53730.00	2652.42	60.07
1	2106	47765.66	42310.32	93.32	0.50	5310.00	42.73	8.80
2	1871	69552.49	52976.86	1099.61	9.11	15460.00	0.79	6.14
3	2054	52726.94	33212.53	1562.45	17120.12	800.00	0.80	31.01
1	1076	165746.17	92345.46	1852.17	7623.77	63870.00	39.45	15.31
1	2176	40505.27	36994.62	218.44	45.02	3010.00	228.15	9.02
1	1994	58820.20	54750.12	551.98	83.46	3320.00	87.39	27.24
2	750	250236.88	122090.86	87.07	65257.94	62800.00	0.00	1.01
2	1733	82913.56	81073.21	1306.89	119.96	0.00	359.53	53.99
1	1884	68408.83	66394.15	1292.67	456.18	0.00	189.70	76.13
2	1769	79195.18	78059.43	919.05	178.85	0.00	30.35	7.55
3	623	299062.10	89667.93	1652.12	179537.81	28000.00	67.43	136.82
2	1049	171468.45	112180.23	1792.70	57306.20	140.00	5.33	43.98
1	1487	104650.69	100889.41	1962.03	478.54	870.00	106.11	344.58
3	1735	82754.45	66556.26	1571.30	6197.73	8020.00	271.36	137.83
1	47	2139445.31	234011.47	5549.69	73.43	1898800.00	958.89	51.83
1	1390	118461.76	113878.35	4271.01	80.34	20.00	182.26	29.82
2	798	231200.93	155516.62	2861.17	527.60	72160.00	63.59	71.93
2	568	324345.90	209701.24	6034.71	35854.06	72110.00	496.16	149.74
2	2293	26343.26	25909.98	411.98	13.35	0.00	5.78	2.24
1	2107	47671.33	46614.45	836.00	198.08	0.00	8.63	14.14
2	1710	84875.54	82272.36	2387.83	168.61	0.00	34.26	12.47
2	1670	88597.58	79493.91	1045.44	896.12	7150.00	7.49	4.64
2	752	249699.29	230034.74	8975.67	2268.12	7700.00	680.98	39.80
2	178	869338.88	152603.91	609.89	148107.94	567130.00	37.89	849.26
1	355	478178.60	75378.29	1419.91	10638.94	390490.00	235.15	16.32
2	1998	58480.69	55013.44	1067.85	2241.64	0.00	49.38	108.36
1	2148	43963.32	36874.16	801.25	92.69	5790.00	121.54	283.75
1	2260	30514.42	29986.60	435.44	83.14	0.00	1.55	7.68
2	984	185701.34	83827.15	1040.69	22632.25	78140.00	26.17	35.02
3	2207	36734.45	33387.36	846.96	1221.79	980.00	265.22	33.14
1	2065	51614.97	27384.64	593.91	4369.07	19160.00	94.06	13.26
2	323	525723.40	68231.20	1600.36	5238.15	450600.00	34.86	18.86
2	1943	62903.77	57363.56	1351.18	2049.95	1960.00	151.38	27.68
1	1852	71726.85	70103.65	1342.19	120.04	0.00	147.70	13.26
2	2110	47243.58	44539.65	590.61	1950.13	0.00	148.26	14.97
2	161	968818.49	82294.96	2624.43	9895.11	873340.00	634.66	29.31
2	280	610465.76	138976.57	4347.25	165592.58	301510.00	24.30	15.05
1	1112	158953.45	147288.79	2877.67	1349.71	7190.00	217.74	29.52
1	1995	58646.30	57338.69	975.71	186.36	0.00	43.87	101.63
3	1432	112695.34	99563.48	1679.76	628.38	10610.00	97.21	116.52
2	1051	170746.69	134019.75	2369.67	33866.76	380.00	46.74	63.78
1	1303	130438.54	111262.60	2345.81	2798.26	13900.00	23.30	108.57
2	626	297791.12	130733.77	1450.82	15139.59	150240.00	38.85	188.07
1	1642	90862.77	89467.14	1236.71	79.17	0.00	26.93	52.82
2	555	327431.69	297023.37	4258.34	4498.21	21400.00	98.20	153.57
1	1490	103775.12	98944.67	4565.84	156.29	0.00	86.29	22.04
2	343	494738.12	162972.60	1517.85	74279.24	255520.00	12.72	435.66
2	1439	111198.57	110634.09	406.34	113.17	0.00	0.00	44.98
2	1261	136040.55	118555.13	1619.30	193.78	15360.00	83.06	229.28

证券营业部交易
Trading of Securities Business Outlet

单位:万元人民币(10000 Yuan RMB)

公司名称 Name	营业部名称 Securities Business Outlet	地址 Address	邮编 Zip	电话 Tel	传真 Fax
中国银河证券有限责任公司	郑州陇海路证券营业部	郑州市陇海中路 59 号	450052	0371－7975999	7425300
中国银河证券有限责任公司	郑州南阳路证券营业部	郑州市南阳路 301 号附 11 号	450053	0371－3510208	3944885
中国银河证券有限责任公司	郑州山河证券营业部	郑州市金水区纬五路 9 号	450003	0371－5962006	5961766
中国银河证券有限责任公司	中山证券营业部	中山市孙文东路 52 号	528403	0760－8328999	2262653
中国银河证券有限责任公司	重庆滨江中路证券营业部	江津市滨江中路 44 栋中经开证券大厦	402260	023－47541288	47541281
中国银河证券有限责任公司	重庆建新东路证券营业部	重庆市江北区建新东路 9 号百业兴大厦 2、3 层	400020	023－67000160	67707703
中国银河证券有限责任公司	重庆九龙坡证券营业部	重庆市九龙坡杨家坪团结路 4 号 2－1	400050	023－68406393	68428388
中国银河证券有限责任公司	重庆临江路证券营业部	重庆市渝中区临江路 37 号	400010	023－63792139	63792136
中国银河证券有限责任公司	重庆民族路证券营业部	重庆市渝中区民族路 168 号光大银行重庆分行大楼	400011	023－63837989	63837811
中国银河证券有限责任公司	重庆南坪东路证券营业部	重庆市南坪东路 15 号新洲大厦	400010	023－63782198	63782080
中山证券公司	北京东土城路证券营业部	北京市西城区车公庄大街乙 1 号	100044	010－68348200	68341106
中山证券公司	上海零陵路证券营业部	上海市零陵路 231 号	200032	021－64166119	64037978
中山证券公司	深圳人民北路证券营业部	深圳市人民北路 3146 号永通大厦 2 楼	518001	0755－2351129	2286514
中山证券公司	深圳深南大道营业部	深圳市华侨城深南大道 9010 号	518053	0755－6607530	6607527
中山证券公司	天津解放北路证券营业部	天津市和平区解放北路 146 号增 1 号	300040	022－23119325	23119534
中山证券公司	中山竹苑路证券营业部	中山市竹苑路 102 号	528403	0760－8337060	8327059
中信证券股份有限公司	北京安外大街证券营业部	北京市安外大街甲 57 号	100011	010－64282483	64261391
中信证券股份有限公司	北京白家庄东里证券营业部	北京市朝阳区白家庄东里 1 号建宏大厦	100026	010－65901372	65901377
中信证券股份有限公司	北京北三环中路证券营业部	北京市海淀区北三环中路甲 40 号	100088	010－62070509	62063545
中信证券股份有限公司	北京张自忠路证券营业部	北京市东城区张自忠路 7 号	100007	010－84046798	84046799
中信证券股份有限公司	常州常武中路证券营业部	常州市常武中路 8 号	213161	0519－6565768	6565278
中信证券股份有限公司	成都玉林北街证券营业部	成都市玉林北街 3 号	610041	028－5579699	5594033
中信证券股份有限公司	大连中山广场证券营业部	大连市中山广场 2 号	116001	0411－2809116	2809103
中信证券股份有限公司	福州华林路证券营业部	福州市华林路 201 号华林大厦 2 层	350003	0591－7828022	7859800
中信证券股份有限公司	广州天河北路证券营业部	广州市天河区天河北路 569 号芳草园	510635	020－38460089	38460029
中信证券股份有限公司	杭州庆春路证券营业部	杭州市庆春路 36 号	310003	0571－87240397	87240397
中信证券股份有限公司	合肥寿春路证券营业部	合肥市寿春路 93 号	230001	0551－2620959	2618429
中信证券股份有限公司	昆明丹霞路证券营业部	昆明市丹霞路 2 号宏银大厦 5 楼	650118	0871－5388198	5388906
中信证券股份有限公司	南京高楼门证券营业部	南京市玄武区高楼门 5 号	210008	025－3601540	3363900
中信证券股份有限公司	宁波江东北路证券营业部	宁波市江东北路 21 号	315040	0574－87719871	87719929
中信证券股份有限公司	青岛保定路证券营业部	青岛市保定路 18 号	266001	0532－2849908	2849909
中信证券股份有限公司	青岛南京路证券营业部	青岛市南京路 9 号联合大厦	266071	0532－5753228	5753201
中信证券股份有限公司	如皋环城南路证券营业部	如皋市环城南路	226500	0513－7650641	7655715
中信证券股份有限公司	上海昌平路证券营业部	上海市昌平路 888 号恒森广场底层	200040	021－62729998	62721123
中信证券股份有限公司	上海东方路证券营业部	上海市东方路 3490 号	200125	021－68640589	58392758
中信证券股份有限公司	上海番禺路证券营业部	上海市番禺路 898 号	200030	021－64077600	64471007
中信证券股份有限公司	上海复兴中路证券营业部	上海市复兴中路 593 号民防大厦 4 层	200020	021－64731190	64731190
中信证券股份有限公司	上海沪闵路证券营业部	上海市沪闵路 7580 弄 32 号	201102	021－54808003	54807234
中信证券股份有限公司	上海辽源西路证券营业部	上海市辽源西路 111 号	200092	021－65141258	65031369
中信证券股份有限公司	上海茅台路证券营业部	上海市茅台路 298 号	200336	021－62294317	62294317
中信证券股份有限公司	上海石化证券营业部	上海市金山区石化隆安路 290 号	200540	021－57946555	57941600
中信证券股份有限公司	上海溧阳路证券营业部	上海市溧阳路 1088 号 2 楼	200081	021－65406938	56668326
中信证券股份有限公司	深圳湖贝路证券营业部	深圳市罗湖区湖贝路 1030 号	518001	0755－2256175	2284144
中信证券股份有限公司	深圳人民南路证券营业部	深圳市罗湖区人民南路国贸大厦 A 区 6 楼	518014	0755－2185656	2185657
中信证券股份有限公司	沈阳大西路证券营业部	沈阳市沈河区大西路 246－248 号	110014	024－22909708	22909711
中信证券股份有限公司	苏州中新路证券营业部	苏州市苏州工业区中新路 58 号	215021	0512－7615858	7611812
中信证券股份有限公司	天津大港证券营业部	天津市大港区油田三号院经贸大厦 1 楼	300280	022－25918088	25910549
中信证券股份有限公司	天津友谊路证券营业部	天津市河西区友谊路 7 号增 1 号	300201	022－28139410	28358942
中信证券股份有限公司	武汉解放大道证券营业部	武汉市汉口解放大道 1405 号	430022	027－85797726	85752070
中信证券股份有限公司	西安南二环路证券营业部	西安市南二环路十字蓝溪科技大厦 3 楼	710065	029－8225885	8224432
中信证券股份有限公司	徐州民主南路证券营业部	徐州市民主南路 7 号	221005	0516－3737428	3700196
中信证券股份有限公司	烟台南大街证券营业部	烟台市南大街 118 号	264001	0535－6683819	6683819
中信证券股份有限公司	重庆较场口营业部	重庆市渝中区较场口德意世界 B 区 4、5 层	400010	023－63798565	63798313
中信证券股份有限公司	淄博共青团西路证券营业部	淄博市张店区共青团西路 48 号	255039	0533－2185551	2185301
中兴信托投资有限责任公司	北京证券交易部	北京市朝阳区安定门外安立路 8 号亚运村汇园公寓 1 号	100101	010－64993236	64933438
中兴信托投资有限责任公司	上海长顺路证券交易营业部	上海市长顺路 11 号荣广大厦	200051	021－62092225	62951488
中兴信托投资有限责任公司	上海愚园路证券部	上海市愚园路 538 号	200040	021－62126363	62122211
中兴信托投资有限责任公司	深圳证券交易营业部	深圳市罗湖区春风路 3023 号卢山大厦 A 座	518005	0755－5197156	2320907
中兴信托投资有限责任公司	天津证券交易营业部	天津市和西区友谊北路 53 号合众大厦 B 座 3 层	300204	022－83280488	83280222
中兴信托投资有限责任公司	武汉证券交易营业部	武汉市建设大道 611 号外运大楼	430023	027－83807025	83807031
中原信托投资公司	郑州未来大道证券营业部	郑州市未来路 56 号炎黄期货大厦	450003	0371－5950513	5950474
众成证券经纪有限公司	湖南人民路证券营业部	长沙市人民路一环线立交桥芙蓉区工商局综合楼	410001	0731－4763687	4735132
众成证券经纪有限公司	济南经七路证券营业部	济南市经七路 388 号	250021	0531－7925956	7922700
众成证券经纪有限公司	平顶山建设路证券营业部	平顶山市建设路 286 号	467000	0375－2930407	2925418
众成证券经纪有限公司	平顶山建设中路证券营业部	平顶山市建设中路南 58 号院 1 号楼	467000	0375－2980345	2915150

证券营业部交易
Trading of Securities Business Outlet

单位:万元人民币(10000 Yuan RMB)

席位数 Seat Number	名次 Rank	总计 Total	股票 Stock	基金 Fund	交易金额 Trading Value 国债现货 T-Bond Spot	国债回购 T-Bond Repurchase	金融债、企业债、可转债 Financial, Corporate Bond, Convertible Bond	其他 Others
2	565	325402.80	133761.44	1712.13	111422.52	78290.00	9.34	207.35
2	821	222743.18	88514.40	1093.52	661.89	132400.00	20.70	52.67
3	1649	90366.54	89769.34	466.24	25.76	70.00	13.34	21.90
1	43	2269192.04	281871.87	10158.75	766.34	1973190.00	2423.15	781.94
1	2312	23678.18	23257.92	367.17	13.65	0.00	17.99	21.46
2	1616	93133.09	66304.97	1367.97	24355.57	1040.00	29.65	34.96
2	944	192187.11	108352.60	1613.60	17743.77	64220.00	205.22	51.96
2	1509	102115.36	53128.36	849.79	10858.51	37170.00	82.77	25.94
4	202	787030.23	120776.43	3729.42	120813.60	541310.00	383.23	17.55
3	1436	112099.71	64106.37	424.39	37379.34	10120.00	15.53	54.09
4	1287	132388.41	80686.64	3999.56	8977.40	38690.00	22.09	12.73
4	426	416606.43	244923.84	2447.79	43810.25	125020.00	203.57	201.02
1	1300	130702.83	103441.09	122.11	617.36	26520.00	0.00	2.24
1	1507	102302.34	54779.89	2400.30	8034.33	36260.00	711.59	116.24
1	2470	381.85	372.76	7.75	0.00	0.00	0.00	1.35
1	1811	75722.08	47749.03	845.60	31.43	27060.00	4.69	31.30
1	21	3513827.39	282006.99	118549.77	364065.85	2748250.00	610.30	344.50
3	180	855757.80	194855.57	1411.64	34983.60	622940.00	1511.30	55.69
2	3	11449034.56	206517.59	11356.69	26708.32	11196570.00	7809.27	72.70
1	278	614408.49	62754.28	1482.44	66414.56	479050.00	4700.04	7.18
1	1065	167404.63	162540.57	1696.25	1078.95	2000.00	59.61	29.22
1	1408	115746.31	104033.05	3891.72	5874.52	940.00	512.47	494.54
1	829	219271.23	108702.42	1553.14	13526.58	92950.00	2431.11	107.99
1	515	353453.36	86804.06	1890.31	10448.17	254260.00	6.54	44.28
1	518	351268.20	171772.82	1306.66	6158.25	171130.00	61.39	839.06
1	921	197252.23	121674.32	2548.21	8912.41	62700.00	1184.41	232.86
1	1698	86317.04	82884.71	1838.34	224.48	0.00	1354.27	15.25
1	1582	95908.51	43806.92	848.34	12073.95	38150.00	83.48	945.82
2	129	1090527.47	221300.48	7770.17	240420.74	619680.00	1286.30	69.74
1	866	209425.78	173216.03	7081.65	10978.80	17000.00	1058.31	91.03
1	109	1198297.03	301834.99	12644.83	43906.18	838900.00	785.92	225.10
1	2387	9771.86	3771.86	0.00	0.00	6000.00	0.00	0.00
1	181	840496.29	235414.73	4120.51	273694.35	323090.00	247.03	3929.66
5	630	297003.57	69152.62	1472.43	594.46	225600.00	102.31	81.78
2	303	569023.94	165332.15	8344.86	8586.45	347620.00	39019.00	121.46
2	60	1810773.13	90154.27	2090.35	979642.50	736510.00	2216.37	159.64
4	386	452563.51	172749.23	131125.90	8169.40	139940.00	530.96	48.01
2	117	1162337.56	194926.65	9623.02	16802.00	940030.00	702.75	253.13
2	247	679406.45	138014.46	2698.92	40045.99	495760.00	2738.34	148.75
2	50	2112544.94	197617.39	6976.81	37445.19	1868970.00	1162.79	372.78
1	526	344565.83	189473.64	6739.44	2318.06	144990.00	645.59	399.11
3	175	882522.78	182147.58	5686.03	11237.31	676760.00	6557.75	134.11
3	135	1071514.35	268723.76	6206.86	51324.92	745150.00	78.96	29.85
2	1319	128634.32	68847.89	1139.49	0.32	58620.00	4.86	21.75
1	1120	157196.79	85315.68	1238.72	8760.92	61550.00	244.74	86.75
1	217	748322.14	143768.05	3826.56	253825.43	346250.00	480.56	171.56
1	1179	146997.72	115748.85	1396.76	5316.03	24240.00	157.02	139.05
1	932	195604.24	152199.76	2236.55	574.30	39790.00	720.31	83.31
1	1226	139807.55	84704.98	2817.40	2212.35	45420.00	4602.63	50.17
1	1655	89658.94	61644.01	1656.86	141.63	23980.00	2220.90	15.57
1	1188	145105.63	122588.54	1917.25	1706.63	18680.00	174.08	39.14
1	853	211953.00	159915.50	1427.59	4971.77	45570.00	10.54	57.56
1	1359	123347.21	55212.64	1502.26	24271.03	42240.00	68.61	52.67
1	812	225549.17	72772.40	2604.25	49418.46	98500.00	92.09	2161.93
3	452	399100.29	252824.86	6172.88	23904.93	115570.00	599.02	28.59
4	244	685900.91	244331.37	10959.64	138849.94	291230.00	379.48	150.50
3	1248	137667.55	135131.23	1804.35	516.65	0.00	142.29	73.00
1	2217	35829.81	29848.45	341.01	10.00	5600.00	21.59	8.77
2	2023	55718.10	53012.88	972.94	1677.05	0.00	26.74	28.50
3	2289	26871.25	26352.83	500.36	13.37	0.00	0.00	4.69
3	1615	93157.20	57100.27	539.81	19.97	35250.00	19.45	227.71
1	2446	1915.91	1903.94	11.99	0.00	0.00	0.00	0.00
1	2092	48796.54	35694.95	267.38	12337.41	490.00	1.77	5.01
2	1905	66274.35	64788.21	1337.64	49.44	0.00	39.70	59.40
2	1842	72908.25	70528.92	2134.51	156.67	0.00	39.78	48.42

证券营业部交易
Trading of Securities Business Outlet

单位:万元人民币(10000 Yuan RMB)

公司名称 Name	营业部名称 Securities Business Outlet	地址 Address	邮编 Zip	电话 Tel	传真 Fax
众成证券经纪有限公司	上海中山西路证券营业部	上海市中山西路 1505 号	200235	021-32231136	62199149
众成证券经纪有限公司	沈阳文艺路营业部	沈阳市沈河区文艺路 33 号	110011	024-24156530	24156549
众成证券经纪有限公司	西安兴庆南路证券营业部	西安市兴庆南路 28 号旭邦大厦	710049	029-2661015	2666678
众成证券经纪有限公司	郑州丰产路证券营业部	郑州市丰产路 100 号	450002	0371-5721850	5721812
珠海国际信托投资公司	上海中山西路证券交易营业部	上海市中山西路 829 号	200000	021-62194513	62193338
珠海国际信托投资公司	深圳证券业务部	深圳市福田区南园路 68 号上步大厦 3 楼南面	519000	0756-3224206	3353324
珠海国际信托投资公司	证券交易营业部	珠海市香洲人民西路 10 号珠信证券大厦	519000	0756-2273773	2273678
珠海证券有限公司	上海控江路证券营业部	上海市控江路 2065 号上海国际体育俱乐部 1、2 楼	200082	021-65031319	65039378
珠海证券有限公司	深圳宝安南路证券营业部	深圳市宝安南路西湖大厦 2、3 楼	518008	0755-2119001	2119048
珠海中业信托投资有限公司	湖北证券营业部	武汉市武昌区水果湖横路 11-13 号	430071	027-87811261	87811261
珠海中业信托投资有限公司	上海双阳路证券交易营业部	上海市双阳路 411 号	200093	021-65393739	65392632
珠海中业信托投资有限公司	深圳证券营业部	深圳市罗湖区南湖路富苑酒店 9 楼	518001	0755-2282461	2298901
珠海中业信托投资有限公司	证券交易营业部	珠海市香洲银桦路 8 号深发大厦 3 楼	519000	0756-2123353	2123926

证券营业部交易
Trading of Securities Business Outlet

单位：万元人民币(10000 Yuan RMB)

席位数 Seat Number	名次 Rank	总计 Total	股票 Stock	基金 Fund	交易金额 Trading Value 国债现货 T-Bond Spot	国债回购 T-Bond Repurchase	金融债、企业债、可转债 Financial, Corporate Bond, Convertible Bond	其他 Others
2	1883	68487.82	63792.87	3871.29	657.94	20.00	87.31	58.41
1	2378	11279.59	11066.39	204.08	4.65	0.00	0.41	4.05
1	2317	22831.71	15249.49	200.94	1005.09	6210.00	162.64	3.56
1	2307	24121.07	23915.15	203.28	0.00	0.00	0.00	2.63
4	1575	96435.62	91831.28	3110.52	891.04	0.00	490.53	112.28
1	2114	47061.98	46371.43	673.95	14.63	0.00	0.00	1.96
3	985	185620.59	181445.80	3150.00	620.24	90.00	100.47	214.12
5	510	355307.01	341930.91	9012.41	2865.61	0.00	944.45	553.67
1	1740	82312.29	79571.16	487.60	2252.29	0.00	0.00	1.26
1	2153	43434.07	42191.88	922.30	122.66	0.00	173.63	23.61
4	1122	156942.58	88239.99	2822.18	831.87	64730.00	183.78	134.74
1	2384	10021.68	9856.76	43.77	121.14	0.00	0.00	0.00
1	1991	58858.91	43723.28	729.63	10545.39	3800.00	20.36	40.26

B 股证券商
B Share Brokers

单位：万元人民币(10000 Yuan RMB)

公司名称 Company	公司地址 Address	席位数 Seat Number	股票交易金额 Trading Value	排名 Rank
申银万国证券股份有限公司	上海市常熟路 171 号	18	1414027.172	1
中国银河证券有限责任公司	北京市西城区金融大街 35 号国际大厦 C 座	32	947192.871	2
国泰君安证券股份有限公司	上海市延平路 135 号	13	889669.561	3
海通证券股份有限公司	上海市淮海中路 98 号	39	713767.619	4
广发证券股份有限公司	广州市天河北路 183 号大都会广场 42 楼	5	549025.820	5
南方证券股份有限公司	深圳市罗湖区嘉宾路 4028 号太平洋商贸大厦 2508 房	10	498657.137	6
华夏证券有限公司	北京市东城区朝内大街 188 号	5	413333.709	7
中信证券股份有限公司	深圳市笋岗路 12 号中民时代广场 B 座 32 层 北京朝阳区新源南路 6 号京城大厦 3 层	5	411011.772	8
浙江省证券有限责任公司	杭州市平海路 1 号	4	288788.035	9
华泰证券有限责任公司	南京市中山东路 90 号华泰证券大厦	3	268345.970	10
金通证券股份有限公司	杭州市凤起路 108 号	2	254564.408	11
东方证券有限责任公司	上海市浦东大道 720 号国际航运金融大厦 20 层	3	223912.566	12
渤海证券有限责任公司	天津市河西区宾水道 3 号	4	208158.335	13
光大证券有限责任公司	上海市浦东新区浦东南路 528 号上海证券大厦	4	179667.148	14
大鹏证券有限责任公司	深圳市南东路 5002 号地王大厦 8 楼	2	173250.823	15
湘财证券有限责任公司	上海市浦东银城东路 139 号华能联合大厦 18 楼	3	167550.175	16
国信证券有限责任公司	深圳市罗湖区红岭中路 1012 号国信证券大厦	2	147303.337	17
长江证券有限责任公司	武汉市新华下路特 8 号	8	138533.532	18
上海证券有限责任公司	上海市九江路 111 号	2	133802.038	19
华安证券有限责任公司	合肥市阜南路 166 号	4	122016.947	20
广东证券股份有限公司	广州市解放南路 123 号金汇大厦	3	120903.993	21
亚洲证券有限责任公司	上海市浦东源深路 279 号	4	112578.667	22
平安证券有限责任公司	深圳市福田区八卦岭八卦三路平安大厦 3 楼	4	109861.818	23
海南港澳国际信托投资有限公司	海口市景湾路 8 号	9	109129.685	24
招商证券股份有限公司	深圳市福田区益田路江苏大厦 38－45 层	2	107177.540	25
辽宁省证券公司	沈阳市和平区总站路 81 号	2	105857.306	26
长城证券有限责任公司	深圳市深南大道 6008 号特区报业大厦 14、16、17 楼	1	86972.969	27
东北证券有限责任公司	长春市人民大街 138－1 号长春紫荆花饭店 19－21 楼	4	84381.134	28
中国民族证券有限责任公司	北京市西城区复内大街 49 号民族文化宫 3 层	3	75089.994	29
西南证券有限责任公司	重庆市渝中区临江支路 2 号合景大厦 22－25 层	4	69553.601	30
兴安证券有限责任公司	哈尔滨市道里区通江街 188 号	2	68902.395	31
国元证券有限责任公司	合肥市寿春路 179 号	2	61054.914	32
辽宁省国际信托投资公司	沈阳市和平区和平南大街 43 号	4	60272.794	33
泰阳证券有限责任公司	长沙市雨花亭新建西路 1 号	2	59019.055	34
民生证券有限责任公司	北京市西城区复兴门内大街 158 号远洋大厦 F1307	3	52777.372	35
兴业证券股份有限公司	福州市湖东路 99 号标力大厦	1	49322.187	36
联合证券有限责任公司	深圳市深南东路 5047 号发展银行大厦 24 层	1	48416.547	37
福建省闽发证券公司	福州市五四路 158 号环球广场 28－29 层	1	46058.224	38
东吴证券有限责任公司	苏州市十梓街 298 号	1	44023.062	39
怡富证券有限公司(Jardine Fleming)	上海市银乐路 101 号汇丰大厦 31 楼	2	40659.895	40
DBS 唯高达香港有限公司	上海市淮海中路 381 号中环广场 630	1	35543.994	41
天同证券有限责任公司	济南市泉城路 180 号齐鲁国际大厦 5 层	3	28563.340	42
海南赛格国际信托投资公司	海口市滨海大道华信大厦 19 层	2	28218.491	43
华西证券有限责任公司	成都市陕西街 239 号	1	28066.057	44
北京证券有限责任公司	北京市海淀区车公庄西大街乙 19 号华通大厦 B 座 10－16 层	1	25655.458	45
宏源证券股份有限公司	乌鲁木齐市建设路 2 号宏源大厦 8 楼	1	21906.036	46
广州证券有限责任公司	广州市先烈中路 69 号东山广场主楼 5 楼	2	21024.064	47
荷银证券亚洲有限公司	上海市世纪大道 88 号金茂大厦 28/2B 室	2	20453.774	48
天一证券有限责任公司	上海市北京西路 99 号 6 楼	2	19205.934	49
华鑫证券有限责任公司	深圳市深南东路 5047 号深圳发展银行大厦 11 层	2	18228.923	50
国联证券有限责任公司	无锡市中山路 153 号	1	17401.408	51
山一国际(香港)有限公司(Yamaichi)	上海市浦东南路 528 号证券大厦北塔 1102 室	1	17258.406	52
里昂证券有限公司(Credit Lyonnais)	上海市世纪大道 88 号金茂大厦 1603 室	2	13533.146	53
群益证券(香港)有限公司	上海市浦东南路 360 号新上海国际大厦 18 楼	1	11222.381	54
瑞银华宝国际证券有限公司(SBC)	上海市南京西路 1168 号中信国富广场 3406 室	1	10547.339	55
野村国际(香港)公司(Nomura)	上海市花园饭店 601 室	1	10266.366	56
中国旅游国际信托投资有限公司	北京市站东街 6 号金安皇都大酒店 4 层	1	9236.885	57
法国兴业证券(香港)有限公司	上海市愚园路 172 号环球世界大厦 8 楼	1	8517.188	58
德意志证券亚洲有限公司	香港皇后大道中 2 号长江集团中心 55 楼	1	8445.650	59
大和证券住银资本市场(香港)有限公司	上海市浦东新区银城东路 101 号汇丰大厦 38 楼	1	8367.091	60
法国巴黎百富勤证券有限公司	上海市南京西路 1266 号恒隆广场 5606 室	1	7752.884	61
凯基证券亚洲有限公司	上海市浦东新区银城东路中银大厦 3304 室	1	6959.843	62
新疆证券有限责任公司	乌鲁木齐市解放北路 1 号	1	5116.988	63
汇丰证券(亚洲)有限公司	上海市浦东新区银城东路 101 号汇丰大厦 34 楼	1	5099.168	64
新华证券有限公司	长春市西安大路 11 号中银大厦 8 层	1	4935.757	65

B 股证券商
B Share Brokers

单位:万元人民币(10000 Yuan RMB)

公司名称 Company	公司地址 Address	席位数 Seat Number	股票交易金额 Trading Value	排名 Rank
美林国际(Merrill Lynch)	上海市南京西路 1376 号上海商城西峰 308 室	2	4865.236	66
ING 霸菱证券有限公司(ING Baring)	上海市陆家嘴银城东路 101 号汇丰大厦 37 楼 041 室	2	4583.008	67
东莞证券有限责任公司	东莞市莞太路篁村胜和商业大厦四楼	2	4017.246	68
巨田证券有限责任公司	深圳市福田区滨河路证券大厦 21 层	1	4009.576	69
摩根.士丹利亚洲有限公司(Morgan Stanley)	上海市南京西路 1376 号上海商城西峰 700B 室	1	3813.539	70
新鸿基投资服务有限公司(Sun Hung Kai)	上海市延安东路 100 号联谊大厦 2205 室	2	3737.405	71
国海证券有限责任公司	南宁市滨湖路 46 号	1	3405.489	72
南京证券有限责任公司	南京市大钟亭 8 号	1	2952.208	73
西部证券股份有限公司	西安市东新街 232 号陕西信托大厦	1	2834.349	74
河北证券有限责任公司	石家庄市裕华东路 81 号冶金大厦 15 层	1	2726.537	75
广东民安证券经纪有限责任公司	广州市环市东路 322 号中梯 10 楼	1	2623.307	76
西藏证券经纪有限责任公司	拉萨市北京中路 101 号	1	2173.063	77
大通证券股份有限公司	大连市中山区人民路 24 号平安大厦 26 层	1	1789.696	78
汉唐证券有限责任公司	深圳市南山区汉唐大厦 25 层	1	1674.467	79
西北证券有限责任公司	银川市民族北街 1 号	1	1331.960	80
恒泰证券有限责任公司	呼和浩特市新城区东风路 111 号	1	856.121	81
和升国际有限公司(Worldsec)	上海市淮海东路 99 号恒积大厦 15 楼 G 室	1	828.967	82
山西证券有限责任公司	太原市迎泽大街 282 号	1	472.316	83
华龙证券有限责任公司	兰州市静宁路 138 号	1	261.780	84
首创证券经纪有限责任公司	北京市东城区东中街 29 号北京东环广场 B 座 4 层 H-M 号	1	184.212	85
瑞士信贷第一波士顿(香港)有限公司	上海市浦东南路 528 号证券大厦南塔 17 楼	1	175.827	86
东亚证券有限公司	上海市浦东张杨路 838 号华都大厦 1 楼 1 室	1	30.652	87

五十大会员公司交易
Top 50 Most Active Member Companies

单位:万元人民币(10000 Yuan RMB)

会员公司 Company	名次 Rank	交易金额总计 Total Trading Value	会员公司 Company	名次 Rank	A股交易金额 A Share Trading Value
中国银河证券有限责任公司	1	56064268.53	中国银河证券有限责任公司	1	21831331.76
海通证券股份有限公司	2	53276649.10	国泰君安证券股份有限公司	2	17965102.49
南方证券股份有限公司	3	47473241.29	申银万国证券股份有限公司	3	16035609.49
国泰君安证券股份有限公司	4	46155807.15	海通证券股份有限公司	4	14714637.99
华夏证券有限公司	5	41197609.78	南方证券股份有限公司	5	13985024.66
中信证券股份有限公司	6	40191873.81	华夏证券有限公司	6	11204132.76
申银万国证券股份有限公司	7	36104272.98	广发证券股份有限公司	7	7945758.48
广发证券股份有限公司	8	24669462.61	天同证券有限责任公司	8	6398816.63
福建省闽发证券公司	9	20207635.09	华泰证券有限责任公司	9	6370442.32
辽宁东方证券公司	10	18093253.59	中信证券股份有限公司	10	5728260.97
湘财证券有限责任公司	11	16295158.36	招商证券股份有限公司	11	5526075.45
大鹏证券有限责任公司	12	15412510.79	国信证券有限责任公司	12	5513210.39
天同证券有限责任公司	13	14747415.32	光大证券有限责任公司	13	5197158.69
亚洲证券有限责任公司	14	14714152.25	联合证券有限责任公司	14	4581639.09
招商证券股份有限公司	15	13328443.30	东方证券有限责任公司	15	4542077.01
华泰证券有限责任公司	16	13274229.03	金通证券股份有限公司	16	4404218.07
平安证券有限责任公司	17	12943868.50	兴业证券股份有限公司	17	4285236.93
国信证券有限责任公司	18	12689969.63	亚洲证券有限责任公司	18	4006307.28
西南证券有限责任公司	19	11978537.07	福建省闽发证券公司	19	3803543.75
光大证券有限责任公司	20	11956135.91	广东证券股份有限公司	20	3735422.03
兴业证券股份有限公司	21	11025605.91	长城证券有限责任公司	21	3716859.85
东方证券有限责任公司	22	10752756.92	大鹏证券有限责任公司	22	3701677.40
长城证券有限责任公司	23	10703620.81	国元证券有限责任公司	23	3677589.89
联合证券有限责任公司	24	10447570.51	湘财证券有限责任公司	24	3638176.60
上海证券有限责任公司	25	10422667.09	上海证券有限责任公司	25	3494895.98
广东证券股份有限公司	26	10330627.59	北京证券有限责任公司	26	3258915.13
宏源证券股份有限公司	27	9827949.02	泰阳证券有限责任公司	27	3237015.08
金信证券有限责任公司	28	9697884.69	西南证券有限责任公司	28	3162295.26
长江证券有限责任公司	29	9048061.90	平安证券有限责任公司	29	3157417.87
汉唐证券有限责任公司	30	8320053.33	金信证券有限责任公司	30	3079336.85
金通证券股份有限公司	31	8302398.54	东吴证券有限责任公司	31	3013099.99
辽宁省证券公司	32	7321326.77	长江证券有限责任公司	32	2967017.01
北京证券有限责任公司	33	7110871.04	辽宁省证券公司	33	2941529.40
山西证券有限责任公司	34	6962363.19	渤海证券有限责任公司	34	2883475.36
渤海证券有限责任公司	35	6333274.97	华安证券有限责任公司	35	2860830.84
国元证券有限责任公司	36	6120412.73	汉唐证券有限责任公司	36	2742223.50
长财证券经纪有限责任公司	37	5334246.72	河北证券有限责任公司	37	2723824.33
中国科技证券有限责任公司	38	5133631.57	华西证券有限责任公司	38	2711273.89
德恒证券有限责任公司	39	5086749.44	国海证券有限责任公司	39	2607038.88
华西证券有限责任公司	40	4842520.51	东北证券有限责任公司	40	2459447.21
华安证券有限责任公司	41	4805688.58	天和证券经纪有限公司	41	2361781.42
中国民族证券有限责任公司	42	4686667.96	国联证券有限责任公司	42	2209316.93
新华证券有限公司	43	4659044.79	西部证券股份有限公司	43	2062772.74
大通证券股份有限公司	44	4613032.10	天一证券有限责任公司	44	2040591.67
华鑫证券有限责任公司	45	4429198.94	宏源证券股份有限公司	45	1955706.86
天和证券经纪有限公司	46	4398488.27	新疆证券有限责任公司	46	1925425.36
东吴证券有限责任公司	47	4264163.15	海南港澳国际信托投资有限公司	47	1925202.44
泰阳证券有限责任公司	48	4166971.74	中国民族证券有限责任公司	48	1767339.37
国都证券有限责任公司	49	4163359.88	河南证券有限责任公司	49	1715849.06
新疆证券有限责任公司	50	4123366.93	浙江省证券有限责任公司	50	1636039.55

五十大会员公司交易
Top 50 Most Active Member Companies

单位:万元人民币(10000 Yuan RMB)

会员公司 Company	名次 Rank	国债现货交易金额 T-Bond Spot Trading Value	会员公司 Company	名次 Rank	国债回购交易金额 T-Bond Repurchase Trading Value
福建省闽发证券公司	1	12161195.61	中信证券股份有限公司	1	30231330.00
海通证券股份有限公司	2	7740282.12	南方证券股份有限公司	2	29681330.00
国泰君安证券股份有限公司	3	5454923.93	海通证券股份有限公司	3	29600810.00
广发证券股份有限公司	4	5289207.58	中国银河证券有限责任公司	4	28179140.00
中国银河证券有限责任公司	5	4311265.41	华夏证券有限公司	5	26839880.00
辽宁东方证券公司	6	3497505.30	国泰君安证券股份有限公司	6	20693920.00
长江证券有限责任公司	7	3336458.62	申银万国证券股份有限公司	7	15179370.00
中信证券股份有限公司	8	3284019.42	辽宁东方证券公司	8	14099010.00
湘财证券有限责任公司	9	3020085.19	广发证券股份有限公司	9	10616600.00
南方证券股份有限公司	10	2985071.11	湘财证券有限责任公司	10	9303680.00
申银万国证券股份有限公司	11	2951288.97	大鹏证券有限责任公司	11	9232960.00
平安证券有限责任公司	12	2765094.56	亚洲证券有限责任公司	12	8780730.00
汉唐证券有限责任公司	13	2722943.63	天同证券有限责任公司	13	6904830.00
长城证券有限责任公司	14	2346672.09	平安证券有限责任公司	14	6693820.00
华夏证券有限公司	15	2330851.86	西南证券有限责任公司	15	6683230.00
大鹏证券有限责任公司	16	2140637.32	宏源证券股份有限公司	16	6413740.00
西南证券有限责任公司	17	1980374.20	上海证券有限责任公司	17	5747430.00
招商证券股份有限公司	18	1763443.79	国信证券有限责任公司	18	5726300.00
金信证券有限责任公司	19	1679524.90	广东证券股份有限公司	19	5565400.00
亚洲证券有限责任公司	20	1656050.34	招商证券股份有限公司	20	5533330.00
光大证券有限责任公司	21	1563095.19	兴业证券股份有限公司	21	4949330.00
山西证券有限责任公司	22	1545720.93	华泰证券有限责任公司	22	4938560.00
华泰证券有限责任公司	23	1484385.57	金信证券有限责任公司	23	4852110.00
德恒证券有限责任公司	24	1467734.49	光大证券有限责任公司	24	4675050.00
金通证券股份有限公司	25	1359177.77	东方证券有限责任公司	25	4669300.00
辽宁省证券公司	26	1241138.50	联合证券有限责任公司	26	4522390.00
天同证券有限责任公司	27	1232463.85	长财证券经纪有限责任公司	27	4395220.00
兴业证券股份有限公司	28	1224164.58	长城证券有限责任公司	28	4184710.00
联合证券有限责任公司	29	1182456.76	福建省闽发证券公司	29	4066990.00
甘肃证券有限责任公司	30	1176721.37	中国科技证券有限责任公司	30	3569140.00
宏源证券股份有限公司	31	1133947.70	山西证券有限责任公司	31	3563080.00
东方证券有限责任公司	32	1124320.89	北京证券有限责任公司	32	3196720.00
国信证券有限责任公司	33	1115351.52	辽宁省证券公司	33	2941010.00
渤海证券有限责任公司	34	1084338.83	汉唐证券有限责任公司	34	2669980.00
国元证券有限责任公司	35	1043666.37	长江证券有限责任公司	35	2505210.00
富友证券经纪有限责任公司	36	956487.45	新华证券有限公司	36	2493640.00
武汉证券有限责任公司	37	860130.69	国都证券有限责任公司	37	2392720.00
中国民族证券有限责任公司	38	858312.38	华鑫证券有限责任公司	38	2345430.00
大通证券股份有限公司	39	816102.86	德恒证券有限责任公司	39	2249670.00
上海证券有限责任公司	40	802804.49	金通证券股份有限公司	40	2183090.00
广东证券股份有限公司	41	772003.35	大通证券股份有限公司	41	2076530.00
新疆证券有限责任公司	42	760930.64	渤海证券有限责任公司	42	2058100.00
东吴证券有限责任公司	43	657669.70	甘肃证券有限责任公司	43	2020390.00
华安证券有限责任公司	44	605730.19	中国民族证券有限责任公司	44	1893220.00
北京证券有限责任公司	45	563888.06	华西证券有限责任公司	45	1868970.00
天和证券经纪有限公司	46	555344.73	健桥证券股份有限公司	46	1861460.00
山东省齐鲁证券经纪有限公司	47	550854.06	天一证券有限责任公司	47	1444770.00
大连证券有限责任公司	48	546559.14	新疆证券有限责任公司	48	1407110.00
新华证券有限公司	49	517617.79	天和证券经纪有限公司	49	1404150.00
东北证券有限责任公司	50	485803.16	世纪证券有限责任公司	50	1390320.00

五十大会员公司交易
Top 50 Most Active Member Companies

单位:万元人民币(10000 Yuan RMB)

会员公司 Company	名次 Rank	基金交易金额 Fund Trading Value	会员公司 Company	名次 Rank	企业债、金融债、可转债交易金额 Corporate Bond, Financial, Convertible Bond Trading Value
国泰君安证券股份有限公司	1	874223.48	兴业证券股份有限公司	1	241573.00
中国银河证券有限责任公司	2	690112.42	中信证券股份有限公司	2	93379.47
中信证券股份有限公司	3	406915.33	华夏证券有限公司	3	81780.06
申银万国证券股份有限公司	4	383635.91	申银万国证券股份有限公司	4	79588.24
海通证券股份有限公司	5	327493.25	招商证券股份有限公司	5	55778.50
招商证券股份有限公司	6	279497.62	国泰君安证券股份有限公司	6	55246.75
南方证券股份有限公司	7	268885.13	海通证券股份有限公司	7	53114.95
华夏证券有限公司	8	261692.34	华泰证券有限责任公司	8	45089.98
光大证券有限责任公司	9	255443.54	平安证券有限责任公司	9	44899.01
兴业证券股份有限公司	10	241151.11	中国银河证券有限责任公司	10	43346.42
长城证券有限责任公司	11	202365.01	大鹏证券有限责任公司	11	31466.98
广发证券股份有限公司	12	197027.67	南方证券股份有限公司	12	30835.01
东方证券有限责任公司	13	179106.45	上海证券有限责任公司	13	28282.00
国元证券有限责任公司	14	175597.89	广发证券股份有限公司	14	25991.71
华安证券有限责任公司	15	168230.28	光大证券有限责任公司	15	24818.86
上海证券有限责任公司	16	160528.42	渤海证券有限责任公司	16	20597.91
天同证券有限责任公司	17	158197.01	长江证券有限责任公司	17	18018.58
汉唐证券有限责任公司	18	154258.88	国元证券有限责任公司	18	16482.95
华泰证券有限责任公司	19	150842.44	西南证券有限责任公司	19	15622.33
平安证券有限责任公司	20	133869.04	联合证券有限责任公司	20	15430.58
国信证券有限责任公司	21	122996.98	天同证券有限责任公司	21	15063.19
山西证券有限责任公司	22	112397.44	长城证券有限责任公司	22	14728.32
福建省闽发证券公司	23	100785.50	北京证券有限责任公司	23	14621.28
亚洲证券有限责任公司	24	99460.31	巨田证券有限责任公司	24	13484.55
大鹏证券有限责任公司	25	99315.50	东吴证券有限责任公司	25	13032.25
甘肃证券有限责任公司	26	89850.29	东莞证券有限责任公司	26	12012.59
金通证券股份有限公司	27	86693.06	东方证券有限责任公司	27	10685.57
广东证券股份有限公司	28	86072.88	亚洲证券有限责任公司	28	10526.38
联合证券有限责任公司	29	81363.25	国信证券有限责任公司	29	9560.54
金信证券有限责任公司	30	80461.12	广州国际信托投资公司	30	7754.59
湘财证券有限责任公司	31	80055.76	辽宁省证券公司	31	7580.76
泰阳证券有限责任公司	32	73515.15	大通证券股份有限公司	32	7401.80
渤海证券有限责任公司	33	72304.30	海南港澳国际信托投资有限公司	33	7017.50
天和证券经纪有限公司	34	70330.50	新华证券有限公司	34	6863.20
长江证券有限责任公司	35	66632.73	汉唐证券有限责任公司	35	6171.63
中国民族证券有限责任公司	36	65808.53	天一证券有限责任公司	36	6107.18
辽宁省证券公司	37	65492.55	宏源证券股份有限公司	37	5824.16
辽宁东方证券公司	38	63558.50	湘财证券有限责任公司	38	5686.37
东北证券有限责任公司	39	62254.65	富成证券经纪有限公司	39	5400.45
东吴证券有限责任公司	40	56179.06	金信证券有限责任公司	40	5272.19
西南证券有限责任公司	41	52674.64	广东证券股份有限公司	41	5230.31
河北证券有限责任公司	42	52003.63	福建省闽发证券公司	42	5219.06
西部证券股份有限公司	43	49903.47	中国民族证券有限责任公司	43	5211.39
华西证券有限责任公司	44	49878.85	甘肃证券有限责任公司	44	4668.32
国联证券有限责任公司	45	48942.75	华鑫证券有限责任公司	45	4565.13
北京证券有限责任公司	46	48716.71	华安证券有限责任公司	46	4411.16
华鑫证券有限责任公司	47	44112.19	广东民安证券经纪有限责任公司	47	4291.31
万通证券有限责任公司	48	43430.17	国海证券有限责任公司	48	4103.82
海南港澳国际信托投资有限公司	49	43138.96	西北证券有限责任公司	49	3756.15
富成证券经纪有限公司	50	39417.37	金通证券股份有限公司	50	3730.59

SHAREHOLDER

投 资 者

投资者历年开户

Historical Data of Shareholder's Accounts

投资者构成

Investor Structure

A股投资者开户地区分布

Geographical Distribution of A Shareholder's Accounts

投资者历年开户
Historical Data of Shareholder's Accounts

股票投资者历年开户 Data of Investor Accounts(A Share & B Share)　单位:万户

开户总数 Total									
总数 Total	574.89	685.20	1207.87	1713.31	1999.41	2281.12	2957.84	3419.84	3555.95
个人 Person	572.57	682.32	1204.11	1708.09	1993.14	2272.80	2944.89	3403.06	3536.89
机构 Company	2.32	2.88	3.76	5.22	6.26	8.32	12.95	16.79	19.06
A 股开户总数 Total (A Share)									
总数 Total	573.00	682.50	1203.30	1706.77	1991.61	2272.23	2943.32	3326.93	3459.54
个人 Person	571.00	680.00	1200.00	1702.19	1986.05	2264.67	2931.20	3311.07	3441.43
机构 Company	2.00	2.50	3.30	4.59	5.56	7.56	12.12	15.87	18.10
B 股开户总数 Total (B Share)									
总数 Total	1.89	2.70	4.57	6.54	7.80	8.88	14.52	92.91	96.42
个人 Person	1.57	2.32	4.11	5.91	7.10	8.13	13.69	91.99	95.46
机构 Company	0.32	0.38	0.46	0.63	0.70	0.76	0.83	0.92	0.96
新开户总数 New									
总数 Total	151.38	110.31	522.67	502.79	286.10	281.71	676.72	462.00	136.11
个人 Person	150.65	109.75	521.79	501.35	285.05	279.66	672.09	458.17	133.83
机构 Company	0.73	0.56	0.88	2.20	1.04	2.05	4.64	3.83	2.28
A 股新开户数 New (A Share)									
总数 Total	150.51	109.50	520.80	500.84	284.83	280.62	671.08	383.62	132.60
个人 Person	149.91	109.00	520.00	499.58	283.86	278.62	666.52	379.87	130.37
机构 Company	0.60	0.50	0.80	2.02	0.97	2.00	4.56	3.75	2.23
B 股新开户数 New (B Share)									
总数 Tatal	0.87	0.81	1.87	1.95	1.26	1.09	5.64	78.39	3.51
个人 Person	0.74	0.75	1.79	1.78	1.19	1.03	5.56	78.30	3.47
机构 Company	0.19	0.13	0.06	0.08	0.17	0.06	0.08	0.09	0.04

历年 A 股股东新开户情况 Data of Investor Accounts (A Share)

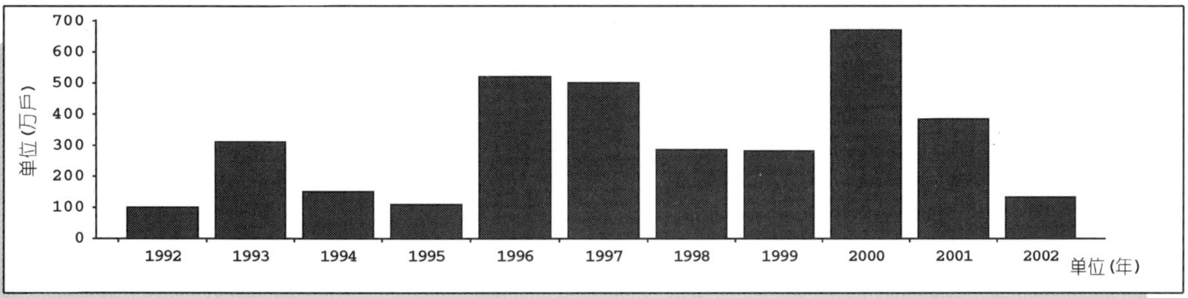

历年 B 股股东新开户情况 Data of Investor Accounts (B Share)

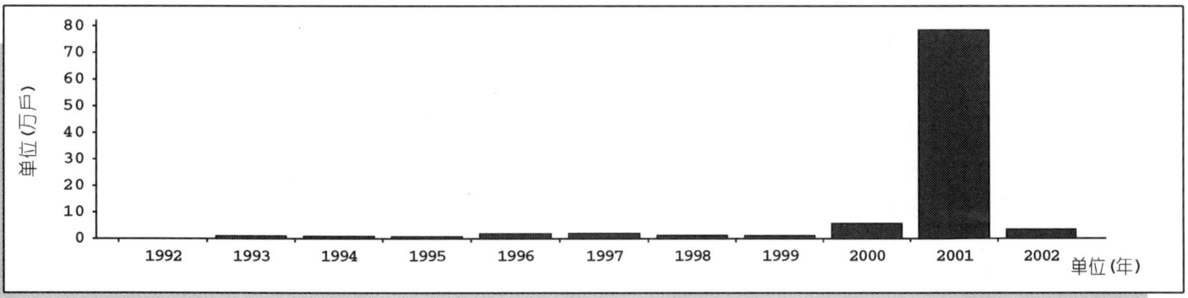

年龄分布 Age

年龄段 Age	30 岁以下 Under 30	30-40 岁 30-40	40-50 岁 40-50	50-60 岁 50-60	60 岁以上 Up 60	其他 Other
人数	8953191	11005127	7433646	3090573	2324735	0
比例(%)	27.29	33.54	22.66	9.42	7.09	0.00

2002 年投资者年龄构成图 Age

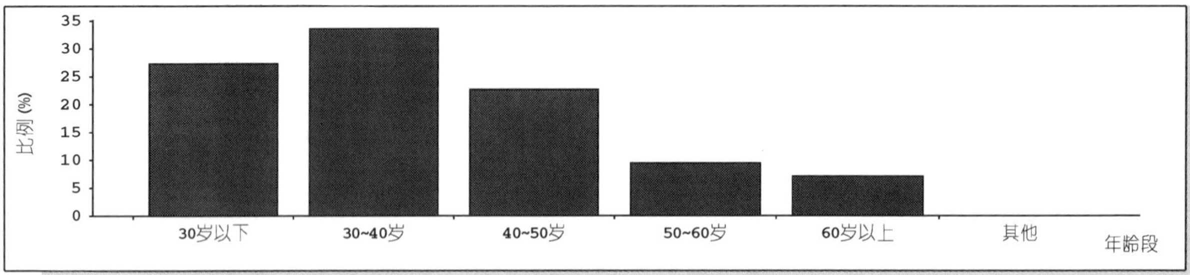

学历分布 Academic Background

学历 Academic	中专以下 Under Middle Education	中专 Middle Education	大专 Higher Education	大学本科 Bachelor	硕士及以上 Master	其他 Other
人数	11852937	8090624	6519237	2573950	1216536	0
比例(%)	39.18	26.74	21.55	8.51	4.02	0.00

2002 年投资者学历分布图 Academic

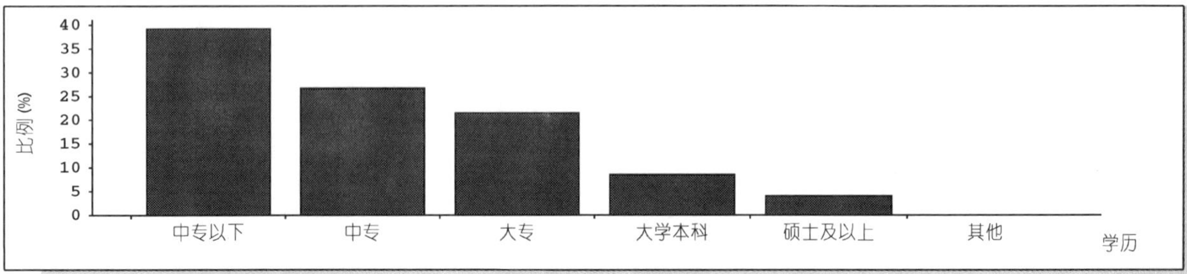

性别分布 Sex

性别 Sex	男性 Male	女性 Female	其他 Other
人数	17982243	14821863	0
比例(%)	54.82	45.18	0.00

2002 年投资者性别分布比例图 Sex

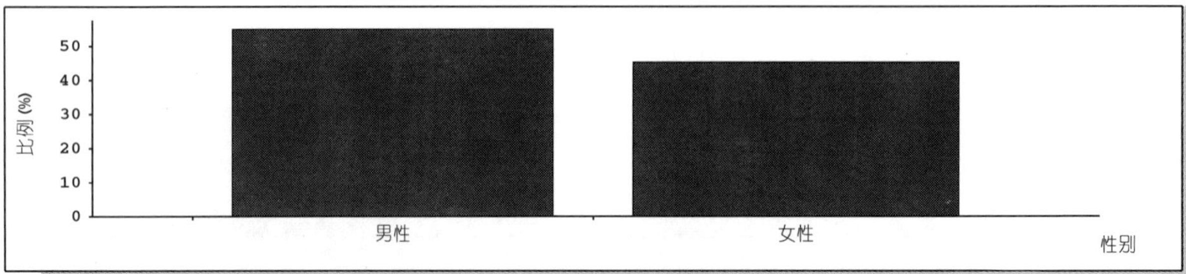

注:统计表中的“其他”为统计误差部分,产生原因请查看“指标说明”。

A股投资者开户地区分布
Geographical Distribution of A Shareholder's Accounts

地区 Area	名次 Rank	年内新增 new	所占比例 %	名次 Rank	总数 Total	所占比例 %
上　海	1	246101	18.66	1	4476360	12.90
广　东	2	206881	15.68	2	3543369	10.21
江　苏	3	97793	7.41	3	3302612	9.52
四　川	4	75161	5.70	4	2377097	6.85
山　东	5	72457	5.49	5	2174095	6.27
浙　江	6	69416	5.26	7	1788924	5.16
福　建	7	68311	5.18	9	1326532	3.82
北　京	8	56892	4.31	8	1559581	4.49
辽　宁	9	49687	3.77	6	2121303	6.11
河　北	10	39639	3.01	16	802382	2.31
湖　南	11	32030	2.43	13	915547	2.64
湖　北	12	27756	2.10	10	1177753	3.39
安　徽	13	26772	2.03	14	848653	2.45
河　南	14	25939	1.97	11	1065055	3.07
海　南	15	22419	1.70	23	429399	1.24
黑龙江	16	21819	1.65	12	976584	2.81
陕　西	17	21767	1.65	15	838554	2.42
新　疆	18	21451	1.63	22	457484	1.32
天　津	19	19729	1.50	17	790934	2.28
广　西	20	19095	1.45	21	457657	1.32
重　庆	21	14412	1.09	29	141573	0.41
江　西	22	14213	1.08	19	628425	1.81
山　西	23	13771	1.04	20	566313	1.63
吉　林	24	10976	0.83	18	639840	1.84
贵　州	25	9809	0.74	28	168678	0.49
甘　肃	26	9655	0.73	24	291654	0.84
云　南	27	9555	0.72	25	277146	0.80
青　海	28	5952	0.45	27	188529	0.54
内蒙古	29	5055	0.38	26	239217	0.69
宁　夏	30	3210	0.24	30	108607	0.31
西　藏	31	1304	0.10	31	22021	0.06
合　计	0	1319027	100.00	0	34701878	100.00

APPENDIX

附　录

市场竞价申报规定

Auction Rules for Bid/Offer

上市与摘牌

Listing and Delisting

上市公司信息公告

Information Announcement of Listed Companies

市场竞价申报规定
Auction Rules for Bid/Offer

证券种类	代码特征	竞价方式	交易单位	每笔申报限制	价格变动单位	申报价格限制	计价单位	买卖方向限制	备 注
A 股股票	600****	集合竞价和连续竞价	每股面额 1 元 100 股	流通股 < 3000 万,不得超过 10 万股;3000 万 ≤ 流通股 < 1 亿,不得超过 20 万股	0.01 元	不超过上一交易日收盘价的上下 10% 为限(ST 股票:上下 5%)	1 股	…	卖出可小于交易单位申报;买进须是交易单位或其整数倍
基金	5*****	同上	每份面额 1 元 100 份	同上	同上	同上	1 份	…	同上
B 股	9*****	连续竞价	每股面额 1 元 1000 股	…	0.002 美元	同上	1 股	…	按美元计价,其他同上
国债	00****	连续竞价	1 手(1 千元面额)	不得超过 10000 手	0.01 元	买入不得高于即时揭示价 2%;卖出不得低于即时揭示价 2%	百元面额	…	…
企业债券	12****	连续竞价	同上	同上	同上	同上	同上	…	…
金融债券	11****	同上	同上	同上	同上	同上	同上	…	…
可转换债券	10****	同上	同上	同上	0.01 元	同上	同上	…	…
债券回购	20****	连续竞价	同上	100 手或其整数倍,不得超过 10000 手	0.005	…	同上	…	按每百元收益报价
债券上网发行认购	75****	…	同上	…	…	…	同上	买入	承销公司申报卖出
新股上网发行认购	73****	…	每股面额 1 元 1000 股	按新股发行公告	…	按发行价	1 股	买入	…
配股缴款权	700***	…	1 股	…	…	配股价格	…	卖出	承销公司申报买入
指定交易	799999	…	1 单位	…	…	…	…	买入	…
指定撤销	799998	…	1 单位	…	…	…	…	买入	…
回购登记	799997	…	1 单位	…	…	…	…	买入	…
回购撤销	79996	…	1 单位	…	…	…	…	买入	…

1月

8日

铜陵三佳模具股份有限公司2500万元人民币普通股股票将于2002年1月8日起在上海证券交易所交易市场上市交易。证券简称为“三佳模具”,证券代码为“600520”。

11日

江西铜业股份有限公司23000万元人民币普通股股票将于2002年1月11日起在上海证券交易所交易市场上市交易。证券简称为“江西铜业”,证券代码为“600362”。

16日

陕西宝光真空电器股份有限公司5000万元人民币普通股股票将于2002年1月16日起在上海证券交易所交易市场上市交易。证券简称为“宝光股份”,证券代码为“600379”。

31日

营口港务股份有限公司10000万元人民币普通股股票将于2002年1月31日起在上海证券交易所交易市场上市交易。证券简称为“营口港”,证券代码为“600317”。

2月

5日

海洋石油工程股份有限公司8000万元人民币普通股股票将于2002年2月5日起在上海证券交易所交易市场上市交易。证券简称为“海油工程”,证券代码为“600583”。

7日

安徽海螺水泥股份有限公司20000万元人民币普通股股票将于2002年2月7日起在上海证券交易所上市交易。证券简称为“海螺水泥”,证券代码为“600585”。

28日

新疆天富热电股份有限公司6000万元人民币普通股股票将于2002年2月28日起在上海证券交易所上市交易。证券简称为“天富热电”,证券代码为“600509”。

3月

4日

江西鑫新实业股份有限公司4500万元人民币普通股股票将于2002年3月4日起在上海证券交易所交易市场上市交易。证券简称为“鑫新股份”,证券代码为“600373”。

18日

山东基建股份有限公司50500万元人民币普通股股票将于2002年3月18日起在上海证券交易所交易市场上市交易。证券简称为“山东基建”,证券代码为“600350”。

20日

易方达基金管理有限公司管理的29.7亿份科瑞证券投资基金将于2002年3月20日起在上海证券交易所交易市场上市交易。证券简称为“基金科瑞”,证券代码为“500056”。

28日

南京栖霞建设股份有限公司4000万元人民币普通股股票将于2002年3月28日起在上海证券交易所交易市场上市交易。证券简称为“栖霞建设”,证券代码为“600533”。

29日

黑龙江北大荒农业股份有限公司30000万元人民币普通股股票将于2002年3月29日起在上海证券交易所交易市场上市交易。证券简称为“北大荒”,证券代码为“600598”。

4月

9日

招商银行股份有限公司60000万元人民币普通股股票将于2002年4月9日起在上海证券交易所交易市场上市交易。证券简称为“招商银行”,证券代码为“600036”。

12日

宝鸡钛业股份有限公司6000万元人民币普通股股票将于2002年4月12日起在上海证券交易所交易市场上市交易。证券简称为“宝钛股份”,证券代码为“600456”。

18日

中远航运股份有限公司13000万元人民币普通股股票将于2002年4月18日起在上海证券交易所交易市场上市交易。证券简称为“中远航运”,证券代码为“600428”。

25日

江苏扬农化工股份有限公司3000万元人民币普通股股票将于2002年4月25日起在上海证券交易所交易市场上市交易。证券简称为“扬农化工”,证券代码为“600486”。

5月

9日

浙江中国小商品城集团股份有限公司2915.2099万元人民币普通股股票将于2002年5月9日起在上海证券交易所交易市场上市交易。证券简称为“小商品城”,证券代码为“600415”。

10日

北京京能热电股份有限公司10000万元人民币普通股股票将于2002年5月10日起在上海证券交易所交易市场上市交易。证券简称为“京能热电”,证券代码为“600578”。

15日

天地科技股份有限公司2500万元人民币普通股股票将于2002年5月15日起在上海证券交易所交易市场上市交易。证券简称为“天地科技”,证券代码为“600582”。

16日

江苏阳光股份有限公司8.3亿元可转换公司债券将于2002年5月16日起在上海证券交易所交易市场上市交易。证券简称为“阳光转债”,证券代码为“100220”。

17日

中软网络技术股份有限公司3000万元人民币普通股股票将于2002年5月17日起在上海证券交易所交易市场上市交易。证券简称为“中软股份”,证券代码为“600536”。

23日

中海发展股份有限公司35000万元人民币普通股股票将于2002年5月23日起在上海证券交易所交易市场上市交易。证券简称为“中海发展”,证券代码为“600026”。

30日

四川西昌电力股份有限公司5500万元人民币普通股股票将于2002年5月30日起在上海证券交易所交易市场上市交易。证券名称为“西昌电力”,证券代码为“600505”。

6月

3日

山东省药用玻璃股份有限公司3200万元人民币普通股股票将于2002年6月3日起在上海证券交易所交易市场上市交易。证券简称为“山东药玻”,证券代码为“600529”。

5日

安徽长江农业装备股份有限公司4000万元人民币普通股股票将于2002年6月5日起在上海证券交易所交易市场上市交

易。证券简称为“长江股份”，证券代码为“600496”。

6 日

浙江卧龙科技股份有限公司 3500 万元人民币普通股股票将于 2002 年 6 月 6 日起在上海证券交易所交易市场上市交易。证券简称为“卧龙科技”，证券代码为“600580”。

13 日

武汉精伦电子股份有限公司 3100 万元人民币普通股股票将于 2002 年 6 月 13 日起在上海证券交易所交易市场上市交易。证券简称为“精伦电子”，证券代码为“600355”。

18 日

黑牡丹（集团）股份有限公司 3800 万元人民币普通股股票将于 2002 年 6 月 18 日起在上海证券交易所交易市场上市交易。证券名称为“黑牡丹”，证券代码为“600510”。

20 日

山东华鲁恒升股份有限公司 6000 万元人民币普通股股票将于 2002 年 6 月 20 日起在上海证券交易所交易市场上市交易。证券简称为“华鲁恒升”，证券代码为“600426”。

25 日

无锡商业大厦股份有限公司 4000 万元人民币普通股股票将于 2002 年 6 月 25 日起在上海证券交易所交易市场上市交易。证券简称为“大厦股份”，证券代码为“600327”。

26 日

河南中孚实业股份有限公司 5000 万元人民币普通股股票将于 2002 年 6 月 26 日起在上海证券交易所交易市场上市交易。证券简称为“中孚实业”，证券代码为“600595”。

7 月

2 日

江西安源实业股份有限公司 8000 万元人民币普通股股票将于 2002 年 7 月 2 日起在上海证券交易所交易市场上市交易，证券简称为“安源股份”，证券代码为“600397”。

3 日

清华泰豪科技股份有限公司 4000 万元人民币普通股股票将于 2002 年 7 月 3 日起在上海证券交易所交易市场上市交易，证券简称为“泰豪科技”。证券代码为“600590”。

9 日

宏智科技股份有限公司 4000 万元人民币普通股股票将于 2002 年 7 月 9 日起在上海证券交易所交易市场上市交易。证券简称为“宏智科技”，证券代码为“600503”。

11 日

大连圣亚海洋世界股份有限公司 3200 万元人民币普通股股票将于 2002 年 7 月 11 日起在上海证券交易所交易市场上市交易。证券名称为“大连圣亚”，证券代码为“600593”。

16 日

江西长运股份有限公司 3000 万元人民币普通股股票将于 2002 年 7 月 16 日起在上海证券交易所交易市场上市交易。证券简称为“江西长运”，证券代码为“600561”。

18 日

湘潭电机股份有限公司 7500 万元人民币普通股股票将于 2002 年 7 月 18 日起在上海证券交易所交易市场上市交易。证券名称为“湘电股份”，证券代码为“600416”。

22 日

浙江菲达环保股份有限公司 4000 万元人民币普通股股票将于 2002 年 7 月 22 日起在上海证券交易所交易市场上市交易。证券简称为“菲达环保”，证券代码为“600526”。

23 日

重庆市迪马实业股份有限公司 2000 万元人民币普通股股票将于 2002 年 7 月 23 日起在上海证券交易所交易市场上市交易。证券简称为“迪马股份”，证券代码为“600565”。

30 日

河南豫光金铅股份有限公司 4500 万元人民币普通股股票将于 2002 年 7 月 30 日起在上海证券交易所交易市场上市交易。证券简称为“豫光金铅”，证券代码为“600531”。

8 月

5 日

福建龙溪轴承股份有限公司 5000 万元人民币普通股股票将于 2002 年 8 月 5 日起在上海证券交易所交易市场上市交易。证券简称为“龙溪股份”，证券代码为“600592”。

6 日

海南第一投资招商股份有限公司 5000 万元人民币普通股股票将于 2002 年 8 月 6 日起在上海证券交易所交易市场上市交易。证券简称为“第一投资”，证券代码为“600515”。

9 日

青岛黄海橡胶股份有限公司 6000 万元人民币普通股股票将于 2002 年 8 月 9 日起在上海证券交易所交易市场上市交易。证券简称为“黄海股份”，证券代码为“600579”。

15 日

山东金晶科技股份有限公司 3500 万元人民币普通股股票将于 2002 年 8 月 15 日起在上海证券交易所交易市场上市交易。证券简称为“金晶科技”，证券代码为“600586”。

16 日

新疆八一钢铁股份有限公司 13000 万元人民币普通股股票将于 2002 年 8 月 16 日起在上海证券交易所交易市场上市交易。证券简称为“八一钢铁”，证券代码为“600581”。

22 日

河北太行水泥股份有限公司 5000 万元人民币普通股股票将于 2002 年 8 月 22 日起在上海证券交易所交易市场上市交易。证券简称为“太行股份”，证券代码为“600553”。

23 日

天津天士力制药股份有限公司 5000 万元人民币普通股股票将于 2002 年 8 月 23 日起在上海证券交易所交易市场上市交易。证券简称为“天士力”，证券代码为“600535”。

28 日

南京水运实业股份有限公司 32000 万元可转换公司债券将于 2002 年 8 月 28 日起在上海证券交易所交易市场上市交易。证券简称为“水运转债”，证券代码为“100087”。

上海光明乳业股份有限公司 15000 万元人民币普通股股票将于 2002 年 8 月 28 日起在上海证券交易所交易市场上市交易。证券简称为“光明乳业”，证券代码为“600597”。

30 日

兰州海龙新材料科技股份有限公司 8000 万元人民币普通股股票将于 2002 年 8 月 30 日起在上海证券交易所交易市场上市交易。证券简称为“海龙科技”，证券代码为“600516”。

9 月

5 日

科大创新股份有限公司 2500 万元人民币普通股股票将于 2002 年 9 月 5 日起在上海证券交易所交易市场上市交易。证券简称为“科大创新”，证券代码为“600551”。

6 日

承德新新钒钛股份有限公司 10000 万元人民币普通股股票将于 2002 年 9 月 6 日起在上海证券交易所交易市场上市交易。证券简称为“承德钒钛”，证券代码为“600357”。

10 日

银河基金管理有限公司管理的 29.7 亿份银丰证券投资基金

将于 2002 年 9 月 10 日起在上海证券交易所交易市场上市交易。证券简称为“基金银丰”，证券代码为“500058”。

11 日

铜陵精达特种电磁线股份有限公司 2000 万元人民币普通股股票将于 2002 年 9 月 11 日起在上海证券交易所交易市场上市交易。证券简称为“精达股份”，证券代码为“600577”。

16 日

黑龙江华冠科技股份有限公司 4000 万元人民币普通股股票将于 2002 年 9 月 16 日起在上海证券交易所交易市场上市交易。证券简称为“华冠科技”，代码为“600371”。

16 日

2002 年 9 月 12 日，上海证券交易所对鞍山第一工程机械股份有限公司作出了《关于决定公司股票终止上市的通知》。根据该决定，公司 A 股股票从 2002 年 9 月 16 日起终止上市。

18 日

江苏康缘药业股份有限公司 4000 万元人民币普通股股票将于 2002 年 9 月 18 日起在上海证券交易所交易市场上市交易。证券简称为“康缘药业”，代码为“600557”。

19 日

北京金自天正智能控制股份有限公司 3000 万元人民币普通股股票将于 2002 年 9 月 19 日起在上海证券交易所交易市场上市交易。证券简称为“金自天正”，代码为“600560”。

26 日

山西亚宝药业集团股份有限公司 4000 万元人民币普通股股票将于 2002 年 9 月 26 日起在上海证券交易所交易市场上市交易。证券简称为“亚宝药业”，代码为“600351”。

27 日

山东新华医疗器械股份有限公司 2100 万元人民币普通股股票将于 2002 年 9 月 27 日起在上海证券交易所交易市场上市交易。证券简称为“新华医疗”，代码为“600587”。

10 月

9 日

中国联合通信股份有限公司 27.5 亿元人民币普通股股票将于 2002 年 10 月 9 日起在上海证券交易所交易市场上市交易。证券简称为“中国联通”，代码为“600050”。

10 日

广东科达机电股份有限公司 2000 万元人民币普通股股票将于 2002 年 10 月 10 日起在上海证券交易所交易市场上市交易。证券简称为“科达机电”，代码为“600499”。

11 日

上海航空股份有限公司 2 亿元人民币普通股股票将于 2002 年 10 月 11 日起在上海证券交易所交易市场上市交易。证券简称为“上海航空”，代码为“600591”。

24 日

江苏中天科技股份有限公司 7000 万元人民币普通股股票将于 2002 年 10 月 24 日起在上海证券交易所交易市场上市交易。证券简称为“中天科技”，代码为“600522”。

29 日

河北裕丰实业股份有限公司 4000 万元人民币普通股股票将于 2002 年 10 月 29 日起在上海证券交易所交易市场上市交易。证券简称为“裕丰股份”，代码为“600559”。

31 日

山东华阳科技股份有限公司 4000 万元人民币普通股股票将于 2002 年 10 月 31 日起在上海证券交易所交易市场上市交易。证券简称为“华阳科技”，代码为“600532”。

11 月

1 日

杭州信雅达系统工程股份有限公司 1800 万元人民币普通股股票将于 2002 年 11 月 1 日起在上海证券交易所交易市场上市交易。证券简称为“信雅达”，代码为“600571”。

7 日

厦门钨业股份有限公司 3000 万元人民币普通股股票将于 2002 年 11 月 7 日起在上海证券交易所交易市场上市交易。证券简称为“厦门钨业”，证券代码为“600549”。

8 日

安徽方兴科技股份有限公司 4000 万元人民币普通股股票将于 2002 年 11 月 8 日起在上海证券交易所交易市场上市交易。证券简称为“方兴科技”，证券代码为“600552”。

20 日

成都旭光电子股份有限公司 3000 万元人民币普通股股票将于 2002 年 11 月 20 日起在上海证券交易所交易市场上市交易。证券简称为“旭光股份”，证券代码为“600353”。

27 日

国药集团药业股份有限公司 5300 万元人民币普通股股票将于 2002 年 11 月 27 日起在上海证券交易所交易市场上市交易。证券简称为“国药股份”，证券代码为“600511”。

12 月

2 日

深圳市长园新材料股份有限公司 2500 万元人民币普通股股票将于 2002 年 12 月 2 日起在上海证券交易所交易市场上市交易。证券简称为“长园新材”，证券代码为“600525”。

10 日

厦门法拉电子股份有限公司 5000 万元人民币普通股股票将于 2002 年 12 月 10 日起在上海证券交易所交易市场上市交易。证券简称为“法拉电子”，证券代码为“600563”。

19 日

株洲时代新材料科技股份有限公司 3500 万元人民币普通股股票将于 2002 年 12 月 19 日起在上海证券交易所交易市场上市交易。证券简称为“时代新材”，证券代码为“600458”。

26 日

腾达建设集团股份有限公司 6000 万元人民币普通股股票将于 2002 年 12 月 26 日起在上海证券交易所交易市场上市交易。证券简称为“腾达建设”，证券代码为“600512”。

注：上市公司信息公告的详细内容可在光盘中查阅

图书在版编目（CIP）数据

上海证券交易所统计年鉴.2003卷/上海证券交易所编.
—上海：上海人民出版社,2003
ISBN 7-208-04649-2

Ⅰ.上... Ⅱ.上... Ⅲ.证券交易所-统计资料-
上海市-2003-年鉴 Ⅳ.F832.51-54

中国版本图书馆CIP数据核字(2003)第033612号

责任编辑　王舒娟
美术编辑　王晓阳

上海证券交易所统计年鉴
（2003卷）
上海证券交易所　编
世纪出版集团
上海人民出版社出版、发行
（200001　上海福建中路193号　www.ewen.cc）
新华书店上海发行所经销
商务印书馆上海印刷股份有限公司印刷
开本889×1194　1/16　印张15.25　插页14　字数761,000
2003年5月第1版　2003年5月第1次印刷
印数1-4,000
ISBN 7-208-04649-2/F·1008
定价　80.00元